Behavior

Consumer

Behavior

Consumer

소비자 행동

유동근 · 김승섭 · 박상금

法文社

마케팅 조직들이 경쟁에서 살아남고 번영하기 위해서는 시장에서 고객과의 성공적인 교환이 원활하게 일어나야 하는데, 특히 구매자 시장의 여건에서는 마케팅 콘셉트를 마케팅 활동의 기본적인 철학으로 삼아 고객들이 '원하는 바'와 환경적 영향요인들의 현황과 변화 추세를 탐색하고 그에 창조적으로 적응하는 일이 무엇보다도 중요하다.

즉 오늘날에는 창조적 적응이라는 개념 하에서 고객들이 원하는 바를 효과적으로 충족시켜 줄 '팔릴 수 있는 상품'을 시장에 제시해야 하며 고객의 관점에서 올바르다고 판단되는(right) 가격과 유통경로, 촉진에 관한 의사결정이 필요하다. 이러한 점은 시장을 선도하는 마케팅 조직들의 성공이 예외 없이 시장의 욕구를 정확하게 파악하고 그러한 욕구를 충족시키는 데 마케팅 전략의 초점을 둔 결과에 기인한다는 사실로부터 알 수 있다.

따라서 오늘날의 마케팅 활동은 생산지향적인 관점(상품을 생산한 후 만들어진 상품을 처분하려고 노력하는 일)을 탈피하여 고객지향적인 관점(고객의 욕구를 충족시킬 상품을 생산하고 그들의 문제를 해결해줌으로써 고객을 만족시키는 일)을 취하기 시작하였으며, 이러한 활동을 지침하는 새로운 마케팅 철학인 마케팅 콘셉트는 고객지향성(customer orientation), 전사적인 마케팅 노력(company-wide integrated marketing efforts), 목표지향성(goal orientation)을 3대 지주로 하고 있다.

즉 기업성공의 시금석은 단순히 첨단기술 상품의 생산능력이 아니라 시장에서 성취하고 있는 교환의 양과 질이며, 그러한 교환은 잠재고객의 욕구와 환경적 변화추세에 내응할 수 있는 마케팅 능력을 바탕으로 한다. 이러한 마케팅 능력은 결국 마케팅 계획을 수립하고 그것을 실행하는 데 관련된 마케팅 믹스 의사결정으로 집약되지만, 그러한 의사결정들은 모두 고객들이 '원하는 바'를 충족시키기에 최대한으로 기여하도록 이루어져야 한다.

따라서 마케팅 콘셉트를 실천하기 위한 원동력은 당연히 고객이 소비자에 대한 충분한 이해로부터 얻어질 수 있으며, 소비자들의 구체적인 행동의 양상과 그러한 행동에 대한 영향요인들은 모든 마케팅 전략의 근거로 된다. 그러나 아직까지도 많은 마케팅 조직들에서는 소비자 행동에 관한 이해가 부족할 뿐 아니라 그들의 마케팅 활동에서 소비자를 어떻게 고려할 것인지, 그들의 욕구를 경쟁자보다 효율적으로 충족시키기 위해 마케팅 전략을 어떻게 구성해야 하는지에 관한 관심이 매우 미흡하다.

물론 소비자 행동에 관한 이론적 연구들은 심리학, 사회학, 사회심리학, 문화 인류학, 경제학 등의 여러 학문분야에서 이루어진 연구 성과들과 밀접한 관계를 갖고 발전해 왔기 때문에 이 분야의 학습자들에게 간혹 혼란스럽거나 생소한 느낌을 줄 수 있으나, 소비자 행동의 원리를 이해하는 일은 마케터에게 어차피 회피할 수 없는 과제라고 생각된다.

　　따라서 이 책은 인접학문 분야의 복잡한 이론과 수많은 연구자들의 연구결과를 나열함으로써 혼란을 야기하는 오류를 회피하며, 마케팅 실무에 가장 유용한 소비자 행동원리들을 간결하게 설명하고 그것이 마케팅 전략을 수립하는 데 어떻게 활용될 수 있는가에 초점을 두어 집필하였다.

　　특히 1996년 이래 마케팅 관련분야의 다양한 학습자료들을 마케팅스쿨의 인터넷 홈페이지(www.marketingschool.com)에 지속적으로 추가하면서 마케팅 실무에 종사하는 분들과 앞으로 기업을 비롯한 여러 가지 마케팅 조직의 경영에 참여하고자 준비하는 학생들에게 도움을 주고자 하였다.

2017년 7월
지은이 씀

제1편 소비자 의사결정

제2편　소비자 특성

제3편 환경적 영향 요인

제**4**편   특별주제

소비자 의사결정

제1장

소비자 행동의 개관

I·n·t·r·o

경쟁이 치열한 시장환경에서 기업이 생존하고 성장하기 위해서는 우선 성공적인 판매가 전제되어야 하며, 이러한 판매는 소비자의 행동과 직접적인 연관을 갖고 있다. 이제 많은 사업분야에서 "만들기만 해도 팔리던 시대"는 지나갔다. 그러한 시대의 마케터는 판매보다는 생산에 노력을 기울였고 소비자 행동에 대해서는 관심조차 가질 필요성을 느끼지 않았다.

즉 과거에는 대부분의 사업분야에서 공급이 수요에 훨씬 미치지 못하였기 때문에 시장에 공급되는 상품과 서비스는 많은 수요의 환영을 받으며 얼마든지 팔릴 수 있었고 **무엇을 생산하여 얼마에 어떻게 공급할 것인가를 판매자(공급자)가 일방적으로 통제할 수 있는** 판매자 시장(sellers' market)의 특성을 보였다.

그러나 요즈음은 점차 "팔릴 수 있는 상품을 만들어야 하는 시대'로 바뀌어가고 무엇을 생산하여 얼마에, 어떻게 공급할 것인가 하는 **마케팅 의사결정에 구매자가 – 직·간접적으로 – 중요한 영향을 미칠 수 있는 구매자 시장(buyers' market)의 특성**을 보이고 있다. 즉 오늘날의 마케터는 마케팅 활동을 보다 새롭고 효율적으로 수행하기 위해 소비자 행동의 원리와 이론적 배경에도 관심을 가져야 하는데, 이러한 관점은 마케터로 하여금 소비자 행동에 영향을 미치는 요인들을 면밀히 분석하도록 촉구하고 있다.

예를 들어, 마케터는 소비자 행동을 조건화하는 개인·심리적 및 사회·문화적 요인들에 대한 이해를 근거로 하여 마케팅 계획을 수립함으로써 소비자에게 상품효익을 효과적으로 설득하고 태도를 변경시키며, 궁극적으로는 소비자로부터 바람직한 반응을 얻어낼 수 있을 것이다.

따라서 본장에서는 소비자 행동에 대한 연구가 마케팅 활동에서 핵심적인 분야로 등장하게 된 배경과 소비자 행동을 연구해야 하는 이유를 검토하고, 소비자 행동 연구의 기초를 개관하기 위해 소비자 행동의 본질과 그 모델에 관련되는 내용을 간략하게 살펴보기로 한다.

제1절 소비자 행동과 마케팅

소비자의 욕구, 태도, 행동은 마케팅 전략의 모든 측면에 영향을 미치고 있으며, 성공적인 기업들은 예외 없이 소비자가 '원하는 바'나 '바람직하다고 생각하는 바'를 정확하게 정의하고 그것을 효과적으로 충족시켜 주는 일에 부단한 노력을 해 왔음을 알 수 있다.

1. 소비자 행동 연구의 등장 배경

산업혁명은 인류의 오랜 역사를 통해 자신에게 필요한 재화를 스스로 생산하고 소비하는 자급자족(self-production)의 방식을 시장에서의 교환을 전제로 하는 전문화 및 대량생산의 방식으로 전환시킨 획기적인 변혁이었다. 그러나 제2차 세계대전이 종료된 20세기 중반까지의 생산 활동은 대체로 소비자에 대해 특별한 관심 없이 마케터가 일방적으로 계획하고 수행하여 왔는데, 이러한 현상은 바로 "만들기만 해도 팔리던 시대"의 판매자 시장의 특성을 반영하는 것이다.

마케터들은 비교적 최근에야 그들이 생산해 내는 많은 양의 상품을 소비자가 충분히 구매해 주지 않는다는 사실과 결국 소비자에게 팔기 위한 경쟁에서 이겨야 한다는 사실을 알게 되었고, 그에 따라 관심의 초점을 **생산 활동으로부터 마케팅(소비자의 만족을 창출하고, 교환을 촉진하기 위해 기업의 활동을 소비자의 욕구에 적응시키는 일)으로 전환시켰다.** 이러한 관심전환은 마케팅 전략들이 소비자 욕구에 관한 정확한 정의를 근거로 해야 한다는 새로운 마케팅 관리철학을 등장시켰는데, 이를 마케팅 콘셉트(marketing concept)라고 한다. 그러므로 마케팅 콘셉트를 마케팅 관리철학으로 채택하고 있는 조직에 있어서 소비자 행동에 관한 조사와 지식이 많이 필요한 것은 명백하다.

새로운 마케팅 관리철학으로서 마케팅 콘셉트가 제2차 세계대전 후에야 비로소 등장한 이유는 두 가지로 설명할 수 있는데 첫째, 산업혁명 이후 현동인은 공급량의 설내 부족으로 인해 시장에 제공되는 상품이 얼마든지 쉽게 판매될 수 있는 "만들면 팔리던 시대"였다. 그러므로 마케터의 관심은 수요의 문제보다 생산의 문제를 강조하였고, 특히 20세기 중반에 이르기까지 생산과 마케팅 분야 모두에 있어서 규모의 경제를 강조하였다.

둘째, 팔기 위한 경쟁이 거의 없었기 때문에 마케터는 소비자들의 욕구에 맞추어 자신의 마케팅 활동을 조정해야 하는 필요성을 느끼지 않았다.

그러나 제2차 세계대전이 종료됨에 따라 전쟁 물자를 대량으로 생산하던 생산설비가 일상 생활용품의 생산에 투입됨으로써 시장에 대한 상품들의 공급량은 급격히 증대되었으며, 다른 한편 소비자들은 전쟁과 경제 불황을 겪으면서 현명한 구매의 요령을 습득함으로써 자신의 욕구를 충분히 충족시키지 못하는 상품에 대해서는 구매저항을 보이기 시작하였다. 결과적으로 세계대전의 수행은 과학기술과 물질문명의 전례 없는 발전과 물질적 풍요를 가져오면서 대부분의 산업분야에서 공급이 수요를 초과하는 현상을 일으켰다.

이러한 전후사정의 변화에 따라 마케터들은 진정한 구매자 시장의 특성을 최초로 경험하였으며, 마케팅 콘셉트라는 새로운 마케팅 관리 철학을 채택하기 시작하였는데, 마케터가 이러한 마케팅 콘셉트를 채택하는 일은 대체로 다음과 같은 측면을 통해 그때까지 수행해 오던 마케팅 활동을 본질적으로 변화시켰다.

- 소비자 행동 연구의 필요성을 증대시킨다.
- 환경탐사(environmental search)의 필요성을 증대시킨다.
- 마케팅 전략을 수립하기 위한 고객지향적 사고의 틀을 창출한다.
- 시장세분화를 강조한다.
- 포지셔닝(positioning)의 개념을 강조한다.
- 마케팅 도구들을 다양하게 구사하도록 촉구한다.

2. 소비자 행동 연구의 가치

소비자 행동에 관한 지식들은 소비자 사회화, 마케팅 계획수립, 마케팅 전략의 평가, 비영리 조직의 마케팅에 유용하게 활용될 수 있다.

1) 소비자 사회화

소비자 행동을 검토하는 가장 보편적인 이유는 일상생활에서 찾아볼 수 있다. 예를 들어, 소비자는 많은 시간을 구매와 관련된 활동에 할애할 뿐 아니라 상품에 관해 생각하고 이웃과 이야기하며, 상품에 관한 광고를 보거나 듣는 데에 소비한다. 더욱이 소비자가 인생을 어떻게 영위하는지(라이프 스타일)는 그가 구매하는 상품과 그것을 사용하는 방식으로부터 많은 영향을 받고 동시에 그들에게 영향을 미친다. 따라서 소비자 행동에 대한 검토는 소비자가 보다 현명한 소비활동을 계획하고 욕구를 효과적으로 충족시킬 수 있도록 도와준다.

한편 소비자 사회화(consumer socialization)란 **시장에서 소비자의 기능을 수행하기 위해 필요한 여러 가지 지식과 기술을 획득하는 일**을 말하는데, 이러한 일은 주로 개인적 경험이나 공식적인 교육 프로그램의 일부로서 수행된다. 이때 소비자 행동에 관한 지식은 소비자의 의사결정을 개선해 주기 위한 교육 프로그램을 설계하는 데에 유용하다.

● 한 사회에서 현명한 소비자로 살아가기 위해서는 소비자 사회화가 필수적이다.

예를 들어, 어린이는 소비자의 역할을 떠맡기 위해서 돈의 가치와 저축이나 소비의 적절함을 알아야 하며 언제, 어디서, 어떻게 상품을 구매하고 소비해야 하는지를 배워야 한다.

2) 마케팅 계획수립

(1) 시장 기회의 분석과 예측

마케팅 환경은 끊임없이 변화하면서 마케팅 조직에게 새로운 기회와 위협을 제공한다. 특히 소비자가 '원하는 바'도 역시 환경요인들과 마찬가지로 끊임없이 변하므로 새로운 마케팅 기회와 위협을 확인하기 위해서는 소비자를 포함한 마케팅 환경의 현황과 변화추세를 지속적으로 검토해야 하는데, 이를 환경탐사라고 한다.

즉 마케팅 기회의 분석은 마케팅 조직을 둘러싸고 있는 사회 · 문화적 환경에 대한 분석을 포함하며, 소비자의 라이프 스타일이나 소득수준 등 일반적인 시장여건과 변화추세에 관한 검토로부터 시작된다.

예를 들어, 평균수명이 연장되어 100세 시대를 맞이하면서 건강과 자기개발, 노후대비 등에 대한 관심이 크게 증가하였고, 노년층도 젊은 세대에 못지않게 활동적이며 새로운 패션과 문화에 대한 열망이 강해지는 추세인데 이러한 변화는 새로운 마케팅 기회를 암시하는 것이다.

한편 소비자 행동에 관한 연구는 마케팅 환경과 소비자 기호의 변화추세뿐만 아니라 소비자의 미래행동을 예측하는 데에도 유용하다. 소비자의 욕구, 지각, 태도가 구매와 밀접하게 관련된다면, 이들은 소비자의 미래행동을 예측하기 위한 근거로 이용될 수 있으며 그러한 예측은 마케터가 매출 잠재력이나 매출액 변화를 추정하는 데 도움이 된다.

(2) 시장세분화와 표적시장의 선정

전체시장을 구성하는 소비자들이 '원하는 바'는 서로 다를 수 있으므로, 전체시장에 하나의 마케팅 믹스만을 제공하여 모두가 '원하는 바'를 충족시키려는 일은 효과적이지 않고 경쟁력도 갖기 어렵다. 따라서 마케터는 전체시장의 소비자들을 '원하는 바'가 유

● 시장세분화와 표적시장

사한 집단들로 구분하고(시장세분화), 각 집단에게 독특한 마케팅 믹스를 제공함으로써 소비자를 보다 잘 만족시킬 수 있다.

물론 마케터는 각 소비자 집단의 반응특성이나 경제성을 근거로 하나 또는 소수의 집단에게만 마케팅 노력을 집중할 수도 있다(표적시장의 선정). 즉 시장을 세분하고 적절한 표적시장을 선정하기 위해서는 소비자 행동에 관한 지식이 절대적으로 필요하며, 그러한 절차에 따른 표적 마케팅 전략은 마케터로 하여금 소비자를 보다 효과적으로 만족시키도록 도와줄 수 있다.

(3) 마케팅 믹스의 구성

마케팅 믹스란 표적시장으로 선정된 소비자 집단을 충분히 만족시키고 교환이 원활하게 일어나도록 하기 위한 마케팅 의사결정들의 조합인데, 소비자 행동에 관한 지식을 활용할 수 있는 마케팅 의사결정들의 예는 다음과 같다.

① **상품의사결정(들)** – 상품과 서비스의 특징을 결정한다.
  • 상품의 규격, 형태, 특징은 어떠해야 하는가?
  • 어떻게 포장되어야 하는가?
  • 상품계열내의 품목이나 모델을 몇 가지로 해야 하는가?
  • 어떤 형태의 보증이나 서비스가 제공되어야 하는가?

② **가격의사결정(들)** – 상품에 대해 부과할 가격과 가격정책을 결정한다.
  • 유사한 상품에 대해 소비자가 수용하는 가격범위는 어떠한가?
  • 소비자들이 가격 차이에 대해 어느 정도 민감한가?
  • 신상품 도입과 판매촉진을 위해 어느 정도의 가격 인하가 필요한가?
  • 현금 거래자에게 어느 정도의 할인이 제공되어야 하는가?

③ **경로의사결정(들)** – 상품의 가용성을 개선하고 상품과 소유권을 소비자에게 이전시키기 위한 방안을 결정한다.
  • 어떤 형태의 점포에게 상품을 취급시킬 것인가?
  • 점포는 어디에 입지해야 하며 그 수는 몇으로 할 것인가?
  • 점포당 재고수준을 어느 정도로 할 것인가?
  • 물적 유통을 위해 적합한 수송방법은 무엇인가?

④ 촉진의사결정(들) – 기업과 상품에 관한 정보를 제공하고 바람직한 방향으로 설득하기 위한 방안을 결정한다.

- 어떠한 촉진방법이 가장 효과적인가?
- 소비자의 주의를 끌기 위한 가장 효과적인 방법은 무엇인가?
- 어떠한 매체가 메시지(message)를 의도대로 가장 잘 전달하는가?
- 광고가 얼마나 자주 반복되어야 하는가?

3) 마케팅 전략의 평가

마케팅 전략의 성과는 근본적으로 소비자 반응을 측정함으로써 평가될 수 있는데, 적절한 측정방법을 선택하고 적용하기 위해서는 소비자 행동에 관한 지식이 필요하다. **마케터가 마케팅 전략을 평가하기 위하여 실시하는 조사**는 대체로 다음과 같은 사항에 관한 것들이다.

- 상품이 소비자가 '원하는 바'를 충족시키고 있는가?
- 상품에 관한 소비자의 지각이 마케터의 의도와 일치하는가?
- 메시지가 의도된 소비자 집단에게 도달하고 있는가?
- 상품이 계획대로 판매되고 있는가?
- 소비자의 태도는 반복구매를 일으킬 정도로 충분히 긍정적인가?

4) 비영리 조직의 마케팅

마케팅 콘셉트의 확대적용이라는 관점에서 보면 비영리 조직들도 일반대중에게 제공할 서비스나 아이디어를 갖고 있다. 여기서 비영리 조직들은 정부기관, 박물관, 교회, 사회단체, 대학 등을 포함하며 회원이나 시민, 일반대중은 그들의 고객인 셈이다. 즉 비영리 조직들도 생존과 번영을 위해서는 – 기업 조직과 마찬가지로 – 사회 구성원인 고객들로부터 참여와 지지를 얻어내야 하므로 **사회 내의 어떤 욕구와 필요를 충족시키거나 문제를 해결하려는 과정에**서 소비자 행동에 관한 지식을 활용할 수 있다.

▲ 비영리 마케팅도 소비자 행동의 원리를 활용한다.

제2절 소비자 행동 연구의 기초

    소비자 행동은 인간행동의 일부로 간주되며 소비자 행동을 체계적으로 검토하기 위해서는 행동과학 분야에서 개발된 개념과 이론들을 널리 원용한다. 즉 소비자 행동은 인간행동의 하위집합이므로 오래 전부터 인간행동을 연구해 온 심리학, 사회학, 사회심리학, 경제학, 인류학 등으로부터 많은 발견점들을 원용하여 소비자 행동을 설명할 수 있는데, 이러한 의미에서 소비자 행동 연구는 본질상 복합적인 학문영역으로 간주된다.

1. 소비자 행동의 정의

    소비자 행동이란 **상품을 탐색, 평가, 획득, 사용 또는 처분할 때 개인이 참여하는 의사결정 과정과 신체적 활동**으로 정의할 수 있으며, 이러한 정의의 내용을 충분히 이해하기 위해서는 다음과 같은 개념구성요소에 대한 검토가 필요하다.

1) 소비자

    소비자(consumer)란 앞의 정의에서 언급한 소비자 행동의 유형 중 **어떠한 활동에든 참여하는 모든 사람을 일반적으로 지칭하는 용어**이며, 상품범주에 대한 모든 구매자를 포함한다. 따라서 어떤 상표의 냉장고를 구매하든 어느 점포에서 구매하든 관계없이 냉장고를 구매하여 사용하는 사람은 모두 소비자에 포함된다. 이에 반해 고객(customer)이란 **특정한 점포나 기업으로부터 구매하는 사람**을 지칭하는 용어이므로 '현대' 백화점에서 구입하거나 'Zipel' 냉장고를 사용하는 사람만이 그들의 고객이다. 즉 고객은 구체적인 점포나 상표로서 정의되지만 소비자는 상품범주로 정의된다.

2) 행동

    행동(behavior)이란 일반적으로 가시적인 신체적 움직임을 지칭하지만, 소비자 행동의 정의에 있어서는 정신적·심리적 활동까지도 포함한다. 따라서 가시적인 구매행위는 소비자 행동의 한 측면에 불과하며 소비자 행동은 구매에 영향을 미칠 수 있는 신념이나 태도의 변화 등 정신적 활동까지도 포함한다.

3) 상품

소비자 행동에 관한 정의에서 상품(products)이란 승용차, 책, 볼펜 등과 같은 유형의 품목뿐 아니라 이발, 진료, 법률상담, 정보제공 등과 같은 무형의 서비스를 포함한다. 더욱이 개인이 특정한 아이디어를 수용하는 과정에서 나타나는 반응들은 그들이 상품이나 서비스를 구매할 경우에서와 유사하므로 상품은 이러한 아이디어까지도 포괄한다. 따라서 상품은 **교환될 수 있고 상대방에게 가치를 가진다고 지각되는 모든 것**을 지칭한다.

4) 개념과 정의

개념이란 **특정한 현상에 대한 관찰들을 근거로 도출된 축약(abstractions)이며, 하나의 명칭 아래 약간씩 다르지만 결국 공통적으로 관찰되는 많은 사상을 포함**함으로써 사고를 도와준다. 따라서 '책'이라는 개념은 모든 책들이 공통적으로 갖고 있는 특성의 일반화를 말하며, 그러한 개념은 대체로 물리적 실체를 근거로 한다. 예를 들어, 몇 가지 형태의 '의자'에 이미 익숙해져 있는 사람은 그러한 '의자'들의 공통점을 근거로 새로운 가구가 의자인지 아닌지를 판단할 수 있다.

그러나 소비자 행동을 연구하는 데에 있어서 등장하는 많은 개념들은 직접적으로 관찰될 수 있는 물리적 실체를 갖고 있지 않다. 예를 들어, 태도, 동기, 상표충성, 사회계층, 인지 부조화 등의 개념은 물리적 실체를 검토할 수 없으며 단지 그러한 개념들에 관한 사고를 돕기 위해 가설적으로 창안된 것에 불과하다. 즉 **물리적 실체를 관찰할 수 없고 가설적으로 창안된 개념**을 가설적 구성개념(hypothetical constructs)이라고 하는데, 소비자 행동에 관련된 이러한 개념들을 정의하기 위해서는 일반적으로 두 가지의 접근방법이 필요하다.

(1) 개념적 정의

개념적 정의(conceptual definitions) 또는 일반적 정의란 **개념 그 자체로서 하나의 개념을 상호 관련된 다른 개념들로 언급하는 것**인데, 훌륭한 개념적 정의는 그 **개념의 기본적인 아이디어 또는 정수를 분명하게 묘사하여 그것을 유사하지만 별개의 개념들로부터 구별**해야 한다.

예를 들어, '의자'에 관한 개념적 정의는 의자의 본질이나 기본적인 역할을 언급함으로써 책상이나 침대와 구분해야 하며, '상표충성'에 관한 개념적 정의는 상표충성의 본질을 언급함으로써 '상표충성'을 '반복구매행동'이라는 별개의 개념과 구분해야 한다.

(2) 조작적 정의

조작적 정의(operational definitions)란 **특정한 연구에 있어서 하나의 개념을 연구 목적에 부합되도록 구체화한 것**인데, 이러한 정의는 관찰할 수 없는 개념을 하나 이상의 관찰할 수 있는 사상으로 변환시킨다. 따라서 개념적 정의가 조작적 정의에 선행한다. 예를 들어, 한 연구에서 상표충성은 '최근 구매한 세 상표가 동일한 경우'(조작적 정의)로 변환될 수 있으며, 물론 다른 연구에서는 다른 기준으로 변환될 수도 있다.

이러한 조작적 정의는 개념의 본질을 언급하는 개념적 정의와 일관되어야 하지만, 간혹 개념적 정의를 매우 부정확하게 변환시켜 소비자 행동에 관한 연구에서 혼돈을 일으키기도 한다. 예를 들어, 상표충성은 '한 상표에 대한 우호적인 태도를 근거로 하여 시간경과에 걸쳐 보이는 선호적 반응'이라고 개념적으로 정의될 수 있다. 이때 '지난 해 전체 구매의 80% 이상을 한 상표에 집중한 소비자가 상표 충성적'이라는 조작적 정의는 앞의 개념적 정의와 일치하지 않는다. 즉 이 경우에서 훌륭한 조작적 정의라면 상표에 대한 태도도 함께 고려했어야 할 것이다.

그러나 많은 소비자 행동 연구자들은 자신만의 조작적 정의를 이용하여 발견한 개념 간의 관계를 일반화하는 오류를 범하고 있다. 예를 들어, 한 연구자가 사회계층과 즐겨 보는 영화 사이에서 발견한 관계는 결국 사회계층에 관해 있을 법한 여러 가지 조작적 정의 중에서 하나만을 검토한 것이므로, 그러한 관계는 연구자가 채택한 조작적 정의에 국한되어 주장될 수 있을 뿐이다.

2. 소비자 행동에 관련된 변수들

소비자들은 끊임없이 다양한 자극에 노출되고 반응하는데, 소비자 행동에 관련된 변수들은 다음과 같은 네 가지 유형으로 나눌 수 있다.

1) 자극변수

소비자에 대한 자극변수(stimulus variables)는 광고물, 다른 사람, 상품 등과 같이 대체로 외부적 환경 내에 존재하지만 간혹 내부적으로 산출되기도 한다. 예를 들어, 혈당치가 일정한 수준 이하로 떨어진다면 뇌의 신경이 자극을 받아 배고픔을 느끼고 음식을 받아들이도록 촉구하는데, 이 경우의 뇌신경 자극은 내부적 자극의 좋은 예가 될 수 있다. 이러한 자극변수들은 소비자 행동의 투입요소로 작용한다.

2) 반응변수

반응변수(response variables)란 **자극변수들에 의해 산출되는 결과**인데, 어떤 표정,

특정한 상품의 구매, 목소리의 고저와 같이 외형적이거나 쉽게 관찰될 수 있는 행위뿐 아니라 상품에 관한 지식의 증가, 상품에 대한 신념과 태도의 변화, 구매의도의 증대와 같이 직접 관찰될 수 없는 정신적 · 심리적인 반응들도 포함한다.

3) 매개변수

자극과 반응 사이에 개재되어 있는 변수들을 매개변수(intervening variables)라고 하는데, 이러한 매개변수의 존재는 적어도 일부의 자극이 반응에 직접 영향을 미치지 않고, 매개변수를 통해 간접적으로 작용한다는 사실을 암시한다. 매개변수들은 동기, 선호, 태도, 고객충성 등을 포함하며 그들의 중간적 역할은 [그림 1-1]과 같다.

4) 조절변수

조절변수(moderating variables)란 **두 변수 사이에 존재하는 관계를 조절하는 역할**을 수행하는데, 예를 들어, 광고물에 대한 소비자의 반응은 그들의 퍼스낼리티나 연령, 소득수준 등에 의해 조절되어 다르게 나타날 수 있다.

이상의 네 가지 변수 중에서도 특히 **매개변수와 조절변수는 소비자 행동에서 매우 중요하다.** 즉 그들의 존재와 역할로 인해 특정한 자극이 모든 소비자에 걸쳐 동일한 반응을 산출하지 않으며, 같은 사람에서조차 시간과 환경에 따라 상이한 영향을 미칠 수 있다.

그러나 동일한 변수라도 자극변수 또는 매개변수, 반응변수로 분류될 수 있다는 점에 유의해야 한다. 예를 들어, 특정한 상표에 대한 소비자의 태도를 변화시키려고 광고를 실시할 경우라면 태도가 반응변수로 간주되지만, 소매점이 재고를 처분하기 위해 1주일 동안 할인판매를 실시할 경우라면 소비자의 태도가 매개변수로 작용한다.

한편 소비자 행동에 영향을 미치는 매개변수들과 일부 반응변수는 직접적으로 관찰할 수 없기 때문에 그러한 변수들이 실제로 존재하는지의 여부와 그 특성을 규명하기 위해서는 독특한 방법이 필요하다. 즉 직접 관찰할 수 없는 변수의 존재와 특성을 확인

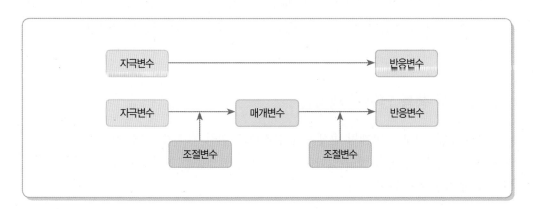

그림 1-1

자극변수 · 매개변수 · 조절변수 · 반응변수

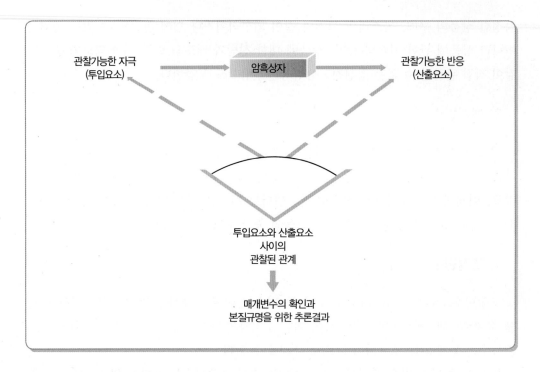

그림 1-2

매개변수에 관한 추론과
암흑상자 접근방법

하기 위한 한 가지 방법은 암흑상자 개념(blackbox concept)으로 예시할 수 있다. [그림 1-2]의 암흑상자를 보면 관찰할 수 있는 자극(투입요소)과 상자로부터 나오는 관찰할 수 있는 반응(산출요소)이 연결되어 있으나 매개변수는 직접적으로 관찰할 수 없다. 그러나 투입요소와 산출요소를 신중히 검토한다면 암흑상자의 내용(매개변수의 존재와 특성)에 관해서도 어떤 추론을 내릴 수 있을 것이다. 예를 들어, 불씨가 나무를 태우는 현상을 관찰함으로써 눈으로 직접 관찰할 수 없는 산소의 존재와 성격을 추론할 수 있다. 또한 식품광고에 대해 소비자가 고개를 끄덕인다면 그러한 광고가 '구매욕구를 환기시켰을 것'이라고 추론할 수 있다. 이러한 예는 **관찰될 수 없는 변수의 특성을 규정해 주는 개념이 연구자들에 의해 창안된다**는(constructed) 점을 보여주며, 따라서 그러한 개념들을 가설적 구성개념(hypothetical constructs)이라고 한다. 이들은 관찰될 수 없고 그들의 존재가 직접 증명될 수 없기 때문에 가설적이지만 연구자의 사고를 도와주며 독특한 측정방법과 적절한 추론과정을 통해 그 자체의 특성과 역할을 검토할 수 있다.

3. 소비자 행동 연구의 제약점

소비자 행동 연구는 마케팅 콘셉트를 실천하기 위한 기초가 되며, 오늘날 마케팅 분야에서 가장 많은 관심을 받고 있다. 그러나 소비자 행동을 연구하는 데 있어서도 다음과 같은 중요한 제약들이 있다.

1) 다수의 변수

소비자 행동에는 실제로 대단히 많은 변수들이 영향을 미칠 것인데도 현재까지의 소비자 행동 연구는 일부의 변수만을 검토해 왔을 뿐이며, 많은 변수들은 그들의 영향이 미약할 것으로 가정되어 무시되는 경향이 있었다. 물론 소비자 행동을 정확하게 이해하기 위해서는 모든 영향변수들을 검토해야 하지만 그러한 일은 현실적으로 불가능하며, 따라서 연구 결과도 그러한 제약을 감안하여 활용해야 한다.

2) 행동의 주관성

소비자 행동은 그들의 욕구, 과거경험, 지각 등으로부터 영향을 받기 때문에 동일한 자극에 대해서도 각 소비자는 다르게 해석하고 상이한 반응행동을 보일 수 있다. 따라서 개별적인 소비자의 행동을 설명하거나 예측하는 일에는 한계가 있다.

3) 추론과정의 어려움

소비자 행동에는 많은 변수들이 영향을 미치고 있으나 그들 중의 일부는 관찰될 수 없고 시간경과에 따라 변할 수 있기 때문에 연구결과를 해석하기 위한 추론과정에서 많은 어려움이 발생한다. 예를 들어, 두 시점에서 가격인하의 효과를 관찰하는 동안 태도(매개변수) 자체가 변한다면 가격인하의 효과를 정확하게 추론할 수 없을 것이다.

더욱이 소비자 행동에 관한 연구들은 특정한 변수에 관해 상이한 조작적 정의를 채택하거나 상반되는 조사결과를 제시하기도 한다.

4) 변수간의 상호작용

소비자 행동에 직접적인 영향을 미치는 변수들은 간혹 상호작용을 통해 다른 변수의 영향을 확대·상쇄하거나 영향의 방향을 바꾸기도 한다. 예를 들어, 송신자의 신뢰성이 낮다고 지각된다면 그가 전달하는 광고가 아무리 훌륭할지라도 소비자를 설득할 수 없는데, 이는 송신자에 대한 비우호적인 지각이 우호적인 메시지의 긍정적 효과를 상쇄한 것이다.

이에 덧붙여 소비자가 당면한 상황적 여건은 다른 변수의 영향을 수정하기도 한다. 예를 들어, 와인의 구매자들은 선물용 또는 자가소비용이라는 구매목적에 따라 다른 정보원천에 의존하는 경향을 보이는데, 이러한 발견점은 상황적 여건이 소비자 행동에 미치는 영향을 보여주는 것이다.

4. 소비자 행동의 모델화

앞에서 언급한 바와 같이 소비자 행동을 연구하는 일은 매우 복잡하고 많은 문제점을 가지므로 이러한 어려움을 극복하기 위한 노력으로서 다양한 모델들이 개발되어 왔다.

1) 소비자 행동 모델의 정의

모델이란 **현실을 단순화한 표상**(a simplified representation of reality)으로 간주될 수 있는데, 그것은 모델 설정자에게 중요한 현실의 측면만을 통합하고 중요하지 않은 다른 측면들을 무시한다. 예를 들어, 건축 모델은 집짓기에 중요치 않은 가구배치를 포함하지 않을 수 있으며, 소비자 행동을 모델화하는 데 있어서도 중요하지 않은 측면은 제거될 수 있다. 따라서 소비자 행동 모델이란 **소비자 행동에 관계되는 변수들을 확인하고 그들 사이의 관계를 본질적으로 상술하여 행동이 형성되고 영향 받는 양상을 묘사하기 위한 표상**이라고 정의될 수 있다.

즉 많은 소비자 행동의 연구자들은 각자 동기부여와 행위의 근거가 되는 변수들에 관해 자신만의 아이디어를 갖고 있을 것인데, 이러한 아이디어를 묘사하는 흐름도(flow charts)가 바로 소비자 행동 모델인 것이다. 그러나 어떠한 소비자 행동 모델에서도 소비자 행동에 관련되는 변수들과 그들 사이의 관계는 가정될 뿐이며, 새로운 연구 발견점에 따라 수정되어야 하므로 **모든 소비자 행동 모델은 확정적인 것이 아니다.**

버려지는 공간없이 실속있게~
여유로운 공간이 **당신의 품격**을 말해줍니다.

같은 공간이라도 더 넓고 편안하게~
넓어진 공간 만큼 생활의 여유도 더 커집니다.

59A

| 전용면적 59.900㎡ | 주거공용면적 20.265㎡
| 공급면적 80.165㎡ | 기타공용면적 30.666㎡
| 계약면적 110.631㎡ | 서비스면적 1.073㎡

● 아파트 도면과 지도는 주변에서 흔히 볼 수 있는 모델이다.

2) 소비자 행동 모델의 유용성

모델이라는 것들은 일반적으로 체계적이고 논리적인 사고를 도와주는데, 그러한 사고는 관련된 변수들의 존재와 특성을 확인하고 그들이 서로 어떻게 영향을 미치는지에 관해 설명해야 한다. 다양한 모델들이 여러 가지 목적을 위해 설계되지만, 특별히 소비자 행동 모델은 다음과 같은 유용성을 가진다.

(1) 소비자 행동에 관해 통합적인 관점을 제공한다.

소비자 행동은 많은 변수들로부터 영향을 받기 때문에 그러한 변수들을 통합적으로 나타내기 위한 이론적 틀이 필요한데, 소비자 행동 모델은 이미 알려져 있는 지식들에 관해 통합적인 관점을 제공한다.

(2) 마케팅 의사결정에 필요한 조사 분야를 제시해 주며 계량화를 격려한다.

소비자 행동 모델은 소비자 행동에 영향을 미치는 중요한 변수들과 그들 사이의 관계를 묘사해줌으로써 마케팅 의사결정에 필요한 조사 분야를 제시해 준다. 예를 들어, 소비자 행동 모델이 상표인지와 상표태도가 구매행동에 연관된다고 묘사하고 있다면 이들은 광고효과를 평가하기 위한 변수로 선정될 수 있는 것이다.

또한 소비자 행동에 영향을 미치는 변수들 사이의 관계는 신뢰할 수 있는 방법으로 표현되어야 하는데, 모델은 이러한 관계의 계량화를 격려한다.

(3) 조사 발견점을 평가하고 의미 있는 방법으로 해석하도록 도와준다.

소비자 행동 모델은 마케팅 조사뿐 아니라 행동과학 분야의 조사에서 얻어진 발견점들을 평가하고 그들을 전체 소비자 행동의 맥락에서 해석할 수 있도록 도와준다.

(4) 마케팅 전략을 개발하고 소비자 행동을 예측하기 위한 근거를 제공해 준다.

상표에 관한 지각이 행동에 관련된다면 긍정적인 지각을 보강하거나 부정적인 지각을 약화시킴으로서 상표의 시장지위를 강화하려는 전략을 개발할 수 있다. 또한 소비자 행동 모델은 소비자 행동에 관련된 각 변수들을 단순히 묘사하기보다 다른 변수와의 관계를 설명함으로써 여러 가지 환경 내에서 일어날 수 있는 소비자 행동을 비교적 정확하게 예측할 수 있도록 도와준다.

(5) 소비자 행동에 관한 이론구성과 학습을 지원한다.

이론이란 **어떤 현상에 관한 체계적인 관점을 나타내는 개념, 정의 및 명제들의 상호 관련된 집합**이라고 정의할 수 있다. 따라서 이론은 묘사(description), 예측(prediction), 설명(explanation), 통제(control)의 네 가지 기능을 통해 어떤 과정이나 활동을 이해하기 위해 유용한 논리적 관점을 제시해 준다.

소비자 행동이론에서 모델은 관련된 변수들과 그들 사이의 관계를 묘사함으로써 소비자 행동에 관해 이미 알려진 것들에 대한 통합된 관점을 제시하고, 무엇이 더 검토되어야 하는지를 확인하는 데 도움을 줄 수 있다. 이는 연구자들로 하여금 소비자 행동의 가장 중요한 측면에 관한 가설들을 구성하고 분석과 검증을 통하여 새로운 지식을 얻도록 허용한다.

한편 학습 지원 도구로서 모델은 소비자 행동에 관한 지식을 이해하기 쉬운 논리적 패턴(logical pattern)으로 조직해 주며, 관련된 변수들 사이의 상호관계를 환기시켜 준다. 따라서 연구자가 특정한 변수에 집중하면서도 모델을 참조하는 일은 그 변수가 행동에 영향을 미치기 위해 다른 변수들과 어떻게 상호작용을 하는지 고려하도록 환기시켜 줄 것이다.

3) 소비자 행동 모델의 한계점

소비자 행동 모델의 일반적인 가치와 유용성에도 불구하고 그것은 다음과 같은 한계점들을 갖고 있다.

(1) 모델은 의사결정에서 가장 보편적인 요소들만 확인해 준다.

하나의 모델이 커피와 승용차의 구매를 모두 효과적으로 설명할 수는 없다. 그러므로 마케터는 모델로부터 단지 일반적인 지침만을 얻을 수 있으며, 이러한 모델은 구체적인 상품이나 시장에 따라 조정되어야 한다. 예를 들어, 승용차의 구매에서는 편의성이나 경제성이 중시되고, 커피의 구매에서는 맛이나 향기가 중시될 수 있는데, 그에 따라 전자의 마케터는 실용성을, 후자의 마케터는 즐거움을 강조해야 하지만 소비자 행동 모델이 이러한 점까지 제시해 주지는 않는다.

(2) 모델은 구성요소들의 중요성 차이를 반영하지 않는다.

모델의 구성요소들이 갖는 중요성은 상품범주, 상품의 소비상황, 개인에 따라 다르지만 모델 자체는 이러한 차이를 반영하지 않는다.

첫째, 구성요소들의 중요성은 모든 상품범주에 걸쳐 똑같지 않다. 예를 들어, 상품 속성들에 관한 정보의 양은 운동화를 구매하는 경우에 비해 오디오 시스템을 구매할 때 더욱 중요할 것이며, 상표태도도 아이스크림을 구매하는 경우에 비해 승용차를 구매할 때 더 많은 영향을 미칠 수 있다.

둘째, 구성요소들의 중요성은 상품의 소비상황에 따라서도 다를 수 있다. 예를 들어, 업무용 승용차 구매는 자가용 승용차 구매와 다른 의사결정을 일으키며 고려할 대안의 수와 선택의 기준도 매우 달라진다.

셋째, 구성요소들의 중요성은 동일한 시장 내에서도 개인마다 다르다. 예를 들어, 상표대안들을 평가하는 일은 특정한 상표에 충성적인 소비자에 비해 상표대체를 좋아하는 사람들에게 더 중요하며, 상품정보를 획득하는 일은 기존상표를 재구매함으로써 위험을 줄이려는 사람에 비해 신상품을 구매하려는 소비자에게 더욱 중요할 것이다. 그러나 일반적인 모델은 이러한 차이를 확인해 주지 않는다.

Consumer 톡톡

진화하는 소비자와 마케팅

소비자들이 끊임없이 진화함에 따라 소비자를 뜻하는 영어 단어 컨슈머(Consumer)앞에 진화하는 행태를 표현하는 단어들이 합쳐져 소비자와 관련한 다양한 파생어들이 탄생하고 있으며 기업에서도 이러한 변화를 적극적으로 마케팅에 활용하고 있다.

마담슈머(madamsumer = madam + consumer)

주부로 신상품을 체험하고 사용자의 의견과 아이디어를 제시하는 구매결정권을 가진 소비자.

한국의 주부는 '아줌마'를 넘어 지적 능력, 경제력, 사회활동 경험 등을 바탕으로 '마담'으로 진화하고 있으며, 주부를 대상으로 마케팅을 펼치는 많은 기업이 상품개발, 생산, 평가에 이르기까지 이들의 의견에 귀를 기울이고 있다.

트라이슈머(trysumer = try + consumer)

기업 광고 등의 간접적 정보 보다는 자신이 직접 체험하길 원하는 능동적·적극적 소비자.

신상품 등이 출시되면 먼저 사용하여 상품평가와 정보를 공유한다. 소비자 여론을 이끄는 경향도 갖고 있어 막강한 소비 세력으로 자리 잡고 있다.

크리슈머(cresumer = create + consumer)

신상품개발이나 디자인, 서비스 등의 문제에 적극 개입하여 의견을 내놓는 소비자.

욕구의 충족 수준을 넘어 자신의 개성을 표현하는 창조적인 소비자라는 의미이다. 시장에서 유통되는 상품이나 서비스를 수동적으로 구매하는 데 만족하지 않고, 상품에 대한 피드백은 물론 독창적인 아이디어를 제공하기도 한다. 기업의 입장에서 크리슈머는 소비자의 니즈와 트렌드, 시장의 흐름을 파악하는 데 많은 도움을 주는 존재이기 때문에 이들을 적극적으로 활용하는 예가 많다.

프로슈머(prosumer = produce + consumer)

생산에 참여하는 소비자.

소비는 물론 상품 생산과 판매에도 직접 관여하여 생산 단계부터 유통에 이르기까지 소비자의 권리를 행사한다. 자신의 취향에 맞는 상품을 스스로 창조해 나가는 능동적 소비자의 개념이라 할 수 있다.

가이드슈머(guidesumer = guide + consumer)

기업의 장단점에 대한 칭찬 및 지적은 물론 스스로 홍보까지 하는 소비자.

기업의 생산현장을 직접 눈으로 확인하고(검증) 잘못된 점을 지적하거나 지침을 제공하며(훈수) 장점에 대해 적극적인 홍보활동을 하는 소비자를 이른다. 상품을 평가하는 마담슈머(madame+consumer), 완상품을 체험해 보고 평가하는 체험적 트라이슈머(try+consumer), 신상품 개발 단계 및 생산까지 관여하는 프로슈머(producer+consumer) 등에 비해 한 차원 진화된 형태다.

스토리슈머(storysumer = story + consumer)

상품에서 이야기를 찾고 또 자신과 상품의 이야기를 적극적으로 알리는 소비자.

비슷한 상품들이 쏟아져 나오고 상품의 품질이 상향평준화 됨에 따라 기업들은 차별화 전략의 하나로 상품에 스토리텔링 기법을 활용한다. 소비자와 자연스럽게 이야기를 주고받으며 감성적으로 접근, 상품과 브랜드에 대한 충성도를 높이고 기업의 메시지를 확산시키는 역할을 한다.

스마슈머(smasumer = smart + consumer)

상품 선택 시 원료와 첨가물 등 성분을 확인하는 것은 물론 제조공법도 관심을 갖는 소비자.

웰빙 열풍과 함께 식음료 분야에서 주요한 소비 행태로 특히, 자신이 획득한 정보를 온라인을 통해 공유함으로써 더욱 큰 영향력을 행사하여 기업들이 관심을 기울이는 대상이다.

모디슈머(modisumer = modify + consumer)

상품사용설명서에 명시된 방식을 넘어 자신만의 새로운 레시피를 창조하는 소비자.

특히, 식품과 뷰티업계 등에서 활발하게 나타나 소비자들의 다양한 레시피 공유로 '비빔면 레시피 대결 이벤트'까지 개최하게 된 팔도의 비빔면이 대표적인 사례이다. 최근 여러 기업에서 모디슈머의 아이디어를 적극 반영해 마케팅에 적용하는 등 기업에서 소비자로의 권력 이동을 이끌었다.

▲ 모디슈머 아이디어 활용상품들

퍼슈머(persumer = pursue + consumer)

식재료의 원산지까지 따져 꼼꼼하게 상품을 선택하는 깐깐한 소비자.

단순히 국내와 수입을 구분하는 것뿐만 아니라 농축수산물의 생산 지역과 생산자 정보까지 완벽히 파악한다. 이들의 영향으로 최근에는 비타민 상품의 원산지 논란이 불거질 만큼 주요한 소비행태로 자리 잡았다.

▲ 퍼슈머를 위해 원료 원산지 공개

체크슈머(checksumer= check + consumer)

구매 이전에 후기를 비롯한 다양하고 광범위한 정보를 보고 행동하는 소비자.

쇼핑을 비롯해 외식 등 소비 시장 전반에 걸쳐서 다양하게 활동하며 음식점을 찾을 경우 맛, 분위기, 친절도 등 서비스 전체에 대한 평가를 살핀 뒤 솔직한 리뷰를 남긴다. 블로그나 카페를 통한 후기 외에도 SNS, 맛집 소개 애플리케이션, 배달 음식 애플리케이션 등 다양한 방법으로 정보를 확인할 수 있어 영향력은 계속 커지고 있다.

X-슈머(x-sumer = experience + consumer)

트라이슈머와 비슷한 의미로 상품이나 서비스 구매에 앞서 경험을 추구하는 소비자.

주로 패션업계에서 통용되던 단어가 교육업계 등으로 확산되고 있다.

리서슈머(researsumer = research + consumer)

자신이 관심 있는 소비 분야를 지속적으로 연구하고 탐색하는 전문가적 소비자.

초기에는 기존의 정보를 바탕으로 취미활동 혹은 기업의 서포터즈 혜택을 목적으로 인터넷 세상의 여론을 조성하기 위해 시작했지만 활동을 하면 할수록 많은 정보를 가진 전문가가 되어 간다. 자신의 만족을 위해 제조사의 생산에 관여하고 상품과 서비스에 대한 정확한 사실 분석에 따른 정보를 자신과 같은 소비자와 공유한다.

메타슈머(metasumer = meta + consumer)

기존의 상품을 자신의 개성과 취향에 맞게 변형시켜 사용하는 특성을 지닌 소비자.

이들은 좀 더 새롭고 남다른 상품을 선호하는 경향이 강하고, 개성을 표현하려는 욕구 또한 강하다. 상품의 외양을 다시 꾸밀 뿐 아니라 상품성능을 업그레이드시켜 독창적인 자신만의 소유물을 만들어내는데, 의류와 신발, 액세서리 등 각종 패션상품과 휴대폰, PC, 자전거, 오토바이 등의 상품을 자신이 원하는 대로 변형시킬 뿐 아니라 라면 등의 인스턴트 식품도 자기 식의 레시피로 만들어먹는 식이다.

싱글슈머(singlesumer=single+consumer)

1인 가족의 형태로 살면서 자신의 생활 패턴에 따라 상품과 서비스를 사용하는 소비자.

최근 1인 가구 수가 지속해서 늘고 있다. '1인 가구 경제'라는 의미의 솔로이코노미라는 말이 등장하고 더불어 1인 소비자인 싱글슈머를 타깃으로 한 기업 마케팅도 증가하고 있다. 이들은 실용성과 접근성을 중요시해 대형마트보다는 편의점을 주로 이용하며 소용량으로 포장된 상품을 선호한다.

(3) 모델은 의사결정들의 복잡성 차이를 반영하지 않는다.

새로운 승용차나 전자상품의 구매 결정은 청량음료의 구매 결정보다 복잡할 것인데, 승용차나 전자상품의 구매에 있어서 소비자는 대체로 많은 대안에 관해 정보를 탐색하고 각 상표의 특징을 평가하지만, 청량음료는 습관에 의해 구매할 수 있다.

그러나 이상의 한계점들은 모델의 무용론을 주장하는 것이 아니며, 단지 **모델들이 구체적인 활용여건과 목적에 따라 조정되어야 한다**는 사실을 지적하는 것이다. 물론 일반적인 모델을 구체적인 예에 적용시키기 위해서는 실증적인 조사가 필요한데 이때 일반적인 모델은 소비자 의사결정 과정에 있어서 중요한 변수들을 확인해 내기 위한 근거로 활용될 수 있다.

제3절 소비자 행동의 개념적 모델

1. 소비자 행동의 개념적 모델

[그림 1-3]은 소비자 행동의 개념적 모델을 보여준다. 소비자는 자신의 욕구와 필요를 충족하려는 문제해결자(problem solver)로 파악될 수 있는데, 소비자가 당면하는 문제들은 그들의 라이프 스타일을 개발하고, 그것을 유지하거나 바꾸려는 과정에서 일어난다. 소비자 행동을 이해하는 데 있어서 라이프 스타일이 중요한 이유는 그것이 바로 '어떻게 사는가?'(how one lives)의 문제로서 소비자가 어떠한 상품을 구매하며 그것을 어떻게 사용하고 그것에 관해 어떻게 생각하는지에 영향을 미치기 때문이다. 예를 들어, 소비자는 자신의 라이프 스타일을 유지하거나 바꾸기 위해서는 어떤 특정한 상품을 구매할 필요를 느끼게 된다.

이와 같이 소비자 행동은 라이프 스타일로부터 지대한 영향을 받고 있지만, 현실적

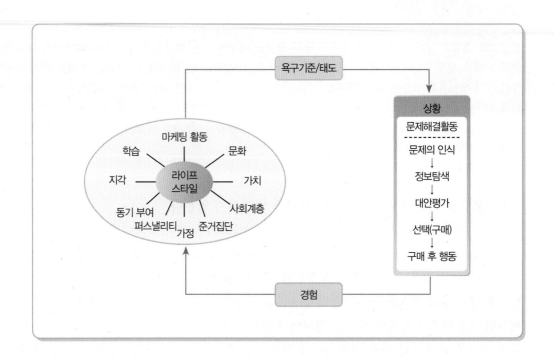

그림 1-3

소비자 행동의 개념적
모델

욕구기준/태도

상황

문제해결활동
- - - - - - - - - - -
문제의 인식

정보탐색

대안평가

선택(구매)

구매 후 행동

마케팅 활동

학습   문화

지각 ─ 라이프
스타일 ─ 가치

동기 부여   사회계층

퍼스낼리티   준거집단
가정

경험

으로 소비자는 자신의 의사결정들이 라이프 스타일로부터 영향을 받고 있다는 사실을 인식하지 못하는 경우가 많다. 그러나 [그림 1-3]과 같이 소비자 행동을 라이프 스타일에 연관시켜 파악하는 접근방법은 마케터로 하여금 소비자의 라이프 스타일과 그것에 영향을 미치는 요인들을 보다 명확하게 이해하도록 도와줄 수 있다.

한편 라이프 스타일은 **자아 이미지의 외견상 표출**이라고 말할 수 있는데, 자아 이미지(self-image, 자아개념 self-concept)는 소비자에게 영향을 미치는 **문화와 일상생활을 구성하는 개별적 상황과 경험들의 결과로서 자신에 대해 갖고 있는 전체적인 이미지**이다. 따라서 동기부여, 지각과 학습, 태도, 퍼스낼리티 등의 개인심리적 요인들과 문화, 가치, 사회계층, 준거집단, 가정 등의 사회문화적 요인들이 개별 소비자의 구체적인 라이프 스타일을 형성한다.

이와 같은 영향요인들에 의해 형성된 라이프 스타일은 독특한 욕구기준과 태도를 형성하여 소비자의 문제해결 과정에 영향을 미치며, 문제해결 활동의 결과는 다시 라이프 스타일에 영향을 미치는 순환적 과정을 반복한다.

● 소비자 행동에서 가장 중요한 것은 자아 이미지이며, 그것은 라이프 스타일로 나타난다.

2. 본서의 구성

본서의 기본적인 전제는 마케팅 전략들이 소비자 행동에 영향을 미치는 요인과 그들 사이의 관계를 근거로 해야 한다는 것이며, [그림 1-4]는 마케터와 소비자 사이의 상호

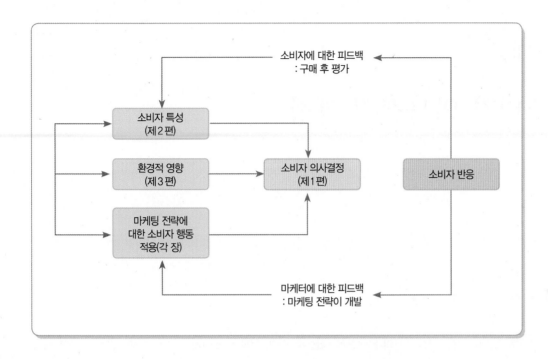

그림 1-4

본서의 구성

작용을 강조하면서 본서의 구성을 보여준다. [그림 1-4]의 중심적 구성요소는 소비자가 당면한 문제를 해결하는 활동, 즉 자극이나 정보를 지각하고 평가하여 특정한 상표를 선택에 이르는 구매 결정 과정이며(제1편) 이러한 소비자 의사결정에는 크게 세 가지 요인들이 영향을 미친다.

첫째는 개별적인 소비자 특성인데 소비자의 동기, 상표특성에 대한 지각, 대안에 대한 태도, 소비자의 인구통계적 특성, 라이프 스타일 및 퍼스낼리티 특성 등은 소비자 행동의 내부적 결정요인이다(제2편).

둘째는 환경적 영향요인인데 소비자 행동에는 문화, 사회계층, 집단, 상황적 여건 등이 외부로부터 영향을 미친다(제3편).

셋째는 마케팅 전략인데 소비자에게 정보를 제공하고 설득하려는 마케터 자신이 통제할 수 있는 측면이다. 마케터가 시장에 제공하는 마케팅 믹스의 변수들은 소비자가 자신의 문제를 해결하는 과정, 즉 구매 결정 과정에서 그들이 지각하고 평가하는 자극으로 간주될 수 있으며, 이에 관한 내용들은 본서의 전반에 걸쳐서 논의된다.

한편 마케터는 마케팅 전략을 개발하기에 앞서서 우선 마케팅 기회를 찾아내고 평가하기 위해 시장의 특성이나 시장의 반응에 관한 정보를 획득해야 하는데, 이러한 사실은 [그림 1-4]에서 마케팅 전략과 소비자 반응 사이의 화살표로 표시되어 있다.

일단 소비자가 의사결정을 완료하면 그 결과로 나타나는 소비자 반응이 구매 후 평가라는 이름으로 그 소비자의 특성으로 피드백된다. 즉 소비자는 의사결정의 결과를 평가하는 동안 경험으로부터 학습하여 그의 의사결정 패턴을 변경할 수 있다.

제2장

소비자 의사결정 과정

I·n·t·r·o

소비자의 의사결정은 몇 가지의 유형으로 나눌 수 있다. 첫째는 소비자가 의사결정에 관한 정보를 적극적으로 탐색하고 구체적인 상표특성들을 지각하여 태도를 형성한 후, 의사결정에 이르는 경우로서 새로운 승용차나 주택 등의 구매가 이에 해당한다. 둘째는 습관적 구매행동으로서 만일 소비자가 특정한 상표를 구매하여 만족했다면 그러한 만족은 반복구매를 일으키고 결국 소비자로 하여금 그 상표를 습관적으로 구매하도록 만들 것인데, 습관적 구매행동에서 소비자는 정보탐색과 상표평가의 필요성을 거의 느끼지 않으며 문제를 인식하고 나면 바로 그 상표를 구매한다. 셋째는 소비자가 상품을 별로 중요하다고 생각하지 않고, 상품과 자신을 강하게 동일시하지 않는 경우로서, 상품에 대한 구체적인 태도는 구매 후에나 형성된다.

의사결정의 유형을 이와 같이 구분하는 근거는 관여도(제4장 참조)인데, 첫 번째 유형을 관여도가 높은 의사결정이라고 하며, 세 번째 유형을 관여도가 낮은 의사결정이라고 한다. 관여도가 높은 의사결정에 관련되는 개념들은 소비자 행동을 연구하는 데 있어서 매우 중요하므로 본장에서는 우선 관여도가 높은 의사결정을 살펴본 후, 이에 관련되는 개념을 근거로 하여 관여도가 낮은 의사결정과 습관적 구매행동을 검토하기로 한다.

제1절 관여도가 높은 의사결정 과정

관여도가 높은 의사결정이란 **구매 또는 소비 행위가 소비자의 개인적 중요성 또는 관여성(personal importance or involvement)을 많이 가질 때 나타나는 광범위한 문제해결 행동**이라고 정의할 수 있다. 따라서 적극적인 정보탐색과 대안평가가 포함되는, 광범위한 문제해결 행동은 관여도가 높은 여건에서 나타나며, 관여도가 낮은 여건에서는 정보탐색이 거의 없고 대안평가 자체도 뚜렷이 달라진다. 이러한 광범위한 문제해결 행동은 대체로 다음과 같은 상품의 구매에서 빈번한 경향이 있다.

- 고가품
- 성능위험이나 신체적 위험을 수반하는 상품(승용차나 의약품, 성형수술 등)
- 복잡한 상품(오디오 시스템이나 스마트폰, 퍼스널 컴퓨터 등)
- 전문품(스키나 골프클럽, 카메라 등)
- 자아 이미지와 관련되는 상품(정장의류나 화장품 등)
- 컴퓨터 작업에 관련되는 프로그램(각종 소프트웨어)

아파트

할리데이비슨 투어러

노트북

침대 수입 가구

화장품

소프트웨어

● 관여도가 높은 상품들

관여도가 높은 의사결정 과정은 [그림 2-1]에서와 같이 다섯 단계로 구성된다.

그림 2-1

관여도가 높은 의사결정의
기본 모델

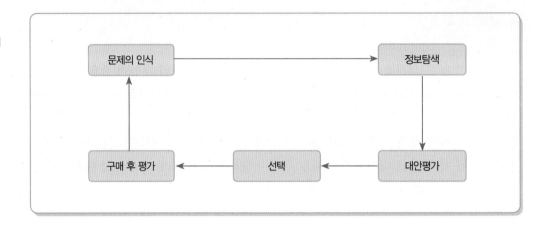

1. 문제의 인식

소비자가 문제의 인식에 이르는 과정은 [그림 2-2]와 같다. 소비자가 새로운 자극에 노출되기 앞서서 이미 갖고 있는 심상(consumer's state of mind)은 **상품범주에 관련된 소비자의 욕구기준(욕구를 충족시키는 데 바람직한 특성)과 여러 가지 대안에 대한 그의 태도로 구성**되는데, 이러한 심상을 소비자의 심리세트(psychological set)라고 하며 새로운 정보가 처리됨에 따라 변한다.

그림 2-2

소비자 심리세트와 문제의
인식

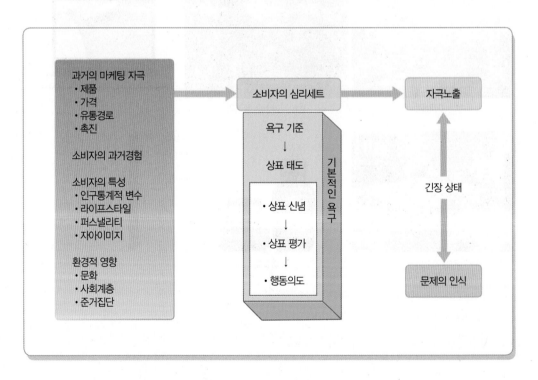

특정한 시점에 있어서 소비자의 심리세트는 [그림 2-2]에서 보듯이 여러 가지 투입변수들의 함수인데, **소비자로 하여금 자극에 선택적으로 노출되도록 만들며, 그러한 자극으로부터 긴장상태를 일으키고 문제를 인식시킨다.**

1) 소비자의 심리세트

소비자 의사결정의 맥락에서 심리세트는 상표, 상품, 점포를 평가하는 일에 직접적으로 관련되는데, 심리세트는 욕구기준과 태도라는 두 가지의 요소로 구성된다.

(1) 욕구기준

욕구기준(need criteria, evaluative criteria)이란 **소비자가 특정한 상품범주 내에서 대안들을 비교하고 평가하는 데 이용하는 기준, 즉 욕구를 충족시키는데 바람직한 특성**(desired characteristics to meet needs)으로서, 일반적으로 소비자가 구매로부터 얻고자 하는 효익들(benefits)을 반영한다. 결국 욕구기준이란 각 상표의 구매가 자신이 '원하는 바'를 얼마나 효과적으로 충족시키는지를 판단하기 위한 기준이며 예를 들어, 승용차 상품범주에 대해 안전성이나 경제성은 가장 빈번하게 언급되는 욕구기준이다.

그러나 선택대안이 **욕구기준을 충족하는 정도는 상품범주에 따라 다른 속성상에서 평가된다**는 점에 유의해야 한다. 예를 들어, 승용차의 경제성(욕구기준)은 대체로 가격과 연비라는 속성상에서 평가되지만, 가전 상품의 경제성을 비교하고 평가하기 위해 흔히 사용되는 속성은 가격과 기대수명이다.

(2) 태도

태도(attitude)는 다음과 같은 세 가지 요소로 구성되며 이러한 구성요소들은 순차적으로 형성된다.

- 상표나 상품, 점포 등 선택대안에 대한 신념들(인지적 구성요소)
- 선택대안의 각 측면에 대한 신념들을 종합한 전반적인 평가(감정적 구성요소)
- 선택대안에 대해 어떤 구체적인 행동을 취하려는 성향(행동적 구성요소)

여기서 신념(beliefs)이란 선택대안에 대해 소비자가 갖고 있는 주관적인 정보나 지식을 의미하는데, 소비자는 선택대상에 관한 신념들을 근거로 전반적인 평가를 내린 후에 구매의도를 형성한다. 이러한 순서는 소비자가 자극을 받아들인 후 그것을 처리하여 행동성향(구매의도)에 이르기까지 거치는 인지활동들의 순서를 나타내므로 마케팅 활동이 소비자 의사결정에 미치는 효과의 계층 모델(hierarchy of effects model)이라고 한다.

예를 들어, 태도의 인지적 구성요소인 신념은 하나의 상표에 대해 소비자가 주관적으로 지각하고 있는 특징을 나타낸다. 소비자는 '제네시스' 승용차가 성능, 디자인, 안전성 측면에서 매우 우수하다고 강하게 믿을 수 있으나, 연비자료를 근거로 하여 경제성을 의심할 수도 있다. 또한 상표에 대한 전반적인 평가는 태도의 감정적 구성요소로서 상표에 대한 느낌이 우호적인지 또는 비우호적인지를 나타낸다. 여기서 중요한 문제는 상표에 관한 신념이 소비자의 욕구기준과 일치하는지의 여부이며, 일치한다면 소비자는 그 상표를 우호적으로 평가할 것이다.

끝으로 구매하려는 성향은 태도의 행동적 구성요소인데, 상표에 대한 우호적인 태도는 대체로 그 상표를 구매하려는 의도로 연결된다.

그림 2-3

효과의 계층 모델

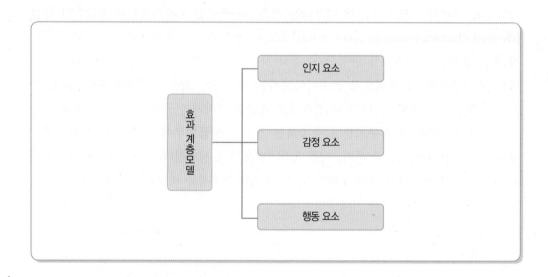

2) 심리세트에 대한 투입변수

소비자의 심리세트는 다음과 같은 투입변수들의 상호작용에 의해 형성되는데, 이러한 투입변수들은 현재의 심리세트에 영향을 미쳐 변화를 일으킬 수도 있다.

(1) 과거의 마케팅 자극에 대한 지각과 학습

상품특성이나 가격 등 마케팅 자극에 관해 소비자가 기억 속에 저장해 갖고 있는 정보와 사용경험(학습내용)은 소비자의 심리세트를 구성하는 욕구기준과 상표태도에 영향을 미친다.

(2) 소비자의 과거경험

마케팅 자극 이외에도 이미 기억 속에 저장되어 있는 모든 정보와 경험은 현재의 심리세트를 형성하는 데 기여한다.

(3) 소비자의 특성

소비자의 심리세트를 구성하는 욕구기준과 태도는 그의 인구통계적 특성, 라이프스타일, 퍼스낼리티, 자아 이미지와 같은 개인적·심리적 특성으로부터 영향을 받는다.

(4) 환경적 영향

소비자 행동에 대한 사회적·문화적 영향요인으로서 문화, 사회계층, 준거집단, 가정 등은 현재의 심리세트를 형성하는 데 기여한다.

3) 자극에 대한 노출

자극에 대한 노출은 선택적이며, 소비자의 심리세트는 그가 노출될 자극을 선별하는 데 직접 영향을 미친다. 따라서 인간은 일상생활의 환경으로부터 제공되는 모든 자극에 노출되지 않으며, 소비자가 일부의 자극에만 선택적으로 노출되는 현상은 일상생활의 패턴과 소비자의 주관적 의지라는 두 가지 원인에 기인한다.

첫째, 소비자의 **일상생활 패턴**은 그가 자주 노출될 수 있는 자극과 노출될 가능성이 적은 자극을 분리한다. 예를 들어, TV를 보지 않는 소비자는 TV를 통해 제공되는 자극들에 노출되지 않을 것이며, 매일 일정한 코스에 따라 출퇴근하는 소비자는 그의 의지와 관계없이 그 거리에서 제공되는 자극들에 쉽게 노출될 것인데, 이러한 현상을 비자발적 노출(involuntary exposure)이라고 한다.

둘째, 소비자는 자신의 욕구를 충족하는 데 도움이 되거나 신념과 태도를 지지하고 보강해 주는 자극을 의도적으로 탐색한다. 즉 소비자는 자신의 상품구매가 현명했음을 확인하기 위해 자신의 선택을 지지해 주는 정보를 탐색하며, 아파트를 구매하려는 소비자는 아파트에 관한 정보나 기사를 능동적으로 찾아다니는데, 이를 자발적 노출(voluntary exposure)이라고 한다.

또한 소비자는 자신의 욕구충족에 관계가 없거나 신념에 상반되는 자극은 회피하려는 경향을 보이기도 하는데 예를 들어, 흡연자는 담배갑의 경고문이나 금연운동에 관한 기사를 의도적으로 회피한다.

따라서 능동적 탐색을 통해 자극에 노출되는 일은 현재 소비자가 갖고 있는 욕구에 관련되거나 신념을 보강하고, 의사결정에 도움이 되는 추가적인 정보를 얻으려는 선택적 과정인 것이다.

4) 문제의 인식(욕구의 환기)

소비자가 내부적 자극(생리적 신호인 배고픔이나 목마름의 느낌)이나 외부적 자극(마케팅 자극과 환경적 요인)에 노출된 결과, 현실적인 상태와 이상적인 상태 사이의 차

이를 지각한다면, 그러한 자극과 관련된 욕구가 환기되고(need arousal, 문제의 인식 recognition of problem) 이러한 차이를 해소하기 위한 의사결정이 시작된다.

그러나 특정한 욕구를 충족시키기 위해 의사결정 과정을 시작할지의 여부는 **현실적인 상태와 이상적인 상태 사이에서 지각되는 차이의 크기와 문제의 중요성**에 달려 있다. 즉 두 가지 상태에 대한 지각들 사이의 차이가 어느 정도의 수준(점화수준 또는 임계치)을 넘어설 경우에나 소비자는 해결방안을 모색하기 위한 의사결정을 시작할 것이며, 소비자는 또한 시간과 예산의 제약을 받으

● 문제인식을 유발하려는 광고

므로 가장 중요하다고 여기는 문제를 우선적으로 해결하려고 할 것이다.

(1) 문제를 인식시키는 자극과 상황

소비자는 내부적이든 외부적이든 자극에 노출되어 현실적인 상태와 이상적인 상태 사이의 차이가 점화수준을 넘어선다고 지각할 때 비로소 욕구가 환기되어 새로운 의사결정의 필요성을 인식하는데, 이와 같이 소비자로 하여금 의사결정 문제를 인식하도록 만드는 자극과 상황은 대체로 다음과 같다.

① 마케팅 자극

소비자는 마케팅 자극을 포함하여 환경 내의 수많은 자극에 노출됨으로써 현실적인 상태와 이상적인 상태 사이의 차이를 지각하게 되는데, 마케팅 자극은 상업적 환경에서 그러한 차이를 인식시키는 가장 보편적인 요인이다. 즉 마케터는 다양한 마케팅 활동을 통해 소비자로 하여금 자신의 상품을 탐색 또는 평가, 구매하도록 유도하기 위해 현실적인 상태(상품을 소유 또는 소비하지 않음)와 이상적인 상태(그것을 소유하거나 소비함) 사이에서 충분한 차이를 지각하도록 촉구한다.

그러나 소비자는 그들이 **관심을 갖지 않거나 동의하지 않는 설득 메시지를 선택적으로 여과**해 버릴 수 있다. 따라서 현실적인 상태와 이상적인 상태 사이의 차이를 인식시키려는 마케팅 활동은 오히려 다른 자극이나 상황에 의해 소비자의 욕구가 환기된 후에 적용될 때 더욱 효과적이다. 예를 들어, 자신의 노트북에 불만족하고 있는 소비자는 일단 새로운 의사결정 문제를 인식하고 있는 것이며, 이들은 바람직한 특징을 갖춘 새로운 노트북에 매우 수용적이 될 것이다. 이미 새로운 노트북을 구매하려는 욕구가 환기

되어 있는 소비자들에게 소구하는 효과적인 마케팅 믹스(marketing mix)는 그들이 지각한 괴리를 더욱 증폭시키는 자극으로 작용한다.

② 현재의 상품이 소진되거나 불충분한 상황

가장 빈번히 일어나는 문제인식의 상황은 소비자가 이미 갖고 있는 상품을 모두 소비하고 다시 구매해야 할 경우인데, 소비자가 그 품목에 대한 열망을 계속 갖고 있는 한, 문제의 인식은 반복적으로 일어날 것이다.

소비자는 또한 자신이 갖고 있는 상품이 그의 욕구에 불충분함을 인식하여 새로운 상품을 원하기도 한다. 예를 들어, 화분대를 설치할 때 집에 있는 연장이 적합하지 않다면 새로운 연장의 필요성을 느낄 수 있다.

③ 이미 갖고 있는 상품에 불만족하는 상황

소비자는 자신이 이미 갖고 있는 상품에 불만족하게 되어 문제인식에 이르기도 하는데 예를 들어, 유행에 따라 남자의 넥타이와 양복 깃은 넓어지고 좁아지는데 그러한 변화에 따라 소비자는 결국 그의 옷을 바꾸고자 할 수 있다.

문제인식은 또한 다른 의사결정의 결과로서 일어나기도 하는데 예를 들어, 낡은 집을 수리한 소비자는 새집에 맞도록 가구를 교체할 필요성을 느낄 수 있다. 즉 하나의 상품을 구매한 소비자는 그 상품과 관련된 제품을 연속적으로 구입하려는 새로운 문제를 인식할 수 있다. 이를 디드로효과(Diderot effect, 또는 디드로 통일성 Diderot conformity)라고 하는데, 단순한 기능적 관련성뿐 아니라 상품들 사이의 정서적·심미적 동질성을 느끼기 때문에 나타나는 현상이다.

끝으로 소비자는 단순히 새롭거나 신기한 것을 갖고 싶은 욕구에서 새로운 의사결정을 시작하기도 한다.

● 갖고 있는 상품의 불만족스런 점은 문제인식을 유발하여 새로운 상품에 대한 욕구를 환기시킨다.

④ 환경적 여건이 변화하는 상황

소비자는 환경적 여건이 변함에 따라 새로운 의사결정 문제를 인식하기도 한다. 이러한 경우의 대표적인 예는 가정생활 주기(FLC, family life cycle)의 변화인데, 제12장에서 알 수 있듯이 생활주기의 각 단계는 상이한 상품에 대한 구매 욕구를 환기시킨다. 결국 가정이 형성되어 지속되는 동안 끊임없이 새로운 구색의 상품이 필요할 것이다.

또 다른 중요한 요인은 준거집단의 영향이다. 대학생 사이의 패션성향은 신입생으로 하여금 그가 현재 입고 있는 옷을 검토하도록 하여 새로운 의사결정 문제를 인식시키며, 신입생은 이러한 준거집단에 부응하기 위하여 새로운 옷이 필요할 수 있다.

⑤ 자금여건이 변화하는 상황

소비자는 자신의 예산범위 내에서나 구매할 수 있으므로 현재의 자금 상태나 앞으로 예상되는 자금상태가 새로운 의사결정 문제를 인식시킬 수 있다. 예를 들어, 유산을 상속받게 되거나 월급이 오른 소비자는 이전에 생각지 못하던 돈쓸 방법을 궁리하면서 그의 이상적인 상태를 긍정적인 방향으로 바꿀 것이며, 실직을 예견하는 소비자는 이상적인 상태를 부정적인 방향으로 바꿀 것이다.

(2) 문제인식의 결과

소비자가 새로운 의사결정 문제를 인식하고 나면 두 가지의 전형적인 결과가 나타난다. 첫째는 문제해결 활동을 중지하는 것인데, 이는 어떤 환경적 요인이 이상적인 상태와 현실적인 상태 사이에서 지각한 차이를 해소하지 못하도록 방해할 때 일어난다. 예를 들어, 화재가 나서 가재도구를 모두 잃은 소비자는 보유하던 것과 같은 대형 TV를 사고 싶지만 보험금이 충분치 않거나 다른 품목을 구입할 필요성이 우선한다면 얼마동안 TV 없이 살기로 결심할 것이다. 따라서 소비자의 현실적인 상태(TV를 소유하지 않음)와 이상적인 상태(TV를 소유함) 사이의 차이에도 불구하고 TV를 구매하려는 그의 의사결정은 시작되지도 않을 수 있다.

문제의 인식으로부터 일어나는 결과 중 둘째는 정보탐색에 참여함으로써 의사결정 과정의 다음 단계로 나아가는 것이다.

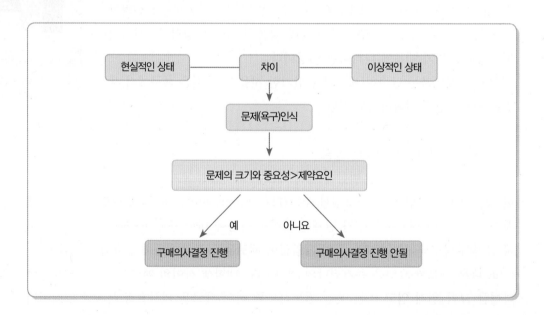

그림 2-4
문제인식과 구매결정 과정

2. 정보의 탐색

일단 욕구가 환기되어 새로운 의사결정 문제를 인식한 후, 의사결정의 진행을 방해하는 제약요인이 없다면 소비자는 다음 단계로서 의사결정에 필요한 정보를 탐색하게 된다.

1) 정보탐색의 유형

정보(information)란 **어떠한 사실이나 여건에 관해 획득된 지식**이며 탐색(search)이란 **의사결정을 위해 소비자가 참여하는 정신적 및 신체적인 정보획득 활동**을 말한다. 소비자가 정보를 획득하는 과정은 비자발적 노출에 의해 정보를 얻게 되는 수동적 수용(passive reception)과 명확하게 정의된 문제와 정보탐색의 목표를 갖고 수행되는 능동적 탐색(active search)으로 구분되며, 내부적 탐색과 외부적 탐색이라는 상이한 활동으로 구분할 수도 있다.

(1) 내부적 탐색

내부적 탐색(internal search)이란 소비자가 새로운 의사결정 문제를 인식한 후 참여하는 첫 번째 정보탐색 활동으로서 **구매와 관련하여 기억 속에 저장되어 있는 정보를 회상하고 검토하는 정신적 과정**이다. 즉 소비자는 기억 속에 이미 저장되어 있는 정보나 태도, 과거경험을 현재 당면한 의사결정 문제에 적용시키기 위해 회상하는데, 일단 회상된 정보는 의사결정의 평가단계에서 활용된다.

이러한 내부적 탐색은 소비자가 의사결정 문제를 중요시하거나, 의사결정이 복잡하고 어렵거나, 기억 속에 저장된 정보가 많을 때에 신중하고 포괄적이 되는 경향이 있다. 그러므로 늘 사용해 오던 상표의 화장비누를 반복구매하는 경우에는 기억검토가 대단히 자동적이어서 거의 부의식적으로 수행되기도 한다.

내부적 기억검토로부터 획득된 정보는 대체로 소비자가 일상적으로 당면하는 의사결정 문제를 해결하기 위해 충분하므로 많은 의사결정이 외부적 정보에 대한 탐색 없이 이루어진다. 그러나 현재 자신이 기억 속에 저장해 갖고 있는 지식과 정보가 의사결정에 충분하지 않다고 지각하는 소비자는 외부적 탐색에 참여하게 된다.

(2) 외부적 탐색

외부적 탐색(external search)이란 기억으로부터 회상될 수 있는 정보에 덧붙여 **외부적 원천으로부터 의사결정에 필요한 새로운 정보를 획득하는 탐색활동**을 말하는데, 그러한 정보가 얻어질 수 있는 원천은 광고물, 판매원, 점포진열, 품질평가 보고서, 친구 등을 포함한다. 외부적 탐색도 능동적 탐색의 성격을 갖지만 간혹 수동적 수용의 성격을 가질 수 있다. 예를 들어, 새로운 노트북을 구매할 필요성을 느끼고도 당장 구매하지 않고 마음속에 담아두면서 우연히 신상품 광고를 주목하여 정보를 획득하기도 한다.

　이론적으로 외부적 탐색은 내부적 탐색이 있은 후에 나타나지만, 사실 외부적 탐색에 앞서서 내부적 탐색이 반드시 완료되어야 하는 것은 아니다. 즉 약간의 내부적 탐색만을 통해서도 소비자는 내부적으로 가용하지 않은 정보를 확인할 수 있을 뿐 아니라, 내부적 정보들이 상반되거나 내부적 탐색이 곤란한 여건이 발생한 경우에도 외부적 탐색을 시작할 수 있다.

　또한 외부적 탐색에서 획득된 정보를 해석하거나 보완하기 위해 다시 내부적 탐색이 시작될 수도 있으므로 내부적 탐색과 외부적 탐색은 순차적이라기보다는 지속적인 순환과정이다.

그림 2-5

정보 탐색과정

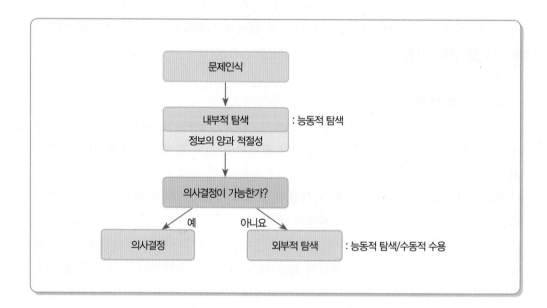

2) 탐색되는 정보의 유형

　소비자가 의사결정을 위해 탐색하는 정보의 유형을 아는 일은 마케터가 정보제공과 설득전략을 수립하는 데 매우 중요한데, 소비자는 대체로 다음과 같은 다섯 가지 유형의 정보를 탐색한다.

(1) 상품범주 내에서 욕구기준에 관련되는 평가속성(들)을 선정하기 위한 정보

　소비자는 상품범주 내에서 선택대안들을 평가하는 데 있어서 **욕구를 충족시키는 데 바람직한 특성**(욕구기준 need criteria, 평가기준 evaluative criteria)을 명확히 하고 대안들을 계량적으로 평가하기 위한 구체적인 속성들을 선정해야 한다.

(2) 평가속성들을 가중하기 위한 정보

욕구기준에 관련되는 평가속성(attributes)들은 각각 욕구충족에 기여하는 정도가 다를 것이므로 소비자는 각 속성의 상대적인 중요성(요망성)을 결정해야 한다.

(3) 대안의 존재

의사결정의 다음 단계인 대안평가를 위해 소비자는 우선 적절한 대안들(appropriate alternatives)의 존재를 확인해야 한다.

(4) 각 대안이 제공하는 평가속성의 크기(속성점수)에 관한 정보

소비자는 선택대안마다 각 평가속성을 어느 정도나 갖고 있는지(속성점수 attribute scores)를 결정하여 대안특성(alternative characteristics)을 파악해야 한다.

(5) 각 대안의 가용성에 관한 정보

소비자는 시간과 장소의 측면에서 각 선택대안의 가용성을 검토해야 한다.

한편 대안의 존재를 의사결정의 전체과정에서 본다면 상품범주 내에는 많은 상표가 존재할 수 있으나(total set of brands) 소비자가 그들 모두를 알고 있지는 않으므로 일부 상표는 고려에서 제외될 수밖에 없다. 여기서 고려란 **정보탐색은 물론 대안평가와 각 구매단계의 활동**을 지칭하는데, 소비자가 알고 있는 상표들(인지세트, awareness set) 중에서도 일부는 다음과 같은 이유로 더 이상 고려되지 않을 수 있다.

- 상표가 자신의 지불능력 범위를 넘어선다.
- 상표가 자신의 욕구기준에 관련되지 않는다.
- 상표를 평가할 충분한 정보를 갖고 있지 않다.
- 상표를 사용해 본 과거경험이 만족스럽지 못했다.
- 현재 사용 중인 상표에 만족하고 있다.
- 광고나 구전 커뮤니케이션으로부터 부정적인 영향을 받고 있다.

따라서 인지세트 내에는 세 가지의 하위세트가 존재한다. 즉 환기세트(evoked set)는 소비자가 구매와 소비를 위해 긍정적으로 평가한 상표들로 구성되며, 불활성세트(inert set)는 소비자가 긍정적으로도 부정적으로도 평가하지 않은 상표들로 구성된다. 아마도 소비자는 그들을 평가할 충분한 정보를 갖고 있지 않거나, 단순히 환기세트에 속하는 상표보다 특별히 낮지 않다고 지각할 수 있다. 부적합세트(inept set)는 불유쾌한 경험이나 부정적인 구전 커뮤니케이션으로 인해 고려에서 제외되는 상표들로 구성된다.

　소비자는 상표를 알고, 그것을 긍정적으로 평가할 경우에만 구매할 것이므로 마케터는 우선 소비자의 인지세트를 파악해야 하며, 자신의 상표가 소비자의 환기세트에 포함될 수 있도록 노력해야 한다.

그림 2-6

상표 인지세트

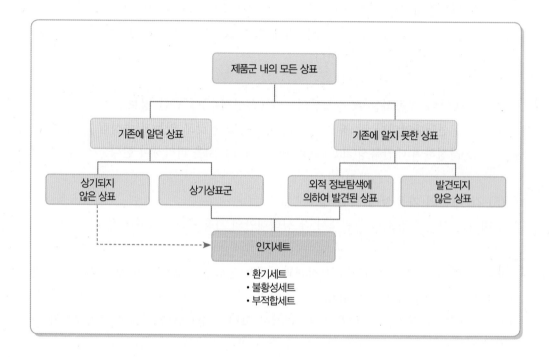

3) 탐색되는 정보량

　소비자가 얼마나 많은 정보를 탐색하는지에 대해서는 다양한 요인들이 영향을 미치는데, 많은 연구들이 인구통계적 특성의 영향을 다루었지만 상반된 발견점들을 제안하고 있다. 따라서 여기에서는 탐색활동의 비용 대비 혜택, 상품의 유형, 거래점포의 유형, 지각된 위험, 학습과 경험이 정보탐색의 양에 미치는 영향만을 검토해 본다.

(1) 탐색활동의 비용 대비 혜택

　정보탐색은 의사결정에 많은 도움을 주지만 비용을 수반하므로 소비자는 탐색활동을 통해 추가되는 혜택이 탐색활동에 소요되는 비용보다 큰 경우에나 그러한 활동은 수행할 것이다. 탐색활동으로부터 얻을 수 있는 가장 중요한 혜택은 '**보다 나은' 구매결정의 가능성**이기 때문에 소비자는 이러한 잠재적 혜택이 큰 고가품을 구매할 때 광범위하게 탐색하려는 경향을 보인다. 그러나 많은 사람들은 새로운 것을 구매하길 좋아하며 쇼핑을 즐거운 일이라고 생각하므로 쇼핑의 즐거움도 탐색활동의 혜택이 될 수 있다.

탐색활동에 소요되는 비용으로는 우선 여기저기 돌아다니는 일과 정보수집에 관련된 시간적·화폐적 비용을 생각할 수 있는데 이러한 비용은 시간에 쫓기는 소비자나 경제적 여유가 부족한 소비자에게 큰 부담이다.

두 번째 탐색비용은 상품의 소유나 소비의 즐거움을 연기하는 것인데 예를 들어, 탐색활동이 상품사용으로부터 얻어지는 만족을 지연시킨다는 이유에서 소비자는 광범위한 탐색활동을 회피할 수도 있다.

세 번째 탐색비용은 탐색활동이 좌절감이나 짜증 등 소비자 마음에 주는 심리적 부담이다. 즉 쇼핑이 즐거운 활동이기도 하지만, 명절이나 세일기간에는 좌절감과 짜증을 일으킬 수 있는데, 이러한 심리적 비용이 크다면 탐색활동은 줄어들 것이다.

(2) 상품의 유형

전통적으로 마케터는 상품유형과 탐색활동 사이의 관계를 인정해 왔다. 즉 편의품(convenience goods)은 대체로 소비자가 자주 구매하며 최소한의 탐색노력으로 구매하는 것들이며, 선매품(shopping goods)은 평가과정에서 가격, 품질, 스타일, 욕구에 대한 적합성 등을 직접 비교하여 선택하는 것들이다. 끝으로 전문품(specialty goods)은 소비자가 특정한 상표를 구매하기 위해 탐색노력을 아끼지 않는 것들이다.

상품유형이라는 요인은 또한 앞에서 언급한 탐색비용과 혜택에 관한 논의와도 관련되는데, 선매품의 경우에서는 가격 및 품질 비교로부터 기대되는 혜택이 광범위한 탐색활동을 정당화시킬 정도로 충분히 크지만, 편의품의 경우에서는 그렇지 못하다. 그러나 전문품의 경우에서는 가용성에 대한 탐색이 특히 크다.

(3) 거래점포의 유형

전문점에서 구매하는 소비자는 나른 형태의 소매점에서 구매하는 소비자에 비해 여러 가지 원천으로부터 상품에 관련된 정보를 탐색하는 경향이 있다. 예를 들어, 오디오 시스템을 전문점에서 구매하는 사람은 많은 지식과 경험을 갖고 있으며, 상품에 관련된 전문잡지를 보며 많은 점포를 방문하고 친구나 이웃으로부터 충고를 구하는 경향이 있다.

(4) 지각된 위험

의사설정에 관련된 불확실성도 탐색활동에 영향을 미치는데, 이러한 불확실성은 대체로 세 가지로 구분된다. 즉 구매목표에 대한 불확실성이란 도대체 소비자가 구매를 통해 어떠한 문제를 해결해야 하는지를 정확하게 모르는 경우이며, 대안평가의 불확실성이란 어느 대안이 욕구기준을 가장 잘 충족시킬 것인지에 관한 불확실성이다. 구매 후 생길 수 있는 바람직하지 않은 결과에 관한 불확실성도 정보탐색의 양을 증대시킨다.

(5) 학습과 경험

기억 속에 저장되어 있는 정보의 양과 적합성은 외부적 탐색활동에 영향을 미친다. 즉 저장되어 있는 정보가 충분하며 현재의 문제를 해결하는데 적합할수록 외부적 탐색의 양은 적어질 것인데, **기억 속에 저장되어 있는 정보의 적합성**은 다음과 같은 요인에 달려 있다.

첫째, 과거 구매로부터 만족을 얻었다면 의사결정 문제가 다시 인식될 때 탐색활동이 적게 일어난다.

둘째, 현재의 의사결정 문제가 이전에 만족스럽게 해결되었던 의사결정 문제와 유사하다면 과거의 해결책(동일한 상표의 구매나 동일한 점포의 방문 등)에 의존하고 외부적 탐색활동이 적게 일어난다.

셋째, 상품, 가격, 소매점 등 시장에서 가용한 대안들에 있어서 변화가 있다면 소비자는 그의 지식을 새롭게 하기 위해 보다 많은 탐색활동에 참여할 것이다.

넷째, 마지막 구매 후 시간이 많이 경과했다면 시장에서 가용한 대안들의 변화가 클 것이므로 구매주기가 길수록 탐색활동이 많아진다.

이 밖에도 외부적 정보탐색의 양과 관련하여 다음과 같은 관계들이 제안되고 있다.

- 소비자는 의사결정 문제를 명확하게 인식하지 못했을 때 탐색활동을 많이 하는 경향이 있다.
- 소비자가 긴박하게 충족해야 하는 욕구를 갖고 있을 때 그러한 욕구를 충족시키기 위한 탐색활동은 줄어들 것이지만, 특정한 상품에 대한 욕구가 강할수록 탐색이 많아지는 경향이 있다.
- 소비자의 관여도가 낮은 여건에서는 위험을 적게 지각하며, 그것을 줄이기 위한 정보탐색도 적다.
- "자신이 신중하다"는 자아 이미지를 갖고 있는 소비자는 탐색활동을 많이 하는 경향이 있다.

4) 정보탐색의 순서

인지심리학과 소비자 의사결정 분야에서는 외부적 탐색으로부터 소비자가 정보를 얻어내기 위한 정보탐색의 순서가 연구되었는데, 정보탐색의 순서는 크게 두 가지로 나눌 수 있다. 즉 여러 대안 중 우선 하나를 선정하여 다수항목의 속성정보를 수집한 후, 다른 대안을 선정하여 이에 관한 속성정보를 다시 수집해 가는 방식의 순서는 상표처리에 의한 선택(CPB, choice by processing brands)이라고 하며, 하나의 평가속성을 선정하여 여러 대안이 이러한 속성에 대해 갖는 가치를 결정한 후, 두 번째 평가속성을 선정하여 각 대안의 가치를 결정해 나가는 방식의 순서는 속성처리에 의한 선택(CPA, choice by processing attributes)이라고 한다.

대부분 소비자들은 속성처리에 의한 선택이나 상표처리에 의한 선택이라는 기본적인 탐색전략 중 하나를 채택하여 그들의 탐색활동에서 일관성 있게 사용하지만, 일부 소비자들은 탐색과정 동안 탐색순서를 변경하기도 하는데, 이를 피드백 처리에 의한 선택(CFP, choice by feedback processing)이라고 한다. 즉 피드백 처리에 의한 선택은 의사결정의 초기단계에서 상표별 또는 평가속성별로 정보를 탐색하고 후기단계에서는 특정한 대안들 사이에 다른 형태의 처리로서 일련의 상대비교를 하는 것이다.

이러한 정보탐색의 순서를 아는 일은 소비자에 대한 정보제공 양식을 설계하는 데 도움을 줄 수 있는데, 외부적으로 가용한 정보가 풍부한 의사결정에서는 소비자가 일반적으로 속성처리에 의한 선택에 의존하는 경향이 있다. 그러나 소비자가 의존하는 정보탐색 순서는 개인적 특성, 의사결정의 단계, 정보가 제시되는 양식, 정보의 가용성 등에 따라 달라질 수 있다.

5) 정보의 외부적 원천

(1) 정보원천의 유형

소비자는 외부적 탐색에서 마케터 주도적인 원천, 소비자 주도적인 원천, 중립적인 원천이라는 세 가지 유형의 정보원천에 의존한다.

① 마케터 주도적인 원천

마케터 주도적인 원천은 마케터가 직접 통제할 수 있는 것으로 상품 자체, 포장, 가격, 광고, 판매촉진, 인적 판매, 진열, 유통경로와 같은 커뮤니케이션 수단을 포함한다. 소비자가 이러한 원천을 선호하는 이유는 정보가 즉시, 적은 노력으로 가용하며 기술적으로 정확하다고 지각되기 때문이다. 그러나 간혹 정보가 지나치게 피상적이거나 신뢰성이 부족하다고 지각할 수도 있다.

② 소비자 주도적인 원천

소비자 주도적인 원천은 마케터가 직접 통제할 수 없는 것으로 개인들 사이의 모든 정보교류를 포함하는데, 소비자 욕구에 맞춰 정보가 제공된다는 융통성과 신뢰성, 가용한 정보의 대량성이라는 특징을 가진다. 그러나 정보가 항상 정확하지는 않으며 특별한 탐색노력이 필요하다는 점이 이러한 원천의 사용을 방해할 수 있다.

③ 중립적인 원천

중립적인 원천은 정부보고서, 조사기관이나 공인 검사기관의 보고서 등을 포함하는

데, 소비자들은 중립적인 원천을 신뢰하며 정보가 공정하다고 지각한다. 그러나 모든 상표를 다루지 않는 등 정보가 불완전하거나, 정보획득에 시간과 비용이 많이 소요되며, 정보가 오래되었거나 소비자와 상품평가 기준을 달리할 수 있다.

(2) 정보원천 사용의 결정요인

일반적으로 **노출의 측면에서는 마케터 주도적인 원천이 가장 효과적**이며, 영향력 기준에서는 중립적 및 소비자 주도적인 원천이 효과적이지만 어떠한 원천이 사용될지는 다음 요인들에 의해 결정된다.

① 탐색되는 정보의 유형

대안의 존재와 가용성에 관한 정보는 대체로 마케터 주도적인 원천으로부터 탐색되지만 각 대안의 속성점수는 소비자 주도적인 원천으로부터 탐색되는 경향이 있다.

② 상품과의 과거 경험

상품을 구매하여 사용함으로써 만족했던 소비자는 단순히 내부적 원천에 의존하는 경향이 있다.

③ 지각된 위험

지각된 위험이 클 때 소비자는 소비자 주도적인 원천을 통해 이를 줄이거나 품질 공인표시와 같은 중립적인 원천에 의존한다.

④ 상품의 유형

신상품이거나 상품이 복잡한 경우라면 마케터 주도적인 원천이 많이 이용된다.

⑤ 개인적 특성

소비자 자신의 소득 및 교육수준, 성별, 구매횟수, 연령 등의 특성도 정보원천의 사용패턴에 영향을 미친다.

6) 정보탐색의 결과

의사결정에 필요한 추가적 정보를 외부적으로 탐색하는 일은 소비자로 하여금 새로운 상표의 존재와 가용성을 알게 하고, 상표들을 평가하는 데 사용되는 욕구기준이나 상표태도에 영향을 미쳐 결국 소비자 심리세트를 변화시킨다.

(1) 상표를 평가하기 위해 사용되는 욕구구조의 변화

욕구구조(need structure)는 욕구기준들과 그 가중치로 구성되는데, 욕구구조의 변화는 새로운 욕구기준이 인식되거나 욕구기준들의 우선순위가 바뀜으로써 일어난다. 예를 들어, 소비자는 정보탐색을 통해 승용차의 선택에서 승차감이라는 새로운 욕구기준을 도입하든가 가장 중요시하는 욕구기준을 경제성에서 안전성으로 바꿀 수 있다.

(2) 상표에 관한 태도의 변화

새로운 정보는 소비자로 하여금 상표들에 관한 기존의 신념을 바꾸도록 할 수 있다. 예를 들어, 단순히 배기량이 큰 승용차의 연비가 낮다고 생각하던 소비자가 승용차의 신모델이 배기량이 크지만 새로운 엔진을 채택하여 오히려 배기량 작은 구모델보다 연비가 높다는 점을 처음으로 알게 될 수 있다. 이러한 신념의 변화는 결국 평가단계를 거치는 동안 상표에 대한 평가와 행동성향에도 영향을 미쳐 상표태도를 바꾼다.

3. 대안평가

소비자의 정보탐색은 결국 욕구구조와 태도의 형성으로 귀착되는데, 이러한 활동들은 소비자의 의사결정 과정에서 대안평가라고 한다.

1) 욕구연상과 태도의 형성

(1) 평가속성의 선정과 가중치의 개발

대안평가의 단계에서 소비자는 우선 자신이 인식한 문제를 해결하는 일에 관련된 욕구기준들과 그 가중치를 형성하기거나 변경한 후(욕구구조), 각 욕구기준에 관련하여 대안들을 구체적으로 비교하기 위한 평가속성들을 선정하는데, 이러한 과정을 욕구연상 (need association)이라고 한다.

즉 소비자는 여러 가지 평가속성들을 사용하여 상품과 상표들을 평가하는데, 이러한 속성들은 소비자가 상품에서 모색하는 바람직한 상품특징으로서 주관적이거나 객관적일 수 있으며 소비자에 따라 다르다.

대안들을 평가하기 위해 소비자가 사용할 수 있는 평가속성은 대단히 많지만, **일부 평가속성들만이 매우 중요하고 대안들 사이에서 큰 차이를 보이기 때문에 의사결정에서 결정적**이라고 지각된다(결정적 속성 determinant attributes). 그러나 마케터는 중요하다고 생각되는 속성을 단순히 결정적 속성이라고 간주하는 오류를 범할 수 있는데 예를 들어, 병원 선택에 있어서 청결성은 매우 중요한 속성이지만 소비자들이 병원들 사이에서 청결성의 차이가 없다고 생각한다면 청결성이라는 속성은 병원 선택에서 결정적이지 않은 것이다. 따라서 청결성을 강조하기보다는 다른 결정적 속성을 강조하는 마케팅 노력이 효과적이다.

소비자가 사용하는 평가속성의 수는 상품에 따라 다르지만 일반적으로 6~7개 이하이며, **관여도가 높은 상품에서는 그 수가 많아지는 경향**이 있다. 또한 평가속성들과 그 가중치는 시간이 흘러 소비자가 새로운 경험과 정보를 얻음에 따라 변할 수 있다.

(2) 대안에 대한 태도형성(기대만족의 형성)

소비자는 각 상품이나 상표에 대한 태도(기대만족)를 형성하기 위해 적절한 의사결정 규칙을 사용하는데(제8장에서 설명), 대체로 이러한 의사결정 규칙을 기억 속에 저장해 갖고 있으나 간혹 평가과정을 거치면서 만들어내기도 한다. 즉 소비자는 정보탐색의 결과로서 얻어진 욕구기준과 신념의 변화(또는 형성)를 근거로 각 선택대안에 대한 태도를 형성한다.

2) 평가활동의 양

탐색활동의 크기에 영향을 미치는 요인들은 평가활동의 양에도 유사하게 작용하지만, 대체로 다음과 같은 일반화가 가능하다.
- 문제해결의 필요성이 긴박할수록 평가활동은 적게 일어난다.
- 상품이 소비자에게 중요할수록 평가활동의 양이 많아진다.
- 대안들이 복잡할수록 평가활동의 양이 많아진다.

3) 평가의 결과

소비자는 욕구연상을 통해 개발한 평가속성과 가중치를 근거로 각 대안의 속성점수들을 일정한 의사결정 규칙에 따라 통합하는데, 이러한 과정은 몇 가지의 결과를 산출한다.

첫째, 소비자는 상품 또는 상표가 그의 욕구기준을 충족시키는 정도를 근거로 하여 태도(기대만족)를 형성하고, 적합한 대안을 찾게 되면 탐색을 중지하고 가장 바람직한 대안을 선택한다. 따라서 평가과정은 탐색된 정보를 통합함으로써 심리세트 내의 상표평가(감정적 구성요소)와 행동의도(행동적 구성요소)를 변화시킨다.

둘째, 수용가능한 대안을 확인하지 못하였다면 의사결정을 포기할 수 있다.

셋째, 수용가능한 대안이 아직 발견되지 않았으나 추가적 탐색활동의 혜택이 부수되는 비용보다 크다면 정보탐색 활동을 계속할 수 있다.

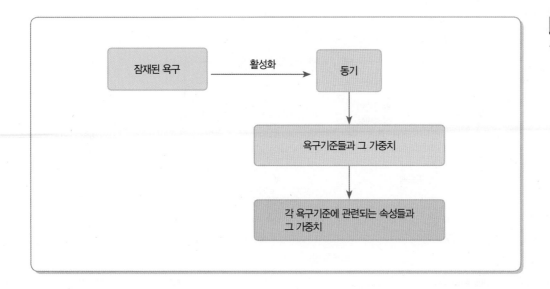

그림 2-7
욕구연상

4. 선택(구매)

상표평가의 결과는 구매 또는 구매하지 않으려는 의도인데, 선택단계는 구매여부의 결정뿐 아니라 구매와 관련된 부수적 활동들을 포함한다.

즉 상표들을 평가한 후, 소비자는 가장 큰 기대만족(expected satisfaction)을 예상하는 대안에 대해 구매의도를 갖지만, 복잡한 의사결정에서는 구매가 즉각적으로 일어나지 않고 여러 가지 도구적 행위들(instrumental actions)을 수반한다. 예를 들어, 소비자는 점포를 선택하고 언제 구매할 것인지를 결정하고 실제로 구매할 곳을 방문해야 할 것이다.

1) 구매의도–구매/비구매

[그림 2-8]은 구매를 연기하거나 구매하지 않으려는 의사결정이 있을 수 있음을 보여줄 뿐 아니라, 의사결정 과정이 어느 단계에서나 종결될 수 있음을 보여준다. 예를 들어, 소비자는 정보탐색이나 대안을 평가하는 동안 그의 욕구를 충족시킬 적절한 상표를 발견하지 못하거나, 어떤 상표를 구매하기로 결심했을지라도 외부적 제약 때문에 예견치 않던 구매지연이나 비구매 결심에 이를 수 있다. 즉 상표의 불가용성 또는 가격변화, 새로운 상표에 관한 정보가 소비자로 하여금 구매를 연기하거나 다른 대안을 추가로 고려도록 할 수 있다.

[그림 2-8]은 또한 구매의도와 실제 구매 사이에서 도구적 행위가 필요하다는 사실을 보여주는데, 복잡한 의사결정에 있어서는 구매에 필요한 도구적 행위가 많기 때문에 구

그림 2-8

관여도가 높은 의사결정의
완전한 모델

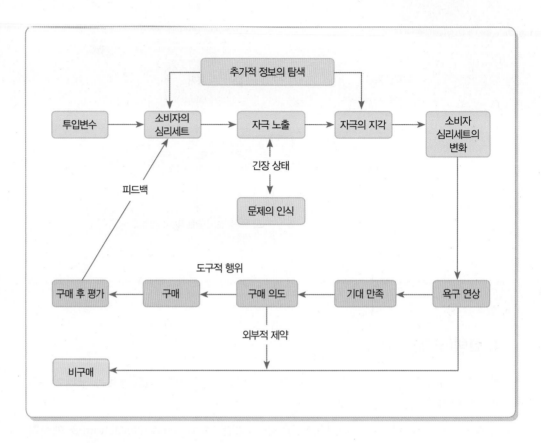

매의도와 실제 구매 사이의 시간지체가 커질 수 있다.

2) 구매와 관련된 부수적 의사결정(도구적 행위)

소비자가 일단 구매하기로 결심했다면, 구매에 관련된 몇 가지 부수적 의사결정에도 참여해야 하는데, 이러한 의사결정 항목들은 물론 평가과정에서 사전에 고려될 수도 있다.

(1) 점포의 선정

구매가 일어나기 위해 필요한 도구적 행위에서는 점포선정이 가장 중요하다. 사실 점포선정은 그 자체가 별도의 의사결정이며, 어디서 옷을 구매할 것인지의 문제가 간혹 어느 상표를 살 것인지보다 더 중요할 수 있다.

(2) 대금 지불에 관한 결정

오늘날의 많은 구매에 있어서 지불방법의 결정은 중요한 문제이다. 물론 소비자가 아무 생각 없이 현금으로 지불하거나 신용카드를 꺼내는 단순한 문제일 수도 있으나, 값비싼 내구재를 구매하는 소비자는 가장 우호적인 신용거래 조건을 찾기 위해 돌아다니며 많은 선택대안을 고려할 수 있다.

(3) 관련된 상품이나 서비스에 관한 의사결정

한 품목의 구매는 관련된 다른 상품과 서비스를 구매하도록 영향을 미칠 수 있는데 예를 들어, 승용차를 새로 구입한 소비자는 타이어나 시트를 교체하거나 블랙박스를 설치할 수 있다.

5. 구매 후 행동

1) 구매 후 평가

소비자는 상품을 구매한 직후 또는 그것을 소비하면서 구매결과를 평가하는데, 소비자의 구매 후 평가활동은 다음과 같은 세 가지 기능을 수행한다.

첫째, 소비자의 기억 속에 저장된 경험과 지식을 확장한다.

둘째, 상품이나 점포를 선정함에 있어서 그가 소비자로서 얼마나 현명했는지 검토할 기회를 제공한다.

셋째, 이 단계로부터 소비자가 받는 피드백은 미래의 구매전략을 조정하도록 도와준다.

(1) 소비자 만족 / 불만족

만족(satisfaction)이란 한 **구매상황에 있어서 희생이 충분히 보상되고 있는 상태**인데, 만족의 충분성(adequacy of satisfaction)은 실제의 구매와 소비경험이 — 소비자의 욕구를 충족하거나 예상되는 잠재력의 측면에서 — 기대된 보상을 제공한 결과이며, 이러한 과정은 [그림 2-9]와 같다.

즉 소비자는 구매에 앞서서 구매결과에 관한 기대를 형성하는데, 이러한 기대는 구매의 결과로서 소비자에게 제공되는 기능적 또는 사회적·심리적 효익, 그러한 효익을 얻기 위하여 지출해야 하는 비용과 노력 등에 관련된다.

일단 소비자가 한 상품을 구매하여 사용하게 되면 그들은 만족하든가 불만족할 것인데, 만족 여부에는 많은 요인들이 영향을 미친다. 즉 연령이 많은수록 기대수준이 낮고 만족하는 경향이 있으며, 여성이나 교육수준이 높은 사람일수록 덜 만족하는 경향이 있다. 또한 구매에 자신감을 가질 때나 관련된 다른 사람이 만족되었다고 지각할 때 더욱 만족하는 경향이 있다.

구매로부터의 만족이 소비자에게 주는 결과는 보다 우호적인 구매 후 태도, 구매의도의 증가, 상표충성이며 **불만족은 구매 후 태도의 악화, 구매의도의 감소 내지 소멸, 상**

그림 2-9

구매 후 평가 과정

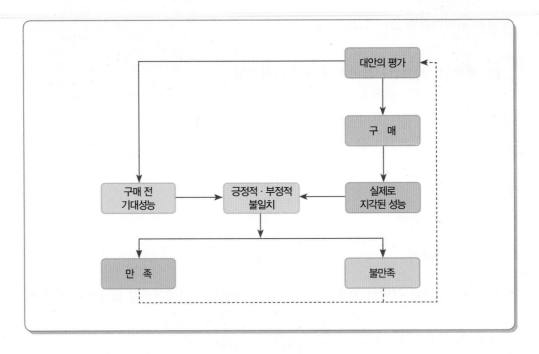

표대체, 불평행동, 부정적 구전 커뮤니케이션을 일으킬 것이다.

(2) 구매 후 인지 부조화

인지 부조화(cognitive dissonance)는 소비자의 선택과 구매 후 평가 사이의 괴리로부터 일어나는데, 이러한 인지 부조화는 우선 소비자 자신에게 불편한 심기를 제공하여 그것을 줄이도록 동기부여하며, 더 많은 인지 부조화를 일으키는 상황을 회피하도록 영향을 미친다.

특히 다음과 같은 여건에서는 **인지 부조화의 크기가 증대**되는 경향이 있다.

- 소비자가 자신의 의사결정을 바꾸거나 취소할 수 없을 때(불가역성)
- 거부된 대안이 바람직한 특성을 많이 가질 때
- 여러 개의 바람직한 대안 중에서 선택을 해야 할 때
- 대안들이 상이한 특성을 가져 인지적 중첩(cognitive overlap)이 작을 때
- 개인적 중요성 때문에 소비자가 의사결정에 깊이 관여할 때

이상의 요인들을 포함하여 인지 부조화의 수준에 영향을 미치는 여건은 〈표 2-1〉과 같이 요약할 수 있다.

	인지 부조화가 많은 예	인지 부조화가 적은 예
거부된 대안의 매력	대안들이 장점들을 비슷하게 갖고 있다.	한 대안이 다른 대안들보다 분명히 우월하다.
대안의 수	유사한 대안의 수가 많다.	대안의 수가 적다.
관여도의 수준	관여도가 높다.	관여도가 낮다.
의사결정 경험	의사결정 문제가 생소하다.	의사결정 문제에 익숙하다.

표 2-1

인지 부조화 수준 영향 요인

한편 인지 부조화는 소비자에게 심리적인 긴장을 일으키는 불편한 현상이므로 소비자는 그것을 줄이기 위해 노력하는데, 대체로 다음과 같은 활동에 참여함으로써 인지 부조화를 줄일 수 있다.

① 상품의 재평가

소비자는 거부한 대안을 높게 평가했던 속성을 경시하고 선택한 대안을 높게 평가했던 속성을 중시하거나, 선택대안들이 평가단계에서 생각했던 것보다 비슷하다고 간주함으로써 인지 부조화를 줄일 수 있다.

② 선택적 기억

기억의 선택적 기능은 소비자로 하여금 거부한 대안의 긍정적 측면과 선택한 대안의 부정적 측면을 잊게 하고 선택된 대안의 긍정적 측면만을 기억하도록 작용할 수 있다.

③ 새로운 정보의 탐색

인지 부조화를 줄이기 위한 다른 방법은 상품선택의 현명함을 확신시켜 주는 추가적인 정보를 탐색하는 일이다. 따라서 인지 부조화를 많이 경험하는 소비자는 인지 부조화를 증가시키는 정보를 회피하고, 의사결정을 지지하는 정보를 탐색함으로써 인지 부조화를 줄이려고 노력한다.

④ 태도의 변경

인지 부조화를 줄이기 위한 방법으로서 소비자는 그의 태도(대안평가)를 행동(선택)과 일치하도록 바꿀 수 있다. 예를 들어, 애초에 비우호적인 태도를 갖는 소비자들에게 쿠폰이나 무료견본을 제공하여 신상품을 시용시킨다면 비우호적 태도가 상품사용 행위와 일치하지 않기 때문에 인지 부조화를 일으킬 것이다. 이때 소비자는 인지 부조화를 줄이기 위해 구매를 부인하고 상품을 반환하기보다는 상품에 대한 긍정적 태도를 취함으로써

무료 반품 교환을 용이하게 하여 온라인 구매저항을 낮춘 11번가

10년 연속 세계 1위라는 점을 강조한 삼성SUHD TV

의사들이 참여해 안심하고 먹을 수 있고 과자라기보다는 영양간식이라는 점을 부각시킨 닥터유

● 인지 부조화를 줄이려는 광고들

태도와 행동을 일치시켜 마음의 평화를 찾을 수 있다.

2) 상품처리

구매한 상품을 처리하는 방법은 [그림 2-10]과 같이 다양하다. 더욱이 상품에 따라 처리방법이 대단히 다를 수 있는데, **상품의 처리방법에 영향을 미치는 요인**은 다음과 같이 알려져 있다.

(1) 소비자의 심리적 특성

퍼스낼리티, 태도, 지각, 학습, 창의성, 지적 능력, 사회계층, 위험수용 수준, 동료압력, 사회적 의식 등 소비자의 심리적 특성은 소비자의 상품처리에 영향을 미친다.

(2) 상품의 고유적 특성

상품처리의 방법은 지위 상징성, 상품의 상태, 사용년수, 규격, 스타일, 가치, 색채, 동력원, 기술혁신, 적합성, 신뢰성, 내구성, 초기투자, 대체원가 등 상품의 고유적 특성

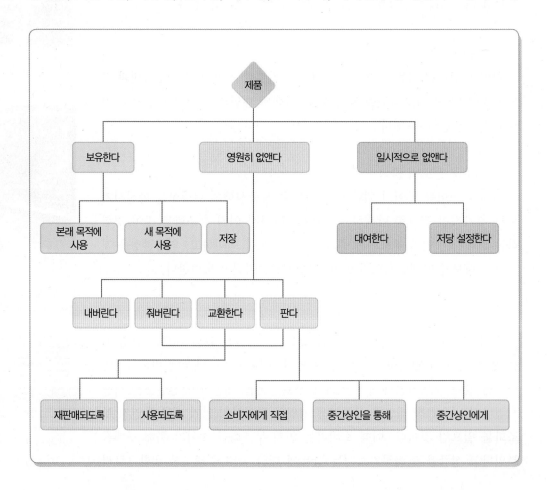

그림 2-10

상품처리의 다양한 방법

으로부터 영향을 받는다.

(3) 부대적인 상황적 요인들

자금상태, 창고면적, 유행변화속도, 획득계기(선물/사용), 법적고려(세금관계) 등도 상품처리의 방법에 영향을 미친다.

제2절 관여도가 낮은 의사결정 과정

소비자들은 대부분의 의사결정에서 관여도가 높지 않으며 많은 학자들이 이러한 저 관여도 관점을 지지하고 있다. 그런데 **마케터는 왜 관여도가 높은 의사결정에 관심을 갖는가?** 그 이유는 두 가지이다.

첫째, 구매에 앞서서 상표평가라는 인지적 과정이 존재한다고 가정할 때 마케터는 소비자에게 영향을 미치기 위한 다양한 전략을 구사할 수 있다. 예를 들어, 상표태도를 변화시키기 위해 상품효익을 표적시장에 맞도록 조정할 수 있으며, 광고 전략은 우선 상표인지를 창출하고 상표관심, 상표구매, 상표충성을 개발하도록 설계될 수 있다.

둘째, 관여도가 높은 의사결정은 소비자가 구매에 앞서서 신중하게 생각한다는 사실을 묘사하는 전통적인 효과의 계층을 지지한다. 즉 소비자는 우선 상표신념을 형성한 후, 상표를 평가하고 구매한다고 가정된다.

그러나 소비자들의 의사결정에서 관여도가 낮은 경우들이 흔히 발견되며, 그러한 의사결정의 특성을 이해하는 일은 보다 현실적인 마케팅 전략을 수립하는 데 도움이 된다.

A4 용지

콩나물

샴푸　　　　칫솔

1. 문제의 인식

관여도의 수준에 따라 문제의 인식은 매우 다르게 나타난다. 특히 관여도가 낮은 여건에서 문제의 인식은 목표지향적이기보다 대체로 **수동적 학습을 통해 개발된 상표 친숙도를 근거로 구매시점 자극**으로 촉발된다. 따라서 미래의 시점에 상품의 적합성을 검토해 보도록 권유하는 정도의 소구만으로도 관여도가 낮은 여건에서는 충분히 효과적이다.

소화제

● 관여도가 낮은 상품들

2. 정보의 탐색

관여도가 낮은 여건에서는 정보탐색의 동기부여가 적고 그것도 단지 상표를 확인하거나 판매점포, 세일의 여부를 확인하는 등 탐색활동이 적으며, 내부적 탐색만으로 끝나는 경향이 있다. 이것은 소비자가 대체로 이미 알고 있는 것을 근거로 단지 제한된 수의 평가속성만을 사용하며, 선택대안이 욕구기준을 완전히 충족시키기보다는 어떠한 수용가능한 상표라도 받아들인다는 사실을 의미한다.

3. 선택(구매)

관여도가 낮은 여건에서 소비자는 상품에 관해 약간의 기대를 가질 뿐 아니라 상표에 관한 신념도 약하며, 구매는 점포 내에서 상표에 관한 ― 광고를 통해 학습된 ― 상표명 재인(brand name recognition)을 근거로 일어난다.

또한 관여도가 낮은 상품의 소비자가 가격인하에 당면했다면 그러한 정보는 쉽게 처리되어 구매촉발 요인으로서 작용할 것인데, 비용이 낮고 그릇된 선택의 위험이 작은 상황에서 소비자는 "사지 않을 이유가 뭐야?"라고 반응할 것이다.

4. 평가

관여도가 낮은 여건에서 평가는 구매 전이 아니라 구매 후에 일어난다는 점이 특징이**다. 따라서 완전히 형성된 신념, 태도, 재구매의도는 구매의 원인이 아니라 결과이며, 소비자의 심리세트에 영향을 미친다.** 즉 소비자는 구매 후에나 비로소 상표가 어떠한지를 사후적으로 판단할 중요한 정보를 갖게 되는데, 이러한 정보가 우호적인 신념으로 저장된다면 다음에 그 상표를 다시 구매하려는 행동성향을 일으킨다. 즉 이러한 여건에서 구매행동은 신념과 태도의 형성에 선행하는 것이다.

5. 결과

상표 사용경험을 근거로 한 태도가 우호적일지라도 다른 여러 상표들이 품질에서 유사하다고 간주되면 상표대체가 일어날 수 있으며, 이들 상표 중에서는 쿠폰이나 세일 등의 특별한 유인을 제공하는 것이 구매될 수도 있다.

Consumer 톡톡

'틀면 보인다'…광고계가 송중기 고집하는 까닭

#. 일어나자마자 루헨스 정수기에서 물 한잔을 마시고 쿠첸으로 밥을 해 동원참치와 가볍게 아침 식사를 한다. LG생활건강의 치약으로 양치 후 탑텐의 캐주얼에 코오롱스포츠 워킹화를 신고 집을 나선다. 출국을 앞두고 두타면세점에 들러 필요한 것들을 구매하고 배스킨라빈스 '이상한 나라의 솜사탕 블라스트'로 쇼핑하느라 떨어진 에너지를 충전한다. 집에 돌아와 지친 피부에 포렌코즈의 마스크팩을 얹고 어제 못 본 드라마를 KT 기가 인터넷으로 스트리밍하며 하이트 맥주를 한 잔 마신다. 내일은 제주항공을 타고 대만 팬미팅을 가야하니 일찍 잠자리에 든다.

▲ 업종을 불문하고 수많은 브랜드 · 상품 광고 모델로 활약하고 있는 송중기

최근 배우 송중기가 광고 모델로 활동하고 있는 상품들로 구성한 '송중기의 하루'가 온라인상에서 회자되고 있다.

군 입대 전에도 다양한 브랜드 · 상품으로부터 러브콜을 받으며 송중기의 하루를 만들어냈던 그는 제대 후 드라마 '태양의 후예'의 성공을 통해 명실 공히 최고의 주가를 달리고 있다. 이전의 발랄한 소년의 이미지에서 성숙한 남성으로 변신, 한국을 넘어 아시아 여심까지 흔들며 가장 잘 나가는 광고모델로 꼽힌다.

실제로 한국기업평판연구소가 발표하는 광고모델 브랜드평판 조사에서 송중기는 지난 3월에 이어 4월에도 1위 자리에 올랐다. 덕분에 송중기를 모델로 기용한 기업들도 함박웃음을 짓고 있다. 얼마 전 송중기와 광고 모델을 체결한 화장품 브랜드 포렌코즈는 지난 9일 출시된 송중기 마스크팩 '세븐데이즈 마스크'가 하루 만에 100만장 수출 계약이 이뤄졌다. 국내에서도 G마켓을 통해 판매된 1차 판매분 1만장이 채 하루가 되지 않아 매진되는 등 실질적인 세일즈 성과로 이어지고 있다.

제주항공이 지난 2일 공개한 송중기 화보촬영 영상의 경우 불과 열흘만에 조회수 1000만 건을 넘어섰다.

회사 측은 "한국뿐만 아니라 대만 · 일본 · 베트남 · 필리핀 · 말레이시아에서 많은 이들이 감상한 것은 물론, 중국 웨이보에서 866만명이 넘는 이들이 해당 영상을 본 것으로 확인됐다"며 "한류에 대한 소비자 반응이 가장 뜨거운 중국과 동남아시아 시장 확대를 위해 송중기를 새로운 얼굴로 선정한 것이 톡톡한 효과를 보고 있다"고 전했다. 이렇게 송중기를 모델로 내세운 브랜드들이 저마다 '송중기 효과'를 얘기하고 있다. 그럼에도 수많은 광고에 얼굴을 드러내는 탓에 과연 브랜드와 모델 간의 유기적 관계가 만들어지고 있는지 의문이 드는 것도 사실이다.

전문가들은 과거처럼 광고물량으로 모델을 선점하던 시대가 아니기에 충분히 효과를 볼 수 있다고 말한다. TV와 온라인 등 다양한 채널에 맞춰 브랜드와 모델을 연결지어 많은 이야기를 전할 수 있기 때문에 각 브랜드별로 모델과의 이미지를 구축, 서로 다른 연상작용을 기대할 수 있다는 것이다.

남인용 부경대 신문방송학과 교수는 "여러 광고에 한 모델이 출연하다보면 소비자 관여도가 낮은 상품이나 메시지가 뚜렷이 부각되지 않을 시엔 광고한 줄 모르게 희석되는 경우가 발생할 수 있다"면서도 "당장 구매효과가 나타나지 않아도 브랜드 자체가 고정적인 이미지를 유지하거나, 빅모델을 통해 시장에 진입하려는 신규 브랜드는 광고 목표에 따라 충분히 모델 효과를 볼 수 있다"고 말했다.

무엇보다 "중국 시장은 물리적으로 넓어 드라마 종영 후 1년 정도는 효과가 지속되는데 이후 그 주변국으로까지 영향력이 넓어지는 경향이 있다"며 "송중기를 모델로 기용한 기업들이 중국 시장을 잡기 위한 것이라면 그 파급력은 앞으로 더욱 커질 것"이라고 내다봤다.

자료원 : 더피알, 2016. 5. 17

습관이란 **과거경험을 근거로 만족을 보증하고 정보탐색과 상표평가의 필요성을 줄여 단순화된 의사결정**인데, 습관적 구매행동의 과정은 학습의 원리(제6장에서 설명)를 근거로 한다.

1. 습관적 구매행동의 모델

습관적 구매행동(habitual purchasing behavior)의 과정을 보여주는 모델은 [그림 2-11]과 같다. 소비자는 과거경험을 근거로 반복구매하는 상표를 정하여 충성스런 구매자가 되어 있으며, 자극노출은 주로 수중의 상품이 소진되었다 등처럼 구매욕구의 반복적 환기나 배고픔이나 목마름과 같이 단순한 내부적 자극에 국한된다. **문제가 인식되었을 때 정보탐색도 제한적이거나 아예 존재하지 않는다.**

또한 광고나 구전 커뮤니케이션은 대체로 상표에 관한 소비자의 신념을 강화하는 방

그림 2-11

습관적 구매행동의 모델

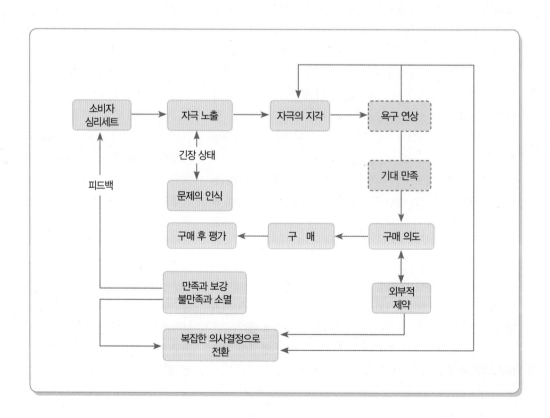

향으로 작용하는데, 소비자가 경쟁상표의 광고를 볼지라도 이미 반복적으로 구매하는 상표에 대한 신념을 바꾸지 않고 긍정적인 태도를 유지하는 경향이 있다.

따라서 욕구의 환기는 직접 구매의도에 이르며, 구매 후 평가에서 소비자가 긍정적인 신념과 태도를 다시 확인한다면 재구매의 확률이 높게 유지될 것이다.

물론 상품이 기대만족에 부응하지 못할 가능성도 있다. 예를 들어, 소비자는 그가 반복적으로 구매하는 상표가 갑자기 조악해졌음을 발견하거나, 혐오하는 맛을 냄으로써 상품사용과 긍정적인 보상 사이의 연관이 깨지고 그로 하여금 다른 상표를 고려하도록 할 수 있는데, 이러한 경우에는 새로운 의사결정이 시작된다.

불만족 이외의 다른 요인도 소비자로 하여금 습관으로부터 복잡한 의사결정으로 바꾸도록 할 수 있다. 예를 들어, **신상품이 시장에 등장**하면 소비자는 그것을 주목하고 구매를 고려하면서 정보탐색과 상표평가를 시작한다. 또한 **추가적인 정보**가 심리세트를 변화시켜 새로운 의사결정을 일으킬 수도 있는데 예를 들어, 흡연 피해에 관한 정보는 즐겨 피워오던 담배상표를 타르와 니코틴 함량의 측면에서 재평가하도록 할 것이다(이러한 가능성은 [그림 2-11]에서 '자극의 지각'과 '복잡한 의사결정으로 전환' 사이의 선으로 표시된다).

한 상표에 대한 싫증도 소비자로 하여금 새로운 것을 찾도록 격려함으로써 복잡한 의사결정을 일으킬 수 있다. 끝으로 소비자가 일단 구매하기로 결심한 후 **구매에 대한 제약들**이 존재할 수 있는데 예를 들어, 소비자가 선호하는 상표가 품절되든가 가격이 변하여 다른 상표를 고려하게 될 경우에는 대안들에 관한 정보를 필요로 하면서 복잡한 의사결정 과정을 일으킨다.

2. 습관과 정보탐색

습관(habit)이란 결국 정보탐색과 내안평가의 제한이나 결여로 나타나는데, 탐색되는 정보와 고려되는 선택대안의 수에 따라 습관적 구매를 분류하면 [그림 2-12]와 같다. 즉 습관은 선호되는 상표만을 고려하며 정보탐색이 전혀 없는데(조건 1), 습관과 유사한 의사결정은 선호되는 상표만을 고려하면서 약간의 관련된 정보를 탐색하거나(조건 2), 여러 상표를 고려하면서 정보를 전혀 탐색하지 않는 것이다(조건 3). 끝으로 보나 복잡한 의사결정은 2개 이상의 상표와 이에 관련된 정보탐색을 포함한다(조건 4~8).

한 연구에 따르면 살림도구의 15%가 습관적으로(조건 1), 다른 12%가 습관과 유사한 의사결정으로 구매되고 있으며, 선택이 거듭됨에 따라 의사결정과정이 습관적이 되어 정보탐색이 점차 적어진다.

그림 2-12

습관적 구매행동의 분류

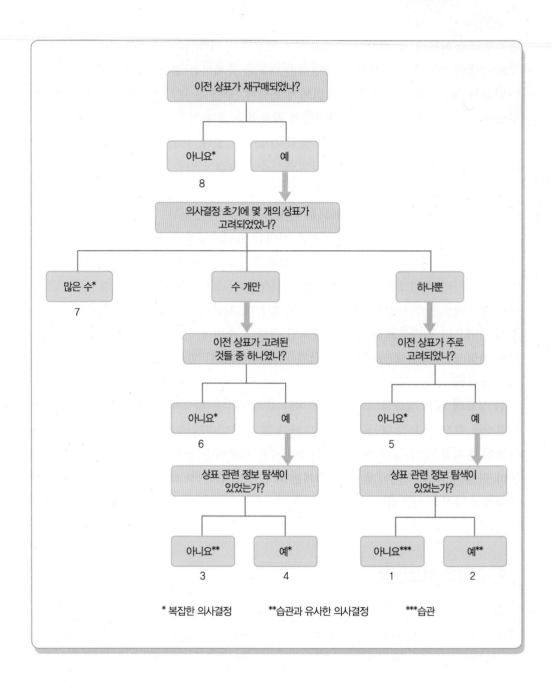

3. 습관의 기능

습관에 의한 구매는 위험을 줄이고 의사결정을 신속하게 만든다. 즉 동일한 상표를 반복하여 구매하는 일은 성능위험과 재무적 손실의 위험을 줄여 주는데, 정보가 부족한 경우에도 인기 있는 상표를 구입하거나 상표 충성도를 개발하는 일은 안전하다.

또한 소비자는 시간과 비용을 절약하기 위해 탐색을 최소화하려고 노력하는데, 습관은 정보탐색의 필요성을 줄여 의사결정을 단순화시킨다. 예를 들어, 첫 아기의 엄마들은 유아용품을 구매하는 데 있어서 경험과 지식을 쌓아감에 따라 대안평가에 사용될 정보원천의 수와 탐색되는 정보의 양을 줄이고 습관에 의존하는 경향을 보인다. 또한 탐색되는 정보의 형태도 일반적인 상품정보로부터 구체적인 상표정보로 바뀌며, 가격과 가용성에 관한 정보를 강조한다.

4. 습관적 구매행동의 시사점

복잡한 의사결정(complex decision making)과 습관은 연속체 상의 양극이며 그 사이에는 제한된 의사결정(limited decision making)이 존재한다. 따라서 마케터는 자신의 상표가 이러한 연속체 가운데 어느 위치에 놓여 있는지 확인해야 하는데, 그것은 이러한 위치가 마케팅 전략의 모든 측면에 영향을 미치기 때문이다.

1) 마케팅 전략상의 시사점

(1) 상품

가구와 내구재처럼 복잡한 의사결정에 의해 구매되는 상품은 기술적으로 복잡한 경향이 있으므로 서비스와 인적 판매가 중요하다. 이에 반해 습관에 의해 구매되는 상품들은 대체로 서비스와 인적 판매를 거의 필요로 하지 않는다.

(2) 경로

습관에 의해 구매되는 상품들은 재고회전율이 높고 마진이 낮기 때문에 개방적 유통전략이 적합하며, 상품에 대한 노출이 구매동기를 환기시켜 주기 때문에 광범위한 유통이 중요하다. 이에 반해 복잡한 의사결정에 의해 구매되는 상품들은 빈번히 구매되지 않으며 선택적 유통전략 또는 전속적 유통전략이 적합하다.

(3) 가격

습관에 의해 구매되는 상품에 대해 상표대체를 유인하는 효과적인 방법은 할인판매를 실시하거나 무료견본을 제공하는 정도이다. 그러나 복잡한 의사결정에서는 단순히 돈을 절약하려는 기도가 구매위험을 증대시킬 수 있기 때문에 이러한 판매촉진 방법은 효과가 적다.

(4) 광고 및 구매시점 촉진

● "맞다. 게보린" – 국내 회상형 광고의
  대표인 삼진제약 해열진통제

습관에 의해 구매되는 상품에서는 구매욕구와 상표를 회상시키기 위한 수단으로서 광고(회상형 광고)가 널리 이용되는데, 광고의 횟수가 중요하다. 이에 반해 소비자가 복잡한 의사결정에 참여할 때, 마케터는 구체적인 잠재고객에게 정보를 전달하기 위해 광고를 선택적으로 사용하는 경향이 있다.

한편 점포 내의 자극이나 진열과 선반위치 등 구매시점 촉진은 습관에 의해 구매되는 상품에서 구매를 유인하는 중요한 수단이다. 이에 반해 복잡한 의사결정은 구매 전 심사숙고를 자극할 수 있는 촉진을 필요로 한다.

2) 습관에서 복잡한 의사결정으로 전환

소비자는 정보탐색을 회피하는 수단으로서 많이 팔리는 상표를 선택하기도 하므로 일반적으로 한 상품범주에서 시장 선도자는 습관에 의해 구매되는 경향이 있다. 따라서 시장 선도자에 도전하는 마케터는 소비자로 하여금 다른 상표들을 고려하도록 하기 위해 다음과 같은 전략을 사용할 수 있다.

● 세븐업의 언콜라 캠페인 광고

- 기존의 상표 속에 있는 새로운 특징을 광고한다.
- 소비자가 이전에는 고려치 않았던 욕구기준을 새롭게 도입하거나 욕구기준들의 우선순위를 바꾼다.
- 무료견본, 쿠폰 또는 할인가격을 적용한다.
- 새로운 효익을 제공하기 위해 기존의 상품계열을 확장한다.

예를 들어, 7-Up에 카페인이 없다는 캠페인은 '펩시' 콜라와 '코카' 콜라의 충성스런 고객들로 하여금 새로운 대안을 고려하도록 설득하기 위해 실시되었으며, Bic은 1회용 면도기라는 새로운 상품형태를 도입함으로써 안전면도기 분야의 Gillette에 도전하였다.

이에 반해 시장 선도자들은 만족을 보강하는 광고를 반복적으로 실시하고 선택과정을 단순화하도록 노력함으로써 소비자들이 기존의 구매습관을 그대로 유지하도록 설득한다. 예를 들어, Coke의 광고 슬로건 "It's the real thing."은 일단 소비자가 Coke를 선택한 후에는 새로운 정보탐색이 필요 없음을 암시하였다.

● 안전면도기의   ● "바로 이거야" 더 이상 고민 끝
  출사표

Consumer 톡톡

온라인 고객 개척시대, 'SEO'를 아시나요, 구매 전 검색으로 정보 수집, 영향력 커져

디지털 마케팅의 일환인 '검색엔진최적화(SEO)'가 다시금 부각되고 있다.

온라인을 통해 고객을 만나고 개척하는 시대에서 SEO의 영향력이 점차 커진다는 분석이다.

SEO는 구글, 네이버 등 검색 사이트에서 검색 시 기업 웹사이트가 검색결과 상위에 노출되도록 해주는 일련의 과정을 뜻한다. SEO가 제대로 돼 있지 않아서 검색 결과 뒤 페이지에 나타날수록 구매로 이어질 가능성은 떨어질 테니 기업 입장에선 손해다.

18일 업계에 따르면 국내 기업들에도 SEO 마케팅의 필요성이 강조되고 있다.

아직까지 국내의 경우 SEO 개념이 약한 실정이다. 국내 기업 웹사이트에 담긴 콘텐츠 정보는 해외 검색 사이트에서 제대로 검색조차 되지 않는다는 지적이 나올 정도다.

여기에는 검색시장을 장악한 네이버가 검색결과에서 블로그와 카페, 지식인 등 자체 콘텐츠를 먼저 드러내다 보니 굳이 SEO를 할 필요성을 느끼지 못하기 때문이라는 분석이 퍼져있다. 그러다보니 웹 콘텐츠는 빈곤해졌고 검색 키워드에 따른 제대로 된 결과를 보여주지 못하게 됐다. 이는 다시 SEO 동기마저 떨어트리는 악순환으로 이어졌다.

업계 관계자는 "오직 네이버 마이널(입소문) 마케팅만 의미가 있었고 SEO를 굳이 해야 할 이유가 없었던 것"이라며 "국내에 SEO 회사가 잘 보이지 않았던 이유"라고 설명했다.

그럼에도 SEO가 중요해지고 있는 배경 중 하나는 검색이 구매 의사결정 과정에서 차지하는 역할이 커졌기 때문이다.

검색은 구매 결정을 위한 정보를 얻는 채널로 선호되고 있

다. 글로벌 홍보대행사 샤우트웨거너에드스트롬이 발표한 'Contents Matters 2015 — 소비자의 구매행동과 디지털 콘텐츠' 보고서에 따르면 가장 선호하는 정보 채널은 '검색'과 '지인 추천'으로 나타났다.

구글 또한 2011년 고객이 상품이나 서비스를 접하기도 전에 검색을 통해 먼저 판단을 한다는 'ZMOT(Zero Moment of truth)'이라는 개념을 발표하기도 했다. 웹사이트는 디지털 카탈로그를 넘어 쇼룸에 가깝다는 분석도 있다.

특히 SEO는 해외 시장 진출을 위해서도 필요한 조건이다.

일본에 본사를 둔 박세용 어센트코리아 대표는 "최근 일본 고객은 미팅을 하기 전에 70% 이상의 정보를 웹에서 미리 조사하고 만난다"며 "문제는 우리나라 상품은 (잘 검색되지 않아) 웹에서 조사할 때 최종 리스트에 들어가기가 어렵다"고 설명했다.

이어 "상품을 해외에 갖고 나가려면 (웹사이트를 통해) 기본적인 정보를 제공해줘야 한다"고 덧붙였다.

그렇다면 효과적인 SEO는 어떤 것일까. 기업이 전달하고 싶은 정보만 일방적으로 제공하는 것이 아니라 검색자(고객)가 원하거나 도움이 될 만한 정보를 주는 것이라고 업계 종사자들은 입을 모은다.

업계 다른 관계자는 "기업들은 판매 정보 관련 페이지만 노출시키기 급급한 경향이 있다"면서 "경쟁사 상품과의 비교 등을 자사 홈페이지에서 보여주는 시도 같은 고객 중심의 SEO가 필요하다"고 강조했다.

자료원 : 아이뉴스 24, 2016. 9. 18

제3장

시장세분화와 상품 포지셔닝

I·n·t·r·o

전체시장을 구성하는 소비자들은 그들이 이상적이라고 생각하는 속성의 조합인 **이상적 상품**(ideal product)이 다를 것이므로 하나의 마케팅 믹스에 대한 반응도 다르다. 따라서 마케터는 개별 소비자가 '원하는 바'와 특성이 유사한 사람들의 동질적인 소집단을 분리해 내고 그러한 소집단에게 마케팅 노력을 집중함으로써 고객을 보다 잘 만족시킬 수 있는데, 이와 같은 일을 시장세분화와 표적 마케팅이라고 한다.

즉 시장세분화는 전체시장에 있어서 마케팅 자원을 효율적으로 할당하기 위해 설계되는 전략인데, 이에 반해 상품 포지셔닝(positioning)은 소비자들이 '원하는 바'를 충족하거나 경쟁자와의 차이점을 소비자에게 설득하기 위해 상품효익을 커뮤니케이션하려는 전략이다.

그러나 상품은 표적시장 내에서 포지셔닝되어야 하기 때문에 표적시장의 소비자들이 '원하는 바'를 확인해 내는 일은 상품 포지셔닝의 전제조건이며, 더욱이 포지셔닝 전략의 성공은 표적시장의 소비자가 그들을 지향하는 마케팅 활동에 어떻게 반응하는지에 달려 있다. 그러므로 두 전략의 목적은 다르지만 이들 사이의 밀접한 연관성 때문에 함께 검토하는 편이 바람직하다.

따라서 본장은 시장세분화 전략과 시장세분화 분석을 살펴본 후, 이어서 상품 포지셔닝 전략과 상품 포지셔닝 분석을 검토하기로 한다.

시장세분화

시장세분화 전략은 **특정한 세분시장(표적시장)에만 마케팅 노력을 집중시키기 위한 방안**이며, 시장세분화 분석은 그러한 일이 가능하도록 세분시장들의 특성을 분석하는 일이다.

소비자들은 인구통계적 특성뿐 아니라 동기부여의 상태 등에서 서로 다르지만 어떤 특성(특히 마케팅 믹스에 대한 그들의 반응)을 기준으로 비교적 동질성을 갖는 소집단으로 세분할 수 있다. 그러한 동질적인 소비자 집단을 확인하여 각 집단에게 적합한 마케팅 믹스를 개발하고 적용하는 일은 시장세분화의 개념을 근거로 하는데, 여기서는 우선 시장에 대한 두 가지의 관점과 마케팅 전략대안을 검토해 본다.

1. 시장에 대한 관점과 마케팅 전략대안

시장에 마케팅 믹스를 제공하는 전략은 크게 대량 마케팅과 표적 마케팅으로 나눌 수 있는데, **대량 마케팅이 전체시장을 한 덩어리(동질적인 소비자들의 집합)로 간주하는데 반해 표적마케팅은 전체시장을 여러 덩어리(이질적인 소비자들의 집합)로 간주**한다.

1) 대량 마케팅

대량 마케팅(mass marketing)이란 [그림 3-1]에서와 같이 **전체시장(또는 충분히 세분되지 않은 대규모의 시장)을 구성하는 소비자들이 '원하는 바'의 차이보다는 공통점을 강조하여 하나의 마케팅 믹스만을 제공하는 전략**이다. 간혹 전체시장 접근법(total market approach)이라고도 하며, 생산지향단계나 판매지향단계에서 채택되던 산탄식 접근법에 의존한다.

이러한 대량 마케팅은 생산부문에 있어서의 표준화와 대량생산에 대응하는 것으로 재고관리, 운송, 보관, 유통, 광고와 관련되는 비용을 절감할 수 있다. 그러나 대량 마케팅은 필연적으로 일부 소비자가 '원하는 바'를 제대로 충족시키지 못하므로 그들이 '원하는 바'를 보다 정확하게 충족시키려는 경쟁자의 도전을 받게 될 것이다.

예를 들어, 커피를 즐겨 마시는 사람들에게서 '편의성'이 공통적으로 '원하는 바'라면 다른 욕구의 차이를 무시하고 편의성에 초점을 두어 단 한 가지의

● 산탄식 접근법   생산 또는 판매지향적인 마케터는 모든 소비자들의 '원하는 바'가 유사하다고 간주하고 대량 마케팅을 구사한다.

● 소총식 접근법 – 마케팅지향적인 마케터는 각 소비자의 '원하는 바'가 상이하다고 간주하고, 표적 마케팅을 구사한다.

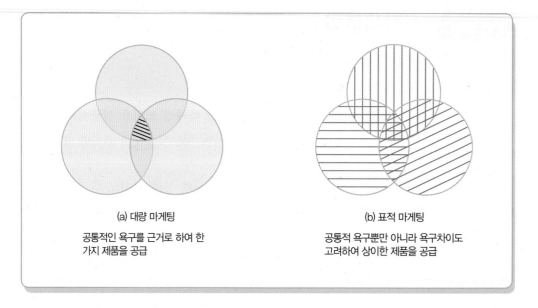

그림 3-1

소비자들의 '원하는 바'와
시장접근방법

(a) 대량 마게팅

공통적인 욕구를 근거로 하여 한
가지 제품을 공급

(b) 표적 마케팅

공통적 욕구뿐만 아니라 욕구차이도
고려하여 상이한 제품을 공급

● "편의성"을 강조하면
서 전국 커피애호가
의 평균적 입맛에 맞
춰 1976년 세계 최초
로 등장한 커피믹스
– 비차별화 마케팅

커피믹스를 시장에 제공하려는 전략이 대량 마케팅에 해당한다.

그러나 하나의 산업 내에서 수개의 기업들이 이러한 마케팅 전략을 구사한다면 전체 시장 또는 비교적 규모가 큰 세분시장에서 과도한 경쟁이 일어나 수익성이 낮아지며, 소규모의 세분시장에는 기업들의 마케팅 활동이 전혀 미치지 않게 된다. 이러한 현상을 다수의 우(fallacy of majority)라고 하는데, 이러한 경우, 그들이 외면하는 소규모의 세분시장은 오히려 경쟁의 위협이 적고 수익성이 좋은 틈새시장(niche market)이 될 수 있다.

이러한 대량 마케팅의 구체적인 전략의 형태로는 전체 소비자가 '원하는 바'를 오로지 하나의 마케팅 믹스만으로 충족시키려고 하는 비차별화 마케팅전략(undifferentiated marketing stragtegy)과 이의 변형인 상품차별화 마케팅전략(product differentiation marketing strategy)이 있다. 후자는 전체시장을 구성하는 소비자들이 '원하는 바'의 차이를 고려하지 않고 마케터가 일방적으로 품질, 색상, 디자인 등의 측면에서 선택대안(options)을 제공한다는 점에서 상품차별화이며 전체시장을 지향한다는 점에서 대량 마케팅의 한 형태이다. 따라서 상품차별화 대량 마케팅이라고 지칭하는 편이 타당하다.

Consumer 톡톡

'매스 마케팅'은 죽었다 – 고객을 회사의 주인으로 만들어라

• 이방실(미래 전략 연구소 기업가 정신 센터장)

세계적인 광고 대행사 사치앤사치(Saatchi and Saatchi)의 CEO 케빈 로버츠(Kevin Roberts)는 최근 "전략은 죽었다. 경영은 죽었다. 마케팅도 죽었다"고 말했다. 굉장히 도발적이지만 동시에 매우 창의적인 발언이기도 하다. 케빈 로버츠의 '전략이 죽었다' 는 것은 불확실하고 혼란한 현대의 상황에서는 전략 개발과 실행의 적정시기를 선정하기 어렵다는 의미이다. 급변하는 환경에서 오늘 어떤 전략을 마련하더라도 내일 또 다른 전략이 분명히 필요하게 될 것이기 때문이다. '경영이 죽었다'는 것은 AI와 OA 자동화로 인해 더 이상 중간관리자가 필요 없어진 것을 의미한다. '마케팅이 죽었다'는 의미는 다름 아닌 '매스 마케팅'의 죽음을 뜻한다. 지난 30년간은 TV에서 방송되는 30초짜

리 광고가 지배하는 매스 마케팅의 시대였다. 하지만 개인화된 스마트 스크린에서 절대적으로 많은 시간을 보내는 현대 소비자들은 TV 광고를 볼 시간이 없다. 이제는 명확한 타깃 마케팅을 해야 하며 소셜/디지털 미디어를 적극 활용해야 하고 소셜 네트워크가 마케팅 프랙티스의 기초가 돼야 한다.

만약 내가 하루에 10개의 광고를 본다면 그 중 6개는 나와 관련이 없으며 3개는 따분한 광고이고 오로지 1개 정도만이 나에게 관련이 있을까 말까 하다. 광고가 성공하려면 적시에 올바른 사람에게, 올바른 가격으로 적절한 메시지와 혜택을 제공해야 한다. 1대1 미케팅이 필요한 이유다. 사실 1대1 마케팅은 B2B 마케팅에서 지금까지 해왔던 일이다. B2B 기업에서 판매자는 특정 고객의 니즈를 조사해 그 고객에게 무엇을, 어느 정도 가격에, 어떻게 제공해줄 수 있는지를 파악하기 위해 노력해 왔다. B2B 마케팅을 일반 소비자 시장으로도 끌어오면 된다.

빅데이터의 시대를 맞아 이제는 개개인이 인터넷 어디에서 클릭하는지, 서로 다른 파일과 경험들을 어떻게 클릭하고 지나치는지를 알 수 있다. 소비자가 무엇을 구매하고, 미디어 소비 행태는 어떠한지, 페이스북에 접속해 있는지까지도 알 수 있다. 이번 미국 대선에서 민주당과 오바마가 승리할 수 있었던 이유도 그가 공화당과 롬니에 비해 빅데이터를 더 잘 활용했기 때문이다. 민주당은 그들에게 표를 던질 사람이 누구인지를 정확히 분석하고 선거 당일 차이를 만들 수 있도록 그들을 동기부여할 수 있는 분석자료들을 많이 가지고 있었다. 이를 바탕으로 오바마 진영은 '멀티 니치 마케팅'을 정확하게 구사했다. 즉, 어떻게 하면 여성과 스페인계 및 아프리카계 미국인, 아시아계 미국인

과 젊은이들 각각에게 효과적으로 다가갈 수 있는지 정확하게 알고 있었다. 반면 롬니 진영은 여전히 구시대적 마케팅을 따라 하다가 실패했다. 우리는 바야흐로 타깃 마케팅의 시대에 살고 있다.

Develop Committed Customers and Stakeholders 더욱 헌신적이고 충성심 높은 고객을 만들어내는 문제다. 오늘날 우리에게 부족한 건 자본도 노동도 아닌 고객이다. 고객이야말로 우리가 고민해야 할 대상이다. 미국의 유통업체인 엘엘빈(L. L. Bean)의 CEO는 "우리에게 고객은 가장 중요한 손님이나. 고객이 우리에게 의존하는 게 아니라 우리가 고객에게 의존하는 것이다. 고객은 우리 비즈니스에서 외부인이 아니라 일부분이다. 고객을 응대함으로써 우리가 고객에게 혜택을 제공하는 게 아니라, 고객이 우리에게 그런 기회를 허락함으로써 혜택을 제공해 주고 있는 것이다"라고 말한다. 만약 모든 직원들이 이러한 기업 철학에 동의한다면 그 회사는 승리할 수

밖에 없다.

가장 심화된 고객과의 관계는 고객을 회사의 주인(customer owner)으로 만드는 것이다. 이 단계에 다다르면 고객은 그 기업을 자신의 회사라고 여기게 된다. 즉, 그 회사의 상품이나 서비스를 사용하고 만족해하면서 반복 구매를 하고 다른 사람들에게 좋은 소문을 내주면서, 남들도 자신과 같은 브랜드를 쓰도록 자발적으로 설득하며, 더 나아가 회사가 새로운 상품과 아이디어를 테스트하는 데 도움을 준다.

요약하면, 성장을 원하는 기업이라면 고객을 잃어버렸을 때의 비용이 얼마나 되는지를 제대로 이해해야 하며 현재 고객 중 충성도 높은 고객은 얼마나 되는지, 충성도 높은 고객을 만들기 위한 방법은 무엇인지 등에 대해 고민해야 한다.

소비자들은 점점 더 똑똑해지고 있다. 미래에 나쁜 기업은 살아남을 수 없다. 만약 기업이 나쁜 행동을 저지른다면 즉각 인터넷을 통해 그 사실이 알려지게 될 것이기 때문이다. 기업은 더 투명해져야 하며 더 나은 소비자 가치를 제공하기 위해 노력해야 한다. 한마디로 마케팅은 'CCDVTP(Create, Communicate, and Deliver Value to a Target Market for Profit)'로 요약할 수 있다. 즉, 가치를 창출하고 고객과의 커뮤니케이션을 통해 그 가치를 목표 시장에 전달해 이익을 창출하는 것이야 말로 마케팅의 핵심 역할이다.

자료원 : DBR 119호, 2012. 12.(Issue 2)

2) 표적 마케팅

표적 마케팅(target marketing)이란 **전체시장을 구성하고 있는 소비자들이 '원하는 바'의 공통점과 함께 차이점도 고려하여 전체시장을 소집단들로 구분하고 각 세분시장에 가장 적합한 마케팅 믹스를 제공하는 전략**이다. 이는 시장세분화의 개념을 근거로 한 세분시장 접근법(market segment approach)이라고도 하는데, 세분시장의 수에 따라 차별화 마케팅 전략과 집중적 마케팅 전략으로 나눌 수 있다.

그림 3-2

대량 마케팅과 표적 마케팅

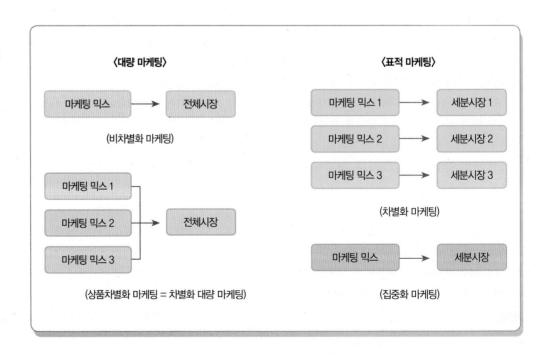

(1) 차별화 마케팅 전략

차별화 마케팅 전략(differentiated marketing strategy)이란 **두 개 이상의 세분시장을 선정하고, 각각에 대해 서로 다른 최적의 마케팅 믹스를 적용하려는 전략**인데, 각 세분시장에서 확고한 시장지위를 확보함으로써 비차별화 마케팅 전략의 경우보다 전체 매출액을 증대하려는 것이다. 그러나 차별화 마케팅 전략은 비차별화 마케팅 전략에 비해 다양한 상품 변형들에 관련된 생산비, 관리비, 재고비용, 촉진비용이 많이 소요된다. 예를 들어, 주조회사에서는 전체 애주가를 대상으로 하나의 상품만을 제공하는 것이 아니라 그들을 기호에 따라 소집단으로 세분한 후, 각 세분시장에 대해 양주, 맥주, 소주, 청주 등의 주종이나 도수를 달리하여 마케팅하고 있다.

(2) 집중화 마케팅 전략

집중화 마케팅 전략(concentrated marketing strategy)이란 여러 시장에서 낮은 점유율을 차지하기보다 **하나의 시장(경우에 따라서는 소수의 작은 세분시장)에서 높은 점유율을 차지하려는 전략**이다. 마케터는 집중화 마케팅 전략을 구사함으로써 소비자가 '원하는 바'에 대한 풍부한 경험과 노하우, 특별한 명성을 이용하여 표적시장 내에서 강력한 시장지위를 확보할 수 있다. 더욱이 생산, 유통, 촉진의 전문화로 많은 운용상의 경제(operating economies)를 얻을 수도 있으나, 사업 위험은 큰 경향이 있다. 예를 들어, 식품회사가 생후 1년 내지 2년 사이의 유아로 구성되는 유아식 시장에만 치중한다면, 이러한 기업은 집중화 마케팅 전략을 구사하는 것이다.

2. 시장세분화 전략

이미 언급한 바와 같이 시장세분화 전략은 **전체시장이 아니라 세분시장에 초점을 맞추어 마케팅 노력을 집중하려는 방안**인데, 이러한 전략을 구사하기 위해서는 다음과 같은 두 가지의 전제조건이 가정된다.

첫째, 구체적인 상품에 있어서 전체시장의 규모는 — 생산능력의 제한이나 경쟁으로 인해 — 한 기업이 효과적으로 포괄할 수 없다. 즉 어차피 전체시장의 일부는 경쟁자에게 떼어줘야 한다.

둘째, 전체시장을 구성하고 있는 소비자들은 소득, 주거지, 교육수준, 가정생활주기, 퍼스낼리티 등의 특성이 다르며, 그 결과 개별 소비자가 '원하는 바'나 행동에서 차이를 보인다. 따라서 상이한 소비자들로 구성되는 전체시장에 대해 단 하나의 마케팅 믹스를 제공하기보다는 구체적인 세분시장이 '원하는 바'에 맞추어 별도의 상품을 개발하고 마케팅 노력을 집중함으로써 경쟁자에 비해 차별적 우위(differential advantage)를 누릴 수 있다.

1) 시장세분화 전략의 요건

마케터는 다양한 방법으로 전체시장을 세분할 수 있지만, 모든 시장세분화가 마케팅의 관점에서 의미를 갖는 것은 아니며 시장세분화 전략을 성공적으로 구사하기 위해서는 다음과 같은 요건들이 충족되어야 한다.

(1) 내부적 동질성과 외부적 이질성

특정한 마케팅 믹스에 대한 반응이나 소비자 특성에 있어서 같은 세분시장에 속하는 구성원들은 유사하고(internally homogeneous), 다른 세분시장의 구성원들과는 달라야 한다(externally heterogeneous). 예를 들어, 전체시장을 소득수준에 따라 세분할 때 같은 세분시장에 속하는 소비자들의 소득이나 반응행동은 유사하고 다른 세분시장에 속하는 소비자들의 소득이나 반응행동과는 달라야 한다.

(2) 측정가능성

마케터는 각 세분시장에 속하는 구성원을 확인하고, 세분시장의 규모나 구매력 등의 크기를 측정할 수 있어야 한다(measurability). 예를 들어, 만성적인 피로 때문에 장시간 동안 책상에 앉아 업무를 처리하기 곤란한 소비자들을 구체적으로 확인하거나 그 규모를 측정하기가 어렵다면 그러한 사람들에 대해 시장세분화 전략을 구사하기는 곤란하다.

(3) 접근가능성

마케터는 각 세분시장에게 별도의 마케팅 노력을 효과적으로 집중시킬 수 있어야 한다(accessibility). 예를 들어, 낙도나 산간지방에는 상품을 유통시키기 곤란하며, 문맹자들에게는 인쇄매체를 통한 접근이 불가능하므로 낙도나 산간지방의 주민에 대해 시장세분화 전략을 구사하는 일은 제한을 받는다.

(4) 경제성

각 세분시장은 별도의 마케팅 노력을 할애 받을 만큼 규모가 크고 수익성이 있어야 한다(substantiality). 예를 들어, 신체가 불편한 소비자들이 버튼조작만으로 운전할 수 있는 승용차를 원할지라도 그러한 시장의 규모가 경제성을 보증하지 못한다면 세분시장의 가치가 적은 것이다.

(5) 실행가능성

마케터는 각 세분시장에게 적합한 마케팅 믹스를 실제로 개발할 수 있는 능력과 자원을 갖고 있어야 한다(actionability). 즉 소비자들이 '원하는 바'가 독특하며 그 규모가 경제성을 보증할지라도, 마케터가 그러한 '원하는 바'를 충족시킬 능력이 없다면 시장세분화 전략을 구사할 수 없다.

2) 시장세분화의 이점

전체시장은 '원하는 바'가 다양한 소비자들로 구성되어 있으며, 각 세분시장의 잠재력도 다를 것이므로 마케터는 세분시장의 선호패턴, 경쟁의 양상, 기업의 강점 등의 측면에서 가장 잘 봉사할 수 있는 세분시장을 확인해 내야 한다. 그 다음에야 그러한 세분시장, 즉 표적시장에서 가장 바람직한 반응을 얻어내기 위한 마케팅 믹스를 개발할 수 있는 것이다. 시장세분화는 적어도 세 가지의 이점을 기업에게 제공해 준다.

(1) 새로운 마케팅 기회를 효과적으로 포착하도록 도와준다.

마케터는 각 세분시장이 '원하는 바'와 경쟁자의 상품을 검토함으로써 보다 효과적으로 소비자를 만족시키기 위한 방안을 결정할 수 있다.

(2) 마케팅 믹스를 정밀하게 조정하도록 도와준다.

마케터는 모든 소비자들이 '원하는 바'의 차이를 고려하지 않고 하나의 마케팅 믹스를 제공하기(산탄식 접근법)보다는, '원하는 바'를 효과적으로 충족시키기 위해 세분시장별로 마케팅 믹스를 조정(소총식 접근법)할 수 있다.

(3) 각 세분시장의 반응특성에 따라 자원을 효율적으로 할당하도록 도와준다.

마케터는 각 세분시장의 반응특성을 근거로 바람직한 목표를 효과적으로 달성할 수 있도록 마케팅 노력을 할당할 수 있다.

3. 시장세분화 분석

시장세분화 분석이란 마케터가 시장세분화의 개념을 근거로 하여 표적 마케팅 전략을 구사할 수 있도록 세분시장들을 정의하고 평가하는 일인데, 여기서는 시장세분화의 절차와 방법들을 살펴본다.

1) 시장세분화의 절차

전형적인 시장세분화 분석은 다음과 같은 절차를 따른다.

(1) 시장세분화 분석의 목표를 결정한다

시장세분화는 마케팅 전략에 대한 각 세분시장의 반응을 결정하고 표적시장을 선정하기 위해 수행된다. 따라서 마케터가 신상품의 개념을 시험하려 한다면 그러한 개념에 관심을 갖는 사람들과 무관심한 사람들이 여러 가지 특성에서 어떻게 다른지를 분석하거나 잠재고객들이 희구하는 효익에 따라 어떻게 세분될 수 있는지를 알고자 할 것이다.

(2) 시장세분화의 근거를 선정한다.

시장세분화 분석의 목표를 구체적으로 결정한 다음에는 적절한 시장세분화의 근거 (bases of segmentation, 시장세분화 변수 segmentation variables)를 선정해야 한다. 시장세분화의 근거란 단순히 소비자들을 소집단으로 세분하기 위한 기준을 말하는데, 그러한 기준들은 대체로 〈표 3-1〉과 같이 인구통계적 특성, 지역적 특성, 심리적 특성, 행위적 특성 등의 네 가지 범주로 나눌 수 있다. 물론 두 개 이상의 기준을 동시에 적용하여 교차분석의 방법을 적용할 수도 있다(교차 세분화 cross segmentation).

(3) 시장세분화의 근거를 이용하여 세분시장들을 분류한다.

마케터는 시장세분화의 근거에 관련된 자료를 이용하여 소비자들을 세분시장으로 분

표 3-1
시장세분화의 근거 예시

인구통계적 특성	
(1) 연령	6세 미만, 6~11세, 12~19세, 20~29세, 30~39세, 40~49세, 50세 이상
(2) 성별	남, 여
(3) 가족규모	1~2명, 3~4명, 5~6명, 7명 이상
(4) 소득(월)	100만원 미만, 100~300만원 미만, 300~500만원 미만, 500~700만원 미만, 700만원 이상
(5) 직업	전문직, 기업인, 공무원, 기술자, 군인, 종교인, 교사, 주부, 무직자 등
(6) 교육	중졸미만, 고졸, 대졸, 대학원 이상
(7) 가정생활주기	독신, 신혼부부, 중년부부, 노년부부, 미망인
(8) 종교	기독교, 천주교, 불교
(9) 인종	황인종, 흑인종, 백인종
(10) 국적	미국인, 일본인, 중국인, 영국인
(11) 사회계층	상류층, 중류층, 하류층

지역적 특성	
(1) 지역	중부, 호남, 영남, 영동, 충청, 평안, 함경, 황해
(2) 주거지역의 규모	특별시, 직할시, 시, 군, 읍, 면
(3) 인구밀도	도심지, 교외, 농어촌
심리적 특성	
(1) 라이프 스타일	절제형, 낭비형, 알뜰형
(2) 퍼스낼리티	독선적, 사교적, 야심적
행위적 특성	
(1) 구매계기	상용구매자, 특별행사시 구매자
(2) 희구하는 효익	경제성, 편의성, 체면
(3) 사용자 지위	비사용자, 이전사용자, 잠재적 사용자, 초회 사용자
(4) 사용률	대량 소비자, 평균 소비자, 소량 소비자
(5) 충성도의 정도	없음, 약간 있음, 대단히 큼
(6) 마케팅 요인에 대한 민감도	품질, 가격, 서비스, 광고, 판매촉진

류해야 하는데, 이를 위해서는 소비자가 어느 세분시장에 할당될지를 결정하기 위한 경계(dividing line)를 정의하고 적용해야 한다. 예를 들어, 마케터가 소비자들을 탄산음료의 대량 소비자와 소량 소비자로 세분한다면 주당 몇 리터 이상을 구매하는 사람을 대량 소비자로 분류할 것인지 결정해야 한다.

● 탄산음료를 양과 용기로 세분화

● 우유를 양과 용기로 세분화

(4) 통계적 분석기법을 이용하여 각 세분시장의 프로파일을 형성한다.

소비자들을 세분시장으로 분리하고 나면 그들의 차별적 특성을 근거로 각 세분시장의 프로파일을 개발해야 한다. 예를 들어, 치약구매에서 가격의식적인 세분시장은 소득과 교육수준이 낮고, 보수적인 가치를 갖고 있으며, 안전에 관심을 가지며, TV영화를 자주 보는 경향이 있는 것으로 묘사될 수 있다.

● 저지방 우유 라인을 세분화한 매일유업

(5) 각 세분시장의 프로파일을 이용하여 마케팅 전략을 개발한다.

마케터는 각 세분시장의 프로파일을 이용하여 표적시장을 선정하고 각 세분시장에 적합한 마케팅 전략을 개발해야 하는데, 성공적인 시장세분화 분석의 요체는 적절한 마케팅 전략을 설계하기 위한 지침으로서 분석의 결과를 활용하는 데에 있다.

● 비타민과 물, 각각의 장점을 융합시킨 영양강화수 '글라소비타민 워터'

2) 시장세분화의 유형

시장세분화 분석의 목적은 마케팅 노력을 집중시킬 표적시장을 선정하고 그러한 세분시장의 프로파일을 근거로 하여 마케팅 전략을 수립하려는 것이다. 따라서 시장세분화는 인구통계적 세분화, 지역적 세분화, 심리적 세분화, 행위적 세분화 등의 유형이 있으나 여기서는 〈표 3-2〉에서와 같이 행위적 특성을 근거로 한 시장세분화의 예만을 검토하기로 한다.

표 3-2

행위적 특성을 근거로 한 세분화

세분화 근거	전략적 목표	구체적인 세분화 기준
희구하는 효익	신상품을 개발하고 포지셔닝을 결정한다.	소비자들의 '원하는 바'
구체적인 행위	마케팅 전략을 개발한다.	상표의 사용여부 상표충성도 상품의 사용여부 상품사용률
반응탄력성	마케팅 노력의 수준을 결정한다.	가격탄력성 광고탄력성

(1) 효익에 의한 세분화

마케터는 소비자가 희구하는 효익에 따라 스낵시장을 영양의식적, 체중의식적, 파티지향적, 경제적 등의 세분시장으로 구분한 후, 이들이 스낵으로부터 희구하는 효익을 제공하기 위한 신상품을 개발할 수 있는데, 이러한 유형의 세분화를 효익세분화(benefit segmentation)라고 한다.

마케팅에 있어서 소비지향적인 접근방법은 소비자가 '원하는 바'에 꼭 맞도록 마케팅 믹스를 개발하여 개별적으로 제공하는 것이다. 그러나 마케터가 각 개인이 '원하는 바'에 따라 마케팅 자원을 할당한다면 그들의 노력이 지나치게 분산될 것이므로 다소의 동질성을 유지하면서 '원하는 바'의 유사성에 따라 소비자들을 통합할 수 있는데, 이점이 바로 시장세분화를 실시하는 이유가 된다.

다른 예로서 인스턴트 커피시장에서 소비자들이 희구하는 중요한 상품효익이 향기, 깊은 맛, 경제성이라고 할 때 이들 중 하나를 강조하는 소비자는 특정한 효익 세분시장에 속한다.

● 고객의 희구하는 효익에 대응한 스타벅스 커뮤니티 스토어와 카페베네의 다양한 공간설계

(2) 행위에 의한 세분화

마케터는 상이한 행동을 보이는 세분시장들의 인구통계적 및 심리적 특성을 근거로 마케팅 전략을 수립할 수 있는데, 이러한 세

분화 접근방법을 행위세분화(behavioral segmentation)라고 한다.

① 상표의 사용여부(brand usage)

가장 빈번히 사용되는 행위세분화의 형태는 자사상표와 경쟁상표를 구매하는 소비자를 구별하는 일인데, 이러한 세분화는 구매자와 동일한 특성을 갖는 잠재고객들이 그 상표를 구매할 가능성이 크다는 가정을 전제로 한다.

모터사이클의 마케터는 잠재구매자가 현재의 소유자와 동일한 특성을 보일 것이라고 가정하여 새로운 판매점을 개설할 도시를 선정할 때 이러한 접근방법을 이용하고 있다. 즉 자사의 모터사이클을 이미 소유하고 있는 고객들의 인구통계적 특성을 확인하여 판매점을 개설할 후보지역들의 인구통계적 특성과 비교한 후, 기존 고객들의 인구통계적 특성과 유사한 프로파일을 보이는 지역에 판매점을 개설한다.

● 우리나라 대규모 오토바이 동호회인 할리데이비슨 동호회원들의 단체 투어링

② 상표충성도(brand loyalty)

마케터는 상표충성도를 근거로 세분시장을 정의할 수 있는데, 이러한 세분화는 상표를 지속적으로 구매하는 사용자(loyal customer)들을 확인해 내고 비충성자로부터 분리하므로 상표의 사용여부에 의한 세분화보다 구체적이다. 상표충성도를 시장세분화의 근거로 이용하여 충성스런 소비자들의 특성을 정의하는 일은 뜨내기 구매자를 충성스럽게 만들거나 또는 경쟁사에 충성적인 소비자들을 유인하기 위한 전략의 근거가 된다.

③ 상품의 사용여부(product usage)

마케터는 특정한 상표보다는 한 상품범주를 구매하는 소비자에게 관심을 가질 수 있으며, 상품의 사용여부도 행위세분화의 보편적인 근거가 된다. 탈카페인 커피의 구매자들은 어느 상표를 구매하든지에 관계없이 중하위 소득계층의 나이든 소비자인 경향이 있는데, 이러한 인구통계적 특성은 매체를 선정하거나 광고소구를 결정하기 위한 지침으로서 이용될 수 있다. 간혹 진통제의 마케터들은 자사상표와 경쟁상표들의 사용자들 사이에서 나타나는 구체적인 차이보다 오히려 진통제 사용자의 특성에 관심을 갖고 마케팅을 진행한다.

● 롯데백화점의 충성고객인 MVG는 연간 구매액에 따라 여러 등급으로 나뉘고, 차별화된 혜택을 받는다.

이와 같이 상품의 사용여부를 근거로 세분시장을 확인하려는 노력은 소형, 중형, 대형, 수입 승용차 소유자의 세분시장을 정의하려는 승용차 마케팅이나 여러 가지 오락 서비스의 사용자들을 대상으로 하는 마케팅에서 자주 나타난다.

④ 사용률(degree of usage)

● 휴식을 위해 녹차를 마시는 사람과 커피를 즐기는 사람은 거의 분리되어 있다.

상품사용률에 따라 대량 사용자(heavy user)와 평균 사용자(medium user), 소량 사용자(light user)를 구분하는 일은 마케터들 사이의 보편적인 관행이다. 대부분 소비용품에 있어서 일반적인 원칙은 **사용률이 높은 50%의 소비자가 전체 매출액의 80%를 설명한다**는 사실이며, 이러한 집단을 'heavy half'라고 한다. 따라서 이들을 묘사해 주는 인구통계적 또는 심리적, 지역적 특성은 각 세분시장에 대한 마케팅 전략을 수립하는 데에 이용될 수 있다.

(3) 반응탄력성에 의한 세분화

마케터가 전체시장을 세분할 수 있는 또 다른 근거는 반응탄력성인데, 여기서 반응탄력성(response elasticity segmentation)이란 자극의 %변화를 구매량에 있어서 %변화와 연관시킴으로써 특정한 마케팅 자극에 대한 소비자의 민감도를 측정한 것이다. 즉 마케터는 그들이 구사하는 전략에 대해 민감하게 반응하는 정도에 따라 소비자들을 구분할 수 있는데 예를 들어, 가격변화가 있을 때 각 소비자가 상표를 대체할 가능성이 얼마나 큰지를 검토할 수 있다.

● 가격할인이나 쿠폰제공 등 각종 행사나 혜택은 특정한 세분시장에서 효과적이다.

가격탄력적인 세분시장의 특성은 가격이 인상될 때 마케터의 상표를 외면할 소비자들을 묘사해 주며, 가격혜택이나 **쿠폰지향적인 소비자**의 특성은 가격촉진을 집중해야 하는 세분시장들을 밝혀 주는데, 이때 쿠폰은 적극적인 쿠폰활용자들의 인구통계적 프로파일과 가장 일치하는 지역에 직접우편을 통해 보내질 수 있다. 또한 광고에 가장 민감한 세분시장의 특성은 마케터로 하여금 광고를 이들에게 집중하도록 유도할 것이다.

반응탄력성에 의한 세분화의 좋은 예로서 AT&T는 장거리 통화요금이 인상된 후, 전화횟수를 유지한 소비자들(가격인상에 비탄력적인 세분시장)과 전화횟수를 줄인 소비자들(가격인상에 탄력적인 세분시장)을 구분할 수 있었다. 이때 소비자들의 가격 민감성은 이러한 세분시장에게 저렴한 전화이용방법(off-peak or direct dial calls)을 주지시키는 마케팅 노력이 효과적임을 보여준다.

물론 소비자들은 가격 이외의 다른 마케팅 자극에 대한 반응탄력성을 근거로 세분될 수 있으며, 반응탄력성에 의한 세분화의 논리는 마케터가 세분시장의 반응정도에 따라 마케팅 노력을 할당해야 한다는 점이다. 예를 들어, 광고에 대한 반응탄력성을 추정하기 위해 광고를 실시한 후, 시간경과에 따른 구매량을 분석할 수 있으며, 여러 가지 가격인상 대안에 대한 소비량의 변화를 추정할 수 있다.

Consumer 톡톡

'콕' 집어서 공략하라. 세분화로 적중도 높이는 '핀셋 마케팅'…비용 대비 효과 좋아

핀셋마케팅은 쉽게 이야기하면 '극세분화 마케팅', 혹은 '현미경 마케팅'이라고 볼 수 있다. 홍창의 가톨릭관동대 인문경영대학 교수는 "기존의 마케팅전략에는 STP라는 개념이 있다. 여기서 S는 'segmantation, 세분화'인데 세분화된 시장을 타깃팅하고 자사의 상품이나 서비스에 대한 이미지를 포지셔닝 하는 것"이라며 "그런데 이 같은 세분화도 지금은 너무나 크다는 것이다. 연령대나 성별로 나눈 것이 기존 세분화라면 이보다 더 세분화된 것이 핀셋마케팅"이라고 설명했다.

▲ 핀셋마케팅의 대표적 사례로 볼 수 있는 코카콜라의 '지코 오리지널'(왼쪽)과 CJ제일제당의 숙면보조 건강식품 '슬리피즈'./사진:코카콜라, CJ제일제당

핀셋마케팅의 대표적인 사례는 백화점에서 VVIP를 상대로 라운지를 운영하거나 이들에게 발송되는 DM을 통해 그들만의 할인이나 이익을 만드는 것이다. 1년 동안 방문한 고객이 500만 명이라면 그 중 1,000명 만을 뽑아서 하는 마케팅인 셈이다.

홍 교수는 "대량생산을 통해 원가와 생산비를 낮춰 고객에게 접근하는 가격 기반의 마케팅이 구식이라면 핀셋마케팅은 소수의 소비자나 마니아층을 위한 시장 개척의 의미 선상에 있다"고 말했다.

핀셋마케팅은 이제는 일반화된 '빅데이터' 활용과도 맞닿아 있다. 홍 교수는 "오늘날에는 특정 개인의 성향이나 행동반경, 구매 트렌드, 취향 등이 다 데이터화 된 빅데이터가 있기 때문에 기업이 출시하고자 하는 상품이나 서비스가 과연 어떠한 고객층에 맞을 것인지 대입할 수 있다"고 언급했다.

기업들이 핀셋마케팅에 나서는 이유는 무엇일까.

마케팅 전문가인 김준모 엠코어컴퍼니 대표는 "정보와 광고의 홍수 속에서 소비자들은 본인이 관심 있는 분야만 선택해 볼 가능성이 높다"며 "불특정 다수를 통한 광고는 노출은 많이 되지만 비용대비 효과가 떨어진다. 하지만 핀셋마케팅처럼 특정 타깃을 대상으로 하는 맞춤형 마케팅은 해당 분야에 관심 있는 사람들에게 노출되기 때문에 전환율이 높아 비용대비 효과가 크다. 최근 기업들이 선호하는 이유"라고 설명했다.

범상규 교수는 VVIP를 대상으로 한 핀셋마케팅에 대해 "대상으로 선정된 소비자는 일반 대중과 다른 계층으로 대접받는다는 생각을 하기 때문에 쉽게 반응을 보이게 된다"며 "VVIP 대접을 받게 될 때 해당 브랜드에 대한 만족도와 호감도가 높아져 (상품이나 서비스를) 갖고 싶은 욕망이 더욱 커지게 된다. 해당 상품을 자신만이 가질 수 있다는 '희소성'이 가미되기 때문에 만족도는 더욱 높아질 수 있다"고 전했다.

핀셋마케팅 효과가 단지 희소성에만 국한되는 것은 아니다. 범 교수는 "자신이 정확히 무엇을 원하는 지 애매할 경우, 전문가인 기업의 마케터가 선택의 폭을 좁혀주게 돼 의사결정에 손쉽게 이르도록 만들어 주며 이때 소비자들은 마케터가 제공하는 정보가 새로운 트렌드일 것이라는 기대감을 갖게 돼 정보 수용도 높아지게 된다"고 분석했다.

자료원 : 더피알. 2015. 6. 26

제2절 상품 포지셔닝과 리포지셔닝

상품 포지션(product position)이란 소비자들의 지각에서 상품이 차지하고 있는 위치, 즉 소비자들에 의해 상품이 지각되고 있는 모습이다. 이에 비해 상품 포지셔닝(product positioning)이란 소비자들의 마음 속에서 자기 상품의 바람직한 위치(모습)를 형성하기 위해 적절한 상품효익들을 개발하고 커뮤니케이션하는 활동을 의미한다. 따라서 상품 포지셔닝 전략은 경쟁에 대응하여 차별적 우위를 확보하기 위해 상품효익들을 개발하고 커뮤니케이션하려는 방안이며, 상품 포지셔닝 분석은 상표들이 소비자에 의해 지각되는 현재의 모습을 분석하는 일이다.

마케팅 전략은 시장세분화뿐 아니라 표적시장 내에서 상품 포지셔닝을 근거로 해야 하므로 시장세분화 전략과 상품 포지셔닝 전략은 함께 개발되어야 한다. 마케터는 자신의 상품을 포지셔닝하는 데에 있어서 소비자의 욕구나 경쟁자의 포지션을 준거점(reference point)으로 이용해 왔는데, 두 경우 모두에서 궁극적으로는 상품을 소비자가 '원하는 바'에 적절히 연관시켜야 한다.

상품 포지셔닝 전략(product positioning strategy)은 소비자가 '원하는 바'를 준거점으로 하여 자기 상품의 포지션을 개발하려는 소비자 포지셔닝 전략(consumer positioning strategy)과 경쟁자의 포지션을 준거점으로 하여 자기 상품의 포지션을 개발하려는 경쟁적 포지셔닝 전략(competitive positioning strategy)으로 구분된다. 그러나 경쟁적 포지셔닝 전략에 있어서도 소비자가 '원하는 바'를 효과적으로 충족시키기 위해 경쟁자와 어떻게 차별화할 것인지를 결정하는 것이므로 두 가지의 포지셔닝 전략은 모두 소비자가 '원하는 바'에 직접적 또는 간접적으로 연관되어야 한다.

한편 소비자들이 '원하는 바'나 경쟁자의 포지션이 변함에 따라 마케터는 기존상품의 포지션을 변경해야 할 것인데, 기존상품의 포지션을 바람직한 포지션으로 새롭게 전환시키는 전략을 리포지셔닝(repositioning)이라고 부른다.

1. 소비자 포지셔닝 전략

소비자 포지셔닝 전략(consumer positioning strategy)이란 소비자가 '원하는 바'를 준거점으로 자기의 상품이 어떠한 효익들을 제공할 것인지 결정하고 이를 커뮤니케이션하는 활동인데, 커뮤니케이션의 방법에 따라 다음과 같이 구분할 수 있다.

1) 구체적 대 일반적 포지셔닝

구체적 포지셔닝 전략은 **구체적인 상품효익들과 소비자가 '원하는 바' 사이에 직접적인 연관성을 개발하고 커뮤니케이션하는 전략**이다. 많은 상표들은 자신의 독특하고 구체적인 효익들을 직접적으로 소비자가 '원하는 바'에 연관시킴으로써 성공하였는데 예를 들어, 초기의 Crest는 충치 예방효과를 주장함으로써 선도적인 치약상표가 되었으며, Vaseline Intensive Care는 치료효과라는 효익을 소비자가 '원하는 바'에 처음으로 연관시킴으로써 선도적인 핸드로션이 되었다.

그러나 마케터는 구체적인 효익들을 근거로 포지셔닝하는 일이 잠재고객의 범위를

협소하게 제한할 가능성이 있음에 유의해야 한다. 예를 들어, 치약의 마케터가 자기의 상품을 충치예방이라는 효익에 한정하여 포지셔닝한다면 좋은 향기를 원하는 소비자로부터는 아예 외면 받을 수도 있는데, 이때 좋은 향기와 충치예방이라는 두 가지의 효익을 근거로 한다면 잠재고객의 범위를 좀 더 확대할 수 있을 것이다.

이에 반해 일반적 포지셔닝 전략은 **소비자들이 '원하는 바'에 대해 모호한 상품효익을 근거로 하는 포지셔닝**이다. 이러한 포지셔닝은 소비자들로 하여금

● 구체적인 상품효익을 근거로 포지셔닝에 성공한 상품들

상품으로부터 자기가 '원하는 바'를 스스로 발견해 내고 그것을 선호의 이유로 삼도록 유도한다. 예를 들어, "당신의 소망을 상품 속에 담았다"는 초콜릿의 광고메시지는 **연인에게는 사랑을, 어린이에게는 맛과 재미**를 상품효익으로 받아들이도록 하여 잠재고객의 범위를 마케터가 제한하지 않고, 각자 상품 속에서 자신만의 효익을 스스로 찾아내 구매하도록 유도한다.

따라서 포지셔닝 전략은 많은 사람에게 많은 것(many things to many people)이 될 수 있도록 두루뭉술하지만(일반적 포지셔닝), 상품효익과 소비자들이 '원하는 바' 사이에 어느 정도의 연관성을 가질 수 있도록 구체적이어야(구체적 포지셔닝) 좋은 효과를 거둘 수 있다.

2) 정보 대 이미지에 의한 포지셔닝

소비자 포지셔닝은 또한 **구체적인 정보를 인용**하여 상품효익들과 소비자가 '원하는 바' 사이의 연관성을 형성하는 직접적인 방법과 **이미지나 상징성을 통해 느낌**을 형성하는 간접적인 방법으로 구분할 수 있다. 대체로 정보제공적인 접근방법이 구체적인데 반해 이미지(imagery)나 상징성(symbolism)을 이용하는 접근방법은 일반적인 경향이 있으나, 구체적 포지셔닝도 간혹 후자를 이용하기도 한다. 예를 들어, 신변잡화는 상품효익을 구체적으로 묘사하면서 동시에 능력과 사회적 성공의 이미지를 상품에 연관시킴으로써 성공지향적이며 자아실현을 추구하는 잠재고객에게 소구할 수 있다.

● 남성성과 여성성의 심상

또한 일부의 담배는 타르와 니코틴 함량의 수치를 인용함으로써 건강의식이라는 효익을 직접 강조하는 정보제공적인 접근방법을 취하면서 동시에 긍정적인 상표연상을 형성하기 위하여 이미지를 이용하여 남성성(Marlboro) 또는 여성성(Eve)에 소구하고 있다.

2. 경쟁적 포지셔닝 전략

경쟁적 포지셔닝 전략(competitive positioning strategy)은 **경쟁자들의 포지션을 준거점으로 하여 자신의 상품효익과 소비자가 '원하는 바' 사이의 연관성을 개발하려는 커뮤니케이션 전략**인데, 이러한 전략의 이점은 마케터가 자기의 상품을 소비자 마음 속에 이미 그려져 있는 경쟁자들의 포지션에 연관시킬 수 있다는 점이다. 이러한 경쟁적 포지셔닝 전략의 전통적인 예는 7-Up의 포지셔닝이었는데, 7-Up은 소비자 마음 속에 이미 그려져 있는 경쟁자들의 포지션에 자신을 연관시킴으로써 Coke와 Pepsi에 대한 대체음료(uncola)로 포지셔닝될 수 있었다.

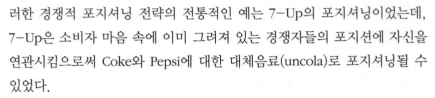

● 펩시 챌린지

경쟁적 포지셔닝 전략은 흔히 경쟁자를 특정하여 속성별로 비교하는 비교광고(comparative advertising)를 통해 수행되는데, 이러한 비교광고는 시장선도자를 준거점으로 삼아 직접적인 도전을 통해 자신의 상표를 포지셔닝하려는 수단으로 이용될 수 있다. 예를 들어, Avis는 시장선도자인 Hertz에 비해 No.2이므로 그들이 'try harder'함을 광고하며, Pepsi는 Coke에 대해 미각시험(Pepsi challenge)을 실시하고 있다.

● 경쟁자를 근거로 한 포지셔닝

경쟁적 포지셔닝 전략에 있어서 유의해야 할 점은 자신의 포지션이 자칫 경쟁자들의 것과 혼돈될 수 있다는 점인데, 비교광고는 간혹 소비자들에게 혼동을 일으키며, 광고하는 자신의 상표보다 경쟁상표의 인지도를 더 높여줄 수도 있다. 경쟁적 포지셔닝 전략의 또 다른 위험은 시장선도자의 보복을 일으킬 수 있다는 점이다. 비교광고의 결과로서 Pepsi는 Coke로부터, Burger King은 McDonald's로부터 보복을 받았는데, McDonald's와 Wendy's는 자신의 햄버거가 더 맛있고 고기가 많다는 Burger King의 주장에 대해 소송을 제기한 바도 있다.

● 너무 맛있어서 맥도날드 직원도 찾아와서 주
문한다는 버거킹의 비교광고

이러한 위험에도 불구하고 경쟁적 포지셔닝 전략은 경쟁자의들 포지션을 준거점으로 하여 소비자 마음 속에 그들이 '원하는 바'와 — 경쟁자와 — 차별화된 자신의 상품효익들 사이에 연관성을 형성하기 위해 유용한 전략이다.

3. 리포지셔닝 전략

신상품을 포지셔닝하는 전략에 덧붙여 마케터는 환경요인
이나 소비자가 '원하는 바'가 변하거나 경쟁자들의 포지션이 변
화함에 따라 자신의 기존상품을 다시 새롭게 포지셔닝해야 하
는데, 가장 성공적인 리포지셔닝 전략(repositioning strategy)
의 전형적인 예는 Miller High Life의 사례이다. 이 상표는 소득
수준이 높은 소량 음주자들을 겨냥하여 'champagne of bottled
beers'로 포지션되었는데, Philip Morris가 합병한 후에는 맥주
를 많이 마시는 육체노동자들에게 소구하도록 포지션을 변경
하였다. 즉 1970년대 초에 시작된 'Miller Time' 광고 캠페인은
일과 후 Miller를 즐기는 노동자를 부각시켰으며, 그 결과 맥주시
장의 점유율이 3.4%에서 21.9%로 증대되었다.

● 우아한 분위기에서 마시는 고급맥주에서 대중적인 맥주로 변신한 밀러

그러나 이러한 사례의 다른 측면은 리포지셔닝의 어려움도 함께
보여준다. 예를 들어, Miller에 대한 소비자들의 지각을 바꾸는 데
에는 5년이라는 시간과 장기적인 커뮤니케이션 전략이 필요했듯이, 상표에 관한 소비
자의 신념과 지각은 뿌리 깊고 바꾸기 어렵기 때문에 리포지셔닝 전략은 신상품의 포지
셔닝 전략에 비해 수행하기가 어려운 것이다.

제3절 포지셔닝 분석

상품 포지셔닝 분석은 상품이 어떻게 포지셔닝되어야 하는지(normative analysis)
또는 그것이 현재 어떻게 포지셔닝되어 있는지(descriptive analysis)를 평가하기 위해
상품이나 상표에 관해 소비자들이 지각하고 있는 '모습'을 확인하려는 일인데, 이러한
분석들은 모두 신상품을 포지셔닝시키거나 기존상품을 리포지셔닝하려는 선략적 의사결
정의 일부이다.

마케터가 '영양'을 강조하는 세분시장을 대상으로 신상품을 도입하려고 할 때, 신 상
품 개념과 기존상표들의 포지션은 [그림 3-3]과 같은 지각지도로 예시될 수 있다.

1. 지각지도

지각지도(perceptual map)란 **소비자들의 지각을 근거로 새로운 상품개념이나 기존 상표들의 포지션을 도식한 것**으로서 마케팅 전략을 위해 풍부한 시사점을 제공해 줄 수 있다.

1) 지각지도의 작성절차

지각지도를 작성하기 위한 첫 번째 단계로서 마케터는 소비자들에게 영양을 강조한 새로운 상품의 개념을 묘사해 준 후, 기존의 상표들(A부터 F)과 신상품 개념을 둘씩 짝지어 유사성의 정도를 평가하도록 한다. 이 때 유사성 평가대상이 7개이므로 전체 짝의 수는 21개이다.

이러한 유사성 자료에 다차원 척도화(MDS, multidimensional scaling)를 적용시키면, 상표짝 사이의 유사성 평점을 근거로 지각지도에서 기존상표들과 신상품 개념의 상대적 위치를 알 수 있다. 즉 [그림 3-3]으로부터 소비자들이 신상품 개념을 상표 A 및 상표 B와 유사하다고 지각함을 알 수 있는데, 이는 신상품 개념이 그들에 대해 모방상표로 포지셔닝되거나 정면적인 경쟁관계에 놓이게 될 것임을 암시한다.

두 번째 단계는 소비자들에게 8개의 상품속성에 따라 각 상표를 평가하도록 한 후,

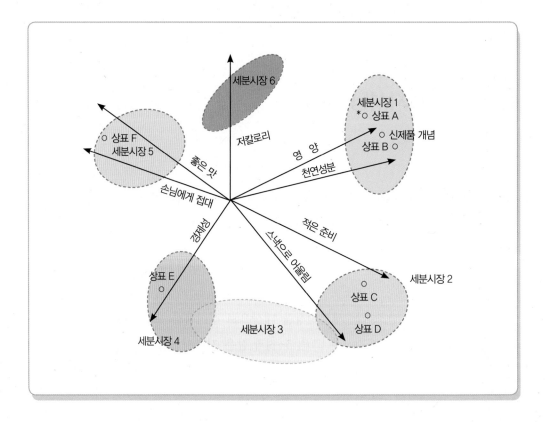

그림 3-3

지각지도

이러한 속성평가 자료에 PROFIT(property fitting)라는 프로그램을 적용시키는 일이다. PROFIT 프로그램은 지각지도에 있어서 속성과 상표들 사이에 최적의 적합을 결정함으로써 각 속성의 방향을 밝혀준다.

즉 이러한 과정은 [그림 3-3]에서 속성들을 나타내는 8개의 벡터를 산출함으로써 새로운 상품개념과 상표 A 및 상표 B는 영양 및 천연성분이라는 속성에 매우 밀접하게 연관되지만, 경제성과는 연관되지 않음을 보여준다. 또한 상표 C 및 상표 D는 스낵으로 어울리면서 준비가 적음과 연관되며, 상표 E는 경제적임과, 상표 F는 좋은 맛 및 손님접대와 연관됨을 보여준다.

지각지도를 작성하기 위한 세 번째 단계는 소비자들에게 각 상표와 신상품 개념에 대한 그들의 선호순위를 결정하도록(어느 상표나 개념을 가장, 두 번째, 세 번째 등으로 선호하는가) 요구한 후, 각 소비자를 그가 가장 선호하는 상표에 가장 가깝고 가장 덜 선호하는 상표에 가장 멀도록 PREFMAP(Preference Mapping) 프로그램을 활용하여 지각지도상에 표시하는 것이다. 예를 들어, [그림 3-3]에서 별표(*)는 세분시장1에 속하는 한 소비자를 나타내는데, 이 소비자는 상표 A, 신상품 개념, 상표 B의 순으로 선호하며, 상표 E와 상표 F를 가장 덜 선호함을 보여준다.

한편 선호하는 상표를 근거로 전체시장을 세분하기 위해서는 집군분석을 적용할 수 있는데, 집군분석은 유사한 선호순위 패턴을 보이는 소비자들을 6개의 세분시장([그림 3-3]에서 6개의 원)으로 집단화하였다. 이때 원의 크기는 각 세분시장의 상대적 규모(소비자의 수)를 나타내므로 가장 큰 세분시장1은 영양과 천연성분을 강조하면서 신상품 개념과 상표 A 및 상표 B를 좋아했고, 두 번째로 큰 세분시장2는 스낵으로 어울림과 적은 준비를, 세분시장3과 4는 경제성을 강조한다고 볼 수 있다.

한편 집군분석을 적용할 선호순위자료는 각 소비자들이 자신에게 이상적인 상품이라고 판단하는 속성수준의 조합으로 대체될 수 있으며, 이 경우에도 유사한 결과를 산출해 준다.

2) 지각지도의 시사점

[그림 3-3]과 같은 지각지도는 마케터에게 대단히 많은 시사점을 제공해 줄 수 있다.

첫째, 마케터에게 신상품 개념과 기존상표들 사이의 경쟁관계를 보여준다. 예를 들어, 새로운 상품개념이 상표 A 및 상표 B와 정면적으로 경쟁할 가능성이 있음과 상표 A와 상표 E는 소비자 지각에서 경쟁관계가 약함을 밝혀준다.

둘째, 새로운 상품개념이 의도된 표적시장('영양' 세분시장)에게 소구하도록 포지셔닝되었다는 사실과 그러한 세분시장의 규모를 밝혀준다.

셋째, 속성들 사이에 존재하는 연관성의 정도를 밝혀주는데 마치 속성들에 대한 요인

분석의 결과처럼 영양과 천연성분, 좋은 맛과 손님접대, 적은 준비와 스낵으로 어울림이 각각 강하게 연관되어 있음을 알 수 있다.

넷째, 각 세분시장에게 소구할 수 있는 바람직한 상품의 속성결합을 밝혀준다.

다섯째, 소비자들의 지각에서 아직도 채워지지 않는 빈 곳(market niche)을 정의해 줌으로써 신상품의 가능성을 시사해 준다. 이 예에서는 어떠한 상표도 '저칼로리'로 지각되지 않고 있으므로 저칼로리를 강조하는 세분시장6(체중조절자)에 대한 신상품 기회를 암시하며, 또한 세분시장3도 신상품의 가능성을 암시해 준다.

특히 새로운 상품개념의 포지션을 평가하기 위한 [그림 3-3]과 같은 지각지도는 세 가지의 질문에 적절한 해답을 주어야 한다.

첫째, 새로운 상품개념이 기존상표들에 대비하여 독특한 포지션을 차지할 것인가? 이 예에서는 기존상표 A 및 B와 유사하게 포지셔닝되어 있으므로 그렇지 않다.

둘째, 포지션이 마케팅 목표와 조화를 이루고 있는가? 신상품 개념이 '영양'속성을 가진다고 지각되므로 표적시장이 '원하는 바'와 일치한다.

셋째, 충분히 큰 세분시장에 소구하고 있는가? 세분시장1은 가장 큰 세분시장이므로 그렇다.

더욱이 신상품을 시장에 도입할 때에는 다음과 같은 질문들을 추가로 검토해야 한다.
- 강조하고자 하는 속성상에서 새로운 상품개념이 상표 A나 상표 B와 구별될 수 있는가?
- 충분히 많은 소비자들이 상표 A나 상표 B보다 새로운 상품개념을 선택할 것인가?
- 새로운 상품개념의 표적시장을 구성하는 소비자들이 '원하는 바'는 구체적으로 무엇인가?
- 새로운 상품개념을 구매할 소비자들의 특성은 무엇인가?
- 일단 새로운 상품개념이 상품화된 후, 동일한 포지션이 유지될 것인가? 또는 소비자들이 그들의 지각을 변경할 것인가?

2. 새로운 상품개념의 개발

상품개념 자체는 상품을 포지셔닝하기 위해 설계된 속성들의 다발을 나타내는데, [그림 3-3]은 마케터가 이미 새로운 상품개념을 결정했다고 가정했다. 그러나 마케터가 아직 새로운 상품개념을 결정하지 않고 소비자에게 제공할 속성의 적절한 조합을 조사하고 있는 경우라면 다음과 같은 두 단계의 절차가 선행되어야 한다.

1) 평가속성들의 확인

마케터는 새로운 상품개념을 결정하기 위해 우선 소비자들이 상품을 평가할 때 사용하는 속성들을 선정해야 하는데, 이러한 속성들을 확인해 내기 위해서는 심층면접이나 초점집단 면접(focus group interview)을 통한 직접적인 질문이 널리 이용된다.

또한 소비자들에게 그들이 어떤 상표들을 유사하다고 지각하는지를 묻고, 상표 유사성을 결정하기 위해 사용하는 속성들을 물어볼 수도 있다. 예를 들어, 마케터는 소비자들이 칩 형태의 스낵을 평가할 때 이용하는 속성들을 알아내기 위해 소비자 표본에게 기존상표들 사이의 유사성을 평가하도록 할 수 있다. 우선 수미칩, 포카칩, 치즈네, 허니버터칩, 고구마칩 중에서 세 개씩 선정하여 소비자들에게 어느 두 개의 상표가 유사한지, 세 번째 상표는 왜, 얼마나 다른지를 질문하여 유사성과 차이점을 정의하는데 소비자가 이용하는 속성들을 기록하고 그 다음 다른 세 상표를 선정하여 이러한 과정을 반복한다.

2) 속성의 호환성 분석

마케터가 신선도, 개봉용이, 저가격, 비유성(非油性), 천연성분에 덧붙여 여섯 번째의 새로운 스낵 속성으로서 저칼로리를 도입하려고 할 때 분명히 이상적인 상표는 6개의 모든 속성을 이상적으로 조합하는 것이겠지만, 이는 지나치게 비용이 많이 들거나 기술적으로 불가능할 수 있다. 따라서 속성의 대체적인 조합을 나타내는 신상품 개념들의 가치를 평가해 보아야 한다.

예를 들어, 한 상품개념은 개봉이 용이하며 신선도, 저칼로리의 속성을 많이 갖는 스낵이며, 두 번째 상품개념은 천연성분의 신선하고 저칼로리의 속성을 많이 갖는 스낵일 수 있다. 이때 마케터는 소비자들에게 속성의 이러한 조합들 중에서 어느 것이 가장 바람직한지 선택하도록 요구하여 최적의 속성조합을 나타내는 신상품 개념을 결정할 수 있는 것이다. 그 다음 이러한 신상품 개념을 포함하는 지각지도의 작성을 통해 포지셔닝 분석을 수행한다.

따라서 신상품 개념이 형성되지 않은 상태로부터 수행되는 포지셔닝 분석은 다음과 같은 절차로 요약할 수 있다.

첫째, 심층면접이나 초점집단 면접을 통해 직접 질문하거나 또는 유사상표와 상이상표를 구분하는 근거를 도출하는 방법(Kelly Repertory Grid)을 적용함으로써 평가속성들을 확인해낸다.

둘째, 속성의 호환성 분석(conjoint analysis)을 통해 대체적인 상품개념들을 시험하고 소수의 유망한 신상품 개념을 선정한다.

셋째, [그림 3-3]과 같은 포지셔닝 분석을 수행한다.

3) 포지셔닝 분석에의 계량적 기법 적용

상품 포지셔닝 분석은 소비자 행동을 연구하기 위한 다변량 통계분석의 훌륭한 예가 된다. 즉 속성의 호환성 분석은 많은 수의 속성으로부터 유망한 속성결합(신상품 개념)들을 확인하는 데 적용할 수 있으며, 다차원 척도화는 상표 유사성을 근거로 각 상표 사이의 지각차이를 분석하도록 허용한다. 이 밖에도 판별분석과 요인분석 등의 다변량 기법들이 포지셔닝 분석을 위해 적용될 수 있다. 또한 PROFIT 프로그램은 상표 포지션을 평가속성들과 연관시키기 위해 적용될 수 있으며, 집군분석은 세분시장들을 확인해 줄 것이다.

3. 상품 포지셔닝 분석의 적용

상품 포지셔닝 분석은 크게 세 가지의 주요한 분야에 적용할 수 있는데, 첫째는 신상품이 어떻게 포지셔닝되어야 하는지 결정하기 위한 규범적 포지셔닝 분석, 둘째는 기존의 상품들이 현재 어떻게 포지셔닝되어 있는지를 결정하기 위한 기술적 포지셔닝 분석이며, 셋째는 소비자 지각에 관한 기간적 분석(longitudinal analysis of consumer perceptions)을 통해 리포지셔닝 전략을 평가하는 것으로서 시간이 흐름에 따라 상품포지션의 변화를 추적하기 위해 설계된다.

1) 신상품의 포지셔닝 분석

신상품 개발에 있어서 포지셔닝 분석(지각지도의 작성)은 신상품 개념들을 여과하거나 평가하기 위해 사용되거나 상품 포지션의 변화를 평가하기 위해 사용될 수 있다.

(1) 신상품 개념의 여과와 평가

마케터는 기존 승용차에 도전할 새로운 모델들의 포지션을 결정하고 각 모델을 위한 표적시장의 특성을 정의하기 위해 포지셔닝 분석을 실시할 수 있다. 그러나 승용차는 직접 사용해 보는 시험으로 평가하기가 곤란하고 시험모델을 제작하기 위한 투자가 크므로 이러한 포지셔닝 분석은 상품개념에 의존해야 한다.

마케터는 세 개의 새로운 승용차 개념([그림 3-4]에서 S, T, U)을 A, B, C, D 등 기존의 네 상표와 함께 1,000명의 승용차 소유자에게 제시하여 7개의 승용차 대안에 대한 유사성과 그들의 선호순위를 나타내도록 요구하였다. 여기서 신개념 S는 기존상품 A와 경쟁하도록 설계되었으며, 신개념 T는 기존상품 B와, 신개념 U는 기존상품 C와 경쟁하도록 설계되었다. 또한 기존상품 A는 선도적인 소형 승용차로서 분석에 포함시켰다.

유사성 자료에 다차원 척도화를 적용하여 작성한 지각지도는 U-car가 기존상품 C와 유사하게 포지셔닝되었음(하나를 선택한 사람이 두 번째 대안으로 나머지를 선택하였음)을 보여주며, S-car는 기존상품 A와 유사하게 포지셔닝되었음을 보여준다. 그러나 T-car는 기존상품 B와 멀리 떨어져 있으므로 의도대로 포지셔닝되지 않았음을 알 수 있다.

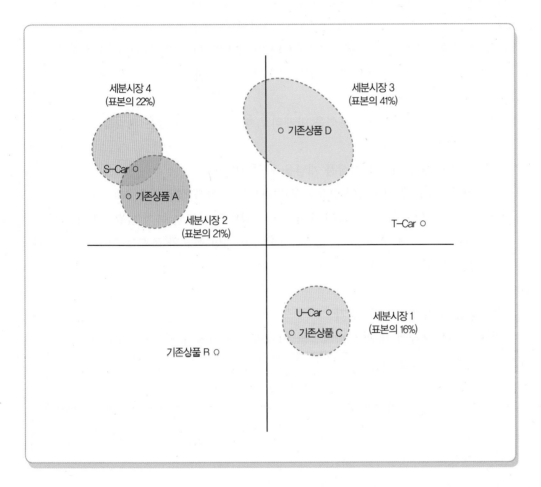

그림 3-4

승용차의 포지셔닝 분석

또한 선호순위에 따라 소비자들을 그들이 가장 선호하는 승용차와 가장 가까이, 가장 덜 선호하는 승용차와는 가장 멀리 표시하였는데 예를 들어, 세분시장4에 속하는 소비자들은 표본의 22%를 차지하며, S-car를 가장 선호하고 U-car와 기존상품 C를 가장 적게 선호함을 나타낸다.

따라서 S-car만이 두 가지의 점에서 유용한 승용차 개념으로 인정된다. 즉 S-car는 의도대로 시장 선도자인 기존상품 A에 잘 대응되어 포지셔닝되었으며, 더욱이 모든 소형차 잠재고객의 43%를 나타내는 두 세분시장에 걸쳐 있다.

한편 S-car가 소구할 수 있는 두 세분시장의 소비자 특성을 비교해 본 결과에 따르면 세분시장 2는 젊고 기술적 제원에 관심이 많다는 점에서 세분시장 4와 다르며, 또한 S-car와 기존상품 A를 동등하게 선호하였다. 한편 세분시장 4는 나이 많은 상류층이며, 안락함과 공간넓이에 관심을 갖고 있었다.

S-car의 경우에서와 같이 2개의 세분시장에 소구할 수 있을 때에는 각 세분시장에 대한 별도의 커뮤니케이션 전략을 개발해야 한다. 즉 하나의 커뮤니케이션 전략은 기존상품 A에 대비하여 S-car의 기술적 제원을 묘사하는 것인데, 이러한 캠페인은 젊은 잠재고객들에게 도달하는 매체를 통해 실시되어야 한다. 다른 커뮤니케이션 전략은 나이 들고 보다 안정된 생활을 영위하는 잠재고객에 대해 적합한 스타일, 안락함, 심상을 강조하는 것이다.

이상에서 논의한 포지셔닝 분석은 마케터로 하여금 다음과 같은 과업을 수행할 수 있도록 도와준다.

- 시장에 대한 최선의 신상품 개념을 확인한다.
- 기존상표들에 대비하여 신상품의 포지셔닝 전략을 평가한다.
- 잠재적 시장 참여 가능성에 대한 표적시장들의 규모와 특성을 결정한다.
- 승용차 특징에 관한 표적시장의 지각이 마케팅 목표와 조화를 이루는지의 여부를 평가한다.

(2) 상품 포지션 변화의 평가

마케터는 신상품에 대한 소비자들의 지각이 개념시험의 단계와 실제 사용단계에서 어떻게 변화하는지를 검토하기 위해서도 포지셔닝 분석을 적용할 수 있다. 예를 들어, 새로운 베이컨 개념(저칼로리의 인공베이컨)과 세 개의 기존상표들을 저칼로리, 편리함, 상용성, 영양, 식욕증진이라는 속성에 따라 소비자의 지각을 평가하고, 베이컨의 소비자에게 신상품을 사용하도록 한 후 이전과 동일한 방법을 통해 상품 사용 후의 지각을 분석할 수 있다.

[그림 3-5]의 (a)는 개념시험과 사용시험에 걸쳐 세 상표의 포지셔닝은 비교적 적게 변했으나, 새로운 베이컨 개념에 대한 지각은 그것이 실제로 사용될 때 크게 악화됨으로 보여준다. 즉 저칼로리와 영양 모두에서 부정적으로 지각이 바뀌었는데, 그것은 새로운 베이컨에 대한 개념진술이 소비자들로 하여금 두 가지 효익에 관해 지나치게 많은 것을 기대하도록 했었기 때문일 수 있다.

[그림 3-5]의 (b)는 새로운 베이컨 개념의 편의성에 관한 지각에는 큰 변화가 없었으

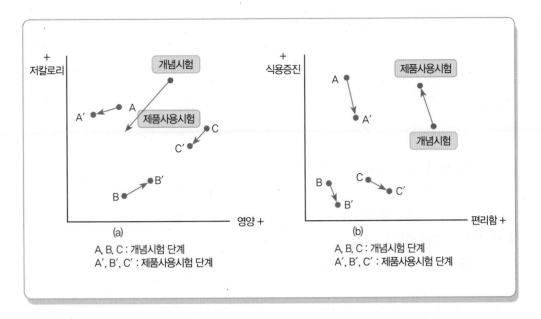

그림 3-5

개념실험과 사용시험에 따른 포지셔닝 변화

나, 개념진술에 의해 기대했던 것보다 실제 사용에서 신상품이 더 식욕을 증진시킨다고 지각함으로 보여준다.

또한 새로운 베이컨에 관한 개념진술은 영양이 많으나 특별히 식욕을 돋우지는 않는다는 인상을 주었으나 소비자가 그것을 사용했을 때, 그들은 기대보다 영양은 적으나 칼로리가 많고 식욕을 돋운다고 지각함을 보여준다. 이때 마케터는 사용시험의 결과를 받아들여 '기존상표보다 칼로리가 적고 편리하며, 영양이 많은 베이컨'으로 신상품을 리포지셔닝하거나 신상품의 개념이 소비자에게 일으킨 기대를 충족시키기 위해 상품 자체를 수정할 수 있다.

그러나 전자의 경우라면 독특한 효익이 없는 모방상표에 불과하다고 지각될 위험이 있으며, 후자의 경우라면 두 가지의 전략이 개발될 수 있다. 즉 하나는 저칼로리의 영양효익을 강조하는 소비자를 지향하는 것이며, 다른 하나는 식욕억제와 영양효익을 강조하는 소비자를 지향하는 것이다.

2) 기존상품의 포지셔닝 분석

기존상품의 포지셔닝 분석들은 대체로 주류, 간단한 가사용품, 음식 등의 상품형태들에 관한 포지션을 평가하거나 구체적인 상표들에 관한 포지션을 평가하기 위해 수행된다.

(1) 상품형태에 의한 포지셔닝 분석

상품형태에 의한 포지셔닝 분석은 소비자 지각을 근거로 하여 시장에 관한 넓은 관점을 제공하기 때문에 간혹 시장구조분석(market structure analysis)이라고도 한다. 이러한 시장구조분석은 소비자가 '원하는 바'에 따른 대체적 상품형태들의 포지션(예컨대, 냉동건조 커피, 인스턴트 커피, 탈카페인 커피, 그라운드 로스타 커피 등 상품범주의 상대적 위치)을 평가하거나 특정한 상품형태의 시장잠재력을 평가하기 위해 실시될 수 있다.

(2) 상표에 의한 포지셔닝 분석

상표들에 관한 소비자의 지각은 커뮤니케이션 전략을 평가하고 상표 리포지셔닝이 필요한지의 여부를 결정하기 위한 근거를 제공해 주는데, 대부분의 포지셔닝 분석은 상표에 관하여 수행된다.

마케터는 포지셔닝 분석을 수행하기 위해 요인분석이라는 통계적 방법을 적용할 수도 있는데, [그림 3-6]은 종이타월에 대한 상표 포지셔닝 분석을 예시해 준다. 여기서 소비자들은 15개의 속성 상에서 네 개의 상표와 그들의 이상적인 종이타월을 평가하였는데, 마케터는 요인분석을 통해 강도(strength)와 장식성(decorativeness)이라는 두 개의

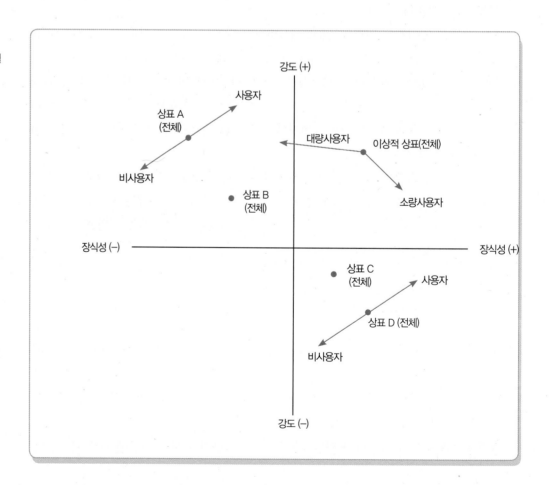

그림 3-6

상표 포지셔닝 : 종이타월의 포지셔닝 분석

요인을 도출하고 소비자의 속성평점에 따라 두 개의 요인 상에 네 상표와 이상적인 상표들을 포지셔닝하였다. 그 결과 소비자들은 상표 A와 B를 장식성이 낮은 강한 종이타월로 지각하며, 상표 C와 D를 약하지만 장식성이 높은 종이타월로 지각함을 알 수 있다.

이러한 분석은 세분시장별로도 실시될 수 있는데 예를 들어, 대량사용자들은 소량사용자에 비해 더 강하고 덜 장식적인 상표를 이상적으로 여기며, 상표A의 사용자와 비사용자는 전체적으로 상표를 강하다고 지각하지만, 사용자가 비사용자에 비해 더 장식적이라고 지각한다. 따라서 세분시장별로 수행되는 상표 포지셔닝 분석은 다음과 같은 결론을 도출해 준다.

- 대량사용자에 대한 소구는 강도를, 소량사용자에 대한 소구는 장식성을 근거로 해야 한다.
- 상표 A는 장식성이 다소 약하지만 강도의 측면에서는 대량사용자가 '원하는 바'에 맞추어 잘 포지셔닝되었다. 즉 대량사용자는 강하고 중도의 장식성을 갖는 상표를 원하는데, 이는 사용자들 사이에서 지각되는 상표 A의 포지션과 유사하다.
- 상표 D의 사용자들은 장식성을 강조하는데, 강도는 다소 약하지만 소량사용자들에게 소구하도록 잘 포지셔닝되었다.

3) 리포지셔닝 분석

리포지셔닝 분석의 목적은 **상표에 관한 소비자의 지각을 변경시키려는 노력의 성과를 평가**하려는 것이다. 즉 상표를 리포지셔닝하려는 전략의 성과는 상표에 관한 소비자들의 지각변화를 근거로 평가되어야 하는데, [그림 3-7]은 7-UP의 포지션이 1978년 언콜라(uncola)로부터 1983년 탈카페인 음료로 새롭게 탈바꿈했던 노력을 보여준다. 이때 그러한 리포지셔닝 전략이 성공적이었다는 사실은 7-UP이 실제로 클래식 콜라에 비해 맛이 좋고 카페인 걱정이 없는 대용품으로 지각되었다는 리포지셔닝 분석의 결과로 알 수 있다.

● 현대자동차: 미국에서 파격적 프로모션을 통한 리포지셔닝

최근 들어 많은 조사들이 광고 캠페인과 다양한 마케팅 믹스의 변경에 따른 소비자 지각의 변화를 보고하고 있는데 상품 포지션을 변경시키기 위해 설계된 커뮤니케이션 전략들은 실제로 나타난 변화로 평가되어야 하며, 지각지도를 작성하는 일은 그렇게 하기 위한 효과적인 분석방법인 것이다.

그림 3-7

'7-UP'의 리포지셔닝

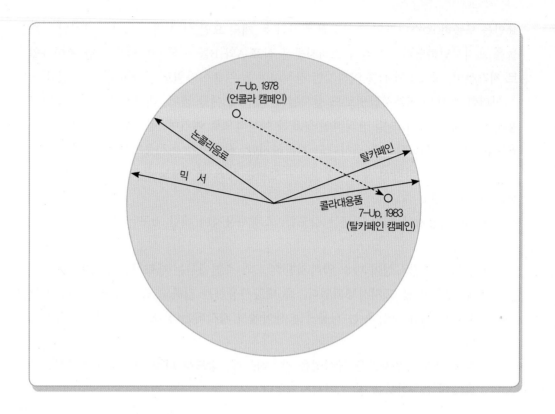

Consumer 톡톡

브랜드가 '회춘'하는 법

브랜드도 늙는다

시장에서 오랫동안 사랑받아온 장수브랜드는 출시 이후 많은 세월이 흘러 네이밍과 패키지 등에서 다소 촌스러운 느낌을 지울 수 없다. 또 브랜드를 기억하고 사용하는 소비자 역시 연령대가 높아졌다. 이 과정에서 자연히 장수브랜드에게는 '올드하다'는 인식이 꼬리표처럼 따라붙는다.

사람만이 안티에이징을 원하는 것은 아니다. 브랜드도 젊어져 좀 더 오랫동안 소비자와 호흡하고 사랑받으려 애쓴다. 이에 '늙은' 브랜드들은 나이를 잊고 고루한 이미지를 벗기 위해 늘 고민하고 있다.

마케팅 이론상으로 브랜드는 상품의 수명주기에 따라 언젠가는 시장에서 쇠퇴한다. 소멸하지 않기 위해서는 변화에 능동적으로 대처하고 경쟁상황에 대한 면밀한 분석을 통해 브랜드를 리포지셔닝해야 한다.

반면, 브랜드는 상품과 달리 수명주기가 없다고 얘기하는 이들도 있다. 단순히 오래됐다고 늙어 생을 다했다고 말하기는 힘들다는 것이다.

김지헌 세종대 경영학과 교수는 "오래됐다는 것은 브랜드의 정통성이라는 장점과 유행이 지나 낡아 보인다는 단점을 동시에 가질 수 있다"면서도 "후발 브랜드들이 의도적으로 '오래된 것=유행이 지나 늙은 브랜드'로 포지셔닝하기도 한다"고 설명했다.

그럼에도 오래된 브랜드는 대체로 젊게 변신하기 원한다. 더 오랜 시간 시장에 남아 있으려면 젊은 소비자의 니즈를 파고들어야 하기 때문이다. 이에 따라 최근 장수브랜드들이 디지털 네이티브 세대를 공략하는 '젊어지기' 마케팅을 활발하게 진행하고 있다.

평균나이 38.2세, 젊음과 스킨십

먹는 물 시장 1위 브랜드 삼다수는 다소 올드하다는 느낌을 지우기 위해 음악마케팅을 시작했다. 소녀시대 태연과 슈퍼주니어 규현을 모델로 내세워 음원과 뮤직비디오 등의 브랜디드 콘텐츠를 제작한 것. 이와 더불어 인스타그램 등 소셜미디어 채널을 활용해 영타깃과 가까워지는 '브랜드 리프레시먼트'를 진행했다.

올해로 만 27살이 된 맥심도 젊은 소비자 대상 스킨십을 높여가고 있다. 대표적인 것이 지난 4~6월 두 달간 성수동에 마련한 팝업 북카페 '모카책방'이다. 단순히 상품을 소개하는 차원을 넘어 보다 트렌디한 감성으로 맥심 모카골드를 경험할 수 있도록 한 체험마케팅의 일환이었는데, 수많은 인증샷을 배출하는 핫플레이스로 꼽히기도 했다.

2016년 커뮤니케이션 전략을 '브랜드 노쇠화 탈피'로 정한 에스콰이아는 병맛과 아재개그라는 요즘 유머코드를 활용한 광고캠페인을 선보였다.

빙그레 바나나맛우유는 젊은 소비자와 소통하는 마케팅이 실제 매출 증가로 연결되는 성과를 거뒀다. 지난 5월부터 상품 용기의 '바나나맛우유'라는 브랜드 네임에서 자음 세 개를 지우고 소비자들이 참여할 수 있는 여백을 만들었다. 'ㅏㅏ맛우유'의 빈 공간에 글자를 채워 자신만의 바나나맛우유를 만들도록 한 것.

그리고 해시태그를 활용해 이글 소셜미디어에 공유하도록 하는 소비자 참여를 유도했다. SNS상에는 관련 게시물이 수천 건에 이를 정도로 뜨거운 반응이 이어졌고, 지난 5월 매출이 전년 동기 대비 20%가량 상승하는 결과를 낳았다.

앞서 지난 2014년 5월 비락식혜는 강제전성기를 맞은 김보성을 모델로 '우리 몸에 대한 의리'를 콘셉트로 광고를 선보인

바 있다. 당시 선풍적인 인기를 끌었던 '으리시리즈'를 활용한 코믹한 내용으로 제작된 온라인 영상은 공개 5일 만에 조회수 200만 건에 달하는 등 큰 화제를 모았다. 광고 후 젊은 소비자가 주를 이루는 편의점에서 매출이 50% 가량 증가한 것을 포함해 연간 매출이 전년 동기대비 13% 이상 신장한 300억 원 이상을 기록한 것으로 알려졌다.

여러 브랜드의 이같은 '회춘 활동'은 젊은 소비자의 눈길을 사로잡아 매출 증대로까지 연결됐다는 점에서 성공적으로 평가할 만하다. 하지만 장기적으로 브랜드 이미지 개선을 이뤄냈는지는 아직 확신할 수 없다.

김지헌 교수는 "브랜드가 노후화되면 일반적으로 브랜드 활성화(brand revitalization)를 진행한다"며 "이미지 개선을 위한 전략은 크게 재포지셔닝(repositioning)과 리뉴얼(renewal) 두 가지로 살펴볼 수 있다"고 설명했다.

우선 재포지셔닝은 기존 브랜드의 콘셉트와 아이덴티티를 모두 바꾸는 것이다. 새로운 아이덴티티를 정하고 관련된 브랜드 요소(brand element)도 새롭게 바꾼다. 확실한 이미지 개선이 가능하다는 장점이 있다.

반면, 몇 번의 광고와 홍보캠페인을 진행하다가 별 효과가 없다고 판단되면 쉽게 포기하는 경향이 있어 성공하기 힘들다는 단점도 있다. 꾸준한 노력과 투자가 필요한 방식이다.

리뉴얼은 슬로건, 징글, 브랜드 글자체 등의 브랜드 요소에만 변화를 주는 것이다. 상대적으로 쉽지만 이미지 갱신효과는 재포지셔닝만큼 크지 않다. 따라서 파리바게뜨 등과 같은 브랜드가 몇 년마다 간판과 매장 분위기를 바꾸는 것처럼 정기적

▲ '정(情)'을 콘셉트로 브랜드 정체성을 구축한 초코파이

으로 시기를 놓치지 않고 해야만 효과가 있다. 이미 너무 오래돼 노후화된 이미지가 고착된 경우 리뉴얼로 큰 효과를 보긴 어렵다.

브랜드 활성화 전략에서 특히 중요한 점은 브랜드 아이덴티티를 명확히 하고 일관된 브랜딩 활동을 구상하는 것이다.

이 관점에서 비락식혜의 의리광고는 재미있지만 식혜의 아이덴티티로 의리가 적합한가에는 의문이 남는다. 반면 초코파이의 정(情) 캠페인은 감성브랜드로서 아이덴티티를 명확히 하고 꾸준한 브랜딩 활동을 진행, 초코파이와 정이라는 연결고리를 만들어내는 데 성공한 사례로 꼽힌다.

1961년 출시된 박카스도 시대 흐름에 따라 타깃 소비자와 커뮤니케이션을 잘 한 브랜드로 기억된다. 1990년대 '신한국인 캠페인'을 전개한 박카스는 당시 사회를 이끌어가는 아버지·어머니 세대의 자양강장제로 인식됐다.

이후 2000년대에는 꾸준한 광고 캠페인을 통해 젊은 이미지를 구축하고 '국토대장정'이라는 참여 프로그램을 더해 젊은 타깃층과 스킨십을 넓혀갔다. 최근에는 현재 대한민국을 살아가는 이들의 모습에 브랜드를 투영하며 언제나 동시대를 살아가는 브랜드로 호흡해 가고 있다.

▲ 시대별로 타깃에 맞춰 변화해온 박카스 광고

'러브마크'를 남겨라

▲ '행복'을 키워드로 꾸준히 커뮤니케이션해 온 코카콜라가 새롭게 선보인 '이 맛, 이 느낌(Taste the feeling)' 캠페인

이처럼 감성을 통해 오랫동안 소비자와 호흡하는 사례는 글로벌 브랜드에서도 찾아볼 수 있다. 우리 심장에 꽂힌 큐피트의 황금화살이란 의미인 '러브마크(love mark)'를 만드는 데 성공한 코카콜라가 대표적이다.

러브마크는 시대를 초월하는 인류보편적 가치와 밀접하게 연관돼 있어야 한다. 코카콜라가 선택한 러브마크는 바로 '행복'. 행복을 열어주고(Open happiness), 행복을 맛보게 하고(Taste the feeling), 행복을 전하는(Share a coke) 마법의 물로, 시대가 바뀌어도 메시지는 일관되게 '콜라는 행복이다'를 세뇌시킨 것이다.

물론 젊은 감각을 유지하기 위해 코카콜라는 광고에도 많은 공을 들인다. 코카콜라가 올해 선보인 '테이스트더필링(Taste the Feeling)' 캠페인은 밀레니엄 세대에게 매력적으로 들리는 클럽용 일렉트릭 비트와 달콤한 멜로디를 갖고 있다. 음악은 세계적으로 급부상한 스웨덴 출신의 신예 20대 작곡가 겸 DJ 아비치(Avicci)가 제작했고, 런던 태생으로 호주의 떠오르는 20대 가수 콘래드 스웰(Conrad Swell)이 보컬을 맡았다.

광고의 모델로 등장하는 20대 남녀들은 스마트폰 채팅을 통해 만나서 곧바로 강렬한 육체적 사랑을 나눈다. 행복이라는 가치는 영속하지만, 행복을 느끼는 세대는 끊임없이 신세대로 바꾼 것이다.

임준수 시러큐스대 PR학과 교수는 "결국 브랜드의 노화를 방지하고 구매력이 높은 젊은 층에게 다가서기 위해서는 상품이나 서비스의 절대가치를 소비자의 마음에 감성적으로 심어주는 노력이 필요하다"며 "단순히 현재 잘 나가는 스타를 모델로 기용하거나 젊은 소비자들의 문화 코드, 채널로 접근하는 방식은 장수하는 브랜드를 구축하기 보다는 단기적 ROI를 끌어올리는 수준에 머무를 수밖에 없다"고 지적했다.

김지헌 교수 역시 "오래된 브랜드는 정기적으로 브랜드 리뉴얼을 통해 이미지가 노후화되는 것을 방지해야 한다"며 특히 장기적 관점에서의 브랜드 활성화를 강조했다.

자료원 : 더피알. 2016. 8. 25

제 2 편

소비자 특성

제4장

동기부여와 관여도

I·n·t·r·o

인간은 누구나 자신의 존재가 행복한 상태에 있기 위해 충족시켜야 하는 여러 가지 기본적인 욕구들을 갖고 있으며, 이러한 욕구 중 일부가 충족되지 않을 때 그는 생리적이든 심리적이든 불행함을 느끼게 된다. 따라서 인간은 항상 의식주의 풍요로움을 추구하고 소속감을 즐기며 남으로부터 선망받기를 원하는데 소비자의 행동은 결국 이러한 기본적인 욕구를 충족시키려는 활동으로 간주될 수 있다.

따라서 마케터는 구체적인 소비자 행동의 원동력이 무엇인지 이해하고 어떠한 요인들이 소비자 행동을 활성화시키고 그 방향을 결정짓는지(activate & direct)에 대해 관심을 가짐으로써 소비자 행동을 보다 잘 이해할 수 있다. 즉 마케터의 많은 의사결정은 소비자 행동에 영향을 미치는 요인들에 관한 지식이나 가정을 근거로 하므로 동기부여의 개념은 소비자 행동을 이해하고 설명하는 데 매우 중요하다.

제2장에서 살펴보았듯이 소비자의 의사결정 과정은 관여도에 따라 크게 다르며, 이에 따른 마케팅 전략도 다르게 수립되어야 할 것이다. 따라서 본장에서는 우선 동기의 본질과 분류체계, 동기부여의 과정을 살펴본 후, 관여도의 본질과 시사점을 상세히 검토하고 관여도가 낮은 소비자 행동에 관한 이론을 논의하기로 한다.

제1절 동기의 본질과 분류체계

1. 동기의 본질

소비자의 동기부여와 목표지향적 행동의 본질을 이해하기 위해 의류 구매에 있어서 소비자 동기를 생각해 보자. 많은 의류의 구매행동은 생리적 욕구(체온유지)나 안전욕구(신체손상의 회피)를 충족시키려는 동기에 의해 촉발되지만, 일부 의류는 소비자가 자신의 자아 이미지를 표현하고 싶은 욕구 때문에 구매될 수도 있다. 또한 결연의 욕구는 소비자로 하여금 다른 사람과의 관계에서 보다 편안함을 느끼기 위해 특정한 의류를 구매하도록 영향을 미칠것이다.

즉 [그림 4-1]에서와 같이 한 의류의 구매에서 다양한 동기가 영향을 미치며, 생수(生水)의 구매와 같이 사소한 구매에 있어서도 안전, 건강, 사회적 지위 등의 욕구로부터 구매의 동기가 활성화될 수 있다. 더욱이 동일한 상품을 구매하는 소비자들 사이에서도 그러한 행동에 영향을 미치는 동기는 다를 수 있으며, 한 소비자의 구매행동도 상황에 따라 다른 동기로부터 영향을 받을 수 있다.

따라서 마케터는 소비자가 특정한 상품을 구매하는데 영향을 미치는 동기들과 각 동기의 중요도를 이해함으로써 그들의 구매행동을 촉발시키기에 가장 효과적인 상품이나 광고메시지 등 마케팅 믹스를 구성할 수 있다.

그림 4-1

욕구–동기–목표지향적 행동의 관계

욕구	동기(활성화된 욕구)	목표지향적 행동
생리적 욕구 안전욕구 사랑과 소속욕구 자존의 욕구 ⋮	체온유지 신체손상의 회피 다른 사람과의 결연 사회적 지위표현 ⋮	→ 특정한 의류의 구매행동

1) 동기의 정의

많은 학자들은 동기(motive)를 여타의 유사한 개념(욕구, 필요, 충동)들과 구분해 왔는데, 본서에서는 **생체 에너지를 활성화시키고 — 대체로 외부적 환경 내에 존재하는 — 소비자의 목표를 향해 그러한 생체 에너지의 방향을 결정짓는 내적 동인**(an inner state that mobilizes bodily energy and directs it in selective fashion toward goals usually located in the external environment)이라고 정의한다.

이때 소비자의 목표란 **기본적인 욕구의 충족**을 의미하는데, 심리적인 안정과 같이 그 목표가 소비자 내부에 존재할 수 있으나 대체로 욕구충족 수단을 외부로부터 획득하려는 경우가 보편적이다. 이러한 정의에 따르면 동기는 다음의 두 가지 역할을 수행한다.

- 생체 에너지를 활성화시키는 역할
- 그러한 생체 에너지의 방향을 결정하는 역할

즉 기본적인 욕구가 충족되지 않아서 **이상적인 상태와 현실적인 상태 사이의 괴리를** 지각할 때, 소비자는 그러한 괴리가 일으키는 생리적 긴장이나 심리적 긴장을 감소 또는 해소하려고 노력한다. 이와 같이 동기는 우선 욕구불만으로부터 긴장을 느끼게 된 소비자로 하여금 그러한 긴장을 감소 또는 해소하기 위해 어떠한 행동이든 취하도록 **생체 에너지를 활성화**한다.

한편 동기는 이미 활성화된 생체 에너지를 어떠한 목표(기본적인 욕구 충족)에 집중할 것인지 결정하는데, 동기가 소비자 행동에서 **방향지시적 영향**을 어떻게 미치는지를 설명하기 위한 여러가지 개념들이 오래전부터 제안되어왔다.

즉 과거의 관점은 대체로 기본적인 욕구(배고픔, 목마름 등)들이 — 거의 무의식적으로 — 소비자의 행동 방향을 결정한다는 점을 강조하면서 욕구를 충족시키기 위한 행동(도구적 행동)은 그러한 욕구와 연관되어 학습된다고 설명한다.

그러나 최근의 행동과학자들은 소비자가 자신의 행동 방향에 대해 의식적인 통제를 거의 갖지 않는다는 과거의 관점을 부정하고, 동기의 방향지시적 역할에 있어서 소비자가 능동적으로 구체적인 목표를 설정하고 그러한 목표에 자신의 행동을 조화시키려고 노력한다고 주장한다.

2) 동기의 역할

앞에서 언급한 바와 같이 동기의 역할은 소비자로 하여금 문제를 인식하여 어떠한 행동이든 취하도록 생체 에너지를 활성화시키고 행동의 구체적인 방향을 결정짓는데, 대체로 다음과 같이 정리할 수 있다.

(1) 충족되어야 할 기본적인 욕구를 정의해 준다.

동기는 소비자가 충족시켜야 할 기본적인 욕구를 정의해 준다. 기본적인 욕구(basic

needs)란 **소비자가 생리적 또는 심리적으로 안녕하기 위해 충족되어야 하는 기본적인 조건들**로서 생존, 안전, 귀속, 성취 등의 바람직한 상태로 묘사되는 일반적인 행동목표들을 포함하는데, 여기서 동기는 소비자 문제에 관련되는 의사결정과 활동에 걸쳐 방향 지시적 역할을 수행한다.

(2) 욕구기준을 확인시켜 준다.

모든 상품은 소비자의 기본적인 욕구를 충족시켜 주기 위한 수단(need-satisfier)으로 간주될 수 있다. 따라서 상품의 구체적인 특징들은 소비자가 어떠한 문제를 해결하고 목표에 도달하는 일을 도와주는데, 상품의 이러한 도구적인 측면을 욕구기준(need criteria)이라고 하며 대체로 경제성, 보온성, 내구성, 편의성 등의 상품효익(product benefits)으로 나타낼 수 있다.

이때 동기는 소비자가 기본적인 욕구를 효과적으로 충족시키기 위해 어떠한 욕구기준을 고려해야 하는지 확인시켜 주는데, 따라서 마케터는 자신의 상품이 소비자가 고려하는 욕구기준에 부합되도록 노력하고 그러한 사실을 소비자에게 설득해야 한다.

(3) 대안들을 평가하기 위한 속성과 그 중요성을 결정해 준다.

각 욕구기준은 다시 많은 수의 상품속성과 각 속성의 가중치로 분리될 수 있으므로 동기는 상품을 평가하기 위한 구체적인 속성들과 각 속성의 상대적 중요성을 결정해 준다. 예를 들어, 편의성이라는 욕구기준을 강조하는 승용차 구매자는 자동변속장치와 여러 가지 전자제어장치, 편리한 고객 서비스 등의 속성을 가격이나 연비보다 더 중시할 것이다. 그러나 동일한 욕구기준일지라도 상품범주에 따라 다른 속성들에 관련될 수 있는데 예를 들어, 잠금장치라면 지문인식, 전자카드 열쇠, 키패드 등이 편의성을 평가하기 위한 주요 속성이 된다.

(4) 기 타

보다 근본적인 수준에서 동기는 지각, 학습, 퍼스낼리티, 태도의 결정인자와 정보처리 방법에 영향을 미치며, 이것은 다시 행동에 대해 방향지시적 영향을 미친다. 즉 동기는 정보처리 방법에 영향을 미치고, 정보처리는 소비자가 환경을 해석하고 반응하는 모습에 영향을 미치게 된다.

2. 동기의 분류

소비자 행동에 대한 동기의 영향을 체계적으로 분석하고 마케팅 전략에 활용하기 위해서는 동기들을 수개의 범주로 분류할 필요가 있는데, 다음과 같은 분류체계가 널리 이용된다.

1) 단순한 분류체계

동기는 생리적 대 심리적, 본원적 대 선택적, 명시적 대 잠재적, 긍정적 대 부정적이라는 차원에서 단순한 범주로 분류될 수 있다.

(1) 생리적 대 심리적 동기

기본적인 욕구를 충족시키도록 소비자 행동에 영향을 미치는 동기는 그것과 관련되는 기본적인 욕구에 따라 두 가지 범주로 분류될 수 있다. 즉 생리적 동기(physiological motives)란 소비자로 하여금 배고픔, 목마름, 고통회피와 같은 **생리적 욕구(physiological needs)의 직접적인 충족에 관련되는 행동**을 촉발하며 심리적 동기(psychological motives)는 귀속, 성취와 같은 **심리적 욕구(psychological needs)를 충족시키려는 행동**을 취하도록 촉구한다.

그러나 생리적 동기와 심리적 동기는 동시에 작용하여 소비자로 하여금 하나의 구체적인 행동을 취하도록 영향을 미칠 수 있으므로 소비자 행동은 다수의 기본적인 욕구를 동시에 충족시키기도 한다. 예를 들어, 운동경기 후 친구와 술 한잔을 나누는 일은 목마름을 해소할 뿐 아니라 소속의 욕구도 충족시켜 줄 수 있다.

(2) 본원적 대 선택적 동기

동기들은 그것이 소비자에게 일으키는 행동유형에 따라서도 구분될 수 있는데, 본원적 동기(primary motives)란 **소비자로 하여금 어떤 상품범주(product category, 상품계층 generic product class)를 선택**하도록 영향을 미친다. 이에 반해 선택적 동기(selective motives)는 하나의 **상품범주 내에서 구체적인 상표나 모델을 선택**하도록 영향을 미친다.

이와 같이 동기는 본원적 수준과 선택적 수준 모두에서 소비자 행동을 이해하는 데 유용하므로 마케터는 두 수준의 동기를 모두 고려해야 한다. 예를 들어, 냉장고를 소유하려는 이유(구매동기)와 소유하지 않으려는 이유(불매동기)는 본원적 수준의 문제이며, Zipel 냉장고를 선택하는 이유와 거부하는 이유는 선택적 수준의 문제이다.

(3) 명시적 대 잠재적 동기

동기는 그것이 소비자 행동에 미치는 영향을 소비자 자신이 인지하고 있는지 여부에 따라 명시적 동기와 잠재적 동기로 분류된다. 즉 명시적 동기(manifest motives, 의식적 동기 conscious motives)는 **소비자가 자신의 행동에 대한 영향을 충분히 인지하고 있는 동기**인데 반해, 잠재적 동기(latent motives, 무의식적인 동기 unconscious motives)란 소비자 자신도 모르게 그의 행동에 영향을 미치거나 남에게 밝히기를 꺼리는 동기이다.

즉 소비자 조사에서 일부 동기들이 명시적·의식적이지 않다고 판단되는 이유는 크게 두 가지로 볼 수 있는데, 우선 소비자는 구매에 영향을 미치는 진정한 동기를 인지하지 못할 수 있다. 예를 들어, 소비자는 왜 자기가 한 색상보다 다른 색상을 더 좋아하는지를 정말로 이해하지 못할 수도 있다.

다른 이유는 소비자가 구매행동의 진정한 이유를 알면서도 밝히기를 꺼려할 수 있기 때문이다. 예를 들어, 값비싼 옷을 구매한 소비자는 간혹 — 값비싼 옷이 나타내줄 것이라고 기대되는 — 사회적 지위보다는 '어울림'이나 내구성이라는 선택이유를 응답함으로써 사회적 지위의 추구라는 동기가 무의식적인 것으로 간주될 수 있다.

그림 4-2

구매상황에서 명시적 동기와 잠재적 동기

명시적·의식적 동기	소비자 행동	잠재적·무의식적 동기
대형차는 안락하고 안전하다.		내가 성공한 사업가임을 알려준다.
성능이 좋고, 운전이 편하다.	EQ 900의 구매	내가 부자라는 걸 자랑하고 싶다.
주위 사람들이 고급차를 몬다.		이성 친구를 사귀는데 도움이 된다.

(4) 긍정적 대 부정적 동기

동기는 소비자에게 긍정적 또는 부정적인 영향을 미칠 수 있는데, 긍정적 동기(positive motives)란 **소비자가 자신의 문제를 해결하고 바람직한 목표를 성취하는 방향으로 행동하도록 영향을 미치는 동기**이며, 부정적 동기(negative motives)는 **바람직하지 않은 결과를 일으킬 수 있는 행동을 회피하도록 영향**을 미치는 동기이다.

일반적으로 소비자 행동은 긍정적 동기로부터 영향을 받지만, 충치예방을 위한 치약이나 사고에 대비한 보험의 구매에 있어서는 부정적 동기가 중요한 역할을 수행하며 그에 따라 마케터는 두려움 소구(fear appeal)를 자주 구사한다.

● 입냄새로 사람들이 기피하는 상황을 모면하려는 부정적 동기

심리를 활용한 마케팅

도어 인 더 페이스 테크닉(Door in the face technic)

우리말로 '상대방이 문을 살짝 열면 얼굴을 들이민다'는 뜻으로, 사람이 부탁을 거절할 때 부담을 느끼는 심리를 이용하는 기법이다.

고객에게 물건을 판매할 때 비싼 가격대의 고급 상품을 먼저 보여준 다음 비교적 저렴한 상품을 사도록 유도하는 마케팅 전략도 여기에 속한다. 길거리에서 외식업체의 오픈을 홍보한다며 무료 시식권을 주거나 신상품 소주를 음식점 테이블마다 무료로 주는 프로모션은 마중물 효과를 기대할 수 있다. 구매로 연결되는 자연스런 시점에서 소비자들이 공돈을 받고 이에 대한 보답심리가 유발되는 적정한 규모이기 때문이다. 무료쿠폰, 시식권, 상품권, 현금할인, 포인트 적립과 같은 방식이 유효한 이유이다.

마중물(유수) 효과(Pump effect)

경기가 불황인 상태일 때 정부가 지출을 늘려 경제에 자극을 주면 그 다음부터는 더 이상 정부지출을 늘리지 않아도 경제가 알아서 잘 돌아가게 되는 것을 경제학에서는 마중물효과(pump effect)라 한다. 이는 미국의 연방준비제도이사회 벤 버냉키 전의장이 가장 좋아하는 방식이기도 하다.

실제 그는 2007년에 발생한 서브프라임모기지(subprime mortgage) 사태로 금융위기가 실물위기로 전이되자 제로금리와 양적완화 정책 등과 같은 과감하고 파격적인 통화정책을 시행해 미국경제가 불황에 빠지는 것을 막는데 주력했다. 이때 버냉키가 추구했던 전략이 마중물효과전략(pump effect strategy)이다.

우리가 일상생활에서 접하는 마중물효과(pump effect)는 주로 유통기업의 마케팅 전략을 통해 쉽게 접할 수 있다. 예를 들면 길거리에서 외식업체의 오픈이벤트로 오픈을 홍보한다며 무료 시식권을 주거나, 신상품 소주가 출시되어 음식점 테이블마다 무료로 주는 프로모션(promotion) 기법은 마중물 효과를 노린 기업의 마케팅 전략이라 할 수 있다.

마중물효과의 핵심은 공짜 상품이나 서비스 제공을 통한 고객들의 소비심리 유발이다. 그러나 여기서 주의 할 점은 이른바 고객을 유인하는 마중물효과 유발인자인 상품이나 서비스가 마중물효과를 기획한 판매자나 공급자의 의도와 일치하도록 판매 전략을 정확히 세우고 실행에 옮겨야 한다는 점이다.

풋 인 더 도어 테크닉(Foot in the door technic) 단계화 테크닉

작은 부탁을 하여 상대가 거절하지 못하게 한 다음 큰 요구를 하는 방법이다. 우리말로 '문 안에 한발 들여놓기' 수법이라고 한다.

요즘에도 유흥가에 가보면 '기본 5만원, 팔도미녀 상시 대기'같은 문구로 취객들을 유혹하는 술집 광고를 볼 수 있다. 이 광고에 솔깃해 자리에 앉으면 이 구실 저 구실을 내세워 몇 십만원의 술값을 지불하게 만든다. 큰 기업과 거래할 때 영세한 기업은 소규모 수주라도 받으려고 애를 쓴다. 일단 거래가 시작되면 차츰 큰 거래의 기회도 생길 수 있기 때문이다.

2) 포괄적인 분류체계

동기에 대한 단순한 분류체계는 소비자 행동에 영향을 미치는 동인을 이해하는 데 유용한 관점을 제공하지만, 동기의 다양성에 비추어 볼 때 그러한 분류체계는 대단히 단순하며 마케팅 전략상의 시사점을 제공하기에는 미흡하다.

동기부여에 관한 여러 이론들이 마케터에게 유용한 통찰을 제공할 수 있지만, 여기서는 특히 소비자의 동기부여를 이해하는 데 유용한 두 가지의 접근으로서 Maslow의 동기계층과 McGuire의 동기분류체계를 소개하고자 한다. 전자가 인간의 행동을 일반적으로 설명하기 위해 설계된 거시적인 관점(다음 절 동기의 작용구조에서 살펴봄)인데 반해, 후자는 특별히 소비자 행동을 이해하는 데 유용한 동기들을 제안하고 있다.

즉 McGuire는 소비자 행동에 영향을 미치는 동기들을 분류하기 위해 〈표 4-1〉과 같은 포괄적인 체계를 제안하였는데, 분류의 차원들은 인지적·감정적(정신적 심사숙고 대 감정적 반응), 보존·성장(균형유지 대 자아개발), 능동적·수동적(자기주도 대 반응적 성향), 내부적·외부적(새로운 내부적 상태의 성취 대 환경과의 새로운 관계) 등 네 가지이다. 이러한 네 가지 차원들은 배타적이지 않으며, 이들의 조합은 소비자 행동에 영향을 미치는 동기들을 16개의 범주로 분류하고 있다.

		능동적		수동적	
		내부적	외부적	내부적	외부적
인지적	보존	일관성	귀속	범주화	객관화
	성장	자치성	탐구	대응비교	실리
감정적	보존	긴장해소	자아표현	자아방어	보강
	성장	우월	결연	정체확인	타인모방

표 4-1

주요한 동기의 포괄적 분류체계

(1) 일관성

일관성(consistency)의 동기는 소비자로 하여금 **세상만사에 관해 조직화된 관점을 유지하도록 만드는 내적 동인**이다. 이미 소비자가 갖고 있는 기존의 신념이나 태도와 일치하지 않는 외부적 자극과 정보는 소비자에게 긴장을 일으키는데, 이때 일관성의 동기는 소비자로 하여금 그러한 자극과 정보를 회피하고 일치하는 정보만을 받아들이도록 영향을 미친다.

예를 들어, 영양이 매우 많다고 믿어왔던 식품이 단백질, 비타민 등 식품의 가치가 별로 없다는 정보에 노출될 때 소비자는 이러한 정보를 무시할 수 있다. 또한 구매 후 인지 부조화를 느끼는 소비자는 상품을 처분해 버리거나 자신의 선택을 지지해주는 정보를 탐색함으로써 인지 부조화를 줄이려고 노력한다.

(2) 귀속

귀속(attribution)의 동기는 소비자로 하여금 어떤 사상의 원인을 파악하도록 촉구하는 내적 동인인데, 소비자의 행동은 세 가지의 유형으로 나타난다. 첫째, 대상지각(object perception)은 어떠한 사상(잔디밭의 잡초 감소)이 어떤 대상(농약)에 의해 일어나는지의 여부에 관한 추론이며 둘째, 자아지각(self perception)은 자신의 행동이 어떠한 원인에 의해 일어나는지에 관한 추론이다. 마지막으로 타인지각(person perception)이란 다른 사람들(상품을 추천하는 명사, 친구, 판매원 등)의 행동이 어떠한 원인에 의해 일어나는지에 관한 추론이다.

(3) 범주화

소비자는 **다양한 자극과 정보를 보다 조직적이고 취급하기 용이한 범주로 분류하려는 경향**이 있다. 이러한 행동을 유발시키는 범주화(categorization)의 동기는 소비자가 외부로부터 유입된 많은 자극과 정보를 해석하고 의사결정을 단순화시켜 주는데 예를 들어, 소비자는 이러한 동기에 의해 의류를 정장과 평상복의 범주로 분류하며 상품들을 고급품, 중급품, 저급품으로 분류한다.

(4) 객관화

객관화(objectification)의 동기는 소비자로 하여금 자신의 가치나 태도 등에 관해 판단하는데 있어서 **내부적 반사작용(internal reflection)에 의존하지 않고, '객관적'이고 외부적인 정보를 사용하도록 만드는 내적 동인**이다. 이러한 동기는 소비자가 구매에 앞서서 다른 사람들의 구매행동을 살피거나 여러 점포를 방문하여 가격을 비교하는 행동을 일으킬 수 있다.

(5) 자치성

자치성(autonomy)의 동기 또는 독립성(independence)의 동기는 소비자로 하여금 **자아를 실현하고, 독특한 정체의식을 개발하여 개체성(individuality)을 모색하기 위한 행동을 취하도록 만드는 내적 동인**이다. 예를 들어, 이러한 동기로부터 영향을 받는 소비자들은 자기개발에 도움이 되는 많은 서적에 관심을 보이며 자신의 개체성을 제공하거나 표현하기 위한 효과적인 수단으로서 독특한 의류, 담배, 향수 등의 상품을 구매한다.

● 스타워즈 피규어 – 성인 장난감

(6) 탐구

소비자는 대체로 범주화 동기에 의해 외부로부터 유입되는 많은 자극과 정보를 단순화시키려고 노력하지만, 간혹 새롭고 많은 자극과 변화를 모색하기도 한다. 이러한 탐구(exploration)의 동기 또는 다양성 추구(variety-seeking)의 동기는 소비자로 하여금 **새로운 자극과 변화를 받아들이고 그것을 처리하는 과정을 즐기도록 영향**을 미치는데, 충동구매와 상표대체 행동은 대체로 이러한 동기로부터 일어난다. 미지의 세계를 여행하거나 신상품을 사용하는 행동 등도 이러한 탐구의 동기와 관련된다.

(7) 대응비교

소비자는 자신이 **현실적인 상태에 관한 지각을 이상적이라고 생각하는 상태에 대응시켜 비교하고 일치**시키려고 노력하도록 만드는 대응비교(matching)의 동기를 갖는데, 그러한 비교는 소비자로 하여금 당면한 문제를 인식하게 만들어, 그러한 문제를 해결하거나 목표를 달성하는 데 도움이 되는 행동을 취하도록 영향을 미친다.

● 탐구성향이 강한 얼리어답터 제품들

(8) 실리

실리(utilitarian)의 동기 또는 단서탐색(cue)의 동기는 소비자로 하여금 **외부적 환경으로부터 자신의 문제를 해결하는 데 관련되는 정보를 찾아내도록 만드는 내적 동인**이다. 따라서 소비자는 쇼핑을 즐기며, 어떤 상품이 그들의 인생을 풍요롭게 만드는 데 도움이 되는지에 관한 정보를 수집하고 처리하는 행동을 취할 수 있다. 또한 신상품의 품질을 평가하기 위해 가격이라는 단서를 사용하거나 처음 만난 사람의 경제력을 판단하기 위해 옷차림을 고려하는 경향도 나타난다.

(9) 긴장해소

소비자는 자신의 기본적인 욕구가 일정한 수준까지 충족되지 않은 상태에서 긴장을 느끼게 되는데, 생리적 욕구가 충분히 충족되지 않은 경우라면 생리적 긴장이 일어나고 심리적 욕구가 충분히 충족되지 않은 경우라면 심리적 긴장이 일어난다. 이러한 긴장은 소비자에게 매우 불편하고 바람직하지 않은 상태이므로, 긴장해소(tension reduction)의 동기는 소비자로 하여금 **생리적·심리적 긴장을 극소화시키기 위한 행동을 취하도록 만드는 내적 동인**이다

(10) 자아표현

소비자는 **실제적이든 이상적이든 자아를 표현하려는 내적 동인**을 갖고 있다. 특히 자신의 자아를 표현하는 수단으로 간주되는 의류나 신변잡화, 레저활동 등 사회적 가시성(social visibility)이 높은 상품은 자아표현(self-expression)의 동기에 의해 구매되는 경향이 크다. 즉 소비자의 많은 구매행동은 ─ 돈이 많다든가 검소하다든가 등 ─ 자신이 어떤 사람인지를 표현하려는 동기로부터 영향을 받는다.

따라서 사회적 가시성이 높은 상품의 마케터는 잠재고객의 자아 이미지와 부합되는 상품 이미지를 개발해야 하는데 예를 들어, 고급 의류나 화장품 광고는 독특한 이미지를

개발하여 그러한 이미지와 어울리는 자아 이미지를 갖는 잠재고객에게 소구할 수 있다.

(11) 자아방어

● 자아방어의 동기에 소구하는 상품들

소비자는 **사회적 당혹감과 자아의 손상을 회피하려는 내적 동인**을 갖고 있는데, 자아방어(ego-defense)의 동기는 소비자로 하여금 자아를 위협하는 상황에서 벗어나 체면을 유지하기 위한 행동을 취하도록 영향을 미친다.

따라서 자아방어 동기에 소구하는 상품의 마케터들은 자아를 위협할 수 있는 상황에 주의를 끌고 자신의 상품이 그러한 위협으로부터 소비자의 자아를 어떻게 방어해 주는지 강조할 수 있는데 예를 들어, '가그린'(구강청정제)이나 '쎌손'(비듬약) 등은 자아방어의 동기에 소구하는 상품들이다.

(12) 보강

소비자는 특정한 행동이 자신에게 충분한 보상을 제공하였다면 나중에도 동일한 행동을 취하려고 할 것인데, 이와 같이 소비자로 하여금 **과거에 충분한 보상을 제공받았을 때와 동일한 방식으로 행동하도록 영향을 미치는 내적 동인**을 보강(reinforcement)의 동기라고 한다. 즉 충분한 보상과 연관되어온 과거경험은 학습을 통해 소비자에게 습관화된 행동패턴으로 남겨질 수 있다.

(13) 우월

우월(assertion)의 동기는 소비자로 하여금 **다른 사람과 경쟁하고 영향력을 확대하도록 자극하며 성취와 성공을 지향하도록 영향을 미치는 내적 동인**이다. 따라서 일부의 스포츠 장비, 가구, 승용차 등의 마케터는 자신의 상품이 소비자의 그러한 동기와 어떻게 관련되며, 소비자의 성취와 성공을 다른 사람들에게 알리는 데 얼마나 효과적인지를 강조함으로써 이러한 동기에 효과적으로 소구할 수 있다. 예를 들어, De Beers는 매력적인 다이아몬드반지를 부각시키면서 "당신은 항상 경쟁에서 유리한 위치에 있다"는 메시지를 제시하여 이러한 동기에 소구하고 있다.

(14) 결연

● 'A Diamond Is Forever' 쥬얼리 브랜드 드비어스(De Beers)의 우월의 동기를 자극하는 광고

결연(affiliation)의 동기는 소비자로 하여금 **사회적 수용, 애정, 다른 사람과의 인간적인 접촉과 교류를 모색하도록 영향을 미치는 내적 동인**이다. 즉 소비자는 이러한 동기에 의해 다른 사람들과 신체적 및 심리적 교류를 가지려고 하는데 예를 들어, 어머니가 자녀에게 특별한 날 선물을 제공하는 행동

은 이러한 결연의 동기로부터 촉발되는데, 마케터는 예쁜 카드를 함께 넣어줌으로써 그러한 동기를 보다 효과적으로 충족시키도록 도와줄 수 있다. 또한 "이것을 선물받은 아내는 당신의 사랑을 더욱 느끼게 된다"는 메시지도 이러한 동기에 소구하는 것이다.

(15) 정체확인

소비자는 전문직 종사자이면서 남편, 아빠, 친목회장 등 다양한 역할(roles)을 동시에 수행하는데, 그러한 역할을 자랑스럽게 생각하고 그 중요성을 과시하며 즐거움을 얻는다. 정체확인(identification)의 동기는 소비자로 하여금 **자신이 수행하는 역할의 정체성(identity)을 개발하고 사회적 배경 내에서 그러한 정체성을 표현하도록 영향을 미치는 내적 동인**이다.

따라서 일부 마케터는 소비자가 정체성을 개발하고 그러한 정체성을 표현하는 데 자신의 상품이 어떻게 도움을 주는지 지적함으로써 이러한 동기에 소구한다. 예를 들어, 최신 스마트폰이나 첨단 전자기기, 고급 서류가방은 소비자가 전문직 종사자라는 역할의 수행자임을 표현하도록 도와줄 수 있다.

(16) 타인모방

소비자는 **자신을 다른 사람들과 동일시하고 그들의 감정을 이입하려는 내적 동인**을 갖고 있는데, 이러한 타인모방(modeling)의 동기는 소비자로 하여금 구체적인 다른 사람을 모방하도록 영향을 미친다.

이러한 타인모방의 동기는 소비자에 대한 준거집단의 영향과 집단내 의견선도력의 근거가 되는데 예를 들어, 마케터는 잠재고객들이 추종하며 언행을 모방하고 싶어하는 유명인사를 광고 대변인으로 널리 사용할 수 있다.

이상과 같은 동기의 분류체계는 소비자 행동을 이해하는 데 대단히 유용하다. 그러나 동기는 소비자 행동 방향에 대해서 단지 일반적인 영향을 미치며, 그들의 구체적인 영향은 환경적 여건과 — 소비자의 태도와 지식, 소득과 같은 — 소비자의 특성에 따라 달라진다는 사실에 유의해야 한다.

따라서 동기가 생체 에너지를 활성화시키고 행동의 방향을 결정하지만, 하나의 동기로부터 영향을 받아 나타나는 구체적인 행동들을 정확하게 예측하기는 곤란하다. 또한 나수의 동기들이 동시에 작용하여 하나의 행동을 일으킬 수도 있는데, 이는 소비자의 행동을 관찰하는 일만으로 그러한 행동과 관련된 동기들을 완전하게 상술하기가 곤란하다는 점을 의미한다.

스트립티즈 효과(strip-tease effect)와 줄탁동시(啐啄同時)

너무나 먹고 싶었던 유명한 만두집에서 2시간을 기다려 고기만두를 먹을 때. 줄서서 기다린 시간이 시장기와 본인의 수고에 따른 보상심리가 합쳐져 더욱 맛있는 음식으로 느껴진다. 하지만, 참을성 없는 고객은 10분의 즐거움을 위해 2시간을 기다리지 못한다. 마케터는 대다수에 고객이 얼마나 기다릴 수 있는지를 알아야 한다.

▲ 내가 원하는 상품을 줄서서 기다리다 구입했을 때 기쁨(사진 : 동아DB)

나와 상대편, 안과 밖이 동시에 노력하여 만드는 결과물을 줄탁동시(啐啄同時)라 한다.

어미닭이 정성껏 품은 알 속에서 자란 병아리가 탁 소리와 함께 밖으로 "삐악"신호를 한다. 병아리는 자기 나름의 공략부위를 정해 알을 쪼기 시작한다. 이때, 귀를 기울이고 그 소리를 기다려온 어미닭은 그 부위를 밖에서 쪼아 준다. 마침내, 병아리는 알에서 세상 밖으로 나오게 된다. 병아리가 안에서 빼는 것을 '줄'이라 하고 어미 닭이 화답하는 행위로 밖에서 쪼아주는 것을 '탁' 이라 한다. 빨 줄(啐) 쪼을 탁(啄) 하나는 미성숙자가 스스로 자기 동기유발에 의해 행하는 행동으로 도움을 청하는 뜻이 포함되고, 다른 하나는 성숙자가 돕는 행동의 뜻이 포함된다. 교수 원리가 바로 '줄탁동시' 상황이어야 학습의 효과나 전이가 최대화된다는 원리가 담겨있다. 이 일이 동시에 발생하는 것이 줄탁동시이다. 줄탁동시는 세상을 살아가는데 꼭 필요한 매력적 이치이다. 화목한 가정은 부부가 줄탁동시 할 때 이루어지고, 훌륭한 인재는 사제가 줄탁동시 할 때 탄생하며, 세계적인 기업은 노사(勞使)가 줄탁동시 할 때 가능한 것이다.

또한 국가의 번영이나 남북관계 그리고 국제 관계에도 줄탁동시의 이치를 공유하고 함께 노력할 때 성공과 발전의 열매가 열리는 것이다.

명품을 혁신적으로 창조해도 고객이 원하는 시기에 원하는 장소에서 동시 공급을 하지 못한다면 사업은 성공할 수 없다. 마케터는 새로운 가치에 소비자들이 목말라할 때 혁신을 통해 상품과 서비스를 제공해야 시장과 고객이 보내오는 열광과 감동의 화답을 받을 것이다. 줄탁동시(啐啄同時)의 묘는 고객의 기다림에 정확한 호응에 있지 않을까?

제2절 동기화와 동기의 작용구조

1. 동기화

평소 내재화되어 있는 기본적인 욕구가 여러 가지 자극에 의해 활성화되는 과정을 동기화(motivation)라고 하는데, 활성화된 욕구인 동기(motive)는 행동의 '이유'(why)이며, **생체 에너지(bodily energy)를 일으켜 소비자로 하여금 어떠한 행동이든 취하도록 촉구하는데, 그러한 행동의 일반적인 방향은 동기의 성격에 달려 있다.**

1) 동기화의 요인

이미 언급한 바와 같이 욕구(needs)란 **인간이 생리적 및 심리적으로 행복하기 위해 충족되어야 하는 기본적인 조건들**이며, 그러한 욕구가 제대로 충족되지 않는다면 긴장이라는 불편한 상태가 발생한다.

생리적이든 심리적이든 이러한 긴장이 참을 수 있는 정도(점화수준 threshold level, 임계치)를 넘어선다면 잠재되어 있던 욕구가 환기되어, 욕구를 충족시키려는 행동을 촉발할 생체 에너지를 제공하는데, 이러한 동기화는 다음과 같은 요인들이 홀로 또는 공동으로 작용함으로써 일어난다.

(1) 내부적 자극

인간은 생체기능을 효율적으로 수행하기 위해 혈당이나 체온 등을 일정한 상태로 유지해야 하는데, 이를 인체 내부 환경의 항상성(homeostasis)이라고 한다. 이러한 항상성을 유지하기 어려운 여건에 이르면 외부적 도움을 요청하는 **내부적·생리적 자극**인 생체신호를 보내게 되는데, 그에 따라 주변의 온도를 올리거나 내리며, 물이나 설탕 등을 섭취해야 한다.

이와 같은 내부적 자극은 주로 저차의 욕구인 생리적 욕구와 밀접하게 관련되지만, 자아성찰이나 종교활동 등을 통해 자아실현과 같은 심리적 욕구와도 관련될 수 있다.

즉 소비자는 사고의 대상이 실제로 존재하지 않을 때조차도 많은 **인지활동**(thinking & reasoning)에 참여하며, 이러한 인지활동은 — 설사 백일몽 또는 환상으로 여겨질지라도 — 동기를 촉발시킨다. 예를 들어, 운동부족에 관한 스스로의 생각(인지활동)은 운동부족을 해결하기 위해 소비자로 하여금 어떠한 행동이든 취하도록 생체 에너지를 제공할 수 있다.

(2) 외부적 자극

소비자는 대체로 음식물, 옷, 사람, 광고, 뉴스 등 외부적·환경적 자극들에 노출될 때, 욕구불만을 느끼면 그러한 충족되지 못한 욕구를 채우기 위해 어떠한 행동이든 취하도록 동기화된다. 예를 들어, 스포츠 음료 광고에 노출된 소비자가 갑자기 자신이 목마르다는 사실에 주목하듯이 외부적·환경적 자극은 소비자가 현재 처해 있는 생리적·심리적 여건에 주의를 기울이도록 하여 동기를 유발한다.

즉 **외부적·환경적 자극**은 소비자로 하여금 자신의 현재 상태를 검토하고 보다 만족스러운 상태와 비교하도록 만들며, 만일 그 차이가 점화수준(임계치)에 이른다면 그것을 해소하는 방향으로 생체 에너지를 제공한다. 이와 같이 소비자의 주의를 끌고 욕구를 환기시킬 수 있는 외부적·환경적 자극은 마케팅 전략에서 매우 유용한 가치를 갖는데, 마케터는 그러한 자극을 상품포장이나 촉진활동에 통합시켜 바람직한 소비자 행동을 촉발시킬 수 있다.

2) 동기화의 결과

이상의 요인들은 소비자에게 잠재되어 있는 기본적인 욕구를 활성화시켜 동기를 유발하는데, 그 결과는 수동적 수용과 능동적 탐색으로 나타난다. 첫째, 동기의 유발은 외부적 환경에서 제공되는 정보와 자극을 받아들이도록 주의기제(attention mechanism)를 민감하게 만든다. 물론 주의기제가 민감해지는 정도는 동기의 강도(생체 에너지의 양)에 따라 결정되는데, 동기의 강도가 세다면 이전에 간과해 오던 자극이나 정보에 주의함으로써 소비자가 동기부여적 상황에 대처하는 데 유용한 정보를 수용할 가능성을 높인다. 그러나 이때에도 소비자의 주의는 우연히 가용한 주변의 자극에만 집중되기 때문에 이러한 과정은 본질적으로 수동적이다(수동적 수용 passive reception).

둘째, 동기의 환기는 소비자로 하여금 자신의 문제해결에 도움이 되는 자극과 정보를 능동적으로 탐색하도록 만든다. 이때 탐색되는 정보의 성격과 정보탐색의 방법은 소비자가 갖고 있는 기존의 행동패턴과 상황적 여건으로부터 영향을 받지만, 아무튼 이러한 활동은 정보의 외부적인 탐색을 의미한다(능동적 탐색 active search).

2. 동기의 작용구조

잠재되어 있던 욕구들에 자극이 작용하여 유발된 동기들은 통합된 형태로 조화를 이루어 소비자에게 영향을 미치는데, 이러한 점은 동기들 사이에 우선순위 체계나 구조화 메커니즘이 존재함을 암시한다.

1) 욕구계층

동기들이 소비자에게 작용하는 구조를 설명하기 위해 제안된 이론들은 대체로 욕구계층(hierarchy of needs)의 개념을 근거로 하고 있다. 욕구계층의 개념은 Maslow가 처음으로 제안했는데, 그는 욕구들을 다섯 집단으로 나누고 각각이 행동에 영향을 미치는 정도를 언급하였다. 그의 제안은 분명히 앞에서 논의한 McGuire가 제안한 동기의 분류와도 관련되지만 동기의 작용구조에 대한 중요성 때문에 여기에서 설명하는 것이다.

Maslow는 [그림 4-3]에서와 같이 타고나거나 사회적 상호작용을 통해 형성된 욕구들이 5개의 기본적인 범주로 분류될 수 있으며, 이러한 범주들이 생리적 욕구를 계층상의 가장 낮은 위치로 하고 자아실현을 가장 높은 위치로 하는 순서로 배열될 수 있음을 제안하였다.

즉 각 욕구범주는 생존에 필수적인 정도에 따라 상대적 우세성(relative prepotency) 또는 초기 중요성(initial importance)이 결정되는데, 욕구들은 그들의 상대적 우세성에 따라 소비자에게 작용한다. 따라서 가장 우세한 욕구인 생리적 욕구가 소비자 행동에 영향을 미쳐 생리적 욕구가 최소한의 수준으로 충족될 때까지 작용하며, 다음으로 안전에 관한 욕구가 소비자 행동에 영향을 미치기 시작할 것이다. 욕구들의 이와 같은 작용구조는 [그림 4-3]에서 알 수 있는데, A~D점들은 비록 더 우세하지만 어느 정도 만족된 욕구들을 대신하여 보다 고차수준의 욕구가 소비자 행동에 영향을 미치기 시작하는

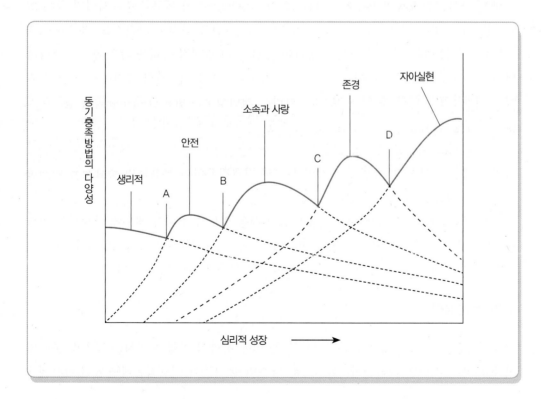

그림 4-3

매슬로우의 욕구계층의 모델

점들을 나타낸다.

Maslow는 또한 인간이 생리적 욕구에 의해 지배되는 것으로부터 자아실현으로 전진해감에 따라 심리적으로 성장하고 보다 많은 필요(wants)를 개발하고 특정한 욕구를 충족시키기 위해 다양한 방법을 모색한다고 주장하였다.

그러나 Maslow의 욕구계층은 욕구를 일반적으로 이해하는 데에는 유용하지만 구체적인 행동을 예측하는 데에는 한계가 있다. 즉 특정한 시점에서 욕구들의 상대적 우세성은 반드시 [그림 4-3]의 계층과 일치하지는 않기 때문에 안전의 욕구가 충분히 충족되어 있는 여건에서도 소비자의 행동이 생리적 욕구로부터 영향을 받을 수 있다. 더욱이 소비자는 모든 계층의 욕구들로부터 동시에 끊임없이 영향을 받는다.

2) 목표계층

욕구계층의 개념만으로는 소비자의 행동을 충분히 설명하기 곤란하기 때문에, 일부 학자들은 욕구와 행동 사이의 불일치를 해결하기 위해 목표계층(hierarchy of goals)이라는 개념을 제안하였다. 여기서 목표란 **소비자가 욕구충족이라는 바람직한 최종상태(최종목표)에 이르기 위해 성취해야 하는 구체적인 상태들**로 정의되며, 일군의 목표들은 소비자가 궁극적으로 추구하고 있는 바람직한 상태를 향해 전진하기 위한 중간적인 상태들로 간주될 수 있다.

예를 들어, Maslow의 욕구계층에서 3차인 사랑과 소속의 욕구를 충족시키기 위해 어떤 사람과 결혼하려면(욕구충족=최종목표) 우선 학업을 마치든 자격증을 취득하고(중간목표) 취업을 하든 개인사업을 시작하여(중간목표) 경제적 능력을 갖춘 후, 그 사람과 데이트를 하고(중간목표) 프로포즈를 하여 성공해야 하는 등 여러 중간목표를 거친 후에나 최종목표에 이를 수 있을 것이다. 따라서 개별행동은 반드시 욕구충족과 일치하지 않고 욕구충족(최종목표)을 위한 도구적 행동(중간목표)일 수 있다.

욕구는 비록 이러한 중간목표와 최종목표에 안정적인 영향을 미치지만, 소비자 환경 내의 구체적인 여건 및 개별 소비자의 특성과 상호작용하여 목표들의 중요성을 변경하고 상이한 행동을 일으킬 수 있다.

예를 들어, 배고픔과 관련되는 욕구는 포만감을 얻도록 소비자 행동에 안정적인 영향을 미칠 것이지만, 소비자는 환경적 여건이나 개인적 특성(특히 학습경험이나 자아 이미지)에 따라 빵이나 우유, 냉면, 갈비 등 다양한 상품을 구매할 수 있다.

3) 동기결합

동기들은 마치 소비자에게 독립적으로 한 번에 하나씩 영향을 미치는 것처럼 분리하여 논의하는 것이 편리하지만, 실제로는 다수의 동기들이 상호작용하면서 소비자에게 통합된 영향을 미친다(동기결합 motive combination).

(1) 동기의 연쇄관계

동기들은 그들의 구체성에 따라 연쇄관계(motive linking)를 갖는다. 즉 하나의 세분된 동기를 성취하는 일은 그 자체가 보다 포괄적인 동기를 성취하기 위한 수단으로 간주될 수 있는데 예를 들어, 자물쇠 구매행동에 영향을 미치는 동기들의 연쇄관계를 보면 [그림 4-4]와 같다. 여기서 안전이라는 포괄적인 동기는 신체적 보호와 심리적 안심이라는 보다 구체적인 동기와 연쇄관계를 가지며, 이러한 구체적인 동기들은 소비자에게 결합된 영향을 미친다.

한편 자물쇠 구매행동에 영향을 미치는 동기들은 안정성, 신뢰성, 내구성 등과 같은 욕구기준(상품효익)에 연관되며, 그러한 욕구기준은 다시 다양한 속성의 결합을 통해 구현된다.

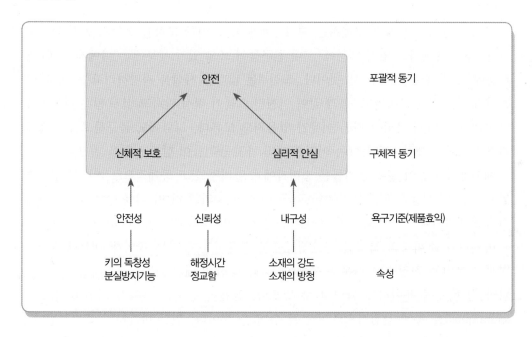

그림 4-4

자물쇠 구매에 대한 동기의 연쇄관계

(2) 동기 다발

한 상품은 구체성이 유사한 수준에 있는 여러 가지 동기들을 동시에 만족시킬 수 있는데, 이는 소비자 행동에 대한 동기 다발(motive bundling)을 의미한다. 예를 들어, 마케터는 편리한 이동과 성취감, 사회적 인정 등의 동기들을 하나로 묶어 소비자로 하여금 특정한 승용차를 구매하도록 영향을 미칠 수 있으며, 소비자는 보온, 집단 소속 등의 동기들에 의해 특정한 옷을 구매할 수 있다.

1. 동기의 확인과 마케팅 전략

Levitt가 제안한 마케팅 근시안(marketing myopia)에서도 알 수 있듯이, 소비자들은 **상품 자체를 구매하지 않으며, 오히려 특정한 욕구(동기)들을 충족하거나 자신의 문제를 해결하기 위한 수단(need-satisfier, want-satisfier)을 구매**한다. 예를 들어, 소비자는 향수 자체(어떤 냄새를 풍기는 화합물)를 구매하는 것이 아니라 '분위기, 희망, 자신이 특별하다는 느낌'을 구매하는 것이다. 따라서 마케터는 그들의 상품과 상표가 충족할 수 있는 동기들을 확인해 내고 그러한 동기들을 중심으로 마케팅 믹스를 개발해야 한다.

그러나 값비싼 모자를 구매하는 여성들에게 왜 그러한 모자를 쓰는지(동기)를 묻는다면 "현재 유행하고 있기 때문에", "내 친구들이 쓰고 있기 때문에", "나에게 어울리기 때문에" 등과 같은 이유를 댈 것이다. 또한 "돈 많다는 사실을 자랑하려고", "섹시하게 보이려고", "젊게 보이려고" 등과 같이 어쩌면 그들이 직접 말하고 싶지 않은 다른 이유나 스스로도 알지 못하는 다른 이유가 있을지도 모른다. 그럼에도 불구하고 실제로 값비싼 모자를 구매하는 행동에는 이러한 여러 가지 동기들이 함께 영향을 미친다.

예시에서와 같이 일부 동기들은 소비자에게 알려져 있고 공개적으로 거리낌 없이 밝힐 수 있는데 이들을 명시적 동기(manifest motives)라고 하며, 이에 반해 소비자가 밝히기를 꺼리거나 스스로도 알지 못하는 동기를 잠재적 동기(latent motives)라고 한다.

마케터가 소비자의 특정한 구매행동에서 작용하는 동기를 확인해 내는데 있어서 명시적 동기는 직접적인 질문을 통해(예컨대, 당신은 왜 "그랜저 승용차를 구매했습니까?") 비교적 용이하게 확인될 수 있으나, 잠재적 동기는 투사적 기법(projective techniques)을 통해 간접적으로 확인될 수 있을 뿐이다. 일단 마케터가 표적시장에게 영향을 미치는 동기들을 확인하고 나면 상품개발로부터 커뮤니케이션에 이르는 다양한 마케팅 전략을 효과적으로 설계할 수 있게 된다.

이와 같이 소비자 행동의 동기를 중심으로 한 마케팅 활동은 특히 커뮤니케이션 분야에 뚜렷한데 첫째, 두 개 이상의 동기가 중요하다면 상품은 각 동기를 충족시키기 위한 효익들을 포함해야 할 뿐 아니라 상품광고도 이러한 다수의 효익들을 커뮤니케이션해야 할 것이다. 이때 명시적 동기들에 대해서는 소비자들이 잘 알고 있으며 공개적으로 논의할 것이므로 이러한 명시적 효익을 직접적으로 커뮤니케이션 하는 일은 비교적 용이하다.

그러나 잠재적 동기에 소구하는 일은 좀 어려운 과제이다. 예를 들어, 자존의 욕구에 소구하고 있는 상품광고는 사회적 지위, 엘리트의식, 속물근성 등에 직접적으로 소구할 수도 있겠지만, 대체로 잠재적 동기들은 사회적으로 덜 바람직한 경우가 많기 때문에 간접적으로 소구하는 편이 바람직하다. 예를 들어, 값비싼 모자의 광고가 비록 상품의 품질을 강조할지라도 매우 낭만적인 배경에서 은밀하게 데이트하는 모델을 묘사함으로써 "섹시하게 보이려는" 동기에 소구하든가 고급승용차의 광고가 사치스런 별장으로부터 부자로 여겨지는 사람이 타고 나오는 모습을 묘사함으로써 "돈 많음을 과시하려는" 동기에 소구할 수 있다.

한편 하나의 광고가 단지 한두 개의 구매동기에 초점을 둘지라도 전체 커뮤니케이션은 표적시장의 모든 중요한 구매동기를 포괄해야 한다. 결국 **전반적인 커뮤니케이션은 표적시장의 명시적 및 잠재적 동기들에 상응하도록 표적시장의 기억(schematic memory) 속에 상품을 포지셔닝해야 한다.**

Consumer 톡톡

조용한 청소기? 아무도 안 사더라! 고객도 모르는 Unmet Needs를 통찰하라

• 김철수(SK플래닛 매니저)

상품과 서비스를 기획할 때는 소비자의 숨겨진 요구사항, 즉 잠재 니즈를 파악해야 한다. 소비자에게 물어보는 것만으로는 부족하다. 사람은 자기가 진짜 원하는 게 무엇인지 잘 모르고, 인다고 해도 언어로 잘 표현하지 못한다. 말이 아니라 시간과 공간의 맥락, 눈빛, 제스처 등과 같은 비언어적 증거나 평소의 습관

▲ 이혼 전 사진을 물에 담가 둔 모습

적인 행동으로 나타나는 것들이 더 정확할 수 있다. 컴퓨터를 이용한 데이터 분석뿐만 아니라 기획자, 혁신자, 의사결정자 본인이 고객의 환경 속에 직접 들어가 발견하는 수밖에 없다.

인도 중부 푸네(Pune)라는 지역의 한 가정을 방문해 소비자 인터뷰를 진행한 적이 있다. 필자는 가정 내 이곳저곳을 구경시켜주는 일명 홈투어를 60대 여주인에게 부탁했다. 부엌의 냉장고와 침실을 살펴본 후 다용도실에 들어섰을 때 필자의 눈을 끄는 물건이 하나 있었다. 그것은 스테인리스 그릇으로 덮어놓

은 큰 양재기였다. 얼핏 보기엔 평범한 물건이지만 사소한 것에서 특별함을 찾는 우리가 이것을 그냥 지나칠 리가 없었다.

뚜껑을 여는 순간 나는 깜짝 놀라고 말았다. 전혀 예상하지 못한 내용물이 들어 있었기 때문이다. 그 큰 양재기 안에는 음식이나 곡식이 아닌 100여 장은 될법한 사진들이 물에 가득 담가져 있었다.

필자는 당장 옆에서 지켜보던 여주인에게 그 이유를 물었다. "아, 이 사진들은 우리 딸 결혼식 때 찍은 것들인데, 딸이 쉽게 찢어 버리려고 물에 담가둔 거예요. 최근에 이혼을 했거든요."

사연을 들어보니 상식적으로 충분히 이해가 됐지만 나는 직업적인 궁금증이 생겼다. "그녀가 사진을 물에 담가서 보관하는 진짜 이유는 무엇일까?" 자리에 없어 직접 물을 수는 없었지만 딸에게 질문을 했어도 틀림없이 같은 답을 들었을 테리라. "쉽게 찢기 위해서"라고 말이다. 어머니 말처럼 쉽게 찢기

위해 사진을 물에 담가둔 것이라면 딸에게 필요한 솔루션은 무엇이겠는가? 아마도 성능 좋은 가위나 파쇄기가 답이 될 것이다. 그런데 과연 그녀가 가위가 없어 이런 방식으로 문제를 해결하고 있을까? 인터뷰가 끝난 후 동료들과 나는 이것에 대해 많은 이야기를 나누었다. 우리는 그녀에게 보다 심층적인 욕구가 존재할 수 있다고 봤다. 나빴던 기억이든, 좋은 추억이든 이혼을 한 그녀에게는 '결혼 생활을 정리할 수 있는 자신만의 시간과 방법'이 필요했을 것이다. 물론, 그녀 스스로는 인식조차 하지 못할 수도 있지만 말이다. 그녀에게 가위는 오히려 마음정리의 시간과 심리적 여운을 너무 쉽게 빼앗아가는 솔루션이 될 수 있다.

이렇듯 같은 현상을 어떻게 해석하는가에 따라 문제해결의 솔루션이 달라진다. 비즈니스 현실에서 우리는 겉으로 드러난 표면적인 문제를 해결하는 것에 몰두하는 경우가 많다. 그러나 이러한 솔루션은 이미 수없이 많은 경쟁자들이 집중하는 영역인 경우가 대부분이다. 때로는 소비자를 위한 상품이나 서비스를 만들어냈다고 믿지만 정작 시장에서 외면 받는 경우도 적지 않다. 결국 기업은 소비자가 진정으로 원하는 심층적인 욕구를 제대로 간파하고 그 해결책을 찾는 것에 집중해야 한다. 그것이 비즈니스 성공의 전부는 아닐지라도 성공 가능성을 높이기 위한 스타팅 포인트임에는 틀림없다. 공감디자인에서 강조하는 인간의 언메트 니즈(Unmet Needs) 이것은 고객 통찰과 비즈니스 기회 발견을 위해 가장 기본적이고 중요한 요소이다.

인간의 욕구와 비즈니스 시사점

인간의 니즈는 목적과 레벨에 따라 다양하게 구분할 수 있다. 먼저 겉으로 드러나 있어 명쾌하게 정의할 수 있는 표면니즈(explicit needs)가 있다. 사람들 스스로 불편함이나 원하는 것을 쉽게 표현할 수 있다는 측면에서 표현니즈라고도 한다. 반면 사람들 스스로 잘 인식하지 못하고 표현하지도 못하는 내면니즈(implicit needs)가 있다. 이것은 겉으로 드러나지 않고 내면에 숨겨져 있다는 측면에서 잠재니즈(latent needs)라고도 한다. 이러한 잠재니즈는 아직 해결되지 않은 미충족의 욕구 상태로 남아 있는 경우가 많다. 우리는 이것을 미충족 잠재니즈, 즉 언메트 니즈라고 부른다. 마치 북극해에 떠 있는 빙하

처럼 사람의 욕구는 겉으로 드러난 모습만으로 판단하는 것은 한계를 가질 수밖에 없다. 사람들 스스로도 표현하지 못하거나 인식하지 못하는 심해의 욕구는 결국 사람들과 소통하고 공감하면서 기획자나 혁신가가 발견해야 하는 영역의 것이다.

표현니즈와 잠재니즈의 예를 한번 살펴보자. 몇 년 전 카드사, 통신사 등 기업의 제휴 멤버십과 관련한 사용자 인사이트를 도출하는 프로젝트에서 있었던 일이다. 우리가 만났던 여성 고객은 자신의 스마트폰에 깔린 멤버십 앱을 보여줬다. 우리는 그녀의 앱 화면을 보고 깜짝 놀랐다. 포인트가 95만 점이나 있었기 때문이다. 우리가 만났던 사용자들 대부분은 2만~3만 점에 불과했다. 자, 이 상황에서 포인트를 이렇게 많이 모은 이유에 대해 고객은 어떻게 답변했을까? "5년 정도 모은 것 같은데 계속 쌓기만 하고 거의 못 썼어요. 써야겠다는 생각은 하면서도 정작 어디에서 어떻게 써야 할지 잘 몰라서요"라고 답했다.

3시간에 걸친 인터뷰에서 나온 그녀의 표현니즈 중 하나는 "포인트 사용처를 정확히 알고 싶다"이다. 그런데 과연 그녀에게 포인트 사용처 정보를 잘 정리해준다고 해서 포인트를 잘 쓰게 될까? 흔히 겉으로 표현된 고객의 1차적인 말이나 행동을 보고 쉽게 결론을 내리기 쉽다.

공감디자인은 확산과 수렴의 과정이기 때문에 당장 답을 내지 않아도 좋다. 우리는 더 많은 확산적 증거를 찾기 위해 그녀의 일상 속 커머스 활동을 세밀하게 탐침(探針)했다. 그 와중에 그녀가 자주 찾는 인터넷 카페와 블로그를 살펴봤다. 온라인 공간에서 회원들은 멤버십 혜택을 모으고 절약하는 방법들에 대해 자신들의 노하우를 공유하고 있었다. 그녀 역시 자신의 노하우와 사례를 상세히 소개하기도 했다. 이 관찰결과에서 우리는 그녀가 포인트에 대해 가지는 욕구는 '애착과 자부심'이라는 결론을 수렴할 수 있었다. 이것은 그녀가 기업이 제공하는 포인트에 가지는 '미충족 잠재니즈'다. 아직 기업들의 솔루션이 해결해 주지 못하는 욕구를 스스로 해

결하기 위해 한 푼도 쓰지 않고 혜택을 모으고 있었으며, 그들만의 공간에서 자부심을 간접적으로 드러내고 있었던 것이다.

이런 유형의 고객에게는 포인트 사용처를 제대로 전달하는 기능적 필요의 해결책이 아니라 고객과 포인트의 애착관계를 강화하거나 포인트를 적립하는 과정에서의 소소한 노력을 인정받을 수 있도록 도와주는 감성적 욕구의 해결 장치를 고민하는 것이 훨씬 성공 가능성이 높다. 니즈를 어떻게 해석하는가에 따라 솔루션이 전혀 달라지는 것이다.

최근 들어 요즘 유행하는 캐시슬라이드 같은 잠금 화면 리워드 앱을 사용하거나 거래 시 혜택 적립을 챙기는 것은 하나의 트렌드가 됐다. 잠금화면 리워드란 스마트폰의 잠금화면(초기화면)에 광고를 띄우고 그 대가로 멤버십 포인트를 적립 받게 해주는 앱이다. 이렇게 스마트폰 사용자에게 트렌드가 된 소비행태는 이미 밖으로 드러난 현상이지만 그 원인을 알면 사람들의 욕구를 충족시키는 또 다른 형태의 솔루션을 찾을 수 있다. 사람들에게 잠금화면 앱으로 포인트를 열심히 모으는 이유를 물어보면 한결같이 "별로 힘들이지 않고 커피를 바꿔 먹을 수 있잖아요"라고 답한다. 사람들은 왜 포인트 적립에 열광할까? 진짜 커피를 바꿔 먹기 위해서일까? 그것은 표현니즈에 불과하다. 사람들이 진짜로 원하는 것은 어려운 경제여건 속에서 '나름대로 열심히 혜택을 챙기고 절약하는 사람이라는 것을 스스로 확인하면서 안심을 느끼는 것'이다. 이것이 아직 충족되지 않은 잠재니즈, 즉 언메트 니즈인 것이다.

차별화에 목마른 기업은 언메트 니즈를 제대로 발견해 문제를 해결하면 비즈니스 금맥으로 발전시킬 수 있다. 이것은 기획자나 혁신기기 몰입과 열정으로 발견해야 하는 해석의 영역이다. 기계나 빅데이터가 대신할 수 없는 영역이다. 수천 대의 컴퓨터와 연결된 알파고조차도 계산할 수 없는 인간의 복잡한 생각과 경험에 관한 것이기 때문이다.

사람들은 스스로 무엇을 원하는지 알지 못한다.

사람들의 욕구를 이해하는 데 있어 유의해야 할 몇 가지 사실이 있다. 첫 번째, 사람들은 스스로 무엇을 원하는지 알지 못하는 경우가 많다. 과거에 코닥이 매출 성장의 한계를 극복하기 위해 소비자를 대상으로 심층 인터뷰나 좌담회를 실시했다고 해서 사람들로부터 디지털 카메라의 새로운 미래 경험에

대해 의견을 들을 수 있었을까? 사람들은 단지 자신이 기존에 경험했던 필름 카메라의 경험 범위 내에서만 이야기할 뿐이다. 새로운 기술과 학습 비용으로 인해 오히려 낯선 미래 경험에 대해 거부감을 갖는 경우가 많다. 혁신적인 상품이나 서비스는 고객에게 답을 구하는 것이 아니라 결국 기획자나 의사결정자들이 미래지향적 사용자 통찰을 발견하고 그 결과물을 고객의 손에 선물해야 하는 영역의 것이다. 소비자는 온전한 상품으로 두 손에 쥐어졌을 때 스스로조차 몰랐던 욕구를 깨닫게 된다. "그래, 내가 원했던 게 바로 이거였어!"라고 말이다.

두 번째, 사람들은 자신의 행동을 항상 제대로 설명할 수 있는 것은 아니다. 특히, 남들 앞에서 자신의 특이한 행동에 대해 그럴듯한 이유로 포장하는 경우도 비일비재하다. 필자는 프로젝트의 주제와 관계없이 사용자의 가정을 방문할 때면 양해를 구하고 냉장고 속을 관찰하는 버릇이 있다. 냉장고 속에서 전혀 기대하지 않았던 물건을 발견할 때가 많은데, 특히 화장품과 의약품이 대표적이다. 이것은 터키, 인도, 한국 등 국가나 문화를 가리지 않고 나타나는 공통점이었다. 그런데 재미있는 사실은 사람들이 그러한 물건을 냉장고에 보관하는 이유를 제대로 설명하지 못한다는 점이다.

온라인 쇼핑몰 사업과 관련한 인사이트 도출을 위해 터키 이스탄불의 한 가정을 방문했을 때에도 냉장고 속에서 10개가 훨씬 넘는 립스틱을 발견했다. 립스틱을 냉장고에 보관하는 이유를 묻자 30대 초반의 여주인은 머뭇거리며 "아이들이 자꾸 얼굴에 립스틱을 발라서 일부러 냉장고 속에 숨겨둔 거예요"라고 답했다. 그러나 10살쯤 되는 아이들이 립스틱을 얼굴에 바를 것 같지 않아 보였다. 필자는 침실과 거울 앞을 유심히 살펴봤지만 화장품은 하나도 보이지 않았다. 립스틱은 그녀가 쓰는 화장품의 전부였던 것이다. 립스틱은 상온에서 보관하도록 생산됐기 때문에 굳이 냉장 보관을 할 필요가 없다. 그러나 그녀는 자신에게 유일한 화장품을 조금이라도 오랫동

안 변질 없이 보관하고 싶은 나머지 자신만의 대안적 솔루션을 만들어냈던 것이다. 그리고 갑작스런 방문자의 질문에 아이 핑계를 댔을 가능성이 크다.

세 번째, 사람들은 자신이 원하는 것을 말로 표현하지 못하는 경우가 많다. 또한 자신은 진실이라고 믿고 말하지만 왜곡된 정보인 경우도 의외로 많다. 아무리 자신의 경험에 기초해 답변하더라도 경험과 응답 시점의 시차로 인한 기억의 왜곡은 생각보다 크다는 점에 주의할 필요가 있다. 사람들의 이러한 특성을 이해한다면 언어적 조사가 가지는 한계 또한 깨닫게 된다. 말이 아니라 시간과 공간의 맥락, 눈빛, 제스처 등과 같은 비언어적 증거나 평소의 습관적인 행동으로 나타나는 것들이 더 정확할 수 있다. 언어적 방법과 행동관찰 방법을 보완적으로 활용해야 하는 이유이다.

이렇게 사람들은 자신이 원하는 진짜 욕구를 잘 알지 못하거나 표현하지 못하는 경우가 많기 때문에 일부에서는 굳이 고객의 니즈를 들여다볼 필요가 없다고 주장하기도 한다. 그러나 오히려 그것은 기획자나 의사결정자, 스타트업에게 차별화된 상품 기획과 비즈니스 혁신의 기회를 제공할 수 있다. 누구나 쉽게 발견할 수 있는 것은 아니기 때문이다. 그만큼 기획자나 의사결정자에게 사용자 공감과 욕구의 해석 역량이 중요한 것이다.

언메트 니즈 적용 사례: 타깃(Target) 신학기 상품 개발

미국의 혁신컨설팅 기업 점프(Jump Associate)의 컨설턴트 콜린 머레이(Colleen Murray)가 시카고 강연에서 소개한 종합 유통기업 타깃(Target)의 이노베이션 사례는 고객의 언메트 니즈 발견과 사용자 통찰의 중요성을 잘 보여준다. 미국에서 8월은 유통업계의 큰 대목이다. 신학기를 맞이하는 학생과 학부모의 지갑을 열 수 있는 시기이기 때문이다. 타깃은 점프와의 협업을 통해, 특히 대학생활을 처음 맞는 신입생 세그먼트의 매출을 늘리는 방안을 찾고자 했다. 한 유통매장에서 점프의 컨설턴트들은 전기주전자를 살까 말까를 두고 실랑이를 벌이는 학생과 학부모를 관찰했다. "기숙사 생활을 하는데 이런 주전자는 필요 없어. 다 있을 거야"라는 아빠의 주장에 학생은 "기숙사에서 공부하다보면 분명히 필요할 거예요. 누구나 하나씩은 가지고 있을 거라고요"라며 반론을 펼쳤다. 서로 의견을 굽히지 않는 둘의 대화는 한참 이어졌는데, 결국 주전자를

사지 않고 마트를 떠났다고 한다. 이와 비슷한 장면은 여러 곳에서 관찰됐다고 하는데 점프 연구팀에서 발견한 사용자 통찰은 '경험하지 못한 낯선 환경에 대해 신입생들이 가지는 두려움'이었다. 전기주전자를 살까 말까 다투는 과정에서 아들이 보여준 반응은 그 두려움의 표현일 뿐이다. 즉, '기숙사에서 쓸 주전자를 마련하고 싶다'는 것은 표현니즈다. 대학에 입학하는 아들이 진정으로 원하는 언메트 니즈는 '새롭고 낯선 학교생활에 제대로 된 준비를 마쳤다는 안심과 자신감'이었다.

이런 사용자 통찰을 바탕으로 타깃은 기존과 다른 판매전략과 다양한 형태의 상품들을 개발했다고 한다. 수많은 상품들을 나열하고 소비자가 알아서 선택하게 하는 기존의 상품 전달 방식에서 벗어나 "이것만 사면 다 준비된 거예요"라는 확신을 주는 세트 상품들을 출시했다. 대표적인 것이 '다시 대학을(Back to College)' 캠페인의 일환으로 준비된 'Kitchen in a box' 주방용품 세트다. 이런 노력으로 2002년 3분기, 타깃은 다른 경쟁자들의 저조한 판매 실적과 달리 전년 대비 12%나 성장한 84억 달러의 매출을 올릴 수 있었다고 한다.

지금까지 우리는 겉으로 드러난 사람들의 표면적인 니즈가 아니라 스스로조차 잘 인식하지 못하는 언메트 니즈의 중요성과 몇 가지 사례를 살펴봤다. 현상이 아니라 근본적인 원인에 집중하면 폭넓고 깊이 있는 통찰과 솔루션을 얻을 가능성이 높아진다. 제조, 유통, 서비스, 공공 등 산업영역에 관계없이 혁신은 기술, 사업, 사람의 3가지 관점이 조화롭게 어우러져 완성된다. 상품이나 서비스를 기획하는 것, 실행하는 것, 그것을 사용하는 것도 모두 사람이다. 비즈니스의 중심에 사람을 둬야 하는 이유다. 고객들이 진정으로 원하는 욕구를 발견하고 그것을 해결하는 솔루션을 선물하려면 기획자나 혁신가의 고객 공감과 창의적 발상, 탁월한 실행력이 있어야 가능하다. 특히, 현상을 객관적으로 담아내는 정리의 기술이 아니라 현상 뒤에 숨은 의미를 발견하는 관점 전환적 통찰의 기술은 비즈니스 혁신에 있어 필수적이다.

평소 자신에게 익숙한 책상을 떠나 고객들의 환경 속으로 탐험을 떠나는 '인사이트 헌터(insight hunter)'가 돼 보자. 내가 알고 있던 기존의 통념에서 벗어나는 새로운 변화와 혁신의 단서를 발견하게 될 것이다.

자료원 : DBR 202호, 2016. 6.(Issue 1)

2. 동기갈등과 마케팅 전략

소비자는 많은 동기를 갖고 있으며 다수의 동기들이 동시에 작용함으로써 동기들 사이에 갈등이 일어날 수 있다. 즉 동기갈등(motive conflicts)이란 하나의 구매상황에서 활성화된 다수의 동기들이 상품의 견인력이나 반발력에 영향을 미치는 현상이다. 여기서 상품이 한 동기를 충족시키는 정도는 그의 견인력(긍정적인 힘)이며, 그것이 다른 동기와 얼마나 상반되는지는 그의 반발력(부정적인 힘)이다. 따라서 동기갈등에 대해 소비자가 취하는 해결노력은 소비패턴에 영향을 미칠 것이며 새로운 마케팅 기회를 암시하는데, 마케터는 우선 동기갈등을 일으킬 수 있는 상황들을 분석하고 자신의 상품을 동기갈등의 해결방안으로 제안함으로써 동기갈등에 당면한 소비자의 선택을 받을 수 있게 된다.

동기들의 갈등은 그들의 강도가 유사할 때 흔히 일어나며, 다음의 세 가지 형태를 취한다.

① 접근-접근 갈등

접근-접근 갈등(approach-approach motivational conflict)이란 소비자가 노트북과 스마트폰 사이에서 돈을 어디에 쓸지 결정해야 하는 때와 같이 **두 개의 바람직한(견인력을 갖는) 대안 사이에서 느끼는 갈등**이다. 이러한 갈등은 대안들 사이에서 망설임을 초래하지만 안정적이지 않으므로 그러한 망설임은 오래 지속되지 않는다. 즉 이러한 갈등은 대안평가에 유용한 정보를 획득하거나 동기들의 중요성을 재평가함으로써 해결되는데, 재평가 과정에서 마케터의 촉진활동과 판매원의 설득이 중요한 역할을 수행한다. 또 다른 해결책은 두 목표를 모두 수정하는 것으로써 예를 들어, 노트북과 스마트폰 모두 덜 비싼 모델로 구매할 수 있다. 이전의 대부분 치약들은 충치예방이나(Crest) 구취제거(Close up)의 동기에 소구하도록 포지셔닝되어 왔지만 두 가지 효익에 대한 소비자의 동기갈등을 해결하기 위한 새로운 상품(Aqua-Fresh)이 등장하였다.

● 충치예방치약 크레스트

● 구취제거 치약 클로즈업

② 회피-회피 갈등

회피-회피 갈등(avoidance-avoidance motivational conflict)이란 **부정적이라고 지각되는(반발력을 갖는) 두 대안 사이에서 느끼는 갈등**이다. 예를 들어, 가족들이 즐기던 TV세트가 망가졌다면 TV없이 살든가 새 TV를 구입하기 위해 돈을 지출해야 하므로 소비자로 하여금 바람직하지 않은 대안들 사이에서 망설이게 한다. 이때 마케터는 신용의 제공이나 가격인하를 통해 이러한 갈등을 해결해 줄 수 있지만 대체로 이러한 상황은 상당한 정보탐색(윈도우 쇼핑, 광고물 구독, 문의, 인터넷

● 충치예방+구취제거 다목적 치약 아쿠 아후레시 치약

검색)을 일으키며, 간혹 문제해결 활동을 중단시키기도 한다.

③ 접근-회피 갈등

접근-회피 갈등(approach-avoidance motivational conflict)이란 **긍정적 및 부정적 면을 모두 갖고 있는 하나의 대안에 대해 소비자가 느끼는 갈등**이다. 예를 들어, 승용차와 같이 유용한 상품을 얻기 위해서는 돈을 지불해야 하는데, 마케터들은 그러한 갈등의 회피측면을 줄이기 위해 노력해야 한다. 따라서 "Fly now, pay later" 프로그램이나 신용카드의 보급 확대는 많은 자금의 지출이 일으키는 회피측면을 효과적으로 줄이는 방안이 될 수 있다. 이 밖에도 맥주를 마시고 싶은 접근 측면과 체중 증가에 대한 회피측면 사이의 갈등을 해결하기 위한 저칼로리 맥주, 맥주를 마시고 싶은 접근측면과 알코올 흡수에 대한 회피측면 사이의 갈등을 해결하기 위한 비알콜 맥주 등이 새로운 마케팅 기회로 인식될 수 있다.

접근-회피 갈등은 또한 한 상품범주 내에서 각각 장단점을 갖는 상표들 사이에서 선택을 해야 하는 경우에도 일어난다. 이때 소비자는 상당한 망설임을 보일 것인데, 판매원이 고객의 상표선택에 영향을 미칠 수 있다.

제4절 관여도

1. 관여도의 본질

다음과 같은 두 개의 상품목록을 생각해 보자. 각 목록에 속해 있는 품목들은 무엇인가 공통적인 특성을 갖고 있으며, 그러한 공통적인 특성은 두 목록 사이에서 뚜렷이 다르다. 즉 무엇이 한 목록의 품목들을 다른 목록의 품목들과 다르게 느껴지도록 만드는가? 한 가지 분명한 대답은 가격일 수 있으나, 가격보다 훨씬 더 기본적인 측면을 생각해 볼 수 있다.

목록1	목록2
승용차	화장지
주택	청량음료
스마트폰	스낵
고급 외출복	학습용 필기구
오디오 세트	전구
향수	알루미늄 호일

즉 목록1의 각 품목은 어떤 이유에서든 소비자에게 개인적 관련성(personal relevance)을 많이 가진다. 즉 승용차, 주택, 스마트폰, 오디오 세트, 향수 등의 구매는 비교적 비싼 가격, 복잡한 특징, 대안들 사이의 현격한 품질차이, 의사결정 결과에 관련하여 지각되는 위험과 자아 이미지와의 관련성 등으로 인해 이러한 품목들의 구매 여부나 특정한 상표의 선택은 소비자 자신에 대해 중요한 관련성(의미)를 갖는다.

예를 들어, 고급 외출복은 그것을 입은 사람에 관해 어떤 이미지를 세상에 전달할 것이며, 거주하는 집도 그 사람의 사회적 성취도나 경제적 능력을 나타내주므로 이러한 상품들의 구매는 구매자 자신에게 개인적 관련성이 높고 강한 상표선호와 상표충성을 보인다. 또한 소비자들은 부적절하거나 위험할지 모르는 상품의 구매를 회피해야 하므로 향수나 의약품(특히 부작용이 염려되거나 품질차이가 현저한 경우)도 개인적 관련성을 많이 갖는다.

그러나 목록2의 품목들은 대부분 소비자에게 있어서 개인적 관련성이 적다. 그것은 상품범주 자체가 소비자의 자아 이미지를 반영하지 않으며 상품범주 내의 대안들이 큰 차이를 보이지도 않기 때문에, 어느 상표를 선택하든 큰 문제가 되지 않으며 구매행동이 훨씬 단순하고 상표대체가 빈번하다.

이와 같이 **소비자들이 구매행동에서 보여주는 관심의 강도(intensity of interest)**를 관여도(involvement)라고 하는데, 다음과 같은 특성을 갖는다.

- 관여도는 상품의 개인적 관련성에 영향을 미치는 소비자의 가치와 자아 이미지에 관련된다.
- 관여도의 수준은 상품이나 소비자, 상황에 따라 논의될 수 있다.
- 관여도는 동기의 환기수준과 관련된다.

2. 관여도의 특성차원

1) 관여도의 수준

관여도는 전형적으로 "고/저"(높다 · 낮다)의 두 가지의 수준으로 파악되어 왔는데, 대체로 상품이나 소비자, 상황에 대해 적용될 수 있다.

우선 대부분의 소비자에게 있어서 고관여도 상품(high-involvement product)이란 앞에서 예시한 목록1의 품목들과 같이 **개인적인 관련성이 큰 상품들**이며, 목록2의 품목들은 저관여도 상품(low-involvement product)이다.

또한 고관여도 소비자(highly-involved consumer)란 **상표들 사이의 차이에 매우 관심이 많은 소비자**인데, 이러한 관심은 광고에 대한 주의를 증대시킬 뿐 아니라 능동적 정보탐색의 양을 증대시킨다. 즉 고관여도 소비자는 정보를 단지 수동적으로 받아들이기보다는 능동적으로 탐색하고 획득된 정보의 시사점들을 신중히 평가하는 경향이 있으며, 그러한 평가를 근거로 구체적인 상표에 관한 태도를 형성한다.

그러나 한 소비자에게 있어서도 관여도의 수준은 상황에 따라 달라질 수 있는데, 구매상황(또는 학습상황)에 있어서 관여도의 수준은 구매 결정(또는 학습활동)에 투여되는 에너지의 양으로 평가될 수 있다. 즉 소비자들은 저관여도 상황(low-involvement situation)에서 활동할 때 상표대안들에 관한 정보들은 적극적으로 탐색을 하지 않고 수동적으로 받아들일 뿐이다. 따라서 상표인지나 이해의 수준이 대단히 낮으며 더욱이 소비자는 그러한 정보로부터 상표들에 관한 명확한 태도를 개발하지도 않는 경향이 있다.

2) 관여도 수준에 대한 영향요인

관여도의 수준에 영향을 미치는 가장 중요한 요인은 **소비자 자신**(consumer himself)인데, 상이한 가치체계나 자아 이미지, 경험 등으로 인해 각 소비자는 특정한 구매행동에 관여되는 정도가 매우 다르다. 사실 일부 소비자는 물질에 대한 관심이 대단히 낮아서 어떤 상품을 구매할 것인지에 관심이 없기도 하다.

두 번째 영향요인은 **가격이나 상품의 복잡성, 품질 차이, 지각된 위험을 비롯하여 소비자의 자아 이미지에 관련되는 상품특성**(product characteristics)이다. 이러한 예는 앞에서 예시된 목록1의 품목들과 목록2의 품목들을 구분해 주는 특성에서도 찾아볼 수 있는데, 승용차나 스마트폰의 여러 가지 특성들은 소비자로 하여금 최선의 대안을 선택하기 위해 상당한 노력을 기울이도록 만든다.

세 번째 영향요인은 상황적 특성(situational characteristics)이다. 동일한 상품일지라도 그러한 **상품의 구매와 소비가 대단히 중요한 여건**에서는 관여도가 높아진다. 예를 들어, 소비자는 특별한 친구들을 만찬에 초대하기 위해 와인이나 육류를 선택한다면 신경을 많이 쓰게 될 것이다. 또한 구매상황에서 소비자가 지각하는 위험의 크기도 관여도 수준에 영향을 미칠 수 있다.

3) 관여도 수준에 따른 반응계층

관여도 수준에 따른 반응계층이란 **관여도가 상이한 수준에서 소비자들이 보여주는 정신적 및 신체적 반응을 묘사**하는데 이러한 반응은 정보탐색과 획득, 상품을 평가하고 그에 관한 의사결정을 내리기 위한 정보처리 등을 포함한다.

앞에서 언급했듯이 고관여도는 소비자로 하여금 상품과 상표에 관한 정보원천에 주목하고 정보를 능동적으로 탐색하도록 촉구한다(능동적 탐색, 자발적 노출). 이에 반해 저관여도는 능동적인 정보탐색이 있다 해도 약간에 불과하고 주로 수동적 수용을 일으키는데, 상품에 대한 노출은 주로 소비자가 다른 활동(TV시청 등)에 참여하던 중 우연히 접하는 광고를 통해 일어난다(비자발적 노출).

일단 정보를 획득한 후, 소비자는 그 의미를 도출하기 위해 정보를 처리하는데, 이러한 정보처리 단계에서 보여주는 반응들은 그들이 **구매에 이르는 정신적 과정들을 묘사**하기 때문에 대체로 반응계층(hierarchy of effects models)으로 묘사되고 있다. 전통적인 반응계층의 모델들은 대체로 고관여도를 중심으로 제안되어 왔으나, 최근에는 저관여도에 대해 별도의 반응계층이 제안되었다.

[그림 4-5]에서와 같이 고관여도 반응계층에 있어서 인지(cognition)란 획득된 정보로부터 소비자가 도출한 상표들에 관한 지식과 신념을 말하는데, 정보의 탐색과 능동적 학습을 통해 형성된다. 이때 소비자는 그가 이미 갖고 있는 상표지식 및 신념과의 일관성(consistency)에 따라 이러한 정보를 신중히 검토하는데, 기존신념과 불일치하는 정

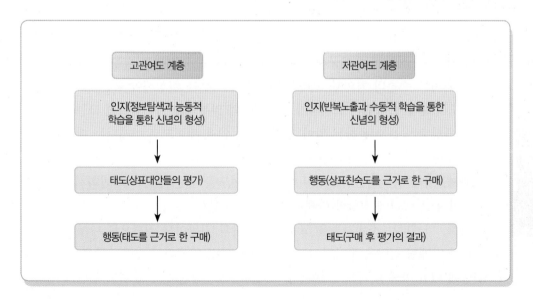

그림 4-5

관여도 수준에 따른 반응
계층

보는 비판적으로 해석되든가 거부되며, 일치하는 정보는 강력히 지지되어 상표에 관한 기존의 신념들을 보강한다.

고관여도 반응계층에 있어서 두 번째 단계가 암시하듯이 신념은 소비자로 하여금 상표들의 상대적 요망성(relative desirability)을 반영하여 상표태도를 형성하도록 하는데, 이후에 일어나는 행동(구매)은 이러한 태도로부터 큰 영향을 받는다.

한편 저관여도 반응계층에 있어서 인지는 관여도가 높은 여건에서의 경우와 매우 다르다. 즉 소비자는 상표에 대한 태도를 형성하기 위해 정보를 처리하려는 의도가 거의 없기 때문에 반복노출과 수동적 학습을 통해 상표친숙도가 형성될 뿐인데, 결국 상표에 관한 신념들은 뚜렷하지 않고 상표태도도 강하지 않다.

그러나 저관여도 상황에서 광고물에 대한 반복노출은 소비자를 상표에 친숙하게 만들어 쇼핑 중 그것을 재인(recognition)하도록 유도하므로, 만일 소비자가 특정한 상표에 대해 강력한 태도를 갖고 있지 않다면 이러한 친숙성은 구매에 대한 충분한 이유가 될 수 있다. 따라서 저관여도 반응계층의 두 번째 단계가 보여주듯이 구매행동은 강한 상표태도가 형성되지 않은 상태에서 친숙도만을 근거로 일어나며, 상품에 관한 평가와 태도는 오히려 그것을 구매하여 사용한 후에나 형성된다.

저관여도 반응계층에 대한 이러한 논의는 두 가지의 사실을 암시하는데, 첫째는 소비자들이 간혹 상표대안과 그들 특성에 관해 학습하는 데 관심을 갖지 않을 수 있다는 점이며, 둘째는 소비자들이 명확한 상표태도를 개발하지 않거나 상표대안들에 관한 지식을 별로 갖지 않은 채, 상표친숙도만을 근거로 하여 구매결정을 할 수 있다는 점이다.

3. 관여도와 마케팅 전략

관여도 수준이 상품과 소비자, 상황에 따라 달라질 수 있다는 사실은 마케팅 전략을 수립하는 데 많은 시사점을 제공해 준다. 우선 마케터는 마케팅 전략을 수립하는 데 있어서 관여도 수준의 차이를 고려할 것인지의 여부를 결정해야 하는데, 만일 어떤 관여도 수준을 보여주는 소비자가 전체시장의 일부만을 차지한다면 그들에게 별도의 마케팅 전략을 적용하는 일이 경제적이지 않을 것이므로 마케터는 대부분 소비자들의 관여도 수준에 대응하는 전략을 구사해야 한다.

둘째, 마케터는 저관여도 소비자들의 관여도를 높은 수준으로 변화시킨 후, 관여도가 높은 여건에 적합한 마케팅 전략을 구사할 수 있다

셋째, 마케터는 소비자들을 고관여도 집단과 저관여도 집단으로 나누고 각각에 적합한 마케팅 전략을 구사할 수 있다. 예를 들어, 마케터는 관여도 수준에 따라 각 집단에 대한 마케팅 커뮤니케이션을 차별화할 수 있는데, 고관여도 집단에 대해서

● 신발장과 장롱 서랍에 신문지를 넣었던 소비자들의 상황관여도를 높여 성공한 "물먹는 하마"

는 상당한 양의 복잡한 정보를 포함하는 메시지(high-involvement messages)를 개발하고 인쇄매체를 이용하는 편이 바람직하다.

제5절 관여도가 낮은 소비자 행동에 관한 이론

관여도가 낮은 소비자 행동에 관한 이해는 Krugman의 수동적 학습 이론(theory of passive learning)과 Sherif의 사회적 판단 이론(theory of social judgment)을 계기로 증대되었다.

1. 수동적 학습 이론

1) 이론적 배경

Krugman은 TV광고가 상표를 회상시키는 데 매우 효과적이면서도 상표태도는 거의 변화시키지 못한다는 조사결과에 착안하여 TV가 관여도가 낮은 매체(low involvement medium)이며, 주로 수동적 학습을 일으킨다는 가설을 제안하였다. 즉 긴장이 풀려 있고 메시지에 많은 주의를 기울이지 않는 저관여도 상황에서 소비자는 메시지의 정보를 굳이 그의 욕구나 신념에 연관시키지 않으며 — 고관여도 상황에서 가정된 것과는 달리 — 반복을 근거로 메시지(정보)를 무작위로 기억하는 수동적 학습에 참여한다.

2) 소비자 행동 시사점

저관여도의 관점을 제안한 Krugman의 견해는 마케팅에 있어서 전통적으로 제안되어 온 개념와 상반되는데, 저관여도의 관점은 〈표 4-2〉와 같은 특징을 보인다.

(1) 저관여도 소비자는 무작위로 정보를 학습한다.

고관여도 소비자는 인지, 이해, 기억 등의 단계를 거치면서 인지적으로 정보를 처리하지만, 저관여도 소비자는 어린이가 의미 없는 음절을 학습하듯 단지 반복을 통해 정보를 무작위로 기억함으로써 학습한다.

(2) 저관여도 소비자는 정보수용자이다.

고관여도 소비자는 여러 원천으로부터 정보를 능동적으로 탐색하고 쇼핑에 참여하는 정보탐색자로 간주지만, 저관여도 소비자는 자신에게 제공되는 정보를 수동적으로 수용할 뿐이다.

(3) 저관여도 소비자는 광고에 대해 수동적 수신자이다.

고관여도 소비자는 강한 상표태도를 갖고 있으며 능동적인 정보탐색에 참여하는데, 이때 소비자는 기존의 신념들과 상반되는 정보를 회피하고 일치하는 정보만을 받아들일 것(선택적 지각)이므로 광고는 소비자의 태도를 변화시키기에는 미약하며 오히려 기존의 신념을 보강하는데 적합하다.

그러나 저관여도 소비자에게 있어서 노출은 그 자체가 친숙도를 증대시켜 이해(comprehension)라는 중간단계 없이 바로 구매로 연결 될 수 있다. 따라서 광고는 친숙성을 형성하여 구매를 촉구하기 위한 강력한 수단이 될 수 있다.

(4) 저관여도 소비자는 구매 후에 상표를 평가한다.

전통적인 고관여도 반응계층은 소비자가 구매에 앞서서 상표대안들을 평가하고 태도를 형성한다고 제안한다. 그러나 저관여도 소비자는 단지 상표친숙도에 기인하는회상 효과(reminder effect) 때문에 구매하며, 구매에 앞서서 심사숙고를 하지 않는다.

(5) 저관여도 소비자는 수용가능한 만족수준을 추구한다.

● 에펠탑 효과
단순 노출 효과 (mere exposure effect)라는 심리학 용어를 설명할 때 많이 사용되는데 제이좀크라는 사람이 사용한 개념으로 그 의미는 '대상에 대한 의도적인 인식이 없이도 노출의 빈도에 따라 그 대상에 대하여 호감이 생길 수 있다는 이론'

고관여도 소비자는 상표들을 광범위하게 평가하여 만족을 극대화시키려고 노력하며, 속성점수를 비교하여 소비자의 욕구에 가장 적합한 상표를 선정한다. 이에 반해 저관여도 소비자는 만족을 극대화시키거나 특정한 효익을 얻으려고 고집하지 않음으로써 탐색에 필요한 시간과 노력을 절약하고 단순히 친숙도를 근거로 구매결정하는 경향이 있다.

(6) 저관여도 상품은 라이프스타일에 그리 중요하지 않다.

고관여도를 전체로 하는 전통적인 관점은 라이프스타일 특성이 소비자 행동에 직접적으로 영향을 미친다고 가정하는데, 특정한 상표의 구매는 소비자의 현재

고관여도의 관점	저관여도의 관점
• 소비자는 목표지향적인 정보처리자이다.	• 소비자는 무작위로 정보를 학습한다.
• 소비자는 정보탐색자이다.	• 소비자는 정보수용자이다.
• 소비자가 능동적 수신자이므로 태도변경을 위한 광고의 효과는 약하다.	• 소비자가 수동적 수신자이므로 친숙성을 형성하려는 광고는 효과적이다.
• 소비자는 구매에 앞서서 상표들을 평가한다.	• 소비자는 우선 구매하며, 상표평가는 구매 후에 일어난다.
• 소비자는 기대만족을 극대화하려고 노력하며(optimizing), 최선의 선택을 위해 다수의 속성을 검토한다.	• 소비자는 수용가능한 만족수준을 모색하며(satisficing), 상표친숙도를 근거로 하여 소수의 속성만을 검토한다.
• 상품이 소비자의 자아 이미지에 중요하며, 라이프 스타일이 소비자 행동에 많은 영향을 미친다.	• 상품이 소비자의 자아 이미지에 그리 중요치 않고, 라이프 스타일이 소비자 행동에 많은 영향을 미치지 않는다.
• 집단의 가치와 규범이 상품구매에 중요하다.	• 집단의 가치와 규범이 상품구매에 중요치 않다.

표 4-2

고관여도의 관점과 저관여도의 관점

라이프스타일 또는 열망하는 라이프스타일에 관련된다. 이에 반해 저관여도의 관점은 상표의 구매를 라이프스타일과 크게 연관시키지 않는다.

(7) 저관여도 상품은 퍼스낼리티, 자아 이미지, 준거집단과 관련이 적다.

저관여도 상품들은 소비자의 퍼스낼리티나 자아 이미지에 중요하지 않은 경향이 있으며, 또한 준거집단으로부터 영향도 적게 받는다. 예를 들어, 소금, 치약, 종이타월, 플라스틱랩 등은 가시성이 적고 관여도가 낮은 상품으로서 집단규범에 그리 관련되지 않는다. 즉 준거집단은 저관여도 상품에서 중요하지 않으므로 사회적 인정을 보여주는 광고는 효과적이지 않으며, 오히려 상품이 해결할 수 있는 문제점들을 강조하는 편이 효과적이다.

3) 매체 시사점

Krugman은 TV가 저관여도의 매체인 이유를 다음과 같이 설명하고 있다.
- TV광고가 활동적인데 반해 시청자는 활동적이지 않고 수동적이다.
- 정보유입의 속도를 시청자가 통제할 수 없으며, 인지활동의 기회가 제한된다.

그러나 신문과 잡지 등 인쇄매체의 경우에는 광고가 비활동적인데 반해 독자가 활동적이며, 독자가 정보유입의 속도를 통제할 수 있고 광고에 관해 생각할 기회를 마음대로 가지므로 그러한 매체는 관여도가 높다.

따라서 Krugman은 소비자나 상품, 상황에 있어서 관여도가 낮은 여건에는 TV가 효

표 4-3

매체의 효과 비교

ATL(above the line)	BTL(below the line)
전형적인 TV, 라디오(전파매체)와 신문, 잡지(인쇄매체)라는 4대 매체	4대 매체 이외에 온/오프라인의 모든 매체(인터넷, 구전, 이벤트, 직접우편 등)
• 대체로 비용이 많이 소요되며, 표적시장을 포괄하는 데 낭비가 클 수 있다. • 정형화된 메시지로 일방적이다. • 일부 상품에 대해서는 법률적 · 도덕적 제약이 있다.	• 표적시장에 맞춰 다양한 매체를 소규모로 구사하면서 가성비가 높은 효과를 노린다. • 개인화된 메시지로 설득력을 높인다. • 예산규모에 맞춤형 매체구사가 가능하며, 거의 모든 상품에 적용할 수 있다.

과적이며, 관여도가 높은 여건에는 인쇄매체가 효과적이라고 제안하였다.

4) 광고 시사점

소비자가 수동적이며 관심이 부족한 여건에서는 상표평가가 일어나지 않을 것이므로 소비자의 인지활동을 필요로 하는 정보제공적 광고는 효과적이지 않다. 즉 고관여도 소비자가 상표선택에서 도움이 되는 정보들을 기억하므로 메시지 요소를 강조하는 광고로부터 많은 영향을 받는데 반해, 저관여도 소비자는 대체로 정보내용보다는 음악, 인물(character), 풍경과 같은 광고의 요소들을 — 상표에 연관시키지도 않으면서 — 주목하는 경향이 있다.

이러한 점은 고관여도 소비자에 대한 광고는 명확하고 정보제공적인 메시지를 강조해야 하며, 저관여도 소비자에 대한 광고는 상표와 긍정적인 연상을 형성하기 위한 상징, 인물, 배경 등에 의존하는 편이 바람직하다는 점을 암시한다.

2. 사회적 판단 이론

1) 이론적 배경

관여도가 낮은 소비자 행동에 관한 두 번째 이론은 사회적 판단 이론인데, Sherif는 외부적 환경으로부터 제공되는 정보에 대해 소비자가 취하는 입장을 관여도 수준에 따라 수용, 거부, 무관심의 세 범주로 구분하였다.

어떤 문제에 관해 **의견이 확고하고 관여도가 높은 사람은 자신의 의견과 일치하는 극히 일부의 정보만을 수용하면서 대부분의 정보를 거부**하고, 관여도가 낮은 사람은 보다 많은 정보를 수용하는 경향이 있다. 더욱이 관여도가 높은 사람은 자신이 수용할 수 있는 범위 내에 들어가는(그가 동의하는) 정보를 실제보다 더욱 긍정적인 것으로 해석하며, 거부하려는 범위 내에 들어가는(그가 동의하지 않는) 정보는 실제보다 더욱 부정적인 것으로 해석하는데, 전자의 반응을 동화효과(assimilation effect)라고 하며, 후자의 반응을 대조효과(contrast effect)라고 한다.

즉 관여도가 높은 사람일수록 선입관과 자신의 의견을 바탕으로 정보를 선택적으로 지각할 가능성이 크다. 그러나 **관여도가 낮은 사람은 정보를 수용할 수 있는 범위가 넓으므로 정보를 왜곡할 가능성이 적고 동화나 대조의 효과가 거의 나타나지 않는다.**

따라서 사회적 판단 이론은 고관여도 소비자에게는 일부 상표만이 수용될 수 있는데 반해 저관여도가 소비자에게는 보다 많은 상표가 수용될 수 있음을 암시한다. 더욱이 고관여도 소비자는 광고 메시지에 더 주의하며 이러한 메시지를 현재의 태도 및 과거의 경험과 일관되도록 왜곡하여 해석하는데 반해, 저관여도 소비자는 광고 메시지에 덜 주의하며 그들을 원형대로 받아들일 가능성이 크며 따라서 선택적 지각의 가능성이 적다.

또한 Sherif의 사회적 판단 이론은 수동적 학습에 관한 Krugman의 이론과 함께 관여도가 낮고 수동적인 소비자에 대해 많은 통찰을 제공해 준다. 즉 저관여도 소비자들은 확고한 자신의 의견이 결여되어 있으므로 구매에서 많은 상표들을 고려하지만, 광고물의 내용을 해석하고 상표들을 평가하는 데 시간을 할애하려고 들지 않는다. 그 결과 광고는 거의 인지적 활동을 거치지 않고 수용되며, 상품들은 단순히 상표 친숙도를 근거로 구매되거나 특별한 생각 없이 반복적으로 구매된다.

2) 소비자 행동 시사점

관여도가 높은 소비자는 관여도가 낮은 소비자에 비해 상표평가에서 많은 속성을 고려할 것인데, 그들은 보다 신중하게 상표들을 평가하며 만족을 극대화하려고 노력한다. 즉 관여도가 높은 경우에 있어서는 소수의 상표만을 고려하되 다수의 속성을 사용하며, 관여도가 낮은 경우에 있어서는 다수의 상표를 고려하되 소수의 속성을 사용하여 평가한다.

	높은 관여도	낮은 관여도
상표수용의 범위	좁다(소수의 상표고려)	넓다(다수의 상표고려)
상표평가의 속성 수	다수	소수

표 4-4

관여도별 상표수용범위 및 상표평가 속성 수

"쓸 만한 물건을 사는 게 아니라 날 위한 가치와 만족을 삽니다"

• 신숙자(HS 애드 크리에이티브 디렉터)

"수첩이 아니라 아직 쓰이지 않은 책입니다."

겉으로 보기엔 양장같이 된 책으로 보인다. 열어보면 아무 내용도 없는 노트다. 하지만 사는 이에겐 책 이상의 의미를 지닌다. 헤밍웨이도 썼고 피카소도 썼기에 창작에 관련된 일을 하려면 이런 것쯤 하나는 준비해야 할 것 같다. 뭔가 예술적인 활동을 하는 것 같은 감성도 준다. 몰스킨 수첩 얘기다. 같은 두께, 같은 질이라도 몰스킨은 여느 수첩보다 고가다. 하지만 '예술가들이 쓰는 수첩'이라는 이야기를 지녔기에 사람들은 이 브랜드를 지님으로써 '자신을 표현' 하고 싶어한다. 동시에 나를 위해 준비한 좋은 물건이라는

▲ '몰스킨 수첩' 소비자 감성 자극 디지털 열풍에도 큰 인기 누려

▲ 기능성 침구브랜드 '알레르망' 선택에 따른 자기만족 어필해

생각도 든다. 몰스킨을 구매하는 사람들은 단순히 쓸 만한 노트를 사는 것이 아니라 몰스킨이라는 예술 도구를 사는 것이다. 말하자면 가치를 사는 것이다. 나를 위해, 나를 행복하게 해주고 만족시켜주는 가치.

몰스킨의 가치는 저절로 만들어진 것은 아니다. 수첩이 아니라 당신의 창조성이 아직 쓰이지 않은 '책'이라는 콘셉트를 공유하기 위해 이 수첩은 문구점이 아닌 서점에서 팔렸다. 예술가와의 연 또한 놓지 않고 끊임없이 이어갔다. 매년 유명 아티스트와 연계해 전시투어를 하기도 하고 헤밍웨이, 피카소 등 그들과 얽힌 이야기도 꾸준히 전달해 갔다. 2013년 런던 디자인 페스티벌을 맞아 70명의 디자이너에게 릴레이 스케치를 부탁해 전시된 작품들은 마치 그들의 아이디어 노트를 직접 엿

보는 듯한 느낌을 주기도 했다.

때로 유명 예술가들이 아이디어나 그림을 그린 실제 자신의 몰스킨 수첩을 선보이기도 하면서 브랜드에 진정성을 더한다. 몰스킨은 단순한 문구가 아니라 물감처럼, 혹은 붓처럼 꼭 필요한 창작 도구인 것이다. 디지털 시대를 맞아 노트의 수요가 줄어들 것 같지만 2015년에 오히려 전년보다 매출이 올라갔다고 하니 몰스킨의 가치는 여전히 강하다.

이제 물건이 팔리는 시대는 지났다고 한다. 저가에 관여도가 낮은 물건을 살 때는 그야말로 가성비를 따지겠지만, 나를 위한 것 하나를 구매할 때는 가치를 선택하게 된다. 누군가에게 보여주기 위한 게 아닌, 내가 나를 위해 좋은 걸 선택했다는 기쁨을 구매하는 것이다. 남에게 보여주기 위한 '사치'와는 다르다. 더 비싼 가격이지만 그게 나에게 더 합리적이란 생각이 들어야 하며, 누군가에게 보이기 위한 것이 아닌 내 만족을 위한 선택이어야 한다. 기능성 침구 브랜드 시장이 점점 더 크고 있는 것도 비슷한 맥락일 것이다.

알레르망은 알레르기를 방지해주는 기능성 침구 브랜드다. 일반 침구에 비해 가격도 더 높다. 게다가 침구라는 특성 때문에 누군가에게 보여주기 위한 소비 대상도 아니다. 하지만 알레르망을 선택하면 다른 사람보다 혹은 이전보다 더 쾌적한 환경에서 생활한다는 만족을 주며, 나를 위해 침구 하나도 더 좋은 걸 선택했다는 기쁨을 준다. 그렇기에 광고에서도 알레르망의 기능에 대해 일일이 설명하지 않는다. 대신 알레르망을

선택했다는 건 그만큼 안목이 있다는 걸 뜻한다고 얘기한다. 침구라고 해서 잠자는 모습만 보여주지 않는다. 알레르망이 있는 공간에서 책 읽고 차 마시고 음악을 듣는, 누구나 꿈꾸는 여유로운 생활을 보여준다. 알레르망을 사는 것은 침구를 사는 것이 아니라 광고처럼 만족스러운 생활을 사는 것이라고 얘기하는 것이다.

모델 김태희를 통해 꾸준히 전달해오고 있는 '알레르망만의 만족스러움'은 브랜드가 연상시키고자 하는 가치다. 단순히 고급 브랜드로서 주는 만족감이 아닌, 나를 위해 선택한 좋은 물건이 주는 만족감이다. 알레르기를 완벽하게 차단해주는 상품력은 그런 가치를 뒷받침해준다. 몇 년 전만 해도 소비자 인식 속에 없던 시장이지만 꾸준히 판매율이 올라 2015년에는 매출 1,000억원을 넘어설 만큼 수요가 급증하고 있는 것도 알레르망이 주는 가치를 선택하기 때문일 것이다.

여성들이 자신의 가치를 위해 가장 손쉽게 구매하는 것은 뷰티 상품이다. 다른 상품군에 비해 부담이 적은 가격대이면서도 상품이 주는 만족감은 높다. 게다가 K뷰티 열풍에 힘입어 뷰티 상품에 대한 관심은 그 어느 때보다 높아 보인다. 그중 메이크업 전문 브랜드 VDL의 브랜딩이 눈에 띈다. 매년 트렌드 컬러를 발표하면서 세계적인 컬러 트렌드를 만들어가는 팬톤, 그들과 협업해 출시한 아이섀도 팔레트인 일명 '아이북'은 2016년 초 없어서 못 팔 만큼 높은 호응을 얻었다.

사실 VDL이 팬톤과 함께 만들어낸 것은 단순한 컬러가 아니었다. '컬러에서의 치유'를 표방한 VDL은 로즈 쿼츠와 세레니

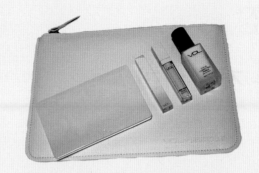

▲ 메이크업 전문 브랜드 'VDL' 뷰티제품 이상의 감성 전달

티 두 컬러의 조화를 통해 평온해지고 균형을 찾아가는 감성을 얘기했다. 광고에서 보이는 파스텔적인 색감 속에 몽환적으로 이어지는 그림과 음악은 브랜드가 전하고자 하는 '치유'를 전달하고 있다. 단순한 뷰티 상품 이상의 가치를 전달하고 있는 것이다. 게다가 코코 로샤를 비롯한 세계적인 모델을 통해 꾸준히 만들어내는 국제적인 분위기는 브랜드의 특별한 감성이 되었다. 그렇기에 VDL을 선택한다는 건, 제대로 된 감각을 선택했다는 만족을 갖게 한다.

가치라는 것은 '공감'에서 비롯된다. 바로 '내가 원하던 생활' 혹은 '내가 생각했던 아이디어'라고 공감이 되는 순간, 그 브랜드는 내게 가치 있는 소유가 되고 경험이 된다. 공정무역 커피로 유명한 런던의 몬머스 커피는 긴 줄을 서야 함에도 불구하고 모두들 차례를 기다린다. 맛있는 커피뿐 아니라 의식 있는 소비에 동참한다는 가치를 주기 때문이다. 스타벅스보다 몬머스를 선택해야 할 근사한 이유가 생긴 것이다.

하지만 공감은 '진심'에서 시작된다. 기계로 커피를 뽑아내는 스타벅스와는 다르게 몬머스는 그 많은 커피를 일일이 핸드드립으로 내려준다. 그렇게 질 좋은 커피를 준비하는 진심이 좋은 상품을 찾아다니는 트렌드세터들을 이끌었고, 핫한 곳에서 커피를 구매한다는 생각과 함께 좋은 트렌드에 동참하는 듯한 느낌도 준다. 상품력이 진심이 되고, 브랜드의 행동과 실천이 공감이 되고, 소비 경험이 가치가 되는 시대. 그 가치를 위해 소비자는 긴 줄도 마다 않고 불편함도 서슴지 않는다.

자료원 : 매일경제, 2016. 4. 1

제5장

소비자 정보처리

I·n·t·r·o

    소비자는 문화, 사회계층, 준거집단, 가계생활주기 등의 외부적 영향요인과 동기부여와 관여도, 학습과 경험, 태도, 심리적 특성 등의 내부적 결정요인 및 상황으로부터 영향을 받아 자신의 목표를 정의하고 그것을 달성하기 위해 행동한다. 이때 외부적 및 내부적 요인들과 소비자를 연결시켜 주는 고리(linkage)가 바로 정보처리(information processing)이다.

    단어 자체가 암시해 주듯이 정보처리는 어떤 활동의 최종적인 결과가 아니라 과정이다. [그림 5-1]은 관여도가 높은 여건에 있어서 노출, 감각 및 주의, 해석, 저장 등 정보처리 과정의 네 단계를 보여주는데, 이러한 단계들은 상호작용을 통해 수행되며 특히 처음 세 단계를 지각(perception)이라고 한다.

    본장에서는 소비자 정보처리 과정과 마케팅 전략에 대해 살펴보기로 한다.

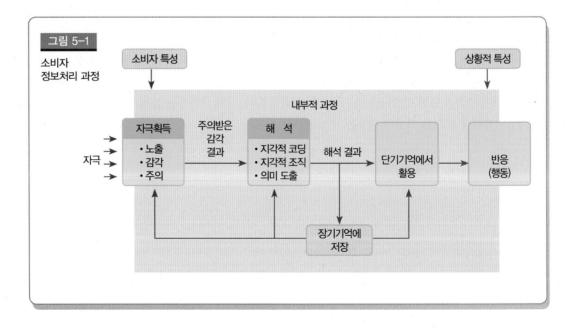

그림 5-1

소비자
정보처리 과정

제1절 자극의 획득

소비자의 정보처리는 크게 자극 투입요소(stimulus inputs)로부터 개인적인 의미 (personal meaning)를 도출해 내는 지각과정과 지각결과를 기억 속에 저장 또는 활용하는 활동으로 대별할 수 있다. 이러한 정보처리의 과정에서 자극의 획득은 소비자가 환경 내의 자극에 당면함으로써 시작되는데, 그것은 [그림 5-1]에서 자극에 대한 노출과 감각 및 주의로 구성된다.

1. 자극에 대한 노출

노출(exposure)이란 광고가 시야에 들어오는 것과 같이 **개인의 감각기관이 신체적으로 어떤 자극에 접촉하는 단계**이다. 따라서 소비자가 어떤 자극에 노출되기 위해서는 반드시 그러한 자극이 개인의 환경 내에 놓일 필요가 있는데(필요조건), [그림 5-2]에서 알 수 있듯이 소비자는 그의 환경 속에서 주어지는 모든 자극에 노출되지는 않는다는 점에 유의해야 한다.

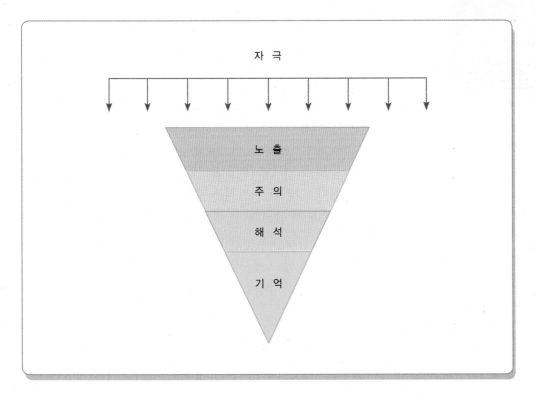

그림 5-2

정보처리과정의 선택성

예를 들어, 소비자는 기껏해야 한 번에 한 채널의 TV만을 시청하거나 하나의 잡지나 신문만을 읽고 있을 것이기 때문에 현재 그가 시청하거나 읽고 있지 않는 매체를 통해 제공되는 광고에는 노출될 수 없다. 즉 소비자는 자신의 환경 내에 주어지는 가용한 자극들 중에서도 일부에만 노출될 뿐인데, 이러한 점에서 노출은 선택적이라고 할 수 있다(선택적 노출, selective exposure).

그렇다면 소비자가 노출될 자극이 선택적으로 결정된다고 할 때 그러한 선택과정이 의도적으로 일어나는지 또는 무작위로 일어나는지를 살펴보기로 하자.

1) 자발적 노출

지금 당신은 왜 이 책을 읽고 있는가? 분명히 어떤 이유를 갖고 있을 것이다. 대체로 소비자가 노출되고 있는 자극들은 자기 스스로 어떤 목적을 갖고 선택한 것인데, 아파트를 새로 마련하려는 소비자는 부동산 뱅크라는 아파트 매물정보지나 신문내용 중에서도 아파트 분양광고 부분을 스스로 선택하여 노출될 것이다.

● 자발적 노출 – 여행자를 위한 안내지

즉 소비자는 첫째, **자신이 문제를 해결하는 데 도움이 될 것으로 판단되는 자극**에 기꺼이 노출된 것인데, 개인의 목표와 그러한 목표들을 달성하기에 필요한 자극의 형태는 그의 현재 및 바람직한 라이프스타일에 의해 결정된다. 둘째, 소비자는 현재 **자신이 갖고 있는 신념이나 태도를 강화해 줄 수 있는 자극**에 기꺼이 노출되는 경향이 있다. 예를 들어, 유권자는 자신이 지지하는 후보의 정치 메시지에 자발적으로 노출되며, 반전영화의 관람객들은 대체로 반전 성향을 갖고 있는 사람들이다.

셋째, 배고픔이나 호기심과 같은 **욕구에서 촉발된 단기적 동기**도 소비자가 노출될 정보에 영향을 미치는데 예를 들어, 배가 고픈 사람은 배고픔을 해결해 줄 수 있는 수단인 음식물에 관한 자극(광고)에 기꺼이 노출되며 다른 자극에는 관심이 적을 것이다.

이와 같이 **능동적 탐색을 통해 일어나는 노출**을 자발적 노출 또는 신중한 노출(deliberate exposure)이라고 한다. 그러나 자발적 노출은 반드시 외부적 자극에 대해서만 일어나는 것이 아니다. 즉 능동적 탐색의 첫 번째 단계는 손쉽게 수행할 수 있는 내부적 탐색인데, 현재 당면하고 있는 문제의 해결에 도움이 되는 정보를 자신의 기억 속에서 찾는 일이다. 이때 소비자가 기억 속에 저장해 갖고 있는 정보는 이전의 능동적 외부적 탐색을 통해 획득되었거나 수동적 수용을 통해 축적된 것이다.

2) 비자발적 노출

소비자는 일상생활 가운데 자신이 일부러 찾고 있지 않는 외부적 자극에도 노출될 수 있다. 예를 들어, 소비자는 자동차를 운전하면서 우연히 여러 가지 간판이나 방송광고에 노출될 수 있으며, TV를 보거나 친구와 대화할 때 우연히 새로운 다이어트에 관한 이야기를 들을 수 있다. 이때 소비자는 구체적인 목적을 갖고 그러한 자극에 노출되는 것이 아니므로 비자발적 노출 또는 무작위 노출(random exposure)이라고 하며, 환경 내에서 주어지는 자극에 대한 수동적 수용(passive reception)을 통해 일어난다.

● 비자발적 노출 – 고속도로 아립 광고판

따라서 비자발적 노출이란 소비자가 **당면한 문제를 해결하기 위해 능동적으로 찾고 있지 않는 자극에 노출될 때** 일어나며, 소비자는 탐색의 계획을 갖지 않고 오히려 그가 노출된 환경적 자극을 수동적으로 받아들일 뿐이다.

사실 이러한 형태의 자극획득은 대단히 보편적이다. 예를 들어, 소비자는 능동적인 탐색 없이도 여러 가지 상품의 존재를 알게 되며, 여러 상품의 효익에 관한 많은 학습이 단순한 수동적 수용을 통해 일어난다. 이러한 점에서 소비자의 일상생활 패턴은 광고와 여타의 소비관련 자극에 대해 그의 노출이 선택적이 되도록 하는데, TV를 전혀 보지 않는 소비자가 TV에서 제공하는 자극에 노출될 수 없는 것은 당연한 일이다.

따라서 마케터는 자신의 노출기회를 증대시키기 위해 소비자의 매체노출 패턴(신문, TV 등)이나 활동 패턴(쇼핑 패턴, 출퇴근길 등)을 검토해야 한다.

2. 감각

소비자가 자극을 받아들이고 정보를 처리할 수 있는 용량은 생리적으로 제한되어 있으며, 능동적 탐색과 수동적 수용이라는 노출 메커니즘은 소비자가 처리할 수 있는 것보다 훨씬 많은 자극에 소비자를 노출시킨다. 따라서 소비자의 감각 메커니즘(sensory process)은 그가 **환경 내에서 제공되는 자극의 홍수에 효과적으로 대응하도록** 도와주는데, 그것은 인지식역과 차이식역이라는 생리적 제한(physiological limitations)을 근거로 선택적으로 작용한다. 일단 감각된 자극은 순간적으로 기억되면서 주의를 받기 위해 대기하는데, 이를 감각기억(sensory memory)이라고 한다.

1) 인지식역

소비자는 너무 작거나(약하거나) 지나치게 큰(강한) 자극을 제대로 감지할 수 없으며, 생리적으로 소비자가 감지할 수 있는 자극의 범위는 다음과 같은 두 가지 식역의 개념으로 정의될 수 있다.

- 절대식역: 절대식역(absolute threshold)이란 인간이 의식적으로 감지할 수 있

● 너무 작은 글씨의 판피린
성분 함량표시 – 판독곤란

는 자극의 최소 크기인데, 조용한 장소에서 소리의 크기를 점차 증대하면서 그러한 자극을 처음으로 알아채기 시작할 때의 자극 크기나 어둠 속에서 빛의 존재를 감지할 수 있는 최소한 밝기 등을 의미한다.

• 최종식역: 최종식역(terminal threshold)이란 자극이 커서 인간에게 고통을 일으키거나 감각기관을 손상시키기 시작하는 자극의 크기를 의미한다.

예를 들어, 음파에 대한 평범한 사람의 절대식역과 최종식역은 각각 초당 20 사이클과 20,000 사이클이며, 소비자는 일정한 범위의 파장을 갖는 가시광선만을 감지할 수 있다. 이러한 식역개념은 자극감지의 범위를 정확하게 결정할 수 있음을 보여주는 듯하지만 사실 특정한 자극에 대한 이러한 생리적 제한은 개인에 따라 다르고, 또한 같은 사람이더라도 상황에 따라서 달라질 수 있다.

한편 소비자 지각에 관한 주요 논란 중의 하나는 소비자가 절대식역 이하의 자극을 실제로 지각할 수 있는지의 여부이다. 식역하의 지각(subliminal perception)이란 **의식적으로 감지되지 않는 자극에 관한 지각**을 의미하므로 "감각이 지각에 선행한다"는 명제에 관련된 모순점을 갖고 있다. 실제로 영화관에서 매 5초마다 1/3,000초 동안 "Eat popcorn"과 "Drink Coca-Cola"라는 두 가지 메시지를 제시했을 때 팝콘은 58%, 코카콜라는 18%의 매출액 증가를 보였다는 보고가 있었지만 시험실시의 타당성에 문제가 있는 것으로 간주된다.

2) 차이식역

마케터가 마케팅 믹스를 변경할 때 소비자가 그러한 변화를 감지하지 못한다면 원하는 효과를 거둘 수 없을 것이다. 즉 소비자는 상이한 자극값 사이의 모든 차이를 감지할 정도로 민감하지 않은데, **두 자극의 상이함을 감지할 수 있는 최소한의 차이**를 차이식역(differential threshold)이라고 한다. 예를 들어, 단 맛을 강화하려는 마케터는 소비자의 차이식역을 고려하여 당도를 그 이상으로 강화해야 기대하는 효과를 얻을 수 있다.

● 차이식역과 기업의 로고 변천

하나의 자극에 대한 차이식역을 측정하기 위해서는 — 통상 청각시험에서와 같이 — 자극의 강도를 극히 적은 양만큼씩 변화시켜 가면서 소비자가 자극이 변경되었다는 사실을 처음 감지했을 때의 자극 크기와 초기의 자극 크기 사이의 차이를 찾아내야 하는데, 이러한 차이식역은 **최소한의 인지가능한 차이**(JND, just-noticeable difference)라고도 부른다.

(1) 웨버의 법칙

인지식역의 경우와 마찬가지로 소비자들은 자극들 사이의 차이를 감지하는 능력이 다르며, 이러한 민감도는 상황에 따라서도 달라진다. 그러나 웨버의 법칙(Weber's law)으로 알려진 일반적인 관계에 따르면 차이식역에 도달하기 위해 필요한 자극변화(최소한의 인지가능차이)는 초기 자극치의 일정 비율이다.

$$\frac{\Delta S}{S} = K$$

여기서

S = 초기의 자극치

ΔS = 감지될 수 있는 최소한의 자극 변화치

K = 비율상수

상기의 식은 ΔS = K × S로도 표현될 수 있으며, 마케터는 K와 S의 값을 알 때 소비자가 감지할 수 있는 최소한의 자극변화를 계산하여 마케팅 믹스를 변경할 때 응용할 수 있다. 그러나 웨버의 법칙에 관해서는 무게·색채·규격 등 다양한 자극마다 비율의 상수가 다르다는 점과 차이식역이 개인마다 다르고 절대식역이나 최종식역 근처에서 예측이 부정확하다는 점에 유의해야 한다.

(2) 웨버법칙의 응용

상기의 제한점들에도 불구하고 마케터는 마케팅 믹스의 차이나 변화에 대해 소비자들의 바람직한 반응을 유도하기 위해 웨버의 법칙을 응용할 수 있다. 마케터가 그러한 차이나 변화를 소비자들로 하여금 감지하도록 하거나 감지할 수 없도록 하는 예는 다음과 같다.

- 캔디의 원료인 코코아 버터의 가격이 인상되었다면 저렴한 가격의 대체원료를 찾아야 하는데, 만일 소비자들이 코코아 버터와 초콜릿 오일 혼합물 사이의 맛 차이를 감지하지 못한다면 그러한 원료대체가 가능하다.
- 원가상승 압력에도 불구하고 가격을 현재수준으로 유지하기 위해서는 상품의 크기를 작게 줄일 수 있다. 그러나 이 경우에도 소비자가 감지할 수 없을 만큼 약간씩 장기간에 걸쳐 반복적으로 크기를 작게 해야 한다.
- 중간상인 상표는 상품의 디자인이나 스타일, 상표 등을 시장선도적 상표(유명상표)와 유사하게 모방하여 소비자가 양자 간의 차이를 감지할 수 없도록 하면서 저가격의 이점으로 경쟁우위를 차지할 수 있다.
- 소매점에서 고객들의 구매를 유인하기 위해서는 통상 15% 이상의 가격인하가

필요하다.

3. 주의

소비자는 자신의 환경 내에서 수많은 자극에 노출되고 있으나 그 중 일부에만 주목할 수 있는데, 그것은 노출과 감각이 모두 정보처리를 위해 자극을 선택적으로 여과할 뿐 아니라 추가적인 선택과정이 다시 존재함을 암시한다. 이때 외부로부터 유입되어 감각된 자극이 인지되기 위해 통과해야 하는 새로운 관문은 주의 메커니즘(attention process)으로서 감각된 결과들에 대해 정보처리 용량을 할당한다.

즉 소비자는 그들이 처리할 수 있는 것보다 훨씬 많은 자극에 끊임없이 노출되는데 예를 들어, 대형마트는 수만 개의 품목을 취급하고 있지만, 소비자가 모든 품목에 주의를 기울이지 않고 단지 일부 품목에만 선택적으로 주의를 기울이게 된다(선택적 주의, selective attention). 또한 소비자는 대체로 자신이 노출된 광고 중에서 단지 5~25%에만 의식적으로 주의하는 것으로 추정되고 있다. 이때 주의 메커니즘은 하나의 자극이 받을 추가적인 정보처리의 여부를 결정하는데, 일반적으로 한 자극에 대해 처리용량이 많이 할애될수록 소비자는 그것에 주의하고 인지할 가능성이 크다. 이때 소비자의 주의를 받게 된 자극은 단기기억으로 들어간다.

1) 자발적 주의와 비자발적 주의

소비자의 주의도 역시 선택적으로 이루어지는데, 이러한 선택적 과정에 영향을 미치는 요인은 무엇인가? 현재 당신은 이 책에 쓰인 단어들에 주의를 하고 있지만, 만일 당신이 밖으로 주의를 돌려보면 자동차 소음을 인지하게 될 것이며, 주의를 다른 곳에 돌림으로써 배고픔이라는 내부적 자극을 인지하게 될 수도 있다. 이와 같이 자동차의 소음이나 배고픔 등의 자극들은 이미 당신의 환경 내에 존재하고 있었지만 그러한 자극에 정보처리 용량을 할당하지 않는 동안에는 인지되지 못했던 것들이다.

또한 당신이 아무리 이 책의 내용에 주의를 집중하고 있을지라도 밖에서 들려오는 비명소리나 갑작스런 충격은 당신의 주의를 빼앗아 갈 수 있다. 따라서 주의는 크게 개인적 특성요인과 자극적 특성요인으로부터 영향을 받는다. 물론 주의는 항상 상황의 맥락에서 일어나기 때문에 상황에 따라 동일한 사람이 동일한 자극에 주의하는 정도가 달라질 수 있다.

아무튼 소비자는 이미 감각된 자극들에 대해 자신의 정보처리 용량을 자발적으로 또는 비자발적으로 할당할 수 있다. 즉 **현재 소비자가 당면하고 있는 문**

● 감각된 자극 중에서 일부에만 주의를 기울인다.

제에 대한 관련성 때문에 특정한 자극에 자발적으로 정보처리 용량을 할당하는 현상을 자발적 주의(voluntary attention)라고 한다. 예를 들어, 전자레인지를 구매하려는 소비자는 그러한 상품의 광고에 주의하고 신중히 검토할 것이다. 더욱이 소비자는 현재 **자신이 갖고 있는 신념이나 태도에 일관되는 자극을 주의하고 상반되는 자극에는 주의하지 않는 경향**이 있다. 예를 들어, 소비자에게 여러 상표들을 평가하여 하나를 선물로 고르도록 한 후, 각 상표의 특성을 언급하도록 하였을 때 그들은 선택된 상표의 긍정적 특성과 거부된 상표의 부정적 특성에 주의했던 것으로 밝혀졌다.

● 흥미를 일으킨 hug me 콜라 자판기 – 돈을 넣지 않아도 안아주면 콜라가 나온다.

이에 반해 비자발적 주의(involuntary attention)란 비록 현재 당면하고 있는 문제와는 관계가 없지만 어떤 면에서 **재미있거나 자극적이거나 의외성을 갖기 때문에 특정한 자극이 주의를 끄는 현상**이다.

이러한 두 가지 형태의 주의는 모두 소비자에게 유용한 역할을 수행한다. 즉 자발적 주의는 당면한 문제와 관련되는 자극에 정보처리 용량을 집중시키고 다른 자극들을 여과해 보냄으로써 소비자의 문제해결을 진전시키며, 비자발적 주의는 소비자로 하여금 환경과 자극들에 관해 일반적인 지식을 갖도록 도와준다.

2) 주의의 특성

소비자가 자신의 정보처리 용량을 특정한 감각결과에만 선택적으로 할당함으로써 일부 자극만을 주의한다는 사실은 이미 설명한 바와 같다. 이러한 과정에 영향을 미치는 요인들을 살펴보기에 앞서서 마케터에게 중요한 시사점을 갖는 주의의 특성을 요약하면 다음과 같다.

첫째, 한 시점에서 소비자는 단지 제한된 수의 감각결과에만 주의를 기울일 수 있는데, 이러한 제한은 대체로 5~7개로 밝혀졌다.

둘째, 감각된 결과를 처리하기 위해서는 주의가 필요하지만 주의의 범위(span of attention)가 제한되어 있기 때문에 이들을 동시에 처리할 수 없고 순차적으로 처리한다. 예를 들어, TV 드라마를 보면서 동시에 전문서적의 내용에 '완전한' 주의를 기울일 수는 없다. 그러나 주의를 위해 정보처리 용량을 적게 필요로 하는 감각결과들은 여러 경로로부터 동시에 받아들여질 수 있는데 예를 들어, 소비자는 TV 광고에 귀를 기울이면서 동시에 화면에 제시되는 상품의 여러 가지 특성을 시각적으로 대충 처리할 수 있다.

셋째, 감각결과에 대한 정보처리 용량의 할당은 대단히 짧은 시간을 근거로 한다. 이 분야의 조사에 따르면 1초마다 26개의 비율로 처리가 일어나는데, 이러한 속도는 주의의 범위가 제한되어 있다는 문제점을 보완해 준다.

이러한 주의의 특성들은 소비자에 대한 커뮤니케이션의 효과에 영향을 미치므로 마케터에게 매우 중요하다. 물론 마케터가 통제할 수 있는지 여부에 관계없이 여타의 많은 요인들이 소비자가 감각결과들 사이에 정보처리 용량을 할당하는 방법에 영향을 미치는데, 이러한 영향요인들은 개인 요인과 자극 요인으로 대별할 수 있다.

3) 주의에 대한 영향요인 – 개인 요인

소비자 자신의 개인적 특성은 자극에 대한 — 자발적이든 비자발적이든 — 주의에 영향을 미친다.

(1) 주의의 범위

이미 언급한 바와 같이 소비자의 주의범위(한 시점에서 동시에 처리될 수 있는 감각결과들)는 대단히 제한적인데, 이러한 점이 마케터에게 갖는 의미는 "keep the message simple"이다. 또한 자극이 소비자의 주의를 끌고 유지하는 시간은 매우 짧기 때문에 TV의 15초짜리 광고라 할지라도 광고가 방영되는 동안 지속적으로 주의가 유지되어야 한다.

(2) 자극에 대한 적응

일정한 자극수준에 대한 지속적인 노출은 소비자를 그에 대한 감각결과에 익숙하도록 만들어 주의하지 못하도록 방해한다. 이와 같은 감각결과에 대한 점진적 적응(adaptation)은 에어컨을 가동하고 있는 사무실이 처음에는 시원하게 느껴지지만 잠시 후 그 온도에 적응되고 나면 시원함을 느끼지 못하는 예에서 알 수 있다.

● 매년 첫 더위를 강하게 느끼는 건 아직 기후변화에 적응되지 않은 탓이다.

(3) 지각적 경계

지각적 경계(perceptual vigilance)란 **자신의 욕구 충족과 관련되는 자극에 대해 소비자의 주의가 민감해지는 현상**인데, 지각적 경계에 의해 소비자는 자신의 동기(특정한 자극에 의해 환기된 욕구)와 관련되는 마케팅 자극에 주의를 기울일 것이다. 따라서 이러한 소비자의 욕구 충족에 도움이 된다면 작은 소리나 희미한 글자와 같이 미미한 자극들도 소비자의 주의를 쉽게 끌 수 있다.

● 남의 집에 침입하려는 도둑은 집안 소리에 민감하다.

(4) 지각적 방어

소비자들은 **자신의 자아를 위협하거나 기존의 신념과 상반되는 자극에 대해 주의하기를 회피하며, 더욱이 그 의미도 왜곡하여 수용**

하는데 이러한 현상을 지각적 방어(perceptual defense)라고 한다. 예를 들어, 한 조사에서 비흡연자의 60%가 폐암에 관한 기사에 주의하는데 반해, 흡연자의 경우는 단지 32%만이 그러한 기사에 주의를 하였다. 즉 흡연자는 그러한 자극으로부터 위협과 심리적 긴장감을 느낄 것이므로, 지각적 방어 메커니즘(perceptual defense mechanism)

● 강력한 흡연경고도 금연을 유도하기 어렵다.

이 흡연자로 하여금 폐암에 관한 기사에 주의하지 않거나 설사 주의할지라도 그 내용을 왜곡하도록 영향을 미칠 것이다.

● 건강의식적인 소비자는 성분표시에 주목한다.

(5) 개인의 인구통계적 특성

개인의 인구통계적 특성도 그가 주의할 자극에 영향을 미칠 수 있다. 예를 들어, 시장을 둘러보면서도 연령이나 소득에 따라 관심을 갖고 주의하는 상품이 다르며, 어린 자녀가 있는 부모는 식료품의 영양정보에 더 많이 주의하는 경향이 있다.

4) 주의에 대한 영향요인-자극요인

소비자의 개인적 특성에 덧붙여 자극 자체의 다음과 같은 특성들도 주의에 영향을 미칠 수 있다.

(1) 색채와 움직임

일반적으로 흑백의 경우보다는 천연색 광고물이 주의를 많이 끄는 것으로 알려졌지만, 색채가 주의를 끄는 기능은 신기함의 결과일 수 있으므로 진부한 방식으로 색채를 사용하는 일은 효과를 별로 보이지 않고, 비용도 많이 든다. 또한 정사진보다는 대체로 움직이는 동영상이 주의를 끄는 데 효과적이다.

● 색채는 주의를 끌고 식욕을 돋운다.

(2) 신기함과 대조

독특한 이미지나 형태, 소리 등 자극의 신기성(novelty)은 소비자의 주의를 끄는 데 효과적이며, 대조(contrast) 역시 배경으로부터 자극을 두드러지게 만들어 주의를 끄는 데 도움을 준다. 예를 들어, 인쇄매체의 경우 흑색바탕에 흰 활자나 전파매체의 경우 음량의 두드러진 변화는 소비자의 주의를 끈다.

(3) 유머

인간은 유머(humor)로부터 친근함과 심리적 공감대를 느끼기 때문에 광고에 있어서 유머는 주의를 끄는 유용한 요소가 될 수 있는데, 무엇이 유머인지는 소비자의 문화적 배경과 인구통계적 특성에 따라 다를 수 있음에 유의해야 한다. 예를 들어, 시월드라는 TV 프로그램의 출연자가 남편과 시부모를 과장하여 비하하는 일은 일부 시청자에게 스트레스 해소가 될 수 있지만 다른 사람에게는 불쾌한 일이 될 수 있다.

(4) 광고물의 규격과 게재 위치

인쇄매체에서 주의는 대체로 광고물 크기의 제곱근에 비례하여 증가하는 경향을 보이므로 주의를 끄는 힘을 두 배로 하려면 광고물은 네 배의 크기로 확대되어야 한다. 또한 다음과 같은 조사결과들이 보여주듯이 광고물의 게재위치도 주의에 영향을 미친다.

- 배안의 측면에서 수직으로 분리된 광고물(한편에 도식, 다른 한편에 문안)이나 도식들의 무질서한 배열은 일부 독자들의 주의를 제한할 수 있다.
- 한 페이지에 많은 광고물이 있지 않는 한 게재위치는 큰 영향을 미치지 않지만, 다수의 광고물이 한 페이지에 있는 경우라면 오른편 상단구석이 가장 유리하다.
- 잡지에서는 처음 10페이지 이내 또는 특집기사의 다음의 위치가 독자의 주의를 끄는데 유리하지만, 신문의 경우에는 독자들이 대체로 전체를 모두 보기 때문에 위치가 별로 중요하지 않다.

한편 이상과 같은 개인 요인과 자극 요인 이외에도 상황 요인이 소비자의 주의에 영향을 미칠 수 있다. 즉 소비자는 자신의 현재 상황에 관련되는 자극에 자발적으로 노출되고 나아가 주의도 기울이는데 예를 들어, 휴가나 이사를 생각하고 있는 소비자는 일기예보에 주의할 가능성이 크다.

제2절 감각결과의 해석

'선택적 주의'라는 관문을 통과한 감각결과(sensation)는 일련의 전기적 파동으로서 그것에 정신적 상징을 부여하는 지각적 기호화(perceptual encoding) 과정을 거쳐 15~20초 정도 지속되는 단기기억으로 이전되는데, 단기기억에서는 기억의 상태를 유지하기 위한 지속적 반복(maintenance rehearsal)과 해석하는 작업인 정교화 활동(elaborative activities)이 일어난다. 즉 정교화 활동에서 소비자는 우선 **주의를 받은 감각결과로부터 개인적 의미(personal meaning)를 도출하기 위해 그러한 정신적 상징들을 조직한다.**

이때 지각적 기호화는 대체로 자동적으로 진행되지만, 정교화 활동은 대단히 개인적이어서 동일한 감각결과들을 소비자마다 다르게 조직하고 자기 나름대로 의미를 도출한다. 예를 들어, 어느 Jeep차의 형태와 소리 등 오관을 통해 감각한 결과를 조직하고 해석함으로써 어떤 소비자는 가족 여행용 이동수단으로 생각하고, 다른 소비자는 출퇴근용으로, 또 다른 소비자는 소량물품의 수송수단으로 받아들일 수 있다.

결국 감각결과의 해석이란 [그림 5-3]과 같은 활동으로 구성된다.

그림 5-3
감각결과의 해석

1. 지각적 조직

소비자가 주목한 감각결과를 해석하기 위해 감각결과들을 지각적으로 조직하는 일(perceptual organization)은 지각적 범주화와 지각적 통합이라는 기본적인 원칙에 따라 수행된다.

1) 지각적 범주화

지각적 범주화(perceptual categorization)란 **개별적인 감각결과를 이미 기억 속에 존재하고 있는 의미들의 논리적인 범주와 관련시키는 일**이다. 예를 들어, 소비자는 새로운 자극을 그가 이미 기억 속에 저장해 갖고 있는 정보에 관련지어 일반화하거나("크리넥스는 내가 이미 알고 있는 화장지와 유사한 용도로 사용된다"), 차별화한다("이것은 내가 알고 있는 라면이 아니다"). 이러한 지각적 범주화에 있어서 새로 유입된 감각결과와 기존의 기억속 논리적 범주들은 상호작용을 하며, 새로운 감각결과가 기존의 범주들을 변경시킬 수도 있다. 아무튼 새로운 감각결과에 대한 범주화는 소비자의 과거경험에 기인하는 기억 속의 정보를 참조하여 이루어진다.

이점에 대해 마케터는 소비자의 지각적 범주화가 바람직한 방향으로 일어나도록 유도해야 한다. 즉 마케터는 자신의 상표가 어떤 상품범주의 일부임을 확인시키려고 하면서(일반화) 다른 상표들의 직접적인 복제품으로 인식되기는 원치 않을 것이다(차별화). 결국 지각적 범주화란 상품 또는 상표의 포지션을 의미하는데 예를 들어, 인공 베이컨의 마케터는 그의 상품이 베이컨 범주에 속하도록 포지셔닝하면서(일반화) 경쟁자에 비해 소비자에게 독특한 만족을 제공할 수 있는 베이컨으로 포지셔닝해야 한다(차별화).

2) 지각적 통합

지각적 통합(perceptual integration)이란 **감각결과들이 하나의 통합된 의미를 갖도록 전체로서(as an organized whole) 조직하는 과정**으로 소비자의 정보처리 활동을 단순화시켜준다. 이러한 지각적 통합의 개념은 게스탈트(Gestalt, total configuration) 심리학으로부터 유래되었는데, '게스탈트' 심리학자들은 소비자가 통합된 의미를 도출하기 위해 감각결과들을 몇 가지 방법으로 조직한다고 제안하고 있다. 예를 들어, TV 화면은 수많은 화소(점)로 구성되어 있지만, 소비자는 통합된 의미를 도출하기 위해 이러한 점들을 전체로서 의미를 갖는 영상(그림)으로 통합한다.

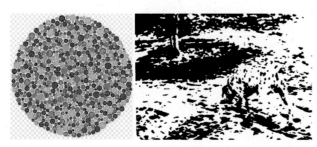

● 게스탈트 – 감각된 자극의 조직들을 전체로서 의미를 갖도록 통합하여 조직한다.

마케팅에 있어서 지각적 통합은 소비자가 상표특성, 가격수준, 유통경로, 기업의 경영방침에 관한 자신의 여러 가지 신념을 통합하여 상표나 점포 또는 기업에 대한 이미지와 태도를 형성하는 경우에도 볼 수 있다. 또한 잡지에 실린 광고물의 도식, 배안, 표제문, 위치 등도 분리된 요소가 아니라 전체로서 통합되어 광고와 상표에 대한 전반적인 반응을 산출한다.

예를 들어, 해변에서 코카콜라를 마시는 10대의 집단을 보여주면서 "Coke is it!"을 기본적인 주제로 하는 광고는 소비자로 하여금 광고 요소들에 대한 감각

● 코카콜라에 대한 이미지

결과들을 적절히 통합하여 코카콜라가 활기를 돋우는 것으로 해석하도록 유도한다.

감각결과들에 상징을 부여하는 과정인 지각적 기호화를 거친 후, 그들을 해석하기 위해 지각적으로 통합하는 전형적인 방법은 다음과 같다.

(1) 전경과 배경
소비자가 감각결과들을 조직하는 가장 단순한 방법은 그것을 전경과 배경으로 나누

는 일이다. 즉 다수의 **감각결과의 상징들에 대해 특히 소비자가 주목하는 감각결과를** 전경(figure)이라고 하며 나머지 감각 결과들을 배경(ground)이라고 하는데, 이러한 조직방법은 개인과 상황적 여건에 따라 달라질 수 있다. 예를 들어, [그림 5-4]의 첫 번째 그림에서 흰 부분에 대한 감각결과를 전경으로 조직하는 소비자는 두 사람이라고 해석할 것이며, 검은 부분에 대한 감각결과를 전경으로 조직하는 소비자는 술잔이라고 해석할 것이다.

따라서 마케터는 소비자가 본의 아니게 전경과 배경을 혼동하지 않도록 유의해야 한다. 예를 들어, 화장품 광고에서 모델이 지나치게 주의를 끈다면 모델이 전경이 되고 상품 자체는 오히려 배경으로 전락하여 소비자가 상품에 대한 메시지를 기억조차 하지 못하고 판매효과를 거두기 어렵다. 따라서 마케터는 광고요소에 대한 소비자의 지각적 조직이 바람직한 방향으로 일어나도록 전경인 것과 배경인 것을 명확히 구분해 줘야 한다.

그림 5-4
전경과 배경

(2) 완결

완결(closure)이란 자극에 대한 감각결과가 불완전할 때 소비자가 **감각결과를 해석하기 위해 불완전한 부분을 보완하는 경향**이다. 따라서 마케터는 소비자에게 불완전한 자극(광고 메시지)을 제공하여 그들이 스스로 주목하여 보완하도록 유도함으로써 오히려 광고에 대한 관여도를 높이고 학습 및 회상을 증대시킬 수 있다.

광고에 있어서 완결의 원리는 이전부터 널리 이용되어 왔다. 예를 들어, Kellogg는 마지막 g가 누락되도록 빌보드 광고에서 기업 이름을 오른편에 바짝 붙여 썼는데, 감각결과의 불완전한 부분을 보완하려는 소비자의 열망 때문에 광고에 대한 주의가 증대되었다.

● 완결성 원리를 활용한 J&B 광고

● 그 남자의 터닝 포인트 – 기아 K5

또 기아자동차의 K5는 "그저 얌전한 사람인 줄 알았다, 그의 차를 보기 전까지", "겉보기엔 무관심한 줄 알았다, 그의 차를 보기 전까진"이라는 주제를 한동안 TV에 방송한 후, 소비자는 "그저 얌전한 사람인 줄 알았다" 또는 "겉보기엔 무관심한 줄 알았다"는 앞부분만 들어도 바로 뒷부분을 보충해서 광고를 회상함으로써 고마력 터보에 스포티한 느낌을 주는 K5를 연상하게 되었다.

(3) 집단화

소비자는 주목한 감각결과들의 공통적인 특징을 근거로 하여 그들을 집단으로 조직하고 해석하는 경향을 보이는데, 이러한 조직화의 원리는 다음과 같다.

첫째, 근접성(proximity)의 원리는 시간이나 공간상의 가까움(closeness)이라는 공통적인 특성을 갖는 감각결과들을 하나로 조직하는 경향이다. 즉 [그림 5-5]에서 6개의 별들에 대한 감각결과는 자극들의 수평적 근접성 때문에 세 열의 별들보다는 세 행의 별들로 조직되는데, 마케팅 상황에서는 새로운 청량음료가 주류 옆에 함께 진열된다면 역시 주류로 지각될 가능성이 높아진다.

그림 5-5

근접성의 원리

둘째, 유사성(similarity)의 원리는 유사성이라는 공통적인 특성을 갖는 감각결과들을 하나로 조직하는 경향인데, "판매원은 모두 그렇고 그런 사람이다"라는 등의 선입관(상동효과 stereotype)이 바로 유사성의 원리를 근거로 하는 감각결과의 조직화이다. 예

그림 5-6

유사성의 원리

를 들어, [그림 5-6]의 29개의 삼각형과 15개의 원에 대한 감각결과는 자극들의 유사성 때문에 두 집합으로 조직화된다. 마찬가지로 머리와 수염을 기른 사람은 히피족과의 유사성 때문에 한 집단으로 묶여 반전통주의자로 간주될 수 있다.

마케팅 상황에서 화장품들은 진열에서의 근접성과 이름과 색채에서의 유사성을 통해 한 기업의 상품으로 집단화될 수 있으며, 시장선도적인 유명상표와 경쟁하는 중소상표는 중요한 점에서 유사한 모방상품으로 저가격의 경쟁이점을 누릴 수 있다.

셋째, 지속성(continuity)의 원리는 지속적이고 일관된 방향성을 갖는 감각결과들을 하나로 조직하는 경향이다. 예를 들어, [그림 5-7]에서 점들의 두 집합에 대한 감각결과는 검은 점과 붉은 점의 선이 아니라, 각 점들의 지속성 때문에 X자로 조직된다. 마케팅 상황에서 이러한 지속성의 원리는 판매 메시지의 기본적인 주제가 상표확인으로부터 상품효익, 구매제의에 이르기까지 물 흐르듯 연결되어야 함을 암시하며, 마찬가지로 점

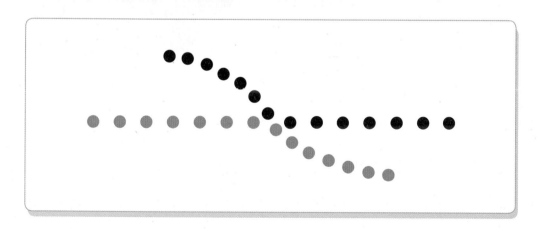

그림 5-7

지속성의 원리

포 내의 상품들은 상품의 유사성에 따라 진열되어야 할 뿐 아니라, 매장 전체에 걸쳐 변화가 지속성을 가져야 한다는 점을 의미한다.

다른 예로서 사람들은 감각결과들을 지속성을 갖는 움직이는 모습으로 조직하기도 하는데 예를 들어, 약간씩만 다르고 짧은 시간 동안 연속적으로 제시되는 정사진들에 대한 감각결과는 지속성의 원리에 의해 움직이는 동영상으로 조직된다.

(4) 맥락

소비자는 감각결과를 자극이 제시되는 맥락(context)에 연관시켜 조직하는 경향이 있다. [그림 5-8]의 첫 번째 예시에서 가운데 문자는 가로의 맥락에서는 13이지만 세로의 맥락에서는 B로 조직되며, 두 번째 예시에는 가운데 문자가 양쪽 다른 문자의 맥락에서 앞부분에서는 H, 뒷부분에서는 A로 조직된다. 세 번째 예시에서는 가운데 원의 크기가 동일함에도 불구하고 주변의 네 원의 맥락과 더불어 조직된다.

마케팅 상황에서 한 상품에 대한 감각결과는 그것이 제시되는 배경에 따라 매우 다르게 해석될 수 있으며, 동일한 광고라도 그것을 전달하는 매체에 따라 매우 다르게 해석될 수 있다.

또한 구매상황이나 소비상황도 역시 여러 가지 자극에 대한 감각결과가 연관될 수 있는 중요한 맥락이다. 예를 들어, 새로운 시리얼의 광고에서 아침식사 대용으로 구매하는 독신자 모델과 자녀의 간식으로 구매하는 부모 모델은 보는 사람으로 하여금 시리얼에 대한 감각결과를 매우 다르게 조직하고 해석하도록 만들 것이다.

그림 5-8

맥락

2. 의미도출과 영향요인

소비자는 감각결과를 현재 자신이 갖고 있는 신념이나 태도에 일관되는 방향으로 왜곡(distortion)하여 해석하는 경향이 있다. 예를 들어, 비흡연자의 80%가 흡연과 폐암 발병 사이의 관계를 믿는데 반해, 대량흡연자의 52%만이 그러한 관계를 인정하며 나머지 대량흡연자는 관계를 왜곡하여 받아들였다.

이미 설명한 바와 같이 소비자는 감각결과를 적절하게 해석하기 위해 그들을 지각적으로 조직하는데, 그렇게 조직된 감각결과들을 구체적으로 해석하는 데에는 다음과 같은 요인들이 영향을 미친다. 물론 이러한 요인들은 감각결과들은 지각적으로 조직하는 과정에도 작용할 수 있다.

1) 학습

학습은 우선 소비자가 자극들을 차별화하거나 일반화하는 능력을 개발해 줌으로써 지각적 범주화에 영향을 미친다. 즉 소비자는 학습을 통해 자극들의 공통적인 특성을 근거로 동일한 범주로 분류하거나(일반화), 독특한 특성을 근거로 상이한 범주로 분류(차별화)하기 위한 정보들을 기억 속에 저장해 갖고 있다. 예를 들어, 인스턴트 우동이 처음 시장에 도입되었을 때 많은 소비자는 그것을 라면과 같은 간이식사의 범주로 분류할 수 있고(일반화), 또한 주부들은 신선한 생선과 그렇지 않은 생선을 구별할 수 있는 기준을 학습하여 이미 알고 있을 것이다(차별화).

한편 학습은 지각적 일관성(perceptual consistencies)을 개발함으로써 범주화에 영향을 미치기도 하는데, 여기서 지각적 일관성이란 소비자가 크기나 색상, 맛 등에서 **대상들을 여러 가지 상황에 걸쳐 매우 안정적으로 지각하는 경향**이다. 예를 들어, 소비자는 멀리 있을수록 작게 보이지만 볼펜의 실제 크기를 일정하게 지각한다.

이러한 지각적 일관성은 상이한 맥락에서 친숙한 대상을 당면할 때마다 다시 판단해

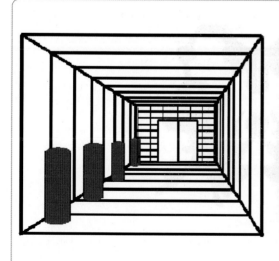 

그림 5-9

지각적 일관성

야 할 필요성을 제거하고, 그것이 덜 친숙한 다른 자극들을 판단하기 위한 기준으로 이용되도록 허용한다. 예를 들어, 마케터는 광고에서 소비자가 상품의 실제 크기를 판단할 수 있도록 상품 옆에 담배갑이나 볼펜 등 여러 가지 친숙한 대상을 놓기도 한다.

따라서 마케터는 자사상품이 어떻게 범주화될 것인지에 영향을 미치도록 광고를 설계하거나 상품단서를 제공한다. 사실 포지셔닝 전략도 결국 마케팅 변수들을 조작함으로써 소비자의 지각적 범주화에 영향을 미쳐 소비자 마음속에서 독특한 지각을 형성하려는 것이다.

2) 퍼스낼리티

소비자의 퍼스낼리티 특성도 그가 감각결과로부터 도출하는 의미에 영향을 미친다. 예를 들어, 불확실한 상황을 참지 못하는 사람은 맛이나 향기 등 감성적 측면보다 품질보증 표시를 중시하여 품질에 관한 해석을 내리는 경향을 보인다. 뿐만 아니라 소비자들은 위험회피형이나 위험추구형의 퍼스낼리티의 특성을 가질 수 있는데, 이러한 차이는 상품과 마케팅 커뮤니케이션에 관한 상이한 해석을 일으킬 수 있다.

3) 동기

소비자가 감각결과로부터 도출하는 의미는 현재 동기부여적 상태로부터 많은 영향을 받는다. 예를 들어, 배고픈 사람은 그렇지 않은 사람에 비해 애매한 자극으로부터 식품에 관련되는 의미를 찾아내는 경향이 있고, 가난한 가정의 아이들은 부유한 가정의 아이들에 비해 동전의 크기를 실제보다 훨씬 크게 기억한다는 조사결과도 있다.

그림 5-10

Rorchach test에서 통닭구이의 발견

4) 신념과 태도

신념(beliefs)이란 대상에 대해 소비자가 갖고 있는 주관적인 정보나 지식이며, 태도(attitude)는 일관성 있게 대상과 사상을 이해하고 그것에 반응하려는 선유경향으로 정의될 수 있는데, 이들은 모두 소비자가 자극에 대한 감각결과를 해석할 때 준거체계로서 작용한다. 즉 소비자는 특정한 자극에 대한 감각결과를 자신이 이미 갖고 있는 신념이나 태도와 일관된 방향으로 해석하는 경향이 있다. 예를 들어, 소형 승용차에 대해 부정적인 태도를 갖고 있는 소비자가 출근길에 기름이 떨어져 갓길에 세워진 소형 승용차를 본다면, 그는 그러한 상황을 상품품질과 분리된 문제로서가 아니라 열등한 상품의 증거로서 해석할 것이다.

● 사람마다 출동주유 모습을 다르게 해석한다.

5) 자극에 대한 적응수준

소비자가 지속적인 자극수준에 적응하는 경향을 보인다는 사실은 이미 선택적 주의에 관한 논의에서 언급하였는데, 이러한 적응수준(adaptation level)은 새로운 자극을 해석하는데 사용할 준거체계가 될 수 있다. 예를 들어, 두 사람이 서책의 무게를 판단한다고 할 때 판단에 앞서서 한 사람은 봉투를 분류하였고 다른 사람은 무거운 사무기기를 옮겼다면 상이한 준거체계 때문에 전자는 후자보다 서책이 무겁다고 해석할 것이다.

이러한 예는 상이한 자극값에 노출됨으로써 개인의 적응수준이 변화될 수 있는 사실을 보여주는데, 소비자는 가격이나 서비스 등 마케팅 변수의 어떤 수준에 적응하여 이것을 새로운 자극을 판단하기 위한 준거체계로 이용한다. 예를 들어, 1970년대 오일쇼크 이후 인상된 휘발유 값은 매우 비싼 것으로 여겨졌으나 점차 가격인상에 적응됨에 따라 오늘날에는 그러한 정도의 가격인상은 주의조차 끌지 못한다.

이상과 같은 논의의 결론은 시각의 각 단계가 모두 주관적이면서 선택적이라는 점인데, 이러한 사실은 마케터에게 문제와 기회를 모두 제공해 준다. 즉 소비자가 마케팅 자극을 마케터와 같은 방법으로 지각한다고 가정할 수 없기 때문에 심각한 문제가 대두되며, 소비자가 자극을 어떻게 지각하는지 결정하여 그러한 통찰을 보다 유용하게 활용할 수 있는 기회가 되기도 한다.

3. 정보의 저장과 활용

소비자는 단기기억에서 감각결과들을 조직하고 해석하여 얻은 정보를 나중에 활용하기 위해 선별적으로 장기기억 속에 저장한다(선택적 기억, selective retention). 즉 많

● 장기기억(책장)과 단기기억(책상)

은 소비자들이 불과 2분 전에 본 광고를 재인하지 못하였으며 광고를 재인한 소비자들 사이에서도 그 내용을 정확하게 회상한 경우는 12%미만이었는데, 아마 그러한 광고에 대한 **지각결과가 미래 의사결정에 도움이 되거나 현재의 신념과 태도를 강화시켜 준다고 판단한 소비자들만이 기억 속에 제대로 저장**했을 것이다.

따라서 어떠한 정보가 장기기억 속에 저장될 것인지는 그러한 정보에 대한 유용성을 근거로 주관적으로 결정되며, 장기기억 속에 저장된 정보는 새로운 의사결정 과정에서 내부적 탐색을 통해 끊임없이 검토된다.

기억 시스템(memory system)에 대한 일반적인 견해는 [그림 5-1]과 같이 기억을 단기기억(STM, short-term memory)과 장기기억(LTM, long-term memory)으로 구분한다. 그러나 기억은 생리적으로 엄격하게 구분되어 있는 것이 아니며, 단지 특정한 시점에서는 전체 기억의 일부만이 활성화될 뿐이다. 따라서 하나로 존재하는 **전체 기억 중 활성화된 부분만이 현재의 문제를 해결하기 위하여 이용**될 수 있으며 나머지 부분은 활성화되지 않은 상태로 남아 있는데, 전자를 단기기억 또는 활동적 기억(active memory)이라고 부른다. 물론 기억의 활성화는 일시적이며 활성화를 유지하기 위해서는 정보처리 노력이 지속적으로 할애되어야 한다(지속적 반복 maintenance rehearsal).

즉 전체로서의 기억을 의미하는 장기기억은 용량이 무한하며, 정보의 거의 영구적인 저장을 위해 이용되는데, 장기기억 속의 저장은 구체적인 대상이나 사상 등의 개념(episodic memory)과 개념들 사이의 연상으로 구성되는 네트워크(semantic memory)로서 조직된다.

이에 반해 단기기억의 용량은 제한되어 있으며, 단순히 **주의받은 감각결과를 해석하거나 당면한 문제를 해결하기 위해 일시적으로 활용되고 있는 기억의 일부**를 의미한다. 따라서 사진에서처럼 장기기억은 여러 가지 책들이 보관되어 있는 책장이며, 단기기억은 현재 책을 펼쳐 놓고 작업하는 책상에 비유될 수 있다. 또한 연락처 목록에서 처음 본 전화번호를 입력하는 동안만 번호를 기억하는 것은 단기기억의 작용이며, 집 전화번호를 기억해 두고 있는 것은 장기기억의 작용이다. 예를 들어, 가격수준에 관한 판단이 필요한 소비자는 자신의 기억 중에서 가격에 관한 이전의 정보들을 활성화시켜 당면한 문제를 해결하며, 그러한 일이 끝나면 활성화가 중단되어 마치 책을 책장에 다시 넣는 것과 같다.

제3절 정보처리와 마케팅 전략

1. 정보처리의 선택성과 마케팅 전략

이미 살펴본 바와 같이 노출, 감각 및 주의, 해석, 저장의 모든 단계들은 주어지는 자극과 정보에 대해 선택적으로 일어난다. 이러한 지각적 선택성(perceptual selectivity)은 소비자로 하여금 자신의 문제해결에 도움이 되거나 기존신념과 태도에 일관되는 자극과 정보를 선택하고, 또한 자신에게 유리하게 해석하도록 허용함으로써 소비자가 지각적 균형(perceptual equilibrium)을 유지하도록 도와준다.

특히 지각적의 선택성과 지각적 균형의 원리는 사회적 판단이론, 균형이론(제8장), 인지 부조화 이론 등 인지적 이론들의 초점인데, 소비자는 복잡하고 애매한 자극들을 효율적으로 처리하고 조바심을 일으키는 자극을 회피하며, 지지적 정보를 탐색함으로써 지각적 균형을 유지하려고 노력한다.

1) 자극의 애매성

애매한 자극에 당면한 소비자는 그것을 자신의 현재 신념이나 태도에 일치하도록 왜곡하여 해석할 것이므로 어느 정도의 애매함은 각 소비자로 하여금 자신에게 가장 의미 있는 독특한 방법으로 해석하도록 허용한다. 특히 이러한 현상은 수용의 범위가 넓은 관여도가 낮은 여건에서 두드러지므로, 마케터는 구체적이기보다는 오히려 애매한 자극을 제시하여 의외의 효과를 거둘 수 있다. 그러나 관여도가 높은 여건이라면 상품효익들을 명확하게 제시하여 정면돌파하는 편이 효과적이다.

● 애매한 자극(composition 7)

(1) 지각적 경계 – 자신에게 유용하거나 일관된 정보를 수용

선택적 지각(selective perception)은 소비자가 **자신의 문제를 해결하는 데 유용하거나 현재의 신념이나 태도와 일관된 정보를 기꺼이 수용**하도록 하는데, 이러한 현상을 지각적 경계(perceptual vigilance)라고 한다. 예를 들어, 매일 아침 운동을 하는 습관을 가진 사람은 가벼운 유산소 운동이 질병을 예방하고 건강을 증진시킨다는 뉴스에 쉽게 주목하고 심지어 다른 사람들에게 전파하려고 나설 것이다. 또한 선호되는 상표의 이름들이 다른 상표의 이름들보다 빨리 재인되는 경향이 있다.

보통 사람들은 하루에 수많은 광고나 자극에 노출되므로 이러한 정보를 선택적으로 여과해야 하는데, 지각적 경계는 **소비자를 유용한 정보에 안내해 주고 불필요한 정보를 여과**시켜 준다. 특히 관여도가 낮은 여건에서는 정보처리에 할애하려는 시간과 처리용량이 매우 적기 때문에 이러한 여과과정이 중요하다. 즉 소비자는 가격이나 상표특성의 변화 또는 새로운 상표의 등장과 같이 예외적 정보에만 주의를 할 것이다.

이미 설명한 바와 같이 어떤 욕구를 충족시키려는 열망은 소비자로 하여금 특정한 자극을 선정하고 그에 주의하도록 만들므로 지각적 경계는 소비자의 동기로부터 많은 영향을 받는다. 예를 들어, 연비를 강조하는 소비자는 연비에 관한 정보를 제공하는 광고를 더 많이 주목할 것이다.

따라서 상품의 효익(어린이용 식품의 저염도)이 명확하고 잘 정의된 세분시장(교육수준이 높은 건강의식적인 엄마)을 지향하는 마케터는 — 소비자들이 자신의 욕구에 관련되는 정보를 탐색하고 불필요한 정보를 여과할 것이므로 — 광고에서 정보내용을 강화하고 애매성을 최소화해야 한다. 이에 반해 상품효익이 명백하지 않고 구체적인 세분시장을 지향하지 않는다면 오히려 어느 정도의 애매함이 소비자로 하여금 광고를 자신이 원하는 방향으로 해석하도록 허용할 수 있다.

(2) 지각적 방어 – 위협적이거나 비일관된 정보를 회피 또는 왜곡

소비자는 자신의 **자아 이미지를 위협하거나 기존의 신념 및 태도와 상반되는 자극을 회피**하고, 이미 받아들인 자극이라고 할지라도 그에 대한 **감각결과를 기존의 신념이나 태도와 일관되도록 왜곡하여 해석**하는데 이러한 현상을 지각적 방어(perceptual defense)라고 한다. 예를 들어, 금연광고의 수용은 흡연 행위가 건강을 해친다는 사실을 인정하는 것이므로 흡연자는 금연광고에 노출되는 일조차 회피하거나 금연의 중요성을 과소평가하며, 단열처리가 잘못된 집을 이미 구입한 사람은 예상 외로 높은 난방비를 무시하거나 어느 집이나 연료비가 많이 들 것이라고 생각할 수 있다.

이러한 지각적 방어는 특정한 상표에 관한 신념과 태도가 강할수록 두드러지게 나타난다. 사회적 판단이론에 따르면 신념이 확고할수록 수용의 범위가 좁아지는데, 이는 소비자가 자신의 신념이나 태도에 일치하는 자극만을 수용할 뿐 아니라, 감각결과를 그러한 신념이나 태도의 방향으로 왜곡한다는 점을 의미한다. 예를 들어, 특정한 상표에 매우 충성적인 소비자는 일관성 있고 긍정적인 상표경험과 상반되는 정보를 거부하며, 거부할 수 없다면 상황을 합리화시킴으로써(장마철이라 가전상품이 잘 작동되지 않는다 등) 지각적 방어를 보일 수 있다.

2) 조바심을 일으키는 자극과 두려움 소구

지각적 균형을 유지하기 위해 소비자는 **두려움과 조바심을 일으키는 자극을 회피하거나 그러한 자극을 대수롭지 않게 해석**함으로써 지각적 방어를 구사하는데, 이러한 지각적 방어에 관련하여 소비자는 대체로 세 가지 전략을 구사한다. 즉 하나는 단순히 "나에게는 그러한 일이 없을 것이다"고 말하면서 자기를 예외로 만들려고 한다. 두 번째 전략은 메시지의 타당성을 부인한다(흡연이 폐암을 일으킨다는 분명한 증거가 없다). 세 번째 전략은 조바심을 산출하는 자극(광고) 안에서조차 긍정적 요소들만을 선택적으로 받아들인다.

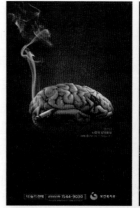

그러나 마케터들은 오래 전부터 상품을 소유 또는 사용하지 않을 때 일어나는 불행한 결과를 지적함으로써 두려움 소구(fear appeal)를 구사해 왔다. 예를 들어, 보험회사는 가장이 사망한 후 보험에 가입하지 않았기 때문에 겪는 유가족의 고통을 보여주며, 폐암환자의 증언을 통해 흡연의 폐해를 보여주는 공익광고도 역시 두려운 소구를 사용하는 것이다. 또한 학원가에서는 선행학습을 하지 않으면 도태된다고 위협하여 학부모들을 설득하고 있다.

그러나 이러한 두려움 소구도 제시되는 결과가 너무 처절하다면 지각적 방어가 두려움 소구의 메시지를 무시하도록 작용할 수 있다. 즉 구취에 따른 사회적 추방이라는 두려움 소구는 구취와 관련되는 조바심의 수준이 그리 높지 않기 때문에 효과적일 수 있으나, 흡연에 관계되는 두려운 결과는 사회적 추방이 아니라 죽음이기 때문에 지각적 방어를 일으켜 광고 자체를 회피하거나 왜곡하도록 만들 것이다. 따라서 **중도 수준의 적절한 조바심과 두려움을 일으키는 광고가 효과적**이다.

특히 소비자가 광고에서 제안된 행동을 쉽게 실행할 수 있다면 두려움 소구의 광고가 성공할 가능성이 높아진다. 즉 소량 흡연자로 하여금 금연하도록 설득하기는 용이하지만 흡연 중독자나 흡연에 대한 준거집단의 영향이 큰 청소년에게는 두려움 소구가 성공하기 어렵다.

● 흡연광고가 점잖다(위)는 지적으로 두려움을 강화시킨 흡연광고(아래)

3) 인지 부조화를 줄여줄 지지적 정보

이미 설명했듯이 중요한 구매를 실시한 후, 자신의 신념이나 태도에 상반되는 자극 또는 구매결과에 노출되는 소비자는 인지 부조화를 겪는다. 이러한 인지 부조화

(cognitive dissonance)가 클 때 소비자는 자신의 선택에 관련하여 긍정적인 자극을 선택적으로 탐색할 뿐 아니라, 부정적인 자극을 회피하거나 왜곡함으로써 그가 올바른 선택을 했다는 현명함을 확인하고자 한다.

또 다른 지각적 방어의 형태로서 소비자는 구매가 완료된 후 원래의 기대수준을 낮춤으로써 구매행동의 중요성을 줄일 수 있다. 예를 들어, 흡연자는 "세상만사가 다 위험하다"는 말로써 건강의 중요성을 줄이는 경향이 있는데 즉 흡연자들은 건강에 대한 염려를 줄임으로써 흡연을 정당화하기도 한다.

따라서 마케터는 소비자의 선택을 지지하는 자극을 제공하여 구매 후 인지 부조화를 줄이거나 상품에 관한 부정적 구전 커뮤니케이션을 저지함으로써 인지 부조화의 확대를 막아야 한다. 예를 들어, 승용차를 구매하려는 계약이 성사된 후, 인도날짜 사이에서 계약에 대한 긍정적인 정보를 제공하는 일은 계약취소율 50%이상을 줄였다.

한편 마케터는 비교광고를 통해 경쟁상품의 품질과 내용에 관한 의문을 제기함으로써 — 물론 어느 정도의 지각적 방어에 당면하겠지만 — 경쟁사의 고객들에게 인지 부조화를 일으켜 추후로는 경쟁상품의 광고를 기피하도록 할 수도 있다. 예를 들어, 과거 Burger King의 광고는 McDonald's와 Wendy's에서 판매되는 햄버거의 크기와 준비방법에 관해 의문을 제기하였는데, 결국 법적조치의 위협에 못 이겨 이러한 광고는 중단되었으나 McDonald's와 Wendy's를 애고하던 고객들은 인지 부조화를 경험하게 되었다.

2. 이미지

소비자는 환경 내의 자극들을 상표, 점포, 기업, 가격 등을 중심으로 조직하여 해석함으로써(chunk of information) 그러한 대상에 대한 이미지를 형성한다. 즉 이미지란 장기간에 걸쳐 여러 가지 원천으로부터 유입되는 자극들을 처리함으로써 형성되는데, **구체적인 대상에 대한 전체적 지각**이며, '게스탈트' 심리학은 이미지를 형성하는 일이 대상에 관한 통합된 의미를 개발하여 소비자의 의사결정을 단순화시켜 주는 자연스런 활동이라고 설명한다.

따라서 마케팅 전략의 중요한 목표 중의 하나는 **상표나 점포, 기업, 가격 수준에 대해 소비자가 갖고 있는 총체적 지각에 영향을 미쳐 바람직한 소비자 반응을 일으키는 것**이므로 마케터는 이들 이미지의 유형과 형성과정을 충분히 이해해야 한다.

1) 이미지의 중요성

기업 간의 경쟁이 치열하면 획기적인 상품 차별화도 곧 경쟁자에 의해 모방될 뿐 아니라, 소비자는 여러 가지 선택대안들을 객관적인 근거로 구별하기가 대단히 곤란해진다. 이러한 비차별화 현상에 당면하여 마케터들은 자신의 독특함을 개발하기 위한 수단으로서 이미지에 관심을 갖기 시작하였는데, 이러한 노력을 뒷받침하고 있는 기본적인 논리는 **만일 소비자가 상품들을 이성적·객관적인 근거로써 구별할 수 없다면 이미지라는 감성적·주관적 근거로써 상품을 구별하도록 교육될 수 있다는 점이다.**

마케터가 독특하고 우호적인 이미지를 개발하려는 궁극적인 목표는 만족스러운 매출과 이익을 달성하려는 것이겠지만 중간적인 목표로서 다음과 같은 세 가지를 들 수 있다.

첫째, 경쟁자들은 간혹 다른 기업의 상품을 단시일 내에 모방할 수 있지만, 이미지를 모방하기에는 상당히 오랜 시간과 많은 노력이 필요하다. 이는 이미지가 **생산되는 상품의 품질, 제공되는 서비스, 기업의 명성, 경영정책, 마케팅 노력에 의해 장기간에 걸쳐 형성**되기 때문이며, 마케터는 경쟁자와 구분되는 독특한 이미지를 개발함으로써 비교적 장기간에 걸쳐 차별적 우위(differential advantage)를 누릴 수 있다.

둘째, 이미지는 마케터가 시장을 세분하여 표적시장을 선정하고 그 안에서 마케팅 목표를 효과적으로 달성할 수 있도록 도와준다. 즉 독특한 이미지를 개발함으로써 마케터는 그러한 이미지에 대해 호의적인 세분시장을 표적시장으로 삼을 수 있는데 예를 들어, 유행에 민감하다고 여겨지기를 원하는 여성은 그러한 이미지를 투사하는 상표나 점포, 기업을 애고할 것이다.

즉 상표나 점포, 기업이 소비자의 자아 이미지와 **어울리는 이미지를 갖는다면 소비자의 욕구충족에 더욱 기여함으로써 더 많은 가치를 가질 수 있다.** 예를 들어, Miller 주조회사의 Miller High Life는 'the champagne of bottled beers'라는 슬로건을 통해 고급맥주의 이미지를 형성했으며, 그러한 이미지를 근거로 할증가격을 기꺼이 지불하려는 소량 음주자 세분시장에 판매될 수 있었다.

● 고급 이미지의 포지셔닝 – 밀러 맥주

셋째, 마케터는 **상품의 물리적 특성을 변경하지 않고도,** 독특한 이미지를 통해 소비자 행동에 바람직한 영향을 미칠 수 있다. 예를 들어, 과거 Miller를 인수한 Philip Morris는 영웅적 상황의 격렬한 활동을 투사하는 캠페인으로서 맥주의 이미지를 활동적이고 건장함과 연관시켰는데(리포지셔닝, repositioning), 맥주의 물리적 특성은 별로 바꾸지 않고 단지 이미지만 변경한 이러한 조치는 중간순위에 있었던 시장점유율을 2위로 끌어올렸다. 이와 같이 비교적 차별화되지 않은 상품에서는 광고만으로도 독특한 이미지를 개발할 수 있는 것이다.

● 격렬한 활동이 주는 건장함, 성취감을 강조하는 리포지셔닝

2) 이미지의 유형

모든 지각대상은 소비자들 사이에서 독특한 이미지를 갖고 있기 때문에 이미지의 유형은 그 만큼 다양할 수밖에 없다. 즉 상품과 서비스는 물론이고 사람, 장소, 조직, 아이디어, 활동 등이 모두 자신의 소비자에 의해 지각되는 모습인 이미지를 가질 수 있지만, 여기서는 마케터가 특히 관심을 가져야 하는 네 가지 유형의 이미지를 살펴보기로 한다.

(1) 상품 이미지

상품 이미지(product image)는 **특정한 상품에 관한 여러 가지 자극을 처리함으로써 형성되는 전반적인 지각**을 나타내므로 태도(상품에 관한 주관적 신념들의 복합체)에 관련되며, 긍정적인 이미지를 갖는 소비자는 그것을 구매할 가능성이 크다. 따라서 마케팅 전략의 한 가지 목표는 바람직한 상품 이미지를 개발하는 것이며, 이를 위해 마케터는 소비자가 열망하는 효익의 다발(bundle of benefits)로서 상품개념과 메시지를 개발하고 표적시장에 도달할 매체를 선정해야 한다.

마케터가 목표로 하는 포지션과 그에 따른 마케팅 믹스 요소들은 모두 자극으로서 이미지 형성의 근거가 되며, 이들은 고유적 단서와 부대적 단서로 구분된다. 즉 상품의 고유적 단서(intrinsic cues)란 맛, 냄새, 성분 등 상품 자체의 특성을 지칭하는데, 소비자는 상품을 평가하는 데 있어서 이러한 고유적 단서를 직접 사용하는 경우가 드물고, 더욱이 상품들 사이의 고유적 단서의 차이를 분간할 능력도 부족하다.

예를 들어, 애연가들조차도 유사한 형태의 담배들을 제시한 미각시험(blind test)에서 자신이 즐겨 피우는 담배의 상표를 거의 확인해 내지 못했으며, 여러 맥주 사이의 맛 차이를 소비자들이 분간해 내기 위해서는 차이가 대단히 커야 했다. 또한 상표명을 숨긴 청량음료의 미각시험에서도 많은 사람들이 콜라의 상표들을 제대로 구분해 내지 못했다. 이러한 현상은 상품에 대한 **소비자의 총체적 지각(이미지)이 상품 자체의 고유적·물리적 특성이 아니라, 다른 추가적 자극을 처리함으로써 형성된다**는 사실을 암시한다.

즉 포장, 상표명, 광고의 방법과 광고의 구성요소, 다른 고객들의 반응, 그것을 취급하는 점포의 특성 등 다양한 부대적 단서(extrinsic cues)들이 상품에 대한 소비자의 지각에 영향을 미칠 수 있다. 더욱이 상품이 복잡할수록 소비자는 이와 같은 부대적 단서에 의존하여 지각하는 경향이 두드러지는데, 아무튼 소비자는 **상품의 고유적 단서뿐 아니라 부대적 단서에 대한 지각을 통합하여 해석함으로써 그에 대한 이미지를 형성**한다.

한편 소비자가 전반적인 상품 이미지를 형성하는 과정에서 어떠한 부대적 단서를 자극으로 받아들이는지에 관해서는 대체로 다음과 같은 네 가지 명제가 관심을 끌고 있다.

첫째, 소비자가 상품을 지각할 때 자극으로 받아들이는 부대적 단서들은 소비자의 특성에 따라 달라진다.

둘째, 동일한 부대적 단서로부터 도출되는 의미도 소비자에 따라 다르며, 상품지각(이미지)에 영향을 미친다. 예를 들어, 식품의 셀로판 포장은 소비자에 따라 '단순한' 포장, '신선하게 유지된' 식품, '오염이 방지된' 식품 등으로 해석됨으로써 상품지각에 상이한 영향을 미친다.

셋째, 일부 부대적 단서들은 소비자에게 의미를 갖지 않고 상품지각에도 영향을 미치지 않는다. 예를 들어, 가공식품 포장에 부착된 여러 가지 성분표시는 소비자의 주의조차 끌지 못하는 경우가 많다.

넷째, 부대적 단서는 소비자로 하여금 상품에 관한 추론적 신념이나 해석을 개발하도록 허용할 수 있는데, 추론적 신념(inferential beliefs)이란 **현재의 자극 상황에서 직접적인 근거를 찾을 수 없는 신념**이다. 예를 들어, 세제의 표백력을 강조하는 광고에 대해 일부 소비자는 그 세제가 옷을 부드럽게 하는 성질도 가진 것으로 해석할 수 있다. 이러한 현상은 다른 상표의 광고가 두 성질을 함께 가졌다고 주장하거나 소비자가 그들 마음속에서 두 가지 성질을 연상해 갖고 있기 때문에 일어난다. 그러나 현재의 광고에는 옷을 부드럽게 한다는 주장이 없으므로 그러한 해석은 자극 상황에서 근거를 찾을 수 없고 추론에 따른 것이다.

(2) 가격 이미지

전통적인 경제이론에 따르면 상품의 가격은 시장에서의 교환비율을 나타내는데, 소비자가 가격을 단순한 교환비율로 받아들인다면 [그림 5–11]의 (a)와 같은 수요곡선이 나타날 것이다. 그러나 소비자는 상품가격이라는 자극을 교환비율 이외의 다양한 의미

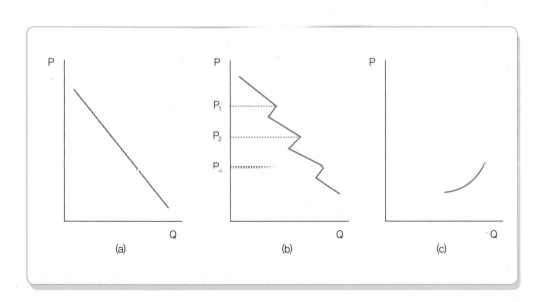

그림 5–11

가격 이미지

로 해석함으로써 가격 이미지(price image)를 형성한다.

　따라서 가격에 관한 소비자의 지각은 심리적 가격정책(psychological pricing policy)의 초점이 되는데, [그림 5-11]의 (b)와 같은 톱니모양의 수요곡선은 특정한 가격에서 수요가 크고 이점을 전후한 가격에서는 수요가 감소함을 의미한다. 이때 P_1, P_2, P_3는 각각 그 전후의 다른 가격보다 많은 양의 수요를 창출하는 가격으로서 개수가격 정책(even pricing policy)에서는 개수가격을 나타내고 단수가격 정책(odd pricing policy)에서는 단수가격을 나타낸다. 즉 개수가격 정책에서는 개수가격이 고급품질의 이미지를 제공하며, 단수가격 정책에서 단수가격은 품질에 비해 가격이 저렴하다는 이미지를 제공하므로 이들은 모두 심리적 가격정책에 속한다.

　또한 [그림 5-11]의 (c)와 같은 수요곡선은 소비자가 가격을 상품의 품질이나 만족 잠재력의 지표로 지각하는 경향을 보여준다. 이와 같이 가격을 품질의 지표로 지각하는 현상은 소비자나 상품에 따라 다르지만, 결국 과거 경험으로부터 형성된 "품질이 좋은 상품은 비싸다"는 신념을 근거로 싼 가격에 대해 저품질의 이미지를 형성함으로써(싼게 비지떡) 소비자의 의사결정을 단순화시켜 준다.

　따라서 기술적으로 복잡한 상품을 평가할 때, 소비자는 단순히 고가격에 대해 형성된 이미지에 의존하여 비쌀수록 품질이 좋을 것이라는 결론을 내릴 수 있고, 저렴한 가격에 대해 저품질이라는 이미지를 갖는다. 예를 들어, 화장품의 생산자는 저가격의 판매가 가능함에도 불구하고 저품질로 지각될 것을 우려하여 대체로 높은 가격을 구사하는데, 이러한 정책을 명성가격 정책(prestige pricing policy)라고 한다.

　이상의 논의로부터 우리는 가격이 교환비율이라는 역할과 품질의 지표로서 이중의 정보를 제공함을 알 수 있다. 그러나 가격만이 독자적으로 상품의 품질지각에 영향을 미치는 것은 아니며, 상품의 고유적 단서 및 부대적 단서로부터 도출된 의미들과 통합되어 전반적인 품질지각에 영향을 미친다.

　가격이 품질의 지표로서 작용한다는 점 이외에도 소비자의 가격지각에 관련해서는 두 가지 점이 중요한데, 우선 소비자는 상품가격의 수준을 판단하기 위해 ― 시장여건을 고려하고 경험을 근거로 하여 ― 스스로 적정하다고 판단하는 가격(준거가격, reference price)을 결정할 수 있는데, 높든 낮든 그로부터 크게 벗어나는 가격은 구매의도를 줄인다.

　둘째로, 상표명이나 점포 이미지 등과 같은 요인이 가격 ― 품질의 관계를 완화시킬 수 있으며, 일부 품목에 있어서는 오히려 그러한 관계를 압도할 수도 있다.

(3) 점포 이미지
특정한 소매점에 관한 소비자의 애고는 **점포특성들에 관한 소비자의 총체적인 지각**

인 점포 이미지로부터 많은 영향을 받는데, 여기서 점포특성이란 점포명, 건축물과 점포 디자인, 취급상품, 규모, 위치, 간판 및 로고, 종업원, 현재의 고객 등을 포함한다. 따라서 점포 이미지(store image)란 고객들 마음속에서 점포가 기능적 속성과 심리적 속성에 따라 묘사되는 모습이라고 할 수 있다.

● 신세계의 프라다 매장과
현대의 루이비통 매장

점포 이미지는 그곳에서 취급되는 상표의 이미지에 직접적인 영향을 미친다. 예를 들어, 동일한 상품이라도 유명 백화점 내에서와 노점에서는 매우 다르게 지각될 수 있다. 또한 점포 이미지, 가격 이미지, 상품 이미지 등은 서로 보상적인 방식으로 소비자에게 영향을 미치며, 심지어 중간상인 상표나 독점판매점에서 팔리는 전국상표의 경우에는 점포 이미지와 상품 이미지가 동일시되는 경향이 강하다.

따라서 생산자는 거래점의 이미지가 자신이 창출하려는 긍정적인 상품 이미지를 보강할 수 있도록 쇼룸의 외양, 판매원 행동 등에 관해 통제해야 한다. 또한 소매점도 바람직한 점포 이미지를 개발하기 위해 현재 자신의 점포 이미지를 측정하고 평가해야 한다.

(4) 기업 이미지

소비자는 **기업에 관한 여러 가지 외부적 자극과 기업상품과의 경험**을 근거로 기업 이미지(corporate image)를 형성한다. 긍정적인 기업 이미지는 상품에 대한 배경으로 작용하여 소비자의 신뢰와 구매의도를 증대시켜 줄 수 있으므로 마케터는 바람직한 기업 이미지를 형성하기 위해 기업명이나 기업로고를 변경하기도 하는데, 이러한 작업을 기업 이미지의 통일화 작업(CIP, corporate identity program)이라고 한다.

기업은 또한 소비자가 관심을 갖고 있는 사회적 문제를 해결하는 일에 참여함으로써 우호적인 이미지를 형성할 수도 있다. 오일쇼크 당시 휘발유 값이 급격히 오르기 시작하여 에너지 문제에 대한 소비자의 관심이 높아졌을 때, Mobile 정유회사는 기업광고를 통해 그들이 대체 에너지의 개발과 석유탐사노력에 앞장서고 있음을 소비자들에게 주지시킴으로써 사회적으로 책임감 있는 기업이라는 이미지를 형성하였다.

그림 5-12

이미지 프로파일

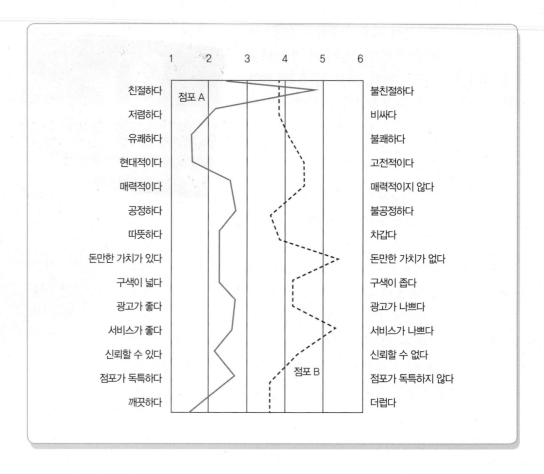

3) 이미지의 측정

　이미지를 측정하기 위해서는 다차원 척도화를 이용하여 지각지도를 작성할 수 있지만, 간단히 [그림 5-12]와 같은 의미차별화 척도를 이용하여 이미지 프로파일 분석(image profile analysis)을 수행할 수 있다. 이미지 프로파일 분석에서 조사자는 우선 중요한 이미지 차원들을 확인하여 의미차별화 척도를 구성하고 소비자 표본으로 하여금 이미지 차원들에서 각 대상에 관한 자신의 지각을 나타내도록 요구한 후, 응답들의 평균 또는 중위수를 계산한다. 물론 다수의 대상에 대해 동일한 절차를 적용한다면 각 대상의 이미지 프로파일을 비교할 수도 있다.

　[그림 5-12]와 같은 이미지 프로파일은 두 점포가 아주 다른 이미지를 갖고 있음을 보여주면서, 상이한 소비자들에게 소구할 수 있음을 암시해준다. 그러나 이러한 이미지 프로파일을 이용할 때 유의해야 할 점은 모든 이미지 차원이 좋다 · 나쁘다로 해석될 수는 없다는 사실이다. 예를 들어, 한 점포가 진보적 또는 보수적이라고 지각되는 것은 좋다 · 나쁘다의 의미로 해석될 수 없으며, 소비자가 자신의 자아 이미지나 라이프스타일에 비추어 볼 때에나 비로소 좋다 · 싫다를 판단할 수 있다는 점에 유의해야 한다.

Consumer 톡톡

대학생이 선정한 최고의 기업들. 1위는?

한국대학신문은 매년 10월 15일 창간기념일을 맞아 '전국 대학생 의식 조사 및 기업이미지 · 상품브랜드 선호도 조사'를 한다. 창간 28주년인 올해는 지난 8월 20일부터 9월 10일까지 한국대학신문(www.unn.net)과 캠퍼스라이프(www.campuslife.co.kr) 온라인 홈페이지, 이메일을 통해 진행해

1,396명이 응답했다. 조사는 사회 · 생활 · 정치 · 취업 등을 포함한 의식조사와 기업이미지 · 상품선호도 · 언론선호도 조사를 망라해 이뤄졌다. 분석 결과의 신뢰 수준은 95%, 최대 오차는 ±2.7%포인트다.

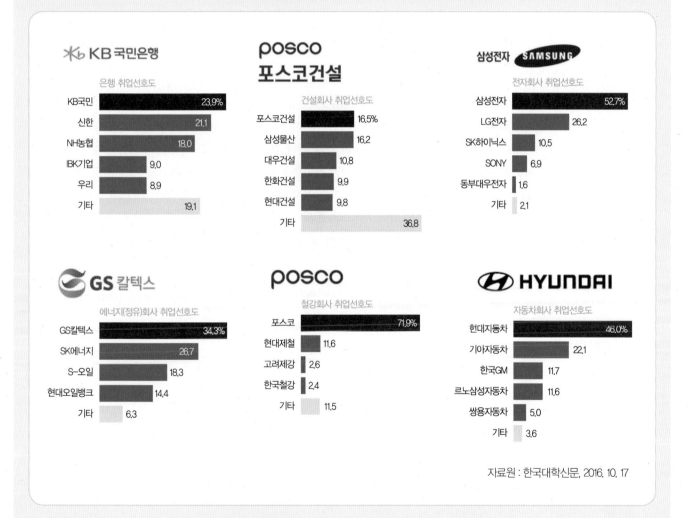

KB 국민은행

은행 취업선호도

KB국민	23.9%
신한	21.1
NH농협	18.0
IBK기업	9.0
우리	8.9
기타	19.1

posco 포스코건설

건설회사 취업선호도

포스코건설	16.5%
삼성물산	16.2
대우건설	10.8
한화건설	9.9
현대건설	9.8
기타	36.8

삼성전자 SAMSUNG

전자회사 취업선호도

삼성전자	52.7%
LG전자	26.2
SK하이닉스	10.5
SONY	6.9
동부대우전자	1.6
기타	2.1

GS 칼텍스

에너지(정유)회사 취업선호도

GS칼텍스	34.3%
SK에너지	26.7
S-오일	18.3
현대오일뱅크	14.4
기타	6.3

posco

철강회사 취업선호도

포스코	71.9%
현대제철	11.6
고려제강	2.6
한국철강	2.4
기타	11.5

HYUNDAI

자동차회사 취업선호도

현대자동차	46.0%
기아자동차	22.1
한국GM	11.7
르노삼성자동차	11.6
쌍용자동차	5.0
기타	3.6

자료원 : 한국대학신문, 2016. 10. 17

제6장

소비자 학습

I·n·t·r·o

  인간이 본능이나 타고난 반응성향(innate response tendencies)을 갖는 것은 사실이지만, 다른 동물의 행위와 비교해 볼 때 인간행동의 상당히 많은 부분은 그들의 정신능력(mental capacity)을 바탕으로 학습된 것이다. 즉 인간은 학습을 통해 그들의 가치, 신념, 태도를 형성하고 여러 가지 상징이 갖는 의미를 이해하므로 학습원리에 관한 지식은 구체적인 욕구충족 수단(need-satisfier)에 대한 소비자의 열망이 어떻게 습득되고 상품에 대한 소비자의 태도와 행동이 어떻게 형성되는지를 이해하는 데 매우 유용하다.

  한편 마케터는 자신의 상품이나 서비스의 존재와 효익 등에 관해 소비자를 설득해야 하므로 학습의 특성과 원리를 이해하는 일은 마케팅 현장에서 소비자의 학습과 기억을 촉진하기 위한 기법들을 개선하는 데 도움이 된다.

  따라서 본장은 학습원리와 그에 대한 여러 가지 학습이론을 살펴본 후, 학습의 일반적인 특성을 바탕으로 한 마케팅 시사점을 검토하기로 한다.

학습과 기억의 본질

1. 학습의 본질

학습은 소비과정에 필수적이며, 사실 소비자 행동은 대체로 학습된 것이다. [그림 6-1]과 같이 소비자는 대부분의 신체적 행동, 상징의 의미, 문제해결 능력, 태도 등을 학습을 통해 습득하는데 예를 들어, 문화와 사회계층은 가정이나 친구는 물론이고 학교나 직장과 같은 기관 등과 더불어 소비자에게 학습경험을 제공하며, 그러한 학습경험은 그들이 추구하는 라이프스타일과 그들이 소비하는 상품에 많은 영향을 미친다.

즉 우리가 구매 결정을 내리기 위해 사전에 학습했어야 하는 것들을 생각해 보면 시장에서 자신의 역할을 제대로 수행하기 위해 소비자가 학습해야 할 항목들은 다음과 같이 다양함을 알 수 있다.

- TV나 냉장고와 같은 내구재를 구입할 때는 대기업의 상표가 중소기업의 상표보다 성능이 우수하고 고객 서비스도 좋다.
- 강남지역의 카페에서도 맥주 한 병에 만 원을 지불하는 것은 싸지 않다.
- 소화제들은 광고 속의 주장에도 불구하고 효과가 거의 비슷하다.
- 직장여성들은 지나치게 화려하거나 노출이 심한 스타일의 옷을 피하고, 직장의 동료들과 비슷한 스타일을 선택하는 편이 무난하다.
- 아파트 단지 내에 어떤 상점들이 있는지 알기 위해서는 '상가 안내지'를 보면 된다.
- 이밖에도 소비자는 점포의 위치나 영업시간, 광고를 어떻게 읽을 것인가, 자동

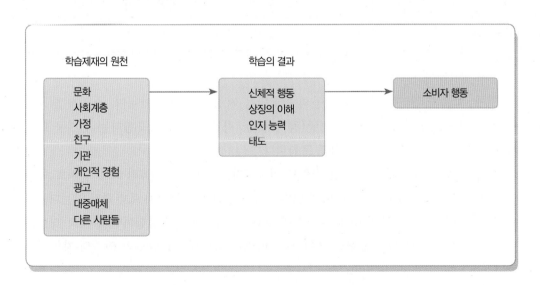

그림 6-1

소비자 행동에 대한 학습의 역할

차를 어떻게 운전할 것인가 등 수없이 많은 항목들을 학습한다.

그러나 예시한 항목들을 학습하게 된 상황은 매우 다양하다. 예를 들어, 첫 번째와 두 번째 항목은 자신의 직접적인 사용경험이나 다른 사람으로부터 전해들은 정보를 근거로 습득될 수 있으며, 세 번째 항목은 여러 소화제에 대한 자료를 검토하여 논리적으로 추론한 결과일 수 있다. 또한 네 번째 항목은 지나치게 화려한 옷은 다른 사람들의 시선을 끌고 행동하는 데 부자유스럽다는 점을 직접 관찰한 결과에 따른 것이다.

학습(learning)을 공식적으로 정의한다면 **장기기억의 내용이나 조직에 있어서의 변화(any change in the content or organization of long-term memory)**라고 할 수 있다. 학습은 제5장에서 설명한 정보처리의 결과인데, 관여도가 높은 여건에서 정보처리는 의식적이며 매우 신중하지만 관여도가 낮은 여건에서는 의식적이지 않다. 학습은 [그림 6-2]와 같이 지각과정의 결과를 저장하는 정보처리의 마지막 단계이며, 장기기억 속에 변화를 일으킨다.

그림 6-2

정보처리: 학습-기억의 관계

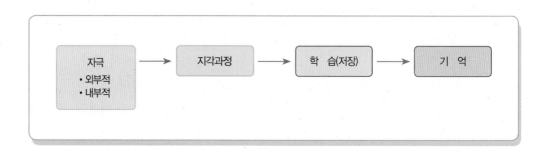

이 밖에도 학습은 다양하게 정의될 수 있으나 본서에서는 이해하기 쉽도록 **경험에 기인하여 행동이나 태도에 나타나는 비교적 장기적인 변화(relatively permanent change in behavior or response tendency due to the effects of past experience)**라고 정의한다. 그러나 이러한 정의의 시사점은 대단히 함축적이어서 다음과 같은 추가적 설명이 필요하게 된다.

첫째, 학습의 결과는 외견상 행동의 변화만을 지칭하는 것이 아니며, 소비자 행동에 있어서 그들의 신념, 태도, 욕구기준(평가기준), 평가속성 등을 포함하는 인지구조(신념들과 그 사이의 연관들)의 변화도 포함한다.

둘째, 학습은 비교적 장기적인 변화를 일으킨다. 따라서 의약품의 효과나 피로 등과 같은 일시적 상태로부터 기인하는 행동이나 태도의 변화는 학습에 포함되지 않는다.

셋째, 학습에 관한 앞의 정의는 경험을 강조하는데, 여기서 경험이란 신체적 경험뿐 아니라 인지활동(생각)의 경험도 포함한다. 따라서 리플렉스(reflex)와 인간의 자연적인 성장이나 신체 및 뇌 등의 손상에 기인하는 변화는 학습에서 제외된다.

2. 기억의 본질

기억(memory)이란 **이전의 학습경험들의 총체**(total accumulation of prior learning experience)로서, 장기기억과 단기기억이라는 두 개의 상호관련 요소로 구성되어 있다. 그러나 장기기억과 단기기억은 생리적으로 구분된 것이 아니며, 전체 기억 중에서 현재 활성화되어 사용 중인 부분을 단기기억이라고 지칭할 뿐인데, 활동적 기억(active memory 또는 working memory)이라고도 부른다.

1) 장기기억

장기기억(LTM, long-term memory)은 무한한 정보를 거의 영구히 저장하는 것으로 간주된다. 즉 그것은 개념, 의사결정 규칙, 처리공정, 감성적 상태 등 다양한 유형의 정보를 저장하는데, 마케터는 특히 소비자가 자신의 환경에 대해 저장해 갖고 있는 일

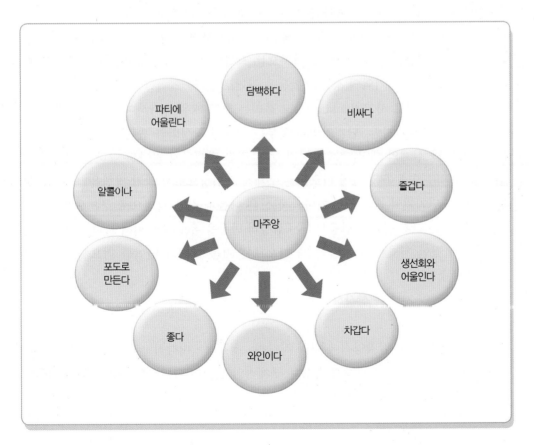

그림 6-3

소비자 기억 내 '마주앙'에 대한 스키마

반화된 지식에 관심을 갖고 있으며 이러한 형태의 기억은 다양한 정보단위들의 연상과 조합에 관련된다. [그림 6-3]은 한 소비자가 '마주앙'과 다양한 개념들을 연상함으로써 그러한 상표에 대해 의미의 완전한 네트워크를 어떻게 형성하는지를 보여주는 스키마 (schema, 지식의 추상적 구조)이다. 이러한 가설적인 스키마는 상품특성, 사용상황, 감성적 반응들을 포함하고 있으며, 한 상표에 관한 스키마는 소비자가 그 상표를 들을 때 생각하고 느끼는 것으로서 상표 이미지나 상표 포지션과 유사하다.

어떤 소비자가 '갈증'이라는 단어를 본다면 무엇을 생각하겠는가? 여러 상표들을 포함하여 다양한 것들이 떠올라 '갈증'에 대한 스키마를 형성할 것이며, 코카콜라는 '갈증' 과 연상되는 스키마의 일부가 되기 위해 많은 마케팅 노력을 투여하고 있다. 이때 '갈증' 과 같은 소비자 문제에 대한 스키마 속에 포함되는 상표들을 환기세트(evoked set)라고 한다.

2) 단기기억

단기기억(STM, short-term memory)은 지속적 반복과 정교화 활동이라는 두 가지 유형의 정보처리 활동으로 설명될 수 있다. 지속적 반복이란 문제해결에 사용하거나 장기기억에 이전시키기 위해 **정보를 단기기억 속에 유지하기 위한 작업**이며, 정교화 활동이란 현재 **단기기억 속에 있는 정보를 해석하고 평가하거나 장기기억 속의 경험, 가치, 태도, 신념, 느낌들을 단기기억으로 가져오는 작업**이다. 따라서 소비자의 정보처리 활동 중에서 해석은 단기기억의 정교화 활동을 근거로 한다.

단기기억은 대체로 사고(thinking)라고 불리는 것과 매우 유사하며 주로 스키마를 언어적으로 활성화시키지만, 단기기억의 일부는 심상의 활성화와 관련된다. 여기서 심상 (imagery)이란 실제의 대상, 장면, 사건 등이 직접 발생하지 않아도 그러한 지각적 경험(느낌)과 비슷하게 마음 속에 떠오르는 구체적인 인상으로서 과거 경험을 직접적으로 상기시킨다. 단기기억 속에서 스키마와 심상은 다음과 같은 과업으로 구분해 볼 수 있으며, 마케터는 간혹 언어적 반응보다는 심상적 반응을 유도하기 위해 노력한다.
- '낭만적인 저녁'이라고 말할 때 떠오르는 처음 10개의 단어를 적으시오(언어적 반응).
- '낭만적인 저녁'을 상상하시오(심상적 반응).

심상은 5관을 통한 감각양식에 따라 시각적 · 청각적 · 미각적 · 후각적 · 공감각적 심상으로 존재하는데, 특히 시각적 심상은 구체적인 단어(바다)가 추상적인 단어(효도)에 비해 잘 형성되는 경향이 있다.

Consumer 톡톡

'숫자'에 빠진 식품업계, '간단, 명료' 숫자마케팅 활발

숫자를 활용한 숫자마케팅은 유통업계에서 가장 주목 받는 마케팅 전략 중 하나다. 함축적 의미를 지닌 숫자가 소비자들의 호기심을 자극해 글자보다 더 오래 기억될 뿐만 아니라 단순 명료한 숫자를 통해 브랜드 및 상품 특성을 나타내는데도 효과적이기 때문이다. 31일 내내 매일 새로운 맛을 소비자들에게 제공하겠다는 의미를 지닌 '배스킨라빈스

31'부터 100ml 1병에 함유된 500mg의 비타민을 강조한 광동제약 '비타 500', 808번의 실험을 거쳐 만든 '여명 808' 등이 대표적 성공사례들이다. 최근에는 단순히 상품명이나 브랜드명에 국한 없이 제조 및 유통 과정의 특장점을 강조하거나 인기 상품의 판매량, 특정 날짜와 연계, 상품의 영양성분 등을 숫자로 나타내어 흥미를 유발하는 등 그 방법도 점차 다양해지고 있다. 함축적인 숫자로 호기심을 자극하여 소비자들의 이목을 사로잡는 식품업계의 다양한 숫자 마케팅들을 소개한다. 한돈 대표 브랜드 도드람은 신선함이 필수인 돼지고기 특성을 활용해 체계적인 유통 시스템 '15-2-5, 맛있는 온도법칙'을 시행하고 있다.

'15-2-5 맛있는 온도법칙'은 도드람이 소비자에게 신선하고 건강한 돼지고기를 제공하기 위한 최적의 온도를 강조한 것으로, 먼저 축산물종합처리장 온도를 15도 이하로 유지해 미생물 발생을 억제하고 있다. 또한 돼지고기 가공장과 특수 냉장 배송 차량은 2도 이하로, 소비자에게 상품 발송 시에는 택배 상자 온도를 5도 이하를 유지해 돈육의 신선도와 안정성을 일정하게 유지, 확보하며 소비자들에게 신뢰를 높이고 있다. 반면 한국야쿠르트는 최고 수준의 맛과 향을 유지하기 위해 '콜드브루 바이 바빈스키'의 유통기한 '10일'을 강조한다. 2주가 지나면 맛과 향이 변하는 콜드브루 특성을 고려하여 로

스팅 후 단 10일 동안만 야쿠르트 아줌마를 통한 방문판매 형식으로 출시 3개월여 만에 700만 개 판매고를 기록했다. 그 덕분에 출시와 함께 기존 커피 상품과의 차별화에 성공, 올해 초 국내에 차가운 커피 열풍을 이끈 주역으로 소비자에게 각인됐다. 높은 수치의 상품 판매량을 전면에 내세워 흥미를 유발함과 동시에 소비자들의 동조 심리를 자극하기도 한다. CJ제일제당의 '쁘띠첼 에클레어'는 출시 후 한 달 만에 50만 개 이상 판매고를 기록했다. 매출로 약 10억 원에 해당하는 수치다. 같은 시기 본죽의 가정간편식 '아침엔 본죽'과 '아침엔SOUP' 상품 역시 누적판매량 500만 개를 돌파했다. 특히 전자레인지만으로 간편하게 즐길 수 있는 본죽은 누적판매량 500만 개 돌파를 기념해 출근길 직장인들에게 '아침엔SOUP'을 증정하는 캠페인을 진행하며 대표 가정간편식 브랜드로서 입지를 확고히 하는데 성공했다. '자전거로 삼천리 금수강산'이라는 의미와 함께 국내 최초 완성자전거 '3000리호'를 출시한 삼천리자전거부터 오픈 마켓인 11번가까지 브랜드명에 숫자를 활용하는 것은 가장 대표적인 숫자 마케팅 사례 중 하나로 손꼽는다. 오픈 당시 오전 7시부터 오후 11시까지 영업시간을 표현한 편의점 '세븐일레븐'부터 24시간 운영 외에 추가로 고객 서비스로 1시간 가치를 소비자에게 제공한다는 의미의 편의점 'GS25', 25겹 돈가스 조리방식을 표현한 '이오카츠(25Katsu)' 등 역시 브랜드 특성이나 장점을 숫자로 간결하게 표현해 브랜드 가치를 소비자에게 쉽게 각인시킨 성공사례. 반면 상품의 특성이나 성분 함유량 등을 상품명에 넣어 소비자 신뢰도를 높이고, 상품의 이미지를 구체화한 사례도 있다. 풀무원녹즙의 '발효숙성생강 480'은 브랜드 독자 기술로 밝혀낸 생강 유용 성분 '쇼가올(6-shogaol)'이 최대화되는 최

적 발효숙성시간인 480시간(20일)을 상품명에 반영시켰다. 생강 속 영양 성분의 효과적 섭취를 위한 480시간의 숙성 기간을 강조했다. 탄수화물의 지방 합성 억제를 돕는 가르시니아 함 유량을 상품명을 통해 강조한 한미양행 퍼스트빈의 '정직한 가르시니아 2800'이나 남양유업의 '17차', 맥도날드의 '1955버거' 등이 그 대표적 사례다.

자료원 : 아시아경제, 2016. 10. 2.

3. 학습된 행동의 유형

인간으로서 소비자의 대부분 행동은 학습된 것이며, 학습에 기인하는 행동은 다음과 같은 네 가지의 유형으로 대별된다. 여기서 행동이란 자극이나 상황에 당면하여 소비자가 행하는 신체적 활동뿐 아니라 정신적 활동을 모두 포함하는데, 그러한 행동이 항상 관찰될 수 있는 것은 아니며 소비자는 학습을 통해 환경적 자극에 보다 효과적으로 대응할 수 있게 된다.

1) 신체적 학습

소비자는 일상생활을 효과적으로 영위하기 위해 필요한 신체적 행동을 학습하는데 예를 들어, 모든 건강한 사람은 걷고, 말하고, 다른 사람과 교제하기를 배운다. 물론 어린이조차도 부모나 다른 사람들의 행동을 모방함으로써 어떤 신체적 활동을 배울 수 있다. 예를 들어, 배고픈 아기는 어떠한 반응보다도 울거나 손가락을 빠는 행동을 보일 가능성이 많지만 점차 성장해 감에 따라 음식을 능동적으로 찾는 행동을 학습한다.

또한 소비자는 다양한 구매상황에 반응하는 방법도 그러한 상황에 당면했던 경험을 통해 학습할 수 있다. 예를 들어, 상품가격에 대해 불만을 표시하는 행동이나 구매계약서의 약관을 주의 깊게 읽는 행동 등을 학습한다.

2) 상징학습 — 상징들의 의미를 습득한다.

소비자는 언어라는 상징이 갖는 의미를 학습함으로써 고도의 효율적인 커뮤니케이션을 할 수 있으며, 마케터는 상표명('나이키'와 '롯데'), 슬로건('전통과 기술의 상징'), 로고 등의 적절한 상징들을 이용함으로써 의도하는 아이디어를 소비자에게 커뮤니케이션할 수 있다. 즉 마케터는 소비자들이 자사상품에 대해 바람직한 아이디어를 갖도록 유도하기 위해 여러 가지 상징을 이용하는데, 그것은 **상징들이 독특한 의미를 함축**하기 때문이다.

또한 소비자는 **일정한 단서와 상품특성 사이에 강한 연상을 학습함**으로써 그러한 단서를 상품평가의 근거로 이용하므로 마케터는 자신의 상품에 적절한 단서들을 부여해야 한다. 예를 들어, 많은 식품 가공업자는 구매를 자극하기 위해 인공적인 색소나 향을 첨가하며, 토마토 케첩의 마케터는 소비자들이 쏟아지지 않고 서서히 나오는 특성을 '진하다'는 품질로 연상한다는 점에 착안하여 목이 좁은 용기에 포장하고 있다.

3) 문제해결학습 — 인지능력이 향상된다

소비자는 사고와 통찰이라는 과정을 통해 당면한 문제를 해결하기 위한 방법을 학습한다. 사고(thinking)란 의미들의 여러 가지 조합을 형성하기 위해 상징들을 정신적으로 조직하는 일을 포함하며 개인으로 하여금 통찰에 이르도록 하는데, 통찰(insight)이란 바로 문제에 포함된 관계를 새롭게 이해하는 일을 의미한다.

소비자의 많은 학습노력은 문제해결 행동의 일부로 간주될 수 있다. 예를 들어, 소비자는 그들의 여러 가지 욕구와 필요가 새로운 상품이나 서비스를 획득함으로써 어떻게 효과적으로 충족될 수 있는지에 관해 끊임없이 생각할 것이다. 따라서 사고와 통찰을 통한 문제해결 행동은 소비자로 하여금 상품을 직접 사용하지 않고도 그들을 정신적으로 평가할 수 있도록 허용한다.

4) 평가적 학습 — 태도를 형성한다

소비자는 학습을 통해 새로운 가치를 습득하거나 기존에 갖고 있던 가치가 바뀌어 환경적 자극에 대해 새로운 태도를 형성할 수 있다. 이는 소비자가 어떠한 상품이 그들의 욕구를 효과적으로 충족시키는지 학습한다는 사실을 암시하는데, 이러한 학습을 통해 소비자는 특정한 기업과 그 상품에 대해 우호적 또는 비우호적인 태도를 형성하며, 이러한 태도들은 여러 가지 상표들을 구매하려는 성향에 영향을 미친다.

제2절 학습이론

소비자가 당면하는 여러 가지 상황이나 과업은 학습을 일으키는데, 학습 메커니즘의 본질은 [그림 6-4]와 같이 학습상황의 관여도에 따라 다르다. 본절에서는 학습이 어떻게 일어나는지 개관하기 위해 학습에 대한 기본적 메커니즘인 조건화(conditioning)와 인지(cognition)를 살펴본다.

그림 6-4

관여도에 따른 학습 메커
니즘

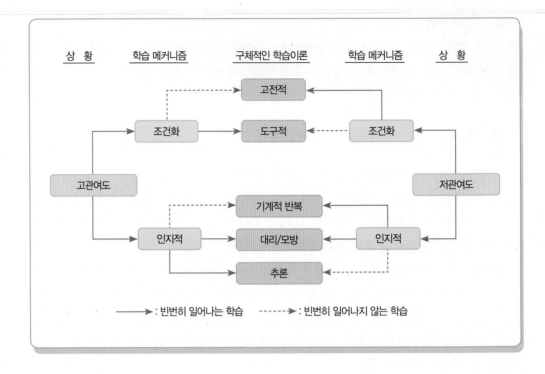

고관여도 학습상황(high-involvement learning situation)이란 소비자가 **제재 (material)를 학습하려는 동기가 활성화된 상황**이다. 예를 들어, 컴퓨터를 구매하기에 앞서서 품질비교 보고서를 읽는 소비자는 여러 가지 상표를 비교해 놓은 제재를 학습 하도록 동기가 충분히 부여된 것이다. 이에 반해 저관여도 학습상황(low-involvement learning situation)은 **제재를 학습하려는 동기가 충분히 활성화되지 않은 상황**이다. 예를 들어, TV의 연속극을 보다가 우연히 새로운 상품의 광고에 노출된 소비자는 광고의 내용 을 학습하도록 동기가 충분히 활성화되지 않은 상태에서 자극을 지각하고 저장한다.

1. 조건화 학습

조건화(conditioning)라는 단어는 인간을 로봇처럼 간주한다는 부정적인 느낌을 일으키지만, **단순히 어떤 자극에 대한 노출과 그에 따른 반응을 통해 그들 사이에 연 관(connections, 병립관계)이 개발될 수 있다는 사실**을 의미한다. 즉 조건화 학습 (conditioned learning)이란 **동시적으로 나타나는 자극(정보)과 반응(행동이나 느낌) 사이의 연관을 근거로 한 학습**이며, 두 가지 형태로 나눌 수 있다.

1) 고전적 조건화

고전적 조건화(classical conditioning, respondent conditioning, stimulus-response)의 이론은 자극과 반응 사이의 자연스런 생리적 관계(natural physiological relationship)를 응용하여 상이한 자극에 대해서도 동일한 반응을 학습시킨 Ivan Pavlov 의 실험을 근거로 하고 있다. 즉 [그림 6-5]의 (a)와 같이 음식을 제공했을 때 개가 침을 흘리는 것은 자연스런 생리현상인데, 종을 치면서 음식을 주는 일을 반복하게 되면 종소리라는 자극과 침을 흘리는 반응 사이에 연관이 형성되어 결국 종만 쳐도 개가 침을 흘린다.

여기서 음식과 침 흘리는 일 사이의 관계는 별도의 조건화를 필요로 하지 않으므로 각각 무조건 자극(US, unconditioned stimulus), 무조건 반응(UR, unconditioned response)이라고 한다. 본래 아무런 반응과 연관되어 있지 않던 **중립적 자극(neutral stimulus)인 종소리가 조건화를 통해 침을 흘리는 반응과 연관**되었으므로 조건화가 일어난 후 각각은 조건화 자극(CS, conditioned stimulus), 조건화 반응(CR, conditioned response)이라고 한다.

이러한 경우에는 음식에 대해 침을 흘린다는 **무조건적인 자극-반응의 연관**이 학습의 근거로 사용되지만, 고전적 조건화는 자연스런 생리현상의 무조건 자극을 반드시 사용해야 하는 것이 아니라는 점에 유의해야 한다. 즉 개는 다시 종소리를 무조건 자극으로 하여 새로운 자극에 대해 동일한 반응을 보이도록 조건화될 수 있으며, 이와 같이 자

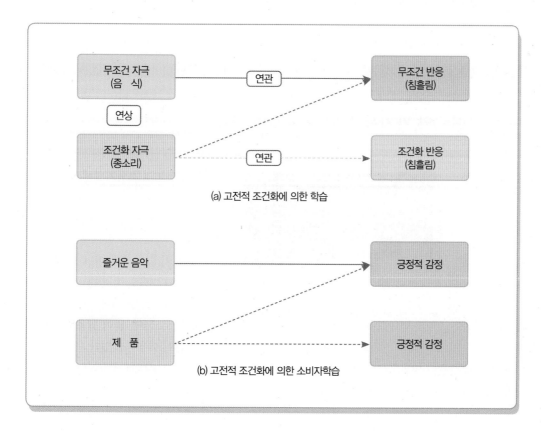

그림 6-5

고전적 조건화 학습 메커니즘의 응용

(a) 고전적 조건화에 의한 학습

(b) 고전적 조건화에 의한 소비자학습

극들 사이에 새로운 연상을 학습하는 일을 2차 조건화(second-order conditioning)라고 한다. 예를 들어, 소비자는 사회적 성공에 대해 부러움을 갖는데(무조건 반응), 그러한 성공과 연상되는 입지전적인 인물이나 그들이 사용하는 상품에 대해서도 선망과 동일시라는 반응(조건화 반응)을 보일 가능성이 높기 때문에 마케터는 그러한 인사를 광고 대변인으로 널리 이용한다.

또 다른 예로서 비록 효과에 대해 논란이 있으나, [그림 6-5]의 (b)와 같이 많은 사람들에게 즐거운 음악을 듣는 일(US)은 긍정적인 감정(UR)을 일으키는데, 이때 그러한 음악이 특정한 상표(NS)와 함께 반복하여 제시된다면 결국 그러한 상표 자체(CS)는 마찬가지의 긍정적 감정(CR)을 일으킬 것이므로 점포 내에서 배경음악은 중요하다.

이러한 **고전적 조건화의 핵심적인 요소는 반복(repetition)과 인접성(contiguity)**이다. 즉 조건화될 중립적 자극이 구체적인 반응과 연관을 형성하기 위해서는 무조건 자극에 인접(병립)하여 함께 자주 반복되어야 한다는 것이다.

TV가 등장하기 전 광고주들은 반복과 인접성의 고전적 조건화 개념을 근거로 라디오 커머셜에서 배경음악과 슬로건을 빈번히 반복하였다. 그러나 TV가 등장함에 따라 시각을 통한 광고제시가 다양해지고 소비자 지향성이 촉진표적의 세분화를 격려함에 따라 단순한 반복을 근거로 한 고전적 조건화 접근방법은 점차 쇠퇴하고 인지적 접근방법이 인기를 끌기 시작하였다.

Consumer 톡톡

브랜드의 가치를 높이는 마케팅, 로고송

로고송(LOGO SONG)은 광고와 결합된 음악으로 멜로디를 통해 우리에게 브랜드를 인식시키는 아주 중요한 역할을 한다. 짧은 시간 안에 사람을 사로잡아야 하는 로고송의 중독성 있는 멜로디가 광고효과를 살려주는 중추적인 역할을 하며, 이는 막상 상품이 눈에 들어오지 않더라도 소리 하나만으로 사람들에게 브랜드를 떠올리게 만든다.

▲ 중고 전문브랜드 유통업체 AMJ

데, 특정한 소리를 듣기만해도 그 광고를 떠올려 브랜드의 이미지를 각인시킬 수 있어서이다. 예를 들어 "손이 가요 손이 가~" 이 노래를 들으면 굳이 상품명이 나오지 않더라도 어느 회사의 어떤 상품인지 떠올릴 수 있다.

특히 대형마트인 이마트와 홈플러스 등에서도 로고송을 많이 활용하고 있으며, 최근에는 유통업체에서도 많이 이용하고 있다.

그러한 이유로 많은 기업들이 브랜딩을 위한 방법으로 로고송을 이용하고 있다. 기업들은 이미지를 중요시하기 때문인

자료원 : 포커스뉴스, 2016. 9. 8

2) 도구적 조건화

도구적 조건화(instrumental conditioning, operant conditioning, respondent-reinforcement)란 **자극에 대해 학습자가 특정한 반응을 보일 경우에만 보상을 제공함으로써 그러한 반응의 빈도와 확률이 증대되는 현상**이다. 도구적 조건화도 역시 자극과 반응 사이의 연관을 개발함으로써 수행되지만, 고전적 조건화가 이미 형성된 자극-반응 사이의 연관(already established stimulus-response connection)을 근거로 하는데 반해, 도구적 조건화에서는 사전에 어떠한 자극-반응 사이의 연관도 존재하지 않으며 학습자로 하여금 **시행착오를 통해 최대의 보상을 제공해 줄 반응을 발견하도록 요구**한다.

이러한 도구적 조건화의 이론은 B. F. Skinner의 실험을 근거로 하고 있다. 즉 버튼을 누르면 먹이가 나오도록 장치된 상자(Skinner box) 속에 비둘기를 넣었다면 비둘기는 당연히 상자 속에서 여러 가지의 반응을 보일 것이다. 그러나 비둘기가 우연히 버튼을 누르는 행동을 취했을 때 먹이가 나오고 매우 즐길 수 있었다면 — 더욱이 이러한 과정이 반복된다면 — 비둘기는 결국 버튼 누르기와 먹이 사이의 연관을 학습하게 될 것이다(물론 이 경우에서 음식물을 제공하는 대신에 벽으로부터의 전기쇼크와 같은 처벌을 피하게 할 수도 있다).

● Skinner box

이러한 도구적 조건화는 **소비자의 습관적 구매행동이 형성되는 과정**을 설명하는 데 매우 유용하다. 즉 소비자는 자신의 구매행동을 선택할 수 있으며, 상품사용으로부터 얻어진 보상은 동일한 상표가 구매될 확률을 증대시킬 것이다. 따라서 처음에는 복잡한 의사결정이 필요하지만 반복적인 보상으로 인해 동일한 상표를 구매할 확률은 습관이 형성될 때까지 지속적으로 증가한다.

한편 도구적 조건화는 반드시 보상을 필요로 하므로 만일 그러한 학습과정에서 부정적 결과(불만족)에 당면한다면 소비자가 바람직한 반응을 보여줄 확률은 줄어든다. 즉 특정한 상표의 구매가 원하는 수준의 만족을 제공하지 못한다면 재구매의 가능성은 급격히 줄어들 것이므로 마케터는 일관성 있는 품질유지에 유념해야 한다.

예를 들어, [그림 6-6]과 같이 새로운 상표의 추잉 껌을 출시한 마케터는 맛과 향에 관한 광고를 하면서 시용품을 배포할 수 있는데(자극상황), 이때 소비자가 새로운 껌을 구매하여(바람직한 반응) 맛과 향에 만족했다면(보상) 다시 구매할 가능성이 증대될 것이다.

또한 소비자 의사결정에 있어서 정보탐색의 양은 과거의 경험만으로는 감소하지 않고 동일한 상표를 다시 구매하게 하는 만족스런 경험에 의해서만 감소한다는 보고가 있는데, 결국 **습관형성을 위한 기본조건은 과거 구매행동에 대한 적절한 보상**이다.

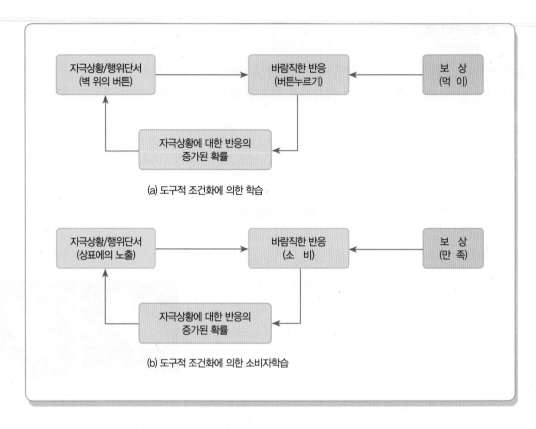

그림 6-6

도구적 조건화 학습 메커
니즘의 응용

(a) 도구적 조건화에 의한 학습

(b) 도구적 조건화에 의한 소비자학습

이상의 고전적 조건화와 도구적 조건화를 비교하면 〈표 6-1〉과 같은 차이점을 알 수 있다.

첫째, 고전적 조건화가 자연스런 생리적 관계를 포함하여 이미 형성되어 있는 자극-반응 사이의 연관에 의존하는데 반해, 도구적 조건화는 학습자로 하여금 시행착오를 통해 적절한 반응을 스스로 발견하도록 요구한다. 이 때문에 후자는 전자의 경우보다 의식적이고 능동적인 학습자를 포함한다.

둘째, 고전적 조건화 자체에서는 어떠한 보상도 포함되지 않는다. 그러나 도구적 조건화에서는 바람직한 반응에 대해 보상이 제공됨으로써 학습이 강화되는데, 이러한 점에서 '도구적'이라는 명칭이 붙여진 것이다.

셋째, 소비자가 자신의 환경에 적응하기 위한 학습은 도구적 조건화에 의해 잘 설명될 수 있는데, 그것은 도구적 조건화가 학습자로 하여금 보상에 이르는 반응을 발견하도록 요구하기 때문이다. 반면에 새로운 상표명이나 선호가 이미 우호적인 반응을 일으키는 자극과 연상된다면, 소비자가 어떻게 새로운 상표명을 학습하여 선호를 개발하고 변경하는지는 고전적 조건화에 의해 잘 설명될 수 있다.

넷째, 고전적 조건화는 대체로 저관여도 학습상황에서 보편적으로 나타난다. 예를 들어, 이미 바람직한 반응을 일으키는 자극과 함께 새로운 상표를 반복적으로 노출시키는

고전적(수동적) 조건화	도구적(능동적) 조건화
• 수동적 학습자(passive learner)를 전제한다. • 이미 확립된 자극-반응 관계를 근거로 조건화 과정이 형성된다. • 행동 전의 자극이 조건화의 결정적 요건이다. • 무의식적인 반응이 강화되고 학습된다. • 자극중심적 조건반사론이다. • 새로운 상표의 학습이나 선호의 개발 등을 설명하는 데 적합하다.	• 능동적 학습자(active learner)를 전제한다. • 학습자가 자극에 대해 보상을 얻을 수 있는 바람직한 반응을 발견하면 조건화 과정이 형성된다. • 행동 후의 보상이 조건화의 결정적 요건이다. • 의식적 반응이 보상 때문에 강화되고 학습된다. • 반응(행동)중심적 조건반사론이다. • 목표지향적 행동을 설명하는데 적합하다.

표 6-1

고전적 조건화와 도구적 조건화의 비교

일은 소비자로 하여금 새로운 상표에 대해 그러한 자극을 연상하도록 함으로써 새로운 상표에 대해서도 바람직한 반응을 얻어낼 것이다. 그러나 고관여도 학습상황은 대체로 도구적 조건화와 유사하다. 즉 소비자들은 보상을 얻기 위해 목표지향적인 행동을 하는데, 인쇄광고물을 읽고 판매원과 이야기하는 등 정보탐색의 '버튼을 누르도록' 기대된다.

2. 인지적 학습

학습을 연구하는 심리학자들은 전통적으로 '반복을 통한 행동 변화'에 초점을 두었지만, 최근에는 인지적 과정(cognitive process)으로 파악하는 관점이 등장하였다. 즉 인지적 학습(cognitive learning)은 **직접적인 경험이나 보강 없이 소비자가 추론하고 문제를 해결하는 능력에 기여하는 아이디어, 개념, 태도, 사실들을 학습**하는 일을 포함하며, Wolfgang Köhler의 침팬지 실험으로부터 시작되었다.

그는 침팬지를 여러 개의 상자와 함께 우리에 넣고 침팬지 손에 닿지 않도록 우리 천정에 바나나를 날아놓았는데, 짐팬지는 여러 차례 바나나에 도달하려다 실패하였으나, 그 후 생각(인지적 과정)을 거쳐 바나나 밑에 상자를 가져다 놓고 바나나에 도달함으로써 자신의 문제를 해결하였다. 이러한 실험결과는 **학습이 심사숙고와 문제해결에 대한 통찰의 결과**('ah ha' effect)임을 보여주는 것이다.

따라서 인지적 학습에서는 학습자가 목표의 본질을 처음부터 이해하고 있으며 보상을 예견(바나나 먹기 등)한다는 점이 특징이다(도구적 학습에서는 바람직한 행동이 취해질 때까지 보상이 분명하지 않다).

이상과 같은 인지적 학습은 특히 혁신에 관한 소비자의 학습을 잘 설명해 주는데, 그것은 소비자가 새로운 상품을 수용할지 결정하기에 앞서서 인지, 관심, 평가 등 일련의 인지적 단계(cognitive stages)를 거쳐야 하기 때문이다.

인지적 학습은 매우 단순한 정보의 습득으로부터 복잡하고 창의적인 문제해결에 이르기까지 다양한 형태를 취한다.

● Ah-ha effect(심사숙고와 통찰을 통한 문제 해결)

1) 기계적인 반복학습

기계적인 반복학습(iconic rote learning)은 **조건화 없이 두 개 이상의 개념들 사이의 연상을 학습하는 일**이다. 예를 들어, 소비자가 '게보린은 두통약', '두통약은 게보린'이라는 광고에 반복적으로 노출된다면 그는 새로운 개념인 '게보린'을 기존의 개념인 '두통약'과 연상하게 될 것이다. 이러한 연상에는 무조건 자극이나 직접적인 보상이 포함되지 않는데, 이는 메시지의 기계적인 반복만으로도 학습이 일어날 수 있다는 점을 보여주며, 사실 저관여도 학습의 상당한 부분은 기계적인 반복학습의 성격을 가진다.

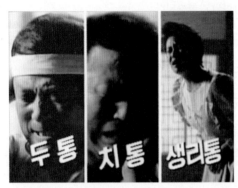
● 게보린의 기계적 반복 광고

즉 기계적인 반복학습을 통해 소비자는 정보의 원천을 인지하지 않고도 상품의 특성이나 속성에 관한 신념을 형성할 수 있으며, 추후 욕구가 환기되면 이러한 신념들을 회상하여 구매할 수 있다.

물론 기계적인 반복학습은 고관여도 학습상황에서도 일어난다. 예를 들어, 스키 선수는 그가 흥미를 갖고 있는 스키의 광고들에 반복적으로 노출됨으로써 여러 가지 스키 상표들의 특성을 학습할 수 있다.

2) 대리/모방 학습

소비자는 **보상이나 처벌을 직접 경험하지 않고도 다른 사람들의 행동이나 그러한 행동의 결과를 관찰함으로써 환경에 적응할 수 있는 방법을 학습**하는데, 이를 대리학습(vicarious learning) 또는 모방학습(modeling learning)이라고 한다. 즉 대학졸업 후 첫 출근을 위해 새 양복을 구매할 때와 같이 고관여도 학습상황에서 소비자는 직장에서 다른 사람들 또는 환경 내(광고도 포함)에서 역할모델(role models)이 입고 있는 스타일을 신중히 관찰할 것이다.

● 불가리 향수의 보상을 활용한 광고

또한 일상생활 속에서 소비자는 늘 여러 가지 상황에서 다른 사람들이 어떻게 행동하고 상품을 어떻게 사용하는지 관찰하는데, 대체로 그러한 행동에 주의를 많이 기울이지는 않지만(저관여도 학습상황) 시간이 경과함에 따라 특정한 상황에서 어떠한 행동(또는 상품)이 적합한지 학습하게 될 것이다.

따라서 마케터는 상품의 사용으로부터 보상받고 있는 역할모델을 소비자에게 보여줌으로써 이러한 형태의 학습을 널리 응용할 수 있다.

3) 추리학습

추리학습(reasoning learning)은 가장 복잡한 형태의 인지적 학습인데, 소비자는 새로운 연상이나 개념을 형성하기 위해 기존의 정보뿐 아니라, 새로운 정보를 탐색하여 재구성하는 창의적 사고에 참여한다. 즉 [그림 6-7]과 같이 이러한 인지적 학습은 목표지향적이며, 바람직한 목표를 달성하기 위해 취하려는 행동은 소비자의 정보, 태도, 아이디어, 통찰을 통합(인지활동)하여 추론된다.

● 엘빈즈 이유식에 대한 정보

예를 들어, 소비자의 목표(해결해야 할 문제)가 '건강한 아기'라고 할 때, 소비자는 가용한 정보, 태도, 아이디어, 통찰 등을 통합함으로써 — 비록 '엘빈즈' 이유식의 광고가 그것의 구매를 권유하고 있지 않을지라도 — 정신적 사고과정을 통해 '엘빈즈' 이유식이 자신의 바람직한 목표달성에 기여할 것이라고 추론할 수 있다. 따라서 이유식의 선택을 학습하는 것은 목표를 달성해 줄 대안들에 대한 정신적 평가의 결과이며, 이러한 추리학습은 대체로 고관여도 학습상황에서 나타난다.

학습이론들은 소비자가 여러 가지 상황에 걸쳐서 어떻게 학습하는지를 설명해 주는데, 이상의 다섯 가지 학습이론의 내용과 관여도 수준에 따른 예는 〈표 6-2〉와 같다.

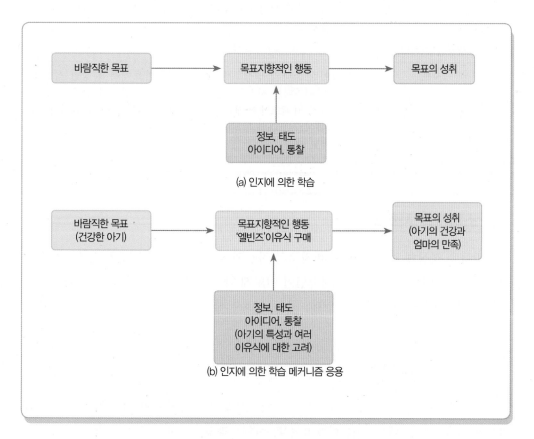

그림 6-7

인지적 학습 메커니즘의 응용

표 6-2

학습이론과 관여도 여건에
따른 예

	고관여도	저관여도
고전적 조건화 두 자극이 빈번히 함께 주어진다면 한 자극이 일으키는 반응이 다른 자극에 의해서도 일어난다.	현대차의 '포니'가 처음으로 해외로 수출되었다는 뉴스를 들었을 때 '대한민국'이라는 단어가 일으키는 우호적인 반응이 '포니'에 대해서도 나타난다.	배우 '김혜자'가 모델이 된 광고물이 일으키는 우호적인 반응이 – 광고 자체에 주의를 하지 않더라도 – 그가 언급하는 '다시다' 상표에 대해서도 나타난다.
도구적 조건화 보상받은 반응이 유사한 미래 상황에서 반복적으로 나타날 가능성이 커진다.	제일모직의 '빨질레리'를 구매하여 상쾌한 착용감을 느꼈고 동료들로부터 찬사를 받은 소비자는 제일모직의 캐주얼 웨어도 구매한다.	별 생각 없이 우연히 구매한 아이스크림의 맛이 좋았다고 생각한 소비자는 다시 그 상표를 구매한다.
기계적 반복 조건화 없이 두 개 이상의 개념이 연상된다.	여러 가지 의류의 광고를 신중히 검토하는 직장여성은 많은 패션상표들을 알게 된다.	광고나 상표에 관해 신중하게 생각해 본 적은 없지만 청소년들은 '게보린'이 두통약임을 알게 된다.
대리/모방 다른 사람의 행동이 일으킨 결과를 관찰하거나 모방행동의 결과를 상상함으로써 특정한 행동을 취한다.	미니스커트를 구매하기에 앞서서 다른 사람들이 친구의 미니스커트에 대해서 보여주는 반응을 관찰한다.	특별히 배우지 않아도 어린이는 남자가 치마를 입지 않는다는 사실을 알게 된다.
추론 당면한 문제를 해결하기 위해 정보, 태도, 아이디어, 통찰 등을 통합하여 해결책을 생각해 낸다.	베이킹 소다가 냉장고의 냄새를 없애준다는 사실을 아는 소비자가 카페트에서 냄새가 날 때 베이킹 소다를 뿌리고 쓸어내리려고 한다.	대형마트에서 특정한 상표의 케첩을 발견할 수 없을 때 소비자는 다른 상표로 대체한다.

3. 소비자의 사회화

사람들은 성장해 감에 따라 소비자로서 자신의 역할을 어떻게 학습하는가? 예를 들어, '질레트' 면도기의 마케터는 청소년이 어떻게 안전면도기 또는 전기면도기를 선호하게 되는지에 큰 관심을 가질 것인데, 이는 소비자 사회화라는 특수한 형태의 학습으로 설명될 수 있다.

1) 소비자 사회화의 정의

소비자 사회화(consumer socialization)는 시장에서 소비자의 기능을 수행하는 데 **필요한 기술, 지식, 태도 등을 학습하여 획득하는 과정**으로서 학습의 특별한 형태이다.

구매나 소비와 관련되는 지식의 획득을 포함하여 학습은 평생 동안 일어나는 현상이지만, 특히 청소년 시절에 일어나는 학습은 그 양과 성격뿐 아니라 그 후에 일어나는 학습에 대한 영향 때문에 특별한 관심을 끌고 있다. 즉 소비자 사회화에 대한 이해

● 누구나 소비자의 역할수행을 배운다.

는 첫째, 어린 시절의 경험을 앎으로써 성인행동의 구체적인 측면을 예측할 수 있으며 둘째, 공공정책의 수립과 소비자 교육 프로그램을 개발하기 위한 지침을 제공해 주고 셋째, 세대들 사이의 가치나 라이프스타일의 차이와 변화를 파악하는 데 유용하다.

2) 소비자 사회화 학습의 내용

어린이가 어떠한 행동을 학습하고 그것이 상품의 구매와 소비에 어떻게 관련되는지를 이해하는 데 있어서 어린이가 "무엇을 학습 하는가?"는 학습의 내용을 말하며, "어떻게 학습 하는가?"는 학습의 방법을 다룬다.

우선 소비자 사회화 학습의 내용은 두 범주로 나눌 수 있다.

첫째, **직접적으로 관련된 사회화 학습내용**이란 실제로 상품을 구매하고 소비하기에 필요한 소비자 행동의 측면을 의미한다. 예를 들어, 소비자는 장보기를 어떻게 해야 하는지, 유사한 상표는 어떻게 비교해야 하는지, 가계예산을 어떻게 세워야 하는지 등의 특별한 요령을 학습해야 한다. 상품, 상표, 판매원, 재고처분판매, 광고매체, 쿠폰 등에 관한 지식과 태도 역시 소비자가 상품을 구매하고 소비하는 데 유용한 학습내용이다.

둘째, **간접적으로 관련된 사회화 학습내용**이란 상품의 구매와 소비에 영향을 미치는 학습된 동기와 상품의 기능적 및 상징적 의미를 포함한다. 즉 이러한 학습내용은 소비자로 하여금 구체적인 상품을 원하도록 만드는 가치(value)나 필요(want)이며, 상품과 상표들을 상이하게 평가하도록 허용한다.

예를 들어, '그랜저'가 자신이 열망하는 유형의 승용차임을 학습한 소비자는 '그랜저' 계열의 승용차에 대해 긍정적인 반응을 보일 것인데, '그랜저'를 열망하도록 만드는 근거에 대한 학습이 바로 '간접적으로 관련된 사회화 학습내용'이다. 이때 실제 구매를 수행하기 위해 필요한 요령 등은 '직접적으로 관련된 사회화 학습내용'이 되는 것이다.

3) 소비자 사회화 학습의 방법

어린이는 도구적 훈련과 모방학습이라는 두 가지의 사회화 학습과정(social learning process)을 통해 사회화의 내용을 학습할 수 있다.

첫째, 도구적 훈련(instrumental training)은 선생님이나 부모, 다른 중요한 사람이 **직접적인 지시와 구체적인 보강을 통해 특별한 반응을 유도하는 것**이다. 즉 부모는 구매될 수 있는 것(감자칩, 무설탕 껌 등)과 구매될 수 없는 것(캔디나 청량음료 등)을 명시적으로 언급하고 적절한 보강을 적용함으로써 용돈이 어떠한 용도에 사용될 수 있는지를 직접 가르쳐 줄 수 있다. 최근 들어 부모와 학교, 사회단체와 같은 기관의 대표들은 어린이들에게 어렸을 때부터 생활경제와 금융교육(쇼핑하는 법, 돈쓰는 법, 유사상품을 비교하는 법)들을 가르쳐야 한다는 데 동의하고 있다.

● 어린이 경제교실
과 시장체험

둘째, 모방학습(modeling)은 어린이가 **역할모델을 관찰함으로써 적절하고 적절치 않은 행동을 구분하고 모방하는 것**이다. 간혹 모방학습은 역할모델로부터 직접적인 지시 없이 ― 심지어 어린이의 의식적인 사고나 노력 없이 ― 일어나기도 하는데 예를 들어, 대부분의 남자 아이는 아버지라는 역할모델을 모방함으로써 면도는 성인 남자의 일이라는 사실과 면도하는 방법을 학습한다. 즉 면도하고 있는 아버지의 모습을 통해 면도는 성인남자가 매일 하는 일로 받아들이며, 이러한 역할모델을 통해 남자 아이가 처음 본 면도기는 분명히 적절한 면도기가 어떠한 것인지에 관한 학습에 영향을 미칠 것이다(물론 남자 아이의 최종선택에는 다른 요인들도 영향을 미친다).

● 어린이의 모방학습에서 아빠는 훌륭한 역할
모델이다.

4) 소비자 사회화 학습에 있어서 가정과 친구의 역할

어린 시절의 가정과 청소년기의 친구들은 직접적인 영향과 중재작용을 통해 사회화 학습에서 중요한 역할을 담당한다.

(1) 직접적인 영향

가정과 친구들은 소비자 사회화에 영향을 미치는 **직접적인 지시와 역할모델을 제공**하는데, 일반적으로 어린이가 나이를 먹어 감에 따라 가정의 영향은 줄고 친구의 영향이 증가한다. 마케터는 어린이와 그들에게 영향을 미치는 성인에게 동시에 상품을 효과적으로 광고함으로써 소비자 사회화에 편승할 수 있다. 예를 들어, 'Raisins'는 어린이에게는 먹기에 재미있는 것으로 광고하는 동시에 부모에게는 영양 많은 스낵으로 광고함으로써 부모도 어린이에게 'Raisins'를 추천하도록 촉구하고 있다.

(2) 영향의 조절

가정과 친구는 **외부적 원천으로부터 오는 영향을 조절**하는데 다음과 같은 예를 볼 수 있다.

(어린이) 아빠 저 장난감 사주세요. 보세요. 막 걷잖아요.

(아빠) 안 된다. 그것은 단지 광고일 뿐이야. 그것은 정말 걷는 것이 아니고 아이들이 사고 싶도록 걷는 것처럼 만든 것이란다.

● 부모 대상의 건포도 (Raisins) 광고

이러한 예에서 광고는 상품특성을 예시하고 구매열망을 유발시키지만, 아빠가 상품특성에 대한 어린이의 신념과 광고의 신뢰성 사이에서 조절하는 역할을 수행한다. 이러한 지적은 가정과 친구들이 어린이의 구매에 있어서 모든 역할을 떠맡는다는 것이 아니며, 단지 성인과 마찬가지로 어린이들은 가정이나 친구의 영향 속에서 상품에 관해 학습하고 구매한다는 점을 강조하는 것이다.

제3절 학습의 일반적인 특성

특정한 학습상황에 적용될 수 있는 학습 메커니즘에 관계없이, 학습의 다음과 같은 특성들은 마케터에게 유용한 지침을 제공할 수 있다.

1. 학습의 강도

강력하고 지속적인 학습을 일으키기 위해서는 무엇이 필요한가? 어떻게 하면 소비자가 자신의 상표를 쉽게 잊지 않도록 학습시킬 수 있는가? 학습의 강도(the strength of learning)는 **학습제재의 중요성, 보강, 반복, 심상**의 네 요인으로부터 많은 영향을 받는데, 일반적으로 학습될 제재가 중요할수록, 학습과정에서 제공되는 보강이 클수록, 자극의 빈도가 잦을수록, 제재 속에 심상이 포함될수록 학습이 신속하게 일어나고 오래 지속되는 경향이 있다.

1) 학습제재의 중요성

중요성(importance)이란 **학습되는 제재(정보)에 소비자가 부여하는 가치**를 말하는데, 특정한 행동이나 정보를 학습하는 일이 소비자에게 중요할수록 학습이 강하게 이루어진다. 즉 대단히 중요한 제재는 덜 중요한 제재보다 훨씬 철저하고 효과적으로 학습되는 경향이 있으며, 이러한 중요성은 학습상황의 관여도 수준에 영향을 미치는 요인이기도 하다. 따라서 고관여도 학습상황에서는 학습이 보다 강하고 완전한 경향이 있으며 보강이나 반복, 심상이라는 나머지 요소들의 필요성도 적다.

2) 보강

보강(reinforcement)은 **그것에 선행된 반응의 강도를 높이고 재발확률을 증대시키는 외부적 사상**인데, 대체로 학습이 일어나는 **속도와 학습의 지속성**에 긍정적인 영향을 미친다. 보강은 긍정적 보강인자(positive reinforcer, 바람직하고 열망되는 결과)를 제공하거나 부정적 보강인자(negative reinforcer, 바람직하지 않고 회피되는 결과)를 철회함으로써 일어나는데, 전자를 긍정적 보강(positive reinforcement)이라고 하며, 후자는 부정적 보강(negative reinforcement)이라고 한다.

이러한 보강이 동기와 다른 점은 동기가 잠재적인 욕구의 일부가 환기(활성화)되어 유발되며 외견상 관찰될 수 없는데 반해, 보강은 반응(행동) 후에 주어지는 외부적 사상이다. 따라서 동기는 행동에 대한 내부적 설명이고 보강은 행동에 대한 외부적 설명이라고 할 수 있다.

한편 처벌(punishment)은 **정신적 또는 신체적 불편을 제공하여 그것에 선행된 반응의 강도를 낮추거나 재발확률을 줄이는 외부적 사상**인데, 구체적으로 어떤 사물을 회피하거나 어떤 행동을 중지하도록 학습시키므로 보강과 반대가 된다. 즉 보강과 처벌이 모두 소비자 학습에 관련되지만, 마케터는 소비자에게 처벌을 구사할 수 없으므로 마케팅에서는 처벌에 의한 학습효과가 별로 연구되지 않고 있다.

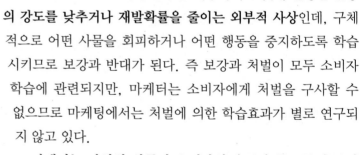

마케터는 자신의 상품이 소비자의 욕구나 목표를 충족시켜 줄 수 있다는 사실을 소비자에게 학습시키려고 노력하는데, 결국 그러한 욕구나 목표가 소비자에게 충분히 중요하다면 구매가 일어날 것이다. 이때 **상품이 소비자의 욕구와 목표를 충족시켜 주는 만큼 소비자의 구매행동은 보강되어 반복구매의 확률은 높아지지만, 그렇지 못한 경우라면 구매행동이 보강되지 않아서 반복구매의 확률은 줄 것이다**(소멸). 따라서 마케터는 소비자의 최초구매를 유도하기 위해 적절한 형태의 보강을 약속하는 광

● 값비싼 장비를 사지 않고도 행글라이더를 4D로 체험하는 일은 긍정적 보강을 제공한다.

고를 제시하고, 반복구매가 일어나도록 충분한 보강을 실제로 제공해야 한다.

(1) 보강 스케줄

어떠한 학습제재나 행동을 학습시키기 위해 모든 올바른 반응(every 'correct' response)을 보강할 필요는 없으나, 보강을 제공하기 위한 예산의 제약을 가정할 때 **보강 스케줄은 학습의 속도와 지속성에 영향을 미친다.** 즉 모든 올바른 반응이 보강되는 지속적 보강 스케줄(continuous reinforcement schedule 또는 100% reinforcement schedule)이 적용될 때 학습은 대단히 빠르게 일어나지만 지속성이 결여되는데 반해, 간헐적 보강 스케줄(partial reinforcement schedule)이 적용된다면 학습이 서서히 일어나지만 더 지속적으로 유지되는 경향이 있다.

(2) 보강의 필요성과 무작위 보강

학습을 위해 보강이 반드시 필요한가? 인접성 이론(contiguity theory)은 **자극과 반응이 동시에 일어난다는 단순한 사실이 학습의 충분조건**이라고 설명하고 있다. 즉 한 실험자는 다람쥐 우리 안에 쳇바퀴를 넣어주고, 다람쥐가 쳇바퀴를 돌릴 때마다 1,000 사이클의 음파를 제시하는 일을 30회 반복하였다. 그 후에도 다람쥐는 음파를 제시할 때마다 조건화된 반응으로서 쳇바퀴를 돌렸는데, 이러한 실험결과는 자극과 반응사이에 연관을 형성하기 위해서 필요한 것은 오직 이들 두 가지가 동시에 자주 일어나야 한다는 인접성의 조건일 뿐이며, **보강이 꼭 필요한 것이 아님**을 밝힌 것이다.

그러나 보강이 주어진다면 조건화 학습과정이 보다 빨라질 것임은 분명하다. 예를 들어, Skinner는 무작위 보강의 고전적 실험을 통해 비둘기가 엉뚱한 행동을 학습하는 메커니즘을 보여주었다. 즉 그는 비둘기가 어떤 행동을 취하든 간에 15초마다 먹이를 약간씩 주었는데(무작위 보강, random reinforcement), 먹이가 처음 주어질 때 우연히 비둘기가 뒤로 돈다든가, 머리를 든다든가 하는 특정한 행동을 하고 있었다면 곧 그러한 행동과 먹이 사이에는 연관이 형성된다.

따라서 그 다음 먹이가 주어질 때 비둘기는 동일한 행동을 취할 확률이 높아지며, 이러한 과정을 반복하면 비둘기는 마침내 먹이를 얻기 위해 그러한 독특한 행동을 취할 것이다. 즉 특정 행동에 대해 보강이 반복된다면 학습이 강화될 수 있는 것이다.

무작위 보강으로부터 시작되는 이러한 형태의 도구적 조건화는 개별 소비자의 '징크스'나 이해하기 어려운 괴팍한 행동을 설명해줄 수 있다. 예를 들어, 어떤 학생은 재수 좋은 볼펜을 간직하고 있는데, 그것은 그 볼펜으로 시험을 치른 결과가 마침 좋게 나왔던 우연의 일치에 기인하는 것이며, 볼펜(자극) 자체가 좋은 성적의 원인은 아니다. 또한 소비자가 어느 백화점을 방문했을 때 마침 무료견본이나 선물과 같은 무작위 보강을 받게 되었다면 그는 그곳을 다시 방문할 가능성이 커지며, 더 많은 보강을 반복적으로 받음으로써 점포충성으로까지 발전할 수 있다.

3) 반복

반복(repetition)은 **학습의 속도와 강도를 증대시키는데, 어떠한 행동이나 정보에 대한 노출이 반복될수록 그것이 학습될 가능성은 당연히 높아진다.** 물론 반복의 효과는 학습제재의 중요성과 주어지는 보강과도 관련되므로 학습제재가 매우 중요하거나 보강이 큰 경우라면 낮은 빈도의 반복만으로도 학습이 잘 일어난다. 그러나 대부분의 광고는 현재 소비자들에게 중요한 제재나 주의에 대한 직접적인 보상을 포함하고 있지 않으므로 **광고의 반복은 중요하며, 특히 관여도가 낮은 상품을 촉진하는 과정에서 매우 효과적이다.**

특히 광고의 반복을 지지하는 실무적인 입장은 표적시장의 모든 구성원들이 광고에 노출되었음을 확신할 수 없기 때문에 여건이 허용하는 한 반복을 통해 시장을 포괄해야 한다는 것인데, 지나친 반복은 광고가 싫증난다거나 괴롭힌다는 이유 때문에 소비자로 하여금 광고를 적극적으로 회피하거나 부정적으로 평가하도록 만들 수 있으므로 주의해야 한다.

광고의 반복횟수에 덧붙여 반복의 타이밍(repetition timing)도 **학습의 강도와 지속성에 영향을 미치는데,** [그림 6-8]은 한 식료품에 대한 광고의 반복 타이밍과 회상 사이의 관계를 예시한다. 즉 광고의 반복 타이밍에 있어서 차이 때문에 동일한 횟수의 광고 노출이 대단히 다른 학습곡선을 보여주고 있는데, 13주에 걸쳐 매주 1회씩 광고에 노출

그림 6-8

반복 타이밍과 회상수준

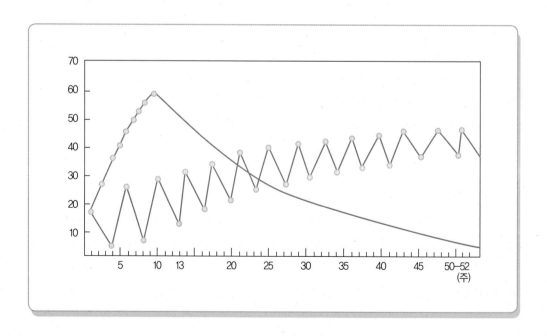

되었던 가정주부 집단은 회상(학습)이 급격히 증가하여 13주째 최고점에 달했다가 다시 급속히 낮아져서 연말에는 거의 0점에 도달하는데 반해, 매 4주마다 역시 13회의 광고에 노출되었던 가정주부 집단에 있어서는 회상이 — 비록 노출 사이에는 일시적인 감소가 있지만 — 지그재그 라인을 보이면서 일 년 내내 계속 증가했다.

물론 두 가지 사이의 선택은 전적으로 마케팅 목표에 달려 있다. 예를 들어, 크리스마스 시즌에 집중적으로 구매되는 장난감의 마케터는 일시에 광범위한 학습을 조장하기 위해 그 시기에 광고를 집중적으로 반복하며, 정치후보자들도 자신을 널리 알리기 위해 선거일 직전에 광고를 집중적으로 실시한다. 그러나 점포 이미지의 개발과 같이 보다 장기적인 학습을 조장하기 위해서는 비교적 긴 시간간격을 두는 반복이 효과적이다.

4) 심상

상표명이든 기업의 슬로건이든 '단어'들은 어떤 이미지를 창출하는데 예를 들어, '제너시스' 승용차나 '마주앙' 와인과 같은 상표명은 **독특한 감각적 이미지(또는 정신적 그림)**를 환기시킨다. 이러한 감각적 이미지인 심상(imagery)은 학습을 도와주는데, 특히 심상이 풍부한 단어들이나 슬로건은 그렇지 않은 경우에 비해 훨씬 기억하기가 용이하여 학습의 강도와 속도를 증대시키므로 마케터에게 상표명이 환기시키는 이미지, 즉 심상은 매우 중요하다.

이러한 심상효과(imagery effect)의 근거는 대단히 단순하다. 즉 감각적 이미지가 풍부하여 심상성이 높은 단어들(high-imagery words)은 그것이 기억 속에서 언어적 차원(verbal dimension)과 시각적 차원(pictorial dimension)에 이중으로 코딩되는데 반해, 감각적 이미지가 빈약하여 심상성이 낮은 단어들은 단지 언어적으로만 코딩되기 때문이다(이중 기호화 가설 dual-coding hypothesis).

한편 그림이나 사진은 그 자체가 감각적 이미지로서 효과를 가지므로 광고의 도식적 요소는 언어적 요소에 비해 학습을 향상시킨다. 따라서 마케터는 소비자익 학습을 개선하기 위해 심상성이 높은 단어나 도식적 요소들을 적절하게 구사해야 한다.

2. 소멸과 망각

마케터는 소비자가 그들의 상표에 관한 긍정적인 특징, 느낌, 행동을 학습하고 학습한 것을 오래도록 기억해주기를 원한다. 그러나 **학습된 반응에 대해 보강이 없거나 또는 자극 자체가 다시 제공되지 않든, 이미 학습한 내용이 다른 제재의 학습으로 대체될 때** 그러한 기대는 깨지기 마련이다.

1) 소멸

도구적 조건화는 소비자가 습관적인 구매를 중지하게 되는 현상을 이해하는 데 유용하다. 만일 소비자가 상품구매로부터 기대했던 만족을 얻지 못하게 되었다면 소멸이 일어나는데, 소멸(extinction)은 자극에 대해 학습된 반응이 행하여짐에도 불구하고 **보강이 없을 때 학습된 반응의 재발확률이 낮아지는 현상**이다. 그러나 특정한 반응이 일단 학습되고 나면 보강이 없을지라도 반응의 재발확률이 완전히 없어지지는 않으며, 특히 이전의 학습과정이 다음과 같은 특성을 가질 때 그렇다.

- 학습동기가 강했을 때(즉 학습제재가 중요한 고관여도 학습상황)
- 반응이 보강된 횟수가 많고, 보상이 컸고, 간헐적 보강 스케줄이 적용되었을 때
- 학습제재가 심상을 포함했을 때

이러한 소멸의 원리들은 소비자가 기호, 쇼핑패턴, 소비습관을 서서히 바꾸는 이유와 많은 경쟁상표에 당면해서도 한 상품에 대한 선호를 유지하는 이유를 부분적으로 설명해 줄 수 있다. 예를 들어, 단맛, 커피, 흡연의 습관을 완전히 포기하는 일은 많은 사람에게 어려우며, 또 많은 사람은 이전의 상표나 점포가 과거와 같은 보상을 제공하지 않는데도 불구하고 장기간에 걸쳐 이미 형성된 상표충성이나 점포충성을 유지하고 있다.

이러한 사실은 경쟁자로부터 고객을 유인하려는 마케터가 해결해야 할 어려운 문제를 제기하는데, 소비자가 경쟁자에 대해 이미 학습한 호의적인 반응을 소멸시키기보다는 조건화 학습을 통해 바람직한 반응을 학습시킴으로써 소비자가 이전에 학습한 반응을 망각하도록 하는 편이 용이하다. 즉 마케터는 소비자로 하여금 현재의 상품에 불만족하도록 만들기보다는 새로운 상품에 대한 선호를 개발하는 편이 효과적이다.

2) 망각

소멸은 이전에 학습된 반응이 계속 행하여지지만 더 이상 보강되지 않을 때 일어나는 현상이고 망각(forgetting)은 **자극 자체가 다시 제공되지 않거나, 다른 제재의 새로운 학습을 통해 이전의 학습내용을 상실하는 현상**이다(물론 망각 후에도 재차 상기될 수 있는데, 이는 기억흔적이 남아 있기 때문이며, 장기기억 내의 정보가 거의 상실되지 않는다는 주장의 근거가 된다). 즉 상품을 사용하지 않게 되거나 그의 광고가 중지된다면 그러한 상품은 망각될 것이다. 예를 들어, 소비자에게 만족스럽고 잘 알려진 선도적 상표일지라도 진열대에서 사라지거나 광고를 중단한다면 매출이 급격히 줄 것이다. 즉 상품이 소비자를 만족시켰으므로 소멸은 일어나지 않았으나, 자극이 제공되지 않으므로 망각이 일어나고 매출액이 줄게 된다.

한편 일부 마케터나 사회단체들은 소비자가 이미 학습한 반응을 망각시키려고 노력한다. 예를 들어, 대한암협회는 시민들이 흡연행위를 소멸하도록 흡연에 따른 보상을 극소화(흡연폐해에 대한 소비자의 인식강화)하려고 노력하는 한편, 흡연행위를 망각하도록 담배의 진열이나 광고를 저지하거나 운동이나 자기개발 등 건전한 대체 활동을 학습시키려고 노력하고 있다. 또한 광고가 소비자에게 상표에 관한 그릇된 정보를 학습시켰다면 그러한 정보를 망각시키기 위해 마케터는 새롭고 긍정적인 제재를 학습시켜야 한다.

망각률(rate of forgetting)은 일반적으로 회상(또는 광고보류)의 수준에 대한 상기와 재인이라는 두 가지 근거로 측정되는데, [그림 6-9]와 같은 망각곡선은 재인을 근거로 측정한 회상수준이 대체로 상기를 근거로 측정한 회상수준보다 높다는 점을 잘 보여준다. 물론 촉진목표나 구체적인 상황에 따라 회상수준에 대한 적절한 측정 근거를 선택해야 하지만, 어느 경우에서나 망각은 학습이 일어난 직후에 가장 빠른 속도로 일어나며 시간경과에 따라 점차 느린 속도로 일어난다.

망각곡선(decay curve, 보류곡선 retention curve)의 이러한 특징적 형태는 망각과정에 대항하기 위해 광고를 지속해야 함을 보여주는데, 경쟁자에 대비하여 단순히 광고의 수준을 유지하는 것만으로도 소비자의 완전한 망각을 피할 수 있다.

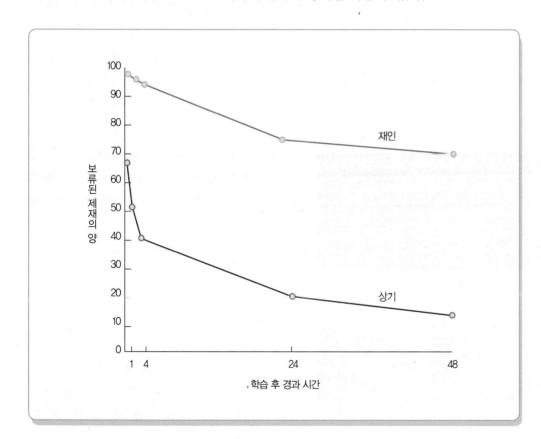

그림 6-9

상기 및 재인에 의한 망각률

- 재인-재인(recognition)이란 소비자에게 일련의 광고를 제시하여 최근에 본 것을 뽑아내거나 하나씩 제시하여 본 적이 있는지 여부를 판별하는 것이다.
- 상기-상기(recall)란 응답자에게 자신이 최근 보았다고 기억되는 광고를 회상해 내어 면접자에게 묘사하는 것인데, 응답자는 광고를 기억해 내고 재인해야 하는 두 단계의 작업을 수행한다. 이때 소비자에게는 상품범주와 같은 약간의 암시가 주어질 수도 있고(aided recall), 아닐 수도 있다(unaided recall).

3. 자극 일반화

한 자극에 대한 특정한 반응이 학습되고 나면, 그러한 **학습된 반응은 학습상황에 포함된 본래의 자극은 물론이고, 그와 유사한 자극에 대해서도 나타나는 경향**이 있다. 이러한 현상을 자극 일반화(stimulus generalization, rub-off effects)라고 하며, 차별화 학습에 의해 중단되지 않는 한 자동적으로 일어난다. 이러한 자극 일반화는 개별적인 모든 자극에 대해 독특한 반응을 학습할 필요성을 면제해 주므로 소비자의 정보처리를 단순화하며 학습이전(transfer of learning)의 근거가 된다.

새로운 자극이 본래의 자극과 유사할수록 동일한 반응을 산출할 가능성이 크고 반면에 유사하지 않을수록 자극 일반화가 일어날 가능성이 작아진다는 자극 일반화의 원리는 마케터에게 유용한 시사점을 제공해 준다. 즉 중소상표의 마케터는 시장선도적 유명상표와 유사한 상표명이나 상품형태, 포장을 취하거나 유사한 광고를 실시함으로써 소비자들로 하여금 유명상표에 대한 반응을 자신에게도 보이도록 유도한다. 또한 신상품의 마케터는 이전의 것과 유사한 상품형태나 포장으로써 신상품을 시장에 도입시키는데, 이는 소비자로 하여금 이전 상품으로부터 학습된 선호나 태도를 신상품에까지 일반화시키도록 유도한다.

● 가족상표전략 관련 브랜드

또 가족상표 전략(family brand strategy)도 소비자가 기존품목에 대해 갖고 있는 우호적인 지각과 태도를 사용경험이 없는 새로운 품목에 일반화시키려는 시도이며, 이러한 원리는 상표확장 전략(brand extension strategy)에도 마찬가지로 적용된다. 그러나 긍정적이고 우호적인 학습내용이 일반화될 수 있다면 부정적이고 비우호적인 학습내용도 일반화될 수 있음에 유의해야 한다.

4. 자극 차별화

다소 유사한 자극들을 구분하여 상이하게 반응하도록 학습하는 일도 소비자로 하여금 자신의 환경에 효과적으로 적응하도록 도와준다. 즉 자극 차별화(stimulus discrimination)란 **유사하지만 별개인 자극에 대해 상이한 반응을 보이는 현상**인데, 차별화 학습은 유사한 두 자극에 대한 동일한 반응이 상이한 결과를 일으킬 때 일어난다. 이때 소비자가 유사한 자극들을 구별하기 위해 사용할 수 있는 단서를 차별화 단서(discriminative cues)라고 한다.

이와 같은 차별화 학습(discrimination learning)은 보편적인 현상이며 소비자에게 매우 유용하다. 소비자는 자신의 목표를 달성하기 위해 만족스러운 결과를 제공해 주는 상품을 다소 열등한 상품으로부터 구분해야 하며, 더욱이 동일한 생산자의 상품 계열 내에서도 상이한 모델을 구분해야 한다.

● 장수돌침대의 '다섯 개 별'은 차별화 단서로서 유사품을 구분하게 도와준다.

또한 마케터도 소비자의 차별화 학습을 격려한다. 즉 마케터는 소비자가 유사품들로부터 자사상품을 구분해내도록 자사상품의 독특함에 대해 소비자의 주의를 환기시키는데, 차별화 학습을 지원하기 위한 차별화 단서로는 "별 다섯 개가 없는 것은 돌침대가 아닙니다", "돌침대를 구입할 땐 '별이 다섯개'를 확인하세요"처럼 상표표지뿐 아니라 상표명(장수돌침대), 로고, 독특한 색채와 형태, 포장 등을 이용할 수 있다.

제4절 학습원리의 응용

1. 소비자 행동의 수정

학습원리의 실무적 응용은 대체로 소비자에게 바람직한 행동을 학습시켜 그들의 행동을 수정하려는 것인데, 이러한 학습에 의한 행동수정의 관점(BMP, behavioral modification perspective)은 소비자 행동을 바꾸기 위해 — 욕구나 태도 등의 내부심리적 과정의 역할보다는 — 자극이나 보강 등의 환경적인 사상들을 조작하려는 일에 초점을 둔다.

마케팅에서 행동수정에 대한 현실적인 접근방법은 대체로 바람직한 행동반응의 확률을 높이기 위해 적절한 보강을 발견하고 적용하는 일이다.

1) 고전적 조건화에 의한 행동수정

이미 설명한 바와 같이 소비자는 고전적 조건화를 통해 무조건 반응 또는 이전의 자극에 연관된 조건반응을 병행되는 다른 자극에 대해서도 보이도록 학습할 수 있는데, 이러한 고전적 조건화를 마케팅에 활용한 예는 다음과 같다.

- 격정적인 스포츠 행사 가운데 상품을 반복적으로 광고하는 일은 그러한 상품에 대해 역시 에너지가 넘친다는 느낌을 유발한다.
- 재미있고 즐거운 이벤트행사를 개최하면서 상품을 제시하는 일은 그러한 상품에 대해서 흥미를 유발한다.
- 무명의 정치신인은 자신이 참석하는 행사장에 태극기를 배경으로 설치하거나 정치광고에 애국가를 배경음악으로 연주하도록 함으로써 자신에 대해 '애국심'을 연상시킨다.
- 점포에서 흘러나오는 크리스마스 캐롤은 그곳에서 판매되는 상품을 '사랑과 나눔'의 연상을 일으켜 구매의향을 증대시킨다.
- 평소 주의를 환기시키는 사이렌이나 전화벨 소리와 함께 제시되는 광고는 소비자의 주의를 환기시킨다.

2) 도구적 조건화에 의한 행동수정

마케터는 소비자의 상품구매나 사용행동이 보강되도록 일관성 있는 품질을 유지하면서 도구적 조건화를 널리 응용하는데, 다음과 같은 예를 들 수 있다.

- 판매 후 구매자에게 감사를 표시하기 위해 직접우편이나 대면접촉을 이용한다.
- 구매고객들에게 사은품이나 할인쿠폰, 트레이딩 스탬프 등의 '추가적인' 보강을 제공한다.
- 오락행사, 쾌적한 실내환경, 환상적인 진열 등을 통해 점포내부와 쇼핑몰을 장보기에 즐거운 장소(보강)로 만든다.
- 상품소유 또는 상품사용 자체를 보강하기 위해, "가장 현명한 사람이 선택하는" 등의 메시지를 광고한다.
- '50% 세일'이라는 플래카드나 점포의 로고, 심볼 등을 차별화 단서로서 학습시

켜 소비자의 선택을 유도한다.

한편 아무리 큰 보상을 준비했을지라도 동물에게 단숨에 복잡한 곡예를 학습하도록 기대하기는 어렵다. 오히려 복잡한 곡예를 여러 수준의 단계로 구분하여 각 단계의 곡예를 습득할 때마다 작은 보상을 제공한다면 그 동물은 점차 높은 수준의 곡예를 추가해 나가면서 결국 복잡한 곡예를 해낼 수 있을 것이다. "천리 길도 한 걸음부터"라는 격언과 같은 이러한 도구적 조건화를 특히 행동형성(behavior-shaping)이라고 한다.

마케팅에서 행동형성은 대체로 상품의 실제 사용을 필요로 하므로 마케터는 시용을 유도하기 위해 무료견본, 할인쿠폰, 대여 등을 실시할 수 있는데 만일 소비자들이 그러한 경험에 만족했다면(보상), 그들은 다음 단계로 넘어가 미래에도 구매할 가능성이 높아진다[그림 6-10].

또한 판매원들은 부담 없이 그의 상품을 봐주기만 해도 선물을 주겠다고 제의하기도 하며, 보험회사는 성명과 생일을 보내준 고객들에게 지도나 볼펜을 배포하여 일단 친해놓고 가정방문을 통해 보험가입을 권유하기도 한다. 즉 마케터는 궁극적으로 지향하는 바람직한 행동이나 반응에 대해 점진적인 접근(successive approximations)을 보강함으로써 장시간에 걸쳐 행동이나 반응에 커다란 변화를 학습시킬 수 있다.

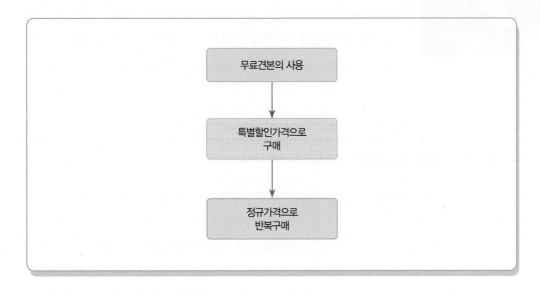

그림 6-10

구매행동에 있어서 행동형성의 과정

3) 역할모델에 의한 행동수정

마케터는 상품을 효과적으로 사용하는 역할모델을 보여주거나 역할모델이 상품의 사용이나 소유 자체로부터 보상받고 있는 모습을 보여줌으로써 소비자들로 하여금 역할모델을 모방하여 행동하도록 학습시킬 수 있는데, 다음과 같은 예를 볼 수 있다.

- 상품을 사용하는 전문가나 기존고객의 모습을 보여줌으로써 효과적인 상품사용의 방법을 제시한다.
- 상품의 사용자가 현재 받고 있는 보상을 부각함으로써 구매를 유도한다.
- 바람직하지 않은 행동(비구매)으로부터 처벌받고 있는 역할모델을 보여줌으로써 그러한 행동을 회피하도록 학습시킨다. 예를 들어, 구강청정제를 사용하지 않기 때문에 동료들로부터 외면당하는 역할모델은 소비자에게 구강청정제의 사용을 촉구할 수 있다.

● 행동수정의 관점에서 역할모델들

4) 생태환경적 설계에 의한 행동수정

● 대형마트 계산대 주변의 충동상품들

생태환경적 설계(ecological design)의 개념은 소비자의 행동을 바꾸기 위해 물리적 환경을 조작하려는 일에 초점을 두는데 예를 들어, 조용하고 안정된 실내분위기는 미술관의 입장객들에게 무엇이 적합한 행동인지 학습시킨다. 따라서 마케터는 이벤트 행사에 격정적인 환경적 자극을 제공하여 참석자로부터 바람직한 행동을 유도하거나 대형마트의 상품배치와 진열을 조정함으로써 내점객의 행동에 영향을 미칠 수 있다. 또한 계산대 앞에서 기다리는 고객을 대상으로 한 다양한 충동상품도 이러한 원리를 응용한 예가 된다.

2. 상품 포지셔닝 전략

상품 포지션이란 경쟁상품에 관련하여 자사상품에 대한 소비자들의 스키마(schema, 지식의 추상적 구조)를 말하며, 상품 이미지란 경쟁상품에 관한 참조가 없는 스키마이지만 대체로 혼용된다. 하이트 진로는 가격과 맛을 근거로 맥주를 차별화함으로써 하이트, 맥스, 드라이d, 에스, 스타우트, 퀸즈에일에 대해 각각 독특한 포지션을 개발하였는데, 상품에 대한 소비자들의 해석(포지션)에 바람직한 영향을 미치기 위해 마케터가 구사하는 자극들은 매우 미묘하며 단지 상표명이나 포장 색상 등의 상징만을 사용하기도 한다.

지각지도를 작성하는 일은 이미 제3장에서 설명한 바와 같이 마케터로 하여금 상품포지션을 분석하고 개발하기 위한 유용한 기법을 제공해 주는데, 우선 소비자들이 다양

한 상품들을 얼마나 유사하다고 지각하는지를 측정하고 이들을 평가속성에 관련시켜야
한다.

　물론 상품을 성공적으로 포지셔닝하기 위해서는 소비자 정보처리의 모든 측면을 충
분히 이해해야 한다. 즉 소비자들은 적절한 매체를 통해 자극에 노출되어야 하며 – 관
여도가 높든 낮든 – 그러한 자극을 주목하고 마케터가 원하는 방식으로 조직하여 바람
직한 해석에 도달해야 한다. 따라서 가격, 상품 디자인, 품질, 소매점, 광고 메시지 등
의 마케팅 믹스 요소들은 일관성을 가져야 하며 바람직한 해석(포지션)이 학습되도록
충분한 반복과 보상이 따라야 한다.

　끝으로 장기간에 걸쳐서도 마케터는 소비자들에게 전달되는 광고 메시지들이 일관적
이거나 상품 포지션에 바람직한 변화를 일으키도록 신중하게 노력해야 한다. 불행하게
도 많은 마케터들은 단기적 매출목표와 경쟁자 활동에 반응하여 마케팅 믹스의 요소들
을 즉흥적으로 변경하는 경향이 있는데, 그와 같이 즉각적인 매출을 지나치게 강조하는
일은 건전하고 장기적인 상품 포지션을 개발하거나 유지하는 데 방해가 될 뿐이다.

제**7**장

태 도

I·n·t·r·o

　태도는 소비자 행동 연구에서 가장 관심 끄는 주제 중의 하나이다. 학계와 실무계에서 수행되고 있는 태도조사들은 새로운 상품을 개발하고 기존상품을 리포지셔닝하거나, 광고 캠페인을 창안하고 소비자의 상표선호와 구매행동을 예측하기 위한 근거를 제공한다. 따라서 태도가 어떻게 형성되고, 그것이 소비자에게 미치는 영향을 이해하는 일은 마케팅 전략을 수립하기 위해 중요한 요건이라 할 수 있다.

　태도의 형성과 역할은 관여도의 수준에 따라 달라진다. 즉 관여도가 높은 여건에서는 일단 상표에 관한 태도를 형성한 후, 그러한 태도를 근거로 구매가 일어나지만, 관여도가 낮은 여건에서는 상표에 대한 태도가 구매 후 실제 사용을 통해 상표를 평가할 때 이루어지는 경향이 있다.

　본장에서는 관여도가 높은 여건에서 나타나는 소비자의 구매 결정 과정을 정보의 처리, 태도의 형성, 태도를 근거로 한 구매로 파악하여 논의하고, 이에 따른 마케팅 전략을 검토한다.

제1절 태도의 본질

1. 태도의 정의와 특성

1) 태도의 정의

사회심리학자들은 태도를 다양하게 정의하고 있으나, 보편적으로 수용되는 정의로는 세 가지를 들 수 있다. 하나의 정의는 태도가 개인이 **어떤 대상에 대해 얼마나 긍정적 또는 부정적으로, 우호적 또는 비우호적으로, 찬성 또는 반대의 감정으로 느끼고 있는지**인데, 이러한 정의는 태도를 느낌(feeling)이나 대상에 대한 감정적 반응(affective reaction)으로 간주하는 견해이다.

태도에 관한 다른 견해는 태도를 한 **대상 또는 대상의 범주에 대해 일관성 있게 우호적으로 또는 비우호적으로 반응하려는 학습된 선유경향**(learned predispositions)이라고 정의한다. 즉 태도는 일관성 있게 우호적으로 또는 비우호적으로 대상들을 평가하려는 소비자의 성향이며, 이러한 정의는 태도대상에 대해 반응할 준비상태(readiness to react)를 포함하기 때문에 앞의 정보에 비해 다소 포괄적이다.

또한 소비자의 인지적 측면을 강조하는 사회심리학자들은 태도를 **대상에 관한 동기부여적, 감정적, 지각적 및 인지적 과정의 지속적인 조직**이라고 정의하는데, 이러한 견해는 태도가 인지적(cognitive), 감정적(affective), 행동적(behavioral) 등 세 개의 구성요소로 이루어진다고 간주하는 것이다. 결국 태도란 상품, 상표, 소매점, TV 프로그램과 같은 환경내 자극에 대해 소비자가 생각하고 느끼고 행동하는 양상이다.

최근 들어 태도에 관한 정의는 대상 A가 싫다로부터 좋다에 이르는 전반적인 평가척도 상의 한 점을 취하는 **단일차원적 개념**(unidimensional concept)으로부터 소비자가 다수의 속성에 대한 개별적인 지각들을 통합하여 전반적인 평가를 형성하고 행동성향을 결정함으로써 태도를 형성한다는 **다차원적인 개념**(multidimensional concept)으로 확장되었다.

즉 소비자는 태도대상을 '좋다-싫다'와 같이 하나의 연속체 상에서 평가하는 것이 아니라, 수개의 차원 상에서 판단하는 것으로 간주된다. 예를 들어, 한 소비자는 시리얼의 구매에 있어서 영양, 체중조절, 천연성분의 세 가지 효익(benefits)을 원할 수 있는데, 이러한 상품효익들은 비타민 함량, 칼로리의 양, 밀기울 함량과 같은 다수의 평가속성(evaluative attributes)들로 전환되며, 각 상표에 대한 태도는 각 상표가 이러한 속성들을 갖고 있는 정도와 이러한 속성들에 부여되는 중요도(요망성)에 의해 결정된다.

태도에 관한 다차원적 개념은 다음 장에서 설명할 다속성 태도모델의 근거가 되며, 이와 같이 상표태도를 상품속성별 다차원 근거로 측정하는 편이 단일차원의 전반적인 감정적 반응으로 파악하는 경우보다 소비자 행동을 훨씬 잘 예측하였음이 밝혀졌다.

2) 태도의 특성

태도는 몇 가지의 중요한 특성을 갖고 있다.

첫째, **태도는 대상을 가진다.** 정의에 따라 태도는 대상을 가져야 하는데, 태도대상(attitude object)은 노트북이나 아래한글과 같은 상품 및 서비스는 물론이고, 소비자보호운동과 같이 추상적인 개념이나 상품구매와 같은 행위도 포괄한다. 또한 특정한 사람과 같이 하나의 항목이거나 사회적 집단과 같은 항목의 집합일 수 있으며, 구체적 상표(현대자동차의 '제네시스')이거나 일반적 상품범주(SUV 승용차)일 수도 있다.

둘째, 태도는 방향, 정도, 강도를 가진다. 태도는 대상에 대해 우호적인지 비우호적인지의 방향(direction)과 대상을 얼마나 좋아하고 싫어하는가의 정도(degree), 대상에 대한 태도표현을 얼마나 확신하고 있는지의 강도(intensity) 등 세 가지 측면을 가진다.

여기서 정도와 강도는 유사하게 여겨지며 실제로 관련되어 있지만, 같은 의미는 아니다. 예를 들어, 소비자는 '제네시스' 승용차를 '매우' 신뢰할 수 있다고 느낄 수 있는데 이는 그의 태도가 긍정적인 방향으로 치우쳐 있으며, 감정적 반응의 정도가 매우 큼을 의미한다. 그러나 "자신의 느낌이 옳다"는 확신(conviction or feeling of sureness)이 강하지 않다면 '제네시스' 승용차를 매우 신뢰할 수 있다고 강한 확신을 갖는 사람에 비해 태도가 쉽게 바뀔 수 있다.

예를 들어, "내가 직접 경험에서 확실히 알고 있지만"의 태도표현은 강도가 높은데 반해, "확실치는 않지만 왠지"의 태도표현은 강도가 낮기 때문에 후자의 태도는 유동적이라고 말할 수 있다.

셋째, 태도는 구조를 가진다. 한 개인이 여러 대상에 대해 갖고 있는 태도들은 구심성(inter-attitudinal centrality)과 일관성(consistency)을 갖는 안정적인 구조를 이루고 있다.

즉 태도들은 개인의 가치와 자아 이미지를 중심으로 복합체를 이루고 있는데, 이러한 **가치와 자아 이미지에 밀접하게 관련되는 태도들은 고도의 구심성을 가지며 그렇지 않은 태도들은 구심성을 덜 갖는다.** 이와 같이 한 개인의 태도구조(a person's attitudinal structure) 내에 있는 모든 태도들 가운데, 일부는 다른 것들보다 구심적이어서 의사결정에 보다 강한 영향을 미친다. 예를 들어, 어떤 소비자는 '에너지 절약'보다 '국산품 애용'이 자신의 가치와 자아 이미지에 더 중요하다고 느껴 연비가 좋은 수입차보다 오히려 연비가 나쁜 국산차를 선택할 수 있다.

한편 태도들은 독립적으로 존재하지 않으며, 서로 연관되어 복잡한 전체를 형성하는데, 이는 그들 사이에는 일관성을 유지하려는 경향이 있다. 즉 한 개인이 갖고 있는 태도들은 서로 관련되어 있기 때문에 그들 사이에는 어느 정도의 '공존성'이 있어야 하며, 그렇지 않으면 갈등이 일어날 것이다. 더욱이 구심적인 태도(more central attitudes)는 보다 많은 다른 태도들에 관련되기 때문에 주변적인 태도(more peripheral attitudes)의 경우보다 더 많은 일관성을 가져야 한다.

태도들은 하나의 구조로 존재하기 때문에 시간경과에 걸쳐 안정성을 보이며, 또한 학습되기 때문에 오랫동안 지속될수록 강해지거나 적어도 변화에 더 저항한다. 따라서 새롭게 형성된 태도는 동일한 강도를 가질지라도 오래된 태도보다 덜 안정적이며 변하기 쉽다.

넷째, **태도는 학습된다.** 골프 스윙, 테니스 스트로크, 기호가 학습되는 것과 마찬가지로 태도들도 학습된다. 즉 태도들은 가족과 동료집단, 친구나 판매원, 뉴스 매체로부터 오는 정보와 개인적 경험, 퍼스낼리티 등으로부터 영향을 받으며, 학습과정을 통해 형성된다. 따라서 학습은 태도의 형성과 변화에 선행되며, 마케터가 소비자의 태도를 개발하고 변화시키기 위해서는 제6장에서 설명한 학습원리들을 이용할 수 있다.

3) 태도형성의 심리적 과정과 외부적 영향요인

태도는 기본적으로 개인의 욕구와 그것을 충족해줄 대상에 대해 그가 부여하는 지각된 가치(perceived values)로부터 개발되는데, 태도형성의 심리적 과정은 [그림 7-1]과 같이 묘사할 수 있다. 즉 소비자는 여러 가지 원천으로부터 나오는 영향과 정보를 지각하여 상품, 서비스, 소매점 등 대상에 대한 태도를 형성하는데, 그는 자신의 개인적 욕

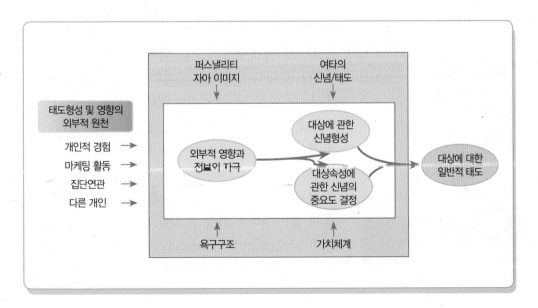

그림 7-1

태도형성의 심리적 과정

구구조와 가치체계, 퍼스낼리티, 자아 이미지, 여타의 신념과 태도 등과 같은 내부적 영향요인을 근거로 하여 그러한 영향과 정보를 지각하며 그러한 지각의 결과로부터 대상에 대한 일반적인 태도를 형성한다.

(1) 개인적 경험

소비자는 일상생활에서 여러 가지 대상과 접촉하게 되는데, 태도는 새로운 대상을 평가하고 이전의 대상들을 재평가하는 과정에서 형성된다. 즉 개인적인 경험은 여러 가지 대상에 대한 태도를 형성하여 그가 취하게 될 미래 행동에 영향을 미친다. 예를 들어, 한 진통제가 새롭고 빠른 진통효과를 가진다는 사실을 처음으로 알게 된 소비자는 그 상표에 대해 우호적인 태도를 형성하고, 그것을 구매할 가능성이 높을 것이다.

(2) 마케팅 활동

소비자는 여러 가지 원천으로부터 수집되는 정보를 근거로 태도를 형성하는데, 마케터가 주도하는 원천은 소비자의 외부적 정보탐색에서 가장 대표적인 원천일 뿐 아니라, 소비자가 대상을 평가하는 과정에 많은 영향을 미친다.

(3) 집단연관

소비자의 태도는 그가 연관되거나 연관되고자 하는 집단으로부터 강한 영향을 받는데, 이러한 집단연관(group associations) 중에서는 다음과 같은 네 가지가 중요하다.

첫째, 가정은 소비자가 태도를 형성하는 데 있어서 가장 많은 영향을 미칠 수 있다. 즉 부모는 자녀의 사회화 학습을 통해 여러 가지 대상에 대한 태도에 영향을 미치는데, 사회화 학습의 이러한 영향은 성인 때까지 지속된다. 따라서 부모와 자녀의 태도 사이에는 고도의 상관관계가 있으며 특히 개인위생용품에 대한 태도, 식품에 대한 선호, 삶은 채소나 튀긴 식품에 대한 태도, 닭고기 스프의 의학적 가치에 대한 신념 등은 사회화 학습을 통해 부모로부터 유사하게 획득되는 경향이 있다.

둘째, 준거집단은 소비자의 일상생활에서 많은 정보와 경험을 제공해줄 뿐 아니라, 집단의 행위규범과 표준을 설정해 줌으로써 대상들에 대한 그의 태도에 영향을 미친다. 따라서 준거집단은 광고보다 소비자의 태도에 더 많은 영향을 미칠 수 있다. 또한 준거집단의 규범을 중시하는(socially-integrated) 의사들이 새로운 약품을 일찍 수용하며, 동료들과 잘 어울리는 소비자가 그렇

● 상품에 대한 태도는 준거집단과 밀접하다.

지 않은 소비자보다 신상품을 일찍 수용하는 경향이 있다.

셋째, 넓은 범위에서 태도는 문화와 하위문화로부터 포괄적인 영향을 받는다. 즉 문화적 유산의 대물림은 사회화 학습의 결과인데, 이러한 문화적 유산은 소비자 환경 내의 여러 가지 대상에 대한 태도에 강한 영향을 미친다.

넷째, 소비자가 현재 속하여 있거나 또는 속하기를 열망하는 사회계층도 – 준거집단과 마찬가지로 – 여러 가지 대상에 대한 그의 태도에 영향을 미칠 수 있다.

(4) 영향력 있는 다른 개인들

집단이 아닌 다른 개인들도 소비자 태도에 영향을 미칠 수 있다. 예를 들어, 의견 선도자는 그의 추종자들로부터 존경을 받으며, 그들의 태도와 행동에 많은 영향을 미친다. 판매원도 역시 소비자 태도에 영향을 미칠 수 있는데, 그러한 영향은 대체로 판매원이

● 동병상련의 정신으로 많은 사람들이 모델의 추천을 따르고 있다.

상품에 관해 어느 정도 전문성을 갖고 있다고 지각될 경우에 두드러진다.

그러나 의견 선도자나 전문가 이외에 평범한 다른 사람도 영향을 미칠 수 있다. 즉 광고주는 간혹 소비자와 유사한 모델을 이용하여 이러한 형태의 영향을 이용하는데, 소비자는 자신과 유사한 사람들이 동일한 문제를 갖고 있으며 상품평가에 있어서도 동일한 기준을 사용할 것이라고 생각하기 때문에 자신의 태도를 결정하기 위한 근거로 사용하는 경향이 있다.

2. 태도의 기능

태도의 기능이란 그것이 소비자에게 어떻게 작용하는지를 의미하는데, [그림 7-2]와 같이 소비자의 욕구를 효과적으로 충족시키거나 가치를 표현해 준다고 지각되는 대상에 대해서는 긍정적인 태도를 형성하고 그렇지 못하다고 지각되는 대상에 대해서는 부정적인 태도를 형성하도록 작용하여 소비자가 특정한 태도를 견지하는 이유를 설명해 준다.

그림 7-2

욕구충족과 위협회피를 근거로 한 태도의 형성 및 기능

● '캐내십시오! 케토톱'

● 탈모방지에 효과적인 TS샴푸

1) 실리적 기능

태도는 소비자로 하여금 **즐겁거나 보상적인 대상에 대해 우호적으로 반응하도록 작용함으로써 보상을 극대화**하려는 실리적 기능(utilitarian or adjustment function)을 수행한다. 예를 들어, 안전성과 즉각적인 구원이 진통제를 선정하는 데 가장 중요하다고 생각하는 소비자는 이러한 기준을 충족시킨다고 지각되는 상표에 대해 우호적인 태도를 가질 것이다.

〈표 7-1〉에서 "관절염, 캐내십시오."라는 주제는 실리적 기능을 근거로 '케토톱'에 대한 소비자의 우호적인 태도를 형성하려는 예가 되는데, 만일 관절염의 고통에서 벗어나길 간절히 원하는 소비자는 '케토톱'에 대해 우호적인 태도를 가질 것이며, 그러한 태도는 다시 소비자에게 실리를 제공할 것이다.

2) 자아방어적 기능

태도는 소비자로 하여금 **자아에 대한 위협을 제거해 주는 대상에 대해 우호적으로 반응하도록 작용**함으로써 자아방어적 기능(ego-defensive function)을 수행한다. 따라서 소비자는 사회적 수용, 자신감과 성적 요망성과 관련하여 자아방어에 도움이 되는 대상에 대해 우호적인 태도를 갖는다. 예를 들어, 구강청정제의 광고는 상품의 비사용이 가져오는 사회적 제재(위협)을 지적하고 상품사용을 통해 사회적 수용이 증대됨을 보여줌으로써 소비자의 우호적인 태도를 형성하고 있다.

〈표 7-1〉의 "남자를 위해 새로 나온 페브리즈 맨."이라는 주제는 대학 수험생이나 취업준비생들이 공부방에서 없애기 어려운 남자냄새로 걱정하는 소비자에게 소구하는 자아방어적 광고의 예가 된다.

● 자아방어적 기능을 근거로 우호적인 태도를 형성하려는 광고

3) 가치표현적 기능

태도는 소비자가 **자신의 가치를 효과적으로 표현하는 데 도움이 되는 대**

표 7-1	태도의 기능	메시지의 주제
태도의 기능에 소구하는 메시지 주제	실리적	"관절염, 캐내십시오-케토톱."
	자아방어적	"남자를 위해 새로 나온 페브리즈 맨."
	가치표현적	"친맥하라-하이트."
	지식조직	"침대는 가구가 아닙니다. 과학입니다."

상에 대해 우호적으로 반응하도록 작용함으로써 가치표현적 기능(value-expressive function)을 수행한다. 즉 자아방어적 기능에서는 태도가 소비자의 자아를 보호하기 위해 형성되는데 반해, 가치표현적 기능에서 태도는 그의 구심적 가치(the person's centrally held values)를 표현할 수 있도록 도와준다.

● "친맥하라" 하이트

● 남성다움의 자아 표현을 도와주는 현빈의 제안

따라서 마케터는 소비자가 갖고 있는 가치가 무엇인지를 이해하고 이러한 가치를 효과적으로 표현할 수 있도록 상품과 광고메시지를 설계해야 한다. 〈표 7-1〉의 "친맥하라"는 주제는 하이트 맥주가 친구들과 모여 함께 친맥하면서 즐거운 시간을 갖도록 제안함으로써 장래에 대한 희망을 찾고 젊음을 즐기려는 소비자에게 하이트 맥주에 대한 우호적인 태도를 가짐으로써 자신의 가치를 효과적으로 표현하도록 도와주는데, 이와 같이 태도의 가치표현적 기능을 근거로 하는 광고는 사회적 가시성이 높은 상품들에서 특히 유용하다.

4) 지식조직의 기능

태도는 소비자가 **매일 당면하는 대량의 정보를 조직하고, 정보를 판단하기 위한 근거로 작용**하는데, 태도의 이러한 지식조직의 기능(knowledge or organization of knowledge function)은 소비자가 의사결정에서 겪는 불확실성과 혼동을 줄여 준다.

예를 들어, 상품의 품질과 기능성에 관해 소비자가 갖고 있는 태도는 여러 가지 침대를 평가하는 데 있어서 유용한 지식으로 작용하여 불확실성과 혼동을 줄어준다. 〈표 7-1〉의 "침대는 가구가 아닙니다. 과학입니다."라는 주제는 단순히 장식성과 멋을 중시하는 소비자가 새로운 태도대상인 에이스 침대에 대해 우호적인 태도를 형성하기 위한 근거가 된다. 다른 예로서 '삼성전자'에 대한 태도는 그 기업이 최근에 개발한 신상품(새로운 태도대상)에 대한 태도로 이전되어 소비자의 판단을 용이하게 도와줄 수 있다.

● 삼성 스마트 TV

● 과학적인 설계가 편안한 휴식을 제공한다

태도는 [그림 7-3]과 같이 인지적, 감정적, 행동적 등의 세 가지 구성요소로 이루어진다.

그림 7-3

태도의 구성요소

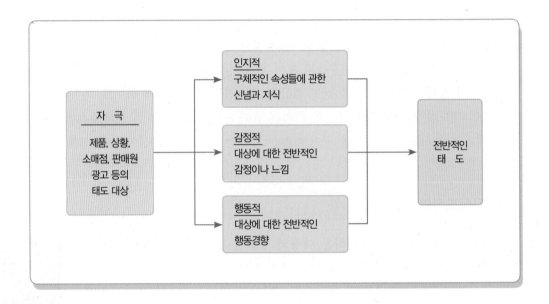

1. 인지적 구성요소

소비자는 **상품, 상표, 점포 등 태도대상에 대해 여러 가지 신념과 지식**을 갖고 있는데, 태도의 인지적 구성요소(cognitive component)는 대상에 대한 이러한 신념과 지식으로 구성된다. 예를 들어, 소비자는 카누 디카페인은 인스턴트 커피이다, 카페인이 제거되어 있다, 향기가 진하다, 물에 쉽게 녹는다 등 태도대상의 각 속성에 관해 여러 가지 신념과 지식을 가질 수 있는데, 소비자가 상표에 귀속시키는 이러한 신념과 지식들은 그가 상표에 대해 '믿는 바'이며, 이들의 총체는 바로 카누 디카페인에 대한 태도의 인지적 구성요소이다.

단지 여기서 주의해야할 점은 소비자가 태도대상에 대해 갖고 있는 신념과 지식들이 반드시 과학적이거나 진실일 필요는 없으며, 그 자체만으로 태도의 중요한 구성요소가 된다는 사실이다. 예를 들어, 똑같은 귤을 시식한 두 주부는 당도에 관해 서로 상반된 판단을 내릴 수 있는데 결국 그들의 구매행동은 자신의 주관적인 판단(신념)을 근거로 할 뿐이지 당도측정결과와 같은 과학적 사실을 근거로 하지는 않을 것이다.

소비자는 문화와 가정, 준거집단, 기업의 마케팅 활동, 여타의 원천으로부터 정보를 획득하고 처리하는 과정에서 다양한 태도대상에 관한 신념들을 형성한다. 따라서 신념은 학습과정의 일부로서 형성되며, 하나의 대상에 대한 태도를 형성하는 데 있어서 함께 작용하는 여타의 신념들과 통합된다.

● 소비자는 커피상표들에 대한 여러 가지 신념과 지식을 갖고 있다.

한편 신념은 칼로리 양이나 비타민 함량 등과 같이 **상품속성과 연상되는** 정보적 신념(informational beliefs)과 경제성 또는 영양 등과 같이 **상품효익과 연상되는** 평가적 신념(evaluative beliefs)으로 구분될 수 있는데, 마케터는 우선 〈표 7-2〉와 같은 속성과 상품효익의 목록을 작성함으로써 태도대상에 대한 응답자의 태도 중 인지적 구성요소를 측정할 수 있다.

상품속성(정보적 신념)	상품효익(평가적 신념)
칼로리 함량	식사와 어울림
비타민 함량	피로회복에 효과적임
탄산 함량	상쾌한 기분을 줌
천연성분	목마름의 해소
당도	전체 가족에게 적합함
색소	영양을 공급함
가격	활력을 줌

표 7-2

음료에 대한 상표신념의 차원

전통적인 효과의 계층(the traditional hierarchy of effects)에서 신념은 상표평가(태도)에 영향을 미치고 후자는 다시 행동에 영향을 미친다. 제2장에서 설명했듯이 이러한 전통적인 효과의 계층은 의사결정이 복잡하고 관여도가 높은 여건에서 나타나는데, 효과의 계층에 있어서 차후단계(상표평가와 행동)에 영향을 미치는 신념들은 소비자의 선호와 구매행동을 결정하므로 결정적 신념(determinant beliefs)이라고 한다.

예를 들어, '제네시스' 승용차의 잠재고객이 대부분 승용차의 연비가 유사하다는 신념을 가지면서 승차감나 안전성에서 차이가 있다는 신념을 갖고 있다면, 마케터는 연비보다는 후자의 속성들을 강조하는 편이 효과적이다. 즉 소비자가 대부분 승용차에 있어서 연비가 비슷하다고 믿기 때문에 연비는 상표평가의 기준으로 사용되지 않을 것이므로 이 예에서는 승차감나 안전성에 대한 신념이 소비자의 선택에 결정적인 영향을 미친다.

2. 감정적 구성요소

"나는 카누 디카페인을 좋아 한다" 또는 "카누 디카페인이 아주 싫다" 등의 태도진술 (attitude statement)은 **상표에 대한 소비자의 전반적인 느낌(평가)을 나타내는 것**으로 서 태도의 감정적 구성요소(affective component)이다.

감정적 구성요소는 대체로 인지적 구성요소를 근거로 형성되는데, 이미 설명한 바와 같이 태도대상에 대한 인지적 구성요소는 각 상표속성들에 관한 신념과 지식으로 이루 어지므로 이러한 인지적 구성요소를 개인의 욕구구조에 비추어 평가한 감정적 반응도 속성별로 측정된다.

그러나 감정적 구성요소는 대체로 각 속성에 대한 신념과 지식으로부터 일어나는 감 정적 반응들이 종합된 결과를 의미하므로 단일차원적이며, 태도대상에 대한 전반적인 평가를 나타낸다. 예를 들어, "카누 디카페인의 향기는 진하다" 혹은 "카누 디카페인의 가격은 비싸다" 등의 신념은 상품의 구체적인 속성에 대한 부정적인 감정적 반응을 일 으키지만, 다른 속성들에 대한 감정적 반응들과 결합되어 그 커피에 대한 전반적인 평 가는 '좋다'로부터 '싫다' 혹은 '가장 많이 좋아 한다'로부터 '가장 적게 좋아 한다'에 이르 는 단일차원적인 척도로 요약된다.

한편 감정적 반응(affective reactions)들은 각 속성에 대한 신념들로부터 나타나지만 — 상품에 관한 신념 자체도 그렇듯이 — 개인적 특성과 상황적 요인으로부터 영향을 받는다. 예를 들어, "카누 디카페인은 향기가 진하다"는 신념은 개인적 특성에 따라 '향 기롭다'라는 긍정적 반응 또는 '지나치게 독하다'는 부정적 반응, '커피 맛은 다 그렇다' 는 중립적 반응을 일으킬 수 있다.

또한 "카누 디카페인은 카페인이 제거되어 있고, 카페인을 적게 함유한 커피는 잠을 쫓는 데 도움이 되지 못한다"는 신념은 시험공부를 위해 잠을 쫓으려는 상황에서는 부 정적인 반응을, 잠자리에 들기 전에 커피를 마시려는 상황에서는 긍정적인 반응을 일으 킬 것이다.

그러나 감정적 반응에 개인적인 차이가 있음에도 불구하고 동일한 문화권에 속하는 소비자들은 문화적 가치(cultural values)와 밀접하게 관련된 신념들에 대해 유사하게 반 응하는 경향이 있다. 예를 들어, 식당이 불결하다는 신념이 일으키는 감정적 반응은 여 러 소비자에 걸쳐 유사할 것인데, 그것은 소비자들 사이에 문화적 가치가 공유되고 있 기 때문이다. 즉 태도대상에 대한 각 신념이 일으키는 감정적 반응은 문화적 가치와도 밀접한 관련성을 갖는다.

한편 감정적 구성요소는 고전적 조건화(classical conditioning)에서처럼 상품에 관 한 신념이나 지식을 검토하지 않은 채 애매하고 일반적인 느낌으로만 형성될 수도 있 다. 사실 신상품에 대한 소비자의 초기반응은 인지적 근거 없이 단순히 좋거나 싫은 느껌일 수 있으며, 이러한 느낌도 소비자가 상품에 대해 어떻게 반응할 것인지에 영향을 미친다.

3. 행동적 구성요소

카누 디카페인을 구매하려거나 친구에게 구매를 추천하려는 등의 마음가짐은 태도의 행동적 구성요소(behavioral component)이다. 즉 행동적 구성요소는 **태도대상에 대해 소비자가 갖는 행동성향**(the consumer's tendency to act toward an object)으로서 대체로 구매의도로 측정되는데, 마케터는 여러 가지 마케팅 믹스에 대한 소비자의 구매의도를 측정하여 최선의 대안을 선택해야 한다.

간혹 식료품은 슈퍼마켓에서 구매하지만 고기는 정육점에서 구매하려는 소비자를 볼 수 있는데, 이는 상품에 대한 태도와는 별도로 점포에 대한 태도가 결합된 것이며 소비자 태도의 행동적 구성요소는 일반적으로 대상 전체에 대해 단일차원적인 성격을 갖는다.

4. 구성요소들 사이의 일관성

태도의 구성요소들 사이에 일관성이 존재한다는 생각은 심리학 분야에서 일관성 이론 또는 균형이론으로 알려져 있다. 즉 [그림 7-4]와 같이 태도의 세 가지 구성요소는 일관성을 유지하려는 경향이 있는데, 한 대상에 대한 감정적 반응들의 총합인 전반적인 평가는 그 대상에 대해 일관성 있게 간직하고 있는 신념들의 함수(a function of consistently held beliefs about the object)라고 간주되므로 상표A에 대해 우호적인 신

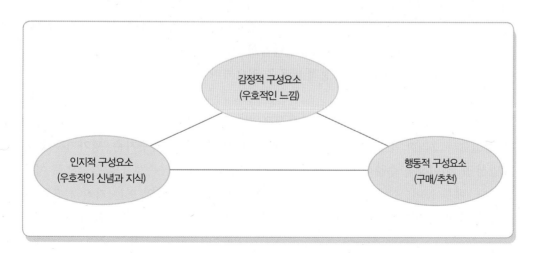

그림 7-4

태도구성요소 사이의 일관성

념과 지식을 갖고 있는 소비자는 당연히 우호적인 전반적인 평가를 내릴 것이며, 그러한 상품을 구매하거나 친구에게 추천하려는 행동성향을 보일 것이다.

이와 같이 태도 구성요소들이 일관성을 유지하려는 경향은 마케팅 전략에 유용한 시사점을 제공한다. 즉 마케터는 소비자로 하여금 자신의 상품을 선택하도록 직접 요구할 수는 없지만, 세 가지 태도 구성요소가 일관성을 유지하고 있는 상태에서 상품에 관한 신념이나 지식을 변화시킬 새로운 정보나 자극들을 제시하여 간접적으로 소비자 행동에 영향을 미칠 수 있다.

일관성 이론에 따르면, 소비자는 자신의 태도 구성요소들이 균형상태에 있지 않을 때 심리적으로 불안정한 상태에 놓이게 되며 이때 태도를 재구성함으로써 다시 균형상태(태도요소들 사이의 일관성)를 회복하려고 노력한다. 예를 들어, 새로운 헤어 컨디셔너의 충성스런 사용자에게 어떤 친구가 헤어 컨디셔너는 머리카락을 상하게 한다고 말했다면 이러한 정보는 사용자의 신념들과 일관성이 없는 것이다. 만일 사용자가 새로운 정보(친구의 충고)를 수용한다면 상표에 대한 그의 평가는 부정적으로 변할 것인데, 이러한 사실은 신념들의 변화가 상표평가의 변화를 일으킨다는 점을 암시해 주는 것이다.

또 다른 예로서 계란을 '영양의 보고'라고 계란을 찬양하며 즐겨 먹던 소비자가 조류독감의 유행으로 계란을 구하기 어렵게 되자 다른 대체식품을 즐기게 되었다면 그는 계란에 대한 관심도 적어지고, 계란이 제공하는 효익도 기억 속에서 사라질 것이다(망각). 이러한 경우라면 행동의 변화가 신념들의 변화를 일으킨 것이다.

따라서 마케터는 소비자 태도의 세 가지 구성요소 중 하나를 변화시킴으로써 전체적인 태도의 변화를 유도할 수 있게 된다.

전반적인 상표평가는 상품효익과 상품속성에 관한 신념들을 소비자의 욕구구조에 비추어 평가하고 종합한 결과이다. 다시 말해 하이트 맥주가 가벼운 알콜음료라는 신념은, 만일 소비자가 술이 가볍든 독하든 여부에 관심을 갖지 않는다면 하이트 맥주에 대한 전반적인 감정적 평가와 이어지는 구매의도에 영향을 미치지 않을 것이다. 따라서 상표태도는 소비자의 욕구구조로부터 영향을 받으며, 전통적인 효과의 계층은 [그림 7-5]와 같이 수정되어야 한다. 즉 상표신념들과 소비자 욕구구조 사이의 관계는 상표에 관한 우호적 또는 비우호적인 감정적 반응을 일으키며, 그들을 종합한 전반적인 평가는 구매의도를 결정할 것이다.

한편 소비자 욕구구조는 방향과 중요성을 갖는다. 욕구의 방향(direction)이란 욕구의 성질로서 그러한 **욕구를 충족시키기 위해 필요한 상품효익(욕구기준, 평가기준)들의 요망성 또는 이상적 수준**이며, 상품효익은 다시 구체적인 평가속성들의 결합으로 이루어진다. 예를 들어, 소비자는 건강증진이나 영양제공과 같은 효익 또는 커피의 경우 맛이나 향과 같은 평가속성을 고려하면서 자신에게 이상적인 수준을 결정할 수 있다. 예

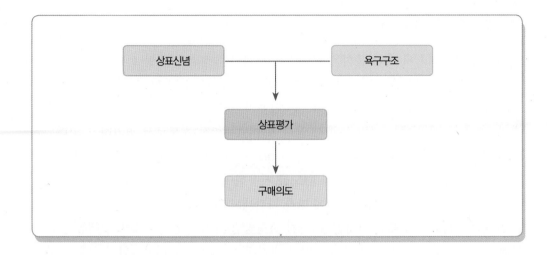

그림 7-5
전통적인 효과계층의 수정

를 들어, '순한 맛'으로부터 '강한 맛'에 이르기까지 속성의 연속체 상에서 일부 소비자들은 순한 맛의 커피를 원하고 일부는 강한 맛의 커피를 원할 수 있다.

또한 욕구의 중요성이란 개별 소비자에게 있어서 각 상품효익이나 상품속성이 중요한 정도로서, 커피가 강하거나 순하다는 것이 한 소비자에게는 중요하고 다른 소비자에게는 덜 중요할 수 있다. 예를 들어, 커피의 강한 맛을 원하면서 이러한 측면을 중요하다고 생각하는 소비자는 맛이 강하다고 지각되는 커피에 대해 우호적인 평가를 내릴 것이다. 반면에 강한 맛의 커피를 원하지만 커피 맛이 별로 중요하지 않다고 생각하는 소비자는 강한 맛의 커피를 그리 우호적으로 평가하지 않을 수도 있을 것이다.

제3절 소비자 태도의 분석과 활용

1. 소비자 태도의 분석

태도의 구성요소와 욕구구조를 분석하는 일은 효과적인 마케팅 전략을 수립하기 위한 전제조건이 되는데, 이러한 분석의 첫 번째 단계는 소비자가 갖고 있는 상표신념들, 전반적인 상표평가, 구매의도, 욕구구조 등을 측정할 수 있는 평가척도(rating scales)를 개발하는 일이다. 따라서 마케터는 우선 심층면접을 통해 결정적 속성들을 확인한 후, 다음과 같은 평가척도들을 이용하여 여러 가지 상표대안들에 대한 소비자 태도를 분석할 수 있다.

1) 인지적 구성요소의 분석

인지적 구성요소에 대한 분석은 상품의 구체적인 속성들에 대한 신념을 측정하려는 것인데, 〈표 7-3〉은 두 가지의 방법을 예시하고 있다. 즉 첫 번째 측정방법(b_1)은 확률적으로 상표속성들을 평가하는 것인데, 한 상표가 어떤 속성을 갖고 있다는 신념진술에 대해 '그럴 듯 하다'에서 그럴 듯하지 않다'에 이르는 5점 척도로서 평가하고 있다. 두 번째 측정방법(b_2)은 의미차별화 척도(semantic differential scale)로 알려진 방법으로서 양극적 형용어구로 이루어진 5점 척도를 사용하여 소비자로 하여금 한 상표와 연관되는 각 속성의 크기를 자신의 신념에 따라 나타내도록 한다.

인지적 구성요소에 대한 이러한 두 가지 측정방법 사이의 선택은 소비자 행동을 묘사하기 위해 이용하려는 다속성 모델에 따라 결정된다. 그러나 의미차별화의 척도를 이용하는 편(b_2)이 척도를 구성하고 측정하기에 용이할 뿐만 아니라, 소비자는 여러 가지 상표의 이미지를 양극적 형용어구로 쉽게 표현할 수 있으므로 편리하다.

2) 감정적 구성요소의 분석

감정적 구성요소에 대한 분석은 상품에 대한 전반적인 평가를 측정하려는 것인데, 역시 여러 가지의 측정방법이 있다. 〈표 7-3〉에서 첫 번째 측정방법(A_1)은 한 **상표의 애호성**을 근거로 하여 '전혀 좋아하지 않는다'로부터 '매우 좋아한다'에 이르는 5점 척도를 사용하는 것이며, 두 번째 측정방법(A_2)은 **태도의 우호성**을 근거로 하여 '매우 비우호적이다'로부터 '매우 우호적이다'에 이르는 5점 척도를 사용하는 것이다. 세 번째 측정방법(A_3)은 여러 가지 상표들을 **선호순위**에 따라 서열을 부여하도록 요구하는 것인데, 가장 좋아하는 것은 '1', 그 다음 좋아하는 것을 '2'로 한다. 이와 같은 선호순위의 서열은 비계량적 자료를 산출하며, 처음 두 가지 측정방법에서 사용된 척도들은 그들이 동등한 간격을 갖는다고 가정할 때 계량적 자료를 산출한다고 간주된다.

한편 감정적 구성요소인 전반적인 평가를 측정하기 위해 사용되는 네 번째 방법(A_4)은 일정한 수를 선호하는 정도에 따라 각 대상에 할당하도록 하는 상수합계 척도(constant sum scale)를 사용하는 것이다. 예를 들어, 소비자가 무료로 10병의 콜라를 가질 수 있다고 할 때 그들이 원하는 상표들의 조합을 밝히도록 요구할 수 있는데, 이러런 상수합계척도는 비율비교를 허용하는 절대적인 0값을 가지므로 비율척도이다. 따라서 8병의 상표 A와 2병의 상표 C를 선택한 소비자는 상표 A를 상표 C보다 4배 많이 선택하였다고 말할 수 있다. 그러나 이 소비자가 상표 A를 상표 C보다 4배나 더 선호한다고 말할 수 있는지의 여부는 논란의 여지가 있다.

표 7-3

태도구성요소와 욕구구조를 측정하기 위한 평가척도

상표신념(b_i) – 태도의 인지적 구성요소

b_1 : 상표 A가 다음과 같은 속성을 갖고 있을 가능성은 어느 정도인가?
- 상표 A는 칼로리가 높다.
  그럴 듯하다 ____ 그럴듯하지 않다 ____
- 상표 A는 영양이 많다.
  그럴 듯하다 ____ 그럴듯하지 않다 ____

b_2 : 다음과 같은 속성에 따라 상표 A를 평가하시오.
- 칼로리가 높다 ____ 칼로리가 낮다 ____
- 영양이 많다 ____ 영양이적다 ____

전반적인 평가(A) – 태도의 감정적 구성요소

A_1 : 상표 A를 좋아하는 정도를 표시하시오.
- 전혀 좋아하지 않는다 ____ • 매우 좋아한다 ____

A_2 : 상표 A에 대한 전반적인 느낌이 우호적인 정도를 표시하시오.
- 매우 비우호적이다 ____ • 매우 우호적이다 ____

A_3 : 다음의 상표들에 대하여 좋아하는 순서를 표시하시오.
- 상표 A ____ • 상표 B ____ • 상표 C ____ • 상표 D ____

A_4 : 무료로 콜라 10병을 가질수 있다면 다음의 상표들을 몇 개씩 선택하겠습니까?
- 상표 A ____ • 상표 B ____ • 상표 C ____ • 상표 D ____

과거 행동이나 구매의도(BI) – 태도의 행동적 구성요소

BI_1 : 이제까지 상표 A를 구매하신 적이 있습니까?
- 예 ____ (한 달에 몇 번?) ____ • 아니오 ____

BI_2 : 다음에 상표 A를 구매할 가능성은 어느 정도 입니까?
- 꼭 사겠다 ____ • 아마도 살 것이다 ____ • 잘 모르겠다 ____
- 아마도 안 살 것이다 ____ • 절대로 사지 않겠다 ____

욕구의 방향(a_i) – 태도형성에 있어서 가치요소(요망성)

a_1 : 다음과 같은 속성이 바람직한 정도를 표시하시오.
- 산행간식에 있어서 칼로리가 높음
  바람직하지 않다 ____ 바람직하다
- 산행간식에 있어서 영양이 많음
  바람직하지 않다 ____ 바람직하다

a_2 : 이상적이라 여겨지는 산행간식을 상상하여 그 속성을 표시하시오.
- 칼로리가 높다 ____ 칼로리가 낮다 ____
- 영양이 많다 ____ 영양이 적다 ____

욕구의 중요성(I)–태도형성에 있어서 속성의 가중치

I_1 : 산행간식을 선택하는 데 있어서 다음의 속성이 중요한 정도를 표시하시오.
- 칼로리
  전혀 중요하지 않다 ____ 매우 중요하다 ____
- 영양
  전혀 중요하지 않다 ____ 매우 중요하다 ____

I_2 : 산행간식의 선택에 있어서 다음 속성들이 중요한 정도에 따라 합계가 100이 되도록 숫자를 할당하시오.
- 칼로리 ____ • 영양 ____ • 맛 ____ • 가격 ____ • 포만감 ____

3) 행동적 구성요소의 분석

행동적 구성요소에 대한 분석은 소비자의 과거행동이나 구매의도를 측정하려는 것이다. 일반적으로 구매여부는 첫 번째 방법(BI_1)을 사용하며, 구매의도는 두 번째 방법(BI_2)처럼 '꼭 사겠다'에서 '절대로 사지 않겠다'에 이르는 5점척도로 측정될 수 있다.

4) 욕구구조의 분석

욕구들의 방향에 대한 분석은 결국 소비자가 원하는 효익이나 속성의 방향을 결정하려는 것인데, 일반적으로 첫 번째 측정방법(a_1)은 소비자로 하여금 각 속성을 '바람직하지 않다'로부터 '바람직하다'에 이르는 요망성으로 측정한다. 두 번째 측정방법(a_2)은 소비자로 하여금 이상적인 상품을 각 속성의 조합으로 나타내도록 요구하는 의미차별화 척도를 사용하는 것이다. 예를 들어, 소비자가 칼로리는 높고 영양이 보통수준인 산행 간식을 이상적이라고 생각한다면 칼로리 척도에선 왼편에, 영양 척도에선 중앙 위치를 선택할 것이다.

한편 소비자에게 있어서 각 속성의 중요성을 평가하기 위한 첫 번째 측정방법(I_1)은 '전혀 중요하지 않다'에서 '매우 중요하다'에 이르는 척도를 사용하는 것이며, 두 번째 측정방법(I_2)은 합계가 100 또는 1이 되도록 속성들의 중요성에 따라 수치를 할당하는 상수합계 척도이다.

2. 태도와 행동 사이의 관계

태도와 행동 사이의 관계를 다룬 연구들의 대부분은 태도가 행동에 영향을 미친다는 발견점을 제안해왔고 관여도가 높은 여건에서 매우 타당하다. 그러나 일부 다른 연구에서는 행동이 오히려 태도에 영향을 미친다는 발견점을 제시하고 있는데, 이러한 결과는 대체로 관여도가 낮은 여건에 관련된다.

1) 행동에 대한 태도의 영향

전통적인 효과의 계층에 따르면 신념의 형성과 변화는 전반적인 평가에 영향을 미치고, 후자는 다시 태도를 통해 구매행동에 영향을 미칠 것인데 다음과 같은 연구결과들이 있다.

- 여러 상표에 걸쳐서 상표를 우수하다고 평가한 사람 중 평균 58%가 실제로 그 상표를 사용했으며, 태도가 덜 우호적일수록 실제로 사용한 비율이 급격히 줄었다.

- 현재 사용하고 있는 상표에 대해 소비자가 갖고 있는 태도가 개선될 경우 80%의 소비자가 계속 그 상표를 사용했으나, 오히려 태도가 악화될 경우 30% 미만의 소비자만이 그 상표를 계속 사용했는데, 이는 태도가 부정적인 방향으로 변화함에 따라 소비자들의 구매행동도 부정적으로 변함(상표대체)을 보여주는 것이다.
- 상표신념들의 변화, 전반적인 상표평가의 변화, 시장점유율의 변화 사이에서도 강한 상관관계가 나타났다. 예를 들어, 경제성에 관한 상표신념이 4% 정도 개선됨에 따라 전반적인 상표평가는 2.5%나 우호적인 방향으로 변했고, 상표의 시장점유율은 5% 증가하였다. 즉 신념들은 전반적인 상표평가에 영향을 미치고 후자는 다시 행동에 영향을 미쳤으므로 전통적인 효과의 계층을 지지하는 것이다.
- 진통제, 방취제, 인스턴트 커피 등의 13개 상표를 대상으로 태도의 변화와 시장점유율 사이의 관계를 분석한 연구에서는 인지와 시장점유율, 태도와 시장점유율 사이의 강한 상관관계가 나타났다.

한편 행동에 대한 태도의 영향을 검토한 연구들은 대체로 구매의도가 이어지는 행동에 관련된다고 가정하고 실제의 행동보다는 구매의도를 측정하고 있다. 이와 같이 구매의도를 행동에 관한 유효한 측정치로 간주하려면, 우선 구매의도가 실제 구매행동과 매우 밀접한 관계를 갖고 있는지 살펴봐야 하는데, 그러한 관계는 많은 연구들에 의해 지지되고 있다.

- 특정한 상표를 구매하겠다고 응답한 소비자 중 62%가 실제로 구매한 반면에, 구매하지 않겠다고 응답한 소비자 중에서는 불과 28%만이 실제로 구매했다. 이러한 구매성취율은 커피와 세탁기에서 가장 높게 나타났고 충동구매의 성격을 보이는 아이스크림에서는 가장 낮게 나타났다.
- 새로운 차를 사려고 계획한다든가 사고 싶다고 응답한 소비자 중 63%가 이듬해 구입했으나, 구매의도를 갖지 않던 사람들 중에서는 불과 29%만이 새 차를 구입하였다.

그러나 긍정적인 태도나 구매의도가 항상 실제의 구매에 이르는 것은 아니며, 다음과 같은 여건들이 태도와 행동사이에 연관성을 약화시킬 수 있음에 유의해야 한다.

첫째, 우호적인 태도라 할지라도 그것이 구매행동으로 실현되기 위해서는 구매의 필요성이 절실해야 한다. 예를 들어, 썩 마음에 들지는 않지만 이미 컴퓨터를 갖고 있는 소비자는 아주 우호적으로 평가되는 컴퓨터라도 당장 구매하지 않을 수 있다.

둘째, 우호적인 신념과 평가가 실제의 구매행동으로 나타나기 위해서는 그러한 구매를 감당할 능력이 필요하다. 예를 들어, 자금사정이 여의치 못한 소비자는 우호적으로 평가되는 컴퓨터를 구매할 수 없거나 어쩔 수 없이 덜 비싼 모델을 구매하기도 한다.

셋째, 구체적인 구매는 상품범주 내의 여러 상표 또는 여러 상품범주 사이에서 선택적으로 일어나는데, 소비자는 스키나 카메라 등 다른 상품도 구매하기 위해 오히려 덜 우호적인 컴퓨터를 구매할 수 있다.

넷째, 인지적 및 감정적 구성요소의 강도가 약할 때 소비자가 쇼핑 중 새로운 정보를 획득한다면 애초에 갖고 있던 태도가 구매시점에서 바뀔 수 있으므로 측정시점과의 시간차이로 인해 태도와 구매행동 사이의 연관성이 낮게 나타날 수 있다.

다섯째, 많은 구매결정에는 다른 가족 구성원들이 영향을 미치는데, 개인적인 태도만을 측정한다면 실제의 구매행동과는 미약한 상관관계를 보일 수 있다. 예를 들어, 소비자는 자신이 덜 좋아하지만 가족들이 함께 이용할 수 있는 단순한 컴퓨터를 구매할 수 있다.

여섯째, 많은 상품은 구체적인 상황과 관련하여 구매되는데, 태도를 구매상황과 관련시켜 측정하지 않는다면 태도와 구매행동 사이에는 상관관계가 낮게 나타날 수 있다.

일곱째, 측정상의 문제로서 소비자가 자신의 신념과 감정적 반응을 완전하게 밝혀주지 않거나 태도의 모든 측면을 포괄적으로 측정하지 못하는 일도 역시 태도와 구매행동 사이의 상관관계를 약화시킬 것이다.

2) 태도에 대한 행동의 영향

일반적으로는 태도가 행동에 영향을 미칠 것이지만, 행동이 태도에 영향을 미칠 수 있는 여건도 존재한다. 즉 행동이 태도에 영향을 미칠 수 있는 여건은 인지 부조화, 수동적 학습, 기대의 일탈 등이며, 이에 관한 이론들은 태도변화가 구매행동의 변화에 전제조건이 아님을 주장한다.

(1) 인지 부조화
인지 부조화 이론은 소비자가 자신의 행동에 일치하도록 이전의 태도를 바꿈으로써 구매 후 회의심(인지 부조화)을 줄일 수 있다고 주장하며, 이러한 관계는 많은 연구에서 확인되고 있다.

즉 경마에 도박을 걸기 이전과 이후의 시점에서 동일한 도박꾼들을 면접한 결과에 따르면 도박을 건 후(그러나 경주의 시작 전) 그들의 승리예측이 상당히 긍정적으로 변화되었다. 이때 도박꾼들은 이미 선택된 대안에 관한 평가를 긍정적인 방향으로 변화시킴으로써 의사결정 후 일어나는 회의심을 줄이려고 노력한 것이다.

또한 소비자는 구매를 완료한 후, 그 상표를 이상적 상품에 더 가깝다고 평가하는 경향을 보였는데, 이러한 발견점은 소비자가 선택된 상표에 대해 태도를 우호적으로 바꿈으로써 자신이 행한 의사결정을 합리화시키려는 경향을 보여주는 것이다.

(2) 수동적 학습

수동적 학습 이론은 행동의 결정인자로서 태도의 영향을 중시하지 않는다. 이미 제2장에서 설명하였듯이 관여도가 낮은 여건에서는 태도의 변화가 행동을 변화시키기 위한 선행조건이 아니며, 새로운 상표에 관한 단순한 인지만으로도 다양성을 추구하기 위한 상표대체가 나타나며, 오히려 태도는 사후적으로 형성될 수 있다.

(3) 기대의 일탈(불만족)

상품성능(product performance)에 관한 기대가 충족되지 않을 때 소비자는 구매 후, 상품에 대해 부정적인 태도를 갖게 된다. 특히 동화 및 대조 이론(assimilation/contrast theory)에 따를 때 관여도가 높은 소비자가 실망하였을 경우에는 구매 후 태도가 부정적으로 변할 가능성이 크며, 더욱이 이러한 변화는 과장될 수도 있다. 또한 기대 이상의 만족을 얻는다면 그의 태도는 당연히 구매 전에 비해 우호적으로 변할 것이다.

3. 소비자 태도분석의 활용

마케터는 왜 소비자의 태도를 정의하고 분석하는 일에 관심을 가져야 하는가? 그것은 태도가 소비자 행동을 예측하고, 세분시장을 묘사하며, 마케팅 전략들을 평가하는 데 유용하기 때문이다.

1) 소비자 행동의 예측

전통적인 효과의 계층에서는 태도가 행동에 관련된다는 가정을 전제로 한다. 일반적으로 소비자는 한 상표를 좋아할수록 그것을 구매할 가능성이 커지므로 태도는 미래의 소비자 행동을 예측하기 위한 훌륭한 근거가 될 수 있다.

2) 세분시장의 묘사

소비자는 구체적인 태도대상에 대해 자신이 갖고 있는 신념, 전반적인 평가, 구매의도, 욕구구조 등의 측면에서 묘사될 수 있으므로 마케터는 태도와 욕구구조를 시장을 세분하기 위한 근거나 세분시장을 묘사하기 위한 변수로 활용할 수 있다.

예를 들어, 시리얼 시장에서 일부 소비자들은 비타민 함량과 영양을 강조하고 다른 사람들은 저칼로리를 강조할 수 있는데, 특히 이러한 근거에서 전체시장을 세분하는 일

● 영국의 시리얼 카페 – 독특한 시리얼들이 자신의 표적시장을 갖고 있다.

은 효익 세분화(benefit segmentation)라고 한다. 따라서 시리얼의 구매자들은 영양 세분시장이나 체중 조절자 세분시장으로 분리될 수 있으며, 마케터는 각 세분시장의 욕구구조에 적합한 마케팅 믹스를 구성할 수 있다.

전체시장은 또한 상표태도를 근거로 세분될 수도 있다. 즉 세분시장들은 한 상표에 대한 태도가 우호적인 정도로 묘사될 수 있으며, 특히 일부 소비자는 한 상표에 대해 우호적인 태도를 갖고 있으나 높은 가격과 가용성의 제한 또는 다른 상표에 대한 충성으로 인해 그것을 구매하지 않을 수도 있다.

3) 마케팅 전략의 평가

마케팅 전략과 관련하여 마케터가 반드시 소비자의 태도들을 분석하고 평가해야 하는 상황은 다음과 같다.

- 새로운 상품개념의 대안 평가
- 포지셔닝 분석
- 새로운 마케팅 믹스나 광고 메시지의 대안 평가
- 시간경과에 따른 마케팅 믹스나 광고 메시지의 적합성 평가

특히 소비자의 태도는 새로운 상품개념에 대한 포지셔닝 전략을 평가하는 데 유용하다. 적절한 포지셔닝 전략은 표적시장의 욕구구조와 상품속성들 사이의 연관성에 달려 있다. 따라서 마케터는 새로운 상품개념을 다차원적 접근방법으로 결정적 속성상에서 평가하고, 상품이 표적시장에게 우호적으로 포지셔닝되도록 노력해야 한다.

또한 표적시장의 욕구구조가 변하거나 새로운 상품들이 시장에 진입되면 자사상표에 대한 평가도 변할 것이므로 상표태도에 관한 정기적인 반복측정을 통해 리포지셔닝의 필요성을 검토해야 한다.

예를 들어, 청량음료의 마케터는 우선 청량음료의 결정적 속성들에 관해 표적시장의 이상점들을 확인해야 하는데, 만일 이상점들이 확산된 선호패턴을 보인다면 다시 세분화를 적용할 수 있다. 그 다음 마케터는 이러한 이상점 프로파일에 대응되는 상품개념을 창출해야 한다. 마지막 단계로서 마케터는 상품개념을 실제의 상품으로 전환시키게 되는데, 물론 소비자들은 실제의 상품을 상품개념이나 자신의 이상점들과 유사하다고

지각하지 않을 수도 있으며 이러한 경우라면 상품개선과 리포지셔닝이 필요한 것이다.

태도는 또한 광고 메시지의 유효도를 평가하는 데에도 유용하다. TV나 인쇄광고의 효과는 그들이 산출한 우호적인 태도변화로서 평가될 수 있으므로 광고 캠페인은 태도 변화를 구체적인 목표로 삼을 수 있다. 예를 들어, 캐딜락의 마케터는 소형차를 시장에 출시하기에 앞서서 그러한 조치가 전통적인 캐딜락의 품위를 악화시켜 표적시장의 태도를 부정적으로 변화시킬 가능성을 검토해야 하며, 광고 캠페인에서도 비우호적인 태도변화를 피하면서(Cadillac still represents prestige and luxury.) 기존의 일부 신념들을 수정(Cadillac is no longer a large car.)해야 할 것이다.

마케팅 전략을 개발하는 데 있어서 태도의 역할은 중요하며, 관여도가 높은 여건에서 더욱 그렇다. 그것은 관여도가 낮은 여건에서는 대단히 우호적이고 강한 태도가 구매의 전제조건이 아닐 수 있기 때문이다.

Consumer 톡톡

잘못된 결정은 어떻게 이뤄지나? '인지 부조화'의 심리학

• 심영섭(심영섭 아트테라피 & 상담센터 사이 소장)

개인의 신념은 조직의 결정에 따라 손바닥 뒤집듯이 바뀔 수 있어… 결국 합리적 의사과정이 균형 잡힌 가치관을 유지하는 지름길

"세계적인 한 유명 가구업체는 소비자가 자사의 가구를 사용해볼 수 있는 대형 매장을 내세워 화제를 모았다. 옷가게에서 옷을 입어보게 권유한다든지 마트에서 시식행사를 벌이는 것도 모두 소비자의 태도를 바꾸기 위해 인지부조화 현상을 이용한 전략이다"

태도는 무엇인가? 어떤 대상과 상황에 대해 긍정적이든 부정적이든 한 방향으로 일관되게 반응하는 경향을 의미한다. 우선 '거짓말은 어떤 경우에도 용납될 수 없다'라는 명제가 있다고 하자. 이는 '가치'로 분류될 수 있다. 따라서 태도는 상황에 의해 선택된 가치라 할 수 있다. 일례로 의류 판매장에서

판매원이 고객에게 "선택하신 그 옷이 괜찮다"며 무조건 칭찬해야 하는 상황을 떠올려보자. 이 같은 상황적 변수를 두고 판매원에 따라 '고객에게 거짓말해야 하는 상황이 정말 싫다'라는 태도를 갖게 될 것이다.

이처럼 태도는 오랫동안 자신이 지녀온 신념에 기인한다. 때문에 쉽게 변하지 않고 다양한 상황적 변수에서도 일관된 행동으로 표출돼왔다. 이를테면 'OO전자 상품이 무조건 좋다'고 생각하는 사람은 XX전자 상품을 사지 않을 것이요, 평화 애호주의자인 사람은 어떤 일이 있어도 군대에 입대하지 않을 것이다. 결국 태도의 핵심은 일관성에 있다. 그런데 엉뚱하게도 이 일관성에 변동이 일어나는 경우가 있다. 고등학교 시절 선호하지 않았던 대학에 입학하게 된 학생이 갑자기 열렬하게 자신의 대학을 칭찬하기 시작한다. 평소 평화주의자

였지만 해병대에 입대한 후 동료 병사보다 더 호전적인 태도를 보여 주변 사람을 어리둥절하게 만드는 경우도 있다. 어디 그뿐인가? 애연가였던 당신은 길고도 지독한 과정을 거쳐 담배를 끊은 후 오히려 비흡연자 보다 더 강경한 담배 반대론자가 되지는 않았는가?

최악의 남자친구, 최고의 남편 되다

이처럼 태도와 태도, 또는 태도와 행동이 서로 일관되지 않거나 모순된 상태를 '인지부조화(cognitive dissonance)'라고 한다. 심리학자 다수는 이 같은 생각과 행동의 비일관성이 사람에게 심리적 스트레스가 된다는 것을 밝혀냈다. 즉 인지 부조화 상태가 지속될 경우 배고픔이나 수치심과 같은 내적 불안감이 생긴다는 것이다. 모든 사람은 불안함을 평온함으로 바꾸고 싶어 한다. 그동안 우리는 기존의 태도를 바꾸는 방식으로 불안감에서 가벼이 탈출해왔다. 1950년대 심리학계에서 엉뚱한 심리학자로 유명했던 레온 페스팅거의 주장이다. 이 주장 역시 다소 엉뚱한 심리 실험에서 도출됐다. 애초에 심리학자 페스팅거가 인지부조화를 연구하기 시작한 이유는 종말론을 믿는 어느 교단 때문이었다고 한다. 이 교단의 신자들은 종말론을 믿었다. 인류를 심판하는 대홍수가 발생한다는 것이다. 이 종말론의 내용은 다음과 같다.

"12월 21일 대서양 바닥이 융기해 해안선 모두 물에 잠길 것이다. 프랑스는 가라앉을 것이며 러시아는 거대한 대양이 될 것이다. 록키산맥 위로는 엄청난 물살이 밀어닥치리라. 모든 것은 세상을 정화하고 새로운 질서를 창조하기 위함이다. 당시 고작 서른한 살 젊은 나이에 미국 미네소타 대학에서 이름 날리던 심리학자 페스팅거는 이 교단에 대한 소식을 접하고 엉뚱한 연구를 시작했다. 이 이상한 교단을 심리학적으로 분석하기로 마음먹었던 것이다. 그는 신자를 가장해 어렵사리 잠입에 성공했다. 페스팅거가

▲ 사진출처 : 픽사베이

가장 궁금했던 건 문제의 그날 대홍수로 인한 인류 멸망의 예언이 이뤄지지 않았을 경우 신자의 반응이었다. 놀라운 사실은 이 교단의 신자 중에는 고등교육을 받은 유명 외과의사도 있었다는 것이다. 예언의 종말을 앞둔 순간이 닥쳤을 때 페스팅거는 자신들을 구원할 우주선을 기다리던 신자들을 다음과 같이 묘사했다. "그들은 지구 탈출을 위해 우주선에 탑승하기 위해서는 옷에 걸친 모든 금속 조각을 제거해야 한다고 믿었다. 그러자 여자 신자들은 미친 듯이 상의 속옷에서 고리와 걸쇠를 떼어내기 시작했다.

남자 신자들은 거칠게 와이셔츠의 단추를 잡아 뜯었다. 바지에 금속 지퍼가 달린 한 신자는 급히 화장실로 들어가 그 부분을 찢어냈다. 극심한 공포 상태에 빠진 신자 중 한 사람이었던 암스트롱 의학박사는 무거운 한숨을 내쉬며 바짓가랑이 부분을 뜯었다. 뻥 뚫린 그의 바짓가랑이 사이로 매서운 겨울바람이 쌩쌩 들어왔을 것은 분명했다." 물론 종말론은 실현되지 않았다. 그러나 이게 웬일인가? 그날 이후에도 신자들은 종말론을 신뢰했던 기존의 태도를 전혀 바꾸지 않았다. 대신 조증 환자처럼 기쁨에 겨워 날뛰기 시작했다. "밤새도록 기도했더니 신께서 세상을 구원하기로 결심하시고 홍수를 내리지 않았다"는 새로운 믿음을 갖게 된 것이다. 이런 기이한 상황은 우리 일상에서도 흔히 발견할 수 있다. "그 남자와 결혼해도 될까? 너무 늙고 못 생겼어"라며 결혼을 망설이던 한 여자가 얼떨결에 결혼에 골인 한 후 동창회에 나타났다. 이전에는 그렇게 남자친구를 흉보더니 이제는 남편이 된 그에 대한 자랑을 끝도 없이 늘어놓는다.

이와 비슷한 사례는 더 있다. 사회심리학자 녹스(Knox)와 잉스터(Inkster)는 경마장에서 투기꾼을 상대로 진행된 심층 면접 결과를 공개했다. 내용은 흥미로웠다. 돈이 걸린 도박성 게임이다 보니 경주에서 1등을 차지할 가능성이 높은 경주마를 잘 골라야 한다. 지나치게 신중해진 나머지 처음

에는 A 경주마를 택했다가 이내 B 경주마로 바꾸는 일도 예사로 이뤄진다. 그러나 경주마를 선택하는 마감시간이 지나버려 미처 자신이 선택한 경주마를 더 이상 취소할 수 없게 됐을 경우 투기꾼의 심리 변화를 보면 재미있다. 본래는 다른 경주마로 바꾸고 싶어 했던 자신의 태도를 무시한 채 최종적으로 선택된 경주마를 지나치게 과대평가하기 시작하는 것이다. 그 이유는 무엇일까? 이는 바로 인지부조화의 발생을 해소하고자 하는 내적 압력이 일어났기 때문이다. 이 내적 압력은 세 가지 요소에 의해 좌우된다. 먼저 인지부조화를 일으키는 일이 내게 얼마나 중요한가? 둘째 이것이 취소 가능한 일인가? 셋째 부조화적 행동을 받아들이는 경우 보상은 어떠한가? 결국 인지부조화는 그것이 취소 불가능한 상황이며 선택의 결과에 책임져야 한다고 느낄 때 가장 커지게 마련이다.

돈 적게 받아야 만족도가 높다?

심리학자 페스팅거의 인지부조화 이론은 발표 당시 심리학계 전체에 센세이션을 몰고 왔다. 왜냐하면 당시 심리학자 스키너의 행동주의 이론이 이미 심리학계를 휩쓴 차였기 때문이다. 쉽게 말해 '보상이 행동을 강화하고 처벌은 소멸시킨다'라고 굳게 믿고 있던 상황이었다. 그런데 페스팅거는 다음 실험을 통해 인간의 행동은 단순히 보상과 처벌에 의해서만 설명될 수 없으며 오히려 인간은 스스로의 위선을 정당화하기 위해 대단히 적극적인 정신적 활동을 한다는 것을 입증해냈다. 페스팅거는 우선 실험집단을 두 그룹으로 나누고 각 그룹에게 구슬 꿰기와 같이 재미없고 무의미한 단순 반복작업을 한 시간 정도 수행하게 했다.

이후 실험대상자에게 "주최 측 직원이 사고로 오지 못했다. 직원 대신에 '이 작업은 재미있다'는 말을 다음 실험대상자에게 말해달라. 보수는 주겠다"라고 제안했다. 실험대상자 모두 이 제안을 수락했다. 이들은 다음 실험대상자에게 자신이 경험한 반복작업을 소개하며 "재밌다"라고 거짓말했다. 주최 측은 거짓말을 마친 A집단 실험대상자에게 1달러, B집단 실험대상자에게 20달러의 보수를 지급했다. 여기서 흥미로운 점은 실험 후 1달러를 받은 쪽이 20달러를 받은 쪽보다 이 작업이 꽤 가치 있고 재미있었다고 평가했다는 것이다. 결론적으로 보수를 덜 받은 쪽에서 자신의 거짓말을 합리화하는 경향이 나

타낸 셈이다.

이처럼 보상에 따라 행동이 강화된다는 기존의 학설과 대치되는 현상이 바로 인지부조화다. 인지부조화와 관련된 흥

미로운 사실은 또 있다. '그것은 나쁘다'라는 생각을 강화하는 정보를 많이 얻을 수 있는 상황에도 불구하고 단 한 가지의 이유로 '그것은 좋다'라는 결론이 나올 수 있다는 것이다. 이를테면 어떤 작가에게 흡연은 필시 나쁜 행위다. 우선 부부관계를 소원하게 만들고 방에서 냄새도 난다. 그뿐이랴! 담배 값은 비싸고 폐암에 걸릴 위험마저 있다. 그런데 담배가 야밤에 글을 쓰는 일에 도움된다는 단 한 가지의 긍정적인 이유로 다수의 부정적인 이유는 소멸된다. 옷가게에서 시시해 보였던 옷도 한번 입고 나면 별안간 애착이 생겨 구입하게 됐던 경험도 한번쯤 있었을 것이다. 현재 이 심리를 판매업체에서는 적극 이용하고 있다.

'예스맨(Yes man)'을 멀리하라

세계적인 유명 가구업체 OOO는 소비자가 자사의 가구를 사용해볼 수 있는 대형 매장을 오픈하는 마케팅을 도입해 화제를 모았다. 옷 가게에서 옷을 입어보게 권유한다든지 마트에서 시식행사를 벌이는 것도 모두 소비자의 태도를 바꾸기 위해 인지부조화 현상을 이용한 전략이다. 특히 사람에 대한 태도인 인상평가 역시 단순한 사실 한 가지로 이뤄지는 경향이 있다. 우리가 상대방에 대해 아무리 다양한 정보를 알고 있어도 오직 한 가지 사실에 꽂혀서 평가가 이뤄진다는 얘기다.

일례로 정치인 안철수가 사회적으로 인정받을 만한 경력과 제 아무리 설득력 있는 비전을 내놓더라도 그의 얇고 말리듯 내밀어진 아랫입술이 마음에 들지 않다는 이유로 "그가 싫다"고 결정할 수도 있다. 어디 그뿐인가? 중대한 결정이 걸려 있을 경우에도 다양한 인지적 정보를 무시하거나 축소하기도 한다. 조직에서는 분명히 성과를 내놓는 직원이지만 왠지 모르

게 겉모습이 '날라리'처럼 보인다는 이유로 차분한 이미지를 가진 다른 직원보다 뒤떨어진다는 혹평을 내리기도 한다. 그렇다면 인지부조화 때문에 발생하는 부적절한 자기합리화를 극복하고 합리적인 판단을 할 수 있는 방법은 없을까? 철학자 칼 포퍼(Karl Popper)는 일찍이 "우리가 옳다고 생각하는 만큼 언제나 틀릴 수 있다. 언제 틀릴지는 알지 못한다"라고 말했다. 결국 인지부조화 현상을 극복하기 위해서는 건강한 사고를 통해 자신의 고정관념을 뛰어넘는 용기가 필요하다. 여기 친아버지의 키가 185㎝인 한 시골 꼬마가 있다. 이제껏 이 꼬마는 자신의 아버지보다 키가 더 큰 사람을 본 적 없었다. 그런데 어느 날 우연히 농구선수들이 타고 있는 버스에 올라타게 됐다. 마치 기린같이 큰 키를 가진 농구선수를 보게 된 꼬마는 대단한 충격에 휩싸인다. 만약 이 꼬마가 인지적 부조화에 걸려 있는 상태였다면 '세상에는 우리 아버지의 키보다 더 큰 사람은 없다'는 믿음을 유지하기 위해서 '농구선수가 아버지보다 키가 더 작을 것이다'라는 잘못된 기억 조작이 이뤄질 것이다.

그러나 건강한 사고를 가진 꼬마였다면 농구선수를 목격한 바로 그 자리에서 자신의 가설을 수정했을 것이다. 그렇게 용기를 내면 '세상에는 우리 아버지보다 키가 더 큰 사람도 있다'는 새로운 지식을 습득하게 될 것이다. 그러니 '잠깐만! 내 가설이 틀렸나?'는 태도는 객관적인 사태 파악에 필수적인 질문임에 틀림없다. 이 필수적 질문을 활용하는 방법은 없을까? 기업 CEO는 자신의 인지부조화를 해결하기 위해 다음과 같은 방법을 쓸 수 있을 것이다. 우선 '예스맨'을 멀리해야 한다. 집단결정 체제를 도입하되 의사결정을 위한 토론에서 참석자들이 돌아가면서 '악마의 변호사' 역할을 담당하도록 하는 것도 한 방법이다. 참석자들에게 반론을 제기할 기회를 강제적으로 부여하는 것이다. 반론과 찬성이 적절하게 혼합된 분위기가 마련돼야 비로소 조직원은 균형 잡힌 태도를 유지할 수 있다. 합리적인 의사결정은 인지부조화를 극복하게 만드는 자기 성찰에서 시작되기 때문이다. '내가 틀릴 수 있다'는 믿음이 중요한 이유다.

자료원 : 온라인 중앙일보, 2016. 2. 7

Consumer 톡톡

"과시적 소비 NO!" B급상품으로 눈 돌리는 합리적 소비자들

과시적인 소비 대신 합리적 소비를 추구하는 소비자들이 늘고 있다. 실제로 B급상품 구매 의향도 과거보다 늘고 있는 추세다.

시장조사전문기업 마크로밀 엠브레인의 트렌드모니터가 전국 만 19~59세 성인남녀 1,000명을 대상으로 B급상품 이용 관련 인식조사를 실시한 결과 전체 응답자의 75.1%가 B급상품을 구매하는 것을 똑똑한 소비활동이라고 인식하고 있었다.

전체 78%가 향후 B급상품을 구매하는 소비자가 지금보다 많아질 것이라고 바라봤으며, 앞으로 국내에 B급제품을 판매하는 매장이 좀 더 많아져야 한다는 주장도 77.5%에 이르렀다.

반면 B급상품에 대한 부정적인 인식은 찾아보기가 어려웠다. B급상품은 싸구려 제품이라는 데 동의하는 소비자가 단 6.6%에 그쳤으며, 사람들은 B급상품의 구입 사실을 지인에게 알리고 싶어하지 않을 것 같다는 의견도 15.1%에 불과했다.

전반적으로 B급상품에 대한 긍정적인 시각이 이렇게 커진 배경에서는 소비자들의 변화된 소비태도를 엿볼 수 있었다. 요즘 제값을 다 주고 제품을 사는 것은 현명하지 않은 소비생활이라는 시각도 67.6%로 높은 수준이었다.

그 동안 소비의 큰 경향이었던 '과시적 소비'는 점차 지양하는 쪽으로 바뀌는 모습이었다. 전체 64.2%가 요즘은 과시용 소비에 피로감을 느낀 소비자들이 많아진 것 같다고 바라봤으며, 앞으로 남의 시선을 의식하지 않고 자신에게 중요한 제품을 적절하게 선택하는 소비자가 증가할 것이라는 시각(74.6%)

도 매우 강했다.

과시적인 소비의 대명사로 인식되는 명품 역시 변화하는 소비태도의 영향을 크게 받는 것으로 나타났다. 소비자 2명 중 1명(52.3%)이 이제는 명품도 제값을 다 주고 사는 것은 어리석은 일이라고 바라봤으며, 약간의 스크래치 정도라면 명품을 B급 제품으로 구매할 의향이 있다는데도 절반 이상(54.7%)이 동의한 것이다.

명품의 경우에도 좀 더 저렴하게 구입하려는 욕구가 강해지면서, 이제는 B급상품이어도 괜찮다는 인식이 커진 것으로 보여진다. 또한 전체 10명 중 6명은 명품 시계나 가방의 경우 모조품을 구매하기보다는 차라리 B급상품을 구매하는 것이 낫고(60%), 어차피 사람들은 구매한 명품이 새 제품인지 B급인지 모를 것(58.9%)이라는 의견을 내비치기도 했다.

소비자의 절반 이상(54.9%)은 최근 6개월 내 B급상품을 구매한 경험도 가지고 있었다.

소비자들의 구매경험이 가장 많은 B급상품은 유통기한이 얼마 남지 않은 식품류(68.7%, 중복응답)인 것으로 나타났다. 또한 저렴하게 파는 이월 상품(59%)과 모양이 볼품없는 과일 및 채소류(43.4%), 약간의 흠집이나, 벌레 먹은 부분이 있는 과일 및 채소류(33.5%)의 구입경험도 많은 편이었다.

그밖에 폐업된 가게의 상품(23.7%)과 고객의 손을 많이 탄 전시품(23.5%), 고객의 변심 등으로 반품된 제품(19.3%), 흠

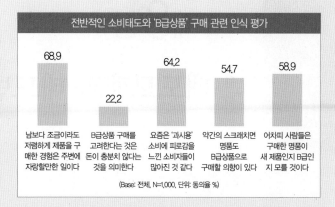

전반적인 소비태도와 'B급상품' 구매 관련 인식 평가

68.9	22.2	64.2	54.7	58.9
남보다 조금이라도 저렴하게 제품을 구매한 경험은 주변에 자랑할만한 일이다	B급상품 구매를 고려한다는 것은 돈이 충분치 않다는 것을 의미한다	요즘은 '과시용' 소비에 피로감을 느낀 소비자들이 많아진 것 같다	약간의 스크래치면 명품도 B급상품으로 구매할 의향이 있다	어차피 사람들은 구매한 명품이 새 제품인지 B급인지 모를 것이다

(Base: 전체, N=1,000, 단위: 동의율 %)

집 및 스크래치가 약간 있는 가전/전자제품(19.1%)을 구매해봤다는 응답이 뒤를 이었다.

향후 B급상품을 (재)구매할 의향도 매우 높은 수준이었다. 전체 소비자의 74.3%가 앞으로 B급상품을 (재)구매할 의향이 있다고 밝힌 것으로, 2014년(71%)보다 구매의향이 더 높아진 것으로 나타났다.

자주 이용할 것 같은 B급상품으로는 이월된 상품(64.1%, 중복응답)을 가장 많이 꼽았으며, 고객의 변심 등으로 반품된 제품(44.2%)과 폐업된 가게의 상품(37%), 흠집 및 스크래치가 약간 있는 가전/전자 제품(29.3%), 유통기한이 얼마 남지 않은 식품(28.6%)을 꼽는 소비자도 많은 편이었다.

자료원 : 메디컬투데이(2016. 8. 5)

제8장

태도모델과 태도변경

I·n·t·r·o

마케터는 마케팅 전략을 구사하는 데 있어서 소비자가 이미 갖고 있는 욕구와 태도에 대해 두 가지 방법으로 접근할 수 있다. 즉 **적응전략**(adaptive strategies)에서 마케터는 소비자의 욕구를 충족시키기 위한 상품을 개발하고 촉진활동을 그들의 기존 태도에 맞추며, **변경전략**(change strategies)에서는 매출을 증대시키기 위해 소비자 욕구의 우선순위나 대상들에 대한 소비자의 태도를 변화시킬 수 있다.

그러나 소비자의 욕구와 태도는 일관성을 유지하면서 변화에 저항하는 경향이 있으므로 그것을 변화시키기보다는 보강하는 편이 훨씬 용이하고 성공 가능성이 크며, 마케팅의 기본원리에도 부합된다.

그럼에도 불구하고 마케터는 바람직한 반응을 산출하기 위해 제한적으로나마 소비자의 태도를 변화시킬 수 있는데, 태도를 변화시키기 위한 구체적인 전략들은 태도에 관한 이론과 모델을 근거로 하므로 본장에서는 우선 태도이론과 모델을 살펴본 후, 태도를 변경시키기 위한 시사점을 검토한다.

제1절 태도변화의 이론적 근거

소비자의 태도를 변화시키기 위한 시사점을 제공해 주는 태도이론과 모델들은 소비자의 태도가 형성되고 변화하는 과정을 묘사하고 있으며, 모두 일관성의 원리를 근거로 한다. 이들은 단일차원적인 개념을 근거로 하는 고전적 태도이론과 다차원적 개념을 근거로 하는 다속성 태도이론으로 구분되는데, 우선 단일차원적 개념을 근거로 하는 세 가지 고전적 태도이론을 살펴본 후, 다속성 태도이론을 검토하기로 한다.

1. 일관성의 원리

이미 제7장에서 설명한 바와 같이 인간은 욕구와 태도, 태도의 구성요소들, 여러 대상에 대해 갖고 있는 태도들 사이에 일관성을 유지하려는 경향이 있다. 따라서 일관성의 원리를 초점으로 하는 태도이론들은 **인간이 태도들 사이에서 일관성을 유지하기 위해 노력한다**(the human mind strives to maintain harmony or consistency among currently held attitudes)는 일반적인 원칙을 근거로 삼는데, 만일 소비자가 자신의 태도구조 내에서 비일관성을 지각한다면 심리적 긴장이 일어나 일관성 있는 상태로 복원하려고 노력한다.

인간이 더울 때 땀을 흘리고 추울 때 몸을 움츠리는 것은 생리적으로 어떤 일정한 상태를 유지하려는 현상이다. 이와 같이 생리적으로 이상적인 상태와 현실적인 상태 사이의 괴리로부터 일어나는 생리적 긴장을 해소하려는 노력은 항상성(homeostasis)이라고 한다. 마친가지로 욕구와 태도, 태도의 구성요소들, 여러 대상에 대해 그가 갖고 있는 태도 등 소비자의 태도구조 내에서 일관성을 유지하려는 현상도 바로 심리적 긴장을 해소하려는 자연적인 노력으로 이해된다.

2. 단일차원적 태도이론

1) 조화이론

소비자가 [그림 8-1]의 (a)와 같이 코미디언 L씨와 그가 광고모델이 된 '클레오파트라'(감자칩)에 대해 각각 +2의 긍정적인 태도와 −2의 부정적인 태도를 갖고 있다고 가

그림 8-1

부조화를 해결하는 단순한
예

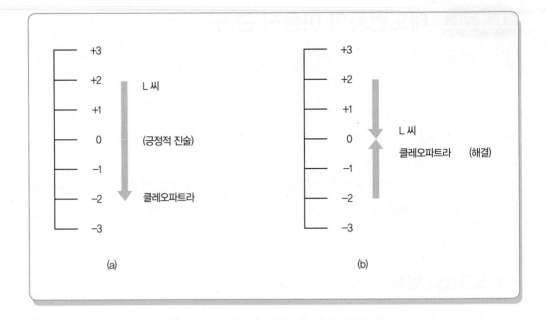

정하자. 이때 소비자는 태도들 사이의 비일관성(내가 좋아하는 L씨가 내가 좋아하지 않는 상품에 관해 좋게 말한다)을 지각하며, 심리적 긴장을 일으키는 부조화의 상태(state of incongruity)에 놓이게 된다. 조화이론(congruity theory)에 따르면 이러한 소비자는 [그림 8-1]의 (b)처럼 L씨에 대한 우호적인 태도를 줄이고 상품에 대한 비우호적인 태도를 개선함으로써 자신이 갖고 있는 태도들 사이의 일관성을 형성할 수 있다.

여기서는 두 대상에 대한 태도들이 정도와 강도는 같으면서 방향만 반대라고 가정하여 같은 크기인 2단위씩 접근해 오는 것으로 예시하였으나, 현실적으로는 이와 같은 해결점(resolution point)이 간단하게 결정되지 않는다. 예를 들어, [그림 8-2]에서와 같이 동일한 크기의 접근을 통해 균형점이 +1이 되지 않고 L씨에 대한 우호적인 태도를 1단위 낮추고 상품에 대한 태도를 3단위 높임으로써 균형점이 +2가 될 수도 있다. 즉 강한 태도일수록 변화하기가 어려우므로 L씨에 대한 태도의 강도가 '클레오파트라'에 대한 태도의 강도보다 강하다면 L씨에 대한 강한 태도가 상품에 대한 약한 태도를 더 끌어당겨 이러한 현상을 일으킬 수 있다.

[그림 8-2]에서는 소비자가 +2에서 태도들의 일관성을 형성한다고 예측하였으나 만일 소비자가 클레오파트라에 대한 L씨의 긍정적 진술을 무시(거부) 한다면 태도들 사이의 일관성도 일어나지 않고 태도변화도 일어나지 않을 것이다. 이러한 점은 한 상표에 대해 대단히 부정적인 태도를 강하게 갖고 있는 소비자들이 긍정적인 정보나 진술을 무시하거나 왜곡하며, 마케팅 노력으로 설득하기 어렵다는 사실을 암시한다.

따라서 소비자가 상표에 대해 대단히 부정적인 태도를 강하게 갖고 있다면 태도를 개선하기 위한 마케팅 노력은 효과를 거두기가 어렵다. 오히려 마케터는 현재의 포지션이

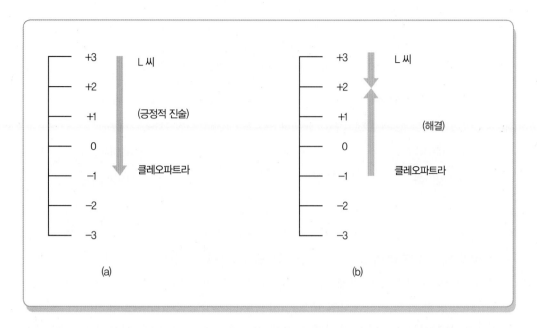

그림 8-2

부조화를 해결하는 복잡한
예

문제라면 리포지셔닝 전략에 의존하고 상품의 품질 또는 디자인이 문제라면 새로운 상
표를 도입하는 편이 효과적일 수 있다.

반면에 소비자가 경쟁상표에 대해 대단히 긍정적인 태도를 강하게 갖고 있다면 그러
한 태도를 약화시키기 위해서는 '상당히' 많은 비우호적인 경험과 구전 커뮤니케이션의
영향이 필요할 것이다.

한편 마케터는 광고에서 사회적으로 인정받는 저명인사를 광고 대변인으로 이용할
수 있다. 그것은 광고 대변인에 대해 긍정적인 태도를 갖고 있는 소비자들이 대변인(정
보의 원천)과 태도대상 사이에 연상을 형성하여(고전적 조건화) 대변인에게 보여주는
것과 동일한 반응을 태도대상에게도 보여주도록 하기 위한 전략이다.

2) 균형이론

균형이론(balance theory)은 소비자가 그의 환경을 삼각관계(triads)로 지각한다고
간주하는데, 소비자 자신은 태도대상과 그에 대한 신념들 사이에 긍정적 또는 부정적인
관계를 갖는 삼각관계에 포함된다.

조화이론과는 달리 균형이론은 태도요소들 사이의 조화나 부조화의 정도를 표현하
기 위한 수치가 없다. 단지 요소들 사이의 승법적 관계가 (-)이면 불균형상태라고 하며
(+)이면 균형상태라고 하는데, 불균형상태는 바로 조화이론에서 말하는 태도의 비일관
성과 같은 개념이다.

예를 들어, 나는 대형차를 좋아한다, 나는 연료를 많이 소모하는 자동차를 좋아하지
않는다, 나는 대형차가 연료를 많이 소모한다고 믿는다 등 세 가지의 진술로서 표현되

그림 8-3

태도의 불균형상태

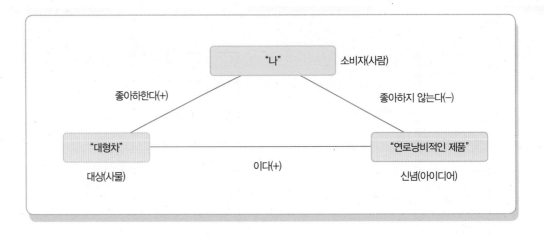

는 소비자 태도를 고려해 보자. 이러한 태도들은 [그림 8-3]과 같은 삼각관계로 나타나는데, 두 변에는 긍정적인 관계를, 한 변에는 부정적인 관계를 보임으로써 전체적으로는 (−)의 승법적 관계를 산출하여 태도가 불균형상태에 있음을 보여준다.

이러한 불균형상태는 소비자에게 심리적 긴장을 일으킬 것이다. 이때 소비자는 심리적 긴장을 그대로 감내할 수도 있지만, 만일 감내하기 어려울 정도의 심리적 긴장이 존재한다면 태도의 균형상태를 회복하기 위해 삼각관계 중 하나 이상을 바꾼다. 즉 소비자는 대형차를 싫어하든가 또는 대형차가 실제로 연료를 많이 소모하지 않는다고 생각을 바꾸든가, ― 예컨대, 취업기회를 창출하거나 심리적 만족을 준다는 등의 이유를 들어 ― 연료를 많이 소모하는 자동차를 좋아하도록 자신의 태도를 바꿀 수 있다.

따라서 소비자가 자신의 태도를 합리화(rationalization)하려는 노력은 태도의 균형상태를 회복하거나 유지하기 위한 것이며, 마케터는 자신의 상품에 대해 소비자가 우호적인 태도를 갖도록 합리화의 구실을 제공해야 한다.

3) 인지 부조화 이론

인지 부조화 이론(cognitive dissonance theory)은 **진실이라고 믿는 두 개의 사고(신념들) 사이에서 비일관성을 지각할 때 소비자에게 일어나는 갈등상태**(a psychological state which results when a person perceives that two cognitions (thoughts), but of which he believes to be true, do not 'fit' together)를 인지 부조화라고 정의하고, 이러한 **부조화는 심리적 긴장을 일으키므로 소비자는 그러한 신념들 사이에서 일관성을 회복함으로써 불편한 심리적 긴장을 해소하려고 노력한다**고 제안한다.

그러나 인지 부조화는 신념들 사이의 비일관성을 포함하여 다음과 같은 여건에서도 일어날 수 있다.

첫째, 모든 논리적 비일관성(logical inconsistency)은 인지 부조화를 일으킬 수 있다.

예를 들어, 모든 캔디는 달콤한데, 나의 캔디는 시큼하다는 2개의 신념은 논리적 비일관성을 포함하므로 인지 부조화를 일으킨다.

둘째, 소비자가 그의 **태도와 행동 사이에서 또는 두 가지 행동 사이에서 비일관성을** 지각한다면 인지 부조화가 나타날 수 있다. 예를 들어, 기회가 있을 때마다 '나이키' 조 깅화의 품질을 칭찬하던 J씨가 다른 상표의 조깅화를 구매하게 되었다든가(두 행동 사이의 비일관성), 도박을 아주 싫어하는 K씨가 야구경기에 내기를 걸게 되었다면(태도와 행동 사이의 비일관성) 인지 부조화가 일어날 것이다.

셋째, **강하게 갖고 있던 기대가 충족되지 않았을 때** 인지 부조화가 나타날 수 있다. 예를 들어, K씨는 노상에서 구입하는 책이 저렴할 것으로 기대했었는데 오히려 비싸게 구입했다는 사실을 알게 되었다면 인지 부조화를 느낄 것이다.

그러나 이상의 세 가지 경우에서도 소비자가 비일관성을 지각하는 경우에만 인지 부조화가 일어나며, 대부분의 마케팅 상황에서 인지 부조화는 의사결정이나 구매가 일어난 후에 나타난다. 즉 의사결정이나 구매행동이 있기 전이라면 소비자가 인지 부조화를 피하기 위해 그의 태도나 행동을 조정할 수 있지만, 일단 의사결정이나 구매가 이루어진 후에는 그러한 일 자체가 그로 하여금 이전의 것과는 다를 수 있는 입장이나 태도에 노출시키기 때문에 인지 부조화가 사후적으로 일어나는 것이다.

이러한 인지 부조화가 산출하는 심리적 긴장은 개인에게 대단히 부담스럽고 불편하기 때문에 인지 부조화를 경험하는 사람은 그것을 감소시키기 위해 다양한 전략들을 구사한다.

예를 들어, 한 소비자가 동일한 가격수준에서 P, M, C 등의 상표와 함께 N카메라를 심각하게 평가한 후, 80만 원을 주고 N카메라를 구입하였다고 가정하자. 이때 그는 80만 원이라는 돈뿐 아니라 구매결정을 위해 많은 생각과 시간을 투자한 셈인데, 구매 후에 그 카메라가 초점을 맞추기 어렵다는 사실을 알게 되었고 카메라의 끈이 끊어졌다고 하자. 이때 그는 자신이 행한 구매행동의 현명함을 의심하기(to doubt the wisdom of his purchase)시작하며, "N카메라는 훌륭하며, 유명 메이커의 상품이다"라는 구매 전 신념과 "내가 산 N카메라는 초점을 맞추기가 어렵고 끈이 끊어졌다"는 구매 후 신념 사이의 비일관성으로부터 인지 부조화를 느끼게 된다.

이러한 인지 부조화에 당면한 소비자가 구사할 수 있는 인지 부조화 감소 전략은 대체로 세 가지로 생각해 볼 수 있다.

첫째, 소비자는 신념들 사이의 일관성을 형성하고 인지 부조화를 감소시키기 위해 어떠한 카메라든지 모두 단점이 있으며, 소매점이 잘못 취급하여 끈이 끊어졌을 것이라고 **상품의 단점을 합리화**시킬 수 있다(rationalization).

둘째, N카메라가 세계에서 가장 훌륭한 것 중의 하나라는 **자신의 신념을 강화시켜 주는 정보를 탐색함**으로써 훌륭한 스타일, 내구성과 같은 N카메라의 다른 장점들을 증폭시킬 수 있다.

셋째, N카메라에 대한 그의 의견을 바꾸어 "N카메라는 별로 좋지 않다. P카메라를 샀어야 했다"고 인정한 후, N카메라에 대해 **이전에 갖고 있던 신념을 변경**할 수 있다.

이상의 예는 인지 부조화 중에서도 마케팅에 관련된 구매 후 인지 부조화(postpurchase dissonance)를 예시한 것이다. 구매 후 인지 부조화는 여러 대안으로 구성된 상품 범주에서 한 상표를 선택한 경우 또는 상품범주들 사이의 선택에서 일어나는데, 소비자가 구매에 투여한 자원(개입)이 클 때 강하게 나타난다. 이러한 개입(commitment)은 소요된 자금의 크기뿐 아니라 시간, 노력, 자아의 개입도 포괄하므로, 일반적으로 내구재와 사치품은 편의품에 비해 인지 부조화를 일으킬 가능성이 크다(제2장 관여도가 높은 상품 참조).

또한 구매에 앞서 고려한 상표대안들이 장단점을 모두 비슷한 정도로 갖고 있다면, 구매 후 소비자는 거부된 상표의 바람직한 특성을 포기하고 선택된 상표의 바람직하지 않은 특성을 얻었다는 사실을 인식하여 심각한 인지 부조화를 느낄 수 있다.

3. 다속성 태도 모델

상표태도를 소비자 행동에 관련시키려는 이전의 태도모델들은 대체로 대상에 대한 전반적인 평가(태도의 감정적 구성요소)만을 강조함으로써 태도에 대한 단일차원적 개념을 채택해 왔으며, 그 결과 태도의 근거를 확인하고 태도를 변경시키려는 전략을 검토하기가 곤란하였다. 즉 한 상표에 관한 태도는 여러 가지 상표속성에 관한 신념들이 일으키는 감정적 반응의 총합으로 결정되며, 포지셔닝 전략은 소비자 욕구들의 방향과 중요성을 근거로 해야 하므로 마케터가 상표태도의 근거를 확인하고 효과적인 포지셔닝 전략을 수립하기 위해서는 다차원적 접근방법이 필요하다.

태도에 관한 다차원적 접근은 상표태도를 측정하기 위해 여러 가지 상표속성에 걸쳐 한 상표가 소비자 욕구들을 얼마나 잘 충족시키는가를 보여주는 다속성 태도 모델(multiattribute attitude model)을 사용하는데, 이제까지 제안된 여러 가지 다속성 태도 모델들은 다음과 같은 공통점을 갖고 있다.

첫째, 다속성 태도 모델들은 **태도를 여러 가지 상표속성에 관한 신념들의 함수로 간주하며, 대체로 소비자에 대한 속성의 가중치(또는 중요도)로서 신념들을 가중**한다.

둘째, 대부분의 다속성 태도 모델들은 보상적이므로 **한 속성상의 약점이 다른 속성상의 강점으로 보상될 수 있다고 가정**한다. 그러나 비보상적인 모델도 있으며, 비보상적 모델은 대체로 소수(2~3개)의 속성만을 고려한다.

1) 표준적인 다속성 태도 모델

다속성 태도 모델에서 상표에 대한 전반적인 태도(A)는 여러 가지 속성에 관한 신념(b_i)들과 소비자의 욕구구조(a_i)를 반영하여 결정되는데, 그러한 태도는 구매의도(BI)를 형성시켜 결국 행동(B)을 일으키므로 전통적인 효과의 계층과 일치한다[그림 8-4].

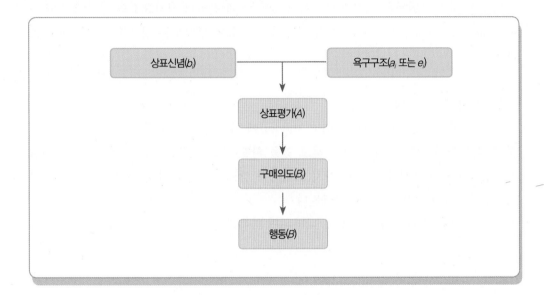

그림 8-4

표준적인 다속성
태도 모델

또한 모든 다속성 태도 모델은 소비자 행동에 영향을 미치는 상표신념과 욕구구조의 평가차원들만 포함한다. 예를 들어, 코카콜라가 달콤하다고 지각하는 소비자들이 달콤하지 않다고 지각하는 소비자들과 동등한 구매가능성을 보인다면 '달콤하다'의 속성은 태도를 형성하는 데 있어서 결정적이지 않은 것인데, 다속성 태도 모델들은 단지 통상 9개 이내의 결정적 속성만을 다룬다.

이러한 다속성 태도 모델이 마케팅 전략을 수립하는 데 제공할 수 있는 시사점을 다음과 같이 요약할 수 있다.

첫째, 경쟁상표와 관련하여 기업상표의 장단점을 확인해준다. 즉 신념요소(b_i)는 상표의 속성이나 구매결과에 대해 소비자가 지각하는 차이를 밝혀준다.

둘째, 소비자의 욕구구조를 반영하는 **가치요소(a_i 또는 e_i)를 근거로 전체시장을 세분**할 수 있는데, 이러한 세분화를 효익세분화(benefit segmentation)라고 부른다.

셋째, 현재의 **포지션을 평가함으로써 리포지셔닝 전략의 필요성을 지적**해 준다.

넷째, 마케팅 전략을 수립하기 위해 이용할 **결정적인 속성들을 확인**해준다. 즉 신념요소(b_i)는 상표의 속성이나 구매결과들에 대해 소비자가 지각하는 차이를 밝혀주며, 가치요소(a_i 또는 e_i)는 그러한 속성이나 구매결과의 요망성을 밝혀준다.

다섯째, **신상품 기회를 확인시켜 준다.** 가치요소(a_i 또는 e_i)는 많은 소비자들이 상표나 구매결과에서 중시하는 측면들을 밝혀줄 수 있으며, 마케터는 신념요소(b_i)의 분석을 통해 새로운 상표를 도입할 기회를 가질 수 있다.

2) 보상적 모델

다속성 태도 모델들은 소비자 태도를 결정하는 데 있어서 신념요소의 성격에 관해 차이는 없으나, 가치요소에 관한 정의와 이러한 요소에 부여하는 강조점이 조금씩 다르다.

(1) 신념/평가 모델

신념/평가 모델(beliefs/evaluation model)에 따르면 상표에 대한 태도는 모든 결정적 속성에 걸쳐 상표가 각 속성을 갖고 있을 확률(상표 K가 칼로리가 높은 산행간식일 가능성 등)과 이 속성에 부여된 가치(소비자가 칼로리를 바람직한 속성으로 여기는 정도 등)를 곱하여 합산함으로써 평가된다.

이러한 신념/평가 모델을 식으로 나타내면 다음과 같다.

$$Ao = \sum_{i=1}^{n} b_i \times a_i$$

여기서 Ao = 상표에 대한 소비자의 전반적인 태도

$\quad\quad b_i$ = 상표가 속성 i와 관련된다는 신념의 정도

$\quad\quad a_i$ = 속성 i에 대해 소비자가 부여하는 가치

$\quad\quad n$ = 관련된 속성의 수

따라서 신념요소는 〈표 7-3〉에 있어서 척도 b_1, 가치는 척도 a_1로 측정될 수 있다.

이러한 신념/평가 모델은 상표속성의 변경, 소비자를 기존의 상표속성들에 친숙하게 만들기 위한 촉진 메시지의 수정, 새로운 시장기회의 확인 등 마케팅 전략과 관련된 시사점을 제공해 줄 수 있다.

(2) 신념/중요성 모델

신념/중요성 모델(benefit/importance model)에 따르면 한 상표에 대한 태도는 그 상표가 갖고 있는 속성들에 관한 신념을 각 속성의 중요성으로 가중하여 합계함으로써 평가된다. 이 모델의 장점은 필요한 척도 〈표 7-3〉에서 신념요소는 척도 b_2, 중요성은

척도 I)들이 신념 /평가 모델에서 보다 실시하기가 쉽다는 점이다.

$$A_o = \sum_{i=1}^{n} b_i \times I_i$$

여기서 A_o = 상표에 대한 소비자의 전반적인 태도

bi = 상표가 속성 i와 관련된다는 신념의 정도

Ii = 속성 i에 대해 소비자가 부여하는 중요성

n = 관련된 속성의 수

그러나 소비자들이 신념/중요성 모델보다는 신념/평가모델에 따라 상표들을 평가하는 경향이 있다는 주장이 있고 또한 신념/중요성 모델이 행동의도와 대단히 밀접하게 관련된다는 주장도 있는데, 아마 상품의 형태나 소비자의 특성 등 여건에 따라 한 모델이 다른 것보다 나을 수 있을 것이다.

(3) 이상점 모델

이상점 모델(ideal point model)은 신념/중요성 모델의 변형으로서 소비자로 하여금 결정적 속성상에서 그들의 이상적 수준을 나타내도록 함으로써(〈표 7-3〉의 척도 a_2) 욕구를 확인하고, 척도 b_2를 사용하여 동일한 속성상에서 상표대안들을 평가하도록 요구함으로써 결정적 속성들에 걸쳐 각 상표가 소비자의 이상적 상품과 얼마나 괴리되어 있는지를 보여준다.

따라서 이상적 상품과 가까운 상표일수록 소비자가 우호적인 태도를 갖는다. 물론 각 속성상의 괴리는 그 속성에 부여되는 중요성(〈표 7-3〉의 척도 I_1 또는 척도 I_2)으로 가중되어야 하며, 이상점 모델을 식으로 나타내면 다음과 같다.

$$A_R = \sum_{i=1}^{n} I_i \,|\, a_i - bR_i \,|$$

여기서 A_R = 특정한 상표 R에 대한 소비자의 태도

I_i = 속성 i에 소비자가 부여하는 중요성

a_i = 속성 i에 대한 소비자의 이상적 수준

bR_i = 상표 R의 속성 i 수준에 대한 소비자의 신념

n = 고려되는 속성의 수

예를 들어, 소비자가 R맥주를 네 가지의 속성상에서 〈표 8-1〉에서와 같이 지각한다

표 8-1

*R*맥주에 대한 소비자 태도
(이상점 모델)

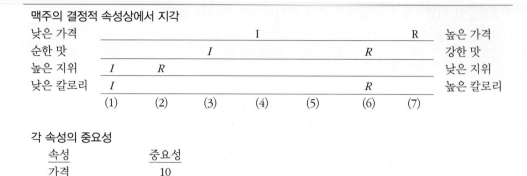

맥주의 결정적 속성상에서 지각

	(1)	(2)	(3)	(4)	(5)	(6)	(7)	
낮은 가격				I		R		높은 가격
순한 맛			I		R			강한 맛
높은 지위	I	R						낮은 지위
낮은 칼로리	I					R		높은 칼로리

각 속성의 중요성

속성	중요성
가격	10
맛	20
지위	40
칼로리	30

이상적 상품과 R맥주 사이의 괴리지수

$$A_R = (10)(|4-7|) + (20)(|3-6|) + (40)(|1-2|) + (30)(|1-6|)$$
$$= (10)(3) + (20)(3) + (40)(1) + (30)(5)$$
$$= 280$$

괴리지수의 극값

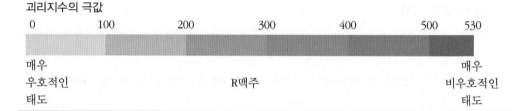

0	100	200	300	400	500	530

매우
우호적인
태도   R맥주   매우
                                                              비우호적인
                                                              태도

면 *R*맥주와 이상적 맥주 사이의 괴리지수는 280이 된다. 그러나 이러한 괴리지수는 그 자체로서 좋다거나 나쁘다고 판단할 수 없는 상대적 측정치이므로 경쟁상표에 대한 괴리지수와 관련하여 평가되어야 한다.

즉 *R*맥주가 이상적인 맥주라고 지각된다면 그들의 모든 신념들과 이상점이 일치하여 괴리지수는 0이 될 것인데, 이러한 점수는 지극히 우호적인 태도를 나타낸다. 반면에 각 속성의 척도상에서 신념들과 이상점이 극대로 멀리 떨어져 위치한다면 지극히 비우호적인 태도를 가질 것이며, 괴리지수는 530이 된다. 따라서 *R*맥주에 대한 280이라는 괴리지수는 양 극단의 중간정도이므로 중립적인 태도로 추론될 수 있다.

(4) 신념한정 모델

신념한정 모델(beliefs only model)은 신념/중요성 모델을 검증한 연구자들이 속성의 중요성은 상표태도와 관계되지 않는다고 판단하여 제안한 것이다. 다시 말해 만일 *C*콜라가 선호된다면 이러한 선호에 관련되는 유일한 요인은 *C*콜라의 속성들에 관한 신념(물론 만족도에 관한 신념)이지, 이들 속성의 중요성이 아니라는 것인데 예를 들어,

탄산함유에 있어서 *C*콜라가 만족스러운지 여부는 — 탄산함유량의 중요성에 비해 — *C*콜라에 대한 평가와 행동에 훨씬 큰 영향을 미칠 것이다.

이와 같은 신념한정 모델에서는 각 상표의 결정적 속성(맛, 가격, 영양, 포장 등)에 관한 만족도 평가(satisfaction ratings)가 전반적인 상표평가에 관련되므로, 마케터는 속성의 중요성보다 오히려 속성들 자체를 강조해야 한다. 예를 들어, 깨끗한 면도가 사회적으로 바람직하다면 R면도기를 구입해야 한다(면도기의 중요성에 대한 소구)고 광고하기보다는 R면도기가 깨끗한 면도(면도기의 속성에 대한 소구)를 제공한다고 광고하는 편이 더욱 효과적일 것이다.

즉 상표속성을 근거로 하는 소구는 소비자에게 그들이 원하는 것을 제공하려는 것이므로 성공의 가능성이 크지만, 속성의 중요성을 근거로 하는 소구는 소비자 욕구들의 우선순위를 재조직하려는 것이므로 성공하기가 대단히 어렵다. 예를 들어, 에너지 절약을 위해 시민에게 대중교통을 이용하도록 설득하기보다는 소형차가 에너지를 절약한다고 설득하는 편이 효과적이다. 다시 말해 후자가 구체적인 속성(가격이나 연비)에 소구하는 반면에, 전자는 이동성과 편의성의 중요성을 감소시키고 에너지 절약의 중요성을 증대시키는 일을 포함하기 때문에 소비자들이 후자를 쉽게 수용하지 않을 수 있다.

그러나 상표평가와 행동에 대해 속성의 중요성이 결정적인 영향을 미치므로 포함시켜야 한다는 주장도 있는데, 결국 상품의 형태와 소비자의 특성에 따라 적합한 태도모델이 달라진다는 사실을 다시 확인할 수 있다.

(5) 확장된 신념/평가 모델

확장된 신념/평가 모델(extended beliefs/evaluation model)은 신념/평가 모델을 사용하여 소비자 행동을 예측한 결과들이 부정확하다는 판단에서 제안되었는데, 신념/평가 모델과 두 가지 점이 다르다.

첫 번째 차이는 태도측정에 있는데, 태도는 상표 자체(A_o)가 아니라 특정한 상표를 구매하려는 행동(A_B)에 대해 측정된다. 예를 들어, 소비자는 제너시스 승용차 자체에 대해서는 매우 긍정적인 태도를 보이지만 가격 등의 이유로 구매결과에 대해서는 부정적인 태도를 가질 수 있으며, 만족을 결정하는 것은 결국 구매행동이기 때문에 상표 자체에 대한 태도보다는 구매행동에 대한 태도를 평가해야 한다는 것이다.

두 번째 차이는 구매의도에 미치는 사회적 영향으로서 주관적 규범(subjective norm)을 포함하는데, 이는 **다른 사람으로부터 오는 영향에 대한 지각인 규범적 신념(normative belief)과 그에 순응하려는 동기(motivation to comply)로 구성**된다.

즉 [그림 8-5]에서와 같이 구매행동의 결과에 대한 태도(A_B)와 주관적 규범(SN)이 함께 작용하여 소비자가 특정한 행동을 취하려는 의도(BI)를 형성하며, 이러한 의도는 다

그림 8-5
확장된 신념/평가 모델

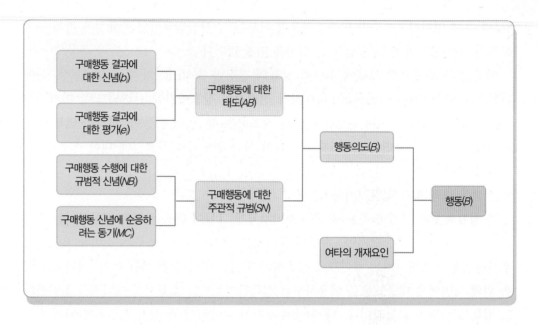

시 실제 행동의 근사치를 나타내는데, 이러한 관계를 식으로 나타내면 다음과 같다.

$$B \approx BI = W_1(A_B) + W_2(SN)$$

여기서 B = BI와 거의 일치하는 실제의 행동

BI = 특정한 행동을 취하려는 의도

A_B = 그러한 행동에 대한 소비자의 태도

SN = 그러한 행동에 관한 소비자의 규범

W_1과 W_2 = A_B와 SN이 각각 행동의도에 미치는 상대적 중요성을 나타내는 가중치

단, $W_1 + W_2 = 1.0$이며 회귀분석을 통해 통계적으로 추정될 수 있다.

① 행동결과에 대한 태도

행동에 대한 태도란 구체적인 여건에서 특정한 행동을 수행하는 일이 일으킬 것으로 예상되는 결과에 대한 태도이며 다음과 같이 나타낼 수 있다.

$$A_B = \sum_{i=1}^{n} b_i \times e_i$$

여기서 A_B = 행동 B가 일으킬 결과에 대한 소비자의 전반적 태도

b_i = 행동 B를 수행하는 일이 결과 i를 일으킨다는 신념

e_i = 결과 i에 대한 소비자의 가치평가

n = 관련된 행동신념(behavioral beliefs)의 수

이러한 구성요소의 형태는 앞에서 언급한 신념/평가 모델과 유사한데, 여기서 중요한 차이는 신념과 평가가 상표의 속성들에 관한 것이 아니라 구매행동의 결과들에 관한 것이라는 점이다. 즉 A_B는 상품범주 내의 특정한 상표를 구매하는 행동에 대한 태도로 해석될 수 있다. 신념(b_i)은 고려중인 상품의 구매가 결과(i)를 어느 정도 일으킬 것인지에 관한 개인적 추정치이며, 평가(e_i)는 상품의 구매가 일으킬 결과(i)의 요망성에 관한 측정치이므로, e_i요소는 각 상표마다 측정되어야 함에 유의해야 한다.

특정한 승용차의 구매가 어떠한 결과들을 일으킨다는 신념(b_i)과 그러한 결과들의 요망성에 관한 평가(e_i)는 대체로 다음과 같은 형태의 척도를 사용하여 측정할 수 있다.

(b_i)　제네시스 승용차의 구매는 자금사정을 악화시킨다.

그럴듯하지 않다　　-3 -2 -1 $+1$ $+2$ $+3$　　그럴 듯하다

(e_i)　승용차의 구매가 자금사정을 악화시킨다.

바람직하지 않다　　-3 -2 -1 $+1$ $+2$ $+3$　　바람직하다

② 행동에 대한 주관적 규범

행동에 대한 주관적 규범은 그가 어떻게 행동해야 한다고 다른 사람(준거인)들이 생각하는지에 관한 소비자의 지각을 나타내는데, 그것은 준거인의 기대에 대한 소비자의 신념과 준거인의 기대에 순응하려는 동기부여의 함수이므로 다음과 같이 나타낼 수 있다.

$$SN = \sum_{j=1}^{n} NB_j \times MC_j$$

여기서 SN = 행동B에 관한 소비자의 주관적 규범

　　　NB_j = 규범적 신념(소비자가 행동B를 수행하거나 수행해서는 안 된다고 준거인 j가 생각한다는 신념)

　　　MC_j = 준거인 j의 생각에 순응하려는 동기

　　　n = 관련되는 준거인의 수

규범적 신념과 순응하려는 동기는 다음과 같은 척도로서 측정할 수 있다.

(NB_j)　나의 친한 친구 j는 내가 제네시스 승용차를

구매하지 말아야 　-3　-2　-1　$+1$　$+2$　$+3$　구매해야 한다고 생각한다.

(MC_j)　나는 승용차 구매에 대하여 내가 취할 행동에 관한 친구 j의 의견을

무시하고 　-3　-2　-1　$+1$　$+2$　$+3$　　따르고 싶다.

　　물론 이러한 요소들은 여러 가지 방법으로 측정될 수 있으나, 이상에서 설명한 방법을 소비자 표본에 대해 적용한 예는 〈표 8-2〉와 같다. 여기서 더 필요한 것은 A_B와 SN에 대한 가중치(W_1과 W_2)를 구하는 일인데, 이들은 별도로 측정한 구매의도(BI)에 대해 두 집합의 점수들을 회귀분석함으로써 결정할 수 있다.

　　단지 상품이 사회적 배경에서 소비되며 다른 사람(준거인)들의 의견이 많이 참조되는 특성을 갖거나 소비자 자신이 그러한 의견을 참조하는 성향이 높다면(outer-oriented) W_2가 클 것이며, 상품이 개인적인 배경에서 소비되며 소비자 자신이 다른 사람보다는 자신의 의견에 따라 선택하는 성향이 높다면(inner-oriented) W_1이 클 것이다.

　　확장된 신념/평가 모델은 본래의 모델보다 의도와 행동을 정확하게 반영하는 것으로 알려져 있다. 즉 특정한 상표를 구매하는 행동결과에 대한 태도(A_B)는 상표 자체에 대한 태도(A_o)에 비해 실제 행동과 훨씬 높은 상관관계를 보이는데, 본래의 신념/평가 모델

(행동에 대한 태도)

표 8-2

세 상표의 승용차에 대한 A_B와 SN

결과	평가(e_i)	신념(b_i)		
		상표 A	상표 B	상표 C
편안한 출퇴근	$+1$	$+3$	$+1$	$+2$
자금사정 악화	-3	-2	$+3$	$+2$
사고위험에 노출	-2	-1	$+2$	$+1$
주말여행이 가능	$+1$	$+2$	-1	$+2$
성취감	$+1$	$+1$	$+3$	$+2$
시간절약	$+2$	$+3$	$+1$	$+2$
의욕적인 생활	$+3$	$+3$	-1	$+1$
전체점수(A_B)		$+29$	-11	$+5$

(주관적 규범)

원천	순응하려는 동기 (MC)	상표들에 관한 규범적 신념(NB)		
		상표 A	상표 B	상표 C
친구	-1	$+1.5$	-2	$+3$
전체점수(SN)		-1.5	$+2$	-3

과 확장된 신념/평가 모델을 사용하여 치약에 대한 구매의도와 실제 구매행동을 비교한 연구에서도 이러한 발견점이 제시되었다.

3) 비보상적 모델

이상에서 설명한 다섯 가지 다속성 태도 모델들은 보상적 모델(compensatory models)이며, 이러한 모델에서 소비자는 결정적 속성에 관한 신념들을 종합하여 상표를 평가하고 가장 우호적인 상표를 결정한다. 그러나 이러한 평가과정이 복잡하므로 소비자는 특히 편의품에 대해 두세 개의 결정적 속성에 걸쳐 상표들을 평가하여, 일부 상표가 어떤 속성상에서 충분치 않다면 아예 그 상표를 거부할 수 있는데, 이러한 과정은 시간과 노력을 상당히 절약해 줄 수 있다.

즉 소비자는 단지 두세 개의 속성만을 사용하며, 한 속성상의 부정적인 평가를 다른 속성상의 긍정적인 평가로 보상할 수 없다고 가정하는데 이러한 평가과정을 묘사하는 다속성 태도 모델을 비보상적 모델(noncompensatory models)이라고 부른다.

예시를 위해 네 개의 승용차를 대상으로 세 가지 결정적 속성상의 점수를 10점 척도로 평가한 결과가 〈표 8-3〉과 같다고 하자.

	속성		
	연비	스타일	안락함
가중치	.5	.2	.3
대안 A_1	5	10	10
대안 A_2	8	9	10
대안 A_3	7	5	6
대안 A_4	10	4	9

표 8-3

승용차의 속성들에 대한 소비자의 신념점수

(1) 속성결합 모델

속성결합 모델(conjunctive model)에서 소비자는 우선 고려중인 상품의 결정적 속성들에 대해 수용가능한 최소수준(minimum cutoffs)을 결정한다. 그 다음 각 속성의 신념점수들이 이러한 최소의 수준을 넘어서는 대안만을 고려하는데, 한 속성에서라도 최소수준에 미달된다면 그 대안은 고려대상에서 제외된다. 따라서 속성결합 모델이 적용되는 극단적인 경우에서 소비자는 모든 대안을 거부하고 어떠한 상표도 구매하지 않을 수도 있다.

예를 들어, 소비자가 받아들일 수 있는 각 속성의 수용가능한 최소수준이 연비에서 7, 스타일에서 5, 안락함에서 6이라면 〈표 8-3〉에서 대안 A_2와 대안 A_3만을 고려한다. 이때 고려대상으로 남게 된 두 대안에 대해서는 다시 앞에서 설명한 보상적 모델 중의 하나가 적용될 수 있음은 물론이다.

따라서 표적시장을 구성하는 소비자들이 대체로 속성결합 모델을 이용하여 구매결정에서 고려할 상표를 결정한다면, 마케터는 자신의 상표가 일단 고려대상으로 선정되도록 하기 위해 결정적 속성상에서 수용가능한 최소수준 이상으로 소비자들의 신념점수를 개선해야 하는데, 실제로 상품특성을 변경하거나 촉진활동을 통해 지각상의 포지션만을 변경할 수 있다.

(2) 속성분리 모델

속성분리 모델(disjunctive model)에서 소비자는 고려중인 모든 결정적 속성 중에서 하나의 속성에서나마 수용가능한 최소수준을 넘어선다면, 다른 속성에 대한 평가와 관계없이 고려대상으로 삼는다.

예를 들어, 소비자가 연비에서 9이상 또는 스타일에서 9이상 또는 안락함에서 9이상인 승용차를 고려하기로 했다면 〈표 8-3〉에서 대안 A_1과 대안 A_2와 대안 A_4가 고려될 것이다. 이러한 3개의 대안에 대해 보상적 모델이 다시 적용될 수 있음은 속성결합 모델의 경우와 같으며, 소비자들이 속성분리 모델을 이용한다면, 마케터는 자신의 상표가 고려대상으로 선정되도록 하기 위해 적어도 한 속성에서나마 수용가능한 최소수준 이상으로 소비자의 신념점수를 개선하기 위해 노력해야 한다.

(3) 사서편찬식 모델

사서편찬식 모델(lexicographic model)에서 소비자는 결정적 속성들을 가장 중요한 것으로부터 덜 중요한 순으로 우선순위를 매긴 후, 대안들을 우선 가장 중요한 속성에서 비교하는데, 만일 가장 우월한 대안이 하나라면 그것이 선택되고, 두 개 이상의 대안이 동점이라면 그 다음으로 중요한 속성에서 우월성을 다시 비교한다.

예를 들어, 가장 중요한 속성이 연비라면 대안 A_4가 선택된다. 그러나 가장 중요한 속성이 안락함이며 두 번째로 중요한 속성이 연비라면 대안 A_2가 선택될 것이다. 따라서 소비자들이 이러한 사서편찬식 모델을 이용한다면, 마케터는 소비자가 가장 중시하는 속성에서 그들의 신념점수를 개선하거나 결정적 속성들의 중요도)를 변화시키는 전략을 구사할 수 있다.

(4) 속성제거 모델

속성제거 모델(elimination-by-aspects model)에서 소비자는 마치 사서편찬식 모델에서와 같이 속성들을 가장 중요한 것으로부터 덜 중요한 순으로 우선순위를 매기면서 동시에 각 속성에 대해 수용가능한 최소수준을 설정한다. 소비자는 우선 가장 중요한 속성에서 수용가능한 최소수준에 미치지 못하는 대안을 제거한 후, 다시 그 다음으로 중요한 속성에서 수용가능한 최소수준에 미치지 못하는 대안을 제거하는 과정을 반복한다.

예를 들어, 가장 중요한 속성이 연비이며 수용가능한 최소수준이 8이라면 대안 A_1과 대안A_3이 제거될 것인데, 두 번째로 중요한 속성이 스타일이며 수용가능한 최소수준이 7이라면 대안 A_4마저 제거되어 단지 대안 A_2만이 남게 될 것이다.

따라서 소비자들이 이러한 속성제거 모델을 이용한다면, 마케터는 사서편찬식 모델과 속성분리 모델의 시사점을 혼합하여 마케팅 전략을 구사하게 된다.

소비자의 상표평가는 보상적 모델에서보다 비보상적 모델에서 단순하므로 **관여도가 낮은 여건에서는 소비자들이 비보상적 모델을 이용**하는 경향이 있으며, 보상적 모델은 관여도가 높은 여건에서 빈번히 이용된다. 또한 비보상적 모델에서 설명했듯이 소비자가 하나의 구매결정에서 두 가지 유형의 모델을 모두 사용한다는 증거도 있다. 즉 소비자가 많은 수의 상표(6–12개)를 평가할 때에는 우선 수용 불가능한 상표들을 더 이상의 고려에서 제외시키기 위해 비보상적 모델을 이용하고 나머지 상표(통상 3–4개)를 평가하기 위해서는 보상적 모델을 이용하기도 한다.

제2절 구매 전 태도의 변경 전략

마케팅 노력은 그것이 소비자의 욕구와 신념들에 상반될 경우보다 일치할 경우에 효과적이다. 즉 소비자가 이미 중요하다고 지각하고 있는 치약의 속성을 자신의 상표가 갖고 있다는 사실을 설득하는 일은 소비자에게 있어서 속성들의 중요성을 바꾸기보다 용이하며, 상표 사용자들의 긍정적인 태도를 강화하는 일이 비사용자들의 부정적인 태도를 변화시키려는 기도보다 효과적이다.

따라서 마케터는 다음과 같은 네 가지 방향에서 소비자 태도에 적용하기 위한 전략을 구사할 수 있다.

첫째, 기존고객의 긍정적인 태도를 유지하고 충성도를 강화한다.

둘째, 상품효익에 우호적인 비사용자를 새로운 고객으로 유도한다.

셋째, 기존고객에게 새로운 상품을 포지셔닝한다.

넷째, 새로운 고객에게 새로운 상품을 포지셔닝 한다.

그러나 현실적으로 마케터는 소비자들에게 추가적인 정보와 설득적 소구를 제시함으로써 그들의 태도를 바꾸기 위해 많은 비용을 지출하고 있으며, 비록 소비자의 태도를 바꾸는 일이 기존의 태도를 강화하는 일에 비해 수행하기가 어렵지만 태도변경은 마케팅 노력의 중요한 목표가 될 수 있다.

1. 태도변경의 일반원칙

소비자의 태도를 바꾸려는 마케터는 다음과 같은 태도변경의 일반원칙을 참고함으로써 보다 효과적인 전략을 구사할 수 있다.

첫째, **태도는 욕구보다 바꾸기 쉽다.** 욕구는 태도에 비해 더욱 지속적이며 뿌리가 깊고 내재화되어 있는데, 특히 문화적 가치와 어린 시절부터의 집단규범에 관련되는 욕구는 마케팅 노력을 통해 바꾸기가 어렵다. 예를 들어, 모자의 마케터는 스포티하고 일상적인 다양성을 도입하여 스포츠 모자에 대한 소비자의 태도를 바꿀 수 있지만, 복고주의 붐을 일으켜 모자를 자주 쓰도록 하는 일은 소비자의 욕구에 관련되므로 효과를 거두기 어렵다.

둘째, **인지적 구성요소는 감정적 구성요소보다 바꾸기 쉽다.** 전통적인 효과의 계층에 따르면 신념의 변화가 상표평가의 변화에 선행할 뿐 아니라, 상표평가를 바꾸기 위해서는 욕구의 변화가 필요할 수 있으므로 신념을 바꾸기가 상표평가를 바꾸기보다 쉬울 것이다. 예를 들어, 크리넥스 키친타월이 100% 천연펄프 무형광이라는 정보는 그 상표에 대한 소비자의 신념을 바꿀 것이지만, 천연펄프나 무형광이 우선순위의 욕구가 아닌 한 크리넥스 키친타월에 대한 평가가 반드시 바뀌지는 않을 것이다.

셋째, **중도적인 태도는 극단적인 태도보다 바꾸기 쉽다.** 소비자가 갖고 있는 상표태도의 정도(degree)가 약하다면 다른 태도로 대체하도록 설득하기가 용이하다. 예를 들어, 특정한 상표를 극단적으로 싫어하는 소비자는 그 상표에 관한 대부분의 주장들을 거부할 가능성이 크기 때문에 우호적인 태도를 갖도록 설득되기가 어렵다.

넷째, 강도(intensity)의 측면에서 **약한 태도는 강한 태도보다 바꾸기 쉽다.** 상표에 관한 자신의 평가를 확신하지 못하는 소비자일수록 광고가 제공하는 정보에 수용적이므로 태도진술의 강도가 약하다면 그러한 태도는 변경하기 쉽다. 특히 태도의 근거가 되는 인지적 구성요소(신념들)에 회의심을 갖고 있는 소비자의 태도는 변화에 취약하다.

다섯째, **관여도의 수준이 낮은 여건에서 태도들은 바꾸기 쉽다.** 사회적 판단 이론에 따르면 관여도가 높은 여건에서 소비자는 자신의 입장과 일치하는 정보만 수용하고 기존의 태도와 상반되는 정보를 선택적으로 배제할 것이므로 기존의 태도를 바꾸기 어렵다. 이에 반해 관여도가 낮은 여건에서는 소비자가 기존태도와 일치하지 않는 정보에도 수용적이므로 태도가 변하기 쉽다.

여섯째, 태도들은 일관성이 결여된 때 바꾸기 쉽다. 균형이론에 따르면 두 개의 태도가 일관되지 않을 때 균형을 회복하기 위해 하나 또는 두 개의 태도가 변한다. 예를 들어, 한 소비자가 대형차에 대한 긍정적 태도를 갖고 있으면서 연료절약을 강력히 지지할 수 있는데, 이러한 불균형은 심리적 긴장을 일으키며 균형상태를 회복하기 위해서는 태도가 변해야 한다.

태도를 변경하기 위한 마케터의 노력은 구매전 태도의 변경과 구매 후 태도의 변경으로 나눌 수 있다.

2. 구매 전 태도의 변경 전략

구매 전의 소비자 태도를 변경하기 위한 전략들은 다속성 태도 모델, 기능이론, 사회적 판단이론 등으로부터 시사점을 제공받을 수 있다.

1) 다속성 태도 모델과 태도변경

다속성 태도 모델이 제시해 주는 태도변경의 근거는 대체로 욕구의 방향과 중요성, 신념, 전반적인 상표평가, 구매 또는 행동의도를 초점으로 한다.

(1) 욕구의 방향과 중요성

마케터는 소비자의 태도를 바꾸기 위해 그들로 하여금 새로운 속성을 학습하거나 특정한 속성의 중요성을 재평가하도록 설득할 수 있는데 예를 들어, 구강청정제에 있어서는 쓴 맛이라는 속성이 균을 죽이는 좋은 품질의 지표라고 설득할 수 있다.

그러나 소비자의 욕구를 바꾸려는 전략은 반드시 소비자가 그러한 변화에 수용적이라는 사실이 전제되어야 효과를 거둘 수 있다. 예를 들어, 프링글스가 감자칩의 신선도를 유지하기 위해 에어쿠션 포장을 도입했을 때, 그들은 소비자에게 감자칩의 신선도가 중요하고 에어쿠션 포장과 신선도 사이의 연상이 광고를 통해 형성될 수 있다는 조사결과를 근거로 한 것이다.

(2) 신념

소비자의 태도를 바꾸기 위해 마케터가 구사할 수 있는 보편적인 전략은 상표에 대한 신념을 바꾸는 것이다. 그러나 신념의 변화가 상표평가와 구매의도에 우호적인 변화를 일으킬 것이라는 확신이 선행되어야 하며, 많은 연구에서 상표에 관한 신념요소를 바꾸는 일이 가치요소(욕구구조)를 바꾸기보다 수월함이 입증되었다.

태도의 인지적 구성요소를 변화시킴으로써 소비자의 태도를 변경하려는 전략은 크게 네 가지로 나눌 수 있는데, 이상점 모델로서 전략대안을 예시하면 〈표 8-4〉와 같다.

표 8-4

인지적 구성요소를 변화시키기 위한 전략대안

초기의 신념구조와 태도(태도괴리지수=300)			
속성	가중치	이상점	신념
가격	50	3	5
맛	50	5	1
지위상징	0	3	4
전략대안1 : 상표속성에 관한 신념을 변화시킨다(태도괴리지수=200)			
가격	50	3	5
맛	50	5	3
지위상징	0	3	4
전략대안2 : 속성가중치를 변화시킨다(태도괴리지수=220)			
가격	30	3	5
맛	30	5	1
지위상징	40	3	4
전략대안3 : 새로운 신념을 추가시킨다(태도괴리지수=220)			
가격	30	3	5
맛	30	5	1
지위상징	0	3	4
저칼로리	40	5	4
전략대안4 : 속성별 이상적 수준을 변화시킨다(태도괴리지수=150)			
가격	50	3	5
맛	50	2	1
지위상징	0	3	4

(3) 전반적인 상표평가

마케터는 소비자 태도의 감정적 구성요소를 바꾸기 위해 세 가지의 전략을 구사할 수 있다. 즉 첫 번째 전략은 상표속성들을 구체적으로 참조하지 않고도 고전적 조건화 이론을 근거로 **상품사용과 긍정적인 반응 사이에 연관을 형성**하는 일이다. 예를 들어, 맥주광고는 운동경기에서 승리한 후, 즐거운 분위기에서 그것을 마시는 사람들을 묘사할 수 있다. 만일 소비자가 상품사용을 승리나 성공과 연상한다면 상품속성을 구체적으로 참조하지 않고도 상품을 우호적으로 평가할 것이다.

따라서 화장품의 마케터는 대체로 광고를 통해 신비함이나 낭만적임, 사회적 성공의 분위기를 상품사용과 연상시키는데, 만일 그러한 분위기가 바람직한 것이라면 상표에 대한 소비자의 평가가 우호적으로 바뀔 수 있다.

둘째로 마케터는 광고 자체를 소비자들이 좋아하도록 작성할 수 있는데, **광고에 대한 애호는 — 고전적 조건화 또는 관여도가 높은 의식적 과정을 통해 — 상품애호에 이어지는 경향**이 있다. 따라서 마케터는 유머양식, 유명 연예인을 사용하거나 감정적 소구를 활용하여 광고에 대한 느낌을 호의적으로 바꿈으로써 상품에 대한 감정적 구성요소에 영향을 미칠 수 있다.

한편 논란의 여지는 있지만 단순한 노출을 통해서도 우호적인 느낌을 증대시킨다는 연구 발견점에 따라, 마케터는 특히 관여도가 낮은 상황에서 단순히 광고를 반복함으로써 인지적 구조를 바꾸지 않고도 소비자의 애호와 구매를 유도할 수 있다.

(4) 구매 또는 행동의도

마케터는 자신의 상표를 구매하도록 격려하는 여러 가지 유인을 제공함으로써 소비자의 태도를 우호적으로 바꿀 수도 있다. 예를 들어, 세일기간 중 할인가격으로 구매하는 소비자는 — 특히 다른 상표와 품질 차이가 적을 때 — 자신의 구매를 정당화하기 위해 그 상표가 더욱 만족스럽다고 간주할 수 있으며, 그러한 구매행동이 일으킬 인지부조화를 해소하기 위해 가격이 정상으로 환원될 때에도 우호적인 태도를 유지할 수 있다.

그러나 소비자로 하여금 덜 선호하는 상표를 구매하도록 격려하는 유인이 지나치게 크다면 구매의 유일한 이유가 그러한 '유인'임을 부정하기 어렵기 때문에 소비자는 태도를 바꾸지 않는 경향이 있다. 따라서 이러한 경우 유인이 없어졌을 때 소비자는 다시 원래 우호적이넌 상표를 다시 찾게 될 것이므로, 마케터는 소비자로 하여금 덜 선호하는 상표를 구매하게 된 이유를 다른 곳에서 찾을 수 있도록 유인의 크기를 적절한 수준으로 제공해야 한다.

3. 기능이론과 태도변경

기능이론은 태도가 그것을 갖고 있는 소비자에게 실리를 제공하고 자아의 손상을 막아줄 뿐 아니라 자신의 가치를 효과적으로 표현하도록 허용하며, 지식을 제공하는 기능을 수행한다고 보는 이론으로 이러한 기능을 근거로 한 태도변경은 다음과 같다.

1) 실리적 기능

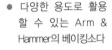

● 다양한 용도로 활용
할 수 있는 Arm &
Hammer의 베이킹소다

마케터는 자신의 상품이 소비자가 **이제까지 생각하지 못했던 보상을 제공한다는 새로운 사실을 지적함**으로써 그들의 태도를 우호적으로 변경할 수 있다. 예를 들어, Arm & Hammer는 베이킹 소다에 대해 소화불량 해소, 싱크대나 그릇의 세척, 냉장고 안의 냄새제거, 목욕할 때 땀과 오물제거 등 여러 가지 새로운 용도를 개발하고 촉진함으로써 베이킹 소다에 대한 소비자들의 신념과 태도를 바꾸었다.

또한 농촌진흥청에 따르면 김치에 들어있는 고춧가루가 주요 유산균 중 하나인 '바이셀라 사이바리아' 생성을 활성화하는데, 바이셀라 사이바리아는 사람 몸속에서 항암, 항염, 항균 기능을 하는 물질인 인터루킨의 농도를 높인다고 알려져 있다. 김치의 마케터는 이러한 효능을 소비자에게 알림으로써 김치에 대한 태도를 우호적으로 바꿀 수 있다.

2) 자아방어적 기능

● 탈모로 인한 노안 인상에서 벗어나기 위한 최선의 선택으로 가발을 제안한다.

● 구강청결제는 사회적 제재를 피할 수 있는 수단이다.

소비자는 자아의 손상을 막아주는 수단에 대해 우호적인 태도를 갖는 경향이 있다. 따라서 마케터는 자신의 상품에 대해 **비사용의 사회적 위험을 지적하고, 그러한 위험을 회피하여 자아를 방어하는 데 기여할 수 있는 상품효익을 지적함**으로써 그들의 태도를 우호적으로 바꿀 수 있다.

예를 들어, 자신이 느끼지 못하는 입냄새는 사회생활에서 많은 지장을 주는데, 구강청결제를 사용함으로써 그러한 문제를 해결하고 대인관계에 자신감을 가질 수 있음을 지적한다면 이들에 대한 소비자의 태도가 우호적으로 바뀔 수 있다. 또한 탈모는 발생하는 연령대도 낮아지고 성별에 관계 없이 널리 퍼지고 있는데, 탈모는 노안으로 보이게 하고 대외적인 자신감을 떨어뜨려 많은 사람들에게 고민거리가 되므로 자연스런 가발의 마케터는 자아방어적 기능을 근거로 소비자의 태도를 바꿀 수 있다.

3) 가치표현적 기능

소비자는 자신의 가치를 표현할 수 있는 수단에 대해 우호적인 태도를 갖는 경향이 있다. 따라서 마케터는 **소비자가 중시하는 가치를 찾아내고 자신의 상품이 그러한 가치를 효과적으로 표현해 줄 수 있는 수단임을 강조함**으로써 그들의 태도를 우호적으로 바꿀 수 있다.

국산 고급차의 끝판왕이라고 불리는 제네시스 EQ900은 제네시스의 플래그십 세단으로서 사회적인 성공과 부를 남들에게 보여주고 싶어하는 소비자를 대상으로 자신의 가치와 자아 이미지를 표현할 수 있는 수단으로 제시되는데, 이러한 가치표현적 기능에 따라 소비자로부터 우호적인 태도를 형성하고 있다.

● 제네시스 EQ900

물론 가치표현이 반드시 성공이나 부를 중심으로 명품에 국한된 것은 아니다. 예를 들어, 피로회복제인 박카스는 땀을 흘리며 열심히 일하는 사람들을 부각하면서 열정이나 책임감이라는 가치를 중시하는 소비자에게 가치표현의 기회를 제공함으로써 우호적인 태도를 갖게 한다.

● 자신도 힘든 하루였지만, 가사노동에 힘든 아내를 위로하는 박카스

4) 지식조직의 기능

지식조직의 기능이란 소비자가 외부로부터 유입되는 정보를 조직하고 분류하는 데 있어서 기존의 태도를 이용함으로써 소비자의 정보처리 과업을 신속하고 용이하게 만드는 현상이다. 따라서 마케터는 소비자들 사이에서 **바람직한 태도를 형성하기 위해 명확한 포지션을 확립**해야 하는데 예를 들어, 콘푸로스트는 그 상품의 영양적 가치와 칼로리 함량에 대한 정보를 집중적으로 제공함으로써 아침식사 준비에 시간여유가 없는 영양지향적인 소비자들에게 아침식사용으로 명확히 포지셔닝되었다. 만일 애매한 포지셔닝(아침식사이면서 동시에 영양스낵이나 다이어트 보완품)으로 보다 넓은 시장에 도달하려고 시도했었다면 실패했을지도 모른다.

● 호랑이처럼 기운이 난다는 '콘푸로스트'

3. 사회적 판단이론과 태도변경

다속성 태도 모델을 근거로 한 태도변경 전략 중에서 상표에 관한 신념들을 바꾸거나 이들 신념에 관련되는 가치를 바꾸는 일은 소비자가 광고 메시지를 일단 수용한다는 사실을 전제로 한다. 그러나 관여도가 높은 여건에서 사회적 판단이론은 만일 광고 메시지가 제안하는 변화가 극단적이라면 거부될 것이며(대조효과), 광고 메시지가 중도의 변화를 제안한다면 수용될 것(동화효과)임을 주장하므로 어느 정도의 태도변화를 제안할지 고려해야 한다.

예를 들어, 중형 Cadillac의 출시는 그것이 기존신념의 극단적인 변화를 나타내지

● 중형 세단 Cadillac BLS

● Cadillac 경차 – Urban Luxury Concept Car

● 상냉장 · 하냉동 냉장고

않기 때문에 대부분 Cadillac 소유자에게 수용될 수 있으며, 중형 Cadillac은 대형 모델과 동일한 안락함 및 지위의 전통적 가치와 연상될 수 있다. 그러나 만일 Cadillac이 Volkswagen Up이나 Toyota Passo와 경쟁하기 위해 경차를 도입한다면 그것은 대부분의 Cadillac 소유자에게 수용될 수 없으며, 그들의 태도를 부정적인 방향으로 바꿀 것이다.

한편 거부감을 주지 않고 극단적인 신념 및 가치를 바꾸려는 메시지들은 호기심을 일으켜 오히려 상품사용을 유도할 수도 있다. 예를 들어, 냉동실이 냉장실 위에 있어야 한다는 과학적인 이유에도 불구하고 냉장실을 냉동실 위에 배치한 새로운 스타일의 상냉장 · 하냉동 유럽형 냉장고는 국내에서 표준적인 냉장고에 대한 신념의 큰 변화이지만, 그것이 기본적인 가치나 자아 이미지를 위협하지 않고 거부될 만큼 극단적이지 않기 때문에 오히려 호기심을 자극하여 점포방문과 구매를 일으킬 수 있다.

제3절 구매 후 태도의 변경 전략

구매 후의 소비자 태도를 바꾸기 위한 전략은 인지적 부조화 이론과 귀속이론으로부터 시사점을 제공받을 수 있다.

1. 인지 부조화 이론과 태도변경

인지 부조화 이론에 따르면 마케터는 소비자에게 **상표에 관한 긍정적인 정보를 제공함으로써 구매 후에 소비자가 겪는 인지 부조화를 줄이고 기존의 우호적인 태도를 유지또는 강화하도록 노력**해야 하는데, 다음과 같은 다섯 가지 전략이 효과적이다.

첫째, 광고를 통해 상품에 관한 긍정적인 정보와 상품의 관리 및 유지를 위한 지침을 제공한다.

둘째, 구매 후 인지 부조화의 발생을 저지하거나 그것을 줄이기 위해 품질 및 성능을 보증한다.

셋째, 소비자의 우호적인 기존태도와 구매행동을 지지하기 위해 효과적인 고객 서비스를 제공하고 불평을 신속하게 해결해 준다.

넷째, 소비자가 자신의 구매를 만족스럽게 여기도록 다른 소비자들이 상품품질과 성능에 만족하고 있는 모습을 광고한다.

다섯째, 구매 후 소비자가 상품 사용방법을 충분히 이해하고 있는지를 확인하고 만족을 증대시키기 위해 필요한 교육을 실시한다.

이와 같이 인지 부조화 이론은 태도의 변경보다는 기존의 우호적인 태도를 유지 또는 보강하기 위한 전략적 시사점을 제공하지만, 경쟁상품에 대해서는 인지 부조화를 증대시켜 상대적으로 자사상표에 대한 태도를 개선하기 위한 전략적 시사점도 제공해 준다. 예를 들어, Burger King은 경쟁상품의 품질이나 준비방법에 대해 의문을 제기함으로써 경쟁사의 고객들에게 인지 부조화를 발생시켰는데, 비록 법적 조치의 위협에 의해 그러한 노력은 중단되었지만 인지 부조화를 크게 느낀 경쟁사 고객들의 태도는 악화되었다.

2. 귀속이론과 태도변경

귀속이론에 따르면 소비자는 **구매 후 자신의 구매행동에 대한 적절한 이유(구실)를 찾는 경향**이 있는데, 그러한 행동적 귀속(behavioral attributions)은 대안들을 충분히 평가하지 않고 상품을 구매했을 때 보편적으로 나타난다. 이와 같이 소비자가 구매행동에 귀속시킨 이유는 결국 구매결과를 근거로 태도를 형성하거나 변경하기 위한 단서로 작용하게 된다.

따라서 마케터는 구매를 마친 소비자들에게 우호적인 태도의 근거가 될 수 있는 적절한 이유를 제공해주는 것이 바람직하다. 예를 들어, 대형마트에서 단순히 세일 중이라는 이유로 갈색 계란을 구매한 소비자가 나중에 "갈색 계란이 단백질과 콜레스트롤 함유량에서 더 건강한 계란"이라는 기사를 보았다면 갈색 계란을 구매한 이유를 물어오는 친구에게 그러한 기사내용을 설명할 것이며, 이러한 이유는 소비자가 갈색 계란을 우호적으로 평가하고 다시 구매할 근거로서 작용한다.

마찬가지로 소비자는 일시적인 가격할인 때문에 특정한 상표를 대량으로 구매할 수 있는데, 이 경우에서도 마케터는 그들의 구매에 대해 개인적 및 사회적으로 수용될 수 있는 보다 적절한 이유를 암시해 줌으로써 소비자의 태도를 우호적으로 바꿀 수 있으며, 그러한 태도변화는 할인판매가 끝난 후에도 지속될 수 있다.

3. 관여도와 태도변화

수동적 학습이론에 따르면 소비자는 대체로 관여도가 낮은 여건에서 상표들을 학습하며, 대안들을 거의 평가하지 않고 구매하므로 태도는 구매 전보다 구매 후에 형성될 가능성이 크다.

그러나 진정한 상표충성은 관여도가 높은 여건에서 형성될 가능성이 크므로, 마케터는 **소비자 관여도를 높이려고 노력하면서 구매 전 태도를 변경하기 위한 전략을 구사할** 수 있는데, 관여도를 높이기 위한 방안은 대체로 다음과 같다.

첫째, **상품을 관여도가 높은 문제에 관련시킨다.** 일반적으로 마케터는 상품 자체보다 그러한 상품이 해결에 도움을 줄 수 있는 문제를 강조함으로써 상품에 대한 소비자의 관여도를 높일 수 있다. 예를 들어, 식사대용 시리얼의 마케터는 자신의 상표를 영양이나 간편성에 관련시키기보다 어린이의 영양실조 문제를 부각시키고 그 해결책으로 상품을 제시하는 편이 효과적이다.

● 팔도가 실시한 관여도가 높은 비락식혜의 광고

둘째, **상품을 관여도가 높은 상황에 관련시킨다.** 소비자는 상품과 관련된 활동에 참여하고 있는 동안에 상품에 대한 관여도가 높아지며, 광고에도 수용적이 되는 경향이 있다. 예를 들어, 선탠로션에 대한 라디오 광고는 겨울철보다 여름철, 그것도 한낮 시간에 더욱 효과적이다.

셋째, **관여도가 높은 광고를 만들어 제공한다.** 상품에 대한 소비자의 관여도가 낮다고 반드시 그 상품의 광고에 대한 관여도까지 낮은 것은 아니다. 예를 들어, 비락식혜는 의리의 심볼인 김보성 모델의 광고를 실시했는데, 광고에 유머나 극적인 사건 등을 이용하는 일은 주의를 환기시켜 광고에 대한 관여도를 증대시킬 수 있다.

넷째, **상품속성들의 중요성을 바꾼다.** 상품효익에 관한 소비자의 지각을 전면적으로 바꾸기는 어렵지만, 만일 소비자에게 시리얼의 섬유소 함량이 건강에 매우 중요하다는 사실을 설득할 수 있다면 그들은 시리얼 상품범주에 관여도가 높아지며, 이러한 속성을 갖는 상표들을 우호적으로 평가하게 된다.

● 저관여를 고관여로 높이는 마케팅 전략

다섯째, **새롭고 중요한 속성을 상품에 관련시킨다.** 예를 들어, 청량음료에서 카페인과 설탕성분이 없다는 속성은 건강과 외모에 대한 시사점 때문에 많은 소비자들의 관심을 끌 것이며, 우유를 비롯한 식품들에 있어서 비타민 보충도 좋은 예가 된다.

Consumer 톡톡

가전상품 '애국마케팅' 더 이상 효과 없다

국내 가전상품 소비자들의 소비성향에 더 이상 자민족중심주의가 유효하지 않은 것으로 나타났다. 대신 준거집단 성향, 고관여가전상품 여부가 향후수입 가전상품 구입 의향에 영향을 미쳤다.

소비자문제연구 제46권 제1호에 수록된 '주부소비자의 준거집단 민감성과 자민족중심주의가 수입 가전상품 구매의향에 미치는 영향 : 인지 부조화의 영향력을 중심으로'에 따르면 이같이 나타났다. 이 연구는 전국 거주 30~50대 주부 1,044명을 대상으로 했다.

우선 이들의 현재와 이전 가전상품 소비성향에는 자민족중심주의가 존재하는 것으로 나타났다. 조사 대상 주부들의 96.4%가 현재 LCD TV를 사용하고 있었으며 이전 사용 TV도 92.2%가 국산이라고 응답했다. 또 상관관계 분석에 있어서 자민족중심주의 성향은 소비자의 수입 상품 구매의향과 부(−)의 관계를 갖는 것으로 나타났다.

하지만 준거집단(이웃, 또래 등)의 성향, 고관여 가전상품군 여부에 따라 소비자들은 인지 부조화(구매 후 후회하며 행동과 태도의 불일치를 보이는 것)를 겪는 것으로 분석됐다. 고관여 상품군이란 소비자가 잘 못 구입했을 경우 큰 불편을 겪을 것으로 예상돼 저관여 상품에 비해 신중하게 고르는 상품군을 말한다. 연구는 고가이자 오래 사용하는 TV, 냉장고 등을 예로 들었다.

특히 연구에 따르면 최근 국경을 넘어선 전사상거래 및 온라인 해외직구의 활성화로 전자상거래 수입건수는 연간 평균 60%씩 증가했고, 해외직구를 통해 수입 된 물품이 1,553만건(1조 6,836억 원)을 넘으며 증가양상을 보이고 있다.

연구는 "고관여 가전 상품군 중에서 필수품의 성격과 사회

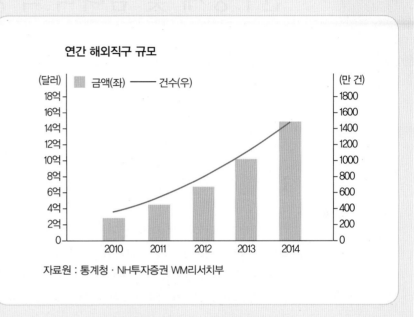

연간 해외직구 규모

(달러) ■ 금액(좌) ── 건수(우) (만 건)

자료원 : 통계청 · NH투자증권 WM리서치부

적 표현 기능 또한 담고 있는 상품의 경우 상품에 대한 정보적 지식에 민감할지라도 구매 후 인지 부조화가 증가한다"고 분석했다.

이어 "가전상품의 경우 자민족중심주의 성향이 강할지라도, 준거집단에 대한 소비자의 규범적 민감성이 높을 경우 수입 상품에 대한 호의와 구매의향이 증가한다"며 "정보탐색을 많이 하는 소비자들의 수입상품 구매 의향이 증가하고 있다"고 지적했다.

그러면서 "향후 수입 가전 업체들이 합리적 품질과 가격을 내세워 한국 시장에 재도전 할 경우, 국내 소비자들의 수입 상품으로의 교체구매가 예상되는 등 관련 시장 판도의 변화도 예상된다"며 "고관여 가전상품의 경우 애국심 마케팅에 집중하기 보다는 주부소비자들의 규범적 민감성의 관리를 중심으로 고객지향적인 마케팅이 필요하다"고 덧붙였다.

자료원 : 아시아경제, 2016. 2. 7

제9장
인구통계 및 심리적 특성

I·n·t·r·o

당신의 고객이 어떠한 사람들인가? 하는 질문에 대해 마케터는 통상 자신의 상표를 구매하는 소비자들을 그들의 연령이나 소득 및 교육수준, 주거지역 등으로 묘사할 것인데 그것은 고객의 이러한 특성들이 마케터로 하여금 경쟁자와 다른 독특한 마케팅 전략을 구사하도록 만들기 때문이다. 즉 구체적인 표적시장에 광고를 집중시키기 위해 어떠한 매체를 선정해야 하는가, 어떠한 가격 수준이 적절한가, 어떠한 상품 스타일과 디자인이 적합한가등의 마케팅 믹스 요소에 대해 소비자의 인구통계적 특성이 미치는 영향은 대단히 크다.

또한 소비자의 심리적 특성은 인구통계적 특성과 더불어 소비자 행동을 묘사하고 예측하기 위한 풍부한 근거를 제공해 줄 수 있다. 즉 이전의 연구들은 소비자 행동에 대한 설명변수로서 대체로 인구통계적 변수들에 의존해 왔으나, 그러한 변수들에 덧붙여 심리적 변수를 추가로 고려함으로써 소비자 행동을 좀 더 정확하게 묘사하고 예측하는 일이 가능해졌다.

따라서 본장에서는 우선 우리나라 전체 인구를 규모, 구조, 분포 등 여러 가지 측면에서 검토하고 이러한 인구통계적 특성들이 마케팅 전략을 위해 제공하는 시사점들을 살펴본다.

그 다음 라이프 스타일의 본질을 검토하고 라이프 스타일 변수들의 측정과 전략적 시사점을 고려한 후, 여러 가지 퍼스낼리티 이론의 맥락에서 퍼스낼리티 변수들을 묘사하고 마케팅 전략에 대한 적용을 고려한다. 끝으로 자아 이미지의 본질과 형성과정을 검토한 후, 그 측정방법과 마케팅 시사점을 살펴본다.

제1절 인구통계적 특성

인구통계학(demography)은 **한 사회를 구성하고 있는 사람들의 규모나 구조, 분포를 연구하는 학문분야**인데, 그러한 연구에서 사용되는 변수들을 인구통계적 변수(demographic variables, demographics)라고 한다. 여기서 규모(size)란 그 집단에 속해 있는 개체들의 수로서 나타내지며, 구조(structure)는 인구의 구성을 연령, 소득, 교육, 직업 등으로 묘사한다.

따라서 우리나라의 인구통계적 특성이란 우리나라 국민의 수와 그들이 연령, 소득, 교육, 직업 등의 인구통계적 변수들 상에서 어떻게 분포되어 있는지를 나타내는데, 우리나라 전체로서 인구통계적 특성은 소비자 행동에 사회적 요인으로 작용할 수 있다. 예를 들어, 총인구의 변화, 가구구성 형태 및 가구원수의 변화, 연령·소득·교육 및 직업·혼인상태 등의 변화는 사회의 변화 추세를 보여주므로 결국 개별 소비자의 행동에 영향을 미친다.

그러나 한 개인의 연령, 소득, 교육수준, 직업, 혼인상태와 같은 인구통계적 특성도 개인적 요인으로서 그 사람의 행동에 영향을 미칠 수 있기 때문에 인구통계적 특성은 집단적 영향요인이면서 동시에 개인적 영향요인이기도 하다.

1. 한국의 인구통계적 특성

1) 인구 및 가구의 규모

(1) 총인구

[그림 9-1]은 총인구의 변화추이를 보여준다. 2015년 우리나라 총인구는 5,062만명으로 2030년 5,216만명에 정점 도달 후 차츰 줄기 시작할 전망이다. 2015년 우리나라 인구성장률은 0.38%로 2010년 이후 계속 줄고 있으며 **2031년 −0.03%부터 마이너스 성장을 하며 2060년에 −1.00% 수준이 될 것으로 전망**된다.

중위연령은 2000년에 이미 31.8세로 30세를 넘어섰고, 2014년에 40세를 넘었으며, 2015년에는 40.8세 그리고 **25년 후인 2040년에는 50세가 넘는 52.6세가 될 전망**이다.

한편 총인구의 남/여 비율은 2015년 100.0으로 남녀 인구가 각각 절반을 차지하고, 이후에도 **여자 인구가 계속 늘어 2060년까지도 성비는 98.1%**로 100.0을 넘지 못하는 것으로 예측되고 있다.

그림 9-1

총인구와 인구성장률

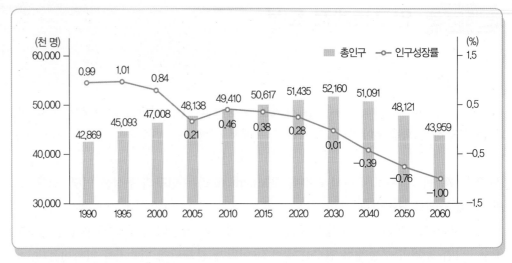

자료원 : 통계청, 「장래인구추계」

이러한 인구성장율의 극적인 감소와 절대인구의 체감적 증가추세는 기초 생활필수품을 비롯하여 여러 가지 상품 및 서비스에 대한 전반적인 시장축소의 가능성을 암시하는 것이며, 이러한 현상은 양적인 측면을 강조해 오던 기존의 마케팅 전략으로부터 새로운 욕구를 충족시키기 위한 마케팅 전략의 질적인 변화를 촉구한다.

● 우리나라에서도 이제 나홀로 소비 문화가 낯설지 않다(혼밥, 혼술)

(2) 가구구성 형태 및 가구원수

우리나라 가구구성 형태 및 평균 가구원수를 살펴보면 [그림 9-2]에서와 같이 2015년 1인 가구 비율은 27.2%로 35년 전인 1980년 4.8%보다 22.4%p 증가하였으며 가족 규모가 장기간 축소되면서 평균 가구원수는 1980년 4.5명에서 2015년에는 2.5명으로 줄었다.

1세대 가구 비율은 2015년에 24.3%로 35년 전인 1980년 보다 15.5%p 증가한 반면, 가장 보편적인 세대 구성인 2세대 가구 비율은 35년 전 보다 5.0%p 줄고 한국 가족의 전통적 형태인 3세대 가구도 10.1%p 줄고 있음을 알 수 있다. [그림 9-3 참조]

젊은 연령층은 결혼을 미루며 독립하여 혼자 사는 가구가 늘어나고, 노인들도 자녀와 동거하지 않고 혼자 사는 가구가 늘면서 **1인가구는 지속적으로 증가**될 전망이다.

이렇게 1인 가구가 비약적 증가하면서 등장한 것이 나홀로 소비 현상인데 이미 1인가구의 비율이 30%를 넘어선 이웃나라 일본의 경우 1인 가구용 상품들이

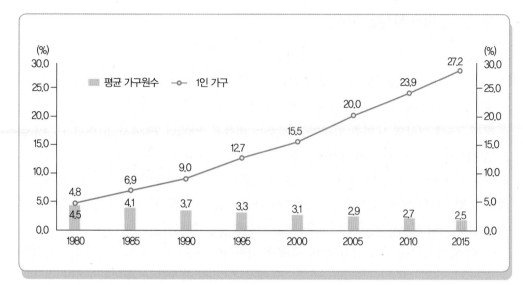

그림 9-2

가구구성 형태의 비율 및
평균 가구원의 수

자료원 : 통계청, 「인구주택총조사」

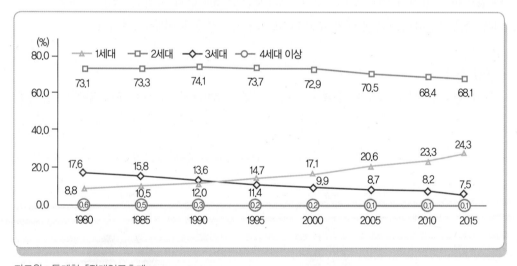

그림 9-3

세대 구성별 구성비

자료원 : 통계청, 「장래인구추계」

전방위적으로 확산되고 있으며 1인용 식품과 전자상품은 물론 나홀로족을 위한 칸막이
식당, 나홀로족 전용 여행상품까지 등장하였다.

　따라서 1인가구를 비롯하여 소수인만으로 구성되는 가구의 증가는 상품의 규격이나
용량에 있어서 변화를 요구하며, 경제적인 여유를 증대시켜 편의성을 강조한 상품이나
외식산업, 레저산업 분야에 있어서 새로운 마케팅 기회를 암시해 준다. 또한 자녀를 돌
보는 일 등을 비롯하여 가사 서비스에 대한 수요를 증대시키기도 한다.

2) 인구통계적 특성별 구조

(1) 연령

1960년, 2015년, 2060년 우리나라 인구의 성별, 연령별 분포는 [그림 9-4]와 같은데, 마케팅과 관련하여 두 가지 측면으로 검토할 수 있다.

첫째, **65세 이상의 노년층 인구가 차지하는 비율은 2000년 7%에서 2015년 13.1%로 15년 사이에 6.1%(145만 명에서 174만 명으로)나 증가**하였으며 이러한 추세는 2030년 24.3%, 2040년 32.3%, 2060년 40.1%로 지속적으로 증가 전망이다. 더욱이 그들은 과거의 노인세대와 달리 축적된 많은 재산을 가지고 있으며 자아실현의 욕구를 충족시키기 위한 기회를 모색함으로써 새로운 시장으로 평가될 수 있다.

둘째, 앞에서 언급한 **출생률 저하 경향**에 일치하여 0세부터 14세 미만의 인구구성비는 [그림 9-5]와 같이 6.2%(2000년 21.1%에서 2015년 13.9%)나 줄었다. 이는 결혼과 출산에 대한 가치관과 태도의 변화에 기인한 것으로 생각될 수 있는데, 물론 절대인구의 감소는 전반적인 수요의 감소를 암시하지만 소득수준의 향상과 적은 자녀수는 유아의류, 장난감, 유아교육에 대한 수요의 고급화 가능성을 보여주는 것이다.

(2) 소득

2015년 2인 이상 가구의 월평균 가구소득은 437만3천 원으로 매년 꾸준히 증가하

그림 9-4

우리나라 인구의 성별, 연령별 분포

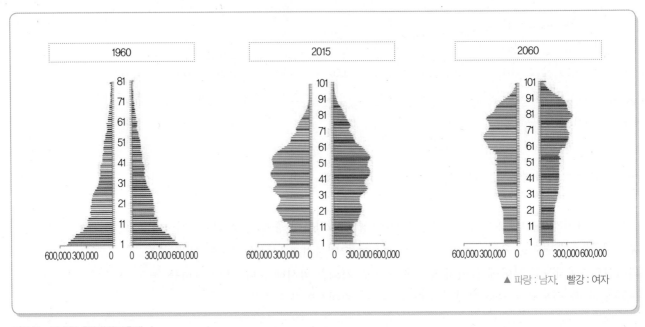

자료원 : 통계청, 「장래인구추계」

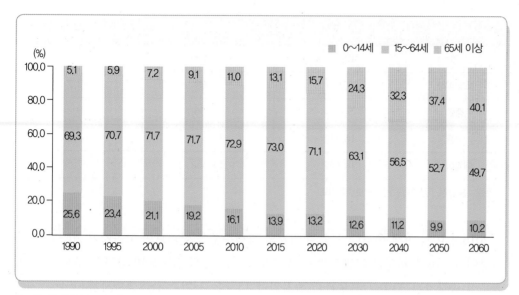

그림 9-5

연령계층별 인구 구성비

자료원 : 통계청, 「장래인구추계」

여 2005년도 대비 50.9% 증가하였으며 소비지출도 2015년 256만3천 원으로 2005년도 대비 36.9% 증가하여 소득과 지출이 매년 모두 증가추세를 보이고 있으나 소득의 증가폭이 다소 큰 것을 알 수 있다. 비록 소득은 사회계층의 한 요소에 불과하지만 소비자가 어떤 범주의 상품에 접근할지에 대한 적절한 예측변수가 될 수 있으며, 소득수준의 향상은 소비패턴에도 영향을 미치게 되므로 마케터에게 많은 시사점을 제공해 줄 수 있다.

(단위 : 천 원, %)

표 9-1

가구 소득 및 지출

	2005	2007	2010	2011	2012	2013	2014	2015
월평균소득	2,898.3	3,200.0	3,631.7	3,841.6	4,076.9	4,161.8	4,302.4	4,373.1
(전년비)	3.9	5.3	5.8	5.8	6.1	2.1	3.4	1.6
월평균소비지출	1,871.9	2,015.9	2,286.9	2,392.7	2,457.4	2,480.7	2,551.1	2,563.1
(전년비)	4.2	3.6	6.4	4.6	2.7	0.9	2.8	0.5

자료원 : 통계청, 「가계동향조사」 각년도

(3) 교육 및 직업

우리나라 인구의 연령계층별 **교육연수는 모든 계층에 있어서 상당한 증가**를 보이고 있는데, 이는 전통적으로 높은 수준의 교육열을 근거로 하고 있다. 교육이 사회계층상 상향적 이동의 기본적 수단으로 고려되는 한 이러한 추세는 계속 이어질 것으로 예상될 뿐 아니라 이러한 분야에 있어서 품질개선의 압력이 높아질 것이다.

교육정도별 경제활동인구
현황

교육정도별	15세이상 인구 (천 명)	경제활동인구 (천 명)	경제활동참가율 (%)
계	42,728	26,159	61.2
초졸이하	6,143	2,009	32.7
중졸	5,618	2,256	40.2
고졸	16,311	10,533	64.6
대졸이상	14,657	11,362	77.5

자료원 : 통계청, 「경제활동인구연보」 각년도

2016년 10월 현재 우리나라 총 취업자의 학력수준을 살펴보면 고졸자가 20.3%, 대졸이상이 43.4%를 차지하고 있으며 성별 직업별 취업자를 살펴보면 남자의 경우 관리직, 전문직 종사자가 20.1%, 사무관련 종사자가 15.4%, 서비스 판매종사자가 16.4%, 기술 및 기능 관련 종사자가 42.7%를 차지하는데 반해 여자의 경우 관리직, 전문직 종사자가 23.2%, 사무관련 종사자가 19.3%, 서비스 판매종사자가 30.5%, 기술 및 관련 종사자가 22.1%를 차지하고 있다. 특히 〈표 9-3〉에서와 같이 전체 취업자 중 여성의 비율은 2016년 10월 현재 42.4%에 이르기까지 꾸준히 증가하여 왔으며, 직종별로는 남자에 비해 서비스 판매 종사자가 상대적으로 많으며 남자의 경우 기술 및 기능관련 종사자가 여자에 비해 상대적으로 높은 비율을 차지하고 있음을 알 수 있다.

성별 직업별 취업자수

직업별	계	남자		여자	
계	26,577 (100.0%)	15,294 (57.6%)		11,283 (42.4%)	
관리자·전문가	5,720	3,098	20.1	2,622	23.2
사무 종사자	4,537	2,358	17.1	2,179	19.3
서비스·판매 종사자	5,947	2,504	22.4	3,443	30.5
농림어업 숙련종사자	1,341	800	5.0	541	4.8
기능·기계조작 등 단순노무종사자	9,032	6,534	34.0	2,498	22.1

자료원 : 통계청, 「경제활동인구연보」 각년도

연령층별 여성의 경제활동인구 분포를 살펴보면 〈표 9-4〉에서와 같이 10대와 60대 이상을 제외하고는 비교적 전 연령계층별로 고른 분포를 나타내고 있다.

연령계층별	성별		경제활동인구 계(천 명)	경제활동참가율 (%)
	남자	여자		
계	15,827	11,672	27,499	63.2
15 – 19세	104	129	233	7.8
20 – 29세	2,002	2,119	4,120	64.1
30 – 39세	3,595	2,215	5,810	77.1
40 – 49세	4,001	2,779	6,780	81.1
50 – 59세	3,710	2,617	6,326	77.1
60세 이상	2,417	1,814	4,231	42.3

표 9-4

성별 연령계층별 경제활동 인구

자료원 : 통계청, 「경제활동인구연보」 각년도

〈표9-5〉에서와 같이 노동시장에서 **여성의 경제활동 참가율은 지속적으로 높아지고 있다.** 통계상으로 남성의 경제활동 참가율은 1963년 78.4%에서 2015년 73.8%로 하락한 반면, 여성의 경제활동 참가율은 1963년 37%에서 2015년 51.8%로 큰 폭으로 증가하였다. 이러한 현상은 저출산 현상과 맞물려 향후에도 지속될 전망이며, 여성의 경제활동 참가율은 선진국 수준인 70% 수준까지 육박할 것으로 전망된다.

	여성		남성	
	경제활동참가율	고용률	경제활동참가율	고용률
1963	37%	34.3%	78.4%	71.6%
1973	41.5%	40.6%	76.8%	73%
1983	42.8%	41.9%	73.7%	69.8%
1993	47.1%	46%	75.7%	73.2%
2000	48.8%	47.0%	74.4%	70.7%
2005	50.1%	48.4%	74.6%	71.6%
2010	49.4%	47.8%	73.0%	70.1%
2015	51.8%	49.9%	73.8%	71.1%

표 9-5

성별 경제활동참가 및 고용률 변화 추이

자료원 : 통계청, 「경제활동인구연보」 각년도

이상과 같은 취업여성의 증가추세는 여러 가지 마케팅 시사점을 가진다. 즉 여성의 사회진출에 따라 가사일에 관련된 시간을 절약해 줄 수 있는 노동절약형 상품(세탁기 등)과 가사 서비스, 즉석 요리, 인스턴트 식품 등 시간절약형 상품에 대한 수요가 확대되며 가계구매결정에 있어서 여성의 독립성과 영향을 암시한다. 또한 여성취업자의 임금수준이 남성에 비하여 평균 절반수준에 머물고 있으나 점차 성별 임금격차가 해소되는 추세에 있어 취업여성 가계의 풍요로움을 더해 줄 것이며, 이는 레저활동에 대한 새로운 기회를 모색하게 할 것이다.

(4) 혼인상태

[그림 9-6]과 같이 **평균초혼연령(2015년 남: 32.57세, 여: 29.96세)은 남녀 모두 대체로 늦어지는 경향**을 보이고 있는데, 이는 교육 기회 — 특히 여성의 경우에는 — 취업 기회의 확대를 주요한 원인으로 들 수 있으나 국민들의 라이프 스타일 변화도 무시할 수 없는 요인이다. 이러한 추세는 자신이 임의로 처분할 수 있는 소득을 갖는 독신자집단에 대한 새로운 마케팅 기회를 보여주는데 각종 레저 활동, 스포츠 활동에 대한 수요의 증가를 암시한다.

● 독신자 가계가 증가하면서 편의점 도시락이 호황을 맞고 있다(한국, 일본)

그림 9-6

혼인 · 이혼 건수 및 초혼 연령

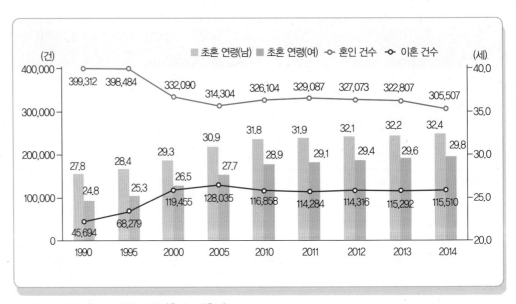

자료원 : 통계청, 「인구동태통계연보(혼인 · 이혼편)」

Consumer 톡톡

1인 가구 500만 시대, 결혼은 '필수'가 아닌 '선택'…젊은이들 "나 혼자 산다"

지난해 기준 우리나라 1인 가구는 506만1,000가구다. 대한민국 가구형태 중 27.1%가 1인 가구로, 전체 가구의 4분의1이 나홀로 사는 가구인 셈이다. 혼자 사는 사람들이 늘면서 '혼밥·혼술' 등 나홀로 문화는 물론, 시장에서는 하루가 다르게 1인 가구 관련 상품이 쏟아져 나오고 있다. 1인 가구가 급증하고 있는 가운데, 청년층은 늦은 취업과 부담스러운 결혼 비용 등으로 '나 혼자 산다'를 선택한다고 말한다. 우리 사회에 낯설었던 '1인 가구'의 현주소를 파헤쳐 본다.

최근 1인 가구가 늘어나며 '혼밥(혼자 먹는 밥)'과 '혼술(혼자 먹는 술)'은 익숙한 풍경이 됐다. 이웃나라 일본의 경우, 1인 가구의 증가에 따라 일명 '독서실 칸막이 식당'이 유행이다. 일본에서도 '혼밥·혼술' 문화가 자리를 잡으며 혼자서 밥을 먹을 수 있도록, 또 혼자서도 고기를 구워 먹을 수 있도록 음식점 형태가 변해가고 있다.

1인 가구의 증가는 어제 오늘 일이 아니다. 이미 우리나라는 1985년 66만1,000가구였던 1인 가구가 지난해에는 506만1,000가구로 약 7.67배나 늘어났다. 지난해 1인 가구는 전체 가구의 27.1%로 한국에서 가장 많은 가구 형태 중 하나다. '1인 가구 500만 시대'가 온 것이다.

그럼 1인 가구 급증의 원인은 무엇일까. 우선 저출산·고령화에 따른 인구구조의 변화와 결혼에 대한 인식 변화 등을 꼽을 수 있다. 최근에는 늦은 취업과 만만치 않은 결혼 비용 등으로 결혼을 필수가 아닌 선택이라고 생각하는 경향도 늘었다. 특히 젊은층의 대다수가 집값 등 녹록치 않은 결혼 비용을 부담스러워 하며 결혼을 망설이는 경우도 많다.

1인 가구 급증에 대한 원인을 샅샅이 파헤쳐 보면 우선, 저출산·고령화에 따른 인구구조의 변화다. 청년인구 감소와 더불어 늦은 취업과 결혼으로 출산율이 낮아지고 의료기술의 발달로 노령인구가 늘어나면서 1인 가구는 급증하고 있다.

통계청의 '2015년 한국의 사회지표'를 보면 우리나라의 총인구는 5,062만명이다. 주목해야 할 점은 인구성장률이다. 우리나라 인구성장률은 2010년 0.38%를 기록한 이후 줄곧 감소 추

세다. 통계청은 오는 2031년부터 -0.03%로 마이너스 성장을 하고 2060년에는 -1.00% 수준이 될 것으로 전망했다.

인구성장률의 감소는 출산율과 관계가 깊다. 우리나라 출산율은 1990년대 중반 이후 급격히 떨어지기 시작하면서 2005년에는 1.08로 세계에서 가장 낮은 수준을 기록했다. 지난해에는 1.24로 다소 상승했지만 그럼에도 여전히 세계에서 출산율이 가장 낮은 나라에 속한다.

출산율은 낮은데 고령화의 속도는 빠르다. 통계청의 '2015년 한국의 사회지표'를 보면 최근 노인 인구가 꾸준히 늘어나면서 우리나라 노령화 지수가 사상 처음으로 90을 넘어섰다. 총인구 5,062만명 가운데 65세 이상은 662만명으로 전체 인구의 13.1%에 달한다. 유엔(UN)이 정한 '고령 사회' 기준 14%에 거의 근접하는 수준이다. 현 추세라면 2030년에는 노인 비중이 24%가 넘는 초고령 사회에 진입할 전망이다. 1인 가구가 늘어날 수 밖에 없는 인구구조다.

두 번째는 결혼에 관한 가치관과 태도의 변화다. 20~30대 청년 세대의 실업률이 증가하고 취업이 늦어지면서 결혼에 대한 인식도 변화하고 있다.

실제로 최근 젊은 세대들은 결혼을 필수가 아니라 선택이라고 생각한다. 보건사회연구원의 조사 결과에 따르면 '결혼을 꼭 해야겠다'는 미혼 여성은 8.0%가 채 안 되고 미혼 남성은 18.0%에 불과하다. 특히 여성의 경제활동 참가율이 높아지면서 결혼은 필수가 아닌 선택이라고 생각하는 여성이 많이 늘었다.

현대경제연구원이 내놓은 '싱글족(1인 가구)의 경제적 특성과 시사점'이라는 보고서를 보면 1인 가구 중 여성의 비중은 2010년 66.1%에서 2014년 69.0%로 상승했고, 남성의 비중은 33.9%에서 31.0%로 하락했다. 특히 여성 1인 가구의 증가세는 20 · 30대에서 두드러졌는데, 결혼에 대한 인식의 변화를 엿볼 수 있는 대목이다.

서울 관악구에 사는 30대 여성 직장인 이모씨는 "학력 인플레이션과 일자리 경쟁으로 취업이 늦어지면서 자연스레 결혼에 대한 생각이 멀어지게 됐다"면서 "취업 후 여유가 생기는 무렵이 30대 중반이다 보니 결혼 적령기도 넘겼고, 결혼 후 출산과 육아를 생각하면 굳이 결혼을 해야 하나 싶다"고 말했다.

세 번째 만만치 않은 결혼 비용이다. '억' 소리 나는 주거 비용에 수천만 원에 이르는 예식비용 등을 고려하면 결혼에 대한 부담감은 커질 수밖에 없다. 최근 젊은층에서 '스몰웨딩 · 셀프웨딩' 등 작은 결혼식이 유행하고 있는 것은 이런 이유에서다.

실제 웨딩컨설팅 듀오웨드가 최근 우리나라 신혼부부 평균 결혼 비용을 조사한 결과를 보면, 신혼부부의 평균 결혼 비용은 8,246만 원이다. 평균 주택 마련비 1억9,174만 원을 포함하면 결혼하는 데 드는 비용은 총 2억7,420만 원이다. 1년 전과 비교하면 2,622만 원(15.2%) 증가했다. 젊은 세대들이 결혼을 부담스러워하는 이유다.

서울 강남구에 사는 30대 남성 직장인 전모씨는 "결혼 비용을 생각하면 결혼을 할 엄두가 안 난다"면서 "취업이 늦어지면서 그 동안 부모님한테 손 벌린 것도 죄송한데 결혼하겠다고 지원해 달라는 것은 상상도 못할 일이며 결혼이 '필수'가 아닌 '선택'이라고 생각하는 사회 풍조는 어쩌면 '헬조선' 대한민국이 만들어낸 사회현상"이라고 지적했다.

고가영 LG경제연구원 선임연구원은 "결국 1인 가구의 증가세는 저출산, 고령화 현상에 따른 인구구조의 변화가 맞물리면서 빈곤층, 청년층과 노년층 가구가 증가하는 것으로 볼 수 있다"며 "1인 가구가 처한 사회적, 경제적 상황을 면밀하게 분석한 뒤 그에 합당한 정책을 마련해야 한다"고 조언했다.

자료원 : 뉴스토마토, 2016. 8. 7

2. 인구통계적 특성과 마케팅 전략

소비자 행동에 대한 영향요인으로서 우리나라 전체의 인구통계적 특성은 사회적 영향요인으로 작용하며, 개별 소비자의 인구통계적 특성은 개인적 영향요인으로 파악할 수 있는데, 마케터는 인구통계적 변수를 활용하여 다음과 같은 과업을 수행할 수 있다.

1) 소비자 특성의 묘사

마케터는 대체로 자사상품에 대한 현재 및 잠재 사용자를 묘사하고 이해하기 위해 인구통계적 변수를 사용할 수 있다. 즉 자사상품의 구매자들을 규모, 연령, 소득, 교육, 직업, 가계 구성, 주거 지역 등의 차원에 따라 분석하여 그들의 욕구를 보다 효과적으로 충족시킬 수 있는 마케팅 믹스를 개발할 수 있다.

2) 시장의 세분화

마케터는 또한 자사상품을 마케팅하는 데 있어서 시장을 세분하여 표적시장을 확인해 내기 위해 인구통계적 변수들을 사용할 수 있다. 특히 각 세분시장의 인구통계적 특성에 덧붙여 라이프 스타일, 매체습관, 주요 상품의 사용률까지 함께 분석하여 〈표 9-6〉과 같은 세분시장 프로파일을 작성하는 일은 표적시장을 선정하고 그들에게 도달할 매체를 선정하거나 소구력 있는 메시지를 개발하고 더욱이 상품개발에까지 도움을 줄 수 있다.

3) 매체선정

인구통계적 특성은 전통적으로 마케터가 표적시장에 효과적으로 도달하기 위한 매체를 선정하는 데에 널리 활용되어왔다. 즉 매체를 선정하는 데 있어서 표적시장을 인구통계적 특성으로 정의하는 일은 마케터로 하여금 매체 수신자의 인구통계적 프로파일이 표적시장의 인구통계적 프로파일과 일치하는 매체를 선정할 수 있도록 도와준다.

통계청에서 실시한 "2014 국민생활시간 조사"에 따르면 TV 시청시간은 평일 1시간 53분, 토요일 2시간 31분, 일요일 2시간 51분으로 평일에는 여자가, 일요일은 남자가 더 많은 시간을 TV 시청에 사용함 5년 전에 비해, 평일과 토요일은 TV시청 시간이 증가, 행위자 비율은 평일, 주말 모두 줄었다. 또한 책 읽는 국민의 비율은 평균 10.0%로

● 여론조사 전문기관 한국갤럽에서 '요즘 가장 좋아하는 TV프로그램'을 조사한 결과, 2015년 8월 한 달간 국민이 가장 좋아한 프로그램은 MBC를 대표하는 예능프로그램인 '무한도전'으로 나타났다.

(평일 9.7%, 토요일 10.2%, 일요일 10.9%) 5년 전에 비해, 책 읽는 국민의 비율이 평일 1.6%p, 토요일 3.0%p, 일요일 3.2%p 각각 줄고 있다. 그러나 이러한 매체별 행위자 비율과 행위자 평균시간은 성별 및 연령 계층별로 두드러진 차이를 보이고 있으며, 표적시장의 인구통계적 특성과 매체를 대응시킬 수 있도록 도와준다.

4) 신상품 개발

마케터는 신상품 개념에 대한 반응을 평가할 때, 구매 가능성이 가장 높은 세분시장의 인구통계적 특성을 확인할 수 있는데, 이러한 자료는 마케터로 하여금 전체 잠재시장의 규모를 추정하고, 그들이 원하는 상품속성을 결합함으로써 바람직한 포지션을 형성하도록 도와줄 수 있다.

표 9–6

세분시장의 프로파일

	세분시장 1	세분시장 2
인구통계적 프로파일(구성비율)		
• 연령 ················· 35세 미만	32%	51%
················· 35세 이상	68	49
• 교육 ················· 대학재학 이상	40	50
• 월소득 ················· 300만원 미만	50	57
················· 300만원 이상	50	43
• 주거형태················· 아파트	5	11
라이프 스타일 프로파일 (동의비율)		
• 여성은 가정을 지켜야 한다	68	30
• 취업은 여성의 일이 아니다	28	9
• 아버지가 가정의 우두머리여야 한다	81	59
• 여성해방운동은 좋은 일이다	41	61
• 오늘날에는 성(性)이 지나치게 강조된다	90	81
• 런던이나 파리에서 1년쯤 보내고 싶다	25	39
• 5년 이내에 한 번 이상 이사할 것이다	32	41
• 스포츠카를 좋아한다	30	47
• 다소 시대에 뒤떨어진 취향을 갖고 있다	91	81
• 작년 한 번 이상 해외를 여행했다	68	79
• 작년 한 번 이상 영화를 관람했다	45	52
• 작년 한 번 이상 볼링장에 갔다	30	39
• 작년 한 번 이상 팝콘서트에 갔다	7	18
• 이성에게 매력적으로 보이고 싶다	79	89
• 남들과 다르게 보이기를 좋아한다	66	72
매체습관(노출된 비율)		
• 라디오························· 심야음악방송	8	20
························· 인터뷰 뉴스	44	56
• TV ························· 심야토론	42	32
························· 사극	33	24
• 잡지························· 여성동아	10	16
························· 여성중앙	9	19
상품사용률(주간 1회 이상 사용한 비율)		
• 립스틱	87	80
• 헤어스프레이	62	56
• 아이 메이크업	48	62
• 선탠로션	28	40
• 인공감미료	33	8
• 맥주	9	12
• 박하향 필터담배	8	12
• 가솔린	78	83

제2절 # 라이프 스타일

소비자의 심리적 특성은 인구통계적 특성과 더불어 소비자 행동을 묘사하고 예측하기 위한 풍부한 근거를 제공해 줄 수 있는데, 대체로 라이프 스타일과 퍼스낼리티, 자아이미지라는 세 가지 유형으로 구분된다.

라이프 스타일이란 단순히 **어떻게 살고 있는가**로 정의될 수 있는데, 구체적으로는 **사람이 돈과 시간을 어떻게 소비하는지(활동), 자신의 환경 내에서 무엇을 중시하는지(관심), 자신과 주변환경에 관해 어떠한 생각을 갖고 있는지(의견)의 측면으로써 확인되는 생활양식'**을 말하며, 생활양식의 구성요소인 활동, 관심, 의견은 각각 〈표 9-7〉과 같은 항목들을 포함한다.

활동	관심	의견
일	가정	자기 자신
취미	가족	사회문제
공동체 활동	이웃	정치
직업	유행	경제
쇼핑	음식	상품
스포츠	매체	문화

표 9-7
라이프 스타일의 구성요소

1. 라이프 스타일의 본질

한 개인의 리이프 스타일은 살아가면서 그가 겪는 사회적 상호작용을 통해 형성된 내재적인 개인특성이므로 [그림 9-7]에서와 같은 많은 영향요인들이 소비자의 라이프 스타일에 영향을 미치며, 라이프 스타일은 다시 욕구와 태도를 통해 의사결정과 구매행동에 영향을 미친다.

라이프 스타일은 **소비자의 욕구와 태도, 결국 구매와 소비활동에 영향을 미치는 기본적인 요인**이다. 즉 어떤 구매행동은 소비자가 누구이며, 무엇이며, 인생에서 당면한 문제와 기회가 무엇인지로부터 일어난다. 그러나 다른 심리적 특성과 마찬가지로 라이프 스타일은 미묘하게 작용하므로 소비자가 구매결정에서 라이프 스타일의 영향을 명확하게 인식하지 못할 수도 있다.

예를 들어, "나의 라이프 스타일을 유지하기 위해 커피믹스를 구매하겠다"고 생각하는 소비자는 거의 없다. 그러나 활동적인 라이프 스타일을 추구하는 소비자는 ― 그러

그림 9-7

라이프 스타일의 영향요인
과 작용과정

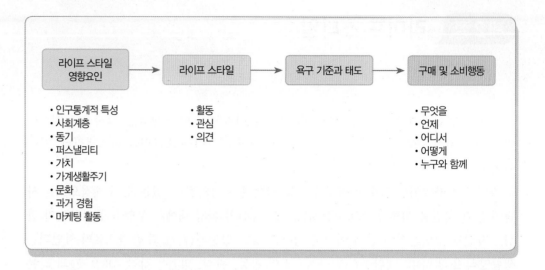

한 라이프 스타일에 관련되는 편의성 때문에 커피믹스를 구매할 수 있다. 따라서 라이프 스타일은 소비자 행동의 방향을 결정하는 기본적인 영향요인이며 단지 간접적으로 미묘하게 작용할 뿐이다(물론 일부 상품과 마케팅 전략은 특정한 라이프 스타일을 직접적으로 부각시키고 있다).

한편 라이프 스타일은 **의사결정의 결과로서 변하기도 한다.** 예를 들어, 어떤 상품을 구매하려는 의사결정은 라이프 스타일을 바꾸거나 강화하는데, 처음으로 해외여행을 다녀온 소비자가 여행지향적인 라이프 스타일을 갖기 시작할 수 있다. 또한 개인적 특성이 변하거나 준거집단이나 가정의 변화에 따라 바람직한 라이프 스타일도 변한다.

이상과 같은 라이프 스타일의 변화는 다시 새로운 소비관련 문제나 의사결정을 일으키므로 라이프 스타일과 소비자의 의사결정은 순환적인 관계를 보인다.

물론 라이프 스타일은 개인의 수준 뿐 아니라 가정의 수준에서도 존재하며, 후자는 개별적인 가족구성원의 라이프 스타일에 의해 부분적으로 결정되지만 생활주기상의 단계나 사회계층 등 가계특성으로부터도 영향을 받는다.

2. 라이프 스타일의 변화

라이프 스타일은 소비자의 인구통계적 특성과 가치가 변해 감에 따라 끊임없이 변하며, 최근 들어 다섯 가지의 뚜렷한 라이프 스타일이 나타나고 있다.

1) 전통적인 라이프 스타일로부터 일탈

대가족 형태의 소멸과 취업여성의 증가는 전통적인 라이프 스타일로부터의 탈피를 의미한다. 최근 우리나라 가계의 전형적인 프로파일은 부모와 한 두 명의 자녀로 구성되는 핵가족이 보편적이며, 식사패턴의 변화와 가계구매에 있어서 어린이의 영향력 증대 등 가계의 라이프 스타일이 뚜렷하게 변하고 있다.

또한 여성의 사회진출은 전통적인 남편과 주부의 역할을 변화시켰고, 구매활동에서도 주부 자신의 욕구를 더욱 강조하게 만들었다. 또한 레저용품, 오락, 문화활동에 돈을 기꺼이 지출하며, 부모들은 자녀의 장래를 위해 절약하기보다는 자신이 즐기기 위해 여행하고, 외식하고, 고급품을 구매하는 경향이 커졌다.

2) 자아지향적인 라이프 스타일의 등장

전통적인 규범으로부터의 일탈은 라이프 스타일에서 자아를 더욱 강조하도록 만들었는데, 최근 개인주의와 자아성취를 강조하는 추세는 스포츠용품, 스마트 기기, 자기개발 교육 등 개인적 성취감을 주는 상품이나 서비스에 대한 수요를 증대시킨다.

이러한 자아지향적인 라이프 스타일은 소비자로 하여금 다른 사람을 의식하기보다 자신의 욕구충족에 관련되는 상품을 구입하도록 한다. 예를 들어, 치약이나 방향제에 있어서 전체 가족을 위해 한 상표가 구매되는 일은 드물며, "가족 모두 함께 쓰세요"라는 광고소구는 소구력을 잃었다.

3) 검소하고 실제적인 라이프 스타일의 추구

정년의 단축으로 평생직장의 개념이 사라지고 국내경제의 지속적인 침체로 인해 가처분 소득이 줄어드는 추세도 소비자의 태도와 구매에 영향을 미치는데, 많은 소비자가 검소하고 실제적인 라이프 스타일을 취하기 시작하여 다음과 같은 현상을 일으킨다.

- 보다 적극적인 비교구매를 한다.
- 보다 에너지 의식적이 된다.
- 할인판매를 찾는다.
- 보다 저렴한 상품을 찾는다.

4) 노후생활을 대비하는 라이프 스타일의 등장

베이비 붐 세대를 중심으로 일부 소비자들은 퇴직 후 인생 2막의 사회적 활동과 경제적 문제에 많은 관심을 보이면서 건강증진과 자기개발에 많은 시간과 돈을 투입하려는 라이프 스타일을 보여준다. 현재 베이비 붐 세대는 지난 시대의 소비자에 비해 전통적인 가치보다는 물질적인 가치를 추구하며 다양한 동호회에 가입하고 사진촬영이나 여행, 외국어 학습 등 새로운 취미를 갖기 위해 노력하는 등 장수시대에 대응한 라이프 스타일을 취하고 있다.

5) 간편하게 소비하는 라이프 스타일의 등장

최근 급격히 늘어나고 있는 1 · 2인 가구는 전체 가구의 절반이상을 차지하고 있는데, 이러한 변화는 편의점의 주류와 도시락의 매출을 증대시켰고 가정간편식(HMR, home meal replacement), 외식배달, 인터넷 쇼핑, 소포장 상품에 의존하는 라이프 스타일을 등장시켰다.

특히 '혼밥', '혼술' '혼영' 등 '혼자' 추세가 점차 두드러지면 이러한 라이프 스타일은 우리 사회의 주류로 자리를 잡을 전망이다.

3. 라이프 스타일의 측정

라이프 스타일 특성은 인구통계적 특성과는 달리 연구목적에 따라 상이한 차원에서 측정되는데, 마케터는 라이프 스타일을 반영해 주는 AIO의 목록을 직관적으로 개발하여 적용하거나 또는 소비자의 구매목록을 분석하여 라이프 스타일을 추론할 수 있다.

1) AIO 목록에 의한 라이프 스타일 측정

살림꾼, 스포츠광, 패션의식적 등과 같이 라이프 스타일 특성을 묘사하기 위해 마케터는 소비자의 활동, 관심, 의견(AIO)에 관련되는 항목들을 분석해야 하는데, 이미 다양한 AIO목록(AIO inventories)들이 개발되어 왔으며 대체로 인구통계 및 상품사용에 관한 항목들과 함께 활용된다.

2) 구매목록에 의한 라이프 스타일의 측정

라이프 스타일 특성을 측정하기 위한 두 번째 방법은 소비자를 그의 개인적 활동이 아니라 구매활동으로 묘사하는 것이다. 이러한 접근방법은 구매품목과 금액으로 구성된 구매목록(purchase inventory)을 분석하여 구매패턴을 판단하고, 그러한 구매패턴을 근거로 소비자를 건강지향적 또는 향락지향적으로 묘사하거나 채식주의자나 육식주의자로 구분하게 된다. 물론 특정한 상품의 대량 소비자와 소량 소비자, 특정한 상표의 사용자와 비사용자로 구분하여 라이프 스타일을 추론할 수도 있다.

3) VALS 시스템

VALS는 42개의 진술에 대해 동의하는 정도를 근거로 미국 성인 소비자들을 8개의 세분시장으로 구분해 준다.

가격의식적

나는 특별 판매를 찾기 위해 매우 노력한다.

나는 스스로 가격을 체크한다.

바겐세일에서 구매함으로써 크게 절약할 수 있다.

패션의식적

나는 최신 유행의 외출복을 하나 이상 가지고 있다.

나는 옷을 고를 때 편안함 보다는 패션을 강조한다.

내 생활과 활동의 중요한 부분은 말쑥이 차려 있는 것이다.

나는 간혹 유행이 바뀔 때 머리 손질을 해본다.

편집성 가정주부

나는 아이들 장난감이 여기저기 놓여 있는 것을 보기 싫어한다.

나는 나의 가정을 매우 깨끗하게 유지한다.

집이 완전히 깨끗하지 않을 때 나는 몹시 불편하다.

우리 가족은 규칙적인 생활을 한다.

재무적 낙관

내년에는 지출할 수입이 많아질 것이다.

앞으로 5년간 가계수입은 점차로 많아질 것이다.

요리

나는 요리하기를 좋아한다.

나의 요리 솜씨는 좋다.

나는 빵굽기를 좋아하며 가끔한다.

예술애호

나는 화랑을 자주 찾는다.

나는 콘서트에 가기를 즐긴다.

나는 발레를 좋아한다.

표 9-8

요인분석에 의한 라이프 스타일 차원

- 나는 종종 이론들에 흥미를 갖는다.
- 나는 가끔 흥미진진함을 쫓는다.
- 나는 자신을 지적이라고 생각한다.
- 나는 직접 무엇인가 만들기를 좋아하다.
- 나는 뽐내기를 좋아한다.
- 나는 외국에서 1~2년 정도 지내고 싶다.
- 나는 집단 내에서 책임자가 되는 걸 좋아한다.
- 나는 일상생활에서 변화 없이 상례적이길 좋아한다.

표 9-9

구매 목록에 의한 라이프
스타일 특성의 도출

요인 및 변수	요인부하	요인및 변수	요인부하
요인1 : 과음자		요인5 : 전기 면도하는 사람	
라이 위스키	.61	면도 로션	.69
카나디안 위스키	.62	전기면도기	.82
버번	.60		
스카치	.49	요인6 : 시가 및 파이프 흡연자	
진	.62	작은 시가	.71
보드카	.59	정규적인시가	.67
하이볼 믹서	.72	파이프담배	.57
맥주	.65		
요인2 : 승용차 의식적인 사람		요인7 : 의상 의식적인 사람	
승용차 왁스	.55	양복바지	.54
모터오일	.77	구두	.67
부동액	.76	정장 셔츠	.70
가솔린	.87	스포츠 셔츠	.65
요인3 : 캔디소비자		요인8 : 몸 단장을 잘하는 사람	
캔디 바	.70	헤어토닉	.56
포장된 캔디류	.72	면도 후 로션	.53
껌	.63	샴프	.65
		구강살균제	.47
요인4 : 범세계적 여행가	.67		
지난 해의 항공기 여행	.68	요인9 : 감기 의식적인 사람	
지난 해의 승용차 대여	.50	감기약	.64
가솔린 크레디트 카드	.50	기침 드로프스	.68
다른 크레디트 카드	.54		
지난 해의 해외 여행			

4. 라이프 스타일과 마케팅 전략

소비자의 라이프 스타일 특성은 시장을 세분하거나 표적시장을 묘사하기 위해, 포지
셔닝의 근거로 활용하기 위해, 매체선정을 지침하기 위해, 신상품의 개발 방향을 모색
하기 위해 유용하게 이용될 수 있다. 그러나 이러한 목적을 위해 조사를 실시할 때에는
AIO항목 이외에도 다음과 같은 자료들을 수집해서 함께 활용해야 한다.
- 활동과 관심 – 취미, 스포츠, 사회봉사, 종교 활동과 같이 소비자가 시간과 노
  력을 투여하는 비직업적 행동들
- 태도 – 다른 사람이나 장소, 아이디어, 상품 등에 관한 평가적 진술
- 가치 – 수용가능하고 바람직하다고 생각하는 것들에 관한 보편적 신념들
- 인구통계적 특성 – 연령, 교육수준, 소득수준, 직업, 가계구조, 성별, 지리적 위

치 등

- 퍼스낼리티 특성 – 개인에게 독특한 기질적 특성들
- 상품 사용률 – 구체적인 상품범주의 소비량에 대한 측정치로서 간혹 소비자들을 대량소비자, 평균소비자, 소량소비자, 비소비자 등으로 분류

1) 시장세분화

라이프 스타일이 시장을 세분하기 위해 어떻게 이용될 수 있는지는 라이프 스타일 특성과 희구하는 효익의 유사성에 따라 스낵의 세분시장을 정의한 세 단계의 조사에서 알 수 있는데, 주요한 발견점들은 〈표 9–10〉과 같다.

첫 번째 단계는 라이프 스타일 특성과 스낵의 구매에서 희구하는 효익에 따라 소비자들을 집단화하는 일이다. 라이프 스타일 특성에 관련되는 진술들은 "나는 내 가족이 먹는 스낵에 관해 관심이 많다", "나는 신체적으로 활동적이다", "나는 친구와 자주 만난다" 등이며, 스낵의 구매에서 희구하는 효익은 '영양', '저칼로리', '손님접대에 적합', '저가격' 등으로 구분하였다. 응답자들은 집군분석을 통해 라이프 스타일 특성과 희구하는 효익의 유사성에 따라 6개의 스낵 세분시장으로 집단화되었다.

두 번째 단계는 각 세분시장의 행동특성을 묘사하는 일인데, '영양의식적'이라고 명명된 세분시장은 스낵의 소량 소비자로서 과일, 야채, 치즈 형태의 스낵을 취하는 경향

세분시장명칭	영양의식적	체중의식적	조심스런	파티지향적	무차별적	경제적
스낵커의 비율	22%	14%	9%	15%	15%	18%
라이프스타일 특징	자신감 통제	외부활동적 모험적	조바심 신중함	사교적	향락적	자신감 가격지향적
희구하는 효익	영양 전연성분	저칼로리 신체적 적합성	저칼로리 좋은맛	손님접대 음료와 어울림	좋은맛 허기충족	저가격
스낵 소비수준	소량	소량	대량	평균	대량	평균
통상소비하는 스낵의 형태	과일 야채 치즈	요거트 야채	요거트 쿠키 크래커 캔디	견과 감자칩 크래커 프레즐	캔디 아이스크림 쿠키 감자칩 프레즐 팝콘	구체적이지 않다
인구통계적 특성	교육수준 높다 어린이가 있다	젊다 독신	여성 사회경제적으로 낮다	중년	10대	대가족 교육수준 높다

표 9-10
스낵시장의 세분화

을 보인다.

마지막 세 번째 단계는 세분시장들 사이의 인구통계적 특성 차이를 결정하는 것이다. 예를 들어, '영양의식적' 세분시장은 교육수준이 높고 어린 아이를 가진 가계들이 두드러진다.

2) 포지셔닝

라이프 스타일 특성은 광고와 상품 포지셔닝의 방향을 설정하는 데에도 활용될 수 있다. 즉 라이프 스타일 자료는 ― 인구통계적 변수들에 비해 ― 표적시장을 더 풍부하고 생생하게 묘사해 주므로 광고의 문안작성자나 아티스트들에게 광고의 배경, 모델의 유형과 외모, 음악과 아트워크의 성격, 환상이 사용될 수 있는지의 여부 등에 관련하여 표적시장의 라이프 스타일에 적합하고 적합하지 않은 것에 관한 단서를 제공해 줄 수 있다.

예를 들어, '파티지향적' 세분시장들에게 소구하기 위해서는 상품이 사교적인 배경에서 제시되고, '조심스런' 세분시장에 대한 소구는 보다 심각하고 신중한 배경에서 제시되어야 할 것이다.

라이프 스타일 특성은 또한 상품을 리포지셔닝하는 데도 이용될 수 있다. 예를 들어, 초기의 Pinto 승용차는 '평화롭고, 작고, 낭만적'인 상품으로 포지셔닝되었는데, 그 후 Pinto의 구매자들이 실제적이며 차에 대한 지위나 낭만적 개념으로부터 영향을 받지 않는다는 라이프 스타일 조사결과에 따라 '경제적인 수송수단'으로 리포지셔닝되었다.

3) 매체선정

라이프 스타일 특성에 따른 세분시장들의 인구통계적 특성은 대단히 상이하므로 각 세분시장에 도달하기 위해 사용할 매체도 달라야 한다. 즉 '조심스런' 세분시장에 도달하기 위해서는 여성이나 낮은 사회경제적 집단을 지향하는 매체를 사용해야 하며, '파티지향적' 세분시장에 대한 소구는 중년독자들을 많이 갖는 잡지를 이용해야 한다. 또한 '무차별적' 세분시장에 대한 소구는 10대를 지향하는 매체가 효과적이다.

이러한 시사점의 타당성은 TV 프로그램별로 시청자들의 라이프 스타일 특성이 상이함을 밝힌 연구에서도 지지되고 있다.

4) 신상품 개발

라이프 스타일의 특성은 신상품 개발에 유용한 시사점을 제공한다. 앞의 예시에서 마케터는 각 세분시장에 소구하기 위한 별도의 상품을 제공하거나 라이프 스타일 특성과 희구하는 효익이 유사한 두 개 이상의 세분시장을 대상으로 하여 신상품을 개발할 수 있다.

예를 들어, '영양의식적' 세분시장과 '체중의식적' 세분시장은 시장 전체의 1/3이상을 차지하며, 베이비 붐 세대의 일부이고 영양, 천연성분, 신체적 적합성에 대한 강조(희구하는 효익)에서 알 수 있듯이 자아성취를 위한 노력을 반영한다. 따라서 이들 두 세분시장에게 소구하기 위해서는 새로운 천연스낵으로서 인공첨가물을 배제한 감자칩이나 팝콘을 고려할 수 있으며, 이들에 대한 광고는 교육수준이 높고 자신감 있는 소비자들을 지향하는 실리적 소구(utilitarian appeals)를 강조할 수 있다. 또한 '체중의식적'과 '조심스런' 세분시장에게 소구하기 위해서는 저칼로리의 스낵을 개발할 수 있다.

Consumer 톡톡

편의점을 보면 라이프스타일이 보인다

편의점은 더 이상 유통·판매처에 머물지 않는다. 도심 라이프스타일에 가장 맞닿아 있으면서 마케팅 격전지로 떠올랐다.

대학내일20대연구소가 2535 남녀 800명을 대상으로 '1인 가구와 다인 가구의 소비·라이프스타일을 비교 분석한 결과, 청년 1인 가구 세대는 주 4~5회 편의점을 방문해 간식 식사 등을 해결하고 있는 것으로 나타났다. 잦은 외식 습관과 소량 구매 패턴으로 묶음 상품을 저렴하게 판매하는 마트보다 편의점 이용이 더 경제적이라 판단한 것이다.

이와 더불어 노년층의 편의점 이용도 빠르게 증가하고 있다. 신한카드 트렌드 연구소는 올 1~4월 편의점에서 체크카드를 포함한 자사 카드 사용 금액을 분석한 결과, 60대 사용이 전년 동기대비 68.6% 증가했다고 밝혔다. 고령층 1인 가구의 증가에 따른 것으로 풀이된다.

이처럼 세대를 막론하고 편의점을 통한 소비가 늘어나고 있는 것은 단순히 소비자에 인접한 근린생활형 유통업이라는 것을 넘어, 소비 변화에 발 빠르게 대처하고 트렌드를 선도하는

채널 역할을 하고 있기 때문이다. 제조사 입장에서 강력한 단일 유통망을 보유하고 있는 편의점은 다양한 소비자를 만날 수 있다는 점에서 새로운 상품들을 시도하고 시장 반응을 살펴볼 수 있는 좋은 테스트베드로 여겨지고 있다.

마케팅의 최전선이 되면서 편의점은 다양한 서비스로 다변화되고 있다. 흥국생명이 발표한 '2016 하반기 유통 전망 보고서'는 편의점 업계가 출점으로 인한 양적 성장과 함께 PB상품 확대를 통한 상품 다양화 및 가성비에 적합한 상품 개발을 지속할 것으로 내다봤다. 여기에 집객 효과에 긍정적인 현금출납/공과금 납부 등 은행기능과 세탁, 택배보관 등 부가서비스가 경쟁력 제고 요인이 될 것이라 진단했다.

상권 따라 각색 서비스

CU는 매장이 위치한 상권 특성에 맞춰 서비스를 제공하고

▲ 배달 서비스로 고객 편의를 높인 CU.

있다. 외국인 관광객과 클러버가 많은 이태원에서는 물품보관함을 마련했으며, 남산공원점 등에는 중국인 관광객의 편의를 위해 POS 단말기를 활용한 중국어 안내 시스템을 도입했다.

또 덕성여대 매장에는 상품 판매공간보다 고객 휴게공간을 넓혀 소모임이 가능한 스터디존을 운영하는 것은 물론, 파우더존과 탈의실 등의 다양한 편의시설을 선보였다. 이외에도 대학가 등에 자리한 매장에서는 간편하게 문서를 인쇄할 수 있는 클라우드 출력 서비스도 이용 가능하다.

고객 편의를 높일 수 있는 부가서비스도 운영되고 있다. 우선 배달 서비스 전문업체와 손잡고 상품 배달 서비스를 실시했다. 본격적인 운영을 시작한 지난해 7월 대비 올 1분기 이용건수가 10배나 신장했고, 평균 객단가도 상승해 소비자 편의성과 점주 만족도 두 마리 토끼를 잡았다는 설명이다.

또한 신한은행과 전략적 MOU를 체결, 영업점 창구 수준의 은행업무가 가능한 금융 키오스크를 일부 매장에 도입하는 등 생활 플랫폼으로서 금융도 품기 시작했다.

편리에 스마트 더하다

GS25는 IT기술을 접목한 새로운 서비스 상품으로 고객 편의와 즐거움을 높이고 있다. GS25의 어플리케이션 '나만의 냉장고'는 덤으로 증정되는 상품을 앱

▲ GS25는 스마트폰 보조배터리 대여·반납 서비스를 운영중이다.

에 보관했다가 찾아갈 수 있게 한 서비스로 호응을 얻은 데 이어, 도시락 예약 주문과 모바일 구매 등으로 한 단계 업그레이드됐다.

지난해부터는 키오스크 복합기를 통한 생활편의 서비스도 시작했다. 컬러프린트, 컬러복사, 팩스, 주민등록등본 출력, 토익성적표발급 등을 이용할 수 있는 것으로 현재 11개 매장

에서 운영 중이다.

무인안심택배함도 선보인다. GS25와 이베이코리아는 1인 가구가 늘어나고 택배를 안전하게 수령하고자 하는 니즈에 맞춰 24시간 택배를 수령 또는 반품할 수 있는 서비스를 진행할 예정이다. 이외에도 스마트폰 배터리를 쉽고 편리하게 충전할 수 있는 보조배터리 대여·반납, 제주도에서는 전기차 충전 등 IT기술을 통한 서비스 차별화를 꾀하고 있다.

자체 상품으로 로열티 UP

아직까지 소비자들의 편의점 브랜드 선택 1순위는 상품이나 서비스 보다는 '거리'다. 타 유통업에 비해 브랜드 로열티가 떨어지는 편의

▲ 세븐일레븐이 키덜트 시장의 성장에 발맞춰 출시한 미니피규어.

점 업계의 가장 큰 고민은 어떻게 하면 고객 충성도를 높일 수 있는가이다.

세븐일레븐은 품질 높은 자체 상품(PB) 개발을 통해 소비자 충성도를 끌어올리려 대형 제조업체와 콜라보레이션에서 길을 찾고 있다. 기본적으로 품질에 대한 소비자 신뢰도는 형성돼 있는 만큼 안정적인 매출을 기반으로 대표적인 차별화 상품군을 확보하려는 포석에서다.

이에 지난 2010년부터 '세븐셀렉트(7-SELECT)'라는 PB 브랜드를 운영하며 기존 편의점에서는 찾아볼 수 없었던 이색 상품들을 속속 내놓았다. 일례로 키덜트 시장의 성장에 발맞춰 출시한 미니피규어는 소셜미디어상에서 입소문을 타며 큰 인기를 누렸다. 시계로 터치만 하면 대중교통 이용과 편의점 결제가 가능한 '캐시비워치'는 패션 아이템으로 각광을 받았으며 남성 와이셔츠, 명화담요, 세븐일레븐 보틀 등도 차별화된 PB 상품으로 시선을 끌었다.

자료원 : 더피알, 2016. 8. 5.

제3절 퍼스낼리티

1. 퍼스낼리티의 본질

퍼스낼리티란 소비자가 **다양한 상황에 걸쳐 일관성 있게 행동하도록 만드는 성향**을 의미하는데, 특정한 상황에서 그가 취할 구체적인 행위보다는 개**인적 구조(makeup)의 전체성(totality)을 강조**한다. 즉 퍼스낼리티는 퍼스낼리티 차원들의 일관성 있고 지속적인 조합을 근거로 하며, 소비자의 기본적인 지향성(orientation)과 일정한 행동성향을 나타내므로 라이프 스타일보다는 뿌리가 깊다.

즉 동기가 소비자에게 있어서 생체 에너지를 활성화시키고 목표지향적인 구체적 행동을 취하도록 방향을 짓는데, 이때 퍼스낼리티는 여러 가지 상황에 걸쳐 목표 달성하기 위해 선택될 행동을 좌우한다. 예를 들어, 의류를 구매하는 행동은 체온유지나 신체 손상의 동기로부터 유발되지만 여러 상황에 걸쳐서 보수적인 색상을 선택하도록 영향을 미치는 것은 그 소비자의 퍼스낼리티라고 할 수 있다.

따라서 우리는 간혹 공격적이라든가, 모험심이 있다든가, 사교적이라든가, 카리스마적인 정도로써 다른 사람들의 퍼스낼리티에 관한 판단을 내리는데, 그러한 판단은 다양한 상황과 긴 시간을 걸쳐 그 사람이 보여주는 행동성향에 관한 것이다.

퍼스낼리티 개념에 관한 정의는 다양하지만 그들 사이에는 세 가지 공통점이 있다.

첫째, 개인들이 어떻게 유사한가보다는 그들 사이의 **차이를 설명해 줄 수 있는 심리적 특성에 초점**을 두고 있다.

둘째, 개인의 반응에 영향을 미치는 **비교적 지속적인 행동성향을 포함**한다.

셋째, 상황에 따른 개인의 행동변화보다는 **개인이 갖고 있는 반응성향(dispositions)의 일관성을 강조**한다.

한편 이제까지 실시되어 온 많은 소비자 행동 연구들이 퍼스낼리티 특성과 구매행동 사이의 강한 관계를 밝히지 못하였는데, 그에 대한 한 가지 이유는 그들이 퍼스낼리티 목록(personality inventory)을 심리학 분야로부터 빌려와 그대로 사용했다는 점이다. 이러한 목록들은 마케팅과 밀접한 관계가 없는 — 자기비하나 권위주의, 신경증과 같은 — 행동적 성향을 검토하기 위한 것이므로 소비자 행동을 묘사하기에는 미흡하며, 그렇기 때문에 오히려 소비자 행동에 대한 퍼스낼리티 특성의 영향은 앞으로 더욱 연구될 가치를 갖는다.

2. 퍼스낼리티의 측정

이미 언급한 바와 같이 퍼스낼리티는 라이프 스타일과 마찬가지로 단 하나의 차원만을 갖는 개념이 아니라, 상호작용하는 다수의 요소들로 구성된 다차원적 개념이다.

1) 평점방법

전형적인 평점방법(rating methods)은 한 개인의 퍼스낼리티 특성을 다수의 표준화된 평점척도(standardized rating scales)를 이용하여 측정하는 것인데, 경우에 따라 응답자의 비공식 면접이나 응답자 행동에 관한 관찰이 실시되기도 하며 평가자는 2명 이상일 수도 있다.

2) 상황시험

상황시험(situational tests)은 일상생활과 유사한 상황을 설계한 후, 집단배경에서 상호작용하는 수명의 응답자들에게 하나의 주제나 시나리오를 제공하고 그들의 행동을 관찰하여 측정하는 방법이다. 이러한 상황시험은 구체적인 행위의 발생빈도를 요약하는 형태를 취할 수 있다.

3) 투사적 기법

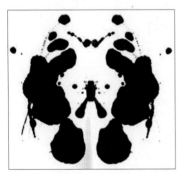

● Rorschach test

투사적 기법(projective techniques)은 개인에게 애매한 시각적 이미지를 제시하고, 그것을 설명하거나 그것이 갖는 의미를 그 자신에게 관련시키도록 요구하는 방법인데, 자극 자체가 애매하므로 자극을 해석하는 과정에서 개인은 자신의 퍼스낼리티 특성을 드러낼 것이라고 가정된다.

투사적 기법 중에서 널리 사용되는 형태는 로르샤하 테스트(Rorschach test)와 회화해석시험(TAT, thematic apperception test)이 있다. 전자는 상이한 색채, 형태, 농도를 갖는 10여 개의 잉크 얼룩(ink blot)들을 제시하여 의미를 정의하도록 요구하며, 후자는 애매한 상황을 보여주는 20여 개의 그림을 제시하고 개인적인 해석을 내리도록 요구하는 기법이다.

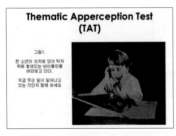

● 회화해석시험

4) 퍼스낼리티 목록의 설계

이상의 방법들은 준비하고 실시하는 데 상당한 돈과 시간이 소요되며, 수집된 정보에 대한 평가자의 주관적 해석에 의존한다는 문제가 있다. 따라서 응답자에게 응답보기를 포함하는 표준화된 질문항목들인 퍼스낼리티 목록(personality inventory)을 제시하는 편이 효과적인데, 응답자는 객관식 시험에서와 똑같은 방식으로 응답한다.

퍼스낼리티 목록은 실시가 용이하고 표준화된 평점의 계산이 가능하기 때문에 소비자 행동 분야에서 퍼스낼리티 특성을 측정하기 위한 가장 인기 있는 방법인데, Minnesota multiphasic personality inventory(다면적 인성검사), California personality inventory, NEO 인성검사, 성격평가 질문지 등이 있다.

성격특성척도

척도명	T점수	낮음		보통		강함	(단위: T점수)
		20 30	40	50	60	70	80
내향적 성격	44						
회피적 성격	48						
복종적 성격	31						
외향적 성격	55						
자애적 성격	59						
강박적 성격	51						
기이한 성격	45						
변덕적 성격	60						
편집적 성격	47						

● MMPI-2의 일부 예시

3. 퍼스낼리티 이론과 그 적용

소비자의 퍼스낼리티 특성을 측정하기 위해 이용되는 차원과 진술들은 조사자가 선택한 퍼스낼리티 이론에 달려 있다.

1) 특질이론

특질이론(trait theory)은 대단히 실증적이기 때문에 소비자 행동을 설명하기 위해 가장 널리 이용되고 있는데 첫째, 개인은 비교적 안정적인 행동성향을 가진다. 둘째, 이러한 행동성향은 개인마다 상이하다. 셋째, 행동성향의 차이는 그들의 퍼스낼리티 특성을 결정짓는다는 세 가지의 명제를 근거로 한다.

따라서 퍼스낼리티는 일반적인 반응 선유경향을 묘사하는 일련의 특질들로 구성된다고 간주된다. 퍼스낼리티 차원(특질)들은 소비자들에게 퍼스낼리티 목록 상의 어떤 진술에 동의·부동의하거나 어떤 상황이나 대상에 대해 좋다·싫다로 응답하도록 요구한 후, 요인분석을 적용하여 도출되므로 특질이론은 요인이론이라고도 한다.

소비자 행동을 연구하는 데 있어서 특질이론은 표준화된 퍼스낼리티 목록에 근거하고 있다는 점에서 유용하며, Edwards Personal Preference Schedule, Thurstone Temperament Schedule 등의 목록을 이용하여 많은 학자들이 퍼스낼리티와 소비자 행동 사이의 관계를 제안해 왔다.

● 특질들의 독특한 조합은 그 사람의 퍼스낼리티로 나타난다.

2) 사회적 퍼스낼리티 이론

사회적 퍼스낼리티 이론(social personality theory)은 생물학적 충동보다는 사회적 요인들이 퍼스낼리티 형성에 더욱 중요하다는 점과 개인의 행동이 대체로 알려진 욕구와 필요를 지향하므로 무의식적 동기보다 의식적 동기가 더 중요하다는 점을 초점으로 한다.

즉 퍼스낼리티는 개인이 사회적 배경에서 다른 사람을 다루려는 수많은 기도를 통해 형성되는데, 어린 시절의 경험들로부터 기인하는 열등감과 불안정성, 사랑의 부족 등은 자신을 완전하게 만들고, 그러한 느낌에 기인하는 조바심을 처리하도록 동기를 부여한다.

사회적 배경에서 다른 사람을 다룰 때 나타나는 욕구들을 근거로 제안된, 조바심의 처리방법은 세 가지 지향성(orientation)으로 묘사할 수 있다.

(1) 순응지향성

순응지향성(compliant orientation)이란 다른 사람을 향해 움직이며, 사랑과 인정, 애정의 욕구를 강조하는 성향으로서 이러한 성향을 갖는 개인은 많은 감정이입과 인간애를 보이며 이타적이다.

(2)공격지향성

공격지향성(aggressive orientation)이란 다른 사람들에 대항해 움직이며, 권력과 영향력, 남을 조정하는 능력에 대한 욕구를 강조하는 성향이다.

(3) 격리지향성

격리지향성(detached orientation)이란 다른 사람으로부터 멀리 떨어지려는 성향으로서 이러한 성향을 갖는 개인은 독립성과 자유, 타인과의 관계에서 자기의존의 욕구를 강조하며, 다른 사람과 강한 감정적 관계를 갖지 않으려고 노력한다.

● Van Heusen셔츠 매장

CAD척도(compliance–aggressiveness–detachment scales)의 이러한 지향성을 측정하여 소비자 행동과 연관시킨 결과에 따르면 순응적 유형은 구강청정제와 화장비누를 많이 사며 바이엘 아스피린을 선택하고, 공격적 유형은 콜롱과 면도로션을 많이 사며 올드 스파이스 방취제를 사용하며, 격리적 유형은 녹차를 많이 마시고 맥주를 덜 마신다. 이러한 발견점은 콜롱과 면도로션의 광고는 사회적 인정의 수단으로서 제시하는 편이 효과적이며, 녹차의 광고는 비사교적 맥락에서 제시되는 것이 효과적임을 암시하는 것이다.

4. 퍼스낼리티와 마케팅 전략

소비자들은 개인적으로 다양한 퍼스낼리티 특성을 갖고 있는데, 그러한 퍼스낼리티의 일부는 특정한 상황에서 바람직하다고 여겨지지만 다른 일부는 바람직하지 않다고 여겨지기도 한다. 예를 들어, 상황에 따라 대담하고 싶을 때에도 수줍어하거나 개방적이고 싶을 때 폐쇄적일 수 있다. 따라서 소비자는 자신의 퍼스낼리티 특성 중 강조하거나 개선해야 할 부분을 갖고 있다.

개인과 마찬가지로 상표들도 퍼스낼리티를 갖고 있는데, 어떤 상표의 향수는 젊음, 관능적임, 모험심 등을 투사하며 다른 상표는 온건하고 보수적임을 투사하기도 한다. 즉 각 상표는 상이한 퍼스낼리티를 갖고 있으며 다른 소비자들에 의해 또는 다른 상황에서 구매될 가능성이 크다. 소비자는 일반적으로 그들에게 가장 만족을 주는 퍼스낼리티를 갖는 상품(반드시 자신의 것과 일치하는 퍼스낼리티의 상품은 아님)을 구매하는 경향이 있다.

따라서 퍼스낼리티 특성은 라이프 스타일 특성과 마찬가지로 시장을 세분하거나 상품을 포지셔닝하거나, 매체선정을 지침하거나, 신상품을 도입하기 위한 마케팅 전략에 이용될 수 있다. 퍼스낼리티 특성의 전략적 활용은 라이프 스타일이나 인구통계적 특성만큼 빈번하지는 않으나 다음과 같은 적용 예를 검토해 볼 수 있다.

첫째, 과거 Anheuser-Busch는 자신의 세 가지 상표를 선호하는 세분시장을 확인하기 위해 250명의 맥주 애호가 표본에게 자신이 속하는 퍼스낼리티 집단을 확인하여 그들이 좋아하는 상표를 선택하도록 요구했는데, 세 가지의 상표가 상이한 퍼스낼리티 세분시장에 소구하고 있었다. 이는 바로 퍼스낼리티 특성을 근거로 각 상표가 도달할 세분시장을 묘사할 수 있음을 보여주는 것이다.

둘째, 퍼스낼리티 특성은 문안작성자가 광고 메시지를 개발하는 데 있어서 세분시장에 대한 묘사를 풍부하게 제공해 준다. 예를 들어, '순종적' 세분시장을 지향하는 화장품의 광고는 권위자에 의한 증언을 사용하고, '자기애적' 세분시장을 지향하는 광고는 세심한 치장을 묘사하는 광고를 사용하고, '지배성' 세분시장을 지향하는 광고는 사회적 성공과 자존심, 상향적 이동성을 근거로 한 메시지가 효과가 클 것이다.

셋째, 효과적인 매체를 선정하는 데 있어서 퍼스낼리티 특성은 인구통계적 자료와 함께 이용될 수 있다. 세제에 대해 가장 유망한 잠재고객은 단순히 중산층 중년 주부가 아니라 결벽증을 갖는 중산층 중년 주부였는데, 만일 어떤 매체의 독자들이 결벽증을 갖는 주부인 경향이 있다면 마케터는 퍼스낼리티 특성을 고려함으로써 효과적인 매체를 선정할 수 있을 것이다.

또한 TV시청행동의 유사성에 따라 소비자들을 세분한 결과에 따르면 퍼스낼리티와 라이프 스타일, 인구통계적 특성의 차이가 나타났다. 즉 TV 시청시간이 긴 소비자는 생활에 만족하지 않았고, 보다 격리적이며, 인습적이고, 안전에 대한 열망이 큰 경향이 있으므로 이들은 신상품을 덜 구매할 것이며, 상표충성적이다. 또 상황극과 오락물의 시청자는 자신과 사회의 상호작용에서 자신감이 부족하고, 독립적이지 않았으며, 액션물의 시청자는 자기만족이 큰 것으로 밝혀졌다.

이러한 프로파일은 표적시장에 도달하기 위해 적합한 메시지 양식과 매체를 확인하는 데에도 유용하다. 예를 들어, 상황극 시청자들의 의존성은 이들에 대한 상품의 광고가 전문가의 증언을 사용해야 하며, 광고시간을 상황극과 가벼운 오락물에서 선택되어야 함을 암시한다.

넷째, 소비자의 퍼스낼리티 특성을 근거로 혁신층을 확인한 연구에 따르면 덜 독선적인 소비자는 신상품을 구매하는 성향이 강하고 상징적 또는 감성적 광고보다는 상품특성을 강조하는 사실적 광고에 더 수용적이었다. 혁신층은 또한 후기 수용자보다 훨씬 더 내부지향적(inner-directed)이어서 동료의 가치보다도 자신의 내부적 가치와 표준에 따라 행동하는 성향이 있다.

따라서 신상품의 마케터는 초기단계에서는 보다 사실적 근거에서 광고해야 하며, 일단 혁신층에 도달하고 나면 점차 사회적 소구로 전환할 수 있다.

Consumer 톡톡

마케팅은 '고객 마음 사로잡기'…'남다른 개성'으로 다가서라

• 신현상(한양대 경영대 교수)

마케팅에서 가장 중요한 변수는 고객의 선택(choice)이다. 기업은 고객의 니즈(needs)를 만족시키는 상품을 제공하기 위해 노력한다. 수많은 경쟁 상품 중에서 자기 회사 상품을 고객이 선택해 구매하면 매출이 발생한다. 고객의 개별적 선택

이 모여서 총매출이 잡히고, 이를 경쟁 상품과 비교하면 시장점유율이 도출된다. 고객이 각자의 선택과 함께 지급하는 가

격과 고객의 선택을 받기 위해 회사가 지출한 비용의 차이가 이익이 되고, 회사 이익에 대한 주식시장의 장기적 기대가 주가 또는 기업가치에 반영된다. 이처럼 고객의 선택은 회사의 재무성과를 좌지우지하는 핵심적인 경영지표다. 이에 따라 마케팅 연구자와 실무자들은 고객의 선택에 어떻게 영향력을 미칠지에 깊은 관심을 가져왔다.

고객의 상품 또는 브랜드 선택 과정은 특정한 소비 상황에서 니즈를 인식하면서 시작된다. 요즘처럼 아주 더운 날씨에는 퇴근길에 시원한 맥주라도 한잔 하고 싶어진다. 이때 고객이 갖는 딜레마는 선택 옵션이 너무나도 많다는 것이다. 2013년 기준 국내에 수입된 맥주 종류는 480여종이다.

치열한 경쟁 속에서 고객에게 선택받기 위해서는 자기 브랜드가 고객의 마음속에서 특별한 위치 즉 포지션(position)을 차지하고 있어야 한다. 예컨대 피곤할 때는 '박카스', 머리 아플 때는 '아스피린', 마음의 안정이 필요할 때는 '우황청심원' 식으로 어떤 브랜드가 특정한 소비 상황에서 생기는 고객의 니즈를 해결할 수 있는 솔루션으로 확실히 자리매김하고 있다면 해당 브랜드는 비즈니스 전쟁터에서 유리한 고지를 차지한 것이다.

마케터들은 고객의 여러 가지 특성을 기준으로 시장을 세분화(segmentation)한 뒤 어느 집단(segment)에 마케팅 자원을 집중할 것인지를 결정하는 타기팅(targeting)을 한다. 여기서 도출된 목표고객(target customer)의 마음속에서 특정한 위치 내지 포지션을 차지하려는 기업의 마케팅 노력과 프로세스를 포지셔닝(positioning)이라고 한다. 1970년대 초반 포지셔닝 콘셉트를 최초로 대중화한 잭 트라우트와 앨 리스는 포지셔닝을 '잠재고객의 마인드에 특정 상품 또는 브랜드의 위치를 잡아주는 것'으로 정의한다.

전술한 일련의 과정을 STP(segmentation-targeting-positioning)라고 부르며, 이는 고객 중심 마케팅 전략 수립에서 기본적인 틀을 제공한다. 이때 마케터들은 목표 고객의 마음속에 단단한 입지를 구축하고 있는 기성 브랜드와 경쟁하기 위해서 자신의 브랜드를 어떻게 차별화(differentiation)할 것인가를 고민한다.

피로 해소 및 강장제 드링크 시장에서 수십년간 부동의 1위 자리를 고수해온 동아제약 박카스에 대응하기 위해 많은 신상품이 출시됐지만 대부분 큰 성공을 거두지 못한 가운데, 2000년대 초반에 출시된 광동제약의 고용량 비타민C 음료 '비타500'은 독특한 차별화 전략을 바탕으로 상당한 성공을 거둔 것

으로 평가받는다. 여기서 '500'이라는 숫자는 사과 35개, 귤 9개, 레몬 7개를 먹어야 얻을 수 있는 비타민 500㎎을 음료 한 병으로 간편하게 섭취할 수 있음을 강조하기 위한 것으로, 건강과 미용을 위한 기능성 음료로 상품을 포지셔닝하면서 젊은 층과 여성 소비자의 마음을 사로잡았다.

가격 측면에서는 박카스보다 비싼 가격을 내세우며 고급스러운 프리미엄 건강 드링크제라는 이미지를 구축했다. 유통 측면에서는 당시 약국 유통망을 장악하고 있던 박카스에 대응하기 위해 목표고객이 많이 찾는 슈퍼, 마트, 편의점, 할인점, 노래방, 사우나 등의 채널을 통해 상품을 공급했다. 그리고 '카페인 없는 비타민C 음료'라는 슬로건 아래 목표고객이 선호하는 톱스타 비와 이효리, 소녀시대, 수지 등을 기용해 프리미엄 이미지에 맞는 적극적인 광고를 펼쳤다. 그 결과 비타500은 매년 800억~1,000억원 정도의 매출을 기록하는 효자 상품이 됐다.

이처럼 마케터는 4P's 즉 상품(product), 가격(price), 유통(place), 광고·홍보(promotion)의 네 가지 무기를 전략적으로 일관성 있게 활용해 자신만의 차별화된 포지셔닝을 구축해 나갈 수 있다. 비타500은 효과적인 포지셔닝을 통해 '건강과 미용에 좋은 프리미엄 기능성 드링크'란 콘셉트를 고객의 마음속에 성공적으로 인식시켰다. 비슷한 예로 도미노피자를 들 수 있다. 대부분 피자 체인점 또는 동네 레스토랑들은 '신선한 재료' '최고의 맛' 등을 내세운다. 소비자 입장에서는 모든 피자 가게가 똑같은 주장을 하고 있으니 어떤 가게를 선택해야 할지 고민하게 된다. 도미노피자는 고객이 보통 어떤 상황에서 피자 배달을 주문하는지에 주목했다.

예컨대 맞벌이 주부가 퇴근 후 배고파하는 아이들을 빨리 먹여야 할 때, 시험공부나 과제를 하느라 시간에 쫓기는 학생들이 대충 저녁을 해결하고 싶을 때, 또 맥주 한잔 하면서 운동 경기를 보고 있는 사람이 출출해서 피자를 주문할 때 도미노피자의 '30분 내에 배달하지 못하면 공짜'라는 슬로건은 상당히 매력적으로 느껴진다. 더구나 대부분의 사람은 아무리 신선한 재료를 썼다 하더라도 차게 식어버린 피자보다는 구워낸 지 오래되지 않아 아직 따뜻한 피자를 선호한다. 이처럼 '신속한 배달'이라는 가치제안(value proposition)은 도미노 피자만의 독특한 위치를 구축하고, 목표고객들에게 시장에 존재하는 여러 가지 옵션 중 왜 굳이 도미노 브랜드를 선택해야 하는지를 간

단명료하게 설득하기에 충분했던 것이다.

포지셔닝에서 가장 중요한 것은 자기 브랜드가 목표고객에게 어떤 종류의 특별하고 유니크한 가치(value)를 제공하는지를 쉽고 단순한 메시지, 즉 가치제안을 통해 전달해 그들의 마음속에 각인시키는 것이다. 가치제안을 작성할 때 특히 유의해야 할 점은 공급자 시각이 아니라 소비자 입장에서 느끼는 가치를 객관적으로 분석 평가하고, 어떤 점을 소비자가 매력적으로 느낄 것인지를 차별화 포인트로 파악해 강조하는 것이다. 해당 상품이나 브랜드가 좋은 가치제안과 다양한 마케팅 노력을 통해 목표고객의 마음속에서 차별화된 포지션을 차지하면 이는 장기적인 기업 경쟁력의 원천이 된다.

인텔 · 키엘 · 허니버터칩 · 크록스…차별화로 떴다

차별화를 위한 가치제안의 메시지는 슬로건을 제작해 목표고객에게 전달할 수 있지만, 때로는 로고와 이미지에 암시와 연상을 담아 전달할 수도 있다. 예컨대 인텔의 로고 '인텔 인사이드(Intel Inside)'는 눈에 보이지 않는 메모리칩 중 인텔 브랜드의 메모리칩이 최고의 성능을 보장한다는 가치제안을 구체적인 그래프와 데이터 없이 성공적으로 암시하고 있다. 화장품 회사 키엘(Kiehl's)은 매장을 약국처럼 꾸미고, 판매원에게 약사용 흰 가운을 입혀 방문객이 자연스럽게 건강과 미용에 좋은 프리미엄 기능성 화장품의 이미지를 연상하도록 유도했다.

구전효과를 통해 간접적으로 전달하는 것이 효과적일 수도 있다. 최근 상장에 성공한 해태제과의 허니버터칩은 기존의 감자칩과는 차별화된, 달고 짜면서 고소한 맛을 내는 상품이다. 2014년 한 편의점 직원이 독특한 맛에 대한 평을 소셜네트워크서비스(SNS)에 올린 것이 입소문을 타면서 출시 109일 만에 매출 100억원을 넘기는 성과를 냈다.

크록스(Crocs)는 많이 걷고 오랜 시간 서서 일해야 하는 의사, 특히 외과의사들의 편안한 발을 위해 제작한 신발임을 내세웠다. 크록스의 구멍 난 치즈와 같은 독특한 디자인, 쿠션이 좋고 발 냄새를 방지하는 재질은 과학적으로 디자인된 편안한 신발이라는 연상 작용을 가져왔다. 의사들 사이에서 입소문을 타면서 2003년 10억원이던 매출이 2006년 4,000억원으로 크게 뛰었다. 의사 직군과 연결된 상품 이미지는 믿을 만한 의사들에 의해 품질이 검증됐으니 회사가 주장하는 가치제안을 믿어도 괜찮을 것이라는 신뢰감을 소비자에게 줬다.

자료원 : 한국경제, 2016. 7. 15

제4절 자아 이미지

자아 이미지(self-image) 또는 자아개념(self-concept)을 근거로 소비자 행동을 연구하는 데 있어서 소비자는 — 외부 관찰자에 의해 묘사되지 않고 — 스스로 자신을 묘사해야 하는데, 그것은 소비자가 자신을 지각하는 양상이 관찰자가 그 소비자를 보거나 범주화하는 양상과 상당히 다르기 때문이다.

1. 자아 이미지의 본질

자아 이미지는 **사회적으로 결정된 준거체계 내에서 개인이 지각하는 대로의 자신으**

로 정의할 수 있으나, 단순히 **자신에 관한 개인의 지각과 태도**로 생각할 수 있다. 그러나 이러한 자아지각(self-perception)은 신체적 특징에 국한되지 않고 열망이나 성품, 세련됨 등과 같은 특성도 포함하므로 결국 그것은 **자신에 관한 개인적인 사고와 느낌의 총체**라고 포괄적으로 볼 수 있다.

자아 이미지는 복잡한 개념이지만 한 개인에게 있어서는 잘 조직되어있고 일관성 있게 작용한다. 즉 외부 관찰자에게는 개인이 비합리적이며 그의 행동에 있어서 일관성이 없다고 여겨질 경우에도 그러한 행동을 취하는 당사자는 자신의 준거체계 내에서 자신이 알고 있는 최선의 방법으로 행동하고 있는 것이다. 예를 들어, 동일한 상품에 대해 훨씬 높은 가격을 요구하는 점포를 애고하는 소비자는 다른 사람에게 비합리적이라고 비춰질 수 있으나, 그는 훌륭한 서비스 때문이든 판매원이 자신을 중요하게 느끼도록 하기 때문이든 이러한 점포충성을 보일 수 있으므로 그의 마음을 통해서 본다면 약간 높은 가격은 충분할 가치가 있는 것이다.

2. 자아 이미지의 형성근거

자아 이미지가 형성되는 근거에 관해서는 여러 가지 이론들이 있는데, 이들은 서로 관련되어 있으며 대체로 **사회적 상호작용을 강조**한다.

1) 자기평가

자아 이미지의 형성근거로서 자기평가(self-appraisal)를 제안하는 이론은 **개인이 사회적으로 수용가능한 것과 그렇지 않은 것에 따라 자신의 행동패턴을 평가함으로써 자아 이미지를 형성**한다고 주장한다. 즉 개인은 사회적 가치에 따라 자신의 행동들을 '사회적'인 것과 '반사회적'인 것으로 평가하는데, 이러한 범주의 반복적 확인에 따라 개인의 자아 이미지가 형성된다. 예를 들어, 직장에서 열심히 일하고 부모에게 효도하는 사람은 자신이 '훌륭한 시민'이라는 자아 이미지를 가질 것이다.

2) 투영된 평가

자아 이미지의 형성근거로서 투영된 평가(reflected appraisal) 또는 거울에 비친 자아(looking-glass self)를 제안하는 이론은 **개인이 자신의 행동에 대한 다른 사람의 평가를 받아들임으로써 자아 이미지를 형성**한다고 주장한다. 예를 들어, 남들로부터 검소하다는 평가를 자주 받는 사람은 실제가 어떻든 간에 '검소하다'는 자아 이미지를

● 투영된 자아 = 거울에 비친 자아

가질 수 있다. 특히 개인이 자아 이미지를 형성하는 데 있어서 다른 사람의 평가는 다음과 같은 경우에 큰 영향력을 가진다.

- 평가자가 신뢰성을 가진다고 지각될 때
- 평가자가 평가되는 사람에 대해 매우 개인적인 관심을 가질 때
- 특정한 평가가 반복하여 확인될 때
- 여러 가지 원천으로부터 오는 평가들이 일관성을 가질 때
- 평가가 자신에 관한 개인의 신념을 지지할 때

따라서 부모, 친구, 동료, 존경하는 사람으로부터의 평가는 개인의 자아 이미지 형성에 큰 영향을 미친다.

3) 사회적 비교

자아 이미지의 형성근거로서 투영된 자아를 주장하는 이론은 사람들을 수동적이며, 단지 다른 사람의 평가를 받아들여 자아 이미지를 형성한다고 주장하는 데 반해, 사회적 비교(social comparison)를 제안하는 이론은 **개인의 자아 이미지가 다른 사람과 관련하여 그들이 자신을 지각하는 양상으로 형성**된다고 주장한다.

예를 들어, 빈곤한 사회에서는 약간의 재산을 가진 사람도 다른 사람에 비교하여 스스로를 '경제적 어려움이 없고 비싼 상품이 어울린다'는 자아 이미지를 가질 수 있다. 즉 인간에게는 상품이나 재산, 서비스의 절대량보다도 다른 사람과 비교한 상대적 양이 중요하기 때문에 사람들은 그들의 신체적 욕구를 충족시키기에 필요한 것 이상의 상품과 서비스를 열망한다.

이러한 관점은 사회계층이나 준거집단, 중요한 다른 집단의 구성원들과 비교하여 상대적 지위에 관한 자신의 지각을 강조하므로 여타의 이론보다 마케팅 전략을 개발하는 데 직접적인 관련을 갖는다. 예를 들어, 상품과 서비스의 소비에 있어서 개인이 자신을 어떠한 집단과 비교하는지를 결정함으로써 마케터는 특정한 상품 및 상표의 집단 준거인을 이용할 수 있으며, 이러한 경우의 구매는 집단 내에서 개인의 상대적 위치를 높이기 위한 수단으로 간주될 수 있다.

한편 사람들은 자신의 신념과 태도가 옳다고 끊임없이 확신하며, 그러한 타당성을 결정하기 위해 자신의 신념과 태도를 다른 사람의 것과 비교한다. 예를 들어, 만일 개인에게 그가 보수적인지 또는 낭만적인지, 사교적인지 묻는다면 그의 대답은 그가 다른 사람과 비교하여 자신을 어떻게 지각하는지에 크게 의존할 것이다.

Consumer 톡톡

베블런효과(veblen effect)

가격이 오르는 데도 일부 계층의 과시욕이나 허영심 등으로 인해 수요가 줄어들지 않는 현상.

미국의 사회학자이자 사회평론가인 베블런(Thorstein Bunde Veblen)이 1899년 출간한 저서 《유한계급론(有閑階級論)》에서 "상층계급의 두드러진 소비는 사회적 지위를 과시하기 위하여 자각 없이 행해진다"고 말한 데서 유래하였다. 베블런은 이 책에서 물질만능주의를 비판하면서 상류층 사람들은 자신의 성공을 과시하고, 허영심을 만족시키기 위해 사치를 일삼는다고 꼬집었다.

• 초기 제도학파의 대표적인 경제학자, 소스타인 베블런. 〈출처: Wikipedia〉

베블런효과는 상류층 소비자들에 의해 이루어지는 소비 행태로, 가격이 오르는 데도 수요가 줄어들지 않고, 오히려 증가하는 현상을 말한다. 예를 들어 값비싼 귀금속류나 고가의 가전상품, 고급 자동차 등은 경제상황이 악화되어도 수요가 줄어들지 않는 경향이 있다. 이는 꼭 필요해서 구입하는 경우도 있지만, 단지 자신의 부를 과시하거나 허영심을 채우기 위해 구입하는 사람들이 많기 때문이다.

더욱이 과시욕이나 허영심을 채우기 위해 고가의 물품을 구입하는 사람들의 경우, 값이 오르면 오를수록 수요가 증가하고, 값이 떨어지면 누구나 손쉽게 구입할 수 있다는 이유로 구매를 하지 않는 경향이 있다. 무조건 남의 소비 성향을 좇아 한다는 뜻에서 소비편승효과라고도 한다.

이런 점에서 다수의 소비자가 구매하는 상품을 꺼리는 소비현상으로, 남들이 구입하기 어려운 값비싼 상품을 보면 오히려 사고 싶어하는 속물근성에서 유래한 속물효과와 비슷하다. 한국에서는 대학생들 사이에 명품 소비 열풍이 일면서 일명 명품족으로 불리는 럭셔리제너레이션도 등장하였는데, 2000년대 이후에는 극소수의 상류층 고객만을 상대로 벌이는 마케팅전략인 VVIP마케팅도 등장하였다.

자료원 : 네이버 지식백과, 두산백과

4) 편의된 정보탐색

자아 이미지의 형성근거에 관한 네 번째 이론은 **자아에 대한 동기부여와 정체성 확인 열망(identity aspirations)에 따른 편의된 탐색(bised scanning)**을 제안한다. 예를 들어, 훌륭한 변호사가 되도록 동기가 부여된 개인은 이러한 열망을 확인하는 데 도움이 되는 정보를 탐색하고 그에 상반하는 정보를 여과시켜 내보냄으로써 자신이 스스로 되고자 하는 것(여기서는 '훌륭한 변호사')으로 지각할 수 있다.

이상의 설명에서 알 수 있듯이 자아 이미지의 형성근거에 관한 이론들은 서로 상이한 관점을 취하고 있지만 실제에 있어서는 모두가 타당성을 갖고 있다. 또한 자아 이미지가 — 특히 단기간에서 — 고도의 안전성을 보인다는 데 동의하는데, 자아 이미지가 비교적 안정된 구조라는 명제는 다음의 두 가지 조건을 전제로 한다.

첫째, 여타의 심리적 구성요소와 마찬가지로 자아 이미지는 **관성적 경향(inertial tendency)을 가짐으로써 지속적이다.**

둘째, 자아 이미지는 일단 형성되고 나면 **외부적 정보에 관해 선택적 지각을 일으키므로 변화에 저항한다.** 따라서 개인은 외부적 정보들을 자아 이미지의 측면에서 해석하며, 현재의 자아 이미지와 일치하지 않는다고 지각되는 정보를 거부하거나 자아 이미지와 조화를 이루도록 왜곡한다.

3. 자아 이미지와 소비자 행동

개인이 여러 가지 상품을 지각하는 양상은 그의 자아 이미지로부터 영향을 받으므로 소비자의 자아지각은 그의 구매행동에 큰 영향을 미칠 수 있다. 사실 상표 이미지와 자아 이미지 사이의 조화를 이루려는 소비자는 첫째, 특정한 상표가 자신의 자아 이미지를 반영한다고 지각하기 때문에 그것을 선호하거나 둘째, 그러한 상표가 자신이 현재 갖고 있지는 않으나 갖고 싶어 하는 이미지를 투사하기 때문에 열망할 수 있다.

1) 자아 이미지의 요소

자아 이미지 형성에 관한 설명에서 보았듯이 자아 이미지의 정확한 본질에 관해서는 여러 가지 견해들이 있는데, 우선 단일요소(single component) 모델은 **개인이 실제 그가 어떻다고 믿는 자신에 관한 지각**인 실제적 자아(actual self)만을 강조한다. 이에 반해 다요소(multiple component) 모델은 〈표 9-11〉에서와 같이 자아 이미지를 **이상적·실제적 자아의 구분과 개인적·사회적 자아에 따라 네 가지 요소의 구조로 파악한다.** 이때 개인적 · 사회적이라는 차원은 자신을 바라보는 주체가 누구인지를 의미하며, 실제적 · 이상적이라는 차원은 현실성을 의미한다.

표 9-11

자아 이미지의 차원

자아 이미지 차원	실제적 자아 이미지	이상적 자아 이미지
개인적 자아	자신을 어떻게 지각하고 있는가? =내가 보는 나	자신을 어떻게 지각하고 싶어하는가?=꿈꾸는 나
사회적 자아	남들이 실제로 나를 어떻게 지각하고 있는가? =남에게 보여지는 나	남들이 나를 어떻게 지각해 주기를 바라는가? =남에게 보여지고 싶은 나

2) 자아 이미지와 상품(상표) 이미지의 조화

소비자는 여러 가지 상품과 상표에 관해 독특한 이미지를 갖고 있으며, 이러한 이미지는 그것을 구매하거나 소유하거나 소비하는 사람에 관해 어떠한 의미를 커뮤니케이션한다. 따라서 소비자는 상품(상표)의 이미지가 자아 이미지의 여러 측면과 일치한다고 지각할 때 그 상품(상표)을 선호하는데, 이러한 행동은 다음과 같이 설명될 수 있다.

첫째, 심리적 발전과 사회적 상호작용을 통해 형성된 자아 이미지는 그에게 가치를 갖기 때문에 그는 자신의 자아 이미지를 정의하고, 보호하고, 심화시키려고 노력한다.

둘째, 소비자는 상품과 상표들이 이미지(상징적 의미)를 갖는다고 지각한다.

셋째, 그들의 상징성 때문에 상품과 상표의 소유나 사용은 개인이 그의 자아 이미지를 표현하고 제고하는 일을 도와준다.

넷째, 따라서 개인은 이미지를 갖는 상징으로서 상품을 소유하거나 사용하여 자신의 자아 이미지를 표현하고 제고하도록 동기부여된다.

다섯째, 결국 소비자는 자아 이미지와 매우 조화되는 이미지를 가진다고 지각하는 상품과 상표를 선호한다. 따라서 **상품(상표)은 자아 이미지의 표현수단**이라고 할 수 있다.

[그림 9-8]은 소비자가 자아 이미지와 여러 상표의 이미지를 비교하여 상표에 대한 선호를 결정하는 과정을 보여주는데, 상표 이미지와 자아 이미지 사이의 조화가 클수록 그 상표는 선호될 것이다. 물론 조화란 실제적 자아 이미지뿐만 아니라 이상적 자아 이미지에 대해서도 존재하므로 소비자는 상표 이미지가 그의 실제적 자아 이미지와 일치한다고 판단하거나 이상적 자아 이미지와 밀접한 관계를 가진다고 판단함으로써 그러한 상표를 선호할 수 있다.

즉 소비자는 상표 이미지와 그가 되고자 열망하는 것 사이에 존재하는 조화 때문에 그 상표를 선호할 수도 있는데, '맨하탄' 셔츠나 '설화수' 화장품의 광고는 소비자가 남들에게 보여지고 싶은 자신의 이상적 자아 이미지를 효과적으로 묘사해 준다.

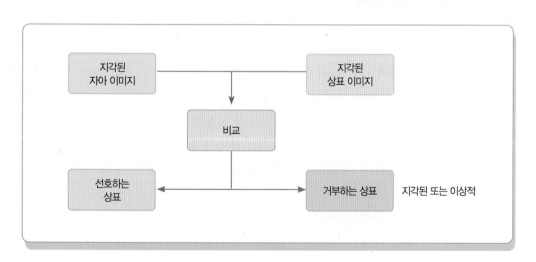

그림 9-8

자아 이미지를 근거로 한 상표선택 모델

3) 자아 이미지의 측정

자아 이미지는 상품을 디자인하거나, 포지셔닝하고 여러 상표에 대한 소비자 행동을 예측하는 데 매우 유용하다. 이러한 잠재적 유용성을 활용하기 위해서는 이미지 차원들에 대한 측정이 필요한데, 여기서는 자아 이미지와 지각된 상표 이미지 사이의 조화에 초점을 두면서 측정문제를 살펴본다.

조화의 정도를 측정하기 위한 가장 보편적인 방법은 여러 상표에 관한 소비자의 지각뿐 아니라 그들의 자아 이미지를 평가하기 위해 동일한 의미차별화 척도를 사용하는 일이다. 즉 조사자는 우선 중요한 이미지 차원들을 확인한 후, 이들 차원에 대해 의미차별화 척도를 — 통상 직관적으로 — 개발하여 소비자로 하여금 자신의 실제적 또는 이상적 자아 이미지를 가장 적절히 묘사하도록 의미차별화 척도 상에 표시하도록 하고, 여러 선택대안(상표)에 대해서도 동일한 작업을 실시한다.

이때 의미차별화 척도 상에 숫자가 할당된다면 소비자의 자아 이미지와 상표 이미지 사이의 수치적 거리를 계산할 수 있으며, 이러한 값은 자아 이미지와 각 상표 이미지 사이에 존재하는 부조화의 정도를 나타내는 것이다.

예를 들어, 한 여성의 자아 이미지와 세 상표의 향수 사이에 존재하는 조화의 정도를 측정하기 위해 향수구매에 영향을 미친다고 판단되는 5개의 이미지 차원을 선정하고 각 차원에 대해 7점척도를 개발하였다고 가정하자. 이러한 의미차별화 척도에는 1부터 7의 숫자가 할당되고 소비자는 각 상표에 관한 이미지와 자아 이미지를 5개의 척도 상에 표시하였다.

〈표 9-12〉는 척도의 양극적 묘사와 수치적 평가를 보여주는데, 소비자가 각 상표를 자아 이미지와 "얼마나 가깝다"고 지각하는지를 결정하기 위해서는 다음과 같은 식을 적용하여 거리를 구해야한다.

$$D_j = \sqrt{\sum_{i=1}^{n} (Si - Pij)^2}$$

여기서 D_j = 소비자의 자아 이미지와 j째 상표의 이미지에 관한 그의 지각 사이의 전반적인 선형 괴리

i = 상표와 자아 이미지를 평가하는 데 사용된 구체적인 이미지 차원

S_i = i째 이미지 차원상에서 소비자의 자아지각(self perception)

P_{ij} = i째 이미지 차원상에서 상표$_j$에 대한 소비자의 상표지각(brand perception)

n = 이미지 차원의 수

척도	자아 이미지	상표 이미지		
		상표 A	상표 B	상표 C
현대적–보수적	2	7	1	3
순박한–세련된	1	2	2	6
절제된–방탕한	6	1	7	4
민감한–둔감한	2	4	1	3
진취적–신중한	2	6	1	4

표 9–12

자아 및 향수 상표들의 이미지에 대한 수치적 평가

〈표 9–12〉에서 자아 이미지와 상표 A, B, C 사이의 괴리를 계산하면 D_A=8.4, D_B=2.4, D_C=5.9가 된다. 따라서 소비자는 상표 이미지가 자아 이미지와 가장 잘 조화를 이루는 상표 B를 선호할 것이며, 만일 마케터가 소비자 표본에 대해 이러한 값을 계산한다면 일반적인 시장행동을 예측할 수도 있게 된다.

자아 이미지와 상표 이미지 사이의 조화정도를 소비자 행동에 연관시킨 연구들은 대단히 많은데, 다음과 같은 일반화가 가능하다.

첫째, 소비자는 **자신의 실제적 자아 이미지와 조화를 이루는 이미지를 갖는다고 지각하는 상표를 선호하거나 구매**한다. 예를 들어, 승용차의 소유자들은 자신의 승용차 이미지와 대단히 조화를 이루는 자아 이미지를 갖는 경향이 있다.

둘째, 소비자는 **자신의 이상적 자아 이미지와 조응되는 이미지를 갖는다고 생각하는 상표를 선호하거나 구매**한다.

● 소비자는 자아 이미지와 어울리는 이미지를 함축한 상품과 상표, 점포에서 행복감을 느낀다.

셋째, 상품이 사회적 배경에서 과시되거나 소비될수록 상류층의 상표선호에 두드러진 영향을 미칠 수 있다.

넷째, 이미지들의 조화정도와 상표에 대한 소비자 행동 사이의 관계는 다른 변수들로부터 영향을 받을 수 있는데, 이러한 변수에는 의사결정이 상례적인지의 여부, 퍼스낼리티 유형, 상품이 사용자와 강하게 동일시되는 이미지를 갖는 정도 등을 포함한다.

4) 자아 이미지와 마케팅 전략

자아 이미지는 마케팅 전략상 많은 시사점을 가지며 시장세분화, 광고와 포장, 소매, 신상품개발 등에서 적용될 수 있다

첫째, 마케터는 자아 이미지를 근거로 전체시장을 동질적인 하위 집단으로 세분할 수 있는데, 마케터는 소비자를 그들의 관점에서 봄으로써 보다 소비자 지향적인 마케팅 프로그램을 설계할 수 있다.

둘째, 자아 이미지는 촉진의 여러 측면에서 활용될 수 있는데 예를 들어, '갤럭시' 남성복의 광고는 흰머리가 약간 있고 보수적으로 보이는 모델을 이용함으로써 상당한 성

공을 이룬 사업가들에게 소구하고 있다. Dial과 Camay 비누의 광고에서도 여성 모델의 차이를 볼 수 있는데, Dial을 사용하는 여성은 매우 활동적인 하루를 보낸 것으로 묘사되어 왔으며, Camay를 사용하는 여성은 훨씬 더 여성적인 것으로 투사되어 왔다.

셋째, 소매점도 자신의 점포 이미지와 고객의 자아 이미지 사이의 관계를 고려하여 점포선호를 개발할 수 있다. 따라서 소매점은 자신의 이미지와 일치하는 세분시장을 표적시장으로 삼거나 표적시장의 자아 이미지와 보다 잘 조화되기 위해 점포 이미지를 조정할 수 있다.

넷째, 소비자의 자아 이미지와 상표들에 관한 이미지를 분석하는 일은 마케터가 신상품을 개발하는 데에도 도움이 된다. 즉 소비자의 자아 이미지와 적절하게 조화되는 기존의 상표가 없다면 그러한 이미지를 갖는 신상품을 개발할 수 있는데, 특히 관여도가 높고 상류층 사이에서 고도의 사회적 가시성을 보이는 가구, 의류, 승용차 등의 마케팅에서 중요하다.

Consumer 톡톡

아디다스, 오직 나만을 위한 단 하나의 신발 제작 '마이아디다스' 모바일 오픈

아디다스(www.adidas.com)가 세상에 단 하나 밖에 없는 나만을 위한 신발을 직접 디자인할 수 있는 커스터마이즈, '마이아디다스(miadidas) 모바일 서비스'를 오픈했다.

지난 2004년 국내 아디다스 오프라인 매장을 통해 첫 선을 보였던 마이아디다스는 복잡한 제작 과정을 최소화시켜 2015년에 온라인 서비스를 오픈한 데 이어 이번 모바일 마이아디다스 플랫폼을 통해 개인의 개성을 빠르고 더욱 손쉽고 빠르게 표현할 수 있게 되었다. 마이아디다스 모바일 서비스에서는 축구화, 농구화, 러닝화 등 퍼포먼스 상품들을 비롯하여, 라이프 스타일 스니커즈인 아디다스 오리지널스의 슈퍼스타, 스탠스미스 등 소비자의 취향에 따라 폭넓은 선택이 가능하다. 또한 판매되는 상품 중 사이즈가 품절된 인기 모델도 마이아디다스로 제작, 주문할 수 있다는 게 특징이다. 현재 아디다스 모델 중 32

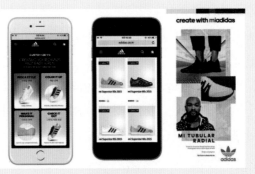

종의 신발이 주문 가능하며 소재, 컬러, 악세서리 등 옵션에 따라 수천가지로 커스터마이즈할 수 있다.

제작방법은 본인이 원하는 스타일의 신발을 선택한 후 상품의 갑피, 안감, 힐 컵 등의 컬러를 각자 기호에 맞게 선택하기만 하면 된다. 끈, 인솔(깔창) 등 디테일 한 부분까지 색상을 선택할 수 있고, 신발에 따라 소재, 디자인 패턴 등까지도 각자의 취향대로 고를 수 있다. 또한, 좀 더 개인에게 특화된 상품을 완성하기 원한다면 자신의 이니셜이나 좋아하는 숫자 등을 삽입해 커플 운동화나 패밀리룩으로 연출 할 수도 있다.

아디다스 이커머스팀 마커스 상무는 "마이아디다스 모바일 서비스는 최근 모바일 쇼핑의 발달과 남들과 다른 자신만의 패션과 개성을 추구하는 소비자의 트렌드를 반영한 것으로 기존 온라인으로만 구매할 수 있었던 마이아디다스 서비스를 모바일로 더욱 간편하게 이용할 수 있다는 것이 가장 큰 장점이다."며 "모바일 마이아디다스 서비스를 통해 본인이 꿈꿔왔던 신발을 더욱 간편하고 편리하게 제작할 수 있을 것"이라고 말했다.

아디다스의 커스터마이즈 서비스 '마이아디다스'는 아디다스 공식 온라인 스토어와 모바일 스토어를 통해서만 주문이 가능하며, 제작기간은 4-6주 정도가 소요된다. 가격은 기존 상품에서 10~15%정도 추가 부담하면 된다.

자료원 : 뉴스탭, 2016. 8. 4

제 3 편

환경적 영향 요인

제10장

문화와 하위문화

I·n·t·r·o

문화가 소비자 행동에 미치는 영향의 중요성을 처음으로 지적한 사람은 경제학자 Dusenberry였다. 그는 "사람들이 참여하는 활동의 유형은 문화적으로 결정되며, 거의 모든 구매는 신체적인 안락함을 제공하거나 또는 문화 속에서 요구되는 어떤 활동을 수행하기 위해 행하여진다"고 언급하였다.

소비자는 성장해 감에 따라 자신의 행동에 영향을 미치는 기본적인 규범과 가치를 습득한다. 예를 들어, 성취에 부여된 높은 가치는 소비자로 하여금 성취의 상징으로서 고급 승용차나 고급 의류를 구매하도록 하며, 또한 젊고 활동적으로 보이려는 — 문화적으로 도출된 — 열망은 '젊게 보인다'고 광고하는 화장품을 구매하거나 헬스클럽에 등록하도록 설득한다.

따라서 마케터는 소비자의 가치지향성(value-orientation)을 정의하고 이러한 가치들에 소구하기 위한 방법을 결정해야 한다.

본장에서는 우선 문화의 본질과 문화적 가치의 변화를 살펴본 후, 마케팅 전략에 대한 시사점을 검토하기로 한다.

제1절 문화의 본질

1. 공동체 집단의 가치 · 규범 · 풍습

문화적 집단의 근거는 생존을 위한 협동에서 유래한다. 선사시대의 사냥꾼들은 혼자 사냥하는 것보다 다른 사람들과 협동하여 사냥하는 편이 훨씬 성과가 좋고 적이나 자연의 위협을 극복하는 데에도 효과적임을 알게 되었는데, 생존에 대한 열망이 협동을 통한 집단생활을 가져온 것이다. 집단을 형성하여 공동생활을 영위하기 위해서는 집단의 구성원들이 서로 지켜야 할 행동의 규약을 정하고, 집단의 결속력을 높이기 위한 여러 가지 집단의식이 필요하였는데, 이러한 것들이 오늘날 규범이나 풍습의 기초가 되었다.

즉 그들은 집단 내에서 수용가능한 행동을 정했으며, 집단이 가정이든, 종족이든, 국가이든 관계없이 그 구성원으로 하여금 이러한 행동규범을 배우고 따르도록 요구해 왔다. 따라서 이러한 집단의 중요한 특징은 구성원들이 배우고 따라야 할 규범을 가진다는 것이다.

또한 그들은 동일한 자연적 · 지형적 환경에서 생활할 뿐 아니라, 공동생활을 통해 서로 영향을 주고받음으로써 사물에 대한 신념과 태도가 거의 유사하게 형성되는데, 집단의 가치는 이러한 과정을 통해 형성된다. 즉 사람들이 모인 **모든 집단에는 가치, 규범, 풍습이 있게 마련이며 이들이 곧 그 집단의 문화를 구성**한다.

2. 문화의 정의와 특성

문화는 매우 포괄적인 개념이기 때문에 그것을 정의하고 소비자에 대한 영향을 이해하기는 쉽지 않지만 다음과 같은 정의가 대표적이다.

- 사회의 구성원으로서 인간이 획득하는 지식, 신념, 예술, 도덕, 법률, 관습 등의 총체(the complex whole that includes knowledge, belief, art, morals, law, custom, and any other capabilities and habits acquired by man as a member of society)
- 한 집단을 이루는 사람들의 독특한 생활방식과 생활을 위한 모든 설계(the distinctive way of life of a grou p of people, their complete design for living)

따라서 문화는 **사회적으로 학습되고 구성원들에 의해 공유되는 모든 것**이며, 〈표

	비물질적 요소	물질적 요소
표 10-1 문화의 핵심적 요소	언어 사회제도 신념체계 미학	기술측면과 관련되는 모든 상품과 서비스, 시장을 포함한 다양한 기관 등 구성원이 창조한 모든 물리적 실체

10-1〉과 같이 물질적 요소와 비물질적 요소로 나뉜다. 여기서 비물질적 문화는 구성원들이 사용하는 언어, 사회제도, 신념체계, 미학을 포함한다. 우선 언어에는 쉽게 이해할 수 없는 관용적인 뉘앙스가 있으며, 단어들도 문화에 따라 상이한 의미를 가질 수 있다. 사회제도의 측면에서 사회계층, 연령집단, 남성과 여성 등의 지위는 모두 문화에 따라 다르며 구성원들의 가치와 행동, 라이프 스타일에 영향을 미친다.

신념체계에 있어서 종교는 한 사회의 가치에 대단히 많은 영향을 미치며, 그 결과 구성원들의 인생관, 생활습관, 구매할 상품과 구매하는 방법, 관람할 영화, 읽을 신문이나 잡지 등 다양한 분야에 영향을 미친다. 특히 식품구매는 종교로부터 많은 영향을 받는데, '몰몬'교도는 커피를 마시지 않고 일부 종교인들은 종교의식일에 육식을 삼간다.

또한 예술분야에 있어서 문화적 해석(미학)은 대단히 다양하며, 문화는 여러 가지 예술적 표현이 갖는 상징적 의미를 결정하는 데 중요한 역할을 수행한다. 따라서 색채들이 갖는 의미나 아름다움의 기준도 문화에 따라 달라진다.

한편 물질적 문화는 기술과 경제로 구분되는데, 여기서 기술이란 사회의 구성원들이 보유한 기술적 노하우로서 상품을 생산하기 위해 이용되는 모든 공정과 기법을 포함한다. 하나의 문화 속에서 널리 이용되는 상품이 다른 문화 속에서는 완전히 생소할 수 있으므로 물질적 문화의 기술측면은 마케팅에 직접 관련된다.

예를 들어, 사회구성원 중 아무도 자동차를 갖고 있지 않다면 포장도로가 필요 없을 것이며, 전기가 없다면 가전상품이 판매되지 않을 것이다. 따라서 많은 마케팅 활동은 한 사회의 기술측면으로부터 직접적인 영향을 받는다.

물질적 문화의 경제측면은 한 사회에서 생산요소들이 활용되는 방법과 그 결과로서 얻어진 생산물을 구성원들 사이에 배분하는 방법에 관련되는데, 마케팅은 많은 사람들에게 상품과 서비스가 배분되어야 하는 사회에서 크게 발전한다.

이와 같이 물질적 문화는 도구, 자동차, 도로, 농장 등과 같이 사람들이 창조하고 사용하는 모든 물질적 실체로 구성되므로 마케팅과 소비자 행동의 맥락에서 물질적 문화의 대표적인 예는 그 사회에서 생산되어 소비되는 모든 상품과 서비스, 농수산물 시장이나 쇼핑센터와 같은 마케팅 기관, 광고물들이다. 이에 반해 비물질적 문화는 대형마트 내에서 소비자가 쇼핑하는 양상, 새롭고 보다 나은 상품에 대한 소비자의 열망, '바겐세일'이라는 단어나 구체적인 포장형태에 대한 소비자의 반응을 포함한다.

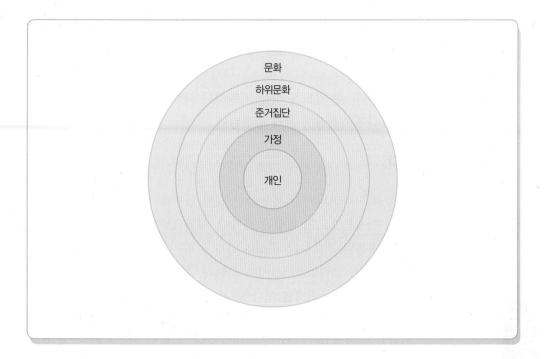

그림 10-1

소비자 행동에 대한 환경적 영향의 계층

한편 문화의 영향은 환경적 영향을 계층적으로 보여주는 [그림 10-1]을 참조함으로써 보다 잘 이해될 수 있다. 즉 소비자에 대해 가정과 준거집단의 영향이 가장 직접적이고 즉각적인데 반해, 전반적인 문화는 대단히 포괄적이고 간접적인 영향요인으로 간주될 수 있다. 또한 소비자의 행동을 이해하는데 있어서 문화가 갖는 중요성은 – 문화가 생리적 또는 생물적 욕구와 본능 이상의 것이므로 – 모든 소비자가 생물적으로 유사할지라도 문화적 배경에 따라 환경에 대한 그들의 견해, 그들이 중시여기는 가치, 그들이 행동하는 양상이 다르다는 사실에 있다.

앞에서 인용한 정의만으로는 문화의 개념을 충분히 이해하기 곤란하므로 문화의 중요한 특성을 다음과 같이 검토해 볼 수 있다.

1) 문화는 조직화되고 통합된 영향요인으로 작용한다.

문화란 구성원의 행동과 사고에 영향을 미치는 거의 모든 요소들을 포괄하며, 비록 기본적인 욕구의 성격에는 영향을 미치지 않지만 그러한 욕구들이 어떻게 충족될 것인지에 많은 영향을 미친다.

2) 문화는 인간에 의해 창출된다.

문화란 사회 구성원들이 공유하고 있는 세 가지 시스템의 상호작용을 통해 창출된다. 즉 새로운 문화는 구성원이 바람직한 것과 바람직하지 않은 것을 구분하는 데 활용할 수 있는 아이디어, 신념, 가치, 추론방법으로 구성되는 이념 시스템(ideological system)과 구성원으로 하여금 물리적 실체를 생산할 수 있도록 하는 기능, 기예, 예술로 구성되는 기술 시스템(technological system), 구성원으로 하여금 자신의 행동을 다른 사람들의 행동과 조화시킬 수 있도록 하는 가정이나 사회계층과 같은 조직 시스템(organizational system)의 상호작용을 통해 창출된다.

3) 문화는 학습된다.

대부분 인간행동은 타고나거나 본능적인 것이 아니라 어린 시절부터 성장해 감에 따라 문화를 학습함으로써 형성된 것이다. 이와 같이 어린 시절부터 자신의 문화를 배우는 과정은 사회화(socialization)라고 하며, 다른 집단의 문화를 배우는 과정을 문화이입(acculturation)이라고 한다. 문화를 배우는 일은 모방학습 (어느 지방의 관습을 배우는 외래인)이나 도구적인 직접훈련(부모나 선생님의 직접적인 보강을 통해 어떻게 행동해야 하는지를 교육받는 어린이)을 통해 수행될 수 있으며, 인지적 성장과 정보처리 능력의 향상도 문화를 학습하는 데 도움이 된다.

● 사회화 – 가정과 학교에서 시작된다.

4) 문화는 규범적이다.

문화는 구성원들의 구체적인 행동을 규정하지 않지만, 행동의 이상적인 표준을 포함함으로써 구성원의 개인적 행동과 사고의 방향(범위)에 영향을 미친다. 따라서 구성원들은 구체적인 상황에서 올바르게 생각하고 느끼고 행동하는 양식을 공통적으로 이해하고 있는데 이러한 표준은 적절한 사회적 관계, 안전을 도모하기 위한 수단, 식사습관 등에 관해 형성된다. 여기서 **행동이나 사고 및 느낌에 관해 집단이 공유하는 이상적인 표준**을 그 집단의 규범 (norms)이라고 한다.

● 규범 – 사회구성원이 협력하고 상부상조하도록 하는 힘

5) 문화는 사회적으로 공유된다.

문화는 한 집단 내의 **구성원들에 의해 공유되며, 사회적 압력에 의해 비교적 일체성을 유지하는 집단현상**(group phenomenon)이다. 즉 구성원의 행동이 집단의 문화(문화적 규범)에서 벗어난다면 사회적 비난이나 집단으로부터의 추방과 같은 제재를 받기 때문에, 개인은 순응하여 행동하거나 단지 그러한 행동이 자연스럽다는 이유에서 다른 구성원의 행동과 일치시키려고 노력한다. 이때 문화를 공유하는 집단의 형태는 전체사

회로부터 가정과 같은 작은 단위에까지 걸쳐 다양하다.

6) 문화는 지속적이면서 동적이다.

사람들은 문화 속에 녹아 있는 관례에 따라 행동함으로써 편안함을 누릴 수 있는데, 이러한 보상 때문에 문화의 구성요소들은 여러 세대에 걸쳐 전달된다. 또한 문화는 구성원들이 새로운 문화에 노출될 경우에서 조차 자신의 문화에 집착하도록 만들기 때문에 사람들이 어디에서 무엇을 하든 간에 자신의 문화적 유산으로부터 탈피하기는 어렵다.

그러나 이러한 변화저항에도 불구하고 문화는 끊임없이 변하는데, 사회가 동적일수록 변화의 속도가 빠르다. 지난 세기 동안 우리 문화는 전쟁과 경제발전 등으로 인해 크게 변해 왔으며, 새로운 문화도 끊임없이 점차 빠른 속도로 만들어지고 있다.

● 문화요소는 집단이 공유한다.

Consumer 톡톡

혼술, 혼밥…'나홀로' 새로운 문화 트렌드 부상

2030세대 2명 중 1명, 스스로 '나홀로족'이라고 생각…만족도 높아 영화관 1인 좌석, 동전노래방, 1인 여행 등 나홀로족 겨냥한 서비스 증가 나홀로 문화 트렌드 다룬 '나혼자산다', '혼술남녀' 인기…혼자놀기 인식 변화

혼자서 밥 먹고 술 먹고 영화보는 '나홀로족'의 증가로 '혼술', '혼밥', '혼영' 등 혼자놀기 문화가 청년세대를 중심으로 확산하고 있다. 이에 따라 사회전반적인 트렌드에도 변화가 생기고 있다.

나홀로족은 그동안 군중 속에서 정서적으로 방황하며 부유

▲ 서로 다른 이유로 혼술하는 노량진 강사들과 공시생들의 알코올충전 혼술라이프 이야기를 다룬 tvN 드라마'혼술남녀'이미지

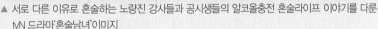

하는 외롭고 쓸쓸한 존재로 표상됐지만, 최근에는 이들이 누리는 라이프스타일이 곳곳에서 새로운 문화 트렌드로 자리하고 있다.

이들을 보는 주위 시선과는 달리 나홀로족의 생활 만족도는 상당히 높은 것으로 조사됐다. 취업포털 사람인이 20~30대 1,593명을 대상으로 조사한 결과 52.5%가 스스로를 '나홀로족'이라고 생각하고 있으며, 자신의 라이프스타일에 대한 만족도는 무려 73.1%로 나타났다.

나홀로족의 증가로 혼밥(혼자 밥먹기)·혼술(혼자 술 먹기)·혼영(혼자 영화보기) 등 혼자서 누리는 라이프스타일이

관심을 받자 나홀로 관객을 위한 싱글석도 생겨났다. CGV에 따르면 전체 영화 티켓 매출 중 1인 티켓 비율이 2013년 8.1%에서 2014년 9.7%, 지난해 10.1%로 증가했다.

이러한 추세를 반영해 메가박스는 지난 2013년 싱글석 2개관 도입이 이어 2014년 4개관을 추가로 열었다. 영화관들은 1인 관객을 위한 다양한 패키지 상품과 관련 프로모션을 선보이고 있다.

최근에는 500원으로 노래 2곡을 부를 수 있는 동전노래방(코인노래방), 쾌적하고 안락한 카페형 만화방 등도 남의 시선에 신경쓰지 않고 나홀로 여가를 보낼 수 있는 최적의 장소로 각광받고 있다. 나홀로족 트렌드는 여행업계 분위기도 바꿔놨다. 하나투어에 따르면 혼자서 여행하는 1인 여행객은 2013년 7만8,000명, 2014년 11만9,000명, 지난해 20만6,000명으로 해마다 증가하고 있다.

1인 여행객의 증가로 국내에서 가깝고 대중교통과 쇼핑이 편한 일본·중국·홍콩·동남아 등이 인기 여행지로 부상해 이를 겨냥한 테마여행, 패키지 상품 등도 속속 출시되고 있다.

카페와 레스토랑들도 테이블 구성을 1인식 바테이블로 바꾸거나 일본에 널리 퍼져 있는 1인석 칸막이형 콘셉트의 식당도 늘고 있다. 이러한 트렌드는 나홀로족과 혼술·혼밥·혼영·혼놀(혼자 놀기)·혼행(혼자 여행하기) 등의 라이프 스타일에 대한 달라진 인식을 보여준다.

미디어에서도 나홀로족 소재가 인기다. MBC '나혼자 산다', 올리브 '조용한 식사'와 '혼밥할땐 8시에 만나', tvN '혼술남녀' 등 혼자 사는 사람들의 라이프 스타일을 소재로 한 방송이 크게 늘었고 시청자들의 공감을 얻고 있다.

이제 혼밥·혼술 등을 즐기는 나홀로족의 '나홀로문화'는 더 이상 고독의 상징이 아닌 하나의 문화로 자리매김하며, 사회 전반적으로 큰 영향을 끼치고 있다.

자료원: 뉴스포스트, 2016. 9. 24.

제2절 문화적 가치

1. 문화적 가치의 본질

문화적 가치(cultural values)란 한 집단이 갖고 있는 문화적 특성의 핵심인데, 사회학적 관점에서 **어떤 활동 또는 관계, 느낌, 목표들이 공동체 집단의 정체성(community identity) 또는 복지에 중요하다고 인정하는 보편적인 신념**이라고 정의될 수 있으며, 심리학적 관점에서는 **개인적으로나 사회적으로 추구될 가치가 있다고 여겨지는 존재의 일반적인 상태**로 정의될 수 있다. 간단히 말해 가치란 **그 사회의 구성원들이 공통적으로 바람직하다고 여기는 것**(general orientation)을 의미하는데 예를 들어, 충효나 노력과 성취는 우리 사회에서 전통적으로 중시되는 가치라고 할 수 있다.

이러한 가치는 **사회적으로 결정되며, 그 구성원들의 행동방향(범위)을 규정하는 규범의 근거**가 된다. 예를 들어, 충효라는 가치로부터 어른과 나라에 어떤 일을 해야 하고 어떤 일을 하지 말아야 한다는 행동규범이 도출된다. 따라서 개인은 태어나면서부터 가정과 사회로부터 이러한 가치를 학습하며, 그 결과 일상생활은 충효와 노력, 성취 등의 가치를 지향하는 행동규범을 따르게 된다. 즉 가치는 사회적 규범의 근거가 되어 소비자 행동에 강한 영향을 미치며, 문화적 가치를 공유하는 소비자들의 행동은 전반적인 유사성을 보인다.

그러나 한 사회의 문화적 가치들이 논리적으로 항상 일관성을 가질 필요는 없다. 특히 기술적 발전이 급속한 현대 산업사회에 있어서는 다양하고 서로 상반되는 가치가 존재함으로써 한 사회 내에서도 다양한 라이프 스타일이 나타날 수 있다.

가치라는 개념은 간혹 태도라는 개념과 혼동되지만 명확히 구분할 필요가 있다. 즉 태도가 대상에 대한 개인의 긍정적 또는 부정적인 평가임에 반해, 가치는 바람직한 존재의 최종상태(terminal values)와 행동의 양식(instrumental values)을 나타낸다. 따라서 어떤 '가치'를 갖고 있는 개인은 **특정한 행동양식이나 존재의 최종적 상태가 다른 것보다 낫다는 신념**을 가질 것이며, 가치는 어떻게 행동할지, 무엇을 원할지, 어떤 태도를 가질지를 우리에게 말해주는 표준이다. 따라서 개인은 태도대상의 수만큼 많은 태도를 가지면서 10개 이하 소수의 가치만을 가질 수도 있다.

이러한 가치는 문화의 초점이며 각 문화는 상이한 가치를 갖고 있는데 예를 들어, 미국인들이 갖고 있는 최종적 가치(terminal values)와 도구적 가치(instrumental values)가 〈표 10-2〉와 같다는 보고가 있다.

● 친구들과 옥상에서 즐거운 시간을 소중히 생각하는 사람과 쇼핑을 즐거워 하는 사람들

최종적 가치(존재의 최종상태)	도구적 가치(행동의 양식)
안락한 생활	의욕적으로 일함
적극적인 생활	개방직인 마음을 가짐
성취감	유능함
전쟁과 갈등으로부터의 해방	즐겁고 유쾌함
자연과 예술의 아름다움	깨끗함
평등주의	신념을 지키려고 용감함
가정의 안정	다른 사람들에 대한 관용
자유로운 선택	남을 위한 봉사
행복	진지하고 성실함
내부적 갈등으로부터의 해방	창의적임
성숙한 사랑	독립적임
즐거움	논리적이며 합리적임
영생	사랑스럽고 부드러움
자존심	복종적임
사회적 인정	정중함
진정한 우정	책임감이 큼
지혜	자기 통제

표 10-2

최종적 가치와 도구적 가치

가치는 또한 〈표 10-3〉과 같이 문화적 가치, 소비구체적 가치, 상품구체적 가치로 구분될 수도 있는데, 여기서 상품구체적 가치는 다속성 태도모델의 가치요소에 해당된다.

표 10-3

문화적 가치 · 소비구체적 가치 · 상품구체적 가치

가치	정의	예
문화적 가치	바람직한 최종 상태에 관련되는 지속적인 신념들	안전 행복 자유 사회적 안정
소비구체적 가치	구체적인 활동에 관련되는 신념들	신속한 서비스 정확한 정보 편리한 점포
상품 구체적 가치	상품속성들에 관한 평가적 신념들	조용함 사용이 용이함 내구성 저렴함

2. 문화적 가치의 차원

앞에서 설명한 바와 같이 문화적 가치란 **바람직한 것으로서 널리 신봉되고 있는 신념들**이며, 규범을 통해 소비자 행동에 영향을 미친다. 이때 규범이란 물론 구체적인 상황에서 허용될 수 있는 행위의 방향(범위)를 규정한다. 따라서 상이한 문화가 갖고 있는 가치를 이해하는 일은 소비자 행동에 대한 문화적 가치의 영향을 이해하기 위한 유용한 접근방법이다.

문화에 따라 다양한 가치들이 존재하면서 소비자 행동에 영향을 미칠 수 있지만, 18

그림 10-2

소비자 행동에 대한 가치 지향성의 영향

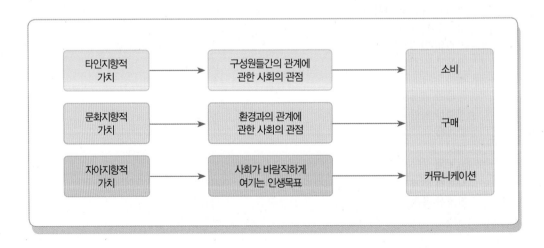

가지의 공통적 가치를 세 범주로 나누면 [그림 10-2]와 같다. 단지 이러한 가치들은 연속체의 개념이므로 하나의 문화가 각 가치의 양극단을 취하는 것이 아니라 정도에 따라 중간 위치를 취한다는 점에 유의해야 한다.

1) 타인지향적 가치

타인지향적 가치(other oriented values)란 사회 내에서 개인과 집단들 사이의 적절한 관계에 대한 사회의 관점을 반영한다. 예를 들어, 사회가 집단적 활동을 중시한다면 소비자는 구매결정에 있어서 다른 사람을 참조하게 되며, '개성적이 되라'는 촉진소구에 대해 별로 우호적인 반응을 보이지 않을 것이다.

타인지향적 가치의 범주에 속하는 중요한 가치는 다음과 같다.

● 경로잔치

- **개인-집단**: 개인적 활동이 집단적 활동보다 중시되는가?
- **연소자-연장자**: 가족활동이나 가계구매 의사결정이 성인 또는 어린이 중심인가? 누가 사회 내에서 역할 모델을 담당하는가?
- **대가족-핵가족**: 가족의 범위를 핵가족에 국한하는가? 사촌 이상도 포함하는가?

● 종교화해

- **남성중심-여성중심**: 계급, 위엄, 중요한 사회적 역할이 남성 또는 여성에게 할당되는가?
- **경쟁-협동**: 성공의 근거가 다른 사람을 압도하는 일인가 또는 다른 사람과의 협동인가?
- **다양성-일체성**: 종교, 인종, 정치적 신념 등 중요한 행동과 태도에서 다양성을 포용하는가?

2) 환경지향적 가치

환경지향적 가치(environment-oriented values)란 물리적 환경은 물론이고 경제적 및 기술적 환경에 대한 사회의 관점을 반영한다. 예를 들어, 마케터는 안정 및 사회적 지위를 지향하는 문화보다는 문제해결이나 모험, 성과를 지향하는 문화에서 마케팅 전략을 다양하게 구사할 수 있을 것이다.

- **청결성**: 주택, 사무실, 공공장소는 물론 개인의 청결에 대해서도 관심을 많이 갖는가?
- **성과-지위**: 기회, 보상, 위엄이 개인의 성과보다 개인적 배경에 관련된 사회적 지위에 따라 부여되는가?

● 환경지향적 가치

- **전통-변화**: 새로운 상황 및 사고방식을 불편하게 지각하는가? 전통을 답습하려는가?
- **모험-안정**: 장애를 극복하고 높은 목표를 달성하기 위한 모험이 찬양받는가?
- **문제해결-운명순응**: 장애와 재앙을 도전으로 여기는가? ("우리는 할 수 있다"와 "헬 조선"의 관점 비교)
- **자연**: 자연은 극복과 개선의 대상인가 보존하면서 어울려 살아야 하는 대상인가?

3) 자아지향적 가치

자아지향적 가치(self-oriented values)란 사회의 구성원들이 개인적으로 바람직하다고 생각하는 인생의 목표와 접근방법을 반영한다. 예를 들어, 신용카드의 수용과 사용은 그 사회가 연기된 만족과 즉각적인 만족에 대해 부여하는 가치로부터 많은 영향을 받을 것이다.

- **능동-수동**: 신체적인 활동과 문제에 대한 적극적인 접근을 강조하는가?
- **향락-절제**: 본능적인 욕구충족을 강조하는가? 절제된 모습을 이상하게 생각하는가?
- **물질적-비물질적**: 가족유대보다 경제적 부와 풍요를 강조하는가? 물질주의는 두 가지로 구분되는데, 도구적 물질주의(instrumental materialism)는 자전거 여행을 위해 자전거를 얻으려는 것과 같이 "무엇인가를 하기 위해 도구가 되는 것"을 추구하는 일이며, 최종적 물질주의(terminal materialism)는 "무엇인가를 보유하거나 누리기 위해" 추구하는 일이다. 예를 들어, 사람들은 명작 그림을 대체로 무엇을 하기 위한 수단이기보다 그 자체를 보유하는 즐거움 때문에 갖고 싶어한다.
  - **일중독-여가**: 적절한 보상이 없이도 일 자체를 위해 열심히 일을 하는가? 여가시간이 중요한가?
- **연기된 만족-즉각적 만족**: 미래를 위한 저축을 강조하는가? 있는 대로 쓰기를 강조하는가?
- **종교적-세속적**: 행동과 태도들이 종교적 가르침에서 영향을 많이 받는가?

● 일중독과 미래를 위한 준비

3. 문화적 가치의 변화와 마케팅 시사점

문화의 변화란 곧 문화적 가치의 변화를 의미하므로 마케터는 표적시장의 문화적 가치를 파악하고 그것의 변화에 대응해야 한다.

1) 문화적 가치의 변화

소비자들의 가치체계에 있어서 최근의 사회적 추세는 〈표 10-4〉와 같이 요약될 수

자아를 강조하는 추세	
• 개인적으로 되어감 • 신체적 자아제고 • 사회적 / 문화적 자아표현 • 교양의 축적 • 개인적 창의성 강조	• 의미있는 과업의 추구 • 내부적 통찰 • 쾌락주의 • 여성의 취업 • 성에 대한 개방적 태도
개인적 환경을 개선하려는 추세	
• 신비주의 • 관능주의 • 신낭만주의 • 신기함과 변화의 추구 • 가정내의 행복추구	• 자연으로 복귀 • 과학과 기술의 사회 • 환경보존에 대한 관심 • 공동체집단을 구성하려는 움직임
개인적 환경을 단순화하려는 추세	
• 단순화 • 위선과 허세로부터 탈피	• 축소지향적 제품 • 냉소주의
구조적인 라이프 스타일에서 탈피하려는 추세	
• 반물질주의 • 오늘을 위한 인생 • 혼동과 무질서에 대한 관용	• 소유욕으로부터 탈피 • 권위의 거부

표 10-4
문화적 가치의 변화

있으나, 가장 두드러진 것으로 다음의 다섯 가지를 들 수 있다. 그러나 이미 언급한 바와 같이 한 사회 내의 가치들이 항상 일관성을 갖지 않으며, 상반되는 가치가 공존함으로써 다양한 라이프 스타일들이 형성된다.

(1) 자기지향성

자기지향성(me-orientation)은 사회나 가정으로부터 제시되는 가치나 그 가치로부터 도출된 행동규범을 고려하지 않고 자기방식대로 행동하려는 경향을 반영한다. 자기지향성을 추구하는 소비자는 자기 자신을 위해 돈을 지출하고, 인생을 즐기며, 귀찮은 일은 회피하고, 늦게 결혼하고, 자신만의 공간을 원하는데 이들은 이기적, 자기방종적, 개인주의적 성향을 보인다.

이러한 자기지향성은 1970년대 초에 시작되어 80년대 이후에 만연되기 시작하였는데, 자기지향적인 세분시장은 다음과 같은 마케팅 시사점을 갖는다.

• 마케터는 이러한 가치를 추구하는 소비자가 자신을 효과적으로 표현할 수 있는 수단을 제공함으로써 그들의 구매행동에 영향을 미칠 수 있다. 즉 가정이나 집단의 욕구보다는 개인의 욕구와 목표를 강조함으로써 상품이 '나만을 위한 것'임을 강조하는 일이 효과적이다.

- 자기지향적인 소비자는 품질과 지위를 강조하는 마케터에게 유용한 표적시장이 될 수 있으며, 마케터는 소비자가 갖고 있는 구체적인 욕구를 충족시키기 위해 보다 다양한 상품을 제공해야 한다.
- 자기지향적인 소비자는 대체로 즉각적인 만족을 강조하므로 충분한 서비스, 편의성, 가용성을 개발해야 한다.
- 광고는 다음과 같은 주제로써 자기지향성을 강조해야 한다.
- I need me(Prudential Insurance)
- It lets me be me(Nice'n Easy)
- This I do for me(Miss Clairol)

(2) 우리지향성

소비자들이 앞으로 우리지향성(we-orientation)으로 돌아갈지 여부에 관해서는 마케터들 사이에 논란이 있다. 즉 일부는 젊은이들 사이에서 자기방종의 개인주의적 자기지향성이 매우 지속적이리라고 생각하지만, 다른 사람들은 가정이나 직장에서 보다 전통적인 윤리를 중시하는 가치를 다시 찾게 될 것이라고 주장한다.

자기지향성과 우리지향성은 별도로 분리된 세분시장의 특성이기도 한데, 대체로 전자가 내부지향적인데 반해 후자는 외부지향적이다. 즉 우리지향적인 소비자들은 구매에서 가정이나 집단의 가치를 강조하며, 사회적 일치(social conformity)에 대한 소구를 잘 받아들이는 경향이 있다. 또한 그들은 자기지향적인 소비자보다 상표명으로 구매하는 경향이 있다.

(3) 자아성취의 강조

오늘날 많은 젊은이들은 '덕후'라는 신조어가 지칭하듯이 일상생활에서 보다 깊은 만족을 얻기 위해 자신에게 의미 있는 과업을 찾고 자아성취의 중요성을 인식하여 다음과 같은 것들을 추구하기 시작했다.
- 많은 수입보다는 도전적이며, 성취의 의미가 있는 일
- 신체적 단련과 매력적인 외모
- 창의력을 표현할 수 있는 다양한 취미활동이나 사회활동
- 문화적 주제에 관한 교육이나 지식, 심미적 감상

이와 같이 자아성취를 지향하는 소비자들은 정신적으로 성숙되었고 관용적이며 다른 사람의 판단에 무관심한 경향이 있다. 이들은 내적 욕구를 충족하고 자신을 표현하기 위한 상품을 기꺼이 구매할 것인데 신체적 적합성과 창의성, 문화에 대한 지식을 강조하므로 스포츠 장비, 도서, 잡지, 취미, 오락행사에 대한 훌륭한 잠재고객이 될 것이다.

(4) 자발적인 단순화

최근 지속적인 경기침체와 정치적 혼란 속에서 많은 소비자들은 단순한 생활이나 분수 지키기 소비패턴을 강조하기 시작했는데, 이러한 추세로 인해 자발적 단순화(voluntary simplicity)라는 새로운 가치와 '나홀로족(혼족)'이 등장하였다. 그러나 이와 같은 단순화는 단지 경제적인 이유에서 기인한 것이 아니라, 소비자가 편의성을 강조하고 환경오염과 건강문제에 대해 자연환경 속에서 생활하려는 욕망에서도 기인한다.

따라서 마케터는 경제성과 편의성을 동시에 강조하는 상품을 개발하거나 개인의 건강과 생태적 환경에 대한 관심을 반영하여 상품을 개발해야 하는데, 다음과 같은 상품들이 대표적이다.

- 패턴을 덜 강조하는 의류
- DIY(do-it-yourself) 상품
- 스스로 용도에 맞게 변형할 수 있는 가구
- 유기농법으로 생산한 곡물이나 무공해 청정재배 식품, 천연식품 등

(5) 공익기관에 대한 회의

공권력의 무분별한 남용과 정치인들의 부정, 공익기관의 비리가 빈번히 나타남에 따라 이들에 대한 회의가 증대되고 있다. 이러한 회의심 때문에 마케터는 광고의 진실성과 상품품질의 합법성에 관해 소비자를 확신시키는 일에 이전보다 많은 노력을 기울여야 한다.

2) 문화적 가치의 변화와 마케팅 시사점

문화적 가치의 변화는 마케터에게 새로운 기회를 제공하거나 위협을 가함으로써 많은 시사점을 제공하고 있는데, 몇 가지 예를 들면 다음과 같다.

첫째, 일상생활에서 여가활동의 중요성이 증대됨에 따라 여행, 오락, 스포츠 등 여가를 즐기기 위한 상품뿐 아니라, 교육 및 정보산업을 위한 새로운 기회가 창출된다. 또한 시간을 절약해 주는 상품들이 선호될 것인데, 시간절약 상품(time-saving goods)과 서비스는 편의식품, 전자레인지, 1회용 상품, 렌터카 등을 포함한다.

둘째, 개인적인 권익을 증대시키려는 가치와 관련하여 소비자보호 활동이 전반적으로 확산될 것이며, 직장인들은 점차 퇴직 후에도 충분한 소득 보장, 전반적인 의료혜택, 사회활동 기회의 확대 등을 기대할 것이다. 따라서 안전한 상품과 진실한 정보에 대한 요구가 커지며, 퇴직자들에 대한 마케팅 기회가 증대된다.

셋째, 자아성취를 추구하는 사회적 추세는 자신의 능력을 개발하는 일에 관심을 갖게 하여 이를 겨냥한 상품과 서비스에 대한 새로운 마케팅 기회를 창출한다.

바쁜 현대인을 위한 간편 도시락

● 시간절약 상품

친환경 옥수수전분 캡슐컵

● 환경보호

소비자 안전을 위협하는 옥시가습기 사태와 시위

● 소비자 보호

넷째, 자연으로 회귀하거나 단순한 것을 원하는 추세는 자연식품, 저공해 세제, 자연석으로 장식된 주택에 대한 수요를 증대시킨다.

4. 문화적 가치와 마케팅 전략

1) 구매결정에 있어서 문화적 가치의 영향

문화가 소비자 행동에 대한 강력한 영향요인이라는 사실은 직관적으로 알 수 있으나, 불행하게도 소비자 행동을 이해하는 데 있어서 문화적 가치의 유용성을 다룬 연구는 많지 않다. 그러나 최근에 실시된 한 연구는 응답자로 하여금 가치를 서열짓거나 각 진술항목에 대하여 '동의-비동의'를 나타내도록 함으로써 승용차의 소유상태와 소유자의 가치 사이의 관계를 밝혔다.

또한 주부의 가사용품 구매에 관한 연구는 구매 결정에 있어서 최종적 가치와 도구적 가치의 영향을 검토하였는데, [그림 10-3]과 같이 대체로 최종적 가치는 상품범주 수준의 선택과 연관되고 도구적 가치는 상표의 선택과 연관되었다. 따라서 마케터는 상품범주에서는 최종적 가치가, 상표에서는 도구적 가치가 반영되도록 포지셔닝 전략을 조정할 수 있다.

2) 마케팅에 대한 문화적 가치의 적용

문화적 가치를 확인하는 일은 시장세분화와 마케팅 믹스의 여러 측면에 대해 시사점을 가진다.

(1) 시장세분화

마케터는 소비자들이 지향하고 있는 가치를 근거로 전체시장을 세분할 수 있는데, 그것은 소비자가 '원하는 바'가 가치지향성과 밀접하게 연관되어 있기 때문이다. 예를 들어, 〈표 10-5〉와 같이 자기지향적인 세분시장('자아제고'를 추구)은 상품성능을 중시하며, 우리지향적인 세분시장('사회적 인정'을 추구)은 품위와 스타일을 중시한다.

또한 대형 승용차의 소유자와 중형 승용차의 소유자의 가치를 비교한 연구에서 대형차의 소유자는 뚜렷한 계층의식을 가지며, 나이 들고 소득은 많으나, 사회계층이 낮음이 밝혀졌다. 이에 반해 중형차의 소유자는 다른 사람과 민주적인 관계를 가지며 소득이 적었다. 따라서 대형차 세분시장에 대한

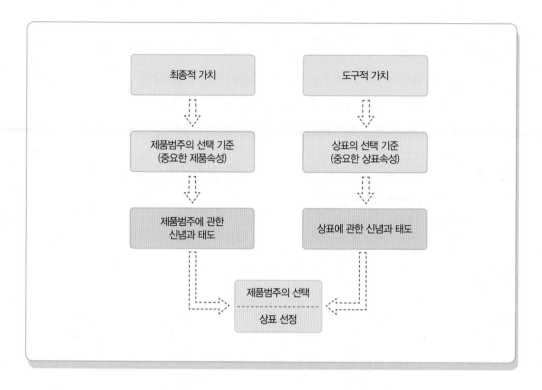

그림 10-3

구매결정에 있어서 문화적 가치의 영향

소구는 우세성(권력과 위엄의 상징)을 근거하고, 중형차 세분시장에 대한 소구는 보다 민주적인 상징(친근과 화목의 상징)을 사용해야 할 것이다.

이상에서 살펴본 바와 같이 마케터는 소비자의 가치지향성을 근거로 세분시장의 규모 및 구성의 변화와 이러한 변화가 마케팅 활동에 대해 갖는 시사점을 고려해야 한다.

간혹 전반적인 문화 내에서 지배적인 것과는 다른 문화적 가치를 강조하는 소규모의

문화적 가치	소비구체적가치	승용차속성	상품	사회적문제
세분시장1 : 자아제고 집단				
자극적인 생활 평등 자존심 용서 지식 논리	내구성 저공해 건강촉진	고급연료의 사용 고속 능력 조작 용이 선진기술	소형차	공해 언론의 자유
세분시장2 : 사회적 인정 집단				
국가안보 영생 정중함 사회적 인정	신속한 서비스	안락한 주행 사치스러움 위엄 있음 공간이 넓음	표준형 승용차 최신 유행의 매력적인 의상	범죄 통제 의약품 문제

표 10-5

문화적 가치를 근거로 한 시장세분화

소비자 집단을 발견할 수도 있다. 예를 들어, 규모는 작지만 앞으로 크게 성장할 것으로 기대되며 상이한 문화적 가치를 갖는 집단으로 '자발적인 단순화' 세분시장이 있다. 수 년 전부터 혼자 밥먹는 '혼밥'이라는 개념이 등장하면서 혼자 술마시는 '혼술', 혼자 영화를 보는 '혼영' 등으로 확대되어 '혼족'의 전성시대가 시작되고 있으며, 더욱이 1인 또는 2인 가구는 이미 전체 세대의 절반을 차지하고 있다.

한편 단순추구자(simplifiers)는 다음과 같은 대상에 대해 우호적인 반응을 보인다.
- 작은 상품 – 'Small is beautiful'
- 적은 상품 – 'Less is better'
- 단순하고 기능적인 상품
- DIY(do-it-yourself)상품
- 소규모의 개인적인 점포
- 암시장이나 노점상과 같은 혁신적 점포
- 협동구매
- 인쇄 및 라디오의 정보제공력 촉진

이에 반해 비단순추구자(nonsimplifiers)가 선호하는 대상은 다음과 같다.
- 큰 상품 – 'Big is beautiful'
- 많은 상품 – 'The more the merrier'
- 사치품 – 'If it looks good, it is good'
- 자기만을 위한 상품
- 백화점이나 쇼핑센터와 같은 대규모 소매점
- TV를 통한 촉진

(2) 마케팅 믹스

소비자가 갖고 있는 가치지향성에 대한 평가는 마케터가 새로운 기회를 발견하고 세분시장별로 보다 효과적인 마케팅 믹스를 개발하는 데 도움을 줄 수 있다. 예를 들어, '독립성'이라는 가치를 지향하는 소비자들은 개인주의와 자기표현의 욕구를 효과적으로 충족시켜 줄 수단을 원할 것이므로 여러 가지 옵션을 허용해야 한다.

한편 가치지향성의 변화는 상이한 쇼핑패턴을 일으키며 그러한 소비자에게 도달하기 위해 마케터는 새로운 유통경로를 설계해야 한다. 예를 들어, 소매점의 마케터는 '편의성'의 가치를 지향하는 소비자들을 위해 TV 홈쇼핑이나 스마트 폰의 쇼핑 앱, 주문용 무료전화 등을 제공할 수 있다.

소비자의 가치지향성이 변함에 따라 광고문안도 조정되어야 하는데, 새로운 문화적 가치에 소구하기 위한 방안들은 다음과 같은 예를 포함한다.

- 이제까지 문화적 금기로 여겨져 오던 상징과 표현을 광고에 활용한다.
- 광고 메시지에 표적시장 내에서 통용되는 유행어를 포함한다.
- 자신을 No.2라고 지칭하면서 성취동기를 강조한다.
- 경쟁자를 지칭하여 논란을 제기함으로써 상품의 적합성을 강조한다.
- 어린이에 대한 소구를 강화한다.
- 소득과 교육수준이 높은 소비자에게 특화된 광고를 실시한다.
- 생태적 환경의 중요성을 강조한다.
- 여성의 사회적 역할을 인정하는 광고를 실시한다.

제3절 하위 문화

한 사회의 모든 구성원이 항상 동일한 문화적 가치를 갖는 것은 아니다. 즉 **구성원의 일부는 남들과 다른 가치나 행동규범, 관습을 그들끼리만 공유**할 수 있는데 이는 전체 사회 내에서 학생, 연예인, 도시인, 기독교도 등 다양한 집단에 대해 하위문화가 존재함을 의미한다. 이러한 하위문화는 다양한 차원에 따라 정의될 수 있으나 대체로 연령이나 지역, 종족, 종교 등에 의해 정의된다.

1. 하위문화의 본질과 근거

이미 설명한 바와 같이 문화는 생존을 위한 집단생활로부터 형성되지만 집단의 구성원이 증가하고 그들의 활동범위가 다양해짐에 따라 구성원들은 전체와 상호작용을 갖기보다는 일부의 구성원들과만 접촉을 유지하게 된다. 따라서 그들은 전체사회의 문화 속에서도 자신들만의 가치를 개발하고 규범과 집단의식, 여러 가지 자극에 대한 반응패턴을 공유하기에 이르는데, 이러한 과정을 통해 하위문화가 생성된다(문화의 분화현상).

또한 [그림 10-4]와 같이 소비자는 동시에 여러 하위문화 집단에 속할 수 있으므로, 그들의 행동은 전체사회의 문화로부터는 물론 자신이 속한 각 하위문화로부터 영향을 받는다.

그림 10-4

소비자에 대한 문화와
하위문화들의 영향

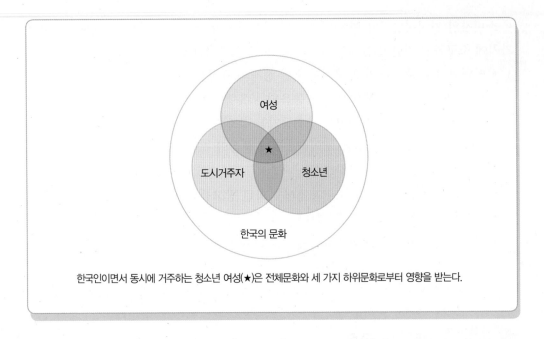

한국인이면서 동시에 거주하는 청소년 여성(★)은 전체문화와 세 가지 하위문화로부터 영향을 받는다.

오늘날의 사회는 대단히 다양한 집단들로 구성되어 있기 때문에 마케터는 각 소비자에게 영향을 미칠 수 있는 하위문화를 확인하고 그들에게 어떠한 구체적인 전략을 적용할 것인지 결정해야 한다.

1) 연령

연령층에 따라 전체사회의 구성원들이 가치의 차이를 보이며 상이한 하위문화를 갖는지의 여부는 논란의 여지가 있지만, 마케터는 젊은이 집단과 노년층 집단의 하위문화를 쉽게 확인할 수 있다.

(1) 젊은이 집단

우리 사회의 많은 젊은이들(young market)은 공통적으로 다른 연령집단에 비해 소비지향적이며, 욕구를 즉각적으로 충족시킬 수 있는 풍요로운 시대에서 성장해 왔다. 그들은 또한 같은 연령층 내에서 끊임없는 교류와 대중매체에 대한 공통적인 노출을 통해 그들만의 공통적인 가치와 규범, 집단의식, 여러 가지 자극에 대한 반응패턴 등을 갖고 있다.

(2) 노년층 집단

노년층 소비자들(silver market)도 그들만이 공통적으로 갖고 있는 가치나 관심으로 인해 독특한 하위문화를 구성한다. 이들의 관심은 그들의 나이를 반영하여 의료혜택,

퇴직 후 생계유지, 사회적 교류의 지속 등을 강조하며 구성원의 수가 점차 증가하고 있으므로 마케터는 이들의 욕구를 보다 면밀하게 파악하고 충족시키기 위한 새로운 마케팅 기회로 인식해야 한다.

특히 노년층 소비자들 사이에서도 자기지향성(me-orientation)의 방향으로 가치가 변하고 있는데, 자손의 미래를 위해 절약하는 전통적인 가치는 오늘의 행복을 위한 지출로 대체되고 있다. 그 결과 이들은 과거에 비해 여행, 운동, 취미활동, 자기개발에 더 많은 돈을 지출하며 젊게 보이고, 패션의식적이며, 신체적 단련을 위해 노력하고 있다.

● 젊은이 집단에 소구하려는 마케팅

2) 지역

전체사회의 구성원들은 지역에 따라서도 상이한 가치와 규범, 집단의식, 여러 가지 자극에 대한 반응패턴 등을 가질 수 있다. 지역을 근거로 한 하위문화는 높은 산이나 강 등의 자연환경이 사람들의 대면접촉을 방해하여 형성되었지만, 요즘에는 교통과 통신의 발달로 인해 지역 세분시장의 하위문화가 많이 퇴색하고 있다.

그러나 아직도 지역에 따라서 선호되는 음식, 음식의 준비방법, 좋아하는 맛의 차이 등에서만 아니라 가족관계, 주거형태 등에서도 많은 하위문화적 특성을 간직하고 있으므로 마케터는 지역적 하위문화를 근거로 마케팅 전략을 조정해야 한다.

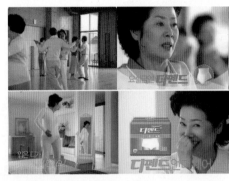

● 노년층 집단에 소구하려는 마케팅

3) 종족

하위문화는 종족별로도 정의될 수 있는데, 종족(ethnic origin)은 인종과 국적을 근거로 정의될 수 있다. 과거 오랜 역사를 통해 우리는 단일민족, 한 핏줄을 강조해 왔으나 2015년 국내에 거주하는 외국인은 170만명을 넘었으며 그들의 국적은 매우 다양하다. 더욱이 다문화가족도 80만명(30만 가구)을 넘었으며, 동남아인과 결혼을 통해 이루어진 경우가 대부분이지만 전 세계 다양한 국적인들이 한국인과 국제결혼을 통해 나문화가족을 이루고 있다.

이와 같은 국내 거주 외국인들이나 다문화가족의 태도나 행동은 넓은 범위에서 한국 문화의 영향을 받으면서 자신의 국적 하위문화(nationality subculture)로부터 영향을 받을 것이므로 마케터는 이러한 현상을 이해하고 앞으로의 변화추세를 전망함으로써 새로운 기회를 효과적으로 활용할 수 있다.

● 지역별 한식의 다양성

그림 10-5

외국인주민수 증가(비중)
추이

그림 10-6

외국인주민 한국국적 취득
현황

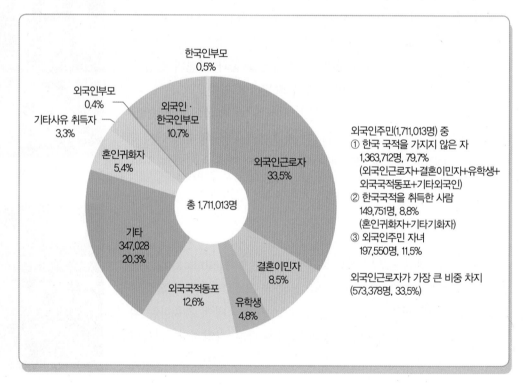

　　한편 인종 하위문화(racial subculture)란 아프리카계 한국인, 아시아계 한국인, 아랍
계 한국인 등에서와 같이 인종적 배경을 근거로 사람들이 공유하고 있는 문화적 요소인
데, 국적 하위문화와 유사한 시사점을 갖고 있다.

4) 종교 하위문화

종교 하위문화(religious subculture)란 **불교, 기독교, 천주교, 이슬람교 등에서와 같이 공통적이며 독특한 숭배의 체계를 가진 사람들이 공유하고 있는 문화적 요소를 말하**는데, 각 종교마다 신념이 다르기 때문에 선호하는 것과 기피하는 것에 차이가 있고 일부 상품에 대한 태도가 크게 다를 수 있으므로 마케터는 자신의 마케팅 활동을 종교 하위문화에 맞추어 미세하게 조정해야 할 것이다.

단지, 종교 신도수에 관한 국내 조사에서는 종교단체별 부풀리기가 심하여 가늠하기 어렵고 최근에는 조사자료조차 찾기 어려운 아쉬움이 있다.

2. 하위문화의 분석차원

하위문화의 특성은 다음과 같은 측면에서 분석될 수 있으며, 이러한 지식은 각 하위문화를 표적시장으로 하는 마케팅에 필수적 전제조건이 된다.

1) 하위문화의 요소 특성

- 구성원들이 공유하고 있는 주요 가치
- 구성원들의 사고와 행동의 방향(범위)을 규정하는 규범
- 구성원들이 집착하고 있는 집단의식이나 풍습, 관례
- 여러 가지 자극에 대한 구성원들의 공통적 반응특성

2) 하위문화의 인구통계적 특성

- 규모(size) – 하위문화를 구성하고 있는 구성원의 수와 그 변화추세
- 위치(location) – 지역적인 분포
- 소득과 고용패턴(income & employment pattern) – 하위문화의 구성원들이 보이는 구매력과 직업적 범주
- 교육(education) – 교육수준의 분포와 그 변화추세
- 연령(age) – 연령계층의 분포와 그 변화추세
- 가계구조(household structure) – 가족구성과 가계의사결정의 역할구조

3) 하위문화의 소비자 행동 특성

- 상품구매 패턴(product purchase pattern) – 상품범주와 상표들에 대한 구매패턴, 상품구매로부터 희구하는 효익, 상표충성도

- 쇼핑 행동(shopping behavior) – 쇼핑의 정도, 애고하는 점포의 특성(위치, 분위기, 편의성, 서비스 등)
- 가격비교 행동(pricing behavior) – 가격민감도, 여러 가지 가격정책에 대한 반응
- 매체행동(media behavior) – 매체나 매체수단별 노출습관과 매체이용의 정도

제4절 비교문화와 마케팅 전략

우리 기업들이 해외로 진출하여 성공한 사례는 점차 많아지고 있으며, 최근에는 한류의 바람을 타고 예능과 콘텐츠 분야에서 두드러진 성과를 이루고 있다. 이와 같이 해외시장에서 마케팅을 성공적으로 수행하고 있는 기업들은 모두 현지시장 내에 존재하는 문화적 특성과 소비자 행동에 관한 지식을 바탕으로 효과적인 마케팅 전략을 조정한 결과이다.

1. 비교문화적 이해의 필요성

자신과 다른 문화적 배경을 갖고 있는 소비자를 대상으로 마케팅하려는 기업은 — 자국 내에서 성공적인 마케팅 전략들이 현지국에서는 전혀 효과를 거둘 수 없기도 하므로 — 그들의 문화적 특성과 소비자 행동을 충분히 이해함으로써 마케팅 전략수립의 근거로 삼아야 한다. 예를 들어, 중국에 세탁기를 마케팅하려는 기업은 — 자국민이 아니라 — 현지국의 주부들이 가사와 주부의 역할에 대해 갖고 있는 태도와 세제 구매행동 특성을 고려해야 할 것이다.

이와 같이 다른 나라의 문화차이와 그것이 소비자 행동에 미치는 영향을 연구해야 하는 이유는 크게 두 가지로 나눌 수 있다. 즉 비교문화 연구는 첫째, 자국 내에서 문화가 소비자 행동에 어떻게 영향을 미치는지를 보다 잘 이해할 수 있도록 도와주며 둘째, 마케터로 하여금 해외문화(또는 상이한 하위문화) 내에서 마케팅 활동을 수행할 때 유의해야 할 잠재적 함정에 대해 주의를 환기시켜 준다.

해외시장에서 마케팅 활동을 처음으로 시작할 때 마케터는 인류학자들이 말하는 소위 문화적 충격(cultural shock)에 당면하는데 문화적 충격이란 **자신의 것과 매우 상이한 가치, 규범, 집단의식, 관습, 여러 가지 자극에 대한 반응에 당면하여 느끼게 되는**

일련의 혼돈을 의미하며, 해외시장에서의 마케팅 실패와 직접적으로 관련된다.

따라서 마케터는 효과적인 마케팅 활동을 위해 현지문화(host culture)와 그것이 소비자 행동에 미치는 영향을 충분히 이해해야 하는데, 만일 현지문화에 대한 이해가 부족하다면 자국문화(home culture)를 근거로 생각하고 행동할 것이다. 이와 같이 자기 자신의 문화적 가치를 무의식적으로 참조하는 일은 해외 마케팅에서 파멸적인 문제를 일으킬 것이므로 문화적 근시안(cultural myopia)으로부터 탈피하는 일이 무엇보다 중요하며, 이러한 점은 다음의 두 가지 측면에서 강조될 수 있다.

첫째, 현지국의 문화적 가치와 규범은 마케팅이 해외에서 수행될 양상에 영향을 미치므로, 자국 내에서 성공적인 마케팅 전략이 반드시 현지국에서도 효과적인 것은 아니다.

둘째, 해외시장들에서 마케팅 전략을 표준화할 수도 있으나, 그러한 표준화가 각 현지국의 가치와 규범, 관습, 여러 가지 자극에 대한 반응 등의 차이를 전혀 고려하지 않은 것이라면 효과를 거둘 수 없다.

따라서 마케터는 그가 해외에서 당면하게 될 문화적 가치의 차이를 이해하고 평가해야 하는데, 그러한 차이를 평가하기 위한 척도는 〈표 10-6〉과 같다.

표 10-6
문화적 가치의 연속체

(타인지향적 가치)

개인적 활동 / 주도권 중시	집단적 활동 / 일치성중시
다른 사람에 대한 사랑중시	다른 사람에 대한 사랑경시
성인중심	어린이 중심
사회적 영향력의 남성지배	사회적 영향력의 여성지배
경쟁을 강조	협동을 강조
젊은이를 우대	노인을 우대

(환경지향적 가치)

극단적인 청결 추구	청결에 대한 무관심
성취적 지위중시	생득적 지위중시
전통을 보존	변화를 추구
위험부담	안정을 추구
적극적인 문제해결조력	운명론 신봉
자연에 대한 적응	자연에 대한 도전

(자아지향적 가치)

능동적	수동적
물질적	비물질적
일에 대한 열중	레저활동
욕구의 자제	즉각적인 욕구충족
오늘만을 생각	미래에 대한 대비
인생의 즐거움 강조	인생의 심각함 강조

2. 비교문화적 영향

문화가 소비자 행동에 영향을 미친다는 사실은 오래 전부터 인식되어 왔으며, 문화에 대한 이해는 마케터가 마케팅 전략에 대한 소비자의 반응을 이해하고 예측하도록 도움을 주어왔다. 또한 문화인류학은 마케터로 하여금 다음과 같은 소비자 행동의 문화적 측면을 이해하는 데 도움을 주고 있다.

- (하위) 문화집단 사이에서 관찰되는 미묘한 행동의 차이
- 언어표현상의 차이와 동일한 어휘의 의미 차이
- 몸짓, 자세, 음식선호, 행동 등 비언어적인 묵시적 단서의 의미
- 각 사회에 있어서 상징들의 의미와 중요성
- 출생, 사춘기, 결혼과 같이 한 지위에서 다른 지위로 넘어가는 의식
- 특정한 색채, 어귀, 상징을 사용하는 일에 관련되는 금기

해외 마케팅에서 마케터가 유의해야 할 비교문화적 특성은 언어적 커뮤니케이션의 측면과 비언어적 커뮤니케이션의 측면으로 구분할 수 있는데, 여기서는 후자를 다시 사업수행상의 문화적 영향과 현지 소비자의 관습 및 태도로 나누어 살펴본다.

1) 언어적 커뮤니케이션의 측면(번역상의 문제)

언어라는 것은 인위적으로 만들어진 것이기 때문에 구체적인 단어에 부여된 의미는 그 단어에 고유한 것이 아니며, 단지 집단 구성원들이 동의한 바를 의미하기 때문에 같은 단어라도 문화에 따라 상이한 의미를 가질 수 있다. 따라서 마케터는 언어로 표현된 상표나 메시지를 다른 언어로 번역할 때 전혀 다른 의미를 전달하여 마케팅 커뮤니케이션을 방해할 수 있음에 유의해야 한다.

예를 들어 포드사가 개발도상국에 판매하기 위해 개발했던 저가격의 트럭인 Fiera는 스페인어로 '추한 노파'를 의미하며, 멕시코에서 판매하던 Caliente(미국내에서는 Comet)는 현지어로 '매춘부'를 의미하였다. 또한 브라질 시장에 도입했던 Pinto는 현지에서 '작은 고추'(small male sex organ)를 나타내는 은어였으므로 '말'(馬)을 의미하는 Corcel로 상표를 바꾸어야 했다.

더욱이 번역과 은어표현의 문제들은 그러한 단어들에 연관된 상징적 의미, 적절한 대응어의 결여, 발음상의 어려움 등으로 인해 다음과 같이 심각해질 수 있다.

- 브라질에서 영업하고 있는 미국의 항공사가 항공편에 'rendezvous lounges'를 설치하였는데, 랑데부는 포르투갈어로 '바람피우기 위한 방'을 의미한다.
- General Motors의 'body by Fisher'는 프란다스어로 'corpse by Fisher'로 번역되었다.

- Colgate의 치약 'Cue'는 프랑스어로 '엉덩이'의 속어이므로 외설 문제를 일으켰다.
- Exxon의 이전 이름인 'enco'는 일어로 '기름이 떨어졌음'을 의미한다.
- Pepsi의 광고메시지 'Come alive with Pepsi'는 독일에서 '펩시콜라를 갖고 무덤에서 살아나오너라'(Come alive out of the grave with Pepsi)로 번역되었다.
- Kellogg의 Bran Buds는 스웨덴어로 '불탄 농부'(burned farmer)로 번역된다.
- 프랑스 사람들은 그들 언어에 &나 's가 없기 때문에 Mars의 상당한 발음교정 노력에도 불구하고 M&M's를 제대로 발음하지 못한다.
- 중동지역에 소비자들은 대체로 선도적인 상표로서 상품범주를 지칭하기 때문에 모든 상표의 진공청소기는 '후버'(Hoovers)로, 모든 상표의 세제는 '타이드'(Tide)로 지칭한다.
- 브라질에서 식품저장백 Ziploc을 마케팅하는 Dow Chemical은 포르투갈어에는 zip라는 단어가 없기 때문에 지퍼를 채운다는 의미의 'zipar'라는 단어를 만들어 광고하였다.

2) 사업수행에서 문화적 영향

해외에서 활동하는 기업은 사업을 수행하는 과정에서도 비교문화적 영향의 중요성을 인식해야 하는데, 다음과 같은 예를 검토할 수 있다.

- 일본인 사업가가 "그것은 어렵다"고 말했다면 그것은 "안 된다"는 거절의 뜻이다. 일본인들은 "No"라고 거절하는 일을 공격적이라고 생각하여 대체로 완곡한 표현을 사용한다.
- 사업 제안서를 손으로 작성하여 제시한다면 중동 사람들은 그러한 행위를 이상히 여기며, 계약 자체가 중요하게 취급되지 않는다고 생각한다.
- 제 3세계의 사업가들은 − 시간낭비라고 여겨질 정도로 − 사업에 관련된 대화시간 중에서 50~80%를 사업 이외의 일로 소비하는데, 그것은 사업에 매우 중요하다.
- 유럽의 사업관습은 미국보다 더욱 공식적이며, 지위와 직위가 더욱 중요하다. 따라서 유럽인과 처음 접촉할 때에는 서면을 이용하는 편이 바람직하다.

3) 현지 소비자의 관습과 태도

현지 소비자의 관습과 태도는 상품사용에 영향을 미칠 것인데, 〈표 10-7〉은 집안청소, 어린이, 방취제에 대한 국가별 주부의 태도를 비교한 것이다. 즉 이탈리아 주부는 다른 어느 나라의 주부보다 집안청소를 중시하고 있으며 미국 주부는 가장 덜 중요하게 평가하였는데, 이러한 차이는 미국의 청소용품 마케터가 그의 마케팅 전략을 그대로 이탈리아에 적용할 수 없음을 암시한다. 즉 이탈리아 주부는 청소를 그들의 전통적인 역

표 10-7

집안청소/ 어린이/ 방취제
에 대한 비교문화적 태도

"가정은 1주일에 3회 이상 깨끗이 청소해야 한다."		"나의 어린이는 내 인생에서 가장 중요하다."		"누구나가 방취제를 사용해야 한다."	
(동의율)		(동의율)		(동의율)	
86%	이탈리아	86%	독일	89%	미국
59%	영국	84%	이탈리아,	81%	프랑스계 캐나다
55%	프랑스		프랑스계 캐나다	77%	영국계 캐나다
53%	스페인	74%	덴마크	71%	영국
45%	독일	73%	프랑스	69%	이탈리아
33%	호주	71%	미국	59%	프랑스
25%	미국	56%	영국계 캐나다	53%	호주
		53%	남아프리카		
		48%	호주		

할로 간주하며, 집안청소 자체로부터 만족을 찾을 것이므로 마루왁스의 광고메시지는 편의성(기능적 효익)보다는 깨끗한 마루에 대한 남편의 찬사를 강조해야 한다.

어린이에 대한 태도도 국가에 따라 다르다. 독일, 이탈리아, 프랑스계 캐나다의 주부는 다른 나라의 주부보다 어린이가 인생에서 매우 중요하다고 생각한다. 이러한 차이는 장난감, 어린이 의류, 캔디의 광고 메시지를 위한 시사점을 제공하는데 예를 들어, 독일과 이탈리아에서 어린이 의류의 광고는 부모의 사랑과 관심을 강조할 수 있지만, 남아프리카나 호주에서는 저렴한 가격이나 내구성과 같은 실용주의적 상품효익에 소구하는 편이 바람직하다.

또한 미국과 프랑스계 캐나다의 주부는 불란서나 호주의 주부보다 방취제의 사용을 필수적이라고 생각한다.

이 밖에도 상품사용에 영향을 미치는 소비자의 상이한 관습과 태도는 대단히 많지만, 다음과 같은 예를 들 수 있다.

- 무슬림 국가의 주부들은 남편의 허락 없이 집을 나설 수 없으므로 마케터가 주부와 접촉하기 위해서는 우선 그들의 남편을 설득해야 한다.
- 브라질의 어머니들은 자기만이 아기의 음식을 준비할 수 있다고 느끼므로 유아용 가공식품의 구매를 꺼린다.
- 일부 아프리카와 중동국가는 면도하는 일을 사치스럽게 생각하고 면도기의 수입을 제한하고 있다.
- Cook섬과 라틴 아메리카의 주부들은 등을 구부리고 낮은 난로에서 일하는데 익숙해 있기 때문에 꼿꼿이 서서 요리해야 하는 현대식 난로는 오히려 불편하다고 여긴다.

한편 현지 소비자의 생리적 특성도 상품사용에 영향을 미치는데 예를 들어, 페루나 볼리비아의 원주민들은 우유를 잘 소화하지 못하므로 우유를 마시지 않는다.

3. 비교문화와 마케팅 전략

1) 해외 마케팅에서의 고려사항

[표 10-8]은 해외에서 마케팅 활동을 계획하고 있는 마케터가 각 지역시장에서 고려해야 할 일곱 가지의 고려사항을 제시하고 있다. 이러한 고려사항은 각 지역시장에 참여할 것인지의 여부와 참여한다면 어느 정도의 차별화 전략이 적절한지를 결정하기 위한 지침을 제공하는데, 소규모의 전문가 표본에 대한 정성적 조사를 통해서도 상당히 많은 시사점을 얻어낼 수 있다.

2) 표준화 대 차별화 전략

마케터는 특정한 상품에 대해 모든 해외시장에서 하나의 표준화된 전략을 사용할 것

표 10-8

비교문화 마케팅 전략의 고려사항

1. 해외 마케팅 지역들이 문화에 관해 동질적인가 아니면 이질적인가?
   진출하려는 지역 내에 상이한 하위문화들이 존재하는가? 그러한 문화에 의해 얼마나 엄격한 규범들이 존재하는가?

2. 이러한 문화 속에서 자사상품이 어떠한 욕구들을 충족시킬 수 있는가?
   이러한 문화 속에서 자사상품이 현재 어떠한 욕구들을 충족시키는가? 그것이 충족시킬 수 있는 다른 욕구들은 없는가? 그러한 욕구들을 충족시키고 있는 경쟁상품은 무엇인가? 이러한 욕구들이 현지문화 속에서 얼마나 중요한가?

3. 자사상품을 필요로 하는 사람들의 구매능력이 충분한가?
   얼마나 많은 사람들이 자사상품을 필요로 하며, 구매할 능력이 있는가? 어떠한 자금마련방법이 현지에서 가용한가? 정부의 보조금이 있는가?

4. 자사상품의 구매와 사용에 어떠한 가치가 관련되는가?
   의사결정자는 남편인가 아니면 부인인가? 성인인가 아니면 자녀인가? 상품의 사용이나 소유가 어떠한 가치와 상반되지는 않는가? 상품의 구매가 자금마련 등의 행동을 필요로 하지 않는가? 어떠한 가치들이 상품의 사용을 지지하는가?

5. 자사상품에 관련되는 유통, 정치 및 법적 구조는 무엇인가?
   소비자들이 어디에서 구매하기 원하는가? 상품이 어떠한 법적 요건을 따라야 하는가? 마케팅 믹스는 어떠한 법적 요건을 따라야 하는가?

6. 자사상품에 관해 어떻게 커뮤니케이션할 수 있는가?
   어떠한 언어를 사용하는가? 어떠한 비언어적 커뮤니케이션이 판매원, 포장, 광고물에 영향을 미칠 것인가? 어떠한 소구가 문화적 가치와 어울리는가?

7. 자사상품을 마케팅하는 일이 어떠한 윤리적 시사점을 포함하는가?
   자사상품의 사용이 사용자의 건강이나 복지를 저해하지 않는가? 자사상품의 소비가 자원을 낭비시키지 않는가? 자사상품의 사용이나 처분이 환경이나 경제에 대해 부작용을 일으키지 않는가?

인지 또는 현지의 문화적 차이를 고려하여 차별화된 전략을 사용한 것인지를 신중히 검토해야 한다.

(1) 표준화 전략

문화적 차이는 상품에 대한 전략을 문화권마다 달리해야 함을 암시하지만 상품이 보편적인 소구를 가진다면 동일한 촉진 캠페인과 포지셔닝 전략을 여러 해외시장에 적용할 수 있다. 즉 표준화 전략(universal strategy, standardized strategy)의 논리는 문화가 다른 사람들도 그들이 기본적으로 '원하는 바'에 있어서는 차이가 없다는 것이다. 예를 들어, 아름다워지려는 열망은 문화에 관계없이 모든 사람에게 보편적이며 자녀에 대한 어머니의 사랑, 고통으로부터 해방, 건강의 환희와 같은 소구는 인간 누구에게나 공통적인 것이다.

따라서 자사상품이 다양한 문화에 걸쳐 보편적인 소구를 가진다고 판단하면 표준화 전략을 구사하여 마케팅 비용을 상당히 절감할 수 있다. 또한 시장마다 상이한 포지셔닝 전략을 구사하는 일이 오히려 혼란을 일으킬 수 있으므로 유의해야 한다.

(2) 차별화 전략

현지 소비자의 관습과 가치를 고려하지 않고 무작정 표준화 전략을 따르는 일은 대단히 위험하다. 예를 들어, 제너럴 모터스는 Nova라는 승용차 상표명이 스페인어를 사용하는 시장에서 'won't move'로 번역되기 때문에 해외시장에서 보편적으로 사용될 수 없다는 사실을 뒤늦게 알았다.

이러한 문제에 대해 차별화 전략(local strategy)은 현지시장의 특성과 관습에 따라 별도의 적합한 마케팅 전략을 수립하고 수행하는 것이다. 예를 들어, 네슬레는 문화에 따라 식사습관이 매우 다르다는 사실에 착안하여 현지 마케터들로 하여금 현지의 문화적 특성을 근거로 마케팅 전략을 조정하도록 허용하며, 프록터앤갬블도 지역특성에 비추어 광고전략을 조정할 뿐 아니라, 상품특성까지 조정하고 있다.

표준화 전략을 따르는 기업조차도 현지의 문화적 특성에 따라 부분적으로는 차별화 전략을 병행하기도 한다. 예를 들어, 필립 모리스는 'Marlboro Country'라는 보편적인 주제를 통해 Marlboro Cowboy의 강하고 남성적인 이미지를 전 세계에 심고 있으면서, 동시에 지역문화에 따라 Marlboro의 이미지를 환기시키기 위해 배경을 바꾸거나 사람 대신에 안장, 박차, 카우보이 부츠 등의 장비를 사용한다. 즉 최근의 해외 마케팅에서는 점차 기업명(Nestle) 또는 상품명(Pepsi-cola), 포지셔닝 전략(Marlboro Country)을 사용하여 다양한 문화권에 걸쳐 주제의

● Marlboro맨의 변신

보편성을 유지하면서 차별적인 마케팅 믹스를 구사하는 경향이 두드러지고 있다.

3) 해외 마케팅의 의사결정분야

〈표 10-9〉는 해외 마케팅을 수행하는 마케터가 현지문화에 적합한 마케팅 믹스를 구성하기 위해 따라야 하는 지침인데, 국내 마케터에게도 도움이 될 수 있다.

(1) 상품고려사항

해외의 소비자는 국내의 소비자와 상이한 소비패턴을 갖고 있으며, 그곳에서 판매될 수 있는 상품의 형태도 다르다. 예를 들어, 국민소득 수준이나 경제발전 수준 등이 비슷함에도 불구하고 이웃하는 유럽국가들 사이에는 가계용품의 소유상태가 상이한데, 이러한 소비패턴은 경제적 차이보다는 문화적 차이에 기인하는 것이다.

따라서 해외 마케팅에서 상품은 현지의 문화적 특성에 대한 적합성에 비추어 평가되어야 한다. 해외 마케팅에서 자국과 현지국의 문화차이를 충분히 고려하지 못하여 실패한 사례는 수없이 많으며, 그 중에서도 다음과 같은 예들이 대표적이다.

---

1. 관련된 시장 내에서 문화적 가치와 그의 변화를 예측한다.

전체시장과 표적시장 내에서 보편적으로 보유되고 있는 문화적 가치는 무엇인가? 관련된 문화 내에서 가치가 변화하는 속도와 방향은 어떠한가?

2. 현지문화에 관련시켜 상품개념을 평가한다.

이러한 상품개념이 현재 및 앞으로 등장할 문화적 가치와 조화를 이루는가? 이러한 상품의 소유자와 문화적 가치의 갈등이 존재한다면 상품이 적절하게 변경될 수 있는가? 긍정적인 문화적 가치들과 상품이 어떻게 동일시될 수 있는가? 현지 문화의 구성원들에게 이 상품은 어떠한 욕구를 채워줄 수 있는가? 이러한 욕구를 현재 채워주는 경쟁상품 및 상표는 무엇인가?

3. 전형적인 구매의사결정 패턴을 결정한다.

상품에 대해 소비자들은 어떻게 의사결정을 하는가? 구매 결정과 사용에는 어떠한 사람들이 포함되는가? 이러한 과정에서 각 사람은 전형적으로 어떠한 역할을 수행하는가? 어떠한 평가기준과 정보원천을 사용하는가? 혁신의 수용에 대한 태도는 어떠한가? 이 상품의 구매와 사용에 관해 어떠한 문화적 가치들이 일치하거나 상반되는가?

4. 적절한 촉진방법들을 결정한다.

소비자들에게 광고하기 위해 가용한 매체는 어떠한 것들이 있는가? 광고가 그 문화내에서 어떻게 지각되고 있는가? 문화 내에서 이 상품을 위해 가장 관련성 있는 소구는 무엇인가? 다양한 집단에 도달하기 위해 상이한 언어가 사용되어야 하는가? 판매나 광고 전략에서 고려해야 하는 금기가 있는가? 문화 내에서 판매원의 역할은 무엇인가?

5. 적절한 유통경로를 결정한다.

이 상품에 대한 전형적인 유통경로는 무엇인가? 이 상품을 취급하기 위해 유능한 경로기관이 존재하는가? 소비자들이 쉽게 수용할 새로운 경로의 기회가 존재하는가? 이 상품을 쇼핑하는 활동은 어떠한 모습인가?

표 10-9

비교문화적 배경에 있어서 소비자 행동분석의 차원

- Campbell은 과거 영국에 농축수프(condensed soup)를 도입했으나 영국인들은 '바로 먹는'(ready-to-eat) 스프에 익숙해 있고, 농축수프라는 개념이 생소했다. 또한 상품의 포장이 영국인들에게 작게 보여 점포내 진열에서 불리했으며, 물을 넣어 묽게 해야 할 필요성을 충분히 설명치 않았고, 영국인 기호에 맞는 다양한 향기도 개발하지 않았다.

- Kentuchy Fried Chicken은 브라질의 상파울로에 100개의 점포 개설을 목표로 진출했었지만, 현재에는 단 2개의 점포가 'Sanders'라는 이름으로 운영되고 있다. 그것은 Kentucky Fried Chicken이 대부분 브라질 사람들에게 발음하기 어려웠고, 그들이 즐기는 숯불구이 통닭이 거리 곳곳의 점포에서 판매되고 있었기 때문이다.

- 영국인들은 미국인과 달리 차를 마시면서 먹는 좀 딱딱한 케이크를 선호하기 때문에 미국의 케익 믹스를 영국에 도입하려던 시도는 어려움을 겪었다.

● Campbell의 농축수프(condensed soup)와
Kentuchy Fried Chicken

한편 상품의 포장이나 색채와 같이 단순하다고 여겨지는 요소들도 해외 마케팅 활동에서는 함정이 될 수 있다. 예를 들어, 홍콩의 어느 미국인 마케터는 남자모델의 머리 위에 초록색 모자가 떨어지는 장면의 광고를 만들었는데, 중국인들 사이에서 초록색 모자는 불충실한 아내와 사는 남자를 뜻하므로 그러한 광고는 실패하였다. 또한 Singer는 홍콩에 페르시안 블루를 사용하는 옥외광고를 제안하였는데, 현지에서 그러한 색은 죽음을 의미하므로 취소하였다.

(2) 경로고려사항

해외에서 활동하는 마케터는 현지 소비자들의 쇼핑습관과 유통패턴의 차이도 고려해야 한다. 예를 들어, 프랑스 사람들은 정보도 수집하고 간접적으로는 사교를 목적으로 지역 내의 가까운 점포를 애고하는 경향이 있다. 또한 유럽에서는 점포들의 규모가 작고 취급상품이 다양하지 않으며, 상품유통에 많은 시간이 소요된다.

현지문화를 충분히 이해하지 못할 때 일어날 수 있는 유통문제는 다음의 예에서 볼 수 있다.

- 프랑스에서 Kimberly-Clark는 드러그 스토아 형태인 pharmacie를 통해 '코텍스'를 유통시켰는데, 미국에서와 같이 슈퍼마켓을 통해서도 유통시키려 했을 때 pharmacie들은 모든 Kimberly-Clark상품의 진열을 거부한 적이 있다.

- 영국의 슈퍼마켓은 대체로 규모가 적으며, 영국 주부들은 이웃가게로 걸어서 쇼핑하기 때문에 각 점포는 비교적 협소한 지역으로부터 고객을 유인한다. 더욱이 영국 주부들은 슈퍼마켓의 현대적 편리성을 좋아하면서도 아직도 점포의 주인과의 전통

적인 사회적 관계를 기대하므로 요일별로 구매할 품목을 계획하는 경향이 있다. 따라서 영국에 진출하려는 식품업자는 영국문화가 슈퍼마켓에 부여한 역할을 인식해야 한다.

(3) 촉진고려사항

촉진활동도 문화에 따라 조정되어야 한다. 예를 들어, 타이어 광고는 영국에서 안전, 미국에선 내구성, 독일에서는 성능을 강조해야 한다. 현지문화에 대한 이해가 부족하여 실패로 끝난 촉진활동의 사례도 대단히 많지만, 특히 자신에게 친숙하다는 이유로 국내의 상표명을 해외시장에서 그대로 사용하거나 직역함으로써 실패한 예는 이미 언어적 커뮤니케이션의 번역상의 문제에서 지적한 바와 같다.

또한 마케터는 국내에서 성공적으로 사용된 상징과 주제가 해외에서는 수용되지 않을 수 있다는 점도 명심해야 한다. 예를 들어, 키스를 보내는 시늉을 하는 Ultra−Brite의 여성모델은 벨기에 국민에게 부정적인 반응을 환기시켰고, ‘Give your mouth sex appeal’이라는 주제의 광고를 마침내 철회했다. 또한 두 마리의 코끼리는 아프리카에서 불행을 의미하므로 Carlsberg는 Elephant Beer에 세 번째 코끼리를 추가하였다. 일본에서 흰색은 슬픔의 색이며, 많은 라틴 아메리카에서 자주색은 죽음과 연상된다. 또한 중국 문화에서 적색은 생명을, 자주색은 고급 품질을 나타내고 달은 행운의 상징이다.

● Carlsberg의 Elephant Beer

전체 촉진캠페인도 문화적 장벽 때문에 실패할 수 있는데, 다음의 예는 마케터가 현지문화를 고려하지 않을 때 겪을 수 있는 실패가능성을 지적해 준다.

- 한 미국은행은 광고물에서 도토리를 저장하는 다람쥐를 묘사하였는데, 다람쥐를 본 적이 없는 라틴 아메리카의 소비자들은 그러한 다람쥐를 무엇인가 훔치고 있는 쥐로 착각하였고, 미국은행에 대해 나쁜 이미지를 갖게 되었다.

- 미국에서 Avon의 여성판매원은 주부가 현관에서 맞아주고 거실로 안내되어 커피를 마시면서 판매하는 일에 익숙해져 있지만, 홍콩에서 방문객을 맞는 사람은 통상 철문 틈으로 내다보는 하인이다. 이러한 문화 차이 때문에 Avon은 홍콩에서 비교적 유복하고, 여행사 또는 비서 등의 전문직에 종사하는 여성들을 판매원으로 이용하였다. 또한 유럽의 주부 판매원들은 친구나 이웃에서 이윤을 얻기 위해 판매하는 일에 거부감을 갖고 있는데 반해 멕시코의 주부들은 판매방문을 사교의 기회로 생각하기 때문에 Avon의 전략은 효과를 거둘 수 있었다.

급성장하는 할랄시장…"인증과 니즈 파악이 핵심"

할랄은 무슬림(이슬람 신자)에게 '허락된 것'을 말한다. 무슬림 율법에 따라 도축된 육류와 가공·조리된 식품, 의약품, 화장품 등을 아우른다.

국내에는 아직 할랄이라는 개념이 생소하지만 세계적으로는 최근 무슬림 인구가 증가하면서 관련 시장이 급성장하고 있다. 시장조사 기관인 톰슨로이터에 따르면 전 세계 할랄 시장 규모는 2014년 1조 4천억 달러(약 1천590조원) 규모에서 2020년 2조40억 달러(약 2천720조원) 규모로 커질 것으로 보인다.

우리 기업도 2010년 이후 할랄 시장 문을 본격적으로 두드리고 있다. 올해 상반기 기준으로 국내 200여 개사 570개 품목이 할랄 인증을 취득했다. 코트라(KOTRA)는 이런 상황을 고려해 27일 전 세계의 할랄 시장을 조망한 보고서 '세계 할랄 시장 동향 및 인증제도'를 발간했다고 밝혔다. 보고서는 중동, 아시아, 유럽, 미주 등 25개 코트라 해외무역관이 조사에 참여해 관련 정보를 생생하게 담았다. 농수산식품유통공사, 단국대 걸프협력회의 국가 연구소 등도 작업에 참여했다.

현재 세계 할랄 식품 수출은 이슬람 지역 국가가 아니라 브

▲ 지난 10일 서울 삼성동 코엑스에서 열린 2016 Korea 국제 할랄 컨퍼런스 행사장에 전시된 국내 제조 할랄식품과 할랄 인증서

라질, 인도, 미국, 중국, 호주 등 비무슬림 국가가 주도하고 있다. 2014년 수출 순위를 살펴보면 브라질이 관련 시장의 10.7%를 차지하고 있고 인도(9.0%)와 미국(4.9%)이 뒤를 잇고 있다. 10대 수출국 가운데 이슬람 국가로는 터키가 유일하게 9위(3.3%)에 이름을 올렸다.

KFC, 버거킹, 맥도날드 등 비무슬림 글로벌 기업들도 할랄 시장 공략에 서두르고 있다. 이 기업들은 발 빠르게 인증을 취득한 뒤 상품개발과 유통채널 구축까지 마쳤다.

보고서는 할랄 인증 관련 정보도 충실하게 실었다. 할랄 인증만 받으면 시장 진출 조건이 충족되는 것이 아니라 이후 각 지역 소비계층별로 차별화된 상품을 개발하고 소비자의 니즈를 맞추는 것이 더 중요하다고 언급했다. 보고서는 "모든 이슬람 국가가 할랄 인증 취득 의무를 부여한 것은 아니다"라며 "이슬람 국가 대부분에서는 상품에 금기 성분이 포함되지 않았다는 표시만해도 현지 판매가 가능하다"고 설명했다.

자료원 : 연합뉴스, 2016. 10. 27

Consumer 톡톡

욜로족과 상반되는 코스파세대, 당신의 소비행태는?

88만 원 세대, N포세대. 자조적인 의미가 담겨 있는 이 용어들은 요즘의 젊은 세대들을 부르는 말이다. 이 용어들에서도 알 수 있다시피 젊은 세대들은 장기화된 경기침체와 취업난으로 연애, 결혼, 집 등 많은 것을 포기하며 살아가고 있다.

이렇게 미래가 불안하고 막막한 젊은 세대들이 요 근래 들어 삶에서 중요하게 여기고 있는 것은 바로 '현재의 삶을 더욱 가치 있게 살자'이다. 그래서 이들은 삶의 질을 높이기 위해 어떠한 삶을 살 것인지를 중요하게 여긴다. 이것의 한 예가 바로 '한 번 뿐인 인생, 현재의 내 삶을 즐기자'며 적극적으로 소비하는 '욜로(YOLO)'문화이다. 반면에 욜로와는 상반되는 개념인 '가성비를 따지며 살아가자'는 '코스파세대'들도 존재해 이목을 끌고 있다.

'코스파세대'는 '코스트(Cost)'와 '퍼포먼스(Performance)'의 합성어로, 비용 대비 효과를 중시하는 젊은 세대를 일컫는다. 본래 장기불황을 먼저 겪었던 일본에서 유래된 말이다. 코스파세대들은 가성비를 따지며 1+1제품을 산다거나 더 저렴하고 더 용량이 많은 제품들을 찾는다. 즉 효율을 중시하면서도 비용이 적게 드는 것을 최고의 가치로 삼는 소비 형태를 가지고 있다.

코스파세대의 특징 중 하나는 아낄 수 있는 비용은 최대한 아끼자는 생각을 하며 절약을 실천하는 것이다. 이들은 가계부를 꼼꼼히 써서 자신의 지출을 관리하는가 하면 포인트나 쿠폰을 사용하는 것을 창피해하지 않고 적극적으로 활용한다.

뿐만 아니라 렌탈 서비스도 자주 이용한다. 결혼식이나 격식을 차려야 하는 자리에 참석하기 위해서 옷, 구두, 가방 등을 빌려주는 렌탈 서비스를 이용하는가 하면 자동차에 드는 비용을 줄이기 위해 자동차를 소유하지 않고 필요할 때마다 카 쉐어링 서비스를 이용하기도 한다.

또한 코스파세대들은 중고품에 대한 인식도 긍정적이다. 중고 사이트나 프리마켓 등에서 남들이 사용했던 물건을 사는 것을 즐기며 또 자신의 물건 또한 중고로 내다 파는 것을 즐긴다.

그렇다고 해서 이들이 사고 싶은 욕구를 억제하며 궁상맞게 산다는 것은 아니다. 친환경상품이나 수공예품 등 사회에 공헌하는 제품이라면 비싸더라도 구입하기도 한다. 또한 실리를 따져서 어느 한부분에서 아낀 돈은 다른 곳에서 유용하게 사용한다. 예를 들어 좀 더 싼 집에서 살며 아낀 월세를 자신의 취미활동에 사용하는 것이다.

이와 같은 내용에서 알 수 있듯이 코스파세대들은 소비를 할 때 더 합리적인 것에 소비하는 것을 추구한다. 이는 어떻게 보면 적극적 소비를 하는 욜로와 상반되어 보이는 소비행태지만 이 둘에도 공통점은 존재한다. 바로 지금 자신의 행복을 위해 소비하며 스스로의 소비행태를 즐긴다는 것이다. 아마 경기불황이 계속되는 한 이와 같은 소비행태를 좇는 사람들은 늘어날 것으로 보인다.

자료원 ; 시선뉴스, 2017. 7. 6

제11장

집단역학

I·n·t·r·o

소비자가 동창회나 친구의 결혼식에 입고갈 옷을 선택할 때에는 대체로 그 자리에 참석할 다른 사람들의 반응을 고려할 것이므로, 그의 행동이 그러한 집단으로부터 영향을 받는다고 말할 수 있다. 이때 **집단(group)**이란 **가치, 규범, 신념을 공유하며 묵시적 또는 명시적 관계를 가짐으로써 구성원들의 행동이 상호의존적인 2명 이상의 모임**이다. 예를 들어, 고등학교 동창, 직장동료, 같은 교회에 나가는 신도, 서울고등학교 3학년 2반 등이 구성원들 사이에 내부적 연관성을 갖는 집단이다.

대부분의 소비자 행동이 집단배경 내에서 일어날 뿐 아니라 집단들은 소비자의 사회화 학습에서 중요한 역할을 수행한다. 따라서 집단의 역할과 기능은 소비자 행동을 이해하는 데 매우 중요하며, 마케터는 마케팅 전략을 개발하기 위해 집단영향에 관한 지식을 활용해야 한다.

집단이 소비자 행동에 미치는 영향을 검토하기 위해서는 특히 준거집단을 고려해야 하는데, **준거집단(reference group)**이란 **구체적인 상황에서 소비자에게 다양한 정보와 영향의 원천으로 작용하는 집단**이다. 예를 들어, 소비자는 식사 중에 대화하는 가족이나 어떤 가구를 구매한 이웃들로부터 영향을 받으며, 마케터는 그러한 준거집단의 영향력을 이용하여 소비자를 설득할 수 있다. 또한 소비자가 동일시되고자 하는 전문가나 저명인사를 광고 대변인으로 채택할 수도 있는데, 이때 소비자들은 그러한 광고 대변인이 제시하는 가치와 규범을 따르는 경향이 있으며, 이러한 사실은 마케팅 전략을 개발하는 데 풍부한 시사점을 제공해 준다.

따라서 본장에서는 우선 준거집단의 본질과 영향을 살펴본 후, 집단역학의 맥락에서 일어나는 커뮤니케이션과 혁신의 확산과정을 검토하기로 한다.

● 사람은 누구나 어떤 형태로든
  집단 속에서 생활한다.

사회학자들은 사람들의 모임을 세 가지로 구분하고 있다. 즉 회중(aggregation)은 **특정한 시점에서 단순히 서로 근접해 있는 사람들**이며, 범주(category)는 **특정한 속성을 공통적으로 갖고 있는 사람들**이다. 또한 집단은 이미 언급한 바와 같이 서로간의 **상호작용으로 인해 '관계의식'(a sense of relatedness)을 갖는 사람들**로 구성되는데, 특히 **개인이 자신의 태도와 행동의 근거로 삼으려는 관점과 가치를 갖는 집단**을 준거집단이라고 한다. 따라서 준거집단이란 구체적인 상황에서 개인에게 태도와 행동의 지침을 제공하고 영향을 미치는 집단을 의미한다.

1. 집단의 형태

소비자의 주변에는 앞에서 예시한 바와 같이 다양한 집단들이 존재하며, 소비자는 그러한 집단 중 일부에 속해 있거나 다른 일부 집단에 소속되기를 열망하는데, 아무튼 그들에 관련된 집단들은 준거집단으로서 기능을 수행한다. 그러나 그들의 행동은 상황에 따라 다른 집단으로부터 영향을 받을 뿐 아니라, 소비자가 동시에 많은 집단에 소속될지라도 [그림 11-1]과 같이 하나의 구체적인 상황에서는 단지 일부 집단만이 준거집단으로 작용한다.

즉 준거집단이란 개인이 자신의 태도와 행동을 결정하는 데 있어서 준거(reference)로 이용하는 집단이므로 당연히 **준거집단은 상황에 따라 달라질 수 있다.** 예를 들어, 대학동창이나 고등학교의 반창회는 집단이지만, 소비자가 어떠한 승용차를 구매할 것인지에는 거의 영향을 미치지 않으며 따라서 이러한 상황에서는 준거집단이 아니다.

집단들은 다수의 차원에 따라 분류될 수 있으나 마케터는 대체로 **소속여부, 접촉의 빈도, 매력도**라는 세 가지 차원에서 집단들을 분류한다. 즉 소비사는 어느 집단의 구성원이거나 비구성원일 수 있으며, 더욱이 구성원일지라도 개인마다 그 집단에 대해 느끼는 소속감의 크기는 다를 것이다. 또한 접촉의 빈도란 집단구성원들이 서로 접촉하는 빈도인데, 집단이 커짐에 따라 접촉의 빈도는 당연히 적어진다.

매력도란 특정한 집단에 소속된다는 사실에 대해 개인이 느끼고 있는 요망성(desirability)으로서 '긍정적 — 부정적'의 차원으로 표현된다. 물론 부정적 요망성을 갖

그림 11-1

상황변화에 따른 준거집단
의 대체

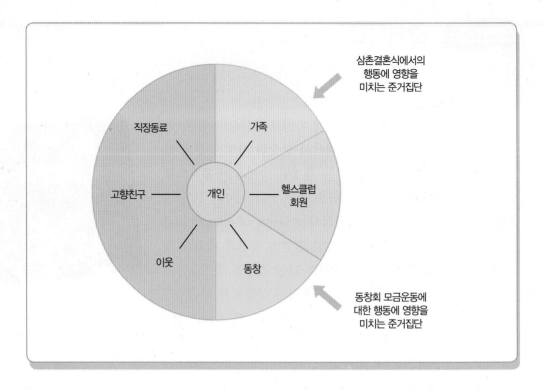

는 집단들도 긍정적 요망성을 갖는 집단들과 마찬가지로 소비자 행동에 영향을 미칠 수 있다. 예를 들어, 지난 날 우리나라에서는 연예인을 경시하는 풍조가 있었으며 많은 사람들은 연예인 집단과 연상되는 의류의 구매를 꺼렸으므로 연예인이 부정적 준거집단으로 작용한 것이다(물론 연예인과 동일화되려는 사람들에게는 긍정적 준거집단으로 작용한다).

더욱이 **집단의 매력도 차원은 간혹 소속여부의 차원보다 소비자 행동에 많은 영향을** 미칠 수 있다. 예를 들어, 소비자는 긍정적 준거집단에 실제로 소속되거나 최소한 심리적 동질성이라도 갖기 위해 그러한 집단이 사용하는 상품들을 구매한다.

이상의 기준에 따라 소비자의 태도와 행동에 영향을 미치는 준거집단은 [그림 11-2]와같이 소속여부와 매력도에 따라 긍정적 회원집단 및 거부집단), 열망집단 및 기피집단으로 구분될 수 있다.

부정적 요망성을 갖는 집단 중에서 개인이 **집단에 소속하고는 있으나 그 집단의 가치를 거부한다면** 거부집단(dissociative group)이며, 개인이 **특정한 집단에 소속되려는 일조차 기피하려는 집단**은 기피집단(avoidance group)이다.

그러나 마케팅 관점에서 본다면 — 소비자들이 일반적으로 부정적인 것보다는 긍정적인 신념과 태도로 인해 상품을 구매하기 때문에 — 긍정적 요망성을 갖는 집단이 부정적 요망성을 갖는 집단보다 중요하다. 즉 마케터는 어떤 집단을 기피하거나 그 집단에 가치를 거부하려는 열망에 소구하기보다는 어떤 집단에 일부가 되려는 열망에 소구하는 편이 효과적이므로 대체로 긍정적인 집단에 관심을 가진다.

1) 긍정적 회원집단의 형태

긍정적인 요망성을 갖는 집단에는 긍정적 회원집단(associative groups)과 열망집단이 있다. 긍정적 회원집단은 다시 1차적 · 2차적 또는 비공식 · 공식의 차원에 따라 분류된다. **1차적 집단은 대단히 빈번한 대면접촉을 통해 친숙한 관계를 유지하는 사람들의 집단**으로서 가정이나 친구, 학습집단, 직장동료 등이며 **2차적 집단은 구성원들 사이의 관계가 비교적 덜 친밀한 사람들의 집단**으로서 쇼핑집단이나 반상회, 업종별 조합 등을 포함한다. 즉 이들 사이의 구분은 구성원들 사이의 **친밀감(intimacy)과 집단에 대한 개인적 관여도(personal involvement)의 수준**을 근거로 한다.

1차적 집단은 개인이 상품에 관한 신념과 태도를 형성하는 데에는 물론, 구매행동에 직접적인 영향을 미치므로 2차적 집단보다 중요하다.

한편 집단들은 조직화의 정도(degree of organization)에 따라 공식 · 비공식 집단으로 구분된다. 공식집단이 회장, 부회장, 비서, 자금부장 등과 같이 명확한 구조를 가지며 사회경제적 또는 정치적인 구체적 목표를 달성하기 위해 설계된 집단인데 반해, 비공식집단은 비록 구조와 목표를 가지고는 있으나 그러한 것들이 묵시적인 집단이다.

따라서 긍정적 회원집단은 [그림 11-2]와 같이 네 가지의 형태로 정의될 수 있다. 즉

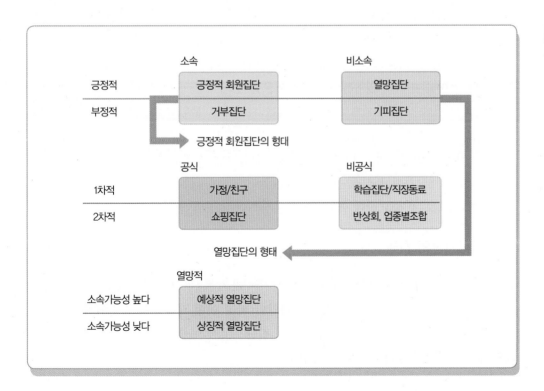

그림 11-2

준거집단의 형태

● HOG–Korea의 라이딩

1차적 비공식집단(primary informal group)은 가정과 친구로 대표되며 구성원들 사이의 빈번한 접촉과 친밀감으로 소비자 행동에 가장 많은 영향을 미친다. 소비자는 그러한 집단으로부터 영향을 받아 상품의 쇼핑과 소비패턴, 매체습관을 형성하기 때문에, 마케터는 그들의 상품을 친구들(Coca-cola, Pizza Hut)이나 가정(Pillsbury, Johnson's baby powder, Cheer detergent)과 같은 1차적 비공식집단의 배경에서 제시해야 한다.

특히 할리–데이비드슨의 팬들의 모임인 HOG(Harley Owners Group)와 같이 어떤 상표를 중심으로 형성된 회원준거집단을 브랜드 커뮤니티(brand community)라고 하는데, 구성원들은 특정한 상표를 반복적으로 구매하며 정보와 열광을 공유한다. 심지어 '마르샤 매니아 클럽'이나 '둥근 소리'처럼 구심점이었던 상표가 시장에서 사라진 후에도 모임이 계속 유지되기도 한다.

● 고 김광석 가수의 팬클럽인 '둥근 소리'

1차적 공식집단(primary formal group)은 소비자가 빈번히 접촉하지만 가정이나 친구들보다는 공식적인 구조를 갖는다. 예를 들어, 하나의 과제에 할당된 학생들이나 함께 일하는 직장동료가 있으며, 역시 마케터는 상품을 그들에게 수용시키기 위해 상품의 사용자가 그러한 긍정적 집단의 회원임을 강조한다.

한편 2차적 비공식집단(secondary informal group)은 공식적인 구조를 갖고 있지 않으며 뜸하게 만나는 쇼핑집단 등으로서 소비자 행동에 대해 1차적 비공식집단만큼 직접적인 영향을 미치지 않는다. 그러나 새로운 형태의 골프채, 테니스 라켓 등의 광고는 상품과 사용자가 훌륭하게 보여 존경심을 자아내는 분위기로 제시될 수 있다. 또한 소비자가 세 명 이상의 집단으로 쇼핑할 때 본래 계획한 것보다 많이 구매할 가능성이 두 배나 된다는 연구결과는 바로 2차적 비공식집단인 쇼핑집단의 영향을 암시하는 것이다. 이에 비해 2차적 공식집단(secondary formal group)은 서로 뜸하게 만나고 구조화되어 있으므로 덜 중요한데 예를 들어, 반상회나 업종별 조합이 있다.

2) 열망집단의 형태

[그림 11-2]와 같이 열망집단은 다시 두 가지로 구분된다. 예상적 열망집단(anticipatory aspirational group)이란 **개인이 미래 어떤 시점에서 소속되기를 기대하며, 대체로 직접적인 접촉을 유지하고 있는 집단**으로서 예를 들어, 조직의 계층 상에서 개인이 소속되기를 원하는 상위집단이다.

이러한 예상적 열망집단은 개인이 속하는 문화 내에서 대단히 중시되어온 보상(권력, 지위, 품위, 돈)을 근거로 결정되며, 마케터는 상위의 열망집단에 올라감으로써 그의 지위를 개선하려는 소비자들의 열망에 소구할 수 있다. 예를 들어, 남성의 의류와 여성의 화장품 중 일부는 사업상의 성공과 사회적 지위의 맥락에서 광고되고 있다.

상징적 열망집단(symbolic aspirational group)은 개인이 그러한 **집단의 신념과 태도를 우호적으로 수용하지만 미래에도 결코 소속되지 않을 집단**인데, 마케터는 명사들을 대변인으로 사용함으로써 자신의 상품을 광고할 수 있다. 예를 들어, 자신을 송혜교와 동일시하려는 소비자는 송혜교가 태양의 후예에서 메고 나온 J. Estina의 에코백을 구매하도록 영향을 받을 수 있다.

● 팬들 사이에서 송혜교의 에코백 열풍을 일으킨 태양의 후예

2. 준거집단 영향의 원천

소비자가 집단영향을 받아들인다든가 집단기대에 부응하여 행동한다는 주장은 간혹 소비자들이 부화뇌동한다는 느낌을 주어 불편한 느낌이 들지만, 현실적으로 소비자는 다양한 집단의 규범과 역할기대에 순응함으로써 그들의 인생을 편하고 안정적으로 지내려는 경향이있다. 더욱이 특정한 집단의 영향을 받아들일 것인지의 여부를 의식적으로 생각하는 경우도 있지만 대체로 소비자는 그러한 영향을 무의식적으로 받아들이는데, 준거집단의 영향은 집단규범, 지위와 역할, 사회화를 통해 나타난다.

1) 집단규범

집단규범(group norms)이란 난순히 **집단이 구성원들에 대해 설정한 처신의 규칙과 표준**이다. 이는 집단의 기능수행과 관련된 행동의 모든 측면을 포괄하며 규범에 순응할 경우에는 보상을 제공하지만 일탈은 제재한다. 따라서 집단규범은 소비자의 일반적인 사고와 행동에 영향을 미칠 뿐 아니라 의류나 식품, 승용차, 화장품 들을 구매하는 데 있어서 상품의 적합도(appropriateness)를 판단하기 위한 기준으로도 작용한다. 예를 들어, Rossignol 스키의 소유는 한때 많은 스키클럽에서 규범이었다.

이러한 규범은 묵시적인 불문율로 존재할지라도 구성원들은 그것을 잘 이해하고 있다. 예를 들어, 대형 건물의 중개업자에게는 특정한 유형의 승용차를 운전하고 보수적으로 차려입도록 기대되며, 강의실에서 학생들은 지난 강의시간에 앉았던 좌석에 다시 앉도록 기대될 것인데, 규범을 넘어서는 행동은 그의 진급을 지연시키거나 다른 동료학생의 불만을 살 수 있다. 따라서 **개인은 집단으로부터 제재를 피하고 사회적 지지를 얻**

기 위해 그 집단의 규범을 이해하고 순응하는 경향을 보인다.

2) 지위와 역할

지위(status)란 **집단이 각 구성원에게 할당한 계층상의 위치**이다. 지위는 그것과 관련된 권리와 의무(행동패턴)를 수반하므로, 집단은 구성원에게 특정한 지위를 부여함으로써 그들의 태도와 행동에 영향을 미친다. 즉 일부 상품들은 어떠한 지위와 연관되기 때문에 사회적 지위의 상징(status symbol)으로서 구매되는데, 우아한 옷과 값비싼 승용차는 높은 지위의 상징이 될 수 있다. 그러나 상품이 갖는 상징성은 집단에 따라 다를 수 있다는 점에 유의해야 한다.

이에 반해 역할(role)이란 **지위의 동적인 측면으로서 집단내 특정한 지위와 관련하여 기대되는 행동패턴**이다. 개인은 집단으로부터 부여받은 역할을 다양한 방법으로 수행할 수 있지만(role style) 특정한 역할을 수행하는 데 있어서 수용될 수 있는 행동의 범위는 집단의 공통적인 가치로부터 결정된다.

즉 집단은 구성원이 그의 지위에 부합되도록 일정한 범위 안에서 행동하기를 기대하며, 이러한 기대에 대한 일치를 보상하고 불일치를 제재함으로써 구성원의 태도와 행동에 영향을 미친다. 그러나 집단의 보상과 제재가 구성원의 행동에 영향을 미칠 수 있는 정도는 그가 집단 내에서 차지한 역할을 계속 유지하려는 열망(role commitment)에 따라 크게 달라질 수 있다는 점에 유의해야 한다.

한편 개인은 [그림 11-3]과 같이 **동시에 여러 역할을 담당하며, 인생을 살아가면서**

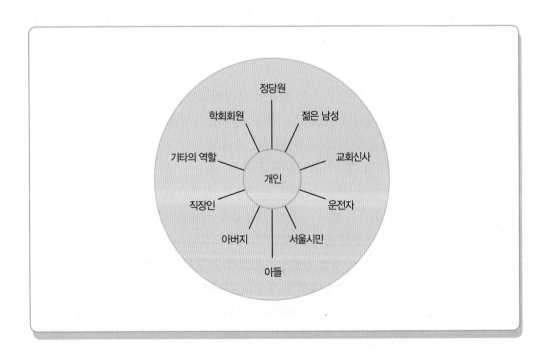

그림 11-3

개인의 역할세트

새로운 역할을 떠맡거나 이전에 맡아오던 역할을 버리기도 한다. 예를 들어, 특정한 시점에서 한 여인은 부인, 어머니, 직장여성, 가사의 관리자, 일요학교 교사 등 많은 역할을 가질 수 있으며 그의 역할구성이 시간경과에 따라 변할 수 있다.

　개인은 각 역할에서 상이한 의상과 소품이 필요하며 연기도 달라져야 한다. 즉 그는 집단내의 특별한 언어를 배워야 할 뿐 아니라 역할에 적합한 의상(집단에 수용되는 옷), 도구(장비나 연장), 세트(구성원들이 상호작용하는 장소)와 배역진(집단구성원)을 필요로 한다. 더욱이 특정한 지위와 관련된 역할 자체도 변할 수 있는데, 마케터는 **소비자가 구체적인 역할을 수행하기 위해 기능적으로 또는 상징적으로 필요한 상품을 제공**함으로써 그의 역할수행을 도와줄 수 있다.

　한편 소비자는 동시에 여러 역할을 담당할 때, 두 개 이상의 역할이 서로 양립될 수 없는 역할갈등(role conflict)에 당면할 수도 있다. 예를 들어, 직장인이 업무를 위해 자주 집을 비우고 해외여행을 떠나야 하지만, 그러한 일은 가장으로서 가족에 대한 역할 수행을 방해할 수 있다.

　이와 같이 역할갈등에 당면하고 있는 소비자는 그것을 해결해야 하는데, 창의적인 마케터는 두 가지 역할을 조화시킬 수 있는 해결책을 마케팅 믹스로 제안할 수 있다. 예를 들어, 항공사는 직장인과 가장 사이의 역할갈등을 해결하기 위한 방법으로 '반값 항공료로 아내를 해외출장에 동반할 수 있는' 상품을 개발하고, '속독법'을 개발한 마케터는 그것이 대학에서 공부도 열심히 하고 낭만을 즐기려는 학생들에게 효과적으로 공부도 하고 낭만을 위한 시간을 확보하도록 도와준다고 설득할 수 있다.

● 워킹맘의 역할갈등

3) 사회화

　집단은 사회화 과정을 통해 구성원들의 태도와 행동에 영향을 미치는데, 사회화(socialization)란 **새로운 구성원이 집단의 가치와 규범, 기대되는 행동패턴을 습득하는 과정**을 말한다. 예를 들어, 새로운 직장에 취업한 사람은 그 직장의 공식적인 규칙과 기대되는 행동패턴을 배워야 할 뿐 아니라, 동료집단의 비공식적인 규칙과 역할기대도 배워야 한다. 또한 대학의 신입생은 그의 선배나 동료로부터 옷의 스타일, 먹을 음식, 수업참여, 과외활동 등에 있어서 기대되는 행동패턴을 배우게 된다.

　특히 소비자 사회화란 **개인이 시장에서 소비자로서의 기능을 효과적으로 수행하기 위해 필요한 기능과 지식, 태도를 획득하는 과정**이며, 소비자 사회화의 가장 중요한 형태는 어린이의 사회화(가정이 담당)와 한 지역사회에 있어서 새로운 이주자의 사회화(공동체 집단이 담당)이다.

3. 준거집단 영향의 유형

집단영향에 대한 순응(conformity)은 단일차원의 개념이 아니며, 집단영향은 [그림 11-4]와 같이 세 가지 유형으로 구분될 수 있다.

그림 11-4

준거집단 영향의 유형

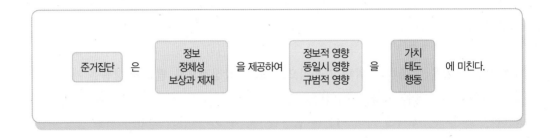

준거집단 은 정보 정체성 보상과 제재 을 제공하여 정보적 영향 동일시 영향 규범적 영향 을 가치 태도 행동 에 미친다.

1) 정보적 영향

준거집단의 정보적 영향(informational influence)은 개인이 **준거집단 구성원들의 행동과 의견을 참조하여 자신의 태도나 행동을 결정**할 때 나타난다. 예를 들어, 소비자는 전문가의 증언이나 친구가 특정한 상품을 사용하는 모습을 관찰하여 자신에게 적합한 상표를 결정할 수 있으며 특히 소비자가 상품선택에 있어서 자신감을 갖고 있지 않다면 이러한 영향이 커진다.

이때 순응이란 단순히 집단구성원이 제공하는 정보에 따르는 것이므로 마케터는 잠재고객에게 그들의 준거집단이 취하는 태도와 행동에 관한 정보를 제공함으로써 자사상품의 구매와 같이 바람직한 행동을 유도할 수 있다.

그러나 준거집단의 정보적 영향은 대체로 상업적 원천(광고주나 판매원)보다는 개인적 원천(친구, 이웃, 가족)으로부터 나오는 경향이 있는데, 개인적 원천은 상업적 원천보다 신뢰성이 크며, 특히 신상품의 구매에서는 개인적 원천이 매우 중요하다.

2) 동일시 영향

소비자는 끊임없이 그들의 신념과 태도, 행동을 집단 구성원들의 것과 비교함으로써 자신을 긍정적 집단과 동일화시키고 부정적 집단과는 차별화시키는데, 준거집단의 이러한 영향을 동일시 영향(identification influence) 또는 비교기준적 영향(comparative influence) 이라고 한다. 즉 준거집단은 **개인이 자신의 가치나 신념, 태도, 행동의 기준을 제공**함으로써 개인의 자아 이미지를 형성하거나 평가하는 데 영향을 미친다.

예를 들어, 새로 이사해 온 주민은 다양한 이웃과 만나게 되며, 부모는 정치문제나 자녀 양육에 관한 이웃의 태도를 자신의 것과 비교하고, 또한 이웃이 구매하는 상표와 상품들을 주목하여 — 동일화나 차별화를 이루려고 — 자신의 태도나 행동의 근거로 삼는다. 따라서 마케터는 잠재고객이 동일시되기를 원하는 집단이 보여주는 자사상품의 구매와 같은 행동을 부각시킴으로써 그들도 같은 행동을 취하도록 영향을 미칠 수 있다.

한편 동일시 영향은 근접성(proximity)에 기인할 수도 있으므로 영향의 당사자들은 근접하여 거주하는 경향이 있다. 예를 들어, 노인들 사이에서 일어나는 신상품 정보의 교환 중 27%가 아파트의 같은 층 안에서 일어난다는 연구결과가 있다.

특히 이러한 동일시 영향은 유사한 특성을 갖는 사람들 사이에서 — 그들이 개인의 기존 태도와 행동을 보강해 준다는 이유 때문에 — 뚜렷한데, 이러한 점은 바로 이웃들이 유사한 사회경제적 특성을 갖는 사람들로 구성되는 이유가 된다(유유상종). 또한 소비자는 자신과 유사하다고 지각되는 사람들로부터 정보를 탐색하며 그러한 원천을 신뢰하는 경향이 있는데, 이는 광고에서 소비자와 유사하다고 지각되는 모델을 사용하는 일이 효과적임을 암시한다.

이러한 영향은 '고객 — 판매원' 사이의 상호작용에도 적용될 수 있으며, 고객은 기호, 태도, 종교 등의 측면에서 자신과 유사하다고 지각되는 판매원에게 호의적인 반응을 보이는 경향이 있다.

3) 규범적 영향

준거집단은 집단의 규범과 기대에 순응할 때 보상을 제공하고 그렇지 않을 때 제재를 가함으로써 개인으로 하여금 집단의 규범에 순응하도록 요구하고 그들의 태도와 행동에 직접적인 영향을 미친다. 예를 들어, 가정주부는 남편이나 이웃으로부터 인정을 받기 위해 특정한 상표를 구매하거나, 학생은 친구들의 놀림을 두려워하여 너무 튀는 스타일의 옷의 구매를 꺼리기도 한다.

준거집단의 이러한 규범적 영향(normative influence) 또는 실리적 영향(utilitarian influence)은 의류, 가구, 가전제품 등 가시적인 품목을 구매하는 데 있어서 뚜렷하지만, 품목 자체는 가시적이지 않으나 비사용이나 비소유의 두려움 때문에 구강청정제와 같은 품목에서도 규범적 영향이 작용한다. 더욱이 가시성은 정보적 영향과 동일시 영향에서는 그리 중요하지 않은데, 그것은 두 가지 경우의 목표가 순응적 일치가 아니라 지식획득이나 자아 이미지의 형성이기 때문이다.

집단규범에 대한 순응은 곧 소비자들이 집단의 행동을 모방하고 집단에서 수용되는 상품이나 상표를 구매하는 일을 의미하는데, 집단규범에 순응할 때 주어지는 기본적인 보상은 사회적 수용(social acceptance)이다.

(1) 행동에 있어서의 일치

카드에 그려진 선분의 길이를 판단하도록 요구하는 실험에서 한 사람을 제외한 나머지 사람에게 그릇되지만 동일하게 응답하도록 지시해 놓았을 때, 그 사람도 자신의 판단과 다르지만 동료들과 똑같이 응답하는 경우가 대단히 높게 나타난 연구결과가 있다. 이는 준거집단의 묵시적인 압력에 의해 개인의 판단이나 행동이 왜곡되는 현상(Asch phenomenon)을 보여주는 것이다.

또한 동일한 남성복에 A, B, C 라벨을 붙이고도 C의 품질과 메이커가 다르다고 설명한 후, 4명의 학생 중 3명에게 상이한 상품으로서 B를 선택하도록 지시해 놓았던 실험에서 나머지 학생도 B를 선택하는 경향을 보인 바 있다. 그러나 그에게 다른 3명과 동일한 답을 하도록 압력을 주었을 때에는 오히려 부정적으로 대항하는 결과가 나타났는데, 이러한 점은 집단의 압력이 너무 크다면 소비자가 오히려 집단규범을 거부하고 독립적 행동을 보일 수 있음을 암시하는 것이다.

(2) 상품이나 상표선택에 있어서의 일치

집단규범이 개인에게 미칠 수 있는 영향은 상품범주에 따라서 다른데, 대체로 준거집단의 영향은 가시적인 상품범주에서 두드러진다. 그러나 집단영향은 상품결정에 비해 상표결정에서 두드러지는 경향이 있으며, [그림 11-5]에서와 같이 상품의 구매와 상표의 구매에서 차이를 보인다.

그림 11-5

상품/상품별 준거집단의 영향

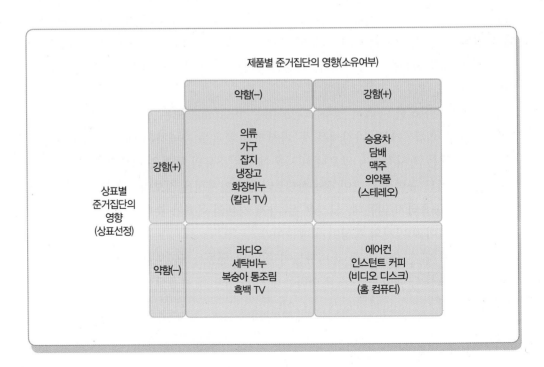

(3) 사회적 승수효과

경제학자 James Dusenberry가 제안한 전시효과(demonstration effects)에 따르면 이동성과 구매력이 증가함에 따라 소비자들은 새로운 상품과 접촉할 기회를 많이 가지며, 그것을 구매할 능력도 증가한다. 따라서 한 사람이 컴퓨터를 구매한다면 친구와 이웃들이 곧 상품과 접촉하게 되고, 그러한 **상품을 소유하도록 촉구하는 사회적 압력 때문에 집단 내부에서는 물론이고 다른 집단에게 신속하게 퍼져나간다.**

이와 같이 집단의 한 구성원이 실시한 상품구매로부터 유발되는 사회적 승수효과(social multiplier effect)는 우리 경제에 있어서 집단영향을 잘 보여준다. 즉 한때 사치품으로 여겨졌던 상품들이 사회적 승수효과 때문에 이제는 생활용품으로 간주되며, 그에 따라 생활수준도 향상되는 것이다.

4. 소비상황과 준거집단 영향

〈표 11-1〉은 각 소비상황에서 작용하는 준거집단 영향의 유형을 보여준다. 즉 〈표 11-1〉은 집단들이 소비과정에 영향을 미칠 수 있는 다양한 유형의 상황을 예시하고 있지만, 물론 특정한 상표의 아스피린 구매나 옥외광고물의 노출과 같이 준거집단으로부

표 11-1 소비상황과 준거집단 영향의 유형

상황	행동적 반응	영향의 유형
친구가 롯데백화점에서 옷을 세일한다고 말했다.	새 옷이 필요하여 롯데백화점을 방문하였다.	정보적 영향
몇몇 친구들과 집에서 맥스웰커피를 마셨다.	맥스웰커피를 구매하여 먹어보기로 결심했다.	
직장에서 운동을 가장 잘하는 사람이 나이키 운동화를 신고 있었나.	나이키 운동화를 샀다.	
이웃사람들이 옆집의 차가 더럽다고 비웃었다.	세차하고 왁스칠도 했다.	동일시 영향
친구들은 맛차이도 모르면서 수입맥주를 마신다.	친구를 접대하기 위하여 수입맥주를 구매하였다.	
"동료들이 당신의 구취를 싫어한다"는 광고를 보았다.	광고된 구강청정제를 샀다.	
성공적인 경영자들이 보수적으로 차려입는다는 사실을 알게 되었다.	보수적인 이미지가 경영자에게 어울린다고 생각하여 보수적으로 차려입기로 했다.	규범적 영향
"발랄한 젊은이들이 SPAO를 입는다"는 광고를 보았다.	SPAO의 옷을 구매하려고 한다.	
많은 친구들이 건강식품을 먹고 있었다.	건강식품이 좋다고 생각하여 나도 먹기로 했다.	

터 별로 영향을 받지 않는 상황도 있다.

5. 준거집단 영향의 결정요인

1) 집단 자체의 특성

집단이 구성원의 행동에 대하여 미치는 영향은 다음과 같은 집단 자체의 특성으로부터 나오기도 한다.

● 청국장 명인 서분례(서일농원)

● S-에의 마스코트 구도일

(1) 전문성

소비자는 보다 나은 경험이나 지식을 갖고 있다고 여겨지는 사람으로부터 영향을 받을 수 있으므로 집단이 개인에게 미치는 영향력은 그 집단이나 구성원의 전문성으로부터 나온다. 따라서 판매원은 자신의 전문성을 효과적으로 활용해야 하며, 많은 광고는 상품에 관한 전문가의 의견을 인용한다. 예를 들어, LG 통돌이 세탁기는 가전신화의 조성진 부회장(세탁기 박사)를 가전 혁신과 기술의 상징으로 내걸고 있으며, 중식요리의 대가인 이연복 쉐프는 중식요리 분야에서 뛰어난 전문성을 인정받고 있다. 또한 청국장의 명인 서분례는 직접 서일농원의 '명인 청국장'의 맛과 효능을 자랑하고 있으며, 세계적인 축구스타인 차두리 선수는 피로를 우루사로 해결할 수 있다고 주장한다.

한편 적합하다고 여겨지는 전문가가 없을 경우에도 마케터는 가상적인 전문가를 '만들어 내기'도 한다. 예를 들어, S-oil의 광고에서 구도일이라는 사람은 가공적(fictitious)이지만 효과적인 품질보증인으로 이용하고 있다.

이러한 전문성은 뒤에 설명할 정보력과 관련될 수 있으나, 정보력은 영향자와 독립적이며, 영향자가 제공하는 정보의 논리나 중요성으로부터 나온다.

(2) 준거력

집단이 개인에게 미치는 영향력은 개인이 집단과 동일시되고자 하는 열망으로부터도 나온다. 즉 동일시의 열망 때문에 개인은 긍정적 준거집단과 동일하게 행동하고 상품을 지각할 수 있는데, 더욱이 집단의 신념과 태도가 개인의 것과 유사할수록 그 집단의 준거력은 커진다.

마케터는 이러한 준거력을 이용하여 두 가지의 방법으로 소비자로 하여금 광고 속의 모델과 똑같은 것을 좋아하거나 똑같은 행동을 취하도록 설득할 수 있다. 예를 들어,

사회적 지위와 관련되는 콜롱, 의류, 승용차, 오디오 세트 등의 상품에 있어서 소비자는 모델이 추천하는 상표를 구매하도록 요구받는데, 남성복 갤럭시의 광고에서 배우 차승원은 이러한 열망 준거인(aspiration referent)의 좋은 예가 된다. 또한 생활단면 광고나 '전형적인' 소비자의 증언을 이용하여 동일한 문제를 갖고 있는 다른

사람들이 제시된 상표에 만족하고 있음을 보여줄 수 있다. 즉 이러한 광고는 소비자에게 유사한 욕구를 갖고 있는 다른 사람이 그러한 문제를 어떻게 해결하고 있는지를 보여준다. 예를 들어, '다시다'의 광고물에서 주부모델들은 육수를 준비하는 전형적인 소비자이며, '다시다'가 쇠고기 국물맛을 잘 낸다고 말함으로써 회원 준거인(membership referent)의 예가 된다. 따라서 소비자들은 그러한 모델들과 쉽게 동일시되고 그가 추천하는 상표에 대해 수용적이 될 수 있다.

● 준거력이 큰 광고 속의 준거인

(3) 보상력

개인은 자신에게 보상을 줄 수 있다고 지각하는 집단이나 그 구성원의 능력을 근거로 영향을 받을 수 있으므로, 영향력은 그 집단의 보상력과 관련된다. 즉 준거집단은 그 구성원에게 다양한 형태의 보상을 제공할 수 있는데, 보상은 돈이나 선물과 같이 유형적이거나 인정, 칭찬과 같이 무형적일 수 있으며 지각되는 보상의 크기에 따라 그러한 보상을 근거로 하는 영향력이 결정된다.

● 케라시스 네이처링 성유리 샴푸 광고

이러한 당근 접근방법(carrot approach)은 대체로 구성원들로 하여금 바람직한 행동을 취하도록 만드는데, 판매원의 보상계획이 좋은 예가 된다. 마케터도 여러 가지 형태의 보상을 활용하여 소비자에게 영향을 미칠 수 있으며, 품질보증과 아프터서비스를 통한 추가적인 보상은 소비자들과 우호적인 관계를 형성하고 유지하도록 도와준다.

또한 사회적 인정(social approval, group acceptance)이라는 보상을 암시하는 광고는 남편, 부인, 친구, 이웃, 사업동료 등 소비자에게 중요한 사람들이 해당 상품의 구매를 칭찬하는 모습을 담는다. 예를 들어, 케라시스 네이처링 샴푸의 광고물은 인기 연예인 성유리의 맑고 청순한 두발을 보여줌으로써 상품사용의 보상을 암시하고 있다.

(4) 강제력

집단은 벌을 주거나 보상을 철회함으로써 개인에게 영향을 미칠 수 있는데, 특히 집단이 개인에게 중요할수록 불인정이나 비난이 갖는 영향력은 크며 특정한 신념에나 태

● Tupperware의 홈파티 소개

도, 행동을 강요할 수 있다.

이러한 강제력을 효과적으로 활용할 수 있는 한 가지 방법은 두려움 소구(fear appeals)인데 생명보험, 구강청정제, 방취제와 같은 상품의 마케터가 널리 구사하고 있다. 예를 들어, 치과는 고르지 못한 치열에 기인하는 사회적 불인정의 두려움을, 방한제는 땀냄새에 기인하는 사회적 추방의 두려움을 지적한다. 이러한 광고들은 모두 상품의 비사용자가 겪게 될 사회적 제재를 보여주고 상품의 사용이 그러한 걱정을 제거시킨다고 제안하고 있다.

한편 집단배경에서 판매되는 Tupperware는 판매를 위한 홈파티에서 충분한 주문이 있을 때에만 집주인에게 큰 선물을 줌으로써 참가자들로 하여금 구매하지 않을 수 없는 집단압력을 받도록 하여 강제력을 효과적으로 이용하고 있다.

● 사회지향적 마케팅 – 훌륭한 시민으로 동참을 유도한다.

(5) 합법적인 권한

집단이 개인에게 미치는 영향력은 그 집단에게 그러한 합법적인 권한이 있다는 개인의 지각으로부터 나오기도 한다. 합법적인 권한이 크게 작용하는 전형적인 집단의 예는 가정과 직장인데, 여기서 구성원들은 다른 구성원들의 합법적인 권한을 인정한다.

사회지향적 마케팅(societal marketing)을 수행하는 마케터는 소비자들의 내재적 가치에 소구함으로써 합법적인 권한을 이용할 수 있는데, 그것은 사회지향적 마케팅의 소구들이 대체로 '본분에 따라 해야 하는 것'을 근거로 만들어지기 때문이다.

이상에서 살펴본 집단의 특성과 준거집단이 소비자에게 미치는 영향의 유형을 비교하면 〈표 11–2〉와 같다.

표 11–2

준거집단 영향의 유형과 집단특성

영향의 성격	목표	원천의 특성	집단특성	행동
정보제공적	지식의 획득	신뢰성	전문성	수용
비교기준적	자아의 유지/제고	유사성	준거력	동일화
규범제공적	보상	영향력	보상력/강제적 합법적인 권한	순응적 일치

Consumer 톡톡

생활가전업계, 스타 마케팅에 집중

생활가전업체들이 김수현, 이영애, 송중기, 현빈 등 유명 스타를 앞세운 '스타 마케팅'에 적극 나서고 있다.

쿠쿠전자는 지난해 8월부터 김수현을 전속모델로 기용, 활발한 마케팅 활동을 펼치고 있다. 쿠첸은 지난달 송중기를 광고모델로 발탁했다. 더불어 최근에는 밥솥 상단에 탑재된 5인치 컬러 대형 LCD 창으로 송중기 사인과 사진을 담은 한정판 밥솥도 출시했다.

▲ 사진/교원

양사는 중국 밥솥 시장 공략에 사활을 걸고 있는 만큼 한류 스타를 섭외해 브랜드 인지도를 높이겠다는 계획이다. 밥솥의 기술력이 상향평준화된 상황에서 브랜드 인지도를 높여 유통망을 넓히고 판매실적을 끌어올리겠다는 것이다.

동양매직은 올해 현빈과 전속모델 계약을 연장했다. 이에 따라 현빈은 동양매직 정수기와 공기청정기, 가스레인지, 전기레인지의 모델로 계속해서 활동할 예정이다. 동양매직 관계자는 "현빈의 세련되고 고급스러운 이미지가 브랜드 가치 제고에 크게 기여할 것"이라고 말했다.

교원그룹은 최근 이영애를 그룹 대표 모델로 선정하고, 다음달부터 '자연을 담은 건강한 웰스정수기'의 광고를 시작한다고 알렸다. 이 회사 관계자는 "전 세대에 걸쳐 높은 호감을 지닌 이영애를 통해 다양한 연령층의 고객에게 보다 친근하고 신뢰있는 기업으로 다가설 것"이라고 말했다.

업계에서는 생활가전의 프리미엄 이미지를 구축하기 위해 주가 높은 연예인을 모델로 발탁하는 것으로 분석했다. 특히 중국, 동남아 등으로 진출하는 업체들이 늘어나면서 한류스타 섭외는 필수조건이라는 분위기다. 다만 지나친 마케팅비 지출에 대한 우려 섞인 시선도 나오고 있다. 스타 마케팅은 상품 가격을 올리는 요인으로 작용해 소비자에 부담이 전가될 가능성이 있다는 것이다.

업계 관계자는 "스타 기용으로 마케팅비가 늘어나는 경향은 있지만 브랜드 인지도를 높여 유통망을 확장하기 위해 톱스타 기용에 나서는 업체들이 늘어날 것"으로 내다봤다.

자료원 : 뉴스토마토, 2016. 6. 26

2) 상품자체의 특성

(1) 가시성

상품이나 상표의 사용이 집단에게 가시적일 때 준거집단의 영향은 커진다. 에어로빅 신발과 같은 상품에서는 상품범주(운동화), 상품형태(에어로빅), 상표(나이키)가 모두 가시적인데 반해서 외출복은 상품범주와 상품형태(스타일)의 측면에서는 가시적이지만 상표는 그렇지 않다. 또한 비타민과 같은 상품들의 소비는 대체로 사적인 일이다.

아무튼 준거집단은 대체로 범주 또는 형태, 상표 등 집단에게 가시적인 상품의 측면에만 영향을 미친다.

(2) 상품의 필수성

상품이 덜 필수적일수록 준거집단의 영향이 커진다. 따라서 준거집단은 손목시계나 냉장고와 같은 필수품에 대해서는 영향을 적게 미치지만 스키나 스노우보드와 같은 필수적이지 않은 상품의 소유에는 많은 영향을 미친다.

한편 상품의 필수성과 가시성이라는 상품 자체의 특성과 준거집단 영향 사이의 관계는 [그림 11-6]과 같다. 즉 상품의 가시성 차원은 상표에 대한 영향의 크기를 결정하며, 필수성 차원은 상품의 구매여부에 대한 영향의 크기를 결정한다.

그림 11-6

상품의 가시성과 필수성에 따른 준거집단의 영향

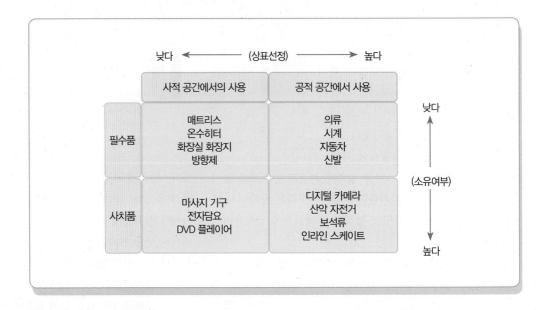

낮다 ← (상표선정) → 높다

	사적 공간에서의 사용	공적 공간에서 사용
필수품	매트리스 온수히터 화장실 화장지 방향제	의류 시계 자동차 신발
사치품	마사지 기구 전자담요 DVD 플레이어	디지털 카메라 산악 자전거 보석류 인라인 스케이트

낮다

(소유여부)

높다

(3) 집단에 대한 상품의 관련성

상품의 구매가 집단의 기능수행에 많이 관련될수록 그러한 구매행동에 관련되는 집단규범에 순응하도록 촉구하는 압력이 커진다. 예를 들어, 의류의 스타일은 고급 레스토랑에서 자주 모임을 갖는 집단에게 중요하겠지만 주말에 만나 등산하는 집단에게는 별로 중요하지 않을 것이다.

MOONYA MOONYA

● 준거집단의 영향을 많이 받는 상품과 많이 받지 않는 상품의 비교

제2절   집단내 커뮤니케이션과 의견선도자

의견선도자(opinion leader)란 **집단의 다른 구성원들이 특정한 주제에 관해 전문성과 영향력을 갖고 있다고 간주하는 사람**이다. 의견선도자는 그의 추종자들에게 특정한 주제에 관한 정보와 충고를 제공해 줄 수 있는 훌륭한 원천이 되므로 그가 속한 집단 내부에서 커뮤니케이션을 통해 추종자들의 태도와 행동에 영향을 미친다.

1. 집단내 커뮤니케이션의 본질

1) 집단내 커뮤니케이션의 중요성

소비자는 일반적으로 상업적 원천보다는 친구나 가족과 같은 개인적 원천을 신뢰하며 진실하다고 간주하기 때문에 개인적 원천은 소비자의 태도와 행동에 더 많은 영향을 미치며, 더욱이 이러한 원천으로부터 얻어지는 정보는 구매결정의 위험을 줄이기 위한 중요한 수단이 된다.

즉 비싸거나 사회적 가시성이 높은 품목을 구매하려는 소비자는 '관련된 다른 사람'(준거인)들의 의견을 구하는데, 그들로부터 얻어진 정보는 재무위험과 성능위험을 줄여주는 수단이 될 뿐 아니라 사회적 위험을 줄여주는 집단재가(group acceptance)의 수단이 된다.

집단내 커뮤니케이션의 중요성을 밝힌 연구에 따르면 식품과 가사용품의 구매에서 집단내 커뮤니케이션은 라디오 광고의 2배, 인적 판매의 4배, 신문이나 잡지의 7배나 유효하였고, 과거 에어컨의 소유자들이 도로의 한편으로 군집을 이루었다는 사실로부터 상품의 소유패턴이 집단내 커뮤니케이션과 관련됨을 알 수 있다.

이러한 **집단내 커뮤니케이션의 중요성**은 다음과 같은 여건에서 특히 두드러진다.

첫째, 상품이 가시적이어서 소비자 행동이 명백하게 관찰될 수 있는 여건

둘째, 상품이 독특하며, 라이프 스타일이나 자아 이미지에 밀접하게 관련되는 여건

셋째, 소비자가 상품에 관한 지식을 많이 갖고 있지 않은 여건

넷째, 상품이 준거집단의 규범과 신념에 중요한 여건(새로운 팝송 앨범에 대한 10대의 반응이나 새로운 무가당 식품에 대한 성인의 반응 등)

다섯째, 구매결정과 관련하여 위험을 많이 지각하기 때문에 추가적인 정보탐색이 필요한 여건

여섯째, 상품과 구매에 관한 소비자의 관여도가 높은 여건

2) 집단내 커뮤니케이션 참여 이유

많은 소비자들은 상품을 점포 내에서 발견하고 구매하지만 그러한 상품에 관한 많은 정보는 다른 사람으로부터 얻게 된다.

(1) 집단내 커뮤니케이션을 송출하는 이유

개인이 상품이나 상표에 관해 다른 사람과 이야기하려는 이유는 몇 가지가 있다. 첫째, 상품에 대한 **관여도가 높은 소비자는 자신의 상품관여도를 표현하기 위해** 집단내 커뮤니케이션을 송출하려는 경향이 있는데, 이러한 경향은 과거의 구매경험보다는 현재의 관심이나 상품소유를 근거로 한다.

예를 들어, 어린이 비타민의 의견선도자는 성장한 자녀와 과거 구매경험을 가진 어머니가 아니라 현재 어린이 비타민에 관심을 갖고 있는 어린 자녀의 어머니이며, 또한 집단내 커뮤니케이션을 송출하는 사람 중 86%는 현재 그러한 상품을 소유하고 있었다. 따라서 상품 관여도는 집단내 커뮤니케이션에 있어서 필수적 요소이다.

집단내 커뮤니케이션을 송출하는 두 번째 이유는 **구매결정에 관한 의구심(doubts)을 해소**하려는 것이다. 소비자는 자신이 실시한 구매의 긍정적인 측면을 친구나 이웃에게 묘사하고 인정을 받음으로써 그러한 의구심(인지 부조화)을 줄이려고 노력하는데, 만일 친구가 같은 상품을 구매한다면 그것은 자신의 선택에 대한 동의로 간주한다.

이와 관련하여 상품이나 점포에 불만족한 소비자는 그러한 불만족의 이유에 대해 다른 사람들에게 이야기하도록 동기부여가 되는데, 그러한 부정적인 메시지는 수용자들의 태도와 행동에 영향을 미칠 것이다. 따라서 마케터는 일관성 있는 품질을 유지하고 소비자 불만에 대해 신속하고 능동적으로 대처해야 한다.

집단내 커뮤니케이션을 송출하는 세 번째 이유는 **집단과의 관여도**이다. 집단이 개인에게 중요할수록 소비자는 그 집단의 구성원에게 집단내 커뮤니케이션을 송출할 가능성이 큰데, 그러한 커뮤니케이션은 다른 구성원들의 주의를 끌거나 전문성을 암시함으로써 집단과의 관여도를 보증하는 수단이 될 수 있기 때문이다. 따라서 레져클럽의 구성원은 집단과의 관계를 유지하기 위해 다른 구성원들이 관심을 갖는 레져활동에 대한 집단내 커뮤니케이션을 송출할 것이다.

(2) 집단내 커뮤니케이션을 모색하는 이유

집단내 커뮤니케이션을 모색하는 이유도 몇 가지가 있는데, 첫 번째 이유는 친구나 친척들이 **상품정보의 훌륭한 원천**으로 이용될 수 있다는 점이다. 두 번째 이유는 개인

적 원천으로부터 얻어지는 정보가 구매활동을 용이하게 한다는 점이다. 즉 소비자는 어떤 점포가 자신이 원하는 품목을 취급하지 않는다든가 가격이 비싸다든가 하는 정보를 친구나 이웃으로부터 얻어냄으로써 **쇼핑노력을 절약**할 수 있다. 세 번째 이유는 그것이 **구매결정과 관련된 위험을 줄인다**는 점이다. 따라서 구매결정에 있어서 많은 위험을 지각하는 소비자는 상품과 관련된 집단내 커뮤니케이션을 친구나 이웃으로부터 모색하는 경향이 있다.

한편 소비자가 구매결정에 수반되는 위험을 줄이기 위해 집단내 커뮤니케이션을 모색하는 과정과 그 결과는 [그림 11-7]과 같다.

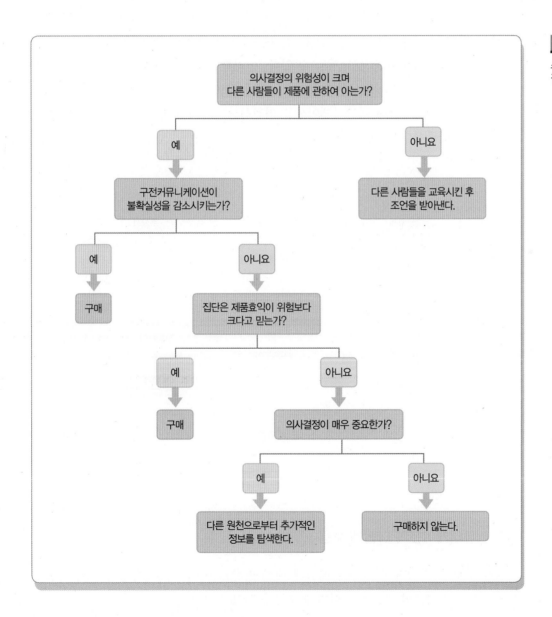

그림 11-7

소비자의 위험감소전략과
집단내 커뮤니케이션

2. 집단내 커뮤니케이션의 모델

1) 커뮤니케이션의 2단계 흐름

집단내 커뮤니케이션 과정에 대한 초기 모델은 의견선도자가 추종자에 비해 대중매체를 비롯한 다양한 정보원천에 더 많이 노출되며 정보의 원천들과 추종자들 사이의 중간적인 역할을 수행한다고 간주하였다. 즉 소비자 행동에 영향을 미치기 위해 마케터가 제공하는 정보들은 결국 개인에 의해 처리될 것이지만, 대부분의 경우 집단의 일부 구성원인 의견선도자가 다른 구성원들을 위해 정보를 여과하거나 해석하여 제공해 준다.

따라서 의견선도자를 제외한 대부분의 소비자들은 추종자로서 정보의 수동적 수용자이며, 집단내 커뮤니케이션 과정은 [그림 11-8]의 (a)와 같이 2단계의 흐름(two-step flow of communication)으로 묘사될 수 있다. 이러한 논의는 대중매체가 소비자들에게 영향을 미치기 위한 직접적인 수단이면서 동시에 정보의 주요한 원천이라는 오랜 관념을 거부한 것이며, 집단내 커뮤니케이션을 의견선도자가 주도하는 개인적 영향의 중요한 수단으로 간주한다.

그림 11-8

대중매체로부터 정보의 흐름

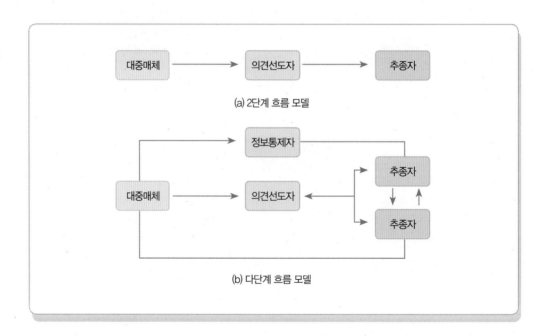

(a) 2단계 흐름 모델

(b) 다단계 흐름 모델

2) 커뮤니케이션의 다단계 흐름

커뮤니케이션의 2단계 흐름은 개인에 대한 영향을 이해하는데 유용하지만, 다음과 같은 이유에서 정보의 흐름을 정확하게 표현하고 있지 않다.

첫째, 추종자들이 항상 수동적이지는 않다. 그들은 의견선도자가 자발적으로 제공하는 의견을 수용할 뿐 아니라, 정보를 능동적으로 요구하고 의견선도자에게 피드백을 제공하기도 한다. 따라서 집단내 커뮤니케이션의 성격은 의견선도자와 추종자 사이의 쌍방적인 흐름으로 파악되어야 한다.

둘째, 추종자들은 의견선도자가 아닌 집단내 다른 사람들과도 정보를 교환한다.

셋째, 추종자들도 역시 대중매체로부터 정보를 직접 얻으며, 더욱이 그 과정에는 정보통제자가 개입할 수 있다. 정보통제자(gatekeeper)는 **다른 사람에게 정보를 선별적으로 소개하지만, 그들의 행동에는 직접적으로 영향을 미치지 않는다**는 점에서 의견선도자와 다르다. 예를 들어, 그들은 패션잡지를 탐독하며 최근 스타일에 관한 정보를 소개하지만 이러한 스타일의 수용에는 영향을 미치지 않는다.

따라서 집단내 커뮤니케이션의 보다 현실적인 모델은 [그림 11-8]의 (b)와 같은 다단계 흐름(multistep flow of communication)이다. 이러한 모델에서 마케터가 제공하는 정보는 정보통제자나 의견선도자를 통하거나 직접 추종자들에게 도달되며, 물론 추종자들 사이에서 정보교환도 일어난다. 특히 의견선도자와 추종자 사이에는 정보의 쌍방적 흐름이 존재하는 것으로 묘사된다.

한편 다단계 흐름에 있어서 의견선도자와 추종자가 모두 정보를 주고 받는다는 사실은 〈표 11-3〉에서와 같은 네 가지의 소비자 범주를 암시한다. 즉 사회적으로 통합적인 소비자(socially integrated consumer) A는 의견선도자이면서 집단내 다른 사람들로부터 정보를 적극적으로 탐색하는데, 이들은 집단내 커뮤니케이션을 격려하며 사회적으로 가장 적극적이다. 사회적으로 독립적인 소비자(socially independent consumer) B는 의견선도자의 성격은 강하지만 집단내 다른 사람들로부터 정보를 거의 탐색하지 않는 소비자이므로 2단계 흐름에 있어서 의견선도자에 대한 전통적인 관점을 나타낸다. 사회적으로 의존석인 소비자(socially dependent consumer) C는 의견선도자의 성격은 약하면서 집단내 다른 사람들로부터 정보를 많이 탐색하므로 추종자에 대한 전통적인 관점을 나타낸다. 사회적으로 격리된 소비자(socially dependent consumer) D는 의견선도자의 성격이 약하고 정보탐색도 적은 소비자로서 개인적인 커뮤니케이션을 기피한다.

표 11-3 개인간 정보탐색과 의견선도력의 범주화

		개인간 정보탐색의 정도	
		높다	낮다
의견선도력	높다	A(32%)	B(18%)
	낮다	C(18%)	D(32%)

3. 집단내 커뮤니케이션과 의견선도자

집단내 커뮤니케이션은 의견선도자와 추종자를 필요로 하므로 소비자 행동에 대한 집단내 커뮤니케이션의 영향은 의견선도력(opinion leadership)의 개념과 밀접하게 관련되어 있다.

1) 의견선도력의 본질

마케터는 의견선도자에게 소구를 집중시키거나 긍정적인 구전 커뮤니케이션을 격려하기 위해 다음과 같은 문제를 고려해야 한다.

첫째, 의견선도력은 여러 가지 상품범주에 걸쳐 확대될 수 없다는 일반적인 동의가 있다. 그러나 의견선도력이 상품범주에 걸쳐 나타나는지의 여부가 아니라 정도의 문제이며, 최근의 연구들은 한 분야의 의견선도자가 밀접하게 관련된 다른 상품범주에 있어서도 의견선도자가 되는 경향을 밝혔다.

둘째, 소비자는 일반적으로 상품경험을 토론하기 위해 일부러 만나지 않으므로, 상품에 관련된 대화는 대체로 상품의 사용과 같은 상황적 자극을 필요로 한다. 예를 들어, '맥심' 커피를 주제로 한 대화는 대체로 음식 또는 그 커피를 마시면서 시작될 수 있다. 또한 그러한 집단내 커뮤니케이션은 두 사람 중 하나가 다른 사람보다 의견선도력을 많이 가진다는 사실보다는 두 사람이 함께 커피를 마시고 있다는 상황으로부터 시작된다.

즉 집단내 커뮤니케이션은 그 안에 포함된 사람보다 상황에 의해 촉발되므로 마케터는 의견선도자를 확인하기보다는 **집단내 커뮤니케이션을 촉발시키는 상황적 특성을 확인**하기 위해 노력해야 한다.

셋째, 신상품에 관한 구전 커뮤니케이션의 배경을 검토한 연구에 따르면, 전체의 50% 이상이 두 사람 사이의 대화라는 특징을 보였으며, 대부분의 집단내 커뮤니케이션이 가정 내에서 일어났다.

넷째, 의견선도자가 집단 내에서 높은 지위를 차지할 필요는 없으며, 단지 상품에 대한 관여도가 높고 지식이 많다고 지각되는 것만으로 충분하다. 더욱이 의견선도자는 다른 사람을 지배하거나 일방적으로 커뮤니케이션하지 않으며, 집단내 커뮤니케이션은 앞에서 설명한 바와 같이 수용자와 쌍방적으로 일어난다.

2) 의견선도자의 특성

의견선도자는 특정한 상품범주 내에서 추종자들에게 개인적 영향력을 구사하므로 마케터는 그들을 확인할 수 있어야 한다. 즉 한 상품범주에서 의견선도자를 다른 소비자들과 구분해 주는 인구통계적 특성과 매체습관을 확인하는 일은 마케터로 하여금 의견선도자에게 도달할 수 있는 매체를 선정하도록 도와줄 것이며, 태도나 라이프 스타일 특성을 확인하는 일은 그들에게 효과적인 소구를 개발하도록 도와줄 것이다.

그러나 의견선도자는 자신과 유사한 소비자들과 커뮤니케이션하는 경향이 있기 때문에 그들의 인구통계적 특성이나 라이프 스타일 특성의 차이를 발견하기가 쉽지 않으며, 그들에게만 도달하기 위한 매체도 확인하기가 곤란하다. 더욱이 **의견선도자의 특성은 상품별로 다를 것이므로(product-specific), 여러 상품범주에 걸쳐 일반화가 곤란**하다. 예를 들어, 패션의 의견선도자는 식품의 의견선도자와 아주 다른 특성 프로파일을 가질 수 있다.

그럼에도 불구하고 의견선도자들이 보여주는 몇 가지 일반적인 특성은 다음과 같다.

(1) 상품관련 특성
- 특정한 상품범주에 관해 관심과 지식이 많다.
- 다양한 원천으로부터 상품정보를 탐색하는 일에 적극적이다.
- 상품에 관련되는 인쇄매체를 많이 읽는다.
- 신상품을 구매하려는 자발적 의도가 크다.

(2) 인구통계적 특성
의견선도자의 인구통계적 특성에 관해서는 일반화가 매우 곤란하다. 즉 패션, 영화, 식품과 같은 일부 상품범주에서는 독특한 인구통계적 집단(젊고 상류층)이 지식을 많이 갖추고 의견선도자의 역할을 수행할 수 있지만, 대부분 상품범주에서 의견선도자와 추종자들 사이에서 인구통계적 차이는 뚜렷하지 않다.

(3) 퍼스낼리티 특성
퍼스낼리티 특성의 측면에서 의견선도자는 상품평가에 자신감을 가지며, 남들과 어울리기를 좋아하는 경향이 있다. 이러한 경향은 아마도 자신감이 상품에 대한 관심과 상품특성에 관한 지식을 근거로 하며, 사회적 활동이 집단배경에서 다른 사람과 커뮤니케이션하려는 자발적 의도에 따라 많아지기 때문일 것이다.

(4) 라이프 스타일 특성
여러 가지 상품범주에 걸쳐 의견선도자는 집단이 당면한 문제에 대해 관여도가 높고, 독립적이며, 가격의식적이고, 스타일 의식적이지만 라이프 스타일 특성이 의견선도자를 확인하기 위한 근거로 사용되기에는 미흡하다.

결국 의견선도자를 확인하여 그들에게 소구하기 위한 메시지를 개발하고 효과적인 매체를 선정하는 일이 아직은 쉽지 않지만, 마케터는 바람직한 집단내 커뮤니케이션을 자극하기 위해 현재로서는 상황적 특성에나 관심을 집중해야 할 것이다.

4. 의견선도자와 마케팅 전략

의견선도력의 중요성은 상품과 표적시장에 따라 크게 다르다. 따라서 마케팅 전략에서 의견선도자를 이용하기 위해 마케터가 해야 할 일은 우선 — 조사나 경험, 논리적 추론을 통해 — 당면한 상황에서 의견선도자가 수행할 역할을 결정하고 그러한 의견선도자를 이용하기 위한 전략을 개발하는 것이다.

1) 의견선도자의 확인

● 분야별 전문잡지의 정기 구독자는 의견선도자일 가능성이 높다.

의견선도자는 대체로 그들이 영향을 미칠 추종자들과 인구통계 및 라이프 스타일 특성에서 유사한 경향이 있기 때문에 확인해 내기가 곤란하지만, 다행히 그들이 **의견선도력의 분야에 관련되는 대중매체를 탐독한다**는 사실로부터 의견선도자를 추정할 수 있다. 예를 들어, '카 라이프'의 독자들은 자동차 구매나 자동차 여행의 의견선도자로서 작용할 가능성이 크다.

마찬가지로 의견선도자가 **남들과 어울리기를 좋아하며 동호회나 협회활동이 왕성하다**는 사실은 카메라의 마케터가 각 대학의 '사진반' 회원이나 '프랜차이즈 창업연구회' 회원들을 의견선도자로 삼을 수 있음을 암시한다.

또한 일부 상품범주에는 **전문적인 의견선도자**가 있다. 예를 들어, 이용사나 미용사는 두발관련 상품에 대한 의견선도자로 작용하며, 약사는 광범위한 건강관련 상품에 걸쳐 중요한 의견선도자로서 작용한다. 또한 컴퓨터공학을 전공하는 학생은 컴퓨터를 구입하려는 다른 학생들에게 자연스런 의견선도자가 될 수 있다.

이상과 같이 많은 상품에 대해 의견선도자일 가능성이 높은 사람들을 확인하는 일이 전혀 불가능한 것은 아니며, 의견선도자를 확인하고 나면 마케터는 다음의 과업에서 그들을 활용해야 한다.

2) 마케팅 조사

의견선도자는 마케팅 정보를 받아들여 해석하고 다른 사람들에게 넘겨주므로 일부 마케팅 조사는 전체시장의 확률표본이 아니라 이러한 의견선도자들로 구성된 표본에 대해 더욱 효과적으로 수행될 수 있다. 따라서 신상품 시용시험(beta test), 광고문안의 사전시험, 매체선호에 관한 연구 등은 의견선도자일 가능성이 높은 사람들로 구성된 표본에 대해 실시되어야 한다.

3) 견본제공

잠재고객에게 견본을 제공하는 일은 상품에 관해 개인간 커뮤니케이션을 촉발시키기 위한 효과적인 방법이다. 의견선도자의 가능성이 높은 사람들에게 견본이 제공하는 일은 상품의 개선이나 마케팅 아이디어를 얻을 수 있을 뿐 아니라 많은 추종자들에게 상품정보를 전파할 수 있다(buzz marketing).

4) 영업

소매와 인적 판매에 있어서도 의견선도자를 이용할 수 있는 기회가 풍부하다. 예를 들어, 의류점은 자신의 표적시장으로부터 스타일선도자라고 여겨지는 사람들로 구성된 '패션조언자 모임'(fashion advisers)을 구성하며, 레스토랑도 역시 여성단체나 로터리클럽의 간부와 같이 의견선도자라고 여겨지는 사람들에게 무료 식사초대권과 메뉴를 배포할 수 있다.

5) 광고

광고는 현재의 고객이 상품에 관해 다른 사람과 이야기하도록 촉구하거나 잠재고객이 현재의 고객들에게 상품에 관한 질문을 던지도록 촉구하는 주제를 포함할 수 있는데, 이러한 전략은 현재의 고객들이 상품에 만족하고 있다는 사실을 전제로 한다. 또한 광고는 널리 알려진 의견선도자를 대변인으로 이용하여 상품의 품질이나 성능을 보증할 수 있다.

● 가정의학과 체질개선 분야의 의견선도자

6) 의견선도자의 인위적 창출

마케터는 간혹 현재의 의견선도자를 확인해 내기보다는 인위적으로 만들어내기도 한다. 의견선도자들이 **남들과 어울리기를 좋아하고, 상품범주에 대해 관심과 지식이 많다**는 사실로부터 마케터는 남들과 어울리기를 좋아하는 사람들을 찾아내어 자사상품에 대한 관심과 지식을 갖도록 자극할 수 있다.

[그림 11-9]와 같이 의견선도자를 인위적으로 만들어 내기 위한 절차는 크게 세 단계로 구성된다. 마케터는 우선 상품범주의 사회적 선도자(social leader)로서 남들과 어울리기를 좋아할 것이라고 판단되는 학생회 임원, 경기팀 선수, 응원단원을 각 대학으로부터 선정한다. 물론 이들이 모두 '록 앨범'에 대한 의견 선도자는 아닐 것이다.

그 다음 마케터는 이들에게 '로큰롤 히트곡'을 정확하게 예측하는 대회에 참여하도록 요구하면서, 참가신청을 했을 때 새로 출시할 미공개 '록 앨범'을 무료로 나누어 준 후, 그들이 평가할 가수들에 대한 정보를 제공하고 또한 다른 원천들로부터도 필요한 정보를 탐색하도록 격려한다.

이러한 과정을 통해 참가자들은 히트예상곡 투표에 앞서서 친구들과 '록 앨범'과 가수들에 대해 토론을 자주 가질 것이다.

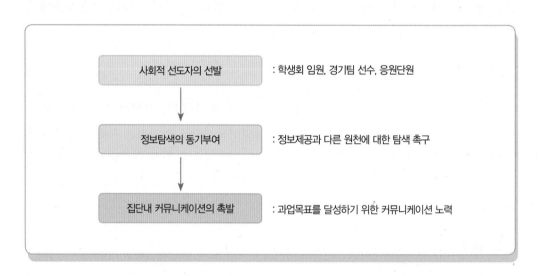

그림 11-9

'록 앨범'에 대한 대학생 의견선도자의 창출

Consumer 톡톡

모두가 스마트폰으로 연결된 세상 선도적 소비자의 힘은 한계가 없다

• 이병주(생생경영연구소장)

스마트폰이 대중화되면서 우리 일상이 과거와 많이 달라졌다. 직장은 옛날보다 훨씬 조용해진 것 같다. 중요한 일이 아니더라도 정기적으로 모여 떠들썩하게 회의를 하는 모습이 사라지고 모바일 커뮤니티 서비스인 '밴드' 등으로 회의를 한다. 중간중간 동료들과 담소를 나누는 모습도 줄어들었다. 스마트폰에 있는 메신저인 카카오톡으로 대화를 하기 때문이다. 점심이나 저녁 때 팀원들끼리 식당에 가면 음식 주문을 한 후 서로 말을 하지 않고 고개를 숙인 채 스마트폰만 들여다 본다. 그러다가 음식이 나오면 스마트폰으로 사진을 찍어 페이스북에 올린다. 이런 장면은 가정에도 상륙했다. 저녁 때 온 가족이 식탁에 둘러앉아 고개를 숙인 채 말없이 스마트폰을 보는 집이 적지 않다. 스마트폰은 연인들의 사랑 풍속도 역시 바꿔놓았다. 하나의 스마트폰을 함께 보며 웃는 사이 좋은 커플도 있지만 서로 대화를 하면서도 시선은 자신의 스마트폰에 가 있는 커플도 종종 볼 수 있다. 이제 사람들은 하루 종일 스마트폰에서 눈을 뗄 수 없게 됐다. 쉴 새 없이 연락 오는 지인들의 메시지로 스마트폰을 놓을 틈이 없다. 심지어 집에서 TV를 시청할 때도 친구들과 카카오톡으로 대화하면서 봐야 더 큰 재미를 느낀다고 하는 여성들도 많다. 스마트폰은 대학의 일상도 바꿔놓았다. 학교 앱을 실행해 편리하게 수강신청을 하고 '도서관'을 눌러 열람실을 예약하며 식당 메뉴를 스마트폰으로 확인한다. 또 도서관에서 책을 빌리거나 서점에서 사지 않고 필요한 부분을 사진으로 찍어 전자책 형태로 담아 다닌다. 학과 휴게실은 텅 비어 있지만 학과 온라인 커뮤니티에서는 대학생활에 관한 소소한 문제부터 시험문제 대비와 분석까지 활발한 대화와 활동이 일어난다.

온라인에서 살다

온라인 활동이 점점 늘어나고 있다. 특히 스마트폰이 대중화되면서 모바일을 통해 인터넷을 이용하는 시간이 점점 늘어나고 있다. 미국의 경우 올해 초를 기점으로 스마트폰으로 인터넷에 접속하는 시간이 PC로 접속하는 시간을 추월했다. 닐슨(Nielsen)사의 조사 결과 성인들은 스마트폰을 통한 인터넷 접속에 한달 평균 34시간을 쓰는 반면 PC를 통해서는 27시간을 쓴다. 인터넷 접속 채널별 시간을 측정한 다른 조사에서도 같은 결과가 나왔다. 인터넷 접속 시간 중 47%가 스마트폰의 모바일 앱을 활용했고 8%가 스마트폰의 브라우저, 45%가 PC를 활용해 인터넷에 머물렀다. 모바일 인터넷 비중이 무려 55%나 된 것이다.

이 같은 추세는 우리나라도 마찬가지다. 한국인터넷진흥원에서 매년 수행하는 인터넷 이용실태조사에서 우리나라 사람들은 인터넷 이용에 하루 평균 2시간을 들인다고 답했다. 그런데 같은 기관에서 실시한 모바일 인터넷 이용실태조사에서는 스마트폰 이용시간이 2시간13분으로 더 많았고 이 중 스마트폰으로 인터넷을 이용하는 시간은 평균 1시간35분이었다. 물론 두 조사를 직접 비교할 수는 없지만 스마트폰에서 활용하는 대부분의 기능이 '온라인' 기반이기 때문에 우리나라에서도 모바일을 통한 인터넷 접속시간이 PC를 앞서고 있는 것으로 추

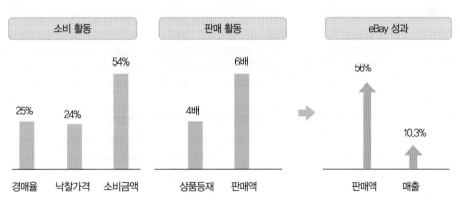

그림 11-10

커뮤니티 활동에 의한 고객 충성도 향상

소비 활동
- 경매율 25%
- 낙찰가격 24%
- 소비금액 54%
- 커뮤니티 멤버들이 일반 소비자에 비해 상대적으로 활발한 소비를 보임.

판매 활동
- 상품등재 4배
- 판매액 6배
- 커뮤니티 멤버들이 일반 소비자에 비해 활발한 판매활동을 함.

eBay 성과
- 판매액 56%
- 매출 10.3%
- 커뮤니티 멤버들이 일반 소비자에 비해 10.3%의 매출 증대 효과를 보임.
- 수백만 달러의 이익을 올림.

자료원 : Rene Algesheimer & Paul M. Dholakia, "Do Customer Communities Pay Off?", Harvard Business Review, Nov. 2006

정된다. 스마트폰으로 주로 이용하는 서비스는 카카오톡 같은 채팅 서비스이고 모바일 인터넷으로는 검색 다음으로 페이스북이나 트위터 같은 SNS 서비스를 이용하는 데 가장 많은 시간을 들인다고 대답했다([그림 11-10]). 즉 사람들은 온라인에서 대부분 주변사람들과 소통하거나 관계를 쌓고 유지하는 커뮤니티 활동에 시간을 쏟고 있다. 사람들의 희로애락은 다른 사람들과의 관계에서 온다. 현실에서는 시간과 공간의 제약 때문에 만날 수 있는 사람이나 모임의 수가 제한되지만 온라인에서는 교류할 수 있는 사람과 모임을 급격히 늘릴 수 있다. 온라인에 투입하는 시간이 많아질수록 온라인 커뮤니티 활동이 늘어나는 것은 당연하다.

이런 추세는 기업에게 아주 큰 기회를 제공한다. 1983년 파산 위기에 직면했던 할리데이비슨이 열성적인 소비자 커뮤니티를 키워 위기에서 벗어난 일은 유명하다. 소비자 커뮤니티는 충성도 높은 고객을 유지할 수 있는 좋은 수단이지만 그동안 시간과 공간의 제약으로 이런 모임을 만드는 게 쉽지 않았다. 온라인에서 쉽게 커뮤니티를 만들 수 있게 된 지금, 기업들은 커뮤니티와 비즈니스를 연계해서 성장과 혁신을 꾀할 수 있는 좋은 기회를 잡게 됐다.

커뮤니티 기반 혁신의 성공 포인트

1. 선도적 소비자를 모아라

커뮤니티 기반의 혁신이 활발히 일어나기 위해서는 아이디어를 내는 선도적 소비자(Lead User)가 우선적으로 필요하다.

소비자 혁신 이론의 대가인 폰 히펠 교수는 수많은 혁신이 개인에게서 나왔다고 주장한다. 혁신적 아이디어는 대부분 처음에는 개인으로부터 나오지만 3단계를 거치면서 나중에 기업이 들어와 상품화된다는 것이다([그림 11-11]). 그 과정을 살펴보면 첫째, 혁신은 대부분 소비자 스스로 상품을 개발하는 단계에서 시작된다. 초기 시장 수요가 적을 때 기업 대신 마니아 특성을 지닌 선도적 소비자가 혁신을 주도한다. 둘째는 다른 개인들에게 점차적으로 받아들여지는 단계다. 다른 사용자들이 상품을 테스트해보고 자신의 아이디어를 더해 개선한다. 셋째는 시장성이 있을 때 기업이 들어와 생산이 이뤄지는 단계다. 폰 히펠 교수의 연구에 의하면 혁신에서 가장 중요한 씨앗을 뿌리는 사람은 맨 먼저 새로운 니즈를 인식하고 불편함이나 새로운 욕구를 참지 못해 행동에 나서는 선도적 소비자다. 그래서 커뮤니티 혁신에 성공하려면 이들을 모으는 것이 매우 중요하다.

2. 소비자들이 머물러 교류하게 하라

관건은 선도적 소비자가 만들어낸 혁신동력이 다수의 멤버로 확산되도록 만드는 일이다. 소극적인 다수에게 소속감을 가지게 하고 서로 교류해 점차 적극적으로 참여하게 만드는 게 커뮤니티 성공에서 핵심이다. 할리오너스그룹에 20여 년간 자문을 해준 브랜드 커뮤니티 전문가 포니어(Fournier) 교수는 커뮤니티가 활발히 지속되기 위해서는 세 가지 요소가 갖춰져야 한다고 말한다. 첫째는 '커뮤니티를 묶어줄 공통된 가치'다.

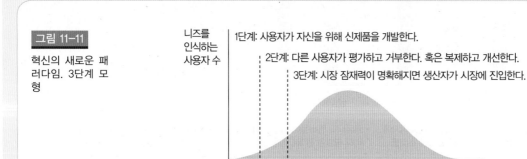

그림 11-11

혁신의 새로운 패러다임. 3단계 모형

니즈를 인식하는 사용자 수

1단계: 사용자가 자신을 위해 신제품을 개발한다.

2단계: 다른 사용자가 평가하고 거부한다. 혹은 복제하고 개선한다.

3단계: 시장 잠재력이 명확해지면 생산자가 시장에 진입한다.

시간

자료원 : Ericvon Hippel, Susumu Ogawa & Jeroen De Jong, "The Age of the Consumer-innovator", MIT Sloan Management Review, Sep, 2011

흔히 커뮤니티 활동을 위해 멤버들에게 이익을 부여하는 게 중요하다고 생각한다. 레고를 비롯해서 커뮤니티 기반 혁신에 성공한 많은 기업들이 아이디어를 낸 소비자에게 그로 인해 나온 매출의 일부분을 떼어준다. 그러나 창조와 혁신 분야의 많은 연구에서 금전적 이익보다는 자기 만족이나 공동체 봉사 같은 무형의 가치가 자발성을 이끌어내는 데 더 효과적이라는 게 밝혀졌다. 둘째, '사람들 간의 복잡한 관계'가 필요하다. 그래야 탈퇴가 힘들기 때문이다. 셋째, '허브 역할을 하는 핵심인물'이 있어야 한다. 다수가 이들을 중심으로 활동하게 된다.

주방용품 업체인 락앤락의 온라인 커뮤니티, 락앤락 서포터즈가 바로 이런 방식으로 커뮤니티를 발전시켰다.

3. 소비자들이 상품을 발전시키게 하라

커뮤니티가 발달하면 상품 개발에서 소비자의 역할이 점점 커지게 된다. 소비자들 중에는 기업의 구성원보다 더 전문적인 지식과 능력을 지닌 사람도 있다. 가끔 이들이 기업이 출시한 상품을 보완하고 발전시키는 역할을 하기도 한다.

지금은 유명해진 레고의 소비자 커뮤니티가 바로 이렇게 탄생했다. 레고가 소비자 커뮤니티의 혁신에 성공한 데에는 여러 이유가 있겠지만 핵심적인 것은 소비자와 신뢰하에 문을 연 것이다. 소비자와 협력 초기 레고는 협력 당사자가 제3자에게 정보를 유출하지 못하도록 했다. 그랬더니 그 소비자는 다른 사람들과 아이디어를 공유하지 않았고 상품의 혁신은 제한적인 수준에서 멈췄다. 부작용을 인식하고 기밀유지협약을 최소화했더니 한 소비자의 아이디어는 다른 소비자에 의해 개선되고 발전됐다. 이후 레고는 기술이나 핵심 역량을 상당 부분 오픈했다.

커뮤니티는 아이디어의 공급원으로서 혁신에서 주된 역할을 하지만 커뮤니티의 역할을 아이디어 창출에 국한시킬 필요는 없다. 비즈니스의 전 기능에 걸쳐 커뮤니티가 혁신적인 역할을 하게 만들 수 있다.

4. 소비자의 역할에 한계를 두지 마라

커뮤니티는 아이디어의 공급원으로서 혁신에서 주된 역할을 하지만 커뮤니티의 역할을 아이디어 창출에 국한시킬 필요는 없다. 비즈니스의 전 기능에 걸쳐 커뮤니티가 혁신적인 역할을 하게 만들 수 있다.

1980년대부터 소비자와 협력해온 유니레버는 상품 아이디어뿐만 아니라 다양한 영역에서 커뮤니티의 도움을 받고 있다. 가령 땀냄새 제거제인 액스의 마케팅 캠페인은 소비자 커뮤니티가 없었다면 나오지 못했을 것이다. 소비자들은 회사가 땀냄새 방지 기능을 계속 강조하면 사람들이 땀냄새 제거제의 구매를 쑥스럽게 여길 것이라고 조언했다. 이에 유니레버는 상품의 향을 고급화하고 포장 디자인을 세련되게 바꿔 패션용 상품으로 재정의했고 청소년들 사이에서 선풍적인 인기를 끌게 됐다. 커뮤니티가 마케팅 전략에 직접 영향을 준 것이다.

심지어 커뮤니티는 비즈니스 모델을 혁신할 수 있는 직접적인 파트너가 되기도 한다. 아마존의 에이스토어(aStore)는 블

그림 11-12

아마존의 롱테일 효과

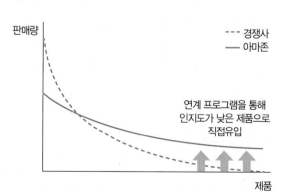

자료원 : 조봉수, 《디지털 컨슈머 & 마케팅 전략》, 에이콘, 2014

로그나 카페에 아마존의 상품 카테고리 페이지를 추가할 수 있는 플랫폼 서비스다. 온라인 커뮤니티 운영자는 자신의 웹사이트에 아마존의 상품 페이지를 자유롭게 추가할 수 있고 아마존은 판매수익의 8~15%를 운영자에게 나눠준다.

운영자는 대부분 회원들에게 꼭 필요한 상품을 골라 최선을 다해 페이지를 구성한다. 가령 아기 엄마 카페는 에이스토어를 열어 출산용품이나 육아용품을 회원들이 가장 선호하는 상품으로 구성해 페이지를 꾸밀 것이고 등산 커뮤니티는 회원들에게 필요한 등산 관련 상품과 사용후기 등 여러 정보 등을 골라 에이스토어를 만들 것이다. 에이스토어는 아마존의 소비자 커뮤니티를 넘어 다른 수많은 커뮤니티를 아마존과 연결하는 채널이 된 것이다.

이는 전자상거래 사이트의 비즈니스 모델을 한 단계 혁신하는 계기가 됐다. 온라인 상거래 사이트는 상위 10% 상품이 전체 매출의 90%를 차지한다. 하지만 다양한 니즈를 지닌 수많은 소비자를 유치하기 위해 잘 팔리지도 않는 상품을 입고할 수밖에 없다. 그런데 아마존은 에이스토어를 통해 가령 희귀 동물 커뮤니티의 회원들이 구매하는 상품도 상당량 판매할 수 있게 됐다. 이를 롱테일 효과라 부르는데 전문가들의 예상에 따르면 여기에서 나오는 매출이 아마존 전체 매출의 3분의 1을 차지한다([그림 11-12]). 에이스토어를 통해 수많은 커뮤니티를 아마존의 고객으로 끌어들이고 그 커뮤니티의 소비자들

이 스스로 자신들에게 최적화된 맞춤 사이트를 구성하게 만든 것이다.

5. 소비자의 아이디어가 실행으로 이어지게 하라

끝으로 커뮤니티 기반의 혁신 전략에서 매우 중요하지만 간과되는 부분이 있다. 바로 실행에 관련한 문제다. 많은 기업들이 소비자 커뮤니티의 효과를 알지만 성공적으로 운영하는 곳이 드문 이유가 바로 여기에 있다. 경영대가인 고(故) 테오도르 레빗(Theodore Levitt) 교수는 혁신은 아이디어에서 시작해서 실행으로 이어져야 완성된다고 말했다. 즉 혁신은 탁월한 아이디어를 상품화까지 끌고 가면서 실행 과정에서 만나는 수많은 장애물을 극복해야 이룰 수 있다는 말이다.

고객에게 봉사하고 상품을 차별화해야

우리나라에서 커뮤니티가 기반이 되는 소비자 주도 혁신을 아직 많이 볼 수는 없다. 카이스트의 김영배 교수는 소비자 주도의 사용자 혁신이 한국 기업에서 매우 적게 일어난다는 사실을 밝혀냈다([그림 11-13]). 한국, 캐나다, 네덜란드에서 동일한 업종의 제조업체를 대상으로 조사한 결과 한국은 사용자 혁신을 경험한 기업이 18%에 지나지 않았다. 캐나다는 43%, 네덜란드는 62%였다. 더욱이 한국 기업은 사용자 혁신을 다른 기업들과 공유하지도 않았다. 사용자 혁신 성과 중에서 타 기

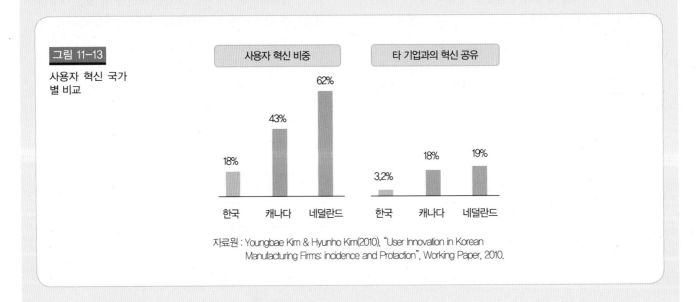

그림 11-13

사용자 혁신 국가
별 비교

사용자 혁신 비중

62%
43%
18%
한국 캐나다 네덜란드

타 기업과의 혁신 공유

3.2% 18% 19%
한국 캐나다 네덜란드

자료원 : Youngbae Kim & Hyunho Kim(2010), "User Innovation in Korean Manufacturing Firms: incidence and Protaction", Working Paper, 2010.

업과 공유한 비중이 한국은 3.2%, 캐나다는 18%, 네덜란드는 19%였다. 즉 우리 제조업체는 사용자 혁신을 매우 적게 활용하고 혁신을 다른 기업과 공유하지도 않고 있었다. 김 교수는 두 가지 원인을 지적하고 있다. 첫째, 한국 기업의 기술 수준 문제다. 즉 소비자 주도 혁신은 대부분 시장을 선도하는 분야에서 나타난다. 이제까지 없던 상품을 개발할 때 소비자의 아이디어가 필요한 것이다. 그러나 많은 한국 기업은 추종 전략을 가지고 있었으므로 소비자 주도 혁신이 적게 나타났다는 것이다. 둘째, 한국 사회의 낮은 신뢰 수준과 이로 인한 대기업 중심의 폐쇄적인 산업구조의 문제다. 수직적 지배구조 안에서만 혁신과 지식의 공유가 이뤄지고 있다는 것이다.

한국 기업은 대범해져야 할 것 같다. 브랜드 커뮤니티 전문가들은 커뮤니티는 오직 소비자를 위해 만들어야 하며 커뮤니티를 통해 고객에게 더 나은 가치를 제공했을 때 커다란 이득을 얻는다고 말한다. 할리데이비슨은 소비자가 오토바이를 더 즐겁게 타도록 하기 위해 커뮤니티를 만들었고 락앤락도 커뮤니티에서 상품 판매를 시도하지 않았다. 커뮤니티를 고객에게 돌려줬을 때 혁신이 일어났다. 커뮤니티를 전략적 관점에서 이용하자고 생각하지 말고 오직 고객만을 위해 구축해보자. 소비자와 탄탄한 신뢰가 생길 것이고 회사의 상품 전략을 넘어선 아이디어가 나올 것이다.

끝으로 지금까지의 논의를 넘어선 제언을 생각해보겠다. 커뮤니티 기반의 혁신 전략을 크게 바라보자. 소비자 혁신의 전제조건은 결국 상품 차별화다. 이 글에 나온 기업들, 할리데이비슨, 애플, BMW, 레고, 유니레버, 아마존, 퀄키, 세스코, 락앤락 등은 모두 독특한 상품이나 서비스를 제공한다. 최소한 정체성이 분명한 사업을 하는 회사다. 이 기업들의 공통점은 모두 팬덤이 있다는 것이다. 사실 우리나라에서 그동안 소비자 주도 혁신이 드문 이유는 이런 상품이 드물었고, 그래서 진정한 커뮤니티가 없었기 때문이다. 남들과 비슷한 상품에 대해서, 개성이나 정체성이 없는 상품에 대해서 열광하는 소비자는 없다. 당연히 강력한 커뮤니티도 없다. 그래서 커뮤니티 기반의 혁신은 독창적인 상품이 만들어졌을 때 비로소 시작된다.

자료원 : DBR 162호(2014. 10. Issue 1)

제3절 혁신의 본질과 확산

1. 혁신의 본질

혁신(innovation)이란 **관련된 개인이나 집단에 의해 새롭다고 지각되는 상품이나 아이디어 등**을 의미하는데, 특정한 상품이 혁신인지의 여부는 기술적 변화의 객관적 측정치가 아니라 잠재고객들의 지각에 의해 결정된다. 더욱이 혁신으로 인정받기 위해서 시장에 등장한지 얼마 안 되는 최근의 상품이어야 되는 것은 아니다. 예를 들어, '요구르트'는 수백 년 전부터 존재해 온 식품이지만 이제까지 '요구르트'에 친숙하지 않던 세분시장에게는 역시 혁신인 것이다.

물론 혁신에도 정도 차이가 있는데 예를 들어, 전기면도기는 양날 안전면도기보다 혁신적이다. 따라서 모든 혁신은 표적시장의 반응에 따라 혁신 정도의 연속체를 이룰 것이지만, 대체로 다음과 같은 세 가지의 범주로 정의할 수 있다. 단지 여기서 유의해야 할 점은 혁신의 연속체가 상품 속에 구현된 기술적 또는 기능적 변화의 크기가 아니라 **혁신을 수용하기 위해 소비자에게서 요구되는 신념과 태도, 행동의 변화가 얼마나 큰지**를 보여준다는 사실이다.

- 단속적인 혁신(discontinuous innovation)
  소비자가 수용하기에 중요한 행동측면의 커다란 변화를 필요로 하는 혁신으로서, 최초의 TV, 컴퓨터, 전화기, 카메라 등의 예가 있다.

- 진보적인 혁신(dynamically continuous innovation)
  소비자가 수용하기에 비록 덜 중요한 행동측면이지만 커다란 변화를 필요로 하는 혁신으로서, 칼라TV, 무선노트북, 휴대전화, 디지털카메라 등의 예가 있다.

- 지속적인 혁신(continuous innovation)
  소비자가 수용하기에 비교적 적은 행동적 변화만을 필요로 하는 혁신으로서, 나무상자로 포장한 와인이나 승용차의 새로운 모델, 바디샴푸 등의 예가 있다.

● 단속적인 혁신

● 진보적인 혁신

● 지속적인 혁신

혁신의 확산은 집단내 커뮤니케이션과 밀접하게 관련되어 있는데, 그것은 신상품에 관한 정보와 영향이 집단내 커뮤니케이션을 통해 유포될 뿐 아니라 혁신층이 상품범주에 관한 많은 관심과 지식을 가짐으로써 의견선도자가 되는 경향이 있기 때문이다. 그러나 혁신층이 곧 의견선도자가 되는 것은 아닌데, 그것은 일부 혁신층이 사회적으로 독립적이며 집단보다는 자신의 개인적 규범과 가치를 따르므로 자신은 신상품을 조기에 구매하지만 다른 사람에게 영향을 미치지 않을 수 있기 때문이다. 또한 일부 의견선도자는 집단내 커뮤니케이션을 통해 다른 사람에게 영향을 미치지만 신상품의 조기구매자가 아닐 수도 있다. 따라서 혁신층과 의견선도자 사이의 유사성에도 불구하고 혁신의 확산은 마케팅 전략을 개발하기 위한 별도의 시사점을 가진다.

2. 혁신의 확산

혁신의 확산(innovation diffusion)이란 혁신이 시간경과에 따라 표적시장의 구성원들 사이에서 퍼져나가는 사회적인 현상이다. 물론 혁신의 확산과정은 혁신의 성격과 표적시장에 따라 다르겠지만, [그림 11-14]와 같이 처음에는 느린 속도로 진행되다가 급속히 진행되며 다시 속도가 떨어지는 패턴을 보인다.

혁신의 확산과정은 소비자의 혁신수용과 밀접한 연관성을 가지면서 마케팅 전략을 개발하는 데 풍부한 시사점을 가지므로 여기서는 소비자의 혁신수용, 혁신의 커뮤니케

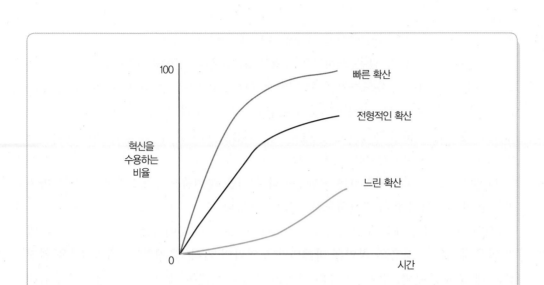

그림 11-14

시간경과에 따른 혁신의 확산율

이션, 확산속도 등을 검토한다.

1) 소비자의 혁신수용

(1) 소비자의 혁신 수용과정

혁신의 수용과정(adoption process)이란 개별적 또는 집단적으로 소비자가 혁신에 노출된 후, 그것을 정규적으로 구매하려는 의사결정(수용)에 이르기까지 거치는 정신적 상태를 묘사하며, 〈표 11-4〉와 같은 단계들로 구성된다.

단계	활동
인지(awareness)	처음으로 혁신에 대하여 노출되지만 정보는 부족하다.
관심(interest)	혁신에 관한 정보를 능동적으로 탐색한다.
평가(evaluation)	혁신을 자신의 욕구나 기존상품과 비교한다.
시용(trial)	혁신의 유용성을 결정하기 위해 소규모로 시용한다.
수용(adoption) /거부(rejection)	시용의 결과가 만족스럽다면 혁신을 대량으로 또는 정규적으로 구매하기로 결정한다.

표 11-4

혁신수용의 단계

〈표 11-4〉의 단계들은 단속적인 혁신에 대한 소비자의 수용과정을 묘사하는 것이며, 대체로 관여도가 높은 여건의 광범위한 의사결정과 매우 유사하다. 그러나 현실적으로 대부분의 혁신은 지속적인 혁신이며 관여도가 낮기 때문에 오히려 제한된 의사결정을 일으킨다. 예를 들어, 소비자는 새로운 밀크 초콜릿이나 새로운 청량음료를 수용하는 데 별로 많은 노력을 투여하지 않을 것이다. 따라서 혁신의 확산과 수용에 관한 이

후의 설명은 모두 단속적인 혁신을 전제한 것임에 유의해야 한다.

아무튼 〈표 11-4〉와 같은 소비자의 수용과정으로부터 신상품의 마케터는 잠재고객들을 수용의 단계까지 유도하기 위한 전략적 시사점을 얻을 수 있다. 예를 들어, 새로운 스마트 폰의 마케터는 잠재고객들이 관심의 단계에 있다면 신상품과 상품 평가기준에 관한 정보를 충분히 제공하면서 3일간씩의 시용을 허용할 수 있으며, 새로운 화장품의 마케터는 신상품의 견본을 제공하기도 하는데, 견본의 제공은 신상품의 평가와 시용의 단계에서 소비자가 지각하는 구매결정의 위험을 줄여줌으로써 그들로 하여금 마지막 수용의 단계까지 빨리 도달하도록 유도할 수 있다.

그러나 이러한 단계의 구분은 수용시간(time of adoption)이라는 요소를 포함하고 있지 않은데, 조기수용층의 확인은 마케터가 도입기의 가격, 촉진활동, 매체전략을 결정하는 데 도움을 주며, 후기수용층의 확인은 보다 큰 집단에게 상품을 확산시키기 위해 마케팅 계획을 조정하도록 허용한다.

(2) 소비자의 혁신성향과 수용자 범주

신상품이 시장에 도입되자마자 그것을 재빨리 구매하는 소비자가 있는가 하면, 구매에 앞서서 추가적인 정보를 탐색하고 먼저 구매한 사람의 경험을 살피는 소비자도 있

그림 11-15

시간경과에 따른 수용자
범주

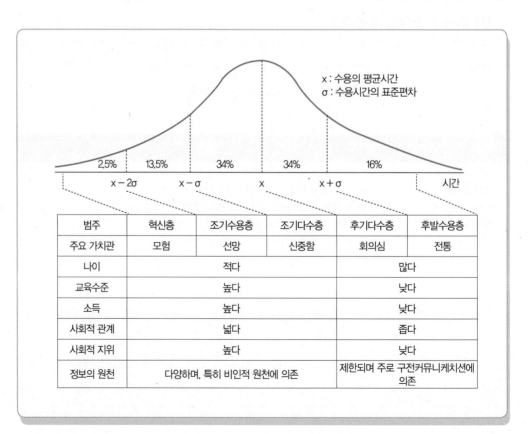

범주	혁신층	조기수용층	조기다수층	후기다수층	후발수용층
주요 가치관	모험	선망	신중함	회의심	전통
나이	적다			많다	
교육수준	높다			낮다	
소득	높다			낮다	
사회적 관계	넓다			좁다	
사회적 지위	높다			낮다	
정보의 원천	다양하며, 특히 비인적 원천에 의존			제한되며 주로 구전커뮤니케이션에 의존	

다. 즉 한 사회내의 다른 구성원과 비교하여 상대적으로 일찍 혁신을 수용하려는 경향인 혁신성향(innovativeness)은 개인에 따라 다르다.

혁신에 대한 인지로부터 수용에 이르기까지 소요되는 상대적 시간을 측정하면 정규분포와 유사한 수용자 분포를 얻을 수 있는데, 전제 수용자는 혁신을 수용하기까지 소요되는 상대적 시간에 따라 [그림 11-15]와 같이 혁신층, 조기수용층, 조기다수층, 후기다수층, 후발수용층으로 구분될 수 있다. 소비자의 혁신성향은 대체로 단속적인 혁신에 대해서 [그림 11-16]과 같은 개인적 특성에 관련된다. 이러한 사실은 첫째, 소득수준이 높은 소비자는 자금의 여유가 있으므로 재무적 위험에 덜 민감하고 둘째, 집단규범과 독립적으로 행동하면서 변화에 개방적인 성향은 신상품의 수용을 촉진하며 셋째, 범세계주의적 라이프 스타일은 개방적인 퍼스낼리티 및 높은 교육수준과 더불어 소비자를 다양한 상품에 노출시킨다는 점으로부터 알 수 있다.

- 많은 위험을 감수한다.
- 내부지향적이며 집단규범과 독립적이다.
- 범세계주의적이다.
- 새로운 아이디어와 변화에 대해 개방적이다.
- 교육수준과 소득수준이 높다.

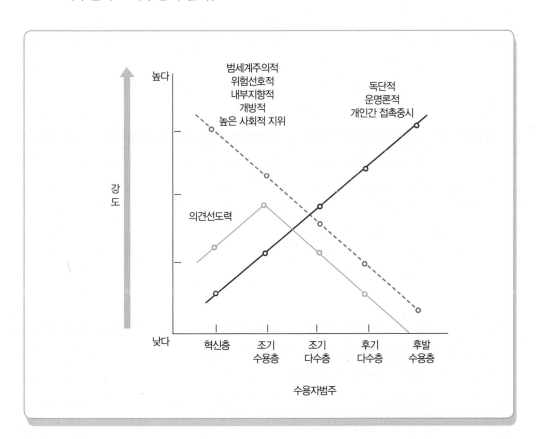

그림 11-16
수용자 범주별 특성비교

그러나 단속적인 혁신에 대한 '일반적인 혁신성향'이 존재할 가능성에도 불구하고, 대부분 혁신에 대한 혁신성향은 상품에 따라 달라지는 것으로 간주된다(product-specific). 즉 관련성이 큰 상품범주들 사이에는 혁신층이 중복될 수 있으나, 관련성이 거의 없는 상품범주들 사이에서는 혁신층이 중복되지 않으므로 마케터는 상품범주별로 혁신층을 찾아내야 한다.

더욱이 상품의 사용상황도 신상품의 수용에 직접적으로 영향을 미칠 것이므로 혁신성향은 상황에 따라 다르게 나타난다(situation-specific). 예를 들어, 전기차는 판매원의 잦은 여행에는 적합하지만 화물운송에는 적합하지 않을 것이며, 소비자는 믹스커피가 일상적인 용도에는 편리하지만 손님을 접대하기에는 적절치 않다고 생각할 수 있다.

따라서 신상품의 마케터는 상황적 맥락에서 상품에 대한 소비자의 반응을 확인해야 한다. 예를 들어, 새로운 스낵상품은 소비자에게 '영양을 공급하는 조식' 또는 '간식', '야식'으로 제시될 수 있으며, 각 경우에서 신상품이 소비자에게 제공하는 효익은 상품의 사용상황과 관련되어야 한다.

한편 [그림 11-15]에서와 같이 수용자들을 다섯 개의 범주로 구분하는 일은 모든 잠재고객이 언젠가는 결국 혁신을 수용할 것으로 가정하고 있는데, 이러한 가정은 현실적이지 않기 때문에 조기수용층, 후기수용층, 비수용층 등의 세 개의 범주로 분류할 수도 있다. 이 경우의 조기수용층은 [그림 11-15]에서 혁신층과 조기수용층, 조기다수층을 포괄하고 후기수용층은 후기다수층과 후발수용층을 포괄하게 되며, 비수용층은 언제까지라도 혁신을 수용하지 않을 잠재고객을 나타내기 위한 범주가 된다.

(3) 혁신층

의견선도자가 집단내부에서 상품정보와 영향의 중심점인 것과 마찬가지로 혁신층은 다른 집단에 대해 신상품 정보와 영향을 확산시키는 중심점이다. 따라서 신상품의 마케터는 우선 혁신층을 확인하여 신상품 도입 초기의 표적시장으로 삼아야 하는데, 혁신층은 다음과 같은 이유로 신상품의 마케팅에서 중요하다.

첫째, 그들은 직접 상품을 구매한다.

둘째, 상품의 개발이나 도입단계에서 접촉될 수 있다면 혁신층은 상품을 평가하고, 상품수정을 제안해 주는 시험시장(test market)의 기능을 수행한다.

셋째, 혁신층은 대체로 그가 속한 집단 내에서 의견선도자인 경향이 있으므로 신상품에 대한 그들의 태도와 행동은 다른 구성원들에게 신속하게 전파된다. 따라서 이들이 혁신을 수용 또는 거절하는 행위는 바로 신상품의 성패에 대한 예고가 될 수 있다.

따라서 마케터는 신상품을 도입할 때 혁신층을 확인하여 초기의 표적시장으로 삼아야 한다. 한 상품범주의 혁신층이 다른 상품범주에서도 혁신층이 되지는 않기 때문에 마케터는 혁신층을 상품구체적으로 정의해야 하지만, 혁신층은 대체로 다음과 같은 특성을 보인다.

① 퍼스낼리티 특성

혁신성향은 여러 가지 퍼스낼리티 특성과 관련된다. 신상품을 일찍 수용하는 혁신층은 다른 사람들에 비해 내부지향적인 성향을 보이는데, 내부지향적인 사람은 자신의 내부적 표준과 가치에 따라 행동하는 사람이다.

혁신층은 또한 독단적인 성향이 약하다. 독단주의(dogmatism)는 지각된 위험과 조바심에 관련되며 변화에 대해 폐쇄적인 마음을 일으키므로 덜 독단적인 사람들이 여러 가지의 새로운 변화를 수용하며 개방적인 경향이 있다.

② 라이프 스타일 특성

〈표 11-5〉는 라이프 스타일 진술들을 여성표본에게 적용하여 도출한 8개의 요인을

표 11-5

신변잡화의 혁신층을 확인하기 위한 라이프 스타일 특성차원

요인1	**스타일과 외모의식적** 나는 나 자신을 최신 유행에 관해 민감하다고 생각한다. 나는 나의 외모에 관심을 많이 갖는다. 머리 손질에 많은 시간을 소비하는 일은 그만한 가치가 있다. 나는 내 자신을 위해 돈쓰기를 좋아하며 그럴만한 자격이 있다.
요인2	**격리적/보수적** 나는 파티에 나가기보다는 집에서 저녁을 보낸다. 나는 외식하기보다는 집에서 요리하기를 좋아한다. 나는 보수적으로 차려입기를 좋아한다.
요인3	**사회적/자신감있는** 나는 유흥장에 자주 들린다. 내가 하려고 결심한 것을 대체로 할 수 있다. 니는 대부분의 사람들보다 독립적이나. 나는 시회적 모임에 자주 초대된다.
요인4	**바겐세일 탐색적** 나는 가장 싸게 구입하기 위해 여러 점포를 탐색한다. 새로운 상품을 구입할 때 내가 가장 먼저 고려하는 것은 가격이다.
요인5	**옥외 활동** 나는 옥외활동을 좋아한다. 나는 능동적인 스포츠에 참가하기를 좋아한다.
요인6	**신상품/사회적 커뮤니케이션** 나는 가끔 친구로부터 신상품에 관한 충고를 얻는다. 나는 친구나 이웃이 신상품에 관한 훌륭한 원천이라고 생각한다.
요인7	**나는 시간을 절약해 주는 상품을 찾는다.**
요인8	**나는 신상품을 구매할 때 생산자의 명성에 의존하는 경향이 있다.**

보여주는데, 새로운 신변잡화를 구매하려는 의도에 따라 여성들을 분류한 결과에 따르면 혁신층의 라이프 스타일 특성은 〈표 11-6〉과 같은 경향을 보였다.

- 스타일과 외모에 신경을 많이 쓴다.
- 사회적이며 자신감을 갖는다.
- 신상품에 관해 커뮤니케이션을 한다.
- 시간을 절약해 주는 상품을 찾는다.
- 상표명에 의존한다.

표 11-6

혁신층과 비혁신층의 라이프 스타일 특성비교

라이프 스타일 특성	혁신층(14%)	비혁신층(86%)
스타일과 외모의식적	39%	28%
격리적/보수적	25%	32%
사회적/자신감있는	44%	27%
바겐세일 탐색적	28%	30%
옥외 활동	31%	32%
신상품/사회적 커뮤니케이션	39%	26%
시간절약 상품선호	39%	25%
생산자 명성에 의존	26%	20%

특히 혁신층의 중요한 라이프 스타일 특성은 사회적 활동인데, 그들은 능동적이며 신상품에 관해 커뮤니케이션할 가능성이 크다. 즉 신상품의 혁신층은 신상품에 관해 정보를 탐색하고 친구에게 전파하는 경향이 있으며, 대학가의 패션 혁신층도 다른 학생보다 능동적이다. 또한 과거 새로운 케이블TV의 수용자들은 사교 모임이나 주민회의에 능동적으로 참여하는 경향이 있었다.

③ 위험의 지각

혁신층은 신상품의 구매결정에서 위험을 덜 지각하는 경향이 있다. 예를 들어, 새로운 소금대용품의 혁신층은 맛과 건강의 위험을 덜 지각한다. 즉 혁신층이 상품구매에 있어서 불확실성을 덜 생각하고 부정적인 구매결과에 관심을 덜 갖는데 반해, 다른 사람들은 기존상표에 대해 충성을 보임으로써 신상품 사용의 위험을 회피하는 경향이 있다.

④ 인구통계적 특성

혁신층은 젊고 교육수준과 소득수준, 직업적 지위가 높으며, 이동성도 큰 경향이 있다. 그러나 패션 액세서리에 있어서 혁신층의 교육수준과 소득수준은 오히려 낮다고 밝힌 연구도 있는데, 아무튼 자신의 상품범주에서 혁신층의 인구통계적 특성을 확인해 내는 마케터는 그만큼 유리할 것이다.

⑤ 매체행동

마케터는 혁신층에게 효과적으로 도달하기 위한 매체를 선정해야 하는데, 혁신층은 일반적으로 다른 사람들에 비해 신문과 잡지를 더 많이 읽는 경향이 있다. 더욱이 그들은 신문과 잡지 등 인쇄매체에서도 특정한 상품범주에 관련되는 내용에 자발적으로 노출되는 경향이 있으므로 마케터는 상품구체적인 근거를 이용하여 매체를 선택해야 한다.

또한 혁신층은 다른 사람들에 비해 TV나 라디오 등 전파매체에 덜 노출되는 경향이 있으므로 TV나 라디오는 혁신층에 도달하기에 비효과적인 매체이다.

한편 이제까지의 논의는 혁신층이 상품에 대해 긍정적으로 반응하며, 대체로 혁신의 수용과 확산을 증대시킨다고 가정했는데, 혁신층에 속하는 대다수의 수용자가 상품을 싫어한다면 어떻게 되겠는가? 따라서 부정적인 반응을 보이는 수용자(negative innovator)를 포함하여 수용자 범주를 다음과 같이 구분할 수도 있다.

- 능동적 수용자 – 능동적 수용자(active adopters)는 신상품을 사용하고 난 후, 그에 관해 우호적인 정보와 영향을 다른 사람에게 제공하는 수용자이다.
- 능동적 거부자 – 능동적 거부자(active rejectors)는 신상품을 사용하고 난 후, 그것이 부적절함을 발견하여 그에 관해 비우호적인 정보와 영향을 다른 사람에게 제공하는 수용자이다.
- 소극적 수용자 – 소극적 수용자(passive adopters)는 신상품을 사용하지만, 다른 사람에게 정보와 영향을 제공하지 않는 수용자다. 따라서 그들은 혁신층이지만 의견선도자는 아니다.

마케터는 대체로 자신의 실패를 고백하지 않기 때문에 이제까지 부정적인 구전 커뮤니케이션 때문에 신상품이 실패하는 현상은 널리 알려지지 않고 있지만, 마케터는 이러한 부정적 정보와 영향의 확산에도 관심을 기울여야 한다.

2) 혁신확산과 구전 커뮤니케이션

혁신확산의 두 번째 측면은 신상품에 관한 커뮤니케이션인데, 그것은 두 가지로 구분된다. 즉 마케터로부터 소비자에 이르는 커뮤니케이션은 혁신에 관한 인지를 창출하고 정보를 제공하는 데 중요하며, 실제로 혁신을 수용 또는 거부하려는 의사결정은 소비자들 사이의 구전 커뮤니케이션으로부터 많은 영향을 받는다. 따라서 마케터는 신상품과 친숙하지 않은 사람들에게 정보제공적인 커뮤니케이션을 실시하면서, **혁신의 수용을**

격려하기 위해 우호적인 구전 커뮤니케이션을 자극해야 한다.

한편 혁신확산에 있어서 구전 커뮤니케이션은 두 가지 유형이 있다.

(1) 집단내의 구전 커뮤니케이션

의견선도자는 정보를 커뮤니케이션하고 받아들일 가능성이 크며, 의견선도력과 혁신성향 사이에는 다소 연관성이 있으므로 혁신층도 신상품에 관해 커뮤니케이션하려는 성향을 보인다.

즉 혁신층은 자신이 구매한 상품에 관해 친구나 친지에게 말하는 성향이 있는데, 특히 구전 커뮤니케이션에 참여할 가능성이 큰 혁신층을 혁신적 송신자(innovative communicator)라고 부른다. 예를 들어, 패션 혁신층의 50%가량은 패션에 관해 자주 커뮤니케이션하고 다른 사람에게 영향을 미친다.

(2) 집단간의 구전 커뮤니케이션

혁신은 정보와 영향의 전파를 통해 다른 집단에도 확산되는데, 정보와 영향이 상이한 집단 사이에서 어떻게 전파되는지는 논란의 여지가 있다. 즉 전통적으로 혁신은 높은 사회계층으로부터 낮은 사회계층으로 확산되어 가는 것으로 간주되어 왔다. 이러한 견해는 상위계층이 먼저 지위와 겉치장을 위해 신상품을 구매하며(과시소비), 이러한 상품의 저급 모조품이 하위계층을 위해 만들어진다고 주장함으로써, 신상품에 대한 정보와 영향이 한 사회계층으로부터 그 다음 낮은 계층에게 옮겨간다고 제안하였다.

이러한 견해(trickle down effect)는 계급구분이 명확했던 금세기 초까지 두드러졌으나, 오늘날에는 사회경제적 지위가 다소 평준화되었으며 혁신에 관한 정보가 대중매체를 통해 모든 계층에 신속히 전파되므로 타당성을 잃어가고 있다. 즉 패션수용에 관한 한 연구에서 새로운 패션의 조기구매자는 상류층이 아니라 중산층 또는 하류층이었으며, 응답자의 4/5가 자신이 속한 사회계층의 구성원으로부터 영향을 받고 있었다. 이러한 사실은 새로운 패션이 확산되는 과정에서 하향적 효과보다는 상향적 효과(trickle up effect)나 수평적 효과(trickle across effect)를 지지하며 사회적 승수효과를 반영하는 것이다.

3) 확산속도

혁신확산의 세 번째 측면은 확산속도인데, 확산율(rate of diffusion)이란 **시간경과에 따른 신상품 수용의 누적 비율**을 의미하므로 소비자의 혁신수용과 밀접하게 관련된다.

마케터는 당연히 자신의 신상품이 수용되거나 확산되는 속도를 높이기 위한 전략을 구사해야 하는데, 상품의 확산속도는 다음과 같은 몇 가지 요인으로부터 많은 영향을 받는다.

첫째, 일부 집단은 혁신에 대해 남달리 수용적인데, 그들은 일반적으로 젊고 유복하며 교육수준이 높은 경향이 있다. 따라서 혁신에 대한 표적시장의 특성은 확산속도를 결정하는 중요한 요인이다.

둘째, 의사결정의 형태는 '개인적-집단적' 차원으로 묘사될 수 있으며, 의사결정에 포함되는 사람들이 적을수록 확산속도가 빨라진다.

셋째, 확산속도는 마케팅 노력의 크기로부터 영향을 받는다. 따라서 확산속도는 마케팅 노력의 크기를 조정함으로써 어느 정도 통제가 가능하다.

넷째, 혁신이 충족시키려는 기본적인 욕구가 소비자에게 명백할수록 혁신의 확산속도가 빨라진다.

다섯째, 혁신수용에 소요되는 자금지출(초기투자와 계속비용)이 많거나 지각되는 위험이 크다면 혁신의 확산속도는 느려진다.

한편 신상품의 수용과 확산에는 상대적 이점, 적합성, 복잡성, 시용 가능성, 전파가능성 등의 혁신 자체의 특성도 많은 영향을 미치는데 혁신의 수용을 예측하는 데 있어서는 상품특성에 대한 소비자의 지각이 그들의 인구통계적 및 퍼스낼리티 특성보다 훨씬 더 유용하다.

(1) 상대적 이점

신상품이 이전의 상품에 비해 우수한 기능, 저렴한 가격, 내구성 등의 상대적 이점 (relative advantage)을 많이 가짐으로써 소비자가 원하는 '바'를 더 잘 충족시킬 수 있다고 지각될수록 확산속도는 빠르다. 따라서 마케터는 잠재고객이 '원하는 바'를 보다 효과적으로 충족시켜 줄 수단으로서 신상품을 개발해야 하는데, 소비자에게 가치가 많은 상품은 쉽게 수용될 것이다.

(2) 적합성

신상품이 개인이나 집단의 가치 및 신념과 어울릴수록 확산속도는 빠르다 (compatibility). 예를 들어, 조선시대에는 단발이나 미니 스커트가 확산되기 어려웠고 지금도 인도인들은 쇠고기 통조림을 수용하지 않는다. 따라서 마케터는 잠재고객의 문화적 가치나 신념을 바꾸어 신상품을 수용시키기보다 오히려 그러한 가치나 신념에 적응함으로써 확산속도를 빠르게 할 수 있다.

(3) 단순성

신상품을 잠재고객이 이해하거나 사용하기가 쉬울수록 확산속도는 빠른데 (simplicity), 단순성이나 복잡성의 차원은 상품 자체의 복잡성보다는 '사용의 편리함'과 관련된다. 예를 들어, 스마트 폰이나 아이패드는 매우 복잡한 상품이지만 많은 사람들이 쉽게 사용하도록 설계되었으므로 널리 확산되고 있다. 따라서 새로운 소프트 웨어나 앱의 마케터는 적절한 교육 프로그램을 함께 제공하거나 상품의 사용을 용이하게 만들어야 한다.

(4) 시용가능성

적은 부담으로 신상품을 시용해 볼 수 있다면(trialability) 상품의 구매결정과 관련하여 지각된 위험을 줄일 수 있으므로 확산속도는 빨라지는데, 소량으로 시용해 볼 수 있는 분할가능성(divisibility)도 도움이 된다. 따라서 마케터는 잠재고객들이 커다란 자금부담 없이 신상품을 시용할 수 있도록 해야 하는데, 만일 상품을 물리적으로 분할할 수 없다면 가내시범이나 시용을 위해 일정 기간 대여해 줄 수 있다.

(5) 전파가능성 또는 관찰가능성

혁신수용의 만족스런 결과가 남에게 효과적으로 묘사되거나(communicability) 보여질 수 있을 때(observability) 확산속도는 빨라진다. 따라서 마케터는 신상품이 집단배경에서 소비되도록 유도하거나 소비자가 혁신의 수용으로부터 얻은 만족을 다른 사람에게 효과적으로 표현할 수 있도록 적절한 연상적 단서를 제공해야 한다.

3. 혁신의 확산과정과 마케팅 전략

1) 시장세분화

상품구체적이기는 하지만 수용자 범주들은 개인적 특성을 가지며, 마케팅 믹스에 대한 반응도 다르기 때문에 혁신성향은 시장세분화의 유용한 근거로 이용될 수 있다. 더욱이 이미 설명한 바와 같이 혁신층의 중요성으로 인해 신상품의 마케터는 시장수용도에 따라 표적시장을 확대해나가는 접근방법을 사용해야 한다.

즉 전체 잠재고객의 시장에서 일반적인 표적시장을 선정한 후, 마케터는 우선 그러한 표적시장 내에서도 혁신성향이 높은 혁신층과 조기수용층에게 마케팅 노력을 집중시켜야 한다. 그후 상품이 시장에 수용되어 감에 따라 점차 조기다수층, 후기다수층, 후발수용층 등으로 시장의 범위를 확대해 나갈 수 있는데, 이러한 점은 매체와 광고주제 등의 마케팅 믹스도 함께 조정되어야 함을 암시한다.

2) 확산율 제고 전략

〈표 11-7〉은 마케터가 소비자들의 혁신수용을 촉진하기 위해 사용할 수 있는 전략적 사고의 틀을 제시하는데, 여기서 중요한 점은 혁신을 '표적시장의 관점'에서 파악해야 한다는 점이다.

혁신과 혁신과정에 관한 많은 지식에도 불구하고 현실적으로 신상품의 실패율은 여전히 높으며, 기본적인 이유 중의 하나는 이러한 지식을 제대로 적용하지 않는 데에 있다. 즉 마케터들은 표적시장의 관점이 아니라 자신의 관점에서 속성들을 평가하거나 '평균적인' 소비자들을 대상으로 신상품을 도입하는 실수를 범하기 쉬운데, 평균적인 소비자들은 당연히 혁신층이나 조기수용층이 아닐 것이다.

확산율 결정인자	확산방해요인	확산제고전략
집단의 성격	보수적	다른 시장을 모색 집단 내에서 혁신층을 발견
의사결정의 유형	집단적	모든 사람에게 도달한 매체선정 갈등해소를 위한 주제 발굴
마케팅 노력	제한적	집단 내에서 혁신층을 발견 마케팅 노력의 효율적 배분
욕구의 강도	미약함	효익을 강조하는 집중적 광고
적합성	갈등	가치나 규범에 일치하는 속성강조
상대적 이점	낮음	저가격 상품효익을 재설계
복잡성	높음	고부가가치 서비스 점포를 이용 능숙한 판매원을 활용 상품시범
관찰가능성	낮음	다양한 감각기관에 작용하는 광고 개발
시용가능성	낮음	조기수용층에게 견본배포 고부가가치 서비스 점포를 이용
지각된 위험	높음	성공사례 소개 신뢰성 있는 원천의 증언 여러 가지 보증제도

표 11-7

확산율 제고 전략(예시)

제12장

사회계층과 가계

I·n·t·r·o

　사회계층이란 한 사회의 구성원들을 그들의 태도, 가치, 라이프 스타일의 측면에서 비교적 독특한 동질적인 집단들로 계층화시켜 주는데, 소비자 행동에 영향을 미치는 중요한 외부적 요인이다. 즉 사회계층은 직업이나 소득 및 교육수준이 유사한 사람들의 포괄적인 집단을 나타내므로 동일한 사회계층의 구성원들은 직접 대면접촉을 하지 않을지라도 — 그들의 사회경제적 특성이 비슷하기 때문에 — 유사한 행동을 보이는 경향이 있다.

　또한 가계를 소비단위로 파악할 때 가계의 구성과 변화는 가계 구매행동에 영향을 미칠 것이므로 가계단위의 수요에 대응해야 하는 마케터는 가계생활주기의 개념과 가계 내에서 일어나는 의사결정의 특성에 관심을 가져야 한다.

　따라서 본장에서는 우선 사회계층의 본질과 사회계층의 측정방법을 살펴본 후, 각 계층별 특성이 마케팅 전략을 위해 가지는 시사점을 검토해 본다. 또한 가정 생활주기의 개념과 가계의사결정 구조가 마케팅 전략을 위해 가지는 시사점을 함께 논의한다.

제1절 **사회계층**

오늘날 많은 사회에서 직업이나 소득 및 교육수준은 개인의 위엄이나 영향력을 수반하면서 사회적 척도(social scale) 상에서 그가 차지하는 위치(position)를 상류층, 중류층, 하류층 등으로 결정하며 그러한 계층소속은 소비자 행동에 영향을 미친다.

● 사회계층 – totem pole

1. 사회계층의 본질

사회계층의 개념은 마케터가 소비자의 행동을 이해하고 마케팅 전략을 수립하는 데 유용하지만, 그것을 현명하게 사용하기 위해서는 우선 사회계층의 본질을 잘 이해해야 한다.

1) 소비자 행동과 사회계층

소비자의 사회적 지위는 어떻게 결정되는가? 한 사람의 사회적 지위는 그가 사회의 구성원들이 열망하고 선망하는 특성을 어느 정도 갖고 있다는 사실로부터 도출된다. 예를 들어, 교육수준이나 직업, 소득수준, 재산 등의 사회경제적 요인들은 [그림 12–1]과

그림 12–1

사회계층의 결정요소와 영향

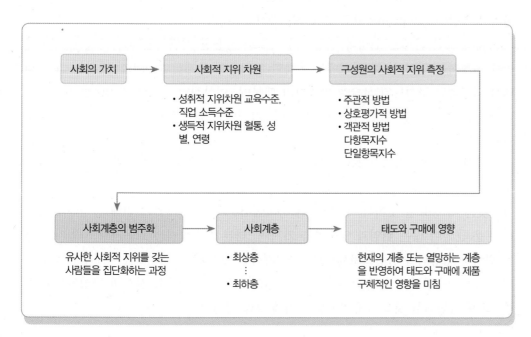

같이 그의 사회적 지위에 영향을 미치는데, 그러한 특성을 많이 가질수록 높은 사회계층으로 인정되며 적게 가질수록 낮은 사회계층으로 인식된다. 따라서 사회계층이 다른 소비자들은 소비자 행동에 있어서도 차이를 보이는 경향이 있다.

이와 같이 각 사회계층의 구성원들이 독특한 행동을 보여준다는 사실은 마케터에게 매우 유용한 시사점을 제공해준다. 예를 들어, 값비싼 도자기나 크리스털 와인 잔의 광고는 그러한 상품의 잠재고객들이 속한 사회계층이나 그들의 라이프 스타일에 적합할 것이다.

그럼에도 불구하고 과일주스나 잼과 같은 일부 상품은 사회적 지위를 별로 함축하지 않으며, 모든 사회계층에 의해 구매될 수 있기 때문에 사회계층과 상품사용 여부(또는 상품사용률)사이의 관계는 대체로 상품구체적(product-specific)이다. 즉 소비자의 모든 행동이 사회계층에 따라 다르지 않고 오히려 많은 행동들이 사회계층 사이에서 공통적으로 나타나기 때문에 마케터는 마케팅 전략을 수립할 때 사회계층을 고려할 것인지의 여부를 먼저 결정해야 한다.

2) 사회적 계층화

상류층, 중류층, 하류층 등의 분류는 사회 구성원들이 위엄과 영향력에 있어서 상대적인 서열을 차지하고 있음을 암시한다. 즉 일부 사람들이 그 사회 내에서 높은 지위를 점하는 반면에 다른 사람들은 낮게 자리 잡고 있으며, 이들이 차지한 지위의 높이를 사회계층이라고 부른다. 따라서 사회적 계층화(social stratification)란 **위엄과 영향력의 측면에서 계층이 형성되도록, 사회의 구성원들을 다른 구성원에 의해 보다 높거나 낮은 사회적 지위(social position)로 평가하는 과정**을 의미한다.

이때 중요한 문제는 위엄과 영향력의 지표로 사용할 지위차원(status dimensions)들을 선정하는 일이다. 각 사회에는 독특한 가치들이 존재하며 이러한 가치는 그 사회에서 이상적인 구성원의 모습을 반영하기 때문에, 이상적인 모습에 일치하는 구성원은 '그 사회 내에서' 보다 많은 위엄과 영향력을 가지며 사회적으로 높은 서열을 차지할 것이다.

따라서 성취지향적인 사회에서는 성취와 관련된 요인들이 기본적인 지위차원을 구성하며, 보다 전통적인 사회에서는 연령과 성별과 같은 생득적 요인들이 사회적 지위를 결정짓는 데 중요할 것이다. 또한 어떤 사회에서는 나라를 지키기 위해 전쟁에서 용감히 싸운 군인이 많은 위엄과 영향력을 가지며, 다른 사회에서는 교육자나 사업가가 많은 위엄과 영향력을 가짐으로써 높은 사회계층을 구성할 수 있다. 물론 구성원들을 사회적으로 계층화하기 위한 **차원들과 각 차원의 상대적 가중치는 사회의 구성원들이 공통적으로 바람직한 것으로 동의하는 가치에 따라 결정된다.**

3) 사회계층의 정의와 특성

사회계층(social classes)이란 **한 사회 내에서 사회적 척도상 유사한 지위를 차지하는 구성원들의 계층적인 집단**이다. 오늘날의 대부분 사회에서 구성원들은 다른 계층으로 옮겨갈 수 있으므로, 개인이 차지하는 사회적 지위는 생득적이라기보다는 성취적인 성격을 갖는데, 보다 전통적인 사회에서는 생득적인 성격을 많이 가진다.

한편 한 사회의 구성원들을 사회계층으로 분류하고 활용하기 위해서는 다음과 같은 기준들이 충족되어야 한다.

첫째, 한 계층이 다른 계층으로부터 뚜렷하게 분리될 수 있어야 하는데, 이는 한 개인을 포함하거나 배제시킬 분류규칙이 각 계층마다 설정되어야 할 필요성을 지적하는 것이다.

둘째, 위엄이나 영향력의 측면에서 사회계층들이 계층적인 순위를 나타내야 한다.

셋째, 사회의 전체 구성원들을 포괄하되, 개인은 단지 하나의 사회계층에만 속해야 한다.

넷째, 사회계층 사이에 행동차이가 있어야 한다.

그러나 현실적으로 여러 연구들이 제안하고 있는 사회계층은 계층의 수가 다르며, 그들이 고려하는 지위차원과 가중치에 따라 한 개인이 상이한 계층으로 분류되기도 한다.

그럼에도 불구하고 사회계층이 계층적인 구조를 가지며, 소비자 행동에 영향을 미친다는 점으로부터 마케터는 풍부한 시사점을 얻을 수 있는데, 사회계층은 공통적으로 다음과 같은 특성을 갖는다.

(1) 사회적 지위를 함축하며, 계층적 구조를 이룬다

사회계층과 사회직 지위는 매우 밀접한 관계를 갖고 있으나, 동일한 개념은 아니다. 즉 지위(status)란 일반적으로 한 사회 내에서 — 그 사회의 가치를 근거로 하는 사회적 척도 상에서 — 다른 구성원들에 의해 지각된 각 개인의 상대적 서열을 말하며, 사회계층이란 유사한 지위를 차지하는 구성원들을 집합적으로 나타내는 개념이다. 따라서 사회계층은 집합적으로 사회적 지위를 암시한다.

이러한 사회적 지위는 대체로 〈표 12-1〉과 같은 차원들에 의해서 결정된다.

생득적 지위 차원	성취적 지위 차원
인종	교육수준
혈통(가문)	소득
성별	재산
연령	주거형태
	소속된 모임이나 사회활동

표 12-1

사회적 지위의 차원

(2) 구성원에게 태도나 행동을 위한 준거체계를 제공한다.

사회계층은 구성원에게 구체적인 태도나 행동의 준거체계를 제공해 준다. 즉 사회적 척도 상에서 낮은 지위를 차지하는 구성원들은 전통적인 가치를 지향하며, 소득에 관계없이 미래의 계획을 갖지 않고, 충동적으로 구매하는 경향이 있다. 이에 반해 사회적 척도 상에서 높은 지위를 차지하는 구성원들은 보다 현세적이며, 남편과 부인이 예산계획을 근거로 공동구매하는 경향이 있다.

또한 상류층의 구성원들은 봉사활동을 하거나 음악회에 자주 가고, 골프를 즐기면서 여가시간을 보내는 반면에, 하류층의 구성원들은 모형만들기와 나무조각과 같은 기예적 활동을 즐기며, 바디빌딩이나 등산을 하면서 여가시간을 보내는 경향이 있다.

이와 같이 사회계층에 따라 나타나는 소비자 행동에 차이는 단순히 그들의 소득수준에만 기인하지 않고, 소득수준을 비롯하여 다양한 사회적 지위차원 상의 특성이 일으키는 라이프 스타일에 기인하는 것이다.

(3) 동적인 특성을 가진다.

사회적 지위를 결정짓는 지위차원들과 각 지위차원의 가중치는 그 사회의 구성원들이 공통적으로 바람직하다고 동의하는 가치로부터 도출되는데, 그러한 가치는 사회의 변천에 따라 변하므로 각 구성원에게 부여되는 사회적 지위도 달라질 수 있다.

예를 들어, 한 사회의 가치가 '전통'으로부터 '성취'로 변한다면 출신은 미천하지만 자수성가한 구성원의 사회적 지위가 높아질 것이다. 또한 각 구성원은 성취적 노력을 통해 그 사회의 가치(특히 성취적 지위차원)에 더욱 적응함으로써 사회적 척도 상에서 상향적으로 이동할 수 있는데, 이를 사회적 이동성(social mobility)이라고 한다.

(4) 구성원 사이의 내부적 교류를 지지한다.

사람들은 유사한 가치와 사회적 지위를 갖고 있는 다른 사람들과 교류하면서 자연스러움과 편안함을 느끼는 경향이 있다. 즉 동일한 사회계층의 구성원들은 서로 빈번히 교류하지만 다른 계층의 구성원들과는 교류의 기회가 적기 때문에 사회계층 내부에서는 행동양식과 여러 가지 자극에 대한 반응이 유사하게 나타난다.

그러나 산업사회에서는 사회적 이동성이 허용되며 사회계층 사이의 접촉이 증대됨에 따라 점차 사회계층의 구분이 모호해지는데, 사회계층의 차이가 더 이상 사회계층 사이의 교류를 방해하지 않는다.

2. 사회계층의 범주화와 한계

한 사회의 구성원들을 사회계층으로 범주화하기 위해서는 일반적으로 다음과 같은 세 가지의 방법이 활용되지만, 여기서는 객관적 방법에 초점을 맞추어 논의한다.

- 주관적 방법 – 주관적 방법(subjective method)에서는 구성원들로 하여금 자신이 사회적 척도 상에서 차지한다고 생각되는 지위를 스스로 결정하도록 요구한다. 그러나 대부분 사람들은 자신을 낮거나 높은 계층으로 범주화하기를 꺼리기 때문에 중간계층이 비현실적으로 크게 나타날 수 있다.
- 상호평가방법 – 상호평가방법(reputation method)은 구성원들에게 서로 다른 구성원을 사회적 척도 상에서 평가하도록 요구한다. 그러나 다른 구성원을 정확하게 평가하기 위해서는 서로 잘 알아야 하기 때문에 이러한 방법은 소규모 사회에서나 사용될 수 있다.
- 객관적 방법 – 객관적 방법(objective method)은 객관적인 지위차원들로 구성된 사회적 척도 상에서 구성원들을 평가하며, 그들이 차지한 상대적 지위의 유사성에 따라 사회계층을 구성한다.

1) 객관적 방법에 의한 사회계층의 범주화

객관적 방법에 의해 사회계층을 범주화하기 위해 사용할 수 있는 지위차원은 〈표 12-1〉과 같이 크게 두 가지 형태로 구분할 수 있다. 즉 교육수준, 직업, 소득수준, 재산상태, 거주형태 등은 사회적 척도 상에서 각 구성원의 지위를 결정해 주는 기본적인 성취적 지위차원(achievement-based status dimensions)이며 인종, 조상, 성별, 연령 등은 생득적 지위차원(ascribed status dimensions)이다.

(1) 단일항목 지수

단일항목 지수(single-item index)들은 교육수준이나 직업, 소득수준 등 **하나의 차원을 근거로 구성원들의 사회적 지위를 측정하는 것**이다. 물론 개인의 전반적인 지위는 여러 차원을 근거로 결정되므로 단일항목 지수는 다항목 지수보다 덜 정확할 수 있지만, 소비자 행동에 대한 구체적인 지위차원들의 영향을 분리하여 측정할 수 있도록 허용한다.

① 교육수준

우리 사회에서 교육은 전통적으로 매우 중시되어 왔으며, 상향적인 사회적 이동(upward social mobility)을 위한 기본적인 수단으로 인식되고 있다. 또한 교육수준은 직접적으로 사회적 지위를 반영할 뿐 아니라, 사회계층을 범주화하기 위한 다항목 지수의 주요 구성요소이다. 더욱이 교육수준은 직업 및 소득수준과 높은 상관관계를 가지면서 라이프 스타일을 형성하여 결국 소비자 행동에 영향을 미친다.

그러나 교육수준도 소득과 마찬가지의 문제를 갖고 있는데 예를 들어, 연간 3,000만 원을 버는 대졸자는 동일한 교육수준에도 불구하고 억대 연봉의 대졸자와 상이한 라이프 스타일을 보일 수 있다.

② 직업

직업은 개인의 사회적 지위를 측정하기 위해 마케팅 연구에서 가장 널리 이용되고 있는 단일항목 지수인데, 일상생활에서도 직업은 처음으로 만나는 사람을 평가하고 상대적인 사회적 지위를 알 수 있도록 도와주는 보편적인 단서이다. 또한 직업은 교육수준 및 소득수준과 매우 높은 상관관계를 가지며 사회적 지위나 요망성에 따라 서열을 부여받는다. 더욱이 특정한 직업에 대해 부여된 사회적 지위는 장기간에 걸쳐서, 상이한 문화에 걸쳐서 매우 안정적인 경향을 보일 뿐 아니라 자녀들은 부모와 유사하게 직업들의 사회적 지위를 지각하는 경향이 있다.

이와 같이 직업 자체에 함축되어 있는 사회적 지위와 직업상 교류하게 되는 사람들은 개인이 라이프 스타일을 형성하는 데 기여하므로 직업도 역시 소비자 행동에 많은 영향을 미친다.

그러나 직업은 소득이나 교육과 마찬가지로 사회적 지위의 지표로서 널리 이용되고 있지만 산업사회에 존재하는 다양한 직업들의 상대적 지위를 어떻게 결정할 것인가? 하는 측정상의 문제를 안고 있다.

③ 소득수준

소득은 전통적으로 구매력과 사회적 지위의 지표로 널리 사용되어 왔다. 그러나 소득을 사회적 지위의 지표로 직접 사용하는 일은 여러 가지 측정상의 문제를 일으키는데, 근본적으로 조사자는 '어떠한' 소득을 측정할 것인지를 결정해야 한다. 즉 개인 또는 가계의 소득, 세전 또는 세후 소득, 본봉 또는 전체 소득을 구분해야 하지만 많은 사람들은 자신의 소득을 정확히 알지 못하고, 더욱이 소득을 밝히기 싫어한다.

소득은 특정한 라이프 스타일을 유지하기 위해 필요하며, 저소득 보다는 고소득이 높은 사회적 지위와 연관된다. 물론 대학교수나 변호사가 중장비 운전기사와 동일한 소득을 가질 수도 있지만, 여러 가지 상품에 대한 그들의 소비자 행동은 다를 것이다.

그럼에도 불구하고 소득은 구성원의 사회적 지위를 측정하기 위한 단일 항목으로서 매우 유용하며, 소득만을 근거로 상품의 소비빈도를 측정한 연구들은 다항목 지수로 사회계층을 평가한 경우와 유사한 결과를 보여주고 있다.

(2) 다항목 지수

다항목 지수(multi-item index)란 여러 가지 지위차원 상의 평가를 통합하여 사회적 지위를 결정하는 방법인데, 미국의 경우 다음과 같은 세 가지 다항목 지수가 널리 사용된다.

- **Hollingshead Index of Social Position(ISP)** − 〈표 12−2〉는 널리 이용되고 있는 Hollingshead Index of Social Position의 항목별 척도, 가중치, 계산공식, 사회계층을 구분하는 점수기준을 보여준다. 여타의 다항목 지수와 마찬가지로 이 척도는 개별적인 가계의 전반적인 사회적 지위를 측정하거나 반영하기 위해 설계되었기

직업척도(가중치7)

구분	점수
대기업이나 전문직종의 고위간부	1
중형기업의 소유자, 준전문직종사자	2
대기업의 관리자, 소형기업의 소유자	3
회계, 판매원, 기술자, 영세기업의 소유자	4
숙련된 수작업공	5
기계조작공, 반숙련 고용자	6
비숙련 고용자	7

교육척도(가중치4)

구분	점수
전문직(박사 등)	1
4년제 대학 졸업	2
초급대학 졸업	3
고등학교 졸업	4
고등학교 중퇴	5
중학교 졸업 이하	6
초등학교 졸업 이하	7

표 12-2

Hollingshead ISP

ISP점수=(직업점수×7)+(교육점수×4)

분류 체계

사회계층	점수의 범위
상	11~17
중상	18~31
중	32~47
중하	48~63
하	64~77

때문에 한 척도상의 낮은 점수가 다른 척도상의 높은 점수로 상쇄될 수 있다고 가정한다. 예를 들어, 교육수준이 낮지만 중소기업을 소유하고 있는 성공적인 경영자와 판매원으로 일하는 대졸자, 하급 공무원으로 근무하는 대학원 졸업자들은 모두 유사한 사회적 지위를 차지함으로써 똑같이 중류층으로 분류될 수 있다.

따라서 동일한 사회계층에 속하는 구성원들 사이에서도 소비자 행동의 차이가 나타날 수 있는데, 이는 전반적인 사회적 지위가 개별 소비자의 행동을 충분하게 설명하지 못할 가능성을 암시한다.

- **Warner's Index of Status Characteristics(ISC)** – Warner's Index of Status Characteristics는 직업, 소득의 원천, 주택의 형태, 주거지역 등 네 가지의 사회경제적 지위차원들을 근거로 한다. 즉 〈표 12–3〉과 같이 각 지위차원은 상이한 가중치를 갖는 7개의 범주로 정의되는데, 구성원들을 6개의 사회계층으로 분류한다.

표 12–3

Warner's ISC

점수	지위차원			
	직업	소득의 원천	주택의 형태	주거지역
1	전문직, 대기업 소유자	유산	훌륭한 저택	매우 비싼 곳
2	준전문직, 대기업 간무	획득한 재산	매우좋은 집	비싼 곳
3	회계	이익, 수수료	좋은 집	평균 이상
4	숙련 기사	월급	보통의 집	평균
5	소기업 종사자	임금	그저그런 집	평균 이하
6	반숙련공	개인적 지원	나쁜 집	싼 집
7	비숙련공	정부의지원	매우 나쁜 집	매우 싼 곳

ISC점수=(직업×4)+(소득×3)+(주택의 형태×3)+(주거지역×2)

분류 체계

사회계층	점수의 범위	인구구성비
상상	12~17	1.4
상하	18~24	1.6
중상	25~37	10.2
중하	38~50	28.8
하상	51~62	33.0
하하	63~84	25.0

- **Census Bureau's Index of Socioeconomic Status(ISES)** – 미국정부의 통계국은 〈표 12–4〉와 같이 소득, 교육, 직업을 사회적 지위차원으로 하여 구성원들의 사회적 지위를 측정하고 4개의 사회계층으로 분류한다.

표 12-4

Census Bureau's ISES

소득 범주	소득 점수	교육 범주	교육 점수	직업 범주	직업 점수
3천 미만	15	초등학교 중퇴	10	노동자	20
3천~4천 미만	31	초등학교 졸업	23	은퇴자	33
5천~7천5백	62	고등학교 중퇴	42	학생	33
7천5백~1만	84	고등학교 졸업	67	가정주부	33
1만~1만5천	94	대학중퇴	86	실업자	33
1만5천~2만	97	대학졸업	93	서비스종사자	34
2만~3만	99	대학원 졸업	98	기사	45
				기능인	58
				회계	71
				경영자	81
				전문직	90

$$SES점수 = \frac{소득 + 교육 + 직업}{3}$$

분류 체계

사회계층	점수의 범위	인구구성비
상	90~99	15.1
중상	70~89	34.5
중하	45~69	34.1
하	0~44	16.3

2) 사회계층의 한계점

대부분 산업사회에서 이미 언급한 요건들을 충족시키는 '순수한' 의미의 사회계층은 존재하지 않는다. 그러나 어느 사회에나 구성원들의 계층적 집단이 존재하기 마련이며 각 집단에 속한 구성원들은 독특한 소비자 행동을 공통적으로 보여준다. 따라서 마케터는 전체시장을 세분하거나 상품을 포지셔닝하기 위해 사회계층을 이용할 수 있는데, 다음과 같은 추가적 사항들을 고려해야 한다.

(1) 다항목 지수의 유용성

사회계층을 분류하기 위해 다항목 지수를 사용하는 일은 교육수준이나 직업, 소득수준 등의 단일항목 지수를 사용하는 일보다 큰 이점이나 통찰을 제공하지 않을 수도 있다. 즉 상품의 사용빈도를 예측하는 데에는 다항목 지수를 근거로 한 사회계층이 더 유용하지만, 상품의 소유상태를 예측하는 데에는 오히려 다항목 지수보다 소득과 같은 단일항목 지수가 더 효과적이라는 보고가 있다.

따라서 소득수준은 어떤 개인이 해외여행을 할지의 여부를 예측해 주며, 다항목 지수를 근거로 한 사회계층은 그가 얼마나 자주 여행할지 예측해 준다고 할 수 있다. 일부 소비용품의 마케터는 상품의 소유상태보다는 반복구매율(소비빈도)에 관심을 가지므로 사회계층의 다항목 지수나 단일항목 지수 중 어느 것을 사용할 것인지는 마케팅 문제의 성격에 달려 있다.

(2) 지위구체화의 정도

다양한 지위차원들은 기능적이든 통계적이든 서로 관련되어 있다. 기능적인 측면에서 부모의 사회적 지위는 자녀의 교육수준에 영향을 미치고, 그러한 교육수준은 다시 라이프 스타일의 유형을 암시하는 직업과 소득수준에 영향을 미칠 것이다. 이와 같이 하나의 차원 상의 높은 지위를 차지한 개인이 다른 차원들 상에서도 높은 지위를 차지한다면(즉 개인이 모든 지위차원들에서 일치성을 많이 가질수록) 그 개인의 지위 구체화의 정도(degree of status crystalization)가 큰 것이다.

이러한 현상은 대체로 전통적인 사회에서 두드러진 특성이지만, 현대 산업사회에서는 지위 구체화의 정도가 비교적 낮다. 즉 오늘날 산업사회에서는 교육수준이 낮으면서 많은 소득을 올린다든지 또는 직업의 지위는 높지만 소득수준이 낮은 구성원들을 흔히 볼 수 있다.

예를 들어, 소득수준과 직업을 근거로 사회계층을 범주화할 때 소득이 낮은 교사(직업상 높음)와 고임금의 노동자(직업상 낮음)가 동일한 사회적 지위를 갖는 것으로 평가될 수 있지만 현실적으로 그들의 행동은 다를 수 있다.

이와 같이 다수의 차원 상에서 구성원들이 차지한 지위가 일관성을 갖지 않는다면(지위 부조화 social status incongruence), 마케터는 다항목 지수보다는 상품구체적인 단일항목 지수를 사용해야 한다.

(3) 동일한 사회계층 내의 지위차이

단일항목 지수를 사용하여 사회계층을 범주화할 때 동일한 사회계층에 속하는 구성원들 사이에도 상당한 지위차이가 존재할 수 있다. 예를 들어, 직업을 근거로 하여 사회계층을 범주화할 때 저임금의 노동자와 고임금의 노동자가 같은 사회계층에 속하지만, 그들이 보여주는 소비자 행동은 상당히 다를 것이다.

이점에 대해 마케터는 직업을 사회계층의 지수로 사용하면서 각 계층 내에서 평균소득 이상과 미만의 구성원을 다시 분리할 수 있을 것인데, 이러한 개념을 상대적 직업계층 소득(relative occupational class income)이라고 하며 상품범주에 따라서는 상대적 소득계층 교육(relative income class education)과 같은 지위차원들의 조합도 개발할 수 있다.

즉 한 연구에 따르면 사회계층에 관계없이 계층내의 평균소득 미만인 집단이 소형차를 구매하고 평균소득 이상인 집단이 대형차를 구매하는 경향이 있었고, 고임금 노동자의 소비자 행동은 저임금 노동자보다 오히려 고임금 사무직과 더욱 유사했다. 따라서 마케터가 단일항목 지수를 사용하여 사회계층을 범주화할 경우에는 다른 지위차원 상의 차이가 일으킬 수 있는 소비자 행동의 차이를 감안해야 한다.

(4) 과거와 현재의 사회계층

어린 시절 개인의 경제적 및 사회적 여건(과거의 사회계층)은 그가 성인이 되었을 때까지도 그의 라이프 스타일과 소비자 행동에 영향을 미칠 수 있는데, 이러한 현상은 어린 시절로부터 시작되는 사회화의 결과이다. 예를 들어, 현재는 같은 상류층에 속할지라도 어린 시절에 경제적 곤란을 겪었던 사람은 물질적 풍요 속에서 성장한 사람과 매우 다른 라이프 스타일과 소비자 행동을 보일 것이다. 따라서 마케터가 소비자 행동에 대한 사회계층의 영향을 고려할 때에는 현재의 사회경제적 지위뿐 아니라, 과거의 사회경제적 지위도 함께 고려해야 한다.

(5) 사회계층의 애매성

사회계층의 구분이 점차 애매해지고 있는지의 여부는 소비자 행동 연구에서 사회계층이라는 개념의 유용성을 결정한다. 예를 들어, 교통과 통신의 발전은 많은 사람들을 하나의 자극에 함께 노출시키며 사회계층 사이의 교류를 확대시켰고, 대규모 머천다이징 기법은 많은 사람들에게 상품의 가용성을 증대시켜 왔는데, 이러한 일들은 모두 사회계층 사이에 나타나던 소비자 행동의 차이를 줄이는 방향으로 작용한다.

(6) 사회계층의 안정성

주로 생득적 지위차원들을 근거로 사회계층이 형성되는 전통적인 사회에서는 사회계층이 비교적 안정적인 경향을 갖는다. 그러나 성취적 지위차원들이 강조되는 성취지향적 사회에서는 개인의 성취에 따른 사회적 이동이 폭넓게 허용되므로 사회계층이 대단히 유동적이다.

따라서 마케터는 그 사회에서 중시되는 가치로부터 도출된 지위차원들의 성격을 검토한 후에나 사회계층의 개념을 마케팅 전략수립에 활용할지 결정할 수 있다.

(7) 다른 계층의 준거집단 영향

이제까지 사회계층이 소비자 행동에 미치는 영향을 다룬 연구들은 그러한 영향이 소비자가 속한 사회계층 내부로부터 나온다고 가정하고 다른 사회계층(준거집단)의 영향을 무시했다. 그러나 한 사회계층에 속하는 소비자의 라이프 스타일과 소비자 행동은 비록 그가 속해 있지 않지만, 준거집단으로 작용하고 있는 사회계층으로부터도 영향을 받을 수 있다.

따라서 마케터는 소비자 자신이 속해있는 사회계층뿐 아니라 그가 준거집단으로 삼고 있는 사회계층을 함께 고려함으로써 사회계층이 소비자 행동에 미치는 영향을 보다 정확하게 검토할 수 있다.

(8) 주부와 사회계층

가계의 전반적인 사회계층은 대체로 성인남자 소득자(家長)의 사회적 지위를 근거로 결정되므로 다른 가족 구성원의 특성, 특히 성인여성의 직업과 교육을 무시한다. 그러나 최근 들어 주부의 교육수준과 취업률이 높아져 추가적으로 발생하는 소득은 필연적으로 가계의 라이프 스타일과 소비자 행동에 많은 영향을 미칠 것이므로 사회계층을 범주화하기 위해서는 주부의 사회적 지위도 함께 고려해야 한다.

3. 사회계층과 마케팅 전략

사회계층이 모든 소비자 행동을 설명해주지는 않지만, 일부 상품범주에서는 매우 중요한 영향요인으로 작용한다. 예를 들어, 고급주택가 지역에 있는 가구점과 서민들의 주거지역에 있는 가구점을 방문해볼 때, 그곳에서 판매되는 가구의 특성이나 가격 등을 통해 가구의 구매행동에 대한 사회계층의 영향을 쉽게 알 수 있다.

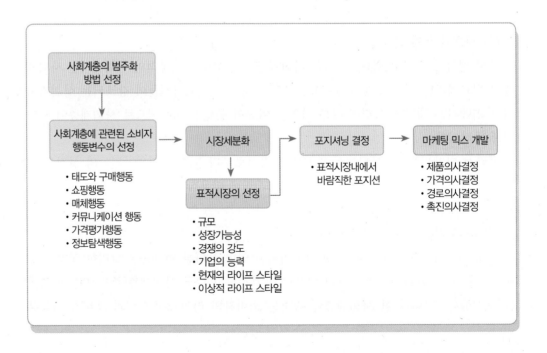

그림 12-2

사회계층과 마케팅 전략 개발

마케팅 전략을 개발하는 데 있어서 사회계층의 개념을 이용하기 위한 절차는 [그림 12-2]와 같다. 즉 마케터는 우선 적절한 사회계층의 범주화 방법을 선정하고 자신의 상품범주에 대해 사회적 지위가 영향을 미칠 것으로 판단되는 소비자 행동의 측면들을 결정하여 소비자 행동의 유사성에 따라 전체시장을 세분한다. 그 다음 각 세분시장의 특성을 분석하여 표적시장을 선정하고 표적시장 내에서 바람직한 포지션을 결정해야 하는데, 이러한 포지션은 바로 마케팅 믹스의 개발을 통해 표적시장에게 커뮤니케이션 된다.

1) 사회계층 사이의 소비자 행동차이

여러 가지 제한점에도 불구하고 일부 상품의 마케터는 사회계층 사이의 상당한 행동차이 때문에 사회계층을 근거로 마케팅 전략을 수립하고 있다. 즉 일부 상품범주에서 태도와 구매행동, 쇼핑행동, 매체행동, 커뮤니케이션 행동, 가격평가 행동, 정보탐색 행동은 사회계층에 따라 뚜렷이 다르다.

(1) 태도와 구매행동

일부 상품에 대한 태도와 구매행동은 사회계층에 따라 차이를 보인다. 예를 들어, 증권투자나 해외여행과 같이 주로 상류층에 의해 구매되는 품목이 있는 반면에 싸구려 술이나 주택복권과 같이 하류층에 의해 주로 구매되는 품목이 있기 마련이다. 더욱이 식품, 의류, 주거용품 등 거의 모든 사회계층이 구매하는 품목에 있어서도 상품의 형태나 상표, 구매빈도를 검토한다면 사회계층간의 차이를 발견할 수 있다.

- **의류** – 상류층 및 중류층 소비자는 하류층 소비자에 비해 안락함보다는 스타일과 패션에 관심을 보이는데, 그들은 패션잡지를 읽거나 패션쇼를 참관하며, 다른 사람들이 입는 것을 관찰하고, 다른 사람과 패션에 관해 대화하는 경향이 있다.
- **가구 및 가재도구** – 가구는 상류층 및 중류층 소비자에게 상징적 기능을 수행하는 반면에, 하류층 소비자에게는 주로 실용적인 기능이 강조되는 경향이 있다. 즉 전자는 개인적 미학을 추구하며, 후자는 견고함, 안락함, 내구성 등을 강조한다. 또한 가재도구에 있어서도 상류층 소비자는 스타일과 색채를 강조하는 반면에, 하류층 소비자는 기능을 강조하는 경향이 있다.
- **레저활동** – 상류층 소비자는 골프, 수영, 스케이팅, 스키와 같은 레저활동에 많이 참여하고 하류층 소비자는 등산, 낚시, 볼링에 시간을 보내는 경향이 있다.
- **금융 서비스** – 상류층 소비자는 사치품을 구매하기 위해 신용카드를 많이 이용하지만 하류층 소비자는 필수품의 구매에 신용카드를 이용한다. 또한 상류층 소비자

는 은행과 보험회사를 이용하며, 하류층 소비자는 신용금고, 친구, 사채를 이용하는 경향이 있다.

- **식품** – 상류층 소비자는 하류층 소비자에 비해 자아 이미지를 표현해 줄 수 있는 상표를 구매하는 경향이 있다.

(2) 쇼핑행동

상류층 여성들은 친구들과 자주 쇼핑하며 중류층 여성은 가족과 쇼핑하는 경향이 있는데, 쇼핑빈도에 있어서는 모두 하류층 여성에 비해 많다. 쇼핑에 대한 태도에서도 상류층 및 중류층 소비자가 구체적인 계획을 세워 쇼핑하는데 반해, 하류층 소비자는 충동적으로 쇼핑하는 경향이 있다.

또한 하류층 소비자는 그들이 편안하게 느끼고 친근한 접대를 받을 수 있는 이웃가게에서 쇼핑하는 경향도 보인다.

(3) 매체행동

상류층 및 중류층 소비자는 하류층 소비자에 비해 신문과 잡지를 많이 읽으면서 TV를 덜 보며, 자녀들의 TV시청 습관에 많은 관심을 갖는다. TV를 시청하는 데 있어서도 그들이 다큐멘터리와 시사물을 자주 보는 데 반해, 하류층 소비자는 연속극, 퀴즈쇼, 코미디에 관심을 가진다.

(4) 커뮤니케이션 행동

사회계층에 따라 가치와 규범이 다르기 때문에 하나의 광고가 사회계층에 따라 전혀 다른 의미를 가질 수 있다. 예를 들어, 고급 손목시계의 마케터는 상류층 소비자들에게 상품의 품질을 전달하기 위해 우아한 분위기와 샴페인 글라스와 같은 상징을 사용할 수 있으나, 하류층 소비자는 그러한 상징의 의미를 왜곡할 수 있다.

또한 하류층 소비자가 시각적이고 계속적인 일과 활동, 정력적인 인상, 일상문제에 대한 해결책을 보여주는 광고에 더 수용적임에 반해, 상류층 소비자는 미묘한 상징성과 개인적인 소구를 포함하여 사회적 지위와 자아 이미지의 표현을 강조하는 광고에 수용적이다.

(5) 가격평가 행동

일반적으로 하류층 소비자는 상품대안들과 가격에 대해 잘 알지 못하므로 가격이 저렴하면서도 가치 있는 상품을 구매하지 못한다. 또한 그들이 갖고 있는 상품정보가 충분하지 않기 때문에 가격을 품질의 지표로 삼는 경향이 있다.

(6) 정보탐색 행동

상류층 및 중류층 소비자가 구매에 앞서서 다양한 원천으로부터 많은 정보를 탐색하는데 반해, 하류층 소비자는 진열과 판매원과 같은 점포내 원천에 의존하는 경향이 있다.

2) 사회계층의 마케팅 시사점

(1) 상품의 상징성

소비자는 상품이 자신에게 해줄 수 있는 일(기능적 속성)뿐 아니라, 그들이 의미하는 것(상징적 속성) 때문에 구매하는데, 상품은 그들의 순전한 기능적 목적에 덧붙여 심리적 및 사회적으로 어떤 의미를 갖는다고 간주된다. 이러한 관념은 이미 오래 전부터 일부 소비자가 보수적으로 지출하는데 반해, 다른 소비자는 과시소비를 보인다는 사실에서 등장하였다.

즉 과시소비는 **다른 사람들이 소비자가 무엇을 했는지 알 수 있도록 하기 위한 것일 뿐이고, 진정으로 필요하지 않은 상품의 구매**인데, 이때 소비자가 구매하는 상품은 다른 사람들에게 **그가 누구이며 그의 사회적 지위나 사회계층이 무엇인지를 말해주는 '상징'으로서 작용**한다.

마케터는 상품의 소유자와 비소유자를 가시적으로 차별화해 주는 이러한 지위상징(status symbol)을 이용하여 소비자들에게 소구해 왔으며, **지위상징의 가치는 상품의 사회적 요망성과 희소성을 근거로 한다.** 그러나 한때 소비자의 지위를 상징하던 의류, 주택, 가사용품, 음식, 심지어 종교에서도 기술과 커뮤니케이션이 발전함에 따라 물질적 쾌락에 대한 열망과 가용성이 확산되고 지위상징에 관한 견해들이 변하고 있다.

예를 들어, 경제 수준이 향상됨에 따라 중도의 소득을 갖는 사람들도 이제는 주택, 승용차를 소유하고 해외여행을 떠날 수 있게 되었으며, 이러한 상품들은 지위상징으로서 가치를 잃어가고 있다. 즉 전통적으로 지위상징을 갖던 상품들이 점차 나른 상품들로 대체되고 있으므로 마케터는 이러한 변화추세를 이해하고 적용해야 한다.

(2) 시장세분화

일부 상품범주에 국한되지만, 사회계층에 따라 구성원들의 소비자 행동이 다르므로 그러한 상품의 마케터는 소비자의 사회적 지위(또는 사회적 지위에 따라 다르게 나타나는 소비자 행동특성)를 근거로 전체시장을 세분할 수 있다. 예를 들어, 신용카드의 사용여부를 사회계층과 라이프 스타일의 측면에서 검토한 연구에 따르면 신용카드의 사용자들은 중류층 소비자였으며, 자신의 외모에 관심이 많고, 성취지향적이며, 위험을 기꺼이 감수하는 경향이 있었다.

그러나 사회계층을 근거로 한 시장세분화는 다음과 같은 세 가지의 기본적인 문제를 고려해야 한다.

첫째, 자신의 상품범주에서 사회적 지위가 소비자 행동에 영향을 미칠 것인지의 여부를 먼저 결정해야 한다.

둘째, 사회계층을 범주화하는 방법들이 다양하게 제안되고 있으므로 가장 적합한 사회계층의 범주화 방법을 선정해야 한다.

셋째, 사회계층이 영향을 미칠 것으로 판단되는 소비자 행동의 측면을 선정해야 한다.

한편 사회적 지위차원으로서 소득수준은 일반적으로 상당한 자금지출을 필요로 하는 상품범주에서 다항목 지수로 측정된 사회계층보다 소비자 행동을 정확하게 설명해 줄 수 있으므로 훌륭한 시장세분화의 근거가 될 수 있다. 그러나 많은 자금의 지출을 수반하지 않으면서 라이프 스타일을 반영하는 상품에서는 다항목 지수로 측정된 사회계층이 소비자 행동을 더 정확하게 설명해주는데 통조림, 음료, 스낵, 주류 등의 편의품이 여기에 해당한다.

(3) 마케팅 믹스

- **광고** – 광고에서 사용하는 언어와 상징은 사회계층에 따라 다른 의미를 전달할 수 있다. 예를 들어, 중류층 주부는 아기를 '귀염둥이'나 '사랑스러움'으로 연상하는데 반해, 하류층 주부는 '많은 일'이나 '귀찮은 존재'로 연상하는 경향이 있다. 따라서 상류층 및 중류층 주부를 지향하는 유아의류의 광고는 정성과 사랑에 대한 연상을 형성해야 하지만 하류층 주부를 지향하는 광고는 세탁이 용이함과 편리함을 강조하는 편이 효과적이다.

- **유통** – 점포애고(store patronage)도 사회계층에 따라 다르다. 즉 하류층 소비자가 할인점이나 지역점포에서 또는 우편주문으로 쇼핑하는데 반해, 상류층 소비자는 위험을 많이 지각하는 상품은 백화점에서, 위험을 덜 지각하는 상품은 할인점에서 구매하는 경향이 있다.

이러한 발견점은 마케터가 유통전략을 개발할 때 사회계층의 개념을 이용해야 한다는 사실을 암시한다. 즉 표적시장이 사회경제적으로 낮은 집단이라면 대규모의 쇼핑센터보다는 이웃점포를 통해 상품을 유통시켜야 하며, 상류층 및 중류층의 표적시장이라면 상업지역의 백화점이 더욱 적합할 것이다.

- **신상품 개발** – 사회계층에 따라 소비자는 상품특성과 스타일에 대해 다른 반응을 보여준다. 전화기를 구매하는 데 있어서 하류층 소비자는 장식성보다는 기능에 많은 관심을 보이며, 중류층 소비자는 자아 이미지를 반영할 수 있는 디자인과 색상을 강조하였다.

제 2 절   가계생활주기

식품, 주택, 승용차, 가구 등의 품목은 개인보다는 가계구성원들의 공통적인 욕구를 충족시키기 위해 구매되므로 가계(household)는 기본적인 소비단위로 간주될 수 있다. 즉 가계가 돈을 벌어들이고 지출하는 하나의 경제단위로서 작용하는 과정에서 그 구성원들은 개인적 및 공통적인 우선순위를 결정하고 그들의 욕구를 충족시킬 상품과 상표를 선택한다.

따라서 마케터는 가계구성원 각자의 행동을 검토하기보다는 [그림 12-3]과 같이 가계를 중요한 구매결정과 소비의 단위로 간주함으로써 효과적인 마케팅 전략을 개발할 수 있다. 더욱이 가계는 소비자의 사회화에서 중요한 역할을 수행할 뿐 아니라, 가계의 구성원들은 서로 친밀한 대면접촉을 유지하면서 자신의 행동에 있어서 가계(집단)의 가치와 규범을 참조하므로 여타의 준거집단에서 보다 훨씬 강력한 연대감을 보이며, 개인의 행동은 다른 구성원들로부터 직접적인 영향을 받는다.

1. 가계의 형태와 기능

1) 가계의 형태

가계는 사회에 따라 상이한 집단을 지칭하며 그것이 무엇으로 구성되는지에 관해서는 개념의 차이가 많으므로 가계단위(household unit)를 명확하게 정의할 필요가 있다. 가족형태의 가계(family household)란 **주거공간을 공유하는 2인 이상의 혈족으로 구성된 가계**를 말하며, 소비자 행동에 대한 영향에서 중요한 점은 그것이 구성원 사이의 상호작용의 원천이라는 사실이다. 이러한 상호작용은 다음과 같이 뚜렷한 특징을 갖는 구

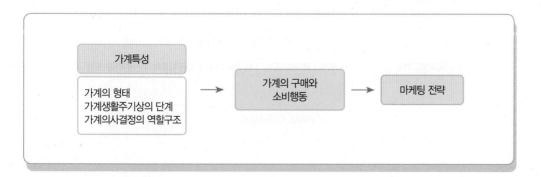

그림 12-3

가계특성과 소비자 행동

가계특성

가계의 형태
가계생활주기상의 단계
가계의사결정의 역할구조

→ 가계의 구매와 소비행동 → 마케팅 전략

성원들 사이에서 일어난다.
- 출생, 결혼, 입양에 의해 관련성을 가진다.
- 자신을 가계의 구성원이라고 생각하며, 가계의 가치와 규범을 존중한다.
- 가계의 다른 구성원과 충분한 상호작용에 참여한다.

가족형태의 가계는 다시 그것이 포괄하는 혈족범위에 따라 핵가족 가계와 대가족 가계로 구분할 수 있는데, 핵가족 가계(unclear family)가 남편과 부인, 직계자녀만을 포함하는데 반해 대가족 가계(extended family)는 남편과 부인, 그들의 직계자녀는 물론이고 생물학적 계보에 의해 관련되는 사람들을 모두 포함한다. 오늘날 대부분의 산업사회에서는 핵가족 가계가 보편적이며, 배우자의 사별이나 이혼으로 인해 한부모 가계(single-parent family household)가 증가하고 있다. 또한 비가족형태의 가계(nonfamily household)란 **혼자 살거나(독신가계) 혈족이 아닌 사람들로 구성된 가계(셰어 하우스)**로서 최근 증가추세가 뚜렷하다. 그러나 앞으로 설명에서 특별한 지적이 없는 한, 가계는 가족형태의 가계를 지칭한다.

2) 가계의 기능

가계는 문화에 따라 형태와 기능을 달리할 수 있지만, 특히 사회제도로서 가족형태의 가계는 모든 문화에 있어서 보편적이다. 개별 소비자의 관점에서 볼 때 가계는 여러 가지 측면에서 여타의 사회적 집단과 다르며, [그림 12-4]와 같은 기능을 통해 구성원들의 행동에 영향을 미친다.

(1) 외부적 자극과 영향의 여과
[그림 12-4]에서와 같이 가계는 외부로부터 제공되는 자극과 영향을 여과하여 구성

그림 12-4

가계의 기능

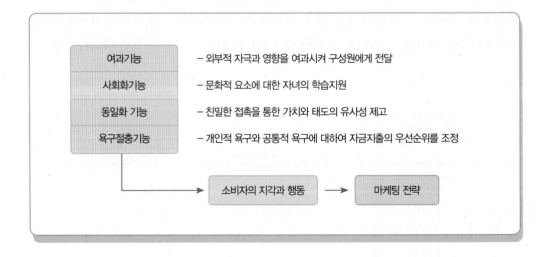

원에게 전달함으로써 그들의 행동에 영향을 미친다. 예를 들어, 새로운 식품에 대한 광고가 부인의 여과활동을 통해 구성원들에게 전달되거나 사회계층의 영향이 가계의 여과기능을 통해 자녀들에게 전달될 수 있다.

(2) 자녀의 사회화

가계는 그것이 속해 있는 문화나 사회계층의 가치와 행동규범을 구성원에게 학습시키는 사회화를 담당한다. 인간의 행동은 대체로 학습된 것이며, 이러한 학습은 어린 시절로부터 가정에서 부모를 통해 이루어지는데 대체로 우리 사회에서 바람직한 것이 무엇인지(가치)와 올바른 사고와 행동에 관한 기준(규범)을 정의해 주기 때문에 소비자 행동에 많은 영향을 미친다.

(3) 가치와 태도와 동일화

가계는 구성원 사이의 대면접촉을 통한 연대감을 특징으로 하는 1차적 집단(primary group)인데, 이러한 친밀감과 연대감은 구성원으로 하여금 유사한 가치와 태도를 갖도록 영향을 미친다. 따라서 한 가계의 구성원은 대체로 유사한 상품 선호패턴과 행동규범을 갖는 경향이 있다.

(4) 구성원 욕구의 절충

가계는 자원을 획득하고 소비하는 경제단위라는 점에서 다른 사회적 집단과 다르다. 가계가 공동으로 소유하고 있는 자원은 각 구성원의 개인적 욕구뿐 아니라 주택이나 승용차 등 전체 구성원의 공통적인 욕구를 충족시키는 데 지출되어야 하므로 각 구성원의 욕구는 다른 구성원의 욕구나 전체로서의 가정의 욕구와 절충되어야 한다.

예를 들어, 아들에게 자전거를 사주려는 결정은 부모의 외식이나 딸의 피아노 교습 등에 할애될 수 있는 자금의 지출을 의미하므로 가계구성원 사이에는 욕구의 절충이 필요하다.

이 밖에도 가계는 재생산(reproduction), 애정의 유지(emotional maintenance), 사회적 및 성적 통제(social and sexual control) 등의 기능을 수행한다.

3) 가계구조의 변화와 마케팅

가계는 가족형태든 비가족형태든 소비단위를 구성하기 때문에 마케팅 전략을 개발하기 위한 초점이 될 수 있다. 사실 가계의 수는 매년 증가추세에 있으며, 특히 대형TV, 냉장고, 에어컨, 세탁기, 가족여행 등과 같이 주로 가계단위에 의해 구매되는 상품의 마케터에게 이러한 증가추세는 인구의 증가추세에 비해 훨씬 중요하다.

최근 들어 한부모가계(single-patent household)가 급격하게 증가하고 있는데, 한부모가계는 편의성을 강조한 상품들과 종일반 유아원과 유치원, 어린이도 안전하게 작동할 수 있는 가전상품 등의 필요성을 부각시킨다. 또한 독신가계의 증가추세도 식품뿐만 아니라 가전상품의 크기, 다양한 상품과 서비스의 소비패턴에 다양한 변화를 가져올 것이다. 이와 같이 한부모가계와 독신가계가 증가하고 출생률이 낮아짐에 따라 **가계의 평균적 크기가 대체로 작아지고 있는 추세**는 주택건설업자나 승용차 생산자, 가전상품의 생산자, 식품의 생산자들에게 많은 시사점을 제공해 준다.

한편 젊은이들 사이에서는 비가족형태의 가계인 셰어 하우스(share house)도 급증하는 추세이며, 이상의 모든 가계특성의 변화들은 새로운 마케팅 기회를 암시한다.

2. 가계생활주기의 본질

가족형태의 가계는 시간이 흐름에 따라 구조가 변한다. 소비자는 독신이었다가 결혼하고, 자녀를 양육하면서 가계구조의 변화를 거쳐 가는데, 가족생활주기(FLC, family life cycle)라는 개념은 이러한 가계구조의 차이를 이해하고 분석하기 위해 제안되었다. 가족생활주기의 기본적인 가정은 대부분의 가족이 각각 독특한 특징과 자금여건, 구매패턴을 갖는 순차적인 단계들을 거쳐 간다는 점인데, 최근에 증가하고 있는 비가족형태의 가계를 포함하기 위해서는 본래의 가족생활주기에 비가족형태의 가계를 포함하는 가계생활주기로 확장하는 편이 바람직하므로 여기서는 그러한 생활주기의 개념들을 살펴본다.

1) 가계생활주기의 본질

가계의 인구통계적 구조는 그 가계의 구매와 소비패턴에 많은 영향을 미친다. 예를 들어, 6명으로 구성되는 가계는 3명으로 구성되는 가계와 식품의 소비패턴이 다르며, 신혼부부인 가계와 중고등학생이 있는 가계는 다양한 상품범주에 걸쳐 구매와 소비패턴이 다를 것이다. 즉 가계의 자체 특성, 소득, 재산 및 부채, 지출수준은 생활주기의 단계에 따라 크게 달라지므로 이러한 생활주기의 개념은 가계와 그 구성원들의 소비패턴을 이해하는 데 중요하다.

가계생활주기(HLC, household life cycle)란 가족형태든 비가족형태든 **여러 가계가 갖는 공통적인 특성을 근거로 하여 가계의 형성과 발전과정을 구분한 단계**라고 정의되며, 생활주기의 동일한 단계에 속하는 가계들은 구매에 관련하여 유사한 욕구와 필요를 가질 뿐 아니라 자금사정과 경험도 유사할 것이다.

따라서 마케터는 생활주기의 단계를 근거로 전체 가계를 세분할 수 있는데, 단지 생활주기의 단계가 상품의 구매와 사용에 영향을 미치는지의 여부와 영향의 크기는 상품에 따라 다를 것이므로(상품구체적), 마케터는 우선 자신의 상품이 그러한 영향을 어떻게 받고 있는지 검토해야 한다.

더욱이 생활주기의 각 단계는 가계구매에서 해결되어야 할 일련의 문제를 일으키지만, 이러한 문제들에 대한 해결책은 [그림 12-5]와 같이 라이프 스타일의 선택과 유지에 밀접하게 관련되므로 구체적인 소비자 행동은 가계의 라이프 스타일로부터도 영향을 받는다.

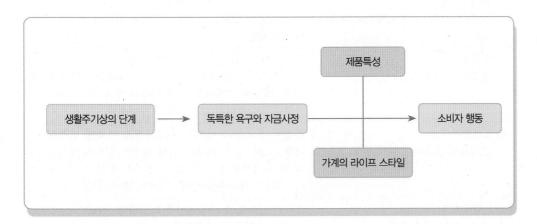

그림 12-5

가계생활주기와 소비자 행동

(1) 전통적인 가족생활주기

가족생활주기란 **가족형태의 가계를 중심으로 구성한 생활주기**를 지칭하는데, ─ 비가족형태의 가계도 고려한 가계생활주기에서도 마찬가지이지만 ─ 생활주기를 구성하는 단계의 수와 성격은 고정된 것이 아니며, 단지 각 단계에 속하는 가계들이 내부적으로 유사하고 외부적으로 상이한 구매와 소비패턴을 갖는다는 점이 중요하다.

즉 가족생활주기에 대한 한 가지 견해는 가정의 형성과 발전과정을 9개 단계로 나누며, 각 단계별 특성은 실증적 조사를 통해 〈표 12-5〉와 같이 요약할 수 있다. 따라서 마케터는 이러한 가족생활주기의 개념을 근거로 각 가계의 욕구, 상품의 구매와 소비패턴, 자금여건을 보다 잘 예측하고 대응할 수 있다.

(2) 현대적인 가족생활주기

최근 들어 **가계단위의 규모가 작아지고 있으며 결혼연령이 늦어지고, 이혼율이 증가**하는 등 우리나라의 가족에도 많은 변화가 일어나고 있다. 따라서 이혼자들과 자녀를 갖지 않는 중년부부의 단계를 포함하는 새로운 가족생활주기의 개념이 필요한데, [그림 12-6]은 현대적인 가족생활주기를 보여준다.

표 12-5

가족생활 주기에 따른 가
계구매와 소비패턴

생활주기의 단계	구매와 소비패턴의 특성
1. 독신 (젊은 독신자로서 가정이 없음)	금전적 부담이 적고 개인적 구매가 많다. 유행에 민감하여 여가지향적이다.
2. 신혼부부 (자녀가 없음)	내구재 구매가 많다. 자동차, 냉장고 가구 등을 구매하며 휴가를 즐긴다.
3. 중년부부 I (취학 전의 자녀만 있음)	내구재 구매가 최고에 달하며 유동자산은 적다. 신상품에 관심이 많고 세탁기, 건조기, TV, 유아식품, 기침약, 비타민, 인형 등을 구매한다.
4. 중년부부 II (자녀가 초등학교에 취학하고 있음)	가정주부가 취업하기 시작하며 자금사정은 나아진다. 포장단위가 큰 상품을 구매하며, 여러 상품을 동시에 흥정하여 구매한다.
5. 중년부부 III (장성한 자녀가 있음)	자금사정은 더욱 좋아진다. 가정주부도 일을 더 많이 하고 아이들도 직장에 다닌다. 광고의 영향을 거의 받지 않으며, 내구재 구매가 많은데 새롭고 자아 이미지에 맞는 가구나 필수적이지 않은 세간을 구매한다.
6. 노년부부 I (자녀들이 결혼하여 따로 살고 있음)	가정이 풍요롭고 대체로 자금사정과 저축에 만족한다. 여행, 오락, 혼자 배우는 일에 관심이 있으며 선물을 주고 받고 기부금을 많이 낸다. 신상품에 대한 관심이 적다. 고가의 사치품을 많이 구매하며 휴가를 즐긴다.
7. 노년부부 II (가장이 직장을 퇴직함)	소득이 줄어들며 가계유지에 노력한다. 의료기구, 건강, 수면 및 소화를 돕는 의약품을 구매한다.
8. 고독한 생존자 I (배우자를 잃었으나 경제활동은 유지함)	자금사정의 압박으로 주택을 팔게 되기 쉽다.
9. 고독한 생존자 II (배우자도 잃고 경제활동도 포기함)	경제적인 보호, 애정 및 안정에 대한 특별한 요구가 있다.

(3) 가계생활주기

이미 설명한 바와 같이 오늘날에는 비가족형태의 가계(특히 독신가계)가 급속히 증가하고 있으므로 이들을 포함한 종합적인 가계생활주기에 대한 관심이 높아지고 있다. 즉 [그림 12-7]과 같이 혼인상태와 자녀의 유무에 따라 가계들을 분류한다면 각 가계범주별로 구매와 소비패턴이 뚜렷이 달라질 수 있다.

2) 생활주기와 소비자 행동

9개의 단계를 포함한 〈표 12-5〉의 전통적인 가족생활주기든 비가족형태의 가계를 포함한 [그림 12-6]의 가계생활주기든 가계들을 적절하게 범주화하는 방법에 관해서는 의견일치가 없다. 예를 들어, 중년부부의 각 단계를 어떠한 기준에서 구분할 것인지가

그림 12-6

현대적인 가족생활주기

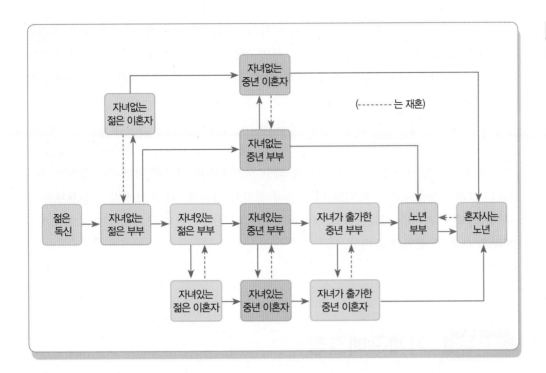

그림 12-7

가계생활주기의 단계

단계	혼인상태		자녀유무	
	독신	배우자	있음	없음
35세 미만 　독신 　신혼 부부 　중년 부부 I 　편부모 I	○ ○	 ○ ○ 	 ○ ○	○ ○
35~64세 미만 　독신 　중년 부부 II 　편부모 II 　노년 부부	○ ○ 	 ○ ○	 ○ ○ 	○ ○
64세 이상 　독신 　노년 부부 II	○ 	 ○		○ ○

명확하지 않으므로 여러 가지 연구결과들 사이의 비교도 곤란하다.

　　그러나 이러한 어려움에도 불구하고 생활주기와 소비자 행동 사이에는 강한 관련성이 존재하는 것으로 밝혀졌다. 예를 들어, 비록 가계의 라이프 스타일로부터 영향을 받지만 생활주기의 각 단계에 적합하다고 지각되는 가구가 다른데, 대체로 젊은 가계는 스타일과 아름다움보다는 실용성을 강조하며 생활주기의 진행에 따라 점차 자아 이미지의 표현을 강조하는 경향이 있다. 또한 가계지출의 규모와 구성내용, 쇼핑패턴도 생활주기와 밀접한 관련성을 보인다.

한편 연령과 같은 단일변수에 비해 생활주기의 개념이 소비자 행동을 더욱 정확하게 반영하는지의 여부는 전체 시장을 세분화하는 데 있어서 단일항목 지수에 의한 사회계층을 사용할 것인지 또는 다항목 지수에 의한 사회계층을 사용할 것인지의 문제와 유사하다. 그러나 생활주기가 대체로 더 유용한 경향이 있는데, 단지 보청기나 신체보조 기구 등 연령에 관련된 의료용품의 경우에는 단일변수로서 연령이 생활주기보다 소비자 행동을 더욱 잘 설명해 준다.

제3절 가계구매결정

가계와 같은 집단의 구매결정은 완전히 개인적인 구매결정과 뚜렷한 차이를 보인다. 즉 가계구매는 구성원들의 개인적인 욕구를 절충하고 공통적인 욕구를 충족시키기 위한 것이므로 개인적인 구매와 다를 것이다. 따라서 마케터는 가계단위의 구매결정이 어떻게 수행되는지를 파악함으로써 보다 효과적인 마케팅 전략을 수립할 수 있다.

1. 가계구매결정의 모델

두 자녀가 있는 가족이 휴가를 계획하고 있는 상황을 가정하여 가계구매결정의 과정을 검토해 보자. 지난 5년 동안 이 가족은 집에서 비교적 가까운 서해안의 휴양지를 다녀왔는데, 올해에는 자녀들이 해외여행을 가자고 주장함에 따라 부모는 예산과 여러 가지 여행방법을 참조하여 1주일의 해외 가족여행을 검토하기로 한다. 이와 같이 휴가 계획을 바꾸어 보려는 가계구성원들의 시도는 이미 새로운 구매결정의 필요성이 인식되었음을 의미한다.

이때 전문성과 구매결정에 관한 관여도에 비추어 모든 결정을 구성원 중에서 한 사람이 맡을 수도 있겠으나, 휴가계획에 관한 결정은 가계구성원 모두에게 중요하므로 공동 구매결정의 가능성이 크다. 더욱이 그릇된 결정과 관련되는 지각된 위험(예산, 즐거움,

가족 간의 유대 등에서의 불확실한 결과)이 매우 크며, 실제로 휴가를 떠날 때까지는 구매결정의 시간적 여유가 있다.

일단 공동구매결정의 필요성이 인식되면 명시적이든 묵시적이든 가계구성원들 사이에서 역할 전문화(specification of roles)가 일어난다. 즉 휴양지의 변경을 구체적으로 제안하기에 앞서서 자녀들이 이미 해외 유명 휴양지에 관한 정보를 수집한다면 그들이 정보탐색 활동을 개시한 것이지만, 간혹 부모도 여행정보의 수집자로 나설 수 있다. 또한 자녀들은 구매결정에서 주된 영향자로 간주될 수 있는데, 그들은 사이판이나 중국 황산 등을 주장할 것이다.

구매결정자는 대체로 가정의 예산담당자인 남편과 부인이 되며, 구매자는 직접 예약업무를 수행할 부인이 되고, 소비자는 물론 가계구성원 전체이다.

한편 정보를 수집하고 여러 휴양지를 평가하는 과정에서 갈등이 나타나기도 한다. 딸은 남국의 정취를 느낄 수 있는 괌 여행을 주장하고 아들이 중국의 황산 등반을 주장할 때, 부모가 황산을 선호한다면 **다음 번 구매**의 전략을 사용하여 이러한 갈등을 해결할 수 있다. 즉 부모는 딸에게 내년에는 딸이 선택권을 갖는다고 설득하여 황산에서 1주일 휴가를 보내기로 결정할 수 있다. 드디어 휴가철을 맞아 여행계획에 차질이 없음을 기

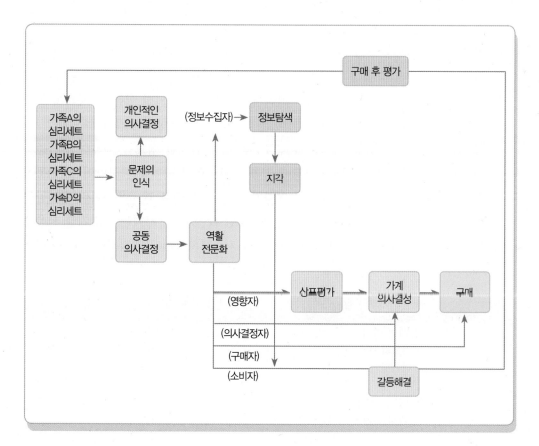

그림 12-8

가계구매결정의 모델

뻐하며 휴가를 즐기고 여유가 있을 때 다시 찾아오기로 동의하게 된다.

이상의 예시는 [그림 12-8]과 같은 가계구매결정의 일반적인 모델(model of family decision making)로서 나타낼 수 있다.

2. 가계구성원들의 역할구조

1) 가계구매결정과 구성원 역할

가계 구성원들은 구매결정과 실제의 소비과정에서 어떠한 역할을 담당하는데, 이러한 역할들은 새로운 문제를 인식하고 구매결정과 관련된 정보를 수집하고 처리하며 그러한 상품을 소비하는 동안에 나타난다.

구매결정과 소비과정에서 가계구성원들이 수행하는 역할들은 〈표 12-6〉과 같이 구분할 수 있다.

- 제안자 – 제안자(initiator)란 새로운 문제를 인식함으로써 가계구매의 필요성을 지적하는 사람으로서, 대체로 어떠한 상품의 구매나 행동을 제안한다. [그림 12-9] 는 장난감 구매에서 가계구성원들의 역할을 보여주는데, 부모가 자녀에게 장난감을 사줄까 생각하거나 자녀 스스로 장난감 구매를 요구할 수 있다.

- 정보수집자 – 정보수집자(information gather)란 여러 가지 원천으로부터 정보를 획득하고 평가하는 일에 전문성을 지니고 있는 사람으로서 구매결정에 필요한 정보를 수집한다. [그림 12-9]에서 어떠한 장난감들이 판매되고 있는지, 가격이 얼마이고, 특징이 무엇인지 등에 대한 정보는 부모나 자녀에 의해 수집될 수 있다.

- 영향자 – 영향자(influencer)란 구매결정을 위해 필요한 정보를 제공하거나 충족되어야 할 어떤 요건을 설정함으로써 가계구매에 영향을 미치는 사람이다. 전통적으로 아내는 가사용품의 구매에서 영향자가 되며, 남편은 레저용품이나 수리공구의 구매에서 영향자가 되는 경향이 있다. [그림 12-9]에서 자녀는 건전지를 사용하여 움직이도록 만든 장난감으로 선택범위를 지정함으로써 구매결정에 영향을 미칠

표 12-6
구매와 소비과정에서 나타나는 구성원의 역할

구매결정의 단계	구성원의 역할
문제의 인식	제안자
정보탐색	정보수집자
대안평가	영향자
구매	결정자 / 구매자
소비 또는 사용	소비자
결과의 평가	평가자

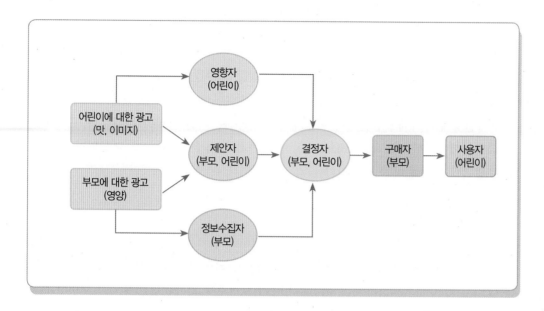

그림 12-9
어린이간식의 가계구매 역할분담

수 있다.

- 결정자 – 가계구매결정에서 최종 결정권은 대체로 한 사람이 갖기 마련이다. 예를 들어, 승용차의 구매결정에서 색상에 대한 결정 중에서 25%가 남편에 의해서, 25%가 아내에 의해서, 50%가 공동으로 이루어진다는 보고가 있다. 그러나 결정자(decider)의 역할을 담당하는 구성원이 명확하지 않은 경우도 있으며, 누가 결정자의 역할을 담당하는지는 상품과 가족의 역할구조에 따라 달라질 수 있다.

- 구매자 – 구매자(purchaser)란 실제의 구매행위를 책임지는 사람인데, 대부분 가계구매에서는 아내나 어머니가 구매대리인(purchasing agent)의 역할을 담당한다. 즉 남편이나 자녀가 사용하는 상품도 아내나 어머니가 구매하는 경향이 있다.

  그러나 가정 내의 전통적인 역할이 변해감에 따라 쇼핑활동은 점차로 가족외출로 바뀌고, 남편과 자녀가 적극적으로 구매행위에 참여하는 경향이 나타나고 있다.

- 사용자 – 사용자(user or consumer)란 상품을 사용하거나 소비하는 사람이다. 대부분 가계구매결정에서는 사용자가 가장 많은 역할을 담당하지만 사용자가 구매결정의 어떠한 측면에도 참여하지 않을 수도 있다. 예를 들어, 부모는 아기의 이유식을 구매하며, 많은 사람들이 다른 사람에게 줄 선물을 사기도 한다.

- 평가자 – 평가자(evaluator)란 상품의 소유나 소비의 결과를 평가하여 만족수준을 결정하는 사람인데, 대체로 사용자가 평가자의 역할을 담당하지만 다른 사람(아기의 엄마 등)이 담당하는 예도 있다.

2) 가계구매역할의 결정요인

가계구매에서는 소비자가 구매결정자나 구매자가 아닌 경우가 매우 흔하다. 예를 들어, 남편이 사용하는 향수를 부인이 결정하거나, 어린이의 장난감도 다른 구성원이 구매하는 경우가 많다. 이와 같이 가계구매에서는 구매결정과 소비과정에 관련된 역할이 구성원들 사이에 분담되는데, 한 사회가 구성원들이 수행하는 역할들로서 구조를 이루듯이 가계도 역시 각 구성원들이 자신의 역할을 갖는 구조를 이루고 있다.

구매결정에서 가계구성원들이 어떻게 상호작용하는지는 문화와 하위문화, 구성원들 사이의 역할전문화(role specialization), 관련된 상품범주에 대한 각 구성원의 관여도, 각 구성원의 특성에 따라 달라진다.

(1) 문화와 하위문화

우리 사회는 과거 남성중심적인 문화에서 벗어나 점차 남녀가 평등한 문화로 변해가고 있는데, 당연히 아내들이 예전보다 훨씬 넓은 분야에서 영향력을 갖게 되었다. 그러나 아직도 일부 하위문화에서는 여전히 남성중심적으로 가계구매결정이 수행되고 있음에 유의해야 한다.

(2) 역할전문화

남편과 아내는 결혼생활이 지속되어 감에 따라 가계의 라이프 스타일과 가정유지 책임의 한 부분으로서 전문화된 역할을 갖게 된다. 전통적으로 남편은 물질적인 자원을 제공하면서 기계적인 분야를 전담하고, 아내는 자녀양육과 가사처리를 전담해 왔는데, 결국 남편은 도구적인 역할을 수행하고 부인이 감성적인 역할을 수행하는 경향이 있다.

예를 들어, 의류, 보석, 실내장식 등은 주로 아내의 소관사항이며 스타일, 디자인, 패션도 아내의 영역으로 간주된다. 그러나 실용적인 기능이 중요시되는 기계용품이나 주택수리 등은 대체로 남편의 관할에 속한다. 이러한 역할의 전문화는 모든 구매나 과업을 공동으로 수행하기보다 분야별로 각자 전문화하는 편이 훨씬 효율적이기 때문에 발생한다.

(3) 관여도

특정한 상품분야에 대해 관여도가 높거나 전문성을 갖고 있는 구성원은 당연히 그 분야에서 다른 구성원에 비해 큰 영향력을 갖는다. 예를 들어, 가정용 컴퓨터를 구매하거나 인터넷 서비스 회사를 선택할 때에는 컴퓨터에 관여도가 높은 10대 자녀가 가장 주도적인 역할을 맡을 것이다.

(4) 구성원의 개인 특성

개인특성에 따라서도 각 구성원이 구매결정에 미치는 영향이 달라진다. 예를 들어, 아내의 교육수준이 높을수록 주요한 구매결정에 참여할 가능성이 크며, 공격성이나 순응성 등의 특질로 나타낼 수 있는 퍼스낼리티도 가계구매역할의 중요한 결정요인이다. 이밖에도 각 구성원의 연령이나 능력, 어린이의 유무 등도 영향을 미칠 수 있다.

3) 역할전문화와 공동의사결정

가계의사결정에 있어서 부부간의 역할차별화의 정도는 연속체(continuum of influence)의 개념이지만 역할구조(role structure)의 몇 가지 범주로 나누어 검토하는 일이 편리하다. 가계의사결정에 관한 전통적인 연구들은 특정한 의사결정에 있어서 누가 '지배적'인가에 초점을 두고 있으며, 여기서 지배성(dominance)이란 상대적으로 큰 영향력, 즉 다른 구성원보다 의사결정에 많은 영향력을 미치고 있음을 의미한다. 이러한 지배성의 개념을 채택할 때 가계의사결정의 역할구조는 네 가지로 구분할 수 있다.

• 자치적 역할구조

한 상품분야에 있어서 거의 동등한 횟수의 의사결정이 각 배우자에 의해 수행되지만, 의사결정들이 분리되어 수행된다.

• 남편지배적 역할구조

한 의사결정에 있어서 남편이 아내보다 많은 영향력을 갖는다.

• 아내지배적 역할구조

한 의사결정에 있어서 아내가 남편보다 많은 영향력을 갖는다.

• 공통적 역할구조

한 의사결정에 있어서 각 배우자가 대등한 영향력을 갖는다.

이러한 역할구조의 범주를 이용하여 실시한 연구결과는 다음과 같이 남편과 아내의 역할에 대한 전통적인 문화적 정의와 일치한다.

• 남편지배적 역할구조는 가정 밖에서 수동으로 사용되는 상품의 의사결정에서 많이 나타난나(잔니깎는 기세, 정원용품 등).
• 남편지배적 역할구조는 상품이 기계적으로 복잡하거나 비싼 경우에 많이 나타난다(승용차 등).
• 아내지배적 역할구조는 상품이 가정내부에서 사용되며, 특히 장식성을 가질 경우에 많이 니디난디(기페트 등).
• 아내지배적 역할구조는 가사용품의 의사결정에서 많이 나타난다(세탁비누, 세탁기 등).

(1) 남편과 상품의사결정

상품선택에 있어서 결정자의 역할을 담당하는 남편의 행동은 아내의 경우만큼 많이 연구되어 있지 않은데, 그것은 가계구매에서 대체로 아내가 구매자로 지명되기 때문이다. 그러나 최근의 연구들은 아내와 남편의 간접적인 영향(직접적인 언어적 표현은 없이 상대방을 즐겁게 하기 위해 한 배우자가 상품이나 상표를 구매하는 정도)은 구매되는 상품과 상표에 대한 직접적인 영향과 거의 같음을 밝혔으며, 특히 남편은 맥주와 와인의 구매에 있어서 대단히 큰 영향력을 행사하는 것으로 나타나고 있다.

(2) 아내와 상품의사결정

구매자로서 가정주부에게 행사되는 다른 구성원의 영향력을 다룬 연구는 마케터에게 흥미있는 통찰력을 제공해 준다. 즉 예상대로 가계구성원들은 주부의 상표의사결정에 지대한 영향력을 행사하며, 주부는 — 특히 상품을 사용할 때 상표명이 가족들에게 보여질 수 있는 경우 — 각 상품범주에 있어서 구성원들의 상표선호를 참조하는 경향이 많다.

(3) 부모와 자녀간의 교호작용

가계의사결정에 있어서 자녀의 영향력은 명백하며, 마케터가 자녀의 역할에 대하여 점차 주의를 기울이게 되는 주요한 원인은 세 가지로 들 수 있다.

- 어린이 시장(child market)의 규모가 급속히 성장하고 있다.
- 어린이가 가계의사결정에 미치는 영향이 계속 증가하고 있다.
- 어린이의 소비행동 특성은 그가 성인이 되어서도 잠재적으로 남는다.

어린이들은 대부분의 상품을 직접 구매하기보다는 부모를 통하여 획득하는데, 부모의 의사결정에 대하여 어린이가 행사할 수 있는 영향력의 크기는 어린이의 자기주장(assertiveness)과 부모의 자녀중심적인 정도(child-centeredness)에 달려 있다. 즉 어린이로부터 부모에 이르는 영향력의 흐름을 볼 때 어린이의 자기주장은 이러한 커뮤니케이션 과정에서 투입요소의 크기를 의미하지만 어린이가 행사할 수 있는 영향력의 정도는 분명히 부모가 어린이의 주장에 어느 정도 귀를 기울이고 있느냐에 달려 있다.

3. 가계구성원 사이의 갈등과 적응

가계구매결정에서는 가계의 목표와 개인의 목표가 완전히 일치하는 경우가 거의 없으므로 마케터는 사회적 집단으로서 가계 내에서 일어나는 갈등과 구성원들이 그에 적응하는 과정을 검토해야 한다.

1) 가계의 목표

여타의 사회적 집단과 마찬가지로 가계가 계속 효율적으로 운영되기 위해서는 가계의 목표와 운영방식(mode of operation)에 관해 구성원들 사이에 어느 정도의 의견일치가 있어야 한다. 이러한 목표와 운용방식은 가계의 가치계층(family value hierarchy)의 일부를 구성하는데, 그러한 가치계층의 맨 윗부분은 각 가계의 가훈과 같이 가계 내에서 가장 지속적으로 추구되어야 하는 기본적인 가치를 나타내며, 계층의 하위수준은 상위수준의 가치로부터 도출된 보다 세속적인 가치와 태도를 나타낸다.

그러나 가계구성원의 행동에 있어서 이러한 가계의 가치가 갖는 중요성은 첫째, 각 구성원 개인의 가치계층에서 그것이 차지하는 위치와 둘째, 그 가치가 가계에 관계된다고 개인이 느끼는 정도에 달려 있다.

2) 갈등의 처리

외부적 자극의 여과기능과 친밀한 접촉을 통해 가계는 구성원의 심리적 특성을 수렴하지만, 갈등이 발생하는 경우도 많다. 즉 가계구매결정은 두 가지 유형으로 구분할 수 있는데, 첫째는 완전한 의견일치에 의한 결정(consensual decision making)으로서 구매결정의 목표 또는 바람직한 결과가 무엇인지에 관해 전체 구성원들이 동의하는 경우이다. 예를 들어, 어떤 승용차를 구매하든 연비가 높아야 한다는 완전한 동의가 이루어질 수 있다.

두 번째 유형은 타협에 의한 결정이다. 예를 들어, 한 구성원이 대형 승용차를 원하는데 반해, 다른 구성원은 소형 승용차를 원할 수 있다. 이때의 구매결정은 적어도 두 사람 이상 사이의 타협(accommodation)이 필요하다. 물론 가계구매결정이 완전한 의견일치나 완전한 타협에만 의존하지는 않지만, 이러한 두 가지의 개념은 가계의 구매결정과 그것을 수행하기 위한 방법을 논의하는 데 유용하다.

가계구매결정에서 일어나는 갈등해결의 방법은 대체로 〈표 12-7〉과 같이 요약할 수 있다.

갈등해결의 목표	전략	수행방법
의견일치	역할구조전략	전문역영의 설정
	예산전략	예산에 의한 상례적 규칙설정
	문제해결전략	보다 많은 정보수집, 집단토의, 전문가의 조언
타협	설득전략	권위의 행사, 동조요구, 위협
	협상전략	"다음 구매에서는", 의사결정의 연기, 상호양보

표 12-7
갈등해결의 목표와 전략

(1) 역할구조전략

역할구조전략(role structure strategy)에서는 한 구성원이 특정한 상품분야(승용차)에서 전문가의 역할을 담당하고, 그 분야에서의 구매결정을 책임진다. 예를 들면, 승용차를 구매할 때 다른 구성원들은 어떤 모델을 어디서, 얼마에, 어떤 색상으로 살 것인가에 관한 그 구성원의 결정을 그대로 수용한다.

이러한 전략을 따른다면 일부의 가계구매결정은 역할구조상 남편지배적이 되고, 다른 구매결정은 부인지배적이 될 것이다.

(2) 예산전략

예산전략(budget strategy)에서는 지출되는 예산규모에 따라 구매결정을 통제할 구성원을 사전에 정해 규칙으로 삼는다. 물론 예산규모에 따른 이러한 규칙이 어떠해야 하는지에 관해서는 구성원 사이의 불일치가 있겠으나, 일단 규칙이 정해진다면 전체적인 일치(total consensus)가 존재하는 것처럼 구매결정이 수행된다.

(3) 문제해결전략

문제해결전략(problem-solving strategy)에서는 의견일치에 도달하기 위해 보다 많은 정보를 수집하거나 또는 집단토의를 벌이거나 전문가의 조언을 구한다. 예를 들어, 보다 많은 정보를 수집함으로써 구성원들은 의견일치에 이를 수 있으며, 집단토의를 실시하거나 전문가의 의견을 들음으로써도 모든 구성원에게 공동적으로 소구하는 휴양지나 음식점을 발견할 수 있을 것이다.

(4) 설득전략

설득전략(persuasion strategy)에서는 한 구성원이 자신의 구매결정을 다른 구성원들이 받아들이도록 설득한다. 예를 들어, "내가 더 잘 아니까" 혹은 "나는 아버지다"라고 말하면서 설득하거나 "남들은 모두가 이것을 원하는데, 왜 당신만 유독 다른 것을 원하는가?"하고 설득할 수 있다. 또 어린이는 장난감을 사주지 않으면 아이스크림을 던져버리겠다고 위협하여 부모를 설득하기도 한다.

(5) 협상전략

협상전략(bargaining strategy)은 서로 주고받는 일을 포함하는데, 한 구성원이 이번 구매에 있어서 구매결정을 전담하는 대신에 다른 구성원은 다음 구매에 있어서 마음대로 할 수 있다든가 또는 상호양보를 통해 한 구성원은 구매한 승용차의 모델을 결정하는 대신에 다른 구성원은 색상과 액세서리를 결정할 수 있다. 물론 단순히 구매결정을 연기할 수도 있다.

이상은 가계구성원들 사이에서 일어나는 갈등해결의 목표와 전략들인데, 상품범주뿐 아니라 구매결정단계에 따라서 적합한 전략이 달라진다.

3) 적응과정

적응(adjustment)이란 **가계구성원들 사이에서 의견일치의 범위가 확대되어가는 현상**을 말하며, 이러한 적응과정은 다음과 같이 설명될 수 있다.

(1) 결혼생활초기

결혼생활의 초기는 가계의 가치계층에 관해 많은 타협이 일어나는 시기로서 어린이의 양육방법을 비롯하여 주택, 가구, 승용차와 같은 주요 구매에 관한 장기계획이 부부 사이에 토의된다. 각 구성원의 선호와 기능은 이러한 토의과정에서 노출되는데, 남편과 아내의 의견이 일치하지 않는다면 많은 분야에서 타협이 필요하게 된다. 따라서 구매결정과 활동들이 대체로 공동으로 수행되며 그것은 앞으로 가정이 운영될 방식에 관한 선례가 된다.

(2) 결혼생활 후기

결혼생활의 초기가 지나면 구매되는 상품을 포함하여 남편과 아내의 지각과 선호가 점차 유사해지므로 타협에 의한 의사결정은 의견일치에 의한 구매결정으로 대체되어 간다. 즉 가계구성원들의 개별적인 지각과 태도는 고도로 안정되며 공동으로 수행되던 구매결정과 활동은 역할전문화(specialization of role)로 대체된다. 이러한 현상을 적응이라고 하는데, 다음과 같은 여러 가지 요인들의 결과로 나타나며 결혼생활이 길어지고 생활주기가 신전되어 감에 따라 적응과정이 가속된다.

- 가계는 준거집단의 독특한 형태로서 빈번한 접촉을 통해 구성원들의 가치와 태도가 수렴된다.
- 남편과 아내가 서로 다른 준거집단의 회원일 수도 있으나, 가계는 그러한 사회적 집단들의 외부적 영향을 여과해 준다.
- 가계구성원들은 정보원천을 공유하는 경향이 있다.
- 가계구성원들은 공동의 욕구를 충족시키기 위해 자신들의 욕구를 절충하려고 노력한다.
- 가계구성원들이 구매결정에 자주 참여할수록 동의의 가능성이 높아진다.

더욱이 자녀의 존재는 가계구성원들에게 적응을 통해 목표일치적 행동(goalcongruent behavior)을 지향하도록 압력을 제공하므로 자녀가 없거나 함께 살지 않는 가계는 적응과정이 느리게 진행되는 경향이 있다.

4. 가계구매결정의 역할구조와 마케팅 전략

가계구매결정에서 구성원이 어떻게 상호작용을 하는지는 대체로 구성원의 역할전문화와 그 상품분야에 대한 관여도의 수준에 달려 있다. 즉 역할전문화가 크고 상품이 전문화된 분야와 밀접하게 관련될수록 다른 구성원을 지배하는 경향이 있다. 그러나 다른 요인들도 함께 고려되어야 하며, 이에 따라 마케팅 시사점들이 다양하게 도출될 수 있다.

1) 역할구조의 영향요인

(1) 상품범주
많은 연구들은 상품범주별로 자치적, 남편지배적, 아내지배적, 공동적 역할구조를 확인하였다. 즉 남편은 승용차나 주류에 대한 구매결정을, 아내는 음식이나 위생용품에 대한 구매결정을 지배하는 경향이 있으며, 공동구매결정은 주택이나 휴가, 가구에 있어서 두드러지게 나타난다.

(2) 구매결정의 단계
남편과 아내의 역할구조는 또한 구매결정의 단계에 따라서도 달라지는데 예를 들어, 한 배우자가 문제를 인식하여 다른 배우자가 정보를 수집하고 공동으로 최종결정을 내릴 수 있다. 가족계획 분야에 있어서 문제의 인식은 남편과 아내의 공동 영역이지만 아내가 남편보다 정보탐색에서 관여도가 높으며, 남편이 최종결정을 하는 경우가 44%에 이른다.

한편 남편과 아내의 역할구조를 구매의 제안, 선택, 구매시기 결정, 구매 수행의 단계에서 휴가, 보험, 자녀의 학교에 관한 구매결정에서 검토한 결과는 [그림 12-10]과 같다.

(3) 하위결정의 유형
남편과 아내의 역할구조는 하나의 구매과정에서 이루어지는 하위결정들에 따라서도 달라진다. 즉 남편은 예산규모를 결정하고 아내는 상표를 결정할 수 있으므로 마케터는 구매과정에서 나타나는 하위결정들을 정의하고 남편과 아내의 역할구조를 검토해야 하는데, 하위결정은 다음과 같은 예를 포함한다.

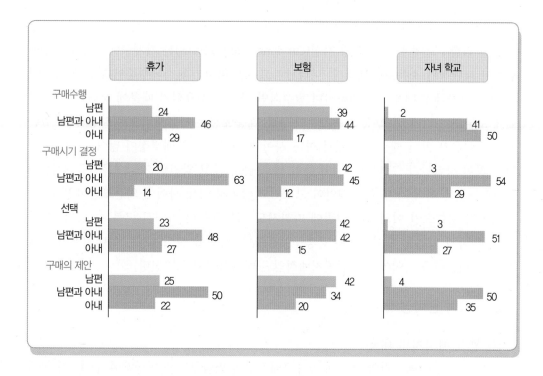

그림 12-10
의사결정 역할구조

- 언제 살 것인가?
- 어디서 살 것인가?
- 얼마나 지출할 것인가?
- 어떤 상표나 형태를 살 것인가?
- 어떤 모델이나 스타일을 살 것인가?
- 어떤 색채를 선택할 것인가?

(4) 가계의 특성

가계의 특성은 가계구매결정에서 역할구조에 많은 영향을 미치는데, 대체로 다음과 같은 경우에서 남편지배적 구매결정이 나타난다.

첫째, 남편의 교육수준이 아내보다 높을 때

둘째, 남편의 소득과 직업적 지위가 아내보다 높을 때

셋째, 아내가 취업하고 있기 않을 때

넷째, 남편이 상품범주에 대한 관여도가 높을 때

또한 생활주기상의 신혼부부 또는 젊은 부부 단계일 때에는 공동구매결정이 빈번하지만, 생활주기가 진행되어 감에 따라 가계 라이프 스타일의 일부로서 역할전문화가 이루어지는 경향이 있다. 그것은 아마도 시간경과에 따라 구체적인 상품범주에 대한 각 배우자의 구매결정의 효율성과 능력이 증가하기 때문이다.

한편 역할구조에 관한 곡선형 가설(curvilinear hypothesis)은 가계구매에서 공동구매결정이 극단적인 소득수준에서 덜 나타난다고 제안한다. 즉 소득수준이 낮은 계층에서는 가용한 자금이 대체로 상례적이며 필수적인 구매에 소요되기 때문에 남편과 아내 사이에 토론의 여지가 없으며, 소득수준이 높은 계층에서는 자유재량으로 사용할 수 있는 자금의 여유가 많기 때문에 남편과 아내 사이에 자치적인 구매결정이 많아지므로 이러한 현상이 나타난다. 그러나 소득수준이 별로 높지 않고 약간의 자금여유만을 갖는 중간계층에서는 여러 가지 구매 대안이 고려되고 남편과 아내 사이에 의견교환이 많다.

이상의 영향요인 이외에도 인종에 따라서도 역할구조의 차이점을 볼 수 있다. 예를 들어, 미국의 백인들 사이에서는 공동구매결정이, 흑인들 사이에서는 아내지배적 구매결정이, 일본인들 사이에서는 남편지배적인 구매결정이 두드러진다.

2) 마케팅 전략상의 시사점

(1) 광고 메시지의 내용

마케터는 광고 메시지의 내용에 가계구매결정의 역할구조를 반영해야 한다. 즉 아내나 남편 중 한 사람이 구매결정에서 우세할 때 광고 메시지는 지배적인 역할을 수행하는 구성원이 강조하는 평가속성의 방향과 가중치를 고려해야 함은 당연하다. 그러나 공동구매결정에서는 각 구성원이 희구하는 상품효익(욕구기준)이 다르므로 어려운 문제가 일어날 수 있다. 예를 들어, 승용차의 구매결정에서 남편과 아내는 성능, 스타일, 경제성과 같은 상품효익을 상이하게 강조할 수 있다. 이때에는 물론 각 구성원을 지향하는 광고 메시지는 별도로 마련하는 편이 비용은 많이 들지만 효과적이다.

한편 광고 메시지의 내용에서는 어린이도 고려해야 한다. 예를 들어, 과거 스낵의 생산자는 어머니를 대상으로 하여 영양을 강조하는 광고를 실시해 왔지만, 최근 들어 가계구매결정에 대한 어린이의 영향을 인식하여 [그림 12-11]과 같이 어린이에 대한 광고도 시작하였다.

(2) 매체

광고매체의 선정은 누가 구매과정에 포함되는지를 확인하여 그들의 매체노출 패턴을 근거로 해야 한다. 예를 들어, 아내지배적 구매결정이나 아내가 결정자는 아니지만 영향자의 역할을 수행하는 경우라면 그들이 주로 노출되는 잡지나 TV 프로그램을 매체로 선정해야 할 것이다. 그러나 자치적 구매결정에서는 광고예산을 남성지향적인 매체와 여성지향적인 매체 사이에서 똑같이 배분해야 하는지 또는 시장세분화 전략을 통해 한 곳에 집중해야 하는지의 문제가 일어난다.

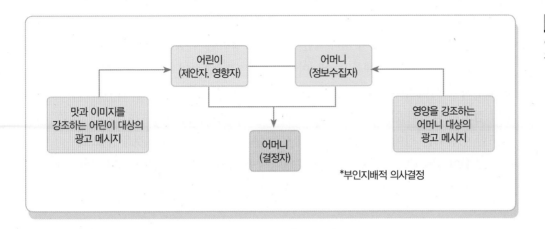

그림 12-11

역할분담 및 역할구조와
광고 메시지

더욱이 상이한 가계구성원에 도달하기 위해 별도의 매체를 선정할 경우에는 메시지의 내용을 포함하여 전체적인 광고계획도 따로 준비해야 한다. 예를 들어, 남성기성복의 마케터가 여성잡지와 남성잡지 양자에 광고한다면 두 가지의 광고계획이 필요할 것인데, 이러한 접근방법은 예산의 제약으로 효과를 거두지 못할 위험이 있다.

(3) 신상품개발

마케터는 신상품을 개발하는 데 있어서 어느 구성원이 '원하는 바'에 초점을 맞출 것인지를 결정해야 한다. 예를 들어, 상품범주별 역할구조를 참고하여 보험상품은 남편이 '원하는 바'에 맞게, 아동복은 아내가 '원하는 바'에 맞게 설계해야 한다. 특히 가계구성원 전체가 잠재고객인 경우라면 우선 역할구조에서 지배적인 구성원에 소구하기 위한 상품을 개발한 후, 다른 구성원에게 소구할 수 있도록 상품계열을 확장해 나갈 수 있다.

(4) 가격결정

가격의식적이거나 지출예산의 규모를 결정하는 가계구성원도 상품범주에 따라 달라질 수 있다. 예를 들어, 치약구매에 있어서는 대체로 남편이 가격의식적이다. 또한 지출예산의 규모를 결정하는 일은 가구에서는 부인이 맡고 승용차에서는 남편이 맡는 경향이 있다.

따라서 마케터는 자신의 상품범주에서 가격의식적이거나 지출예산의 규모를 결정하는 가계구성원을 확인하고, 상품에 대한 그들의 가치지각을 고려하여 가격을 설정해야 한다. 또한 어린이가 사달라고 조를 때, 부모는 어린이가 요구하는 상표가 경제적이라고 지각할 때 받아들이는 경향이 있으므로 어린이용품의 마케터는 그들 부모에게 경제성을 확신시켜야 한다.

(5) 유통경로

점포는 가계구매결정에서 지배적인 역할을 수행하는 구성원의 자아 이미지에 일관되는 특성을 가져야 한다. 예를 들어, 아내지배적 구매결정이 뚜렷한 상품범주의 점포는 아내의 자아 이미지에 부합되는 특성을 가져야 하며, 공동구매결정이 두드러진 상품범주의 점포는 남편과 아내 모두에게 소구하도록 설계되어야 한다.

또한 어린이는 집에서보다 점포 내에서 조를 때 그들이 원하는 것을 부모로부터 얻어내는 경향이 있는데, 이러한 점은 점포 내에서 실시되는 시리얼이나 스낵, 캔디, 치약의 촉진이 부모뿐 아니라 어린이에게도 소구해야 함을 암시하는 것이다.

Consumer 톡톡

이통 3사 "프로슈머 모집합니다" 고객 아이디어 반영하고 입소문 효과도 노려

이동통신 3사가 고객의 의견을 상품이나 서비스에 반영하는 '프로슈머'(prosumer) 마케팅을 강화하고 있다.

이통사로선 프로슈머 마케팅을 통해 철저히 소비자에 초점이 맞춰진 서비스를 출시할 수 있을 뿐만 아니라, 입소문 홍보 효과도 노릴 수 있다.

24일 업계에 따르면 이통 3사가 소비자 참여 창구를 넓힌다.

SK텔레콤은 지난 21일 전문가, 고객이 의견을 공유할 수 있는 커뮤니티 '누구나 주식회사'를 론칭했다. 인공지능 서비스 '누구' 출시와 함께 소비자와 거리를 좁히기 위해 '가상회사'라는 재기발랄한 수식어도 덧붙였다.

누구나 주식회사에선 각 분야의 전문가들과 고객들이 온·오프라인을 통해 소통하고, 이에 대해 자유롭게 의견을 낼 수 있다.

누구나 주식회사는 서울대 출신 천재 해커로 이름난 이두희 씨가 가상의 CEO를 맡아 인공지능 진화 프로젝트를 지휘한다. 전문가 그룹에는 ▲카이스트 뇌과학 분야 정재승 교수 ▲뇌인지과학연구소 ▲한국인지과학산업협회 ▲홍익대학교 산

▲ 지난 9월 21일 열렸던 누구나 주식행사 론칭 행사 [사진=SK텔레콤]

업디자인학과 ▲한국조명디자이너협회 ▲한국성우협회 ▲한국어정보처리연구실 등이 참여한다.

일반 고객들은 누구나 주식회사를 통해 매월 개최되는 아이디어 공모전을 통해 인공지능 서비스에 대한 다양한 상상을 현실로 구현하는 프로젝트에 참여할 수 있다. 이 과정에서 나온 우수 아이디어는 인공지능 서비스 '누구'에 적용될 예정이다.

누구나 주식회사 이두희 CEO는 "누구나 주식회사를 통해 제안된 아이디어는 단 하나도 빠짐없이 실제 적용 가능 여부를 검토할 예정"이라고 말했다.

KT는 올레TV 모바일 서비스 홍보를 위해 일반인으로 구성된 '마케팅 리더'(체험단) 20명을 선정했다. 이들은 이달부터 2개월간 활동한다.

올레TV 모바일 마케팅 리더는 평소 모바일TV를 통해 다양한 콘텐츠를 즐기는 20~40대로 구성돼 올레TV 모바일의 홍보대사로 활동할 계획이다.

이들은 올레TV 모바일이 보유한 12만여편의 콘텐츠와 함께 올레TV 모바일의 각종 편의기능 등을 사용해 보고, 활용기 등

을 개인 블로그 등을 통해 알리는 활동을 진행하게 된다.

KT 관계자는 "올레TV 모바일의 핵심 고객층으로 구성된 '마케팅 리더'를 통해 올레TV 모바일의 서비스를 홍보할 수 있다"며 "참신한 아이디어를 올레TV 모바일 서비스에 반영할 것"이라고 강조했다.

앞서 LG유플러스는 지난 7월 홈 서비스 브랜드 사이트 내에 '고객 체험 스토리' 커뮤니티를 신설했다.

고객 체험 스토리는 LG유플러스 홈 IoT 상품과 IPTV, 홈보이 등 홈 서비스 전반에 대한 고객의 실제 사용기와 활용 아이디어를 자유롭게 작성할 수 있는 커뮤니티다.

매월 우수 활용 사례로 뽑힌 고객에게는 상품권을 증정하며, 댓글 및 SNS 공유 기능도 추가했다.

또 홈 서비스 서포터즈도 운영한다. 가정주부를 중심으로 싱글 남녀, 기혼 남성 등 총 20명 파워블로거로 구성된 홈 서비스 서포터즈는 홈 IoT 등 홈 서비스를 체험하고 UCC 제작 등 온라인 홍보 활동과 서비스 개선 제안 활동을 올해 연말까지 이어간다.

업계 관계자는 "업계를 막론하고 온라인 입소문 마케팅의 힘이 커지고 있다"며 "통신은 특히 소비자와 접점이 많은 서비스이니만큼 앞으로도 고객 참여 형태의 홍보 방식이 늘어날 것"이라고 강조했다.

자료원 : 아이뉴스24, 2016. 9. 24

제13장

상 황

I·n·t·r·o

이제까지 소비자 행동에는 여러 가지 환경요인과 소비자의 인구통계 · 심리적 특성이 영향을 미친다고 설명해 왔지만, 만일 한 소비자의 구매행동이 동일한 상품에 대해 어제와 오늘 다르게 나타났다면 그러한 차이를 어떻게 설명할 수 있겠는가? 이와 같이 환경요인과 소비자의 특성, 상품특성이 동일할지라도 소비자 행동이 달라질 수 있는데, 그 원인은 바로 상황으로 설명될 수 있다. 예를 들어, 무덥거나 시원한 날씨, 쇼핑중 자녀의 동반 여부 등의 상황적 특성이 소비자의 지각, 선호, 구매행동에 영향을 미칠 것은 매우 당연한 현상이므로 마케터는 소비자가 당면하는 상황을 고려하여 마케팅 전략을 개발해야 한다.

따라서 본장에서는 우선 소비자 행동의 결정인자로서 상황의 본질과 상황의 영향 모델을 살펴보고 마케팅 전략의 수립에 있어서 상황이 어떻게 고려될 수 있는가를 검토해 보기로 한다.

제1절 상황의 본질과 유형

상황이 소비자 행동에 대해 미치는 영향은 심리학뿐 아니라 마케팅 문헌에 있어서도 빈번히 시사되어 왔으며, 많은 연구자들은 소비자 행동모델에 상황을 포함시킴으로써 소비자의 행동을 보다 잘 설명하고 예측할 수 있음을 제안하고 있다.

1. 상황의 본질

마케팅 전략을 개발함에 있어서 상황적 영향을 충분히 고려하기 위해서는 우선 상황의 본질을 이해할 필요가 있다.

1) 상황의 정의

한 사람 혹은 그 이상의 사람에 의해 점거되는 분리된 시간과 공간(discrete time & space)은 소비자 행동에 대한 결정요인으로서 상황을 구성한다. 그러나 마케팅 전략에 대해 상황이 미치는 영향을 검토하기 위해서 상황을 **개인적 특성과 선택대안의 특성으로부터 당연히 도출될 수는 없으나 현재의 행동에 논증가능하고 체계적인 영향을 미치는, 관측의 시간과 장소에 따라 독특한 모든 요인들**이라고 정의할 수 있다.

즉 상황이란 소비자가 당면하는 선택대안의 특성과 개별 소비자의 특성에 대한 외부적인 요인들의 집합이다. 그러나 마케터는 소비자 행동에 유의적인 영향을 미치는 상황에만 관심을 가지며, 소비자나 자극의 특성이 대단히 강하여 행동을 지배한다면 그러한 상황은 무시될 수 있다.

[그림 13-1]은 상황과 대상, 소비자 행동 사이의 관계를 보여주는데 대상과 상황은 함께 소비자에게 영향을 미쳐 그로 하여금 어떤 행동을 취하도록 작용한다. 즉 과거의 마케터들은 상품이나 서비스와 같은 대상이 지각되고 선택되는 과정에서 상황의 영향을 고려하지 않았으나, 상황은 대상과는 별도로 소비자 행동에 영향을 미칠 수 있는 요인이다.

그러나 상황적 영향이 소비자 행동에서 중요한 역할을 한다고 결론을 내리기에 앞서서 이러한 관계의 다음과 같은 측면을 검토해야 한다.

첫째, 일부 상품은 다른 상품들에 비해 상황으로부터 많은 영향을 받는다. 예를 들어, 비누의 구매보다는 와인의 구매가 선물을 하려는지 또는 손님을 접대하려는지 등의

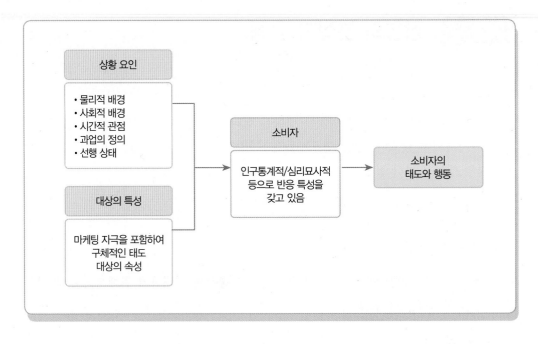

그림 13-1

소비자 행동에 대한 상황
요인의 영향

상황으로부터 많은 영향을 받을 수 있다.

둘째, 소비자 행동에 대한 상황과 대상의 영향은 소비자 특성에 의해 조절된다. 예를 들어, 일부 소비자들은 자신의 나이, 소득, 사회계층이나 종교적 신념과 같은 개인적 특성 때문에 주류의 선물을 아예 고려하지 않거나 특정한 주류를 선택할 수 있다.

2) 상황적 영향의 증거

한 대상에 대한 소비자 행동이 개인특성과 상황 사이의 상호작용을 반영한다는 명제는 소비자들의 행동차이가 개인적 특성에 의해서는 단지 일부만이 설명될 뿐이며, 상황이나 양자의 상호작용에도 의존함을 의미하는 것이다. 이러한 관계는 6개의 상품범주에서 개인특성, 상황적 특성, 상품특성의 상대적인 영향력을 보여 주는 〈표 13-1〉에서 명백히 드러나며 그것은 다음과 같은 측면에서 검토될 수 있다.

첫째, 세 변수들에 의해서도 행동의 많은 부분(27.8~46.1%)은 여전히 설명되지 않고 있다. 그러나 통제나 측정할 수 없는 변수의 영향 때문에 소비자 행동을 완전히 설명하는 일은 불가능하므로 이러한 결과가 흔히 일어날 수 있다.

둘째, 상황 자체는 행동에 대해 작은 영향(0.4~5.2%)만을 미치지만 상품특성이나 소비자 특성과 함께 고려될 때 행동을 훨씬 많이(8.9~42.5%)설명한다. 즉 상황은 주로 상품이나 소비자와의 상호작용을 통해 행동에 많은 영

● 상황에 따라 소비자 행동은 다르게 나타날 수 있다.

(전체 분산의 비율)

표 13-1

상품범주별 개인·상황·
상품 특성의 영향

원천	상품범주					
	음료	육류	스낵	패스트푸드	여가활동	영화
개인(P)	0.5	4.6	6.7	8.1	4.5	0.9
상황(S)	2.7	5.2	0.4	2.2	2.0	0.5
상품(R)	14.6	15.0	6.7	13.4	8.8	16.6
R×S	39.8	26.2	18.7	15.3	13.4	7.0
P×S	2.7	2.9	6.1	2.2	4.0	1.9
P×R	11.8	9.7	22.4	20.1	21.2	33.7
P×S×R			3.4			
잔차	27.8	36.4	35.6	38.7	46.1	39.4
합계	100.0	100.0	100.0	100.0	100.0	100.0

향을 미친다.

셋째, 세 변수의 영향은 상품범주에 따라 다르다. 예를 들어, 상황은 영화에서보다 음료의 소비에서 중요하다. 그러나 일반적으로는 **상표충성도가 클수록 상황의 영향이 덜 중요하며, 상품관여도의 수준이 높을수록 상황이 행동을 결정할 가능성이 적은 경향**이 있다.

아무튼 개인특성만을 근거로 소비자 행동을 설명하기에는 한계가 있다. 이러한 인식은 상황을 배제한 점포선택 예측(모델G)과 상황을 고려한 점포선택 예측(모델S)의 예측 정확도를 비교한 〈표 13-2〉에서도 알 수 있듯이 소비자 행동에 대해 상황적 영향을 구체적으로 검토할 필요성을 암시하는 것이다.

표 13-2

비상황적 모델(G)과 상황
적 모델(S)에 의한 패스트
푸드점의 선택예측

상황	정확한 예측(%)		
	응답자	모델G	모델S
평일의 점심	210	30.5	41.3
시간이 없어 바쁠 때 저녁식사	159	38.6	44.0
시간여유가 있을 때 가족과의 저녁식사	128	45.9	49.5
쇼핑여행 중 스낵	94	31.6	34.7

2. 상황의 유형

마케터에게 중요한 의미를 갖는 소비자의 상황은 네 가지의 유형으로 구분할 수 있다.

1) 소비상황

소비상황(consumption situation)이란 상품에 대해 예상되는 사용계기나 목적, 장소 등의 상황요인들을 포함한다. 즉 소비자들은 가정 내에서의 자가소비와 손님접대를 위해 각각 다른 상표의 커피를 선택할 수 있으며, 어떤 상표의 향수를 특별한 계기에만 사용할 수 있다. 이러한 예는 상표선택에 대해 소비상황이 미치는 직접적인 영향을 보여주는 것이다.

따라서 마케터는 그들의 상품이 적절하게 사용될 수 있는 소비상황들을 확인해 내고 그러한 상황에서 자신의 상품이 소비자를 어떻게 만족시킬 수 있는지를 설득해야 한다. 예를 들어, 맥주의 소비상황은 다음과 같이 다양하게 예시할 수 있다.

- 집안에서 친구를 접대하고 있다.
- 주말에 식당에 있다.
- 운동경기나 좋아하는 TV쇼를 시청하고 있다.
- 운동경기나 취미활동에 참여하고 있다.
- 주말여행을 하는 중이다.
- 정원이나 주택, 승용차를 손보고 있다.
- 단순히 집에서 쉬고 있다.

2) 구매상황

구매상황(purchase situation)이란 점포 내의 환경특성이나 시장여건의 변화 등의 상황요인들을 포함한다. 즉 소비자 선택에 대한 점포내 환경의 영향을 평가할 때 상품의 가용성, 가격변화, 경쟁자의 할인판매, 쇼핑의 용이함과 같은 상황요인들은 소비자의 점포선택이나 상표선택, 고려할 상표의 수, 기꺼이 지불하려는 가격 등에 영향을 미친다.

따라서 마케터는 소비자의 구매를 유도하기 위한 마케팅 전략에서 구매상황이 소비자에게 어떻게 영향을 미치는지를 확인해야 하는데 예를 들어, 다음과 같은 구매상황이 소비자 행동에 영향을 미칠 수 있다.

- 방문한 점포에 좋아하는 상표의 재고가 없었다(다른 점포를 방문할 것인가, 대체품을 구매할 것인가, 구매를 연기할 것인가?).
- 좋아하는 상표의 가격이 갑자기 5%나 인상되었다.
- 경쟁상표가 마침 할인가격으로 판매되고 있다.
- 점포에 들어섰을 때 계산대에 기다리는 사람이 많았다.
- 좋아하는 상표가 눈에 띄지 않는다(판매원에게 물을 것인가, 경쟁상표를 구매할 것인가?).

3) 커뮤니케이션 상황

소비자가 라디오 커머셜을 운전하면서 듣고 있는지 또는 거실에 앉아서 듣고 있는지? 잡지를 집에서 정독하는지 또는 출근길에 훑어보고 있는지? TV 커머셜에 혼자 또는 다른 사람들과 어울려서 노출되고 있는지? 등의 상황요인들은 광고물의 노출, 주의, 해석, 기억에 영향을 미친다. 따라서 마케터는 커뮤니케이션의 효과를 증대시키기 위해 소비자가 당면할 커뮤니케이션 상황(communications situation)을 고려해야 하는데, 다음과 같은 커뮤니케이션 상황들을 고려할 수 있다.

- 며칠 전에 직장을 잃었다.
- 내일 기말시험이 있을 예정이다.
- 독감에 걸렸다.
- 추운 밤 운전하는데 히터의 문제가 발생했다.

4) 포장이나 상품의 폐기상황

소비자는 간혹 상품의 사용 전후에 포장이나 상품을 폐기해야 하는데, 이러한 폐기상황(disposition situation)도 심각한 사회문제를 일으키거나 마케터에게 기회를 제공해준다. 즉 일부 소비자는 폐기의 용이함을 중요한 상품속성으로 고려하는데, 그들은 재활용이 용이한 상품만을 구매하는 경향이 있다.

또한 신상품을 구매하면서 사용 중이던 상품을 처분해야 하는 경우도 있는데, 마케터는 효과적이고 윤리적인 상품과 마케팅 전략을 개발하기 위해 다음과 같은 소비자의 폐기상황을 고려해야 한다.

- 버스 정류장의 자판기에서 캔음료를 꺼내 마셨는데, 재활용 쓰레기통이 없었다.
- 지하철에서 신문을 다 읽었고 가지고 내릴 필요도 없다.
- 세탁기를 새로 장만했는데, 기존 세탁기를 폐기하는데 5천원을 지불해야 한다.
- 컴퓨터를 구입하니 불필요한 포장상자들이 생겼다.

제2절 상황의 영향 모델

상황은 소비자 행동에 직접 영향을 미치지만 의사결정 과정에서 작용하는 변수들에 의해 그 영향이 여과되기도 하므로, 상황의 영향은 의사결정 모델에 따라 검토되어야 한다. 그러나 상황의 영향을 효과적으로 다루기 위해서는 우선 상황을 구성하는 요인들을 적절한 범주로 분류해야 하므로 상황요인의 범주화를 먼저 검토하기로 한다.

1. 상황적 영향의 측정

모든 분류 시스템의 목적은 특성의 유사성을 근거로 대상들을 적은 수의 집단으로 범주화하는 것인데, 마케팅 전략을 수립하는 데 있어서 상황적 영향을 효과적으로 고려하기 위해서도 〈표 13-3〉과 같은 상황요인들의 범주화가 필요하다. 이제까지 소비자 행동에 관련되는 상황요인들을 범주화하려는 연구는 다양하지만, 근본적인 문제는 어느 정도 구체적으로 범주화할 것인지와 상황요인들을 객관적 또는 심리적 기준으로 측정할지의 여부이다.

즉 상황요인들을 범주화하는 구체적인 정도는 결국 범주의 수를 의미하는데, 범주가 많을수록 상황을 객관적으로 묘사할 수 있으나 복잡해지며, 범주가 적을수록 다루기는 쉽지만 상황의 특성이 모호해질 가능성이 있다.

또한 상황을 어떻게 측정할 것인가에 관해 심리적 접근법은 상황에 관한 개별 소비자의 주관적인 지각(해석)을 근거로 하며, 객관적 접근법은 소비자의 지각에 앞서서 존재하는 그 자체로서 상황의 특성을 묘사한다. 그러나 상황에 대한 객관적인 묘사가 관찰 가능하고 실제적이므로 널리 사용되고 있다.

표 13-3
상황을 구성하는 요인들의 범주화

연구자	연구영역	상황요인들
Sherif & Sherif	사회적 상황	개인에게 관련된 요인, 과업이나 활동에 관련된 요인, 입지에 관련된 요인, 세 요인 사이의 관계
Toffler	일반적 상황	장소, 사람, 물리적 배경, 사회의 조직들 사이의 위치, 사고와 정보의 맥락, 시간의 길이
Mehrabian & Russell	일반적 상황	즐거움, 환기, 지배력(개재하는 감정적인 반응변수)
Belk	구매상황	물리적 배경, 시간 구조, 개인상호간 배경, 기분, 목표방향
Kasmar	환경적 디자인	기상적 변수, 지리적 변수, 물리적 디자인 변수
Barker	생태심리학	행동 배경-공간, 시간, 비심리적 목적물에 대한 묘사
Porter & Lawler	조직의 행위	조직 구조의 차원(즉 규모, 집중화 등)
Sells	일반적 상황	주위 거주자의 개인적 특성
Rotter & Murray	일반적상황	강화 가능사건(즉 친화력, 지위 등)
Moos	사회적 환경	관계 차원, 개인적 개발 차원, 체계의 유지 및 변화 차원
Kakkar & Lutz	소비상황	사회적 교호작용 요인, 개인적 요인, 시간적 관련 요인

1) 상황의 차원

상황요인의 범주화에 관한 많은 논란에도 불구하고 다음과 같은 다섯 가지 범주가 앞에서 설명한 상황들에 걸쳐서 소비자 행동에 영향을 미치는데, 상황요인들의 이러한 범주들은 상황을 분석하기 위한 차원인 셈이다.

(1) 물리적 배경

물리적 배경(physical surroundings)이란 가장 객관적으로 측정될 수 있는 상황요인들의 범주인데, 이러한 차원은 지리적 위치, 장식, 음악, 풍경, 조명, 날씨 등 대상을 에워싼 여타의 물리적 특성을 포괄한다. 특히 소매점 물리적 특성들의 총체를 점포 분위기(store atmosphere)라고 하는데 이는 점포의 품질수준과 이미지뿐 아니라 고객의 기분과 방문 또는 오래 머물고 싶은 마음에도 영향을 미친다. 병원이나 은행, 식당 등의 서비스업에서는 이러한 분위기를 서비스 정경(servicescape)이라고 한다.

최신 유행의 의류를 전문으로 취급하는 소매점은 고객들에게 상품과 점포의 특성을 전달하려고 노력해야 하는데, 구매상황의 물리적 배경과 관련하여 입지나 실내장식은 물론이고 판매원의 외모나 의상을 통해 바람직한 전반적인 분위기를 조성해야 한다. 즉 이러한 상황요인들은 소비자에게 바람직한 지각을 산출하고 구매결정에 영향을 미칠 것이다.

물리적 배경이 가질 수 있는 효과는 〈표 13-4〉와 같이 감각 메커니즘에 의해 부분적으로 결정되는데, 소매점의 마케터는 소비자의 전반적인 지각에 바람직한 영향을 미치도록 물리적 배경을 조정해야 한다.

또한 물리적인 배경이 소비자 행동에 미치는 영향을 예시하기 위해 물리적 과밀도(점포의 협소함)가 고객의 지각, 고객의 전략, 구매 후 반응에 미치는 영향을 검토하면 [그림 13-2]와 같다.

이 밖에도 소매점이나 백화점에 내점객을 유도하기 위해서는 황색이나 적색과 같은 따뜻한 색조가 청색이나 녹색과 같은 차가운 색조보다 효과적이므로 점포의 진열대, 입구, 구매시점 자극에는 따뜻한 색조가 적합하다. 또한 가구점의 외부색조에서도 황색, 적색, 청색, 녹색, 백색의 순서로 주의를 많이 끄는 것으로 밝혀졌다. 레스토랑에서도 느린 템포의 음악은 전체 매상을 증대시키지만, 고객들이 머무는 시간을 증대시키는 경

감각	물리적 배경
시각	색조, 실내장식, 조명, 넓이
청각	음량, 높이, 음조
후각	향기, 신선함
촉각	부드러움, 매끈함, 질김

표 13-4
소비자의 지각과 물리적 배경

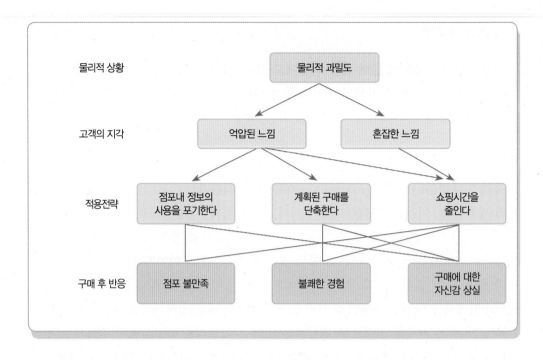

그림 13-2

점포내 물리적 과밀도의
영향

향이 있으므로 손님의 회전율이 중요한 간이식당에서는 오히려 빠른 템포의 음악이 적
절하다.

표 13-5

소비상황과 바람직한 청량
음료의 특성

소비 상황	상황구체적인 이상적 음료	바람직한 특성
여름 동안(하절기)	물을 바탕으로 한 음료	휴식을 제공한다 목마름을 해소한다
겨울 동안(동절기)	더운 성인음료	덥게 먹는다 건강에 도움이 된다 활력을 준다
아침식사를 위해	쥬스	건강에 도움이 된다 활력을 준다
점심을 위해	더운 성인 음료	덥게 먹는다 음식과 어울린다 목마름을 해소한다.
친구를 저녁식사에 초대	더운 성인 음료	음식과 어울린다. 가볍다
목이 마르다	물을 바탕으로 한 음료	휴식을 제공한다 목마름을 해소한다
휴식을 원한다	물을 바탕으로 한 음료	휴식을 준다 달다 목마름을 해소한다
간식을 필요로 한다	우유를 바탕으로 한 음료	덥게 먹는다 건강에 좋다 활력을 준다

한편 마케터가 통제할 수 없는 물리적 배경도 있다. 예를 들어, 우편주문 판매나 방문판매, 자동판매기와 같은 무점포 소매와 음료의 소비상황에서 계절적 요인 등은 마케터가 통제할 수 없는데, 이러한 경우에는 〈표 13-5〉와 같이 상황을 설계하기보다 표적시장의 욕구와 기대에 상응하도록 마케팅 믹스를 조정해야 한다.

Consumer 톡톡

힙합부터 재즈까지…몰랐던 백화점 음악 마케팅

▶ 현대백화점 판교점 내부 전경. 현대백화점은 4개의 테마별 음원 채널 (럭셔리, 프리미엄, 액티비티, 유플렉스)을 운영하고 있다./아시아뉴스통신DB

▲ 백화점에서 쇼핑을 하고있는 관광객들./아시아뉴스통신DB

백화점에서 흘러나오는 다양한 음악들의 리듬과 음색이 매출에 영향을 주고 있다.

현대 · 갤러리아 · 신세계 · NC백화점은 '음악 선곡 담당' 인력을 두고 음악 마케팅을 운영 중인 것으로 확인됐다. 소비자가 어떤 재화를 '구매'하는 데는 상품의 가격과 디자인, 또 매장의 서비스가 영향을 미치는데 음악도 포함된다. 매장에 코디된 음악이 소비자의 '감성'을 좌우하고 또 구매욕구를 상승시키는 것.

백화점들은 시간대와 날씨, 기념일별, 또 '상품 카테고리별'에 따라 음악의 배정을 다르게 하고 있다.

시간대 · 날씨 · 시즌 따라 음악 달라진다.

백화점들의 음악 송출은 시간대와 날씨, 또 시즌에도 영향을 받는다.

한화 갤러리아 백화점은 하루 중 시간대별로 오전 · 오후 · 저녁을 구분해 음악을 선곡한다. 또 날씨에 따라 볼륨을 조정하는 방법을 사용했다. 오전은 활발하고 경쾌한 무드, 오후 시간대는 리듬이 빠르고 신나는 무드, 저녁 시간대는 차분하고 분위기 있는 음악을 구성하여 고객의 쇼핑 리듬을 돕는다.

또한 갤러리아 측은 날씨가 흐리거나 비가 오는 날은 소리가 평소보다 울리고 예민하여 볼륨을 줄이는 등 체계적인 상황 맞춤형 음악 방송을 시행했다.

백화점 측은 "매출이 적을 때는 상대적으로 볼륨을 올려 매장의 분위기를 더욱 살린다"고 전했다.

이랜드계열의 유통 매장들은 설날 · 추석과 같은 명절, 또 성탄절과 같은 '시즌특수'에 집중한다. 해당 시즌에 맞는 음악들을 송출 하면서 고객의 소비심리를 자극했다.

취급 상품 '층'에 따라 음악은 달라진다.

백화점 브랜드 층에 따라 선곡하는 음악도 달라졌다.

갤러리아백화점 명품관의 경우, 란제리 매장에는 로맨틱한 분위기를 연출하는 음악이, 일반 의류 매장에는 고급스러움이 강조된 재즈와 라틴음악이 송출된다.

이랜드 계열 매장의 프리미엄 브랜드 층에는 산잔한 음악이, 영캐주얼과 트렌드 매장에는 템포가 빠른 음악이 사용됐다.

현대백화점은 명품 · 수입의류층에 '파헬벨'의 '캐논 변주곡' 같은 세미클래식, 또 오페라와 재즈를 송출한다. 여성의류, 남성의류층에는 '스테디 팝'을, 영캐주얼, 스포츠에는 빠른 템포의 최신 팝과 인기가요 등이 방송됐다. 또 영패션 전문관에는 최신 댄스 팝, 알앤비, 힙합이 나온다.

신세계 백화점의 경우 여성의류, 화장품 매장등에는 편안함을 주는 발라드, 캐쥬얼 브랜드가 있는 층의 경우 빠른 템포의 음악을 사용하는 것으로 알려졌다.

음악, 소비자 구매 심리 결정하는 요인 중 하나 될 수 있다.

음악은 소비자의 상품 구매로 연결되는 하나의 '요인' 이 될 수 있다.

서강대학교 언론문화연구소 김지윤 연구원은 "구매의도에 영향을 미치는 요소들을 많지만 음악은 소비자의 '감성' 에 영향을 가진다"며 "기존 연구들이 뒷받침 하지만, 소비자는 자신이 좋아하거나 긍정적인 느낌의 음악이 나올수록 매장에 오래 머물고 싶어한다. 또 상품에 대한 구매의향도 높아진다"고 말했다.

이어 "캐주얼 매장에서 빠른 비트의 노래를 트는 것, 프리미엄 브랜드에서 느리고 잔잔한 음악을 트는 것은 상품과 이미지의 매칭 부분이다"라며 "매장의 상품과 음악이 맞아야 소비자의 호감도를 상승시키고 직원의 말에 설득되기 쉽게 만든다"고 전했다.

자료원 : 아시아뉴스통신. 2016. 2. 5.

(2) 사회적 배경

사회적 배경(social surroundings)이란 주로 다른 사람과의 관계에 기인하는 상황요인들의 범주이다. 예를 들어, 쇼핑에 자녀를 동반한 소비자는 그렇지 않은 경우에 비해 상표선택에서 자녀로부터 영향을 받을 것이며, 기말시험 준비를 함께 하려고 도서관 앞에서 이성 친구를 만날 때와 혼자 공부할 때의 복장이 다르고 취업 면접장에서의 복장도 다를 것이다.

즉 개인은 특히 행동이 가시적일 때, 집단기대에 순응하려는 경향이 있으므로 자신과 관련성이 있는 사람들의 특성과 역할로부터 많은 영향을 받는다. 따라서 쇼핑행동, 고도로 가시적인 활동, 사회적 배경에서 소비되는 많은 상품은 이러한 사회적 배경으로부터 영향을 받기 쉽다.

더욱이 사회적 동기가 점포방문의 중요한 이유가 될 수 있다. 즉 쇼핑은 관심이 유사한 사람들 사이의 커뮤니케이션을 허용하며, 구매보다도 이웃이나 친구를 만날 수 있는 기회를 제공할 수 있고, 판매원의 서비스를 받음으로써 대접받는 기분을 즐기도록 해준다.

마케터는 소비자가 광고에 노출될 때의 사회적 배경에도 관심을 가져야 한다. 예를 들어, TV 광고가 방영될 때 소비자가 누구와 함께 시청하고 있는지는 소비자 반응에 영향을 미칠 것이므로 마케터는 시간대별이나 프로그램별로 커뮤니케이션 상황을 분석하여 메시지를 조정해야 한다.

(3) 시간적 관점

시간적 관점(temporal perspectives)이란 하루 중의 시각으로부터 계절까지 확대되는 상황요인들의 범주이다. 시간은 또한 미래 또는 과거의 특정한 사건에 대해 상대적으로 측정될 수도 있는데, 이는 마지막 구매로부터 경과시간, 식사나 봉급일로부터 경과시간 또는 그것을 기다려야 할 시간, 과거 또는 현재의 스케줄에 의해 부과되는 시간 제약 등을 포괄한다.

상황요인들의 시간적 관점이라는 차원이 개별 소비자와 상품으로부터 분리되어 소비자의 행동에 영향을 미치는 양상은 매우 다양하다. 예를 들어, 마지막 식사와 식품점 방문 사이에 경과된 시간이 식료품의 충동구매에 영향을 미치며, 오후 5시 이후의 고객들이 이전의 고객에 비해 쇼핑시간이 짧으며, 쿠폰을 사용하고 광고물을 읽거나 장보기 목록을 사용하는 경향이 적다.

한편 구매를 위해 가용한 시간도 의사결정 과정에 영향을 미친다. 일반적으로 가용한 시간이 적을수록(시간압박이 클수록) 정보탐색이 적고, 심지어 가용한 정보조차 충분히 사용하지 않는 경향이 있다. 또한 고려하는 대안의 수도 적어지며, 취업 주부의 경우에는 — 특히 전국상표에 대한 — 상표충성에 의존하는 경향을 보인다. 따라서 퇴근 후 늦은 시간에 구매하려거나 바쁜 소비자들은 시간압박의 영향으로 백화점이나 대형마트보다는 편의점에서 구매할 가능성이 크다.

(4) 과업의 정의

과업의 정의(task definition)란 특정한 상품을 구매하거나 이에 관한 정보를 획득하려는 목적과 관련되는 상황요인들의 범주로서, 간혹 개인에게 기대되는 구매자나 사용자의 역할을 반영할 수도 있다. 예를 들어, 휴식을 취하는 것이 목적일 때는 물을 바탕으로 한 음료가 선호되며 간식으로 마실 때는 우유를 바탕으로 한 음료가 선호된다.

한편 [그림 13-3]은 와인의 구매상황에서 계기별로 구매되는 빈도를 보여주는데, 선물용 와인을 선택하는 소비자는 대체로 많은 위험을 지각할 것이므로 그러한 위험을 해

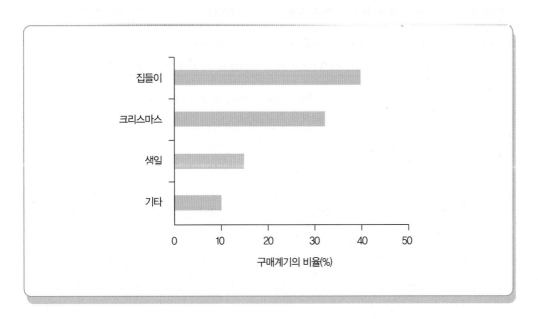

그림 13-3

선물용 와인 구매상황

소할 수 있는 마케팅 노력이 필요하다. 예를 들어, 집들이를 위해 와인을 구매하는 소비자에게는 자사상품이 왜 집들이에 적합한지를 설득해야 할 것이다.

(5) 선행상태

선행상태(antecedent states)란 개인의 만성적인 특질보다는 걱정, 유쾌감, 적대감, 흥분 등 일시적인 기분(momentary moods)이나 수중의 현금, 피로, 질환 등의 일시적인 여건(momentary conditions)을 포괄하는 상황요인들의 범주이다.

예를 들어, 우울하거나 흥분한 상태에서 실시한 구매는 정상적인 기분일 때와 상당히 다를 것이다. 소위 충동구매라는 것은 일시적인 기분으로부터 매우 강한 영향을 받으며, 일부 소비자들은 좋거나 나쁜 기분 때문에 자신이 실시한 구매를 나중에 후회하기도 한다.

〈표 13-6〉의 상황 9와 10은 선행상태의 예를 보여준다. 즉 상황 9에서는 사무실의 고된 하루가 요리하기 힘들 정도로 지치게 하였으며, 상황 10은 한 학기 동안 열심히 노력한 후 보람을 느끼고 있는 상태를 묘사하고 있다. 물론 각 상황은 그러한 상황에 적합한 식당을 선택하도록 영향을 미치지만 실제의 식당선택은 시간과 예산에 따라 달라질 수 있다.

표 13-6
식당선택에 대한 상황요인의 영향 예시

상황의 차원	상황의 묘사	선택될 식당 형태
1. 물리적	매우 더운데 에어컨이 작동하지 않는다.	완전/한정 서비스
2. 물리적	크리스마스 쇼핑중인데 상가거리가 매우 혼잡하다.	완전 서비스
3. 사회적	약혼자 부모가 식사에 초대한다고 식당을 정하라고 한다	완전 서비스
4. 사회적	이웃이 마실와서 즐거운데, 점심시간이 되었다.	패스트푸드
5. 시간적	7:30에 쇼를 볼 예정인데 현재 시간이 7:10이다.	패스트푸드
6. 시간적	한가할 때 가족과 저녁식사를 하고자 한다.	한정 서비스
7. 과업	부모의 결혼 25주년을 맞아 식당에 초대하려 한다.	완전 서비스
8. 과업	남편이 식사하고 퇴근한다고 해서 아이들을 위해 무엇을 줄까 생각한다.	패스트푸드
9. 선행상태	사무실 일이 고되고 요리할 수 없을 정도로 지쳐 있다.	완전/한정 서비스
10. 선행상태	기말시험을 잘 치르고 즐겁게 쉬고 있다.	완전 서비스

2) 상황진술의 목록 개발

상황이 소비자 행동에 미치는 영향을 분석하기 위해서는 우선 행동과 밀접하게 관련된 상황진술의 목록을 개발해야 하는데, 그것은 라이프 스타일 목록을 개발하는 경우와 유사하다. 즉 소비자 표본으로 하여금 특정한 상품범주의 본질적인 용도에 관해 개방적으로 논의하도록 하여 많은 수의 상황진술을 도출한 후, 중복을 제거하여 상황진술의 수를 축소하고 상품선택과 가장 밀접하게 관련되는 상황진술들을 선정한다.

일단 소비자 행동에 중요한 영향을 미치는 상황진술의 목록을 개발하고 나면 소비자가 각 상황에 당면하는 빈도와 그러한 상황에서 특정한 상품을 구매할 가능성을 조사한다. 〈표 13-7〉은 스낵식품 연구에서 사용된 상황진술의 목록인데, 이러한 상황진술은 요인분석을 통해 다음과 같이 네 개의 스낵구매상황으로 요약되었다.

이러한 네 가지 구매상황을 다시 스낵식품(식사대용, 가벼운 스낵, 단 스낵)의 구매에 관련시킨 결과에 따르면 각 상황에서 소비자가 구매하는 스낵이 달랐다. 즉 한 세분시장은 주로 비공식적 접대상황에서 가벼운 스낵을 구입하였으며, 두 번째 세분시장은 주로 충동적 상황에서 단 스낵을 구입하였다. 세 번째 세분시장은 무계획적 구매를 제외한 모든 경우에서 식사대용 스낵을 구입하였다.

이러한 연구는 마케팅 전략을 위한 많은 시사점을 제공한다. 즉 감자칩과 프레첼과 같은 가벼운 스낵은 비공식적 접대상황에 어울리지만, 영양제공적 상황에는 적합하지

상황진술	요인 (VARIMAX ROTATION)			
	I	II	III	IV
1. 저녁시간에 가족들이 텔레비전을 보면서 먹을 수 있는 스낵을 쇼핑하고 있다.	-.16	.05	.30	-.58
2. 수명의 친한 친구를 위해 파티를 계획하고 있는데, 접대할 스낵을 생각하고 있다.	.18	-.30	-.07	-.71
3. 최근 집에 있는 스낵에 식상하여 새로운 스낵으로 바꾸려고 생각중이다.	.24	-.14	.57	-.09
4. 장거리 자동차 여행을 떠나면서 도중에 먹을 스낵을 선택하고 있다.	.18	48	-.21	-.25
5. 친구를 저녁에 초대한 일이 갑자기 생각났는데, 마침 접대할 스낵이 없다.	.79	-.02	.07	.05
6. 간식으로 먹을 스낵을 긴급히 사기 위해 식품점 앞에 와 있다.	-.08	.22	.63	-.03
7. 마트 진열대의 많은 스낵 앞에서 친구의 갑작스런 방문에 대비한 스낵을 찾고 있다.	.39	.22	.32	-.01
8. 이번 주말을 위해 어떤 형태의 스낵을 집에 준비할까 생각중이다.	.41	.25	-.02	-.25
9. 친구와 함께 갈 소풍을 위해 가게에 왔는데, 어떤 종류의 스낵을 살지 생각중이다.	.12	.49	.15	-.06
10. 점심 때 식사 대용으로 먹을 만한 스낵에 대해 생각중이다.	-.03	.68	.06	.12

표 13-7

요인분석을 통해 도출된 스낵의 구매상황

I − 비공식적 접대상황(표 13-6에서 상황 5, 7, 8을 요약한다)
II − 영양제공적 상황(표 13-6에서 상황 4, 9, 10을 요약한다)
III − 충동적 상황(표 13-6에서 상황 3, 6을 요약한다)
IV − 무계획적 상황(표 13-6에서 상황 1, 2을 요약한다)

않을 것이다. 또한 쿠키와 같이 단 스낵은 충동적인 상황에 소구를 할 수 있는데, 그러한 상황은 단 것을 먹는 즐거움과 연관된다.

한편 스낵식품 선택에 영향을 미치는 상황은 화장품 선택에 영향을 미치는 상황과 매우 다를 수 있으므로 상황진술의 목록은 상품마다 달라야 한다(product-specific).

2. 의사결정에 대한 상황의 영향

상황이 의사결정에 미치는 영향은 개인 의사결정과 개인 사이의 설득과정으로 나누어 살펴볼 수 있다.

1) 개인 의사결정과 상황의 영향

소비자 의사결정에 관한 모델은 다양하지만, 다음과 같은 세 가지의 이유에서 Fishbein의 모델을 중심으로 상황의 영향을 논의하기로 한다.

첫째, 다른 어떠한 모델보다도 많은 실증적 검토가 있었다.

둘째, 모델에 포함된 변수들에 대한 상황적 영향의 소재(locus of situational influence)를 묘사하거나 예측할 수 있다.

셋째, 소비자 의사결정에 영향을 미치기 위한 방향을 제시해 줄 수 있다.

Fishbein의 모델은 [그림 13-4]와 같이 나타낼 수 있는데, 상황은 그림에 나타난 모든 내생변수에 영향을 미칠 수 있는 외생변수로 간주된다. 여기서 사각형들은 구성개념을 나타내고 사각형을 연결하는 실선은 그들 사이에 상정된 인과적인 연관성(causal linkages)을 보여준다. 또한 점선은 구성개념에 대한 상황요인의 잠재적인 영향과 Fishbein 모델 내에서의 관계를 나타낸다(물론 이러한 인과관계의 흐름은 설명을 위해 일부만을 표시한 것이다).

우선 상황이 행동결과에 대한 신념 b_i에 미치는 영향(①)은 분명하다. 집단압력이 개인으로 하여금 유사한 지각에 이르도록 영향을 미친다는 Asch의 일치성 실험(conformity experiments) 결과나 상품에 대한 지각이 소비자의 기분 상태에 따라 달라질 수 있다는 Axelrod의 연구결과는 모두 b_i에 영향을 미칠 수 있는 두 가지 상황만을 다루었으나 상황이 b_i에 영향을 미친다는 사실은 자명하다.

e_i에 대한 상황의 영향(②)은 응답자들이 9가지 기분상태에 있을 때 — 그렇지 않은 경우보다 — 훨씬 더 대상에 우호적이었다는 Axelrod의 연구결과와 학생들의 성취욕구가 퀴즈시험이 있는 날에 훨씬 높게 나타났다는 Peak의 연구결과에서 알 수 있다.

상황이 NB_j와 MC_j에 미치는 영향(③과 ④)도 분명하다. 규범적 신념도 역시 집단압력으로부터 영향을 받을 것인데, 직관적으로도 중요한 다른 사람들이 몸소 배석하여 개

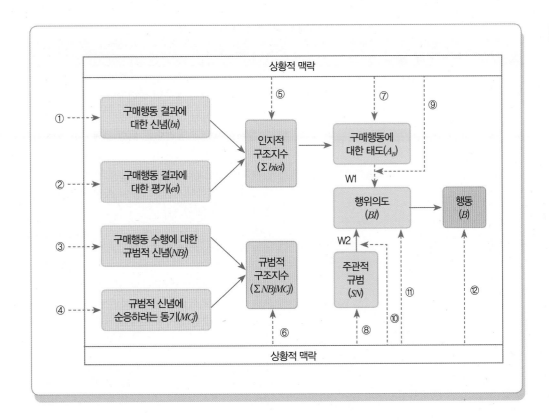

그림 13-4

소비자 의사결정에 대한
상황적 영향

인에게 무엇을 기대하는지를 말이나 표정으로 암시할 경우(행동의 가시성) 개인은 그러한 기대에 순응하도록 동기가 부여될 수 있다.

  인지적 구조 및 규범적 구조 지수(⑤와 ⑥)에 대해 상황이 미치는 영향은 정보처리 분야에서 검토되었는데, 시간압박과 주의산만의 상황에서는 $\sum bi \times ei$와 A_B 사이, $\sum NBj \times MCj$와 SN사이의 상관관계가 낮았다.

  A_B에 대한 상황의 영향(⑦)은 상황이 즐거우면 태도가 긍정적인 방향으로 변하며 반대의 경우에는 부정적인 방향으로 변할 것이라는 일종의 현혹효과로 설명할 수 있다. 따라서 즐거운 상황에서 소비자는 상품과 다른 사람의 영향(⑧)에 대해 호의적일 것이다.

  Fishbein 모델은 행위의도가 태도적 통제(attitudinal control, W_1)내에 있는지 또는 규범적 통제(normative control, W_2)내에 있는지를 결정하기 위해 2개의 회귀계수를 포함하는데, 이러한 값들의 상대적 크기는 상황에 따라 조정되어야 한다(⑨와 ⑩). 예를 들어, W_2는 가시적인 상황에서 더 클 것이다.

  상황은 행위의도의 형성에도 직접적인 영향을 행사할 수 있다(⑪). 예를 들어, '예상된 환경'은 bi의 중요한 결정요소로서 근본적으로 특정한 행동을 수행하고자 할 때 어떠한 상황이 나타날 것인가에 관한 개인적 판단을 반영한다.

  끝으로 상황요인은 행동에도 직접적으로 영향을 미칠 수 있다(⑫). 즉 외부적 사건에

그림 13-4의 관계번호별 상황적 영향에 관한 선행연구

관계번호	구성개념	지지연구자	가설적 소비자 행동의 예
1	행위의 결과 (bi)	Asch Axelrod	A점포에서의 쇼핑에 대해 자동차가 있는 경우엔 편리하지만, 없는 경우엔 불편하다고 생각한다.
2	결과의 평가 (ei)	Axelrod Peak	자가소비를 위해 식품을 구입하는 경우엔 경제성을 중시하지만 손님접대를 위한 경우에는 중시하지 않는다.
3	규범적 신념 (NBj)	Asch	차량구매에 가족이 배석하지 않은 경우 그들의 기대를 잘못 지각하지만, 그들이 배석한 경우에는 정확하게 지각한다.
4	순응동기 (MCj)	Kelman	가족이 배석해 있는 경우엔 그들의 기대에 순응하지만 배석치 않은 경우엔 무관심하다.
5	인지구조지수 ($\sum bi \times ei$)	Wright	의사결정에 시간압력이 없는 경우엔 선형보상적으로 인지적 요소들을 결합하지만, 시간압력이 있는 경우엔 단순한 인지적 전략을 이용한다.
6	규범구조지수 ($\sum NBj \times MCj$)		
7	태도(A_B)	Janis, Kaye & Kirschner	풍요한 식사를 하고 있을 동안엔 상품과 타인에 대해 호의적이지만, 배가 고플 때는 호의적이지 않다.
8	주관적 규범 (SN)	Razran	
9	희귀 가중치 (W_1)	Fishbein	혼자 있는 경우엔 자신의 태도가 행위의도를 관장하지만, 다른 사람과 함께 있을 경우엔 사회적 압력이 상대적으로 큰 영향력을 갖는다.
10	희귀 가중치 (W_2)		
11	행위의도(BI)	Sheth Triandis et al	쇼핑할 때마다 상표 K를 구매하려고 의도하지만 자주 품절되므로 그 상표를 구매하려는 의도가 약하다.
12	행동(B)	Brislin & Olmstead Wicker	상표 K를 구입하려고 의도하지만, 그것이 품절된 경우엔 상표 Z로 대체 구매한다.

대한 판단이 bi보다는 다소 적지만 외견상 행동에 많은 영향을 미칠 수 있을 것이다.

2) 개인간 설득과정과 상황의 영향

여기서는 앞에서 설명한 Fishbein 모델의 구성개념과 상황 사이에 존재하는 관계를 근거로 개인 사이의 설득과정을 작용하는 상황의 영향을 검토하기 위한 모델[그림 13-5]을 살펴보려는데, 이는 [그림 13-4]와 다음과 같은 점에서 다르다.

첫째, [그림 13-5]는 두 사람의 의사결정 과정으로서 모든 설득과정에는 송신자와 수신자의 양자가 의사결정자가 된다는 생각을 보여주며, 개인 1과 개인 2를 대칭적으로

묘사한 것은 송신자의 역할이 설득과정을 통해 교대된다는 점을 암시한다. 예를 들어, 판매원은 구매자가 어떠한 가격의 상품을 구입하도록 설득하기 위해 적절한 판매소구를 구사하지만, 이에 대응하여 구매자는 판매자로 하여금 보다 낮은 가격 등의 반대제의를 받아들이도록 기도함으로써 송신자의 역할을 취하게 된다.

둘째, [그림 13-5]는 전체 상황적 영향들 중에서 개인 사이의 영향만 표시했다. 혼동을 피하기 위해 개인의 의사결정 과정에 대해 상황의 영향을 나타내는 12개의 화살표는 모두 생략했지만, 각 개인에 대해 상황적 맥락과 상대방의 행동이 모두 영향을 미칠 수 있음은 물론이다.

[그림 13-5]에서 우선 개인 1이 송신자로서 개인 2에게 상품을 판매한다고 가정하자. 이때 개인 1의 첫 번째 의사결정은 어떠한 판매소구를 사용할지의 여부인데, 그는 그러한 판매소구의 사용에 관한 신념(bi : 훌륭하게 작용한다, 비도덕적이다, 수행하기 곤란하다 등)과 그 결과들에 관한 평가(ei)를 갖고 있다. 더욱이 그는 그러한 판매소구에 관해 몇 가지 규범적 신념(NBj : 상사가 그의 사용을 기대한다. 어린이가 그의 사용을 원치 않는다 등)을 갖고 있으며 이러한 기대에 순응하도록 동기가 다소 부여되어 있을 것이다(MCj).

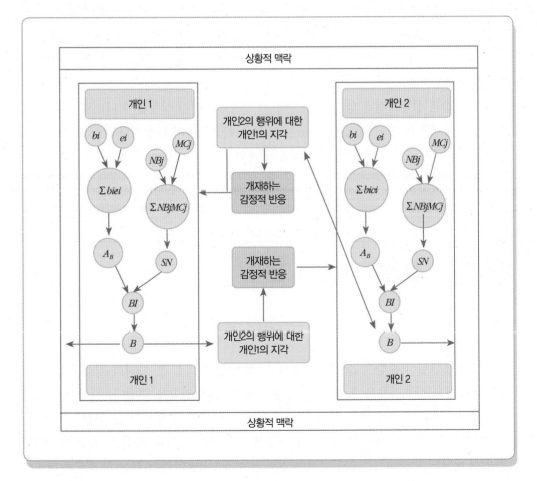

그림 13-5

개인간 설득과정에 대한 상황적 영향

이제까지 언급한 네 가지 구성개념은 각각 수신자인 개인 2의 행동과 상황으로부터 영향을 받는다. 송신자는 그의 모든 신념을 가중($\sum bi \times ei$와 $\sum NBj \times MCj$)함으로써 판매소구의 사용에 대한 그의 태도(A_B)와 다른 사람의 기대(SN)에 관한 전반적인 평가에 이른다. 이때 A_B는 상황에 따라 특정한 판매소구를 사용하려는 그의 의도(BI)를 형성하는 데 있어서 SN에 비해 많은 영향을 미칠 수 있다. 끝으로 그는 개인 2를 설득하기 위해 판매소구를 사용한다(B).

한편 개인 2는 — 개인 1의 행동에 대한 정확한 반영이든 아니든 — 개인 1의 행동에 대한 지각과 상황적 영향을 통합한다. 이때 개인 2의 신념(bi)은 상품속성을 포함할 수 있는데, 그러한 속성의 수와 속성수준은 상황과 개인 1의 행동으로부터 영향을 받는다.

또한 개인 2의 규범적 신념(NBj)은 그의 가족 또는 판매원의 규범적 신념을 포함하는데, 개인 1의 설득적 기도가 결과에 대한 평가(ei) 또는 참조인(referents)에 순응하려는 동기(MCj)에 영향을 미칠 수 있다. 마찬가지로 개인 1은 개인 2의 지각과정($\sum bi \times ei$와 $\sum NBj \times MCj$)에 영향을 미쳐 각각 구매에 대한 태도(A_B)와 규범적 압력(SN)에 영향을 미치게 된다.

끝으로 개인 2는 의도(BI)를 형성하고 이를 다시 개인 1과 상황적 영향 아래서 외견상 행동(B)으로 표현한다. 만일 그가 구매하지 않기로 결정한다면 그는 즉시 송신자로서 또 다른 의사결정을 시작하며 아마도 개인 1에게 가격을 낮추도록 설득하거나 다른 대안을 모색할 것이다.

이상과 같은 설득과정은 양자 중의 한편이 성공하였거나 상황을 떠나버릴 때까지 계속될 것인데, [그림 13-5]에 나타나 있는 모델은 최종결과의 본질이나 소요되는 과정의 반복횟수에 관계없이 어떠한 상황적 영향이 개인 사이의 설득을 완료시키는 데에 효과적인지를 보여줄 수 있다.

제3절 상황과 마케팅 전략

이미 설명했듯이 상황은 소비자 행동에 직접 영향을 미칠 뿐 아니라 상품특성 및 소비자의 특성과 상호작용을 통해 소비자 행동에 더 많은 영향을 미친다. 더욱이 소비자는 상황에 무작위로 당면하는 것이 아니라 자신이 당면할 상황을 만들어낸다. 예를 들어, 마라톤이나 테니스와 같은 격렬한 운동에 참여하는 사람은 자신을 '피곤하다'거나 '목마른' 상황에 노출되기를 간접적으로 선택하는 것인데, 이러한 점은 마케터로 하여금 특정한 라이프 스타일을 갖는 소비자가 당면할 상황을 근거로 시장세분화, 상품 포지셔닝, 광고 등을 고려할 수 있도록 시사점을 제공한다.

1. 시장세분화

한 가지 상품범주에서 여러 가지 상황이 미치는 영향을 결정한 후, 마케터는 특정한 상황에서 어느 상품 또는 상표가 구매될 것인지를 예측해야 한다. 이러한 문제를 다루기 위한 보편적인 방법은 [그림 13-6]과 같이 소비상황과 상품을 함께 지각지도에 그리는 것이다.

여기서는 '집에서의 소비'로부터 다른 사람의 반응에 관심을 갖게 되는 '집 밖에서의 소비'에 이르는 상황들이 그들의 유사성과, 그 상황에서 적합한 상품들의 관계로서 척도화되었다. 즉 소비상황 Ⅰ에서는 치약과 구강청정제가 가장 적합하다고 간주되는데 반해, 소비상황 Ⅱ에 대해서는 집 밖에서의 소비와 다른 사람들의 반응에 대한 관심을 모두 포함하여 박하향의 껌이나 캔디가 가장 적합한 것으로 밝혀졌다.

그림 13-6

소비상황과 상품 포지셔닝

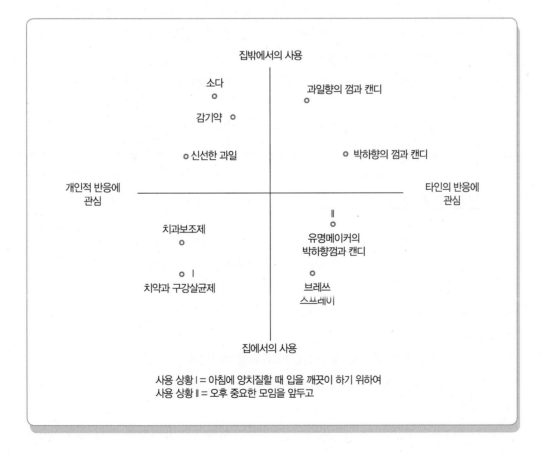

사용 상황 Ⅰ = 아침에 양치질할 때 입을 깨끗이 하기 위하여
사용 상황 Ⅱ = 오후 중요한 모임을 앞두고

표 13-8

상황을 근거로 한 세분시
장의 정의

	상황적 세분시장의 특성		
	세분시장1	세분시장2	세분시장3
	소량소비자/ 사교모임을 위해 구매	대량소비자 / 다양한 목적으로구매	대량소비자 / 주류의 믹서로서 구매
희구하는 효익	가벼움 부드러움 논콜라 과일향	단맛 병포장	강한 맛 진한 맛 주류의 믹서
상표 선호	7-up Hires Root Beer	코카콜라 펩시콜라	코카콜라 펩시콜라
인구통계적 특성	연장자	여성	남성 연소자

한편 청량음료의 소비상황에 따라 소비자를 분석한 결과는 다음과 같은 3개의 세분
시장을 산출했는데, 각 세분시장이 희구하는 효익, 상표선호, 인구통계적 특성을 분석
한 결과는 〈표 13-8〉과 같다. 이는 상황이 시장을 세분하기 위한 근거로 사용될 수 있
다는 점을 보여주며, 각 세분시장이 희구하는 효익은 그 집단에 대한 포지셔닝과 촉진
전략을 수립하기 위한 시사점을 제공해 준다. 예를 들어, 소량소비자에게는 논콜라로서
가볍고, 과일향을 지닌 상품이 적합하며, 광고는 연장자 집단에 도달하기 위한 매체를
이용하여 전통적인 가치를 강조해야 할 것이다.

- 주로 사교모임을 위한 청량음료를 구매하는 소량소비자(세분시장 1)
- 여러 가지 경우를 위해 청량음료를 구매하는 대량소비자(세분시장 2)
- 특히 주류의 믹서로서 청량음료를 구매하는 대량소비자(세분시장 3)

2. 상품 포지셔닝

상황을 근거로 시장을 세분할 수 있는 것과 마찬가지로, 마케터는 상황을 근거로 상
품을 포지셔닝 하고 이러한 포지셔닝을 커뮤니케이션 할 수 있다. 즉 마케터는 상품의
특정한 소비상황에서 희구되는 효익을 발견함으로써 상황구체적인 목표 포지션을 결정
하고 마케팅 믹스를 구성할 수 있는데, 이를 위한 절차는 대체로 다음과 같이 다섯 단계
로 구분할 수 있다.

첫째, 상품의 소비와 관련된 상황진술의 목록을 작성한다.

둘째, 각 상황에서 희구되는 상품효익이나 그러한 상황에서 적합하다고 지각되는 상
품을 조사한다.

셋째, 희구되는 효익이나 적합하다고 지각되는 상품들의 유사성에 따라 상황진술들

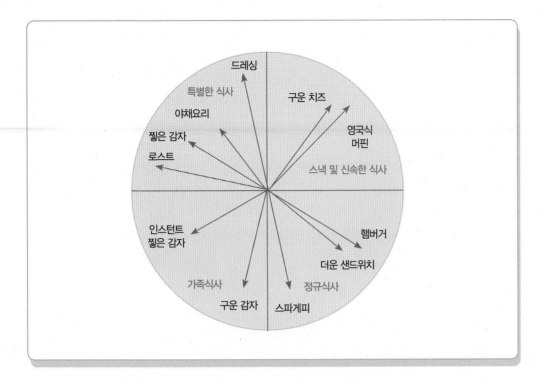

그림 13-7

식사상황에 따른 상품포지션

을 범주화한다.

넷째, 범주화된 상황진술들에 대해 희구하는 상품효익이나 상품들의 포지션을 분석하여 목표 포지션을 결정한다.

다섯째, 목표 포지션을 성취하기 위한 마케팅 믹스를 구성한다.

예를 들어, [그림 13-7]은 네 가지 소비상황에 16가지 식품을 관련시킨 결과인데, 신속한 식사상황에서는 구운 치즈와 영국식 머핀이 적합하며, 특별한 식사상황에서는 드레싱과 야채요리, 찧은 감자, 로스트가 적합함을 암시해 준다. 따라서 드레싱이 일상적인 식사에 관련된다고 가정할 수도 있지만 특별한 식사라는 상황에 연관시켜 설득하는 편이 보다 효과적임을 알 수 있다.

3. 광고

상품의 소비상황은 광고소구의 방향을 제시해 줄 수 있다. 만일 청량음료가 주로 사교적인 상황에서 소비된다면 그러한 맥락에서 광고되어야 하며, 손을 닦거나 접시를 닦기 위해 종이타월을 사용하는 세분시장에게는 강도보다는 흡수성을 근거로 한 소구가 적합할 것이다.

제 **4** 편

특별주제

제 14 장 소비자 행동의 특별주제

제14장
소비자 행동의 특별주제

I·n·t·r·o

 이상으로 소비자 행동의 개관과 소비자 행동의 주요 프로세스인 구매의사결정과정에 영향을 미치는 소비자 특성요인, 환경적 영향요인 그리고 상황에 대해 전반적으로 살펴보았다.

 본장에서는 소비자 행동과 관련하여 특별히 중요한 세 가지 주제에 대해 살펴보고자 한다. 소비자는 상표를 선택하는 일과는 별도로 거래할 점포를 선택하는 점포선택(store choice)을 하게 되는데 제1주제에서는 소비자의 점포선택과 쇼핑행동에 관한 내용과 마케팅 시사점을 살펴보고 제2주제에서는 기업 성과에 중요한 영향을 미치는 반복구매와 충동구매에 관한 내용과 마케팅 시사점을 살펴보고자 한다. 소비자는 상표선택 결과에 관해 미리 확신할 수 없으므로 상품의 구매는 예상되는 결과의 성격에 따라 다양한 유형의 위험을 포함하는데 제3주제에서는 제품구매와 관련하여 소비자가 주관적으로 지각하는 위험의 유형과 이를 줄여줄 수 있는 방안을 검토함으로써 마케터에게 전략적 유용성을 제시하고 각각의 주제별 마케팅 시사점을 함께 논의하고자 한다.

제1주제: 점포선택과 쇼핑행동

소비자는 자신이 구매할 상표를 선택하는 일과는 별도로 거래할 점포를 선택해야 하는데, 점포선택(store choice)은 간혹 상표선택의 경우에서보다 복잡한 의사결정 과정이 되기도 하며 독특한 동기와 관련된다.

1. 쇼핑행동의 동기

소비자가 특정한 점포와 거래하기를 원하는 이유를 검토하기에 앞서서 마케터는 우선 소비자가 쇼핑행동에 참여하는 기본적인 동기를 분석해야 한다. 마케터는 오래 전부터 개인적 및 사회적 동기가 소비자 쇼핑행동에 영향을 미친다고 믿어 왔으며, Tauber는 심층면접을 통해 다음과 같은 쇼핑동기(why do people shop?)를 밝혀냈다.

1) 개인적 동기

소비자가 쇼핑행동에 참여하는 개인적인 동기(personal motives)는 다음과 같다.
- **역할 수행** – 소비자는 자신에게 주어진 역할을 수행하기 위해 쇼핑에 참여한다.
- **자체 보상** – 지루한 사람은 기분을 전환하기 위해, 외로운 사람은 사회적인 접촉을 갖기 위해 점포를 방문할 수 있는데 이때 쇼핑행동은 상품의 소비가 아니라 구매과정 자체의 효용 때문에 일어난다.
- **새로운 추세에 관한 학습** – 점포가 취급하는 상품들을 둘러보고 검토한다.
- **감각적 자극부여** – 쇼핑행동은 소비자를 다양한 상품과 음악, 냄새 등에 노출시킴으로써 소비자가 점포환경을 즐길 수 있다.
- **신체적 활동** – 쇼핑행동은 상당한 양의 운동을 제공할 수 있다.

2) 사회적 동기

소비자는 다음과 같은 사회적 동기(social motives)를 충족시키기 위해서도 쇼핑행동에 참여한다.
- **사회적 경험** – 친구나 판매원과 만나기도 하며 새로운 이웃을 사귀기도 한다.
- **관심이 유사한 사람들과의 커뮤니케이션** – 취미와 관련된 상품을 취급하는 점포는 관심이 유사한 사람들 사이의 커뮤니케이션을 도와준다.

● 쇼핑은 단순히 물건을 사는 일을 넘어서 다양한 사회적 활동이다.

- **준거집단과의 동일화** – 특정한 점포를 애고하는 일은 소비자가 준거집단과 동일화되려는 열망을 충족시켜 준다.
- **지위와 권위** – 쇼핑행동은 판매원으로부터 주의와 대접을 받을 수 있는 기회를 제공해 주는데, 제한적이지만 이러한 '갑을관계'는 소비자에게 지위와 권위의 느낌을 제공한다.
- **흥정** – 흥정이란 가격을 깎을 수 있는 즐거운 활동이 될 수 있다. 즉 자신을 현명한 구매자라고 지각하는 소비자는 점포 사이에서 비교적 싼 가격을 찾거나(비교 장보기), 할인행사 등을 찾아다닐 것이다.

2. 점포선택 모델

제2장에서 설명한 의사결정과정은 상품뿐 아니라 점포에서도 적용될 수 있다. 즉 소비자는 **점포를 선택하는 데 있어서도 복잡한 의사결정과정을 거치거나 점포충성을 개발하여 습관적 행동을 보이기도 한다.** 또한 저관여도의 관점이 점포선택에도 적용될 수 있는데, 단순히 이리저리 돌아다닐 시간과 노력의 가치가 없기 때문에 수용가능한 수준의 점포를 선택하기도 한다. 물론 관여도에 따른 점포선택 과정은 상품선택과 유사한 시사점을 가지므로, 관여도가 낮은 점포선택에 대해서는 회상을 촉구하는 광고를 사용하고, 관여도가 높은 점포선택에 대해서는 구체적인 점포특성을 제시하고 이미지 지향적인 광고를 사용하는 편이 효과적이다.

1) 점포선택 모델

대표적인 점포선택 모델은 [그림 14–1]과 같다. 즉 소비자의 인구통계적 특성, 라이프 스타일 특성, 퍼스낼리티 특성 등은 쇼핑 및 구매욕구를 형성하며, 이들은 다시 점포대안들을 평가하는 데 있어서 점포속성들의 중요성에 영향을 미친다. 여기서 점포속성이란 편의성, 판매원, 구색, 장식 등을 포괄한다.

특정한 점포에 관한 이미지는 점포의 특성에 관한 소비자의 지각으로부터 개발되는데, 점포의 이미지가 소비자의 욕구에 가까울수록 점포에 대한 태도는 우호적이며 소비자가 그 점포에서 쇼핑할 가능성이 커진다. 만일 소비자가 점포내 정보처리와 점포내에서 상품과 상표의 선정의 결과로서 점포에 만족한다면 점포에 관한 긍정적인 이미지가 보강되어 재방문의 가능성이 높아질 것이며, 결국 계속적인 보강은 점포충성을 형성할 것이다.

그림 14-1

점포선택 모델

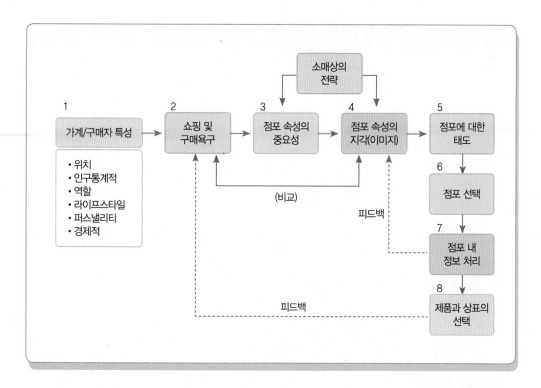

2) 점포평가의 기준

소비자가 점포를 평가하기 위해 사용하는 35개의 평가기준에 요인분석을 적용한 결과에 따르면 다음과 같은 차원으로 분류할 수 있다.

- 일반적인 점포특성(점포의 명성, 점포망)
- 점포의 물리적 특성(장식, 청결, 계산대)
- 접근 편의성(방문시 소요되는 시간, 주차)
- 취급되는 상품(구색, 품질)
- 가격수준(가치, 할인판매)
- 판매원(친절, 정직, 도움)
- 점포의 광고(정보제공, 소구력, 신뢰도)
- 점포에 관한 준거인들의 지각(선호도, 추천)

한편 점포 이미지를 분석한 연구결과에 따르면 20여 개의 평가기준을 〈표 14-1〉과 같이 9개의 차원으로 분류할 수 있었는데, **표적시장과 점포의 형태에 따라 점포속성의 중요성(가중치)은 달라진다**는 점에 유의해야 한다. 예를 들어, 백화점 고객들은 상품의 품질, 쇼핑의 용이함, 거래 후 만족에 관심을 갖고 있는데 반해, 식품점 고객들은 상품 구색, 점포의 청결함, 쇼핑의 용이함에 관심을 보였다.

표 14-1

점포 이미지의 차원과 구성요소

차원	구성요소	차원	구성요소
머천다이즈	품질 구색 가격 스타일	편의성	입지 주차장
		촉진활동	광고
서비스	예약구매 판매원 교환 / 환불 크레디트카드 배달	점포 분위기	포근함 즐거움 흥분 안락함
		기관적 가치	점포의 명성
고객	고객유형	거래후 평가	만족도
물리적 설비	청결 점포배치 쇼핑의 용이 점포매력도		

3) 점포 이미지

점포 이미지(store image)란 **점포의 기능적 요인과 심리적 요인들에 대한 소비자 지각의 복합체이며, 그들의 마음 속에서 점포가 정의되는 모습**이다. 앞에서 제시한 점포평가의 기준들은 점포 이미지와 밀접하게 관련되며 점포의 고객 유인력(attractive power)에 영향을 미친다. 따라서 마케터는 점포선택에서 소비자가 어떠한 평가기준을 사용하며 각 기준이 얼마나 중요한지, 점포에 대해 어떠한 이미지를 갖고 있는지, 이러한 이미지가 이상적인 점포나 경쟁점포의 이미지와 어떻게 대비되는지를 분석해야 한다. 즉 한 점포의 이미지는 마케터로 하여금 경쟁적 강점과 약점을 결정하도록 도와줄 수 있다.

마케터는 점포 이미지를 분석하기 위해 [그림 14-2]와 같은 지각지도를 이용할 수 있다. 즉 소비자들에게 여러 백화점 사이의 유사성을 평가하도록 요구한 자료에 다차원 척도화를 적용하여 포지셔닝 분석을 수행할 수 있는데, 소비자는 당연히 유사하다고 지각하는 점포들에 대해 유사하게 반응할 것이라고 가정된다.

소비자의 사회경제적 차이를 분석한 결과에 따르면 사회경제적 지위가 낮은 소비자는 상품믹스의 폭(variety)을 강조하여 Sears나 Penny를 찾을 가능성이 큰데 반해, 사회경제적 지위가 높은 소비자는 상품믹스의 깊이(assortment)를 강조하여 Nordstrom Best와 같은 전문점에서 쇼핑하는 경향을 보였다.

그림 14-2

점포의 포지션

```
                        제품구색의 폭
                             │
                             │
                        ○    │
                      Penny  │
              ○              │
            Sears            │
                             │    ○
                             │  Bon Marche
─────────────────────────────┼─────────────────────  제품구색의 깊이
                             │
                             │  Frederick & Nelson
          ○                  │
      White Front            │
   House of Values           │
      ○      ○               │    ○
         Valu-Mart           │  Lamont
                             │       ○
                             │  Nordstrom Best
```

4) 점포충성

점포충성(store loyalty)이란 **구체적인 기간 동안 특정한 점포를 애고하려는 소비자의 성향**인데, 점포선택 모델에 따르면 점포의 이미지가 소비자의 욕구에 부합될 때 형성될 수 있다. 예를 들어, 편의성을 강조하는 소비자는 가장 가까운 점포에 충성적이며, 개인적 친분을 즐기는 소비자는 판매원과의 편안함을 느끼는 점포에 충성적이 될 것이다.

물론 인플레이션과 경기침체는 소비자를 가격의식적으로 변화시켜 점포충성을 약화시킬 수 있으며, 많은 소비자가 가격이 저렴한 점포로 거래처를 바꾸고 있다. 그러나 아직도 많은 소비자들이 구매활동을 일부 점포에 집중시키는 경향이 있기 때문에 점포충성은 전체시장을 세분하기 위한 훌륭한 근거로 이용될 수 있다.

한편 **한 점포에 충성적인 소비자들은 특정한 상표에 대해서도 충성적인 경향**이 있다. 그것은 상표선택에서 시간과 노력을 절약하고 지각된 위험을 줄이려는 소비자가 점포선택에서도 똑같이 행동하기 때문이며 동일한 점포에서 반복적으로 쇼핑하는 일은 그 점포가 취급하는 상표, 특히 중간상인 상표에 대한 충성까지 증대시킬 수 있다.

한편 점포충성은 라이프 스타일 특성과도 관련되는데, 그것은 점포충성적인 여성이 모험적이거나 남과 어울리지 않으며, 의견선도자이거나 도시지향적인 특징이 적고, 비교적 나이는 많고 사회경제적 지위가 낮은 경향이 있다.

또한 점포충성적인 소비자들은 구매에 앞서서 점포탐색에 덜 참여하며, 수개 점포에

관해서만 존재를 알고 방문하는 경향을 보인다. 즉 점포충성적인 행동은 — 적은 탐색, 적은 지식, 적은 소득 때문에 많은 쇼핑을 할 수 없는 — 그들의 능력한계를 반영하여 위험을 줄이는 수단으로 이용되는 것이다.

Consumer 톡톡

대형마트 "주부들 마음 훔쳐라"

충성도 높아 기본 매출 이바지…
입소문 마케팅 '첨병 역할'

대형마트들이 주부들의 마음을 얻기 위해 단순 할인 뿐 아니라 각종 문화·사회공헌활동 등을 강화하고 있다. 충성고객 확보 차원이다. 최근 아이들을 돌보는 남성과 할아버지, 할머니들이 많아지면서 신규 고객층이 창출됐다지만 여전히 대형마트의 주 고객이며 기본 매출을 올려주는 것은 주부 고객이기 때문이다.

15일 업계에 따르면 이마트는

▲ 대형마트들이 최대 고객인 주부들을 대상으로 각종 할인, 문화·사회공헌활동 등을 확대하며 브랜드 이미지 재고에 나서고 있다. 이마트가 '주부봉사단'과 실시하고 있는 다문화 가정 대상 밑반찬 만들기 요리교실. (사진=이마트)

다음달 13일까지 전국 150개 점포에서 '이마트 주부봉사단'을 모집해 각 점포별로 '이마트 희망나눔 프로젝트'를 진행한다. 특히 올해부터는 지역을 잘아는 주부봉사단이 주도해 지역의 복지 사각지대 발굴에 초점을 맞출 계획이다. 대형마트가 이처럼 주부들이 참여하는 사회공헌활동을 진행하는 것은 브랜드 이미지 상승이 첫번째 목표지만, 부수적인 효과도 크기 때문이다. 이마트의 경우 각종 품평회 및 시식회에 주부봉사단을 초빙하는 등 관련 상품 홍보 효과도 함께 노리고 있다.

신세계그룹 관계자는 "물론 궁극적인 목표는 봉사를 통한 사회공헌"이라면서도 "부수적으로 자체브랜드(PB)인 '피코크' 품평회 등 바이럴 마케팅(입소문)을 통한 주부고객 확대의 효

과도 있어 긍정적"이라고 설명했다.

홈플러스 역시 주부고객들을 잡기 위한 노력을 지속하고 있다. 100만 회원을 보유하고 있는 '베이비 & 키즈 클럽'을 통해 유아용품 할인 혜택을 제공하고 있으며 문화센터를 통한 '재능기부 요리 강좌', 가족 단위의 '나눔 플러스 봉사단' 등의 활동을 진행하고 있다.

롯데마트의 경우 '신선식품 고객 체험단'을 별도로 운영 중이다. 인근 지역 내 주부 온라인 카페를 통해 참여 희망자를 모집했으며 현재 총 94개점에서 1,500여명의 고객들에게 체험활동을 진행하고 있다. 체험단은 농산, 수산, 축산 등 신선식품 매장을 방문해 상품의 진열기한의 변화, 상품 선도 관리 등을 소개 받는다. 또 초밥, 김밥, 케이크 만들기 등 상품 제조에 참여할 수 있는 현장 활동도 진행한다.

업계 관계자는 "예나 지금이나 대형마트의 가장 주된 고객은 주부"라며 "이들을 위한 유아용품 할인은 기본이며 다양한 활동을 통해 소속감을 부여하고, 이후 VIP 고객으로 끌어들이기 위한 노력이 이어지는 중"이라고 전했다.

자료원 : 뉴스토마토, 2016. 2. 16

3. 점포 내의 구매행동

특정한 상표를 구매하려는 의도를 갖고 점포에 들어갔다가 다른 상표를 사가지고 나오는 예가 드물지 않은데, 그것은 점포 내에서 작용하는 여러 가지 영향요인들이 추가적인 정보처리를 일으켜 최종 구매결정에 영향을 미치기 때문이다.

1) 구매행동의 형태

소비자가 점포 내에서 보여주는 구매행동의 형태는 다양하지만, 특히 반복구매와 충동구매는 제 2주제에서 살펴본다.

2) 점포내 구매행동에 대한 영향요인

소비자가 일단 방문할 점포를 결정하면 곧이어 구매행동을 수행해야 하는데, 점포내 소비자 행동에는 특히, 관여도가 낮은 의사결정의 경우라면 다음과 같은 요인들이 많은 영향을 미친다.

(1) 점포내 배치와 분위기

점포내 상품들의 배치와 점포내 분위기는 상품범주와 상표의 선택에 많은 영향을 미칠 수 있으므로 마케터는 점포의 내부를 머천다이징 전략을 효과적으로 달성하는 데 기여하도록 조정해야 한다.

점포내 배치(store layout)에 관해서는 **많이 노출되는 품목이 구매될 가능성이 크다**는 원칙이 적용된다. 점포배치는 또한 고객의 이동(흐름)에도 영향을 미치는데, 점포 내의 좋고 나쁜 판매장소를 결정하기 위해서 고객동선이 널리 연구되고 있다. 즉 마케터는 각 복도별 고객이동의 밀도와 방향, 통과인원에 대한 구매인원이 비율 등을 분석할 수 있다.

한편 점포 분위기(store atmosphere)는 한 점포를 방문하고 그곳에 머물려는 고객의 기분과 자발적인 의도에 영향을 미친다. 이러한 분위기는 조명, 배치, 상품의 진열, 설비, 바닥재, 전반적인 색조, 음악, 냄새, 판매원의 의상과 행동, 다른 고객들의 수와 특성 및 행동 등에 의해 결정된다.

(2) 구매시점의 시각자극

〈표 14-2〉는 다양한 상품범주에 걸쳐서 구매시점 자극(pop displays)이 일으키는 매출효과를 보여준다. 점포내 시각적 자극들의 매출유발 효과는 상품범주에 따라 차이가 있지만, 모든 경우에서 나타나며 특히 광고와 함께 실시될 때 효과적이다.

표 14-2

구매시점 자극의 매출유발
효과

상품	100명의 고객당 구매인원			
	-	시각적 자극만	광고만	광고와 진열
애완동물 식품	.8	1.3	1.4	2.1
스낵	.8	2.5	3.8	5.8
구강 위생용품	.3	.5	.5	1.4
종이 상품	1.0	3.0	3.2	10.2
흰빵	4.6	18.6	17.3	21.6
청량음료	.6	2.9	2.7	7.8
알콜음료	.2	2.5	1.1	2.4
자동차 부품	.3	.6	.3	1.7
의치	.3	1.2	.6	3.5
설탕 및 설탕 대용품	1.9	2.2	5.5	11.1

한 연구에 따르면 단순한 모빌형태의 시각적 자극을 추가함으로써 낙농품의 매출액을 30%나 증대시킨 예가 있다. 그러나 이러한 매출유발 효과는 모빌의 위치가 5피트 정도에서 나타난 것이며, 10피트 이상으로 높은 경우에는 매출유발 효과가 없고, 7피트 이하로 낮을 경우에는 단지 매출액을 13.3% 증대시키는 데 그쳤다. 또 매출유발 효과는 모빌이라는 시각적 자극이 실시된 후 처음 2주 동안에 주로 나타나므로 시간도 중요한 변수가 된다.

(3) 진열선반

진열선반(product shelf)의 높이와 면의 수(facings)는 매출액에 많은 영향을 미친다. 즉 허리높이의 선반과 무릎높이의 선반으로부터 실현된 매출액은 눈높이의 선반으로부터 실현된 매출액의 각각 74%, 57%에 그친다. 그러나 모든 상품을 눈높이의 선반에 진열할 수 없을 뿐 아니라 특정한 품목을 진열할 선반의 높이는 포장규격, 취급과 운반, 광고의 실시여부, 표적시장의 특성 등을 고려하여 결정해야 한다.

또한 진열공간 크기의 변화에 따른 매출액의 변화를 나타내는 진열공간 탄력성(shelf space elasticity)은 상품이나 점포의 유형, 점포내 진열위치에 따라 큰 차이를 보이고 있다. 단지 신상품과 재고회전율이 높은 품목에 있어서는 이러한 탄력성이 대체로 크다.

(4) 포장

가장 중요한 구매시점 영향요인 중의 하나는 포장으로서 도식, 포장에 표시된 상품정보, 포장의 디자인 등을 포함한다. 더욱이 포장은 시각적 및 기능적 소구를 통해 점포내 고객들의 관심을 끄는데, 이점에서 포장은 '말없는 판매원'(silent salesman)인 셈이다.

(5) 상표

중간상인 상표 또는 사적 상표(private brand)는 대형 매장을 중심으로 널리 퍼져나가며 그 경쟁력도 점차 강해지는 추세이므로 마케터는 중간상인 상표를 구매하는 소비자의 특성을 검토하고 활용해야 한다.

한편 식료품의 소매에서 새로운 추세로 등장한 상품의 보통명칭(generic name) 또는 무상표(no-brand)의 상품을 구매하는 소비자는 다음과 같은 특성을 보인다.

- 가족수가 많다.
- 식품의 구매금액이 많다.
- 교육수준이 높다.
- 연령은 35-44세이다.
- 가정생활주기상의 중간단계이다.
- 상표 및 점포 충성이 약하다.
- 중도의 혁신적이고 모험적이다.
- 광고로부터 영향을 적게 받는다고 주장한다.

● 무상표 상품들의 등장

(6) 점포내 정보제공 프로그램

소비자로 하여금 보다 현명한 의사결정에 이르도록 돕기 위해 여러 가지 정보를 제공하려는 프로그램(단위가격 표시정책, 품질표시 등)은 매우 중요하다. 그러나 정보가 많이 제공될수록 소비자의 의사결정이 개선되는지의 여부는 아직 밝혀지지 않고 있다.

(7) 점포내 가격촉진

소비자는 일반적인 물가수준에 대해 민감한 태도를 갖고 있으나 실제의 상품가격에 대해서는 대체로 구체적인 지각을 갖고 있지 않은 경향이 있다. 따라서 마케터가 소비자의 가격표준이나 수용가능한 가격범위에 비해 저렴한 가격의 이미지를 형성하려면 미끼상품(고객유도용 손실품 loss leader)의 제공이 효과적이다.

또한 구매량에 따른 할인가격의 표시나 특별 염가판매, 할인쿠폰, 선물 제공 등도 가격상의 점포내 영향요인이다.

(8) 재고고갈

점포가 특정한 상표를 재고로 보유하지 않은 일시적인 상태인 재고고갈(stockout)은 분명히 소비자 의사결정에 영향을 미치며, 〈표 14-3〉에서와 같은 구체적인 반응을 일으킨다.

1. 구매행동
- 본래의 점포에서 다른 상품을 구매하는데, 이때 구매된 상품은 미래의 구매에서 원래 구매하려던 상품을 대체할 수 있다.
- 방문했던 점포에서 상품이 가용할 때까지 구매를 연기한다.
- 구매를 포기한다.
- 다른 점포에서 원하는 상품을 구매한다. 이때 재고가 떨어진 품목만을 다른 점포에서 구매하든지 구매하려고 했던 모든 품목을 다른 점포에서 구매할 수 있으며, 다른 점포는 미래의 구매에서 원래 거래하던 점포를 대체할 수 있다.

2. 언어행동
- 원래 거래하던 점포에 관해 부정적으로 언급한다.
- 대체점포에 관해 긍정적으로 언급한다.
- 대체 상품이나 대체상표에 관해 긍정적으로 언급한다.

3. 태도변화
- 원래 거래하던 점포에 대해 비우호적인 태도를 갖기 시작한다.
- 대체점포에 대해 우호적인 태도를 갖기 시작한다.
- 대체 상품이나 상품에 대해 우호적인 태도를 갖기 시작한다.

- '홈파티'를 주요 마케팅 수단으로 활용하고 있는 타파웨어

- '애프터서비스'가 아닌 '비포서비스'를 업계 처음으로 도입해 코디가 직접 집으로 찾아가 미리 상품 정비를 해주는 코웨이

(9) 판매원

관여도가 낮은 의사결정의 대부분에서는 셀프 서비스가 보편적이지만, **관여도가 높을수록 판매원과의 상호작용이 증가한다.** 이러한 상호작용에 관한 연구들은 대체로 보험이나 자동차, 산업용품 등 관여도가 높은 상품을 다루어 왔는데, 판매원의 유효성은 판매원의 능력, 구매과업의 성격, '고객-판매원' 관계에 의해 결정된다.

이상에서 논의한 것 이외에도 셀프 서비스를 실시하는 점포 내에서 소비자행동에 영향을 미치기 위한 방법들은 다음과 같다.
- 스피커를 통한 점포내 광고
- 쇼핑카트(shopping cart)의 메시지
- VTR을 이용한 점포내 광고

4. 점포선택 행동특성과 시장세분화

소비자는 그들의 점포선택에 따라 세분될 수 있는데, 대체로 세 가지의 접근방법이 적용된다.

첫째, 행위세분화는 특정한 점포를 자주 찾는 소비자 집단의 인구통계적 또는 라이프스타일 특성, 쇼핑행동 특성을 근거로 전체시장을 세분하는 것이다. 마케터는 빈번히 방문하는 고객들을 표적시장으로 선택하여 그들에게 적합한 광고메시지와 매체를 결정할 수 있다.

둘째, 효익세분화는 쇼핑욕구와 점포속성의 중요성에 따라 소비자들을 집단화하는 것이다. 즉 마케터는 특정한 효익을 희구하는 세분시장에 소구함으로써 자신의 점포를 포지셔닝하는데, 여기서 중요한 문제는 점포 이미지가 표적시장에 수용되는지의 여부이다.

셋째, 반응탄력성 세분화는 점포내 변수들에 대한 소비자 반응의 차이를 근거로 하는 것이다. 즉 할인판매에서 구매할 가능성, 가격혜택에 의해 구매할 가능성, 쿠폰을 사용할 가능성 등에 따라 소비자들을 집단화하는데, 물론 소비자들은 포장규격, 시각적 자극, 진열, 선반의 위치 등의 변화에 대한 민감도에 따라 세분될 수도 있다.

제2주제: 반복구매와 충동구매

마케터가 특별히 관심을 가져야 하는 구매행동의 형태는 반복구매와 충동구매인데, 여기서는 각 구매행동 형태의 본질을 이해하고 마케팅 전략을 위한 시사점을 살펴보기로 한다.

1. 반복구매

1) 반복구매 행동과 상표충성

구매결과에 대한 평가와 불평행동(complaint behavior)으로부터 소비자가 얻은 반응은 그가 반복적으로 구매하려는 동기에 영향을 미친다. 즉 소비자는 구매에 관련된 기대(purchase expectations)를 충족시킨 군 상품이나 상표를 다시 구매하려는 성향이 있는데, 그것은 구매행동이 보상을 제공하고 보강되기 때문이다. 물론 정보탐색과 평가활동의 혜택이 소요되는 비용보다 작다고 여긴다면 구매로부터 불만족이 일어난 경우에도 반복구매가 나타날 수 있다.

반복구매 행동은 통상 상표충성(brand loyalty)이라고도 부르지만, 반복구매 행동이 — 아마도 유일하게 가용하든가, 가장 싸기 때문이라든가 등으로 — 단순히 동일한 상표의 빈번한 구매를 의미하는데 반해, 상표충성은 친구와의 우정과 마찬가지로 **특정한 상표에 대한 심리적 개입(psychological commitment)을 포함한다.**

한편 마케터는 자신의 상품이나 서비스에 대해 충성적인 고객들을 확보하려고 노력하지만, 소비자들의 상표충성은 다음과 같은 여러 가지 요인으로 인해 오히려 줄어드는 경향을 보이고 있다.

- 정교한 광고소구와 경쟁적 광고의 증가
- 상품들의 형태나 내용, 커뮤니케이션의 유사성
- 중간상인 상표와 상품의 보통명칭(generic name)으로 불리는 무상표 사이의 경쟁
- 충동구매에 소구하는 대규모 진열, 쿠폰, 할인가격 등의 판매촉진
- 구매행동에 있어서 소비자들의 변덕

그림 14-3

여러 가지 구매패턴

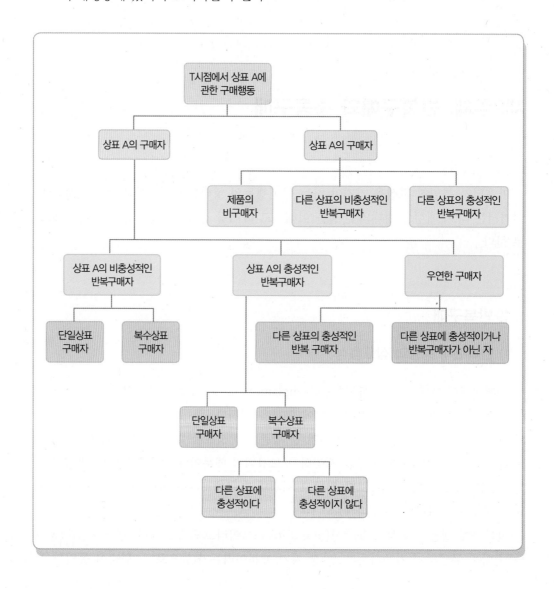

상표충성에 관한 내용을 좀 더 검토하기에 앞서서 구매행동의 여러 가지 형태를 살펴보면 [그림 14-3]과 같은데, 구매자의 집단에 따라 독특한 마케팅 전략을 적용하기 위해서는 우선 각 집단의 특성을 결정해야 한다.

2) 상표충성의 본질

상표충성(brand loyalty)이란 **일부 상표에 대해 의사결정 단위가 시간 경과에 걸쳐 보여주는 편의된 행동적 반응**인데, 이러한 정의는 개념적(conceptual)이기 때문에 소비자 행동 조사에서 이용하기 위해서는 조작적으로 정의되어야 한다.

또한 상표충성에 관한 관점은 행동적 관점과 인지적 관점의 두 가지로 구분될 수 있다. 즉 행동적 관점(도구적 조건화의 접근방법)은 반복구매 행동이 보강과 강력한 '자극_반응'의 연관에 기인하는 것으로 간주하고 **장기간에 걸쳐 특정한 상표를 지속적으로 구매하는 현상**을 상표충성의 지표로 본다. 즉 소비자가 무엇을 생각하고 그의 마음 속에서 무엇이 일어나고 있는지는 고려할 필요가 없으며, 단지 그의 행동만이 상표충성을 충분히 보여준다는 관점이다.

상표충성에 대한 인지적 관점은 인지이론을 근거로 하는데, 행동 자체만으로는 상표충성을 제대로 반영하지 못하고 — 반복적인 행동을 측정하는 것만으로 나타낼 수 없는 — **상표에 대한 심리적 개입을 포함**한다. 예를 들어, 가격이 저렴하다는 이유로 특정한 상표를 반복적으로 구매해 오던 소비자에게는 약간의 가격인상이 상표대체를 일으킬 수 있다. 이러한 경우 반복적인 구매는 보강이나 상표충성을 반영하지 않으므로 진정한 상표충성을 확인하기 위해서는 행동적인 요소와 함께 인지적(태도적) 요소를 측정해야 한다는 관점이다. 즉 상표충성을 보인다는 것은 인지적/감정적/행동적 요소 등 **태도의 고전적인 기본요소들을 근거로 한 반복구매 행동**을 의미한다.

(1) 상표충성에 대한 행동적 측정

행동적 측정이란 상표충성을 구매의 연속(연속해서 A상표를 3회 또는 5회 구매)이나 구매의 비율(A상표가 상품범주의 전체 구매액의 80%)로서 정의하는데, 다음과 같이 **연속해서 동일한 상표를 다섯 번 구매하는 현상**으로 정의할 수 있다.

- 일관적 충성(undidided loyalty) – ΛΛΛΛΛ
- 주기적 충성(divided loyalty) – ABABA
- 전환적 충성(unstable loyalty) – AAABB
- 비충성(no loyalty) – ABCDE

또한 상표충성에 대한 행동적 측정으로서 **구매비율을 사용**한다면 다음과 같은 네 가지의 상표충성집단을 확인할 수 있다.

- 고도의 전국상표 충성자(high national brand loyal)

  전체 구매액의 90%이상을 한 상표에 집중한 사람들로서 그 상표에 대해 대단히 충성적인 집단이다.

- 전국상표 충성자(national brand loyal)

  한 상표에 대해 전체 구매액의 90% 미만을 집중한다.

- 사적 상표 충성자(private brand loyal)

  사적 상표는 특정한 점포에서만 구매될 수 있으므로 그에 대한 상표충성은 점포 충성에 관련된다. 또한 사적 상표는 전국상표보다 저렴하므로 사적 상표에 충성적인 소비자들은 가격의식적이며, 가격을 근거로 상표대체가 일어날 수 있다.

- 최종구매 충성자(last purchase loyal)

  한 상표를 연속해서 몇 번 구매하다가 다른 상표를 몇 번, 또 다른 상표를 몇 번 구매하는 집단이다.

그러나 상표충성을 확인하기 위해 엄격히 행동적인 접근방법을 적용하는 일은 다음과 같은 제한점을 갖고 있다.

첫째, 개인적으로 소비하기 위해 한 상표를 사고, 배우자를 위해 다른 상표를 사고, 손님을 접대하기 위해 또 다른 상표를 사는 소비자를 고려할 때 구매순서(purchase sequence)는 상표충성을 제대로 반영한다고 볼 수 없으므로 과거의 구매행동으로 상표충성을 측정하는 일은 오류를 범할 수 있다.

둘째, 구매가 반드시 만족이라는 보강을 통해 나타나는 것은 아니다. 즉 소비자는 일단 **다른 상표로 상표대체한 후에도 네 가지 구매행동을 보여줄 수 있다.**

- **복귀구매(reversion)** – 본래의 상표로 다시 대체한다.
- 전환구매(conversion) – 새로운 상표에 충성적으로 남아 있는다.
- 무작위 구매(vacillation) – 상표들을 무작위로 대체한다.
- 실험구매(experimentation) – 여러 상표들을 체계적으로 돌려가며 구매한다.

이때 복귀구매와 전환구매에서는 과거의 구매가 분명히 동일한 상표를 다시 구매할 확률을 증가시키거나 감소시키기 때문에 도구적 조건화에 일치하지만, 무작위 구매와 실험구매에서는 어떠한 구체적인 순서가 없으므로 과거의 구매로부터 소비자의 행동을 예측하기가 어렵다.

셋째, 상표충성은 용어 자체가 단순한 반복구매보다 소비자의 행동적 및 심리적 개입을 통합해야 하는 다차원적 개념이므로 행동적 관점뿐 아니라 인지적 관점을 포괄해야 한다.

(2) 상표충성에 대한 인지적 측정

상표에 대한 태도와 행동을 함께 고려하는 일은 상표충성을 측정하는데 있어서 엄격히 행동적인 접근방법의 제한점을 완화시켜 줄 수 있다. 즉 소비자는 "다른 상표가 가용하지 않기 때문에", "특정한 상표가 가격혜택을 제공하기 때문에", "소비자가 의사결정을 간소화하길 원해서" 등의 이유로 상표를 반복적으로 구매할 수 있는데, 이러한 여건들은 심리적 개입을 반영하지 않으므로 외견적 충성(의사충성 spurious loyalty)이라고 한다. 따라서 소비자가 한 상표에 대해 **진정으로 충성적이기 위해서는 그 상표를 반복적으로 구매할 뿐 아니라 우호적인 태도를 가져야 한다.**

이 분야의 연구결과에 따르면 태도와 행동 측정치를 모두 사용한 모델의 예측력은 행동 측정치만을 사용한 모델의 2배나 되었다. 더욱이 행동 측정치만을 사용한 모델에서는 표본의 70% 이상이 상표충성적이라고 정의되지만, 태도 특정치를 추가로 고려한 모델에서는 상표충성적인 소비자의 비율이 50%미만으로 축소되었다. 따라서 반복구매 행동만으로 상표충성을 정의하는 일은 충성의 정도를 과장할 위험이 있다.

3) 상표충성적 소비자의 특성

여러 상품범주에 걸쳐 일반적으로 상표충성적인 소비자는 존재하지 않으므로 **상표충성은 상품구체적**이라고 할 수 있는데, 인지적 측정치를 사용한 최근의 연구들은 상표충성과 소비자의 인구통계적 및 사회경제적, 퍼스낼리티 특성들 사이에서 다음과 같은 관계를 발견하였다.

첫째, 상표충성적인 소비자는 준거집단으로부터 많은 영향을 받는다. 즉 소비자가 선호하는 상표는 비공식 집단의 지도자가 선택하는 상표와 일치하는 경향이 있으며, 커피의 구매에서 상표충성적인 소비자는 비충성적인 소비자보다 사회적 지위에 더 많은 관심을 보였다.

둘째, 상표충성적인 소비자는 그의 선택에 대해 자신감이 많다.

셋째, 상표충성적인 소비자는 대체로 소득수준이 높은데, 저소득층은 아마도 저렴한 가격에나 관심을 가져야 할지도 모른다. 그러나 고소득층이 비교구매에 참여할 가능성이 크고 특정한 상표에 덜 충성적이라고 제안한 연구도 있다.

넷째, 상표충성적인 소비자는 구매에서 위험을 많이 지각한다. 즉 구매에 관련된 위험을 많이 지각하는 소비자는 그것을 줄이는 수단으로서 한 상표를 반복적으로 구매할 수 있다.

다섯째, 상표충성적인 소비자는 점포충성적인 경향도 있다. 즉 소수의 점포만을 방문하는 소비자는 그 점포 내에서 판매되는 상표에 충성적일 가능성이 높아진다.

여섯째, 상표충성은 유통의 범위나 시장점유율과 정의 상관관계를 보인다.

일곱째, 상표충성은 상품관여도가 높을 때 커지는 경향이 있다. 상표충성에 관한 인지적 관점은 심리적 개입을 반영하므로 소비자가 한 상표에 대해 개인적으로 관여될 때 상표충성이 강하다.

따라서 심리적 개입 없이 상표를 반복구매하는 외견적 충성은 대체로 관여도의 수준이 낮은 습관적 구매에서 나타나는데, 이러한 경우 소비자는 상표에 관해 명백한 태도나 느낌을 갖고 있지 않으며 정보탐색과 평가활동조차 거의 없이 상표친숙도를 근거로 구매한다. 즉 이러한 반복구매는 심리적 개입을 나타내는 것이 아니라 단순히 수용 (acceptance)을 의미하는 것이다.

4) 마케팅 시사점

상표충성에 관한 논의는 마케팅 전략을 위해 몇 가지 시사점을 제공해 준다. 예를 들어, 상표의 취약성(the brand's vulnerability)을 평가하기 위해 태도와 행동을 통합하여 작성한 [그림 14-4]에서 마케터는 고객들이 상표를 좋아하거나 싫어하는 이유를 밝혀야 하며, 상표취약성의 크기와 성격을 근거로 하여 시장을 세분하고, 경쟁상표의 고객을 유인하면서 취약성을 줄이기 위한 전략을 개발할 수 있다.

마케터의 이러한 복합적인 목표는 마케팅 전략의 다양성을 암시한다. 예를 들어, 새로운 고객의 충성을 유도하기 위해서는 가격할인 등의 유인을 적용하고, 기존고객의 상표충성을 강화하기 위해서는 고객 서비스 등의 사후관리를 개선해야 할 것이다. 또한 심리적 개입이 적은 소비자들은 광고 메시지나 쿠폰, 견본, 구매시점의 시각적 자극, 포장 등을 통해 상표대체를 유도할 수 있지만, 충성적인 소비자의 상표대체를 유도하기 위해서는 상품 이미지를 크게 개선하고 촉진공세를 펼쳐 소비자 지각과 태도를 기본적

그림 14-4

상표취약성 행렬

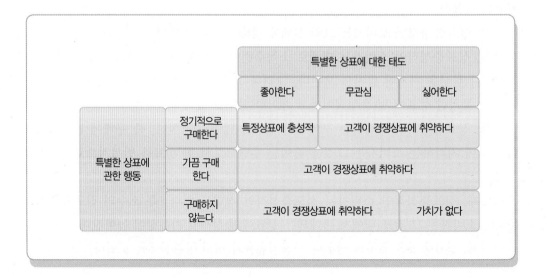

으로 바꿔야 한다.

　광고 의사결정에서도 상표충성이 강한 상품범주라면 — 광고가 축소된 후의 지속적인 구매는 광고투자를 보상해 줄 것이기 때문에 — 새로운 고객을 유인하기 위해 단기간에 많은 자금을 지출하는 투자의 개념을 가져야 하며, 상표충성이 약한 상품범주에서는 매출액을 근거로 일정한 비율로 광고예산을 결정해야 한다.

　끝으로 재고고갈은 판매기회를 상실할 뿐 아니라 점포충성과 상표충성도 약화시킬 수 있으므로 생산자와 소매점은 재고고갈에 대응해야 한다.

Consumer 톡톡

반복구매를 용이하게 해주기 위한 기업의 노력

옥션·티몬·SKT가 '버튼'에 푹 빠진 까닭

　SK텔레콤이 11번가와 손을 잡고 버튼만 누르면 자동으로 생필품을 주문, 결제, 배송해주는 '스마트 버튼 꾹'을 출시했다. 스마트 버튼 꾹은 생수, 세제, 물티슈, 기저귀 등 집에서 주로 쓰는 생활필수품이 필요할 때 버튼만 누르면 자동으로 주문과 결제가 이뤄지고 배송까지 하는 간편쇼핑 서비스다.

　이 버튼은 집안의 와이파이망을 통해 SK텔레콤의 스마트홈 앱이 설치된 스마트폰과 연동된다. 소비자는 최초 주문 시, 스마트홈 앱을 이용해 생필품 항목과 수량, 결제 방법, 배송지 등을 지정하면 다음 주문부터 별도의 앱을 실행하거나 로그인하지 않아도 버튼을 누르는 것만으로도 생필품을 간편하게 주문할 수 있다.

　이와 비슷한 서비스는 지난 2014년 아마존이 선보인 마대 모양의 쇼핑 도구 '대시'다. 당시 아마존은 바코드와 음성을 통해 상품 정보를 읽은 다음 해당 물품을 아마존에서 자동으로 주문한 뒤, 아마존 프레시와 연결해 배송하는 서비스를 선보였다. 아마존은 냉장고 속에 있는 물건을 대시를 이용해 바코드를 인식한 다음 주문하는 새로운 쇼핑 경험을 선사했다.

　이후 국내에서도 이와 유사한 서비스가 등장했다. 지난해 10월 옥션은 국내 최초로 근거리무선통신(NFC) 기

술 기반 'A.태그'를 선보였다. A.태그 서비스는 상품에 NFC 기능이 내장된 자석이 탑재돼 있어 반복 구매와 쉽고 빠른 구매를 더욱 편리하게 도와주는 모바일 쇼핑 특화 서비스다.

　안드로이드OS 4.0 버전 NFC 모듈이 탑재된 스마트폰 사용자라면 누구나 이용할 수 있다. 스마트폰에서 NFC 모드를 켠 후, A.태그에 터치하는 것만으로 바로 최근 구매한 내용을 볼 수 있고 주문도 가능하다. 또 자주 구매하는 상품을 등록하고 확인할 수 있어 쇼핑할 때마다 구매 기록 페이지를 일일이 찾아봐야 했던 번거로움도 줄였다. A.태그를 냉장고 또는 자석을 붙일 수 있는 보드 등에 부착해 자주 주문하는 생필품을 바로 주문할 수 있다.

　티켓몬스터는 지난해 11월 NFC를 활용한 생필품 구매 솔루션 '슈퍼테그'를 선보였다. A.태그와 사용방식이 비슷하다. 자석 형태로 만들어져 쉽게 부착해 사용할 수 있으며, 티몬 앱을 통해 바로 주문할 수 있는 게 특징이다.

사용자 확보부터 O2O 생태계 만들기까지

　아마존이 대시 버튼을 출시하면서 기대한 효과는 배송 시간 단축 효과였다. 온라인 쇼핑몰 또는 매장을 방문해서 물건을 고르고, 주문하고, 주소를 입력하고, 결제하는 모든 단계를 버튼 하나로 단축했다. 자주 사용하는 물건을 주문할 땐 매번 상품 정보를 확인하지 않는다는 사용자 습관(UX)도 한몫했다. 대시 버튼으로 자주 쓰는 상품을 주문하면 자연스럽게 배송 시

간도 아낄 수 있다.

옥션과 티켓몬스터에 이어 SK텔레콤까지 막대기 또는 버튼을 이용한 쇼핑 도구 출시를 통해 이런 효과를 노렸다. 쇼핑 단계를 줄이면서 사용자가 새로운 쇼핑 경험을 누릴 수 있게 고민했다. 이들 업체가 모든 상품이 아닌 생수, 화장지, 세제와 같은 생필품을 우선으로 제공한 이유이기도 하다.

이 외에도 이들은 새로운 쇼핑 경험 제공을 통해 사용자를 확보하고 온라인과 오프라인을 연결짓는 쇼핑 플랫폼을 만들어나가는 데 주목했다. 막대기와 버튼이라는 쇼핑 도구를 통해 온라인과 오프라인을 연결짓는 O2O 생태계를 만들었다.

A.태그를 출시할 당시 이은지 옥션 제휴마케팅팀장은 "모바일 쇼핑 고객들이 늘어남에 따라 업계 선도 주자로서 한발 앞선 쇼핑 경험을 전하기 위해 지속적인 노력을 펼치고 있다"라며 "옥션의 A.태그 서비스를 통해 일상에서 필요한 상품을 그 자리에서 바로 구매할 수 있는 등 사물인터넷(IoT) 환경을 조성하고자 했으며 앞으로 더 많은 대표 브랜드들과의 제휴를 통해 서비스를 확대해 나갈 것"이라고 출시 배경을 설명했다.

스마트 폰을 갖다 대기만 하면 공식 브랜드의 혜택을 확인하실 수 있어요
지금 공식 브랜드 상품을 구매하시고 A.태그를 받으세요

옥션은 사물인터넷과 온라인과 오프라인(O2O) 융합을 통해 모바일 쇼핑 환경을 개선하고, 쇼핑 단계를 간소화하는 데 집중하기 위해 A.태그를 선보였다. A.태그 출시 후 옥션은 존스 앤드존스, P&G, 리스테린 등 8개 브랜드와 프로모션 작업을 하면서 새로운 쇼핑 경험을 만들어 나가는 데 집중했다.

옥션 측은 "A.태그 4만개를 만들어 배포했다"라며 "주로 물티슈, 여성용품, 세제 등 생활용품을 대상으로 서비스했으며, 프로모션을 진행했던 3개월 기준(4월~6월), 전년 동기 대비 옥션 생활용품 전체 판매량이 12% 증가했다"라고 설명했다. A.태그 서비스는 개선 작업 중이다.

티켓몬스터도 비슷한 이유로 '슈퍼태그'를 출시했다. 이벤트용으로, 고객에게 색다른 쇼핑 즐거움을 주기 위해 서비스를 선보였다. 당시 티켓몬스터 슈퍼마켓 서비스를 출시하면서 이벤트용으로 일부 고객에게 배포했다. 약 3천개 정도 배포했으며, 추가로 배포하지 않았다.

SK텔레콤은 좀 더 장기적인 계획을 세우고 이번에 스마트 버튼 꾹을 출시했다. 이번 상품을 통해 스마트 홈 앱 서비스 생태계를 넓힌다는 계획이다. 지금까지 공기청정기, 밥솥, 스마트 플러그, 스마트 스위치 등 가전상품에 집중해 제어하는 서비스를 선보였다면, 이젠 상거래 영역까지 함께 서비스한다는 방침이다. 일종의 생활 플랫폼 업체로서 스마트홈 앱 위에서 누릴 수 있는 모든 생활 서비스를 제공에 나선 셈이다.

SK텔레콤 측은 "스마트홈 이용자를 추가로 확보하는 게 1차 목표"라며 "시작은 11번가와 제휴를 맺고 서비스에 나서지만, 향후 다양한 유통 회사와 제휴를 맺어 서비스 제공 범위를 넓힐 예정"이라고 밝혔다.

출처 : http://www.bloter.net, 2016. 9. 20

2. 무계획 구매

충동구매라고도 하는 무계획 구매(unplanned purchasing)는 소비자가 점포에 들어가기 전에 구체적으로 계획되지 않은 구매를 포괄적으로 나타내는데, 점포 내에서 작용하는 영향요인들이 추가적인 정보처리를 통해 구매결정에 영향을 미친다. 여기서는 점포 내에서 상표결정에 영향을 미치는 다섯 가지 변수들을 검토해 보자.

1) 무계획 구매의 본질

무계획 구매는 구체적으로 계획된 구매(specifically planned purchase)에 대응되며 다음과 같은 형태로 구분된다.

- **순수충동구매** – 순수충동구매(pure impulse purchase)란 구체적으로 계획된 구매와 완전히 반대되는 형태이다. 예를 들어, 소비자는 상품에 노출되는 순간에 갑작스런 구매욕구가 생겨 간식이나 옷을 사기도 한다.
- **제안충동구매** – 제안충동구매(suggestion impulse purchase)란 사전지식을 전혀 갖고 있지 않은 소비자가 점포에서 수행하는 POP광고 등에 의해 어떤 품목에 처음으로 노출될 때, 그에 대한 필요성을 인식하여 구매하는 형태이다.
- **회상충동구매** – 회상충동구매(reminder impulse purchase)란 소비자가 쇼핑하는 동안 어떤 품목에 노출되어 필요성을 회상하거나 품목에 관한 광고 또는 이전의 구매결정을 회상하여 구매하는 형태이다.
- **계획충동구매** – 계획충동구매(planned impulse purchase)란 소비자가 할인가격이나 쿠폰 등을 근거로 어떤 상품범주에 대한 구매의도만을 갖고 점포를 방문하지만, 구체적인 품목은 점포내 구매시점에서 결정하는 형태이다.

이상의 네 가지 유형 중에서 마케터가 특히 관심을 갖는 무계획 구매는 대체로 순수충동구매와 제안충동구매보다는 회상충동구매나 계획충동구매의 성격을 가진다. 아무튼 마케터는 점포내 구매시점에서 일어나는 의사결정이 많다는 사실을 인정해야 하며, 소매점의 입장에서 무계획 구매(충동구매)는 **고객이 점포내에 들어선 후 의사결정에 기인하는 구매**로 정의될 수 있다.

2) 무계획 구매에 대한 점포내 영향요인

점포내 결정에 대해 영향을 미치기 위해 생산자나 소매점이 사용할 수 있는 몇 가지 전략을 살펴볼 수 있는데, 대체로 이미 설명한 점포내 구매행동에 대한 영향요인과 유사하다.

(1) 구매시점 시각적 자극

구매시점 시각적 자극(point-of-purchase displays)은 많은 소매에서 보편적이며 매출 유발효과(sales impact of displays)도 큰데, 특히 삼푸, 치약, 방향제, 섬유 유연제의 상품범주에 비해 종이타월이나 커피의 상품범주에서 더욱 두드러진다. 또한 통로의 앞과 뒤의 끝쪽에서 효과가 크며, 선반 위에서는 상대적으로 효과가 작다.

(2) 가격할인과 촉진행사

가격할인과 촉진행사(promotional deals)는 대체로 구매시점 촉진물과 함께 제시되는데, 점포내 가격인하가 상표선택에 미치는 영향은 가격인하 초기에 두드러지고 시간경과에 따라서 또는 정상가격으로 환원했을 때에는 거의 원래의 매출로 돌아간다.

가격인하가 매출을 증대시키는 이유는 대체로 다음과 같다.

- 기존고객은 미래의 소비를 위해 비축하는데(stockpiling), 이는 – 쉽게 가용하다는 이유에서 – 실제의 상표소비를 늘리기도 한다.
- 경쟁상표의 고객은 할인가격을 제시하는 상표로 상표대체를 하는데, 이후에도 계속 고객으로 남을 수도 있다.
- 가격할인으로 상표의 가성비가 높아지므로 그냥 사두기도 한다.
- 점포에 오지 않던 소비자도 가격이 할인된 상표를 구매하려고 방문할 수 있다.

특히 고품질의 상표일수록 가격인하의 혜택이 크며, 가격이 환원됐을 때도 매출액이 덜 줄어드는 경향이 있다.

(3) 점포 분위기

점포 분위기(outlet atmosphere)는 조명, 레이아웃, 상품진열, 바닥재, 색조, 음향, 냄새를 포함하여 직원들의 의상이나 행동들로부터 영향을 받는다. 병원이나 은행, 식당 등 서비스업에서는 이를 서비스 정경(servicescape)라고 하며, 분위기학(atmospherics)은 고객들로부터 특정한 심리적 반응을 얻어낼 목적으로 물리적 환경을 조작하는 과정이다. 온라인 쇼핑몰에서도 그래프, 색채, 레이아웃, 콘텐츠, 오락요소, 쌍방향성 등으로 조성되는 분위기가 있기 마련이다.

이러한 점포 분위기는 고객의 기분과 점포를 방문하고 머물려는 마음에 영향을 미칠 뿐 아니라, 점포의 품질과 점포 이미지에 관한 소비자의 판단에도 영향을 미친다.

(4) 재고고갈

재고고갈(stockouts)은 점포가 특정한 상표를 일시적으로 재고로 갖고 있지 않은 상태이므로 당연히 소비자의 구매결정에 영향을 미친다. 이때 고객은 다른 점포에서 동일한 상표를 살 것인지, 이 점포에서 다른 상표를 살 것인지, 구매를 연기할 것인지, 구매를 포기할 것인지를 결정해야 한다. 재고고갈에 대해 소비자가 보여주는 반응은 〈표 14-3〉과 같다.

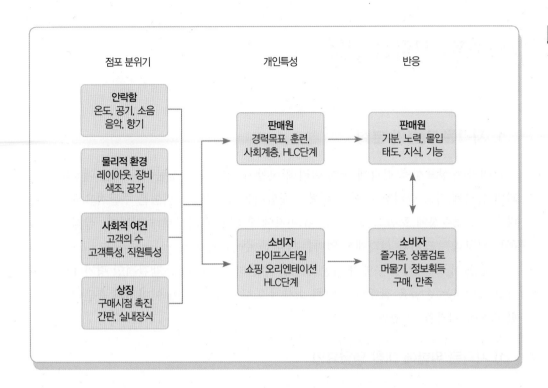

그림 14-5
점포 분위기와 방문객 행동

(5) 판매원

관여도가 낮은 대부분의 구매는 셀프 서비스 상황에서 이루어지지만, 관여도가 높은 구매일수록 판매원과의 상호작용이 증가한다. 판매에 있어서 이러한 상호작용의 유효성은 주로 보험이나 자동차, 산업용품과 같은 관여도가 높은 구매에서 중요한데, 대체로 다음과 같은 요인들이 효과적인 판매 상호작용(effective sales interaction)에 영향을 미친다.

- 판매원의 지식, 기능, 권위
- 고객이 수행하는 구매과업의 성격
- 고객−판매원의 관계

3) 마케팅 시사점

많은 구매행동이 무계획적인 성격을 가진다는 사실은 마케터가 사용할 여러 가지 종류의 점포내 자극과 인적 판매의 중요성을 암시한다. 즉 소매점의 마케터는 점포배치와 분위기. 시각적 자극, 진열선반 등을 보다 잘 계획하기 위해 무계획 구매가 나타나는 형태와 정도를 면밀히 분석해야 하며, 생산자도 어느 정도의 상품정보가 점포 내에서 또는 상품과 함께 제공되어야 하는지 결정함으로써 무계획 구매의 증가추세에 편승할 수 있다.

제3주제: 지각된 위험

1. 지각된 위험의 본질

소비자는 상표선택 결과에 관해 미리 확신할 수 없으므로 상품의 구매는 예상되는 결과의 성격에 따라 다양한 유형의 위험을 포함하는데, 이러한 위험은 주관적으로 평가된다. 즉 구매결정에 포함되는 위험은 소비자에 의해 주관적으로 지각되며, 실제로 존재하는 위험과는 크기와 성격에서 얼마든지 다를 수 있다.

예를 들어, 소시지의 구매가 많은 위험을 수반하지 않는다는 객관적인 평가에도 불구하고 소비자는 손님을 접대하기 위해 소시지를 구매할 때 자아 이미지의 측면에서 상당한 위험을 지각할 수 있다.

1) 지각된 위험에 대한 영향요인

지각된 위험은 의사결정 자체와 의사결정의 잠재적 결과에 관해 나타나는데, 다음과 같은 세 가지 여건에서 두드러진다.

첫째, 소비자는 자신의 구매목적이 무엇인지를 확실히 알지 못하는 경우가 있는데, 이러한 목적의 불확실성(goal uncertainty)은 위험의 지각을 증폭시킨다.

둘째, 소비자는 어떠한 대안이 구매목적을 가장 잘 충족시킬지 확신하지 못하는 경우가 있다.

셋째, 소비자는 구매결정이 자신의 구매목적을 충족시키기 위해 가져올 결과를 확신하지 못하는 경우가 있다.

소비자가 이러한 여건 중 하나에 당면할 때 구매와 관련하여 위험을 지각할 것인데, 사실 이러한 여건들은 다음과 같이 세분되어 소비자가 지각하는 위험을 증대시키는 경향이 있다. 예를 들어, 승용차를 구매하는 데 있어서 지각되는 위험은 그러한 구매가 – 아래와 같은 기준들을 대체로 충족시키기 때문에 – 클 것이다.

- 상품범주에 관한 정보가 부족하다.
- 상품범주의 상표들에 관한 경험이 거의 없다.
- 신상품이다.
- 상품이 기술적으로 복잡하다.
- 상표들을 평가하는 데 자신감이 부족하다.

- 상표들 사이에 품질차이가 크다.
- 가격이 비싸다.
- 구매가 소비자에게 중요하다.

2) 지각된 위험의 유형

일부 상품은 높은 가격이나 기술적 복합성 때문에 고도의 경제적 위험을 나타내지만 다른 상품들은 고도의 사회적 위험을 나타내는데, 이러한 위험에 따라 상품들을 분류하면 〈표 14-4〉와 같다.

한편 구매에 관련하여 소비자가 지각하는 위험은 대체로 다음과 같이 구분될 수 있는데, 한 상품의 구매에서 이러한 위험들은 혼재되어 있으며 완전히 배타적인 것은 아니다.

(1) 재무적 위험

재무적 위험(financial risk)이란 구매한 상품이 제구실을 못할 때 그 수선과 대체에 비용이 발생하거나 구매에 소요된 금액의 손실이 발생할 가능성에 따라 소비자가 지각하는 위험이며, 경제적 위험(economic risk)이라고도 한다. 따라서 재무적 위험의 크기는 상품가격과 밀접하게 관련되며, 상품이 임의 가처분 소득(discretionary income)으로 구매될 수 있는지의 여부도 영향을 미친다.

예를 들어, 고가의 승용차를 사기 위해 수년간 저축해 온 소비자는 2년마다 임의가처분 소득에서 동일한 상품을 살 수 있는 소비자보다 많은 위험을 지각할 것이다. 이러한 재무적 위험은 또한 기술적 위험(technological risk)과도 연관되는데, 기술적으로 복잡

사회적 위험	경제적 위험	
	낮다	높다
낮다	잠옷 다리미 탁자 내의 장난감 식기 바지	진공 소제기 전기 혼합기 승용차 타이어 전기기구 전기면도기 타자기
높다	남녀셔츠 보석(의상용) 여성 블라우스/쉐터 핸드백 실내장식품 남성 정장 바지	숙녀코트 오디오 시스템 남자용 스포츠 코트 숙녀의류

표 14-4
여러 가지 상품의 경제적 및 사회적 위험

한 상품은 초기투자뿐 아니라 유지에 많은 비용이 소요되고 성능 결함에 관련된 위험도 따른다.

(2) 성능위험

성능위험(performance risk)이란 구매한 상품이 기대된 기능을 제대로 수행하지 못할 가능성에 따라 소비자가 지각하는 위험인데, 상품이 기술적으로 복잡하거나 건강과 안전에 관련될 때 크게 나타난다. 기술적으로 복잡한 상품은 승용차, 오디오 시스템, 스마트폰 등을 포함하며 제대로 기능을 발휘하지 못할 때 건강이나 안전에 영향을 미치는 상품은 승용차, 가스 레인지, 의약품 등을 포함한다. 따라서 성능위험은 기능위험(functional risk)이라고도 한다.

(3) 신체적 위험

신체적 위험(physical risk)이란 구매한 상품이 안전성을 결여하여 신체적 위해를 일으킬 가능성에 따라 소비자가 지각하는 위험으로서, 식품의 유해성이나 의약품의 부작용, 승용차의 안정성 등에 대한 우려가 대표적이다.

(4) 심리적 위험

소비자는 자아 이미지를 효과적으로 표현하거나 개선하기 위한 수단으로서 상품을 구매하기도 하는데, 의류나 승용차 등 가시성이 높은 상품이나 상표는 이러한 이유에서 선정된다. 심리적 위험(psychological risk)이란 일단 구매한 **상품이 자아 이미지와 어울리지 않을 가능성**에 따라 소비자가 지각하는 위험이다.

(5) 사회적 위험

소비자는 다른 사람들이 자신의 구매를 어떻게 생각하는지에 관심을 가지며 이러한 관심은 구매가 중요한 준거집단의 규범을 충족시키지 못할 수 있다는 위험을 느끼게 한다. 즉 사회적 위험(social risk)이란 어떤 상품이나 특정한 상표를 구매한 자신에 대하여 **다른 사람들이 가질 평가에 관해 소비자가 지각하는 위험**으로서 대체로 의류, 승용차, 가구 등 가시적인 품목들에서 크게 나타나는 경향이 있다. 화장품이나 방취제, 구강청정제 등도 역시 사회적 위험을 많이 수반할 수 있는데, 그것은 그러한 상품의 비사용이 사회적 제재를 가져올 수 있다는 두려움 때문이다.

(6) 시간손실

시간손실(time loss)이란 구매한 상품이 제구실을 못할 때, 그 수선이나 대체에 시간이 소요되거나 정보탐색과 평가활동에 소요된 시간이 가치를 잃게 될 가능성에 따라 소비자가 지각하는 위험이다.

(7) 미래기회의 상실

일단 상품을 구매한 소비자는 심리적 또는 재무적 개입으로 인해 일정한 기간 동안 새로운 구매의 기회를 잃게 된다. 따라서 미래기회의 상실(loss of future opportunity)이란 앞으로 보다 향상되고 저렴한 대안이 판매될 가능성에 관해 소비자가 지각하는 위험이다.

2. 소비자 특성과 위험지각

소비자가 지각하는 위험의 크기와 성격은 그들의 과거경험과 라이프 스타일로부터 많은 영향을 받는데, 이것이 바로 지각된 위험이 상품특성이면서 동시에 소비자 특성으로 고려되는 이유이다.

또한 위험에 대한 태도도 개인에 따라 다르며, 소비자의 퍼스낼리티와 경제적 능력으로부터 영향을 받는다. 예를 들어, 신상품을 구매하는 일에 관련되는 위험지각은 사회적 이동성, 소득, 성취욕구, 변화추구, 우세성 등의 소비자 특성과 연관된다. 위험선호자는 대체로 신상품 구매에서 즉각적인 극대만족을 추구하는데 반해, 위험기피자는 상품이 자리를 잡을 때까지 기다림으로써 상품실패의 가능성을 최소화하기를 좋아한다.

3. 위험을 줄이기 위한 전략

소비자는 당연히 구매과정에서 지각되는 위험을 줄이려고 노력할 것이며 마케터도 소비자의 위험감소 노력을 지원함으로써 소비자로부터 선택받을 수 있는데, 이들이 구사하는 전략들은 〈표 14-5〉와 같은 예를 포함한다.

1) 마케터에 의한 전략

마케터는 상품실패의 우려를 줄이거나 또는 상품이 기대된 성능을 충분히 발휘할 것이라는 확신을 증대시킴으로써 구매에 앞서 소비자가 지각하는 위험을 줄일 수 있다. 우선 상품실패의 우려는 품질보증이나 대금반환 등을 제의함으로써 줄어들 수 있으며 저가격으로 또는 작은 규격으로 상

● 소비자의 지각된 위험을 줄이려는 마케터의 전략들

표 14-5	마케터에 의한 전략
위험을 줄이기 위한 전략	

손해의 결과를 적게 하기 위해
- 포괄적이거나 장기적인 보증을 제공한다.
- 대금반환을 제의한다.
- 가격이 저렴한 대안을 공급한다.
- 작은 규격으로 상품을 공급한다.

결과의 확실성을 증대시키기 위해
- 신상품의 무료견본을 제공한다.
- 전문가에 의한 보증을 제공한다.
- 정부 또는 공인기관의 품질표시를 부착한다.

소비자에 의한 전략

손해의 결과를 적게 하기 위해
- 저렴한 가격의 상표를 구매한다.
- 적은 양으로 구매한다.
- 구매에 앞서서 성능에 관한 기대수준을 낮춘다.

결과의 확실성을 증대시키기 위해
- 동일한 상표를 구매한다.
- 인기있는 상표를 구매한다.
- 추가적인 정보를 탐색한다.
- 구매에 앞서 심사숙고를 한다(비교구매 등).

품을 제공하는 일도 상품을 처음으로 사용하는 데 있어서 소비자의 위험을 줄인다.

또한 마케터가 구매결과의 확실성을 증대시키려고 할 때, 전문가의 보증은 소비자에게 상품성능을 확신시키며 무료견본은 소비자에게 구매에 앞서 시용의 기회를 제공한다. 확실성을 증대시키기 위한 또 다른 전략은 충분한 정보를 제공하는 것이다. 예를 들어, 성능에 관한 기술 명세, 성분에 관한 충분한 표찰, 단위가격의 표시, 최저가 보장제 등은 모두 소비자의 현명한 선택을 위해 건전한 근거를 제공해 준다.

2) 소비자에 의한 전략

상품실패의 우려를 줄이려는 소비자는 전형적으로 싼 품목이나 작은 규격을 구매하며, 구매에 앞서 기대수준을 낮추기도 한다.

한편 상표충성은 소비자가 상품으로부터 기대할 수 있는 것을 사전에 알게 하므로 보편적인 위험감소 수단이 되며 합리적으로 수용가능한 대안을 선택하는 일도 불만족의 가능성을 회피하기 위한 한 가지 방법이다. 또한 소비자는 사적 상표나 덜 알려진 생산자의 상표를 구매할 때 지출은 다소 절약할 수 있으나 많은 위험을 지각하므로 잘 알려지거나 인기 있는 상표를 사는 일은 결과의 확실성을 늘리는 수단이 된다.

안전한 구매를 위한 다른 방법은 추가적인 정보를 모색하는 것인데, 소비자는 의사결정에 앞서 친구나 친척들로부터 정보와 의견을 탐색하거나 비교 장보기를 광범위하게 수행할 수 있다.

소비자의 입장에서는 상표충성과 잘 알려진 상표의 구매가 모든 형태의 위험을 줄이는 데 가장 효과적이며, 무료견본과 비교 장보기는 재무적 위험과 심리적 위험을 줄이는 데 효과적이다. 또한 소비자가 위험을 많이 지각할수록 많은 정보를 탐색하고 개인적인 정보원천에 의존하려는 경향이 있다.

Consumer 톡톡

"잡지 광고 효과 없으면 환불도 OK" 美 잡지 단체, 매체 신뢰도 높이기에 안간힘

디지털과 뉴미디어의 발달로 신문과 함께 잡지 또한 사양산업으로 꼽히곤 한다. 오프라인 종이매체의 영향력이 줄면서 광고 집행도 줄어드는 추세다.

어려운 시장 상황 속에서 미국 잡지 업계가 광고 효과가 없으면 광고비를 환불해주겠다는 파격적인 조건을 제시해 눈길을 끈다.

12일 〈월스트리트저널〉 보도에 따르면, 미국 잡지 독자 전체의 72%를 커버하는 회원사를 보유한 MPA(미국발행자협회)는 광고비 환불 제도를 제안했다.

지면에 실린 광고 캠페인이 12개월 동안 18세 이상 성인 약 1억2,500만 명에게 평균 3회 노출됐음에도, 매출 증대효과가 없으면 광고비를 환불해주거나 무료로 지면을 제공하겠다는 내용이다.

미국 잡지업계의 이같은 시도는 이번이 처음은 아니다. 앞서 〈타임〉은 지난 1월부터 광고 환불 보장 제도를 시작했다.

▲ '코리아매거진 페스티벌 2014'에서 시민들이 전시된 잡지를 구경하고 있다. ⓒ뉴시스

여성 관련 잡지를 주로 발행하는 메레디스 코퍼레이션((Meredith Corporation) 역시 지난 2011년부터 광고비를 환불하는 서비스를 제공하고 있다. 하지만 아직까지 광고비를 환불하거나 무료 광고 지면을 광고주에게 제공해야 했던 사례가 한 번도 없었다고 월스트리트저널은 전했다.

한편, 미국 잡지업계는 미디어 시장에서 잡지가 영향력을 잃어간다는 예측을 반박하기 위한 다양한 조치를 취하고 있다. MPA의 이번 광고비 환불 보장도 그 일환으로 풀이된다.

MPA는 1년 전 광고주들의 매체 신뢰두를 높이기 위해 지면·온라인·스마트폰·컴퓨터(데스크톱과 노트북)·태블릿 등 다양한 매체를 통해 독자의 콘텐츠 소비량을 집계하는 툴을 론칭하기도 했다.

자료원 : 더피알, 2015. 10. 14

찾아보기 한글

G

gatekeeper 339
Gestalt 136
ground 137
group 318
group acceptance 335
group associations 192
group norms 323
guidesumer 17

H

habitual purchasing behavior 50
hierarchy of needs 103
high-involvement learning situation 164
HLC, household life cycle 382
hypothetical constructs 9, 12

I

iconic rote learning 170
ideal point model 223
ideal product 56
image profile analysis 154
imagery effect 179
inept set 33
inert set 33
inferential beliefs 151
information 31
informational beliefs 197
innovation 349
innovativeness 353
insight 163
instrumental training 174
instrumental values 291
internal search 31
intervening variables 11
involuntary attention 131
involuntary exposure 27

involvement 113

J

JND, just-noticeable difference 128

L

learning 158
lexicographic model 230
limited decision making 53
local strategy 312
loss leader 435
low-involvement learning situation 164
LTM, long-term memory 144, 159

M

madamsumer 17
maintenance rehearsal 135
market segment approach 60
marketing concept 3
marketing myopia 106
mass marketing 57
metasumer 18
modeling 174
modeling learning 170
moderating variables 11
modisumer 18
more central attitudes 191
more peripheral attitudes 191
motivation 101
motive 89
motive bundling 105
motive combination 105
motive conflicts 111
multiattribute attitude model 220

N

need arousal 28

need criteria 32, 91
need criteria, evaluative criteria 25
need structure 39
negative motives 93
nonfamily household 380

O

operational definitions 10
opinion leadership 340
other oriented values 293

P

passive reception 31, 102
perceptual categorization 135
perceptual consistencies 141
perceptual defense 133, 146
perceptual encoding 134
perceptual integration 136
perceptual map 74
perceptual organization 135
perceptual selectivity 145
perceptual vigilance 132, 145
personality inventory 265
persumer 18
physiological motives 92
positive motives 93
price image 152
primary motives 92
private brand 435
product benefits 91
product image 150
product position 70
product positioning 70
prosumer 17
proximity 138
psychological motives 92
psychological set 24
punishment 176
purchase inventory 258

저자소개

■ 유동근(yoodk@sejong.ac.kr)

유동근 교수는 81년부터 세종대학교 경영학과에 재직하면서 우리 사회의 다양한 분야에 마케팅 복음을 전파하기 위해 연구 및 저술 활동 이외에도 산업체에 출강하며, 1996년부터 최초의 사이버 학습사이트인 마케팅스쿨(marketingschool.com)을 운영 중이다.

〈연구 및 교육 관심 분야〉
- 고객 서비스, 고객만족
- 마케팅 조사의 교육 및 조사 컨설팅
- CRM과 고객관리 도입전략
- 서비스 마케팅의 이론 및 사례연구
- 유통대학 및 산업대학의 프로그램 개발
- 인터넷 마케팅의 수익모델 개발

〈주요 저술 활동〉
통합 마케팅, 마케팅 조사-원리와 적용, 마케팅 계량분석, 마케팅 조사실무, SPSS/MDS/CONJOINT, 마케팅 수요예측, 산업마케팅, 서비스 품질관리, 촉진전략론, 관계지향적 영업관리, 판매촉진의 이론과 실제 사례, 이벤트/전시회, VOC 벤치마킹, 네! 해드리겠습니다 등 32권

■ 김승섭(kss@sch.ac.kr)

김승섭 교수는 세종대 경영학과에서 박사학위를 취득하였고 닷컴기업인 (주)팍스코리아의 대표이사와 중소기업청 지정 1인창조기업 비즈니스센터 (주)오피스허브 대표이사를 하였다. 현재 1인 창조기업센터장을 하고 있다. 세종대 경영학과 겸임교수를 역임했고, 현재는 순천향대학교 웰니스 융합학부에서 재직하면서 창업, 기업가정신, 마케팅을 강의하고 있다.

〈연구 및 교육 관심 분야〉
- 서비스 마케팅
- 서비스 품질평가
- 창업보육센터 평가지표
- 기업가정신
- 창업마케팅

〈주요 저술 활동〉
프랜차이즈 경영론, EndNote X7 easy power

■ 박상금(subinpsk@hanmail.net)

세종대 경영학과에서 박사학위를 취득하였고 중소기업진흥공단, 소상공인시장진흥공단 소상공인지원센터를 거쳐 현재 취약계층의 자립과 사회적 가치창출을 돕는 사회적금융기관인 사회연대은행(사)함께만드는세상에서 상임이사로 재직 중이다. 세종대 경영대학원 FCMBA에서 소비자 행동론, 마케팅 조사론을 강의하고 있으며, 개인과 조직의 성장을 돕는 강의 및 멘토링 활동을 하고 있다.

〈연구 및 교육 관심 분야〉
- 창업마케팅
- 기업가정신
- 고객만족서비스
- 사회적기업

〈주요 저술 활동〉
마이크로파이낸스의 이해와 실무(공저)

소비자 행동

2017년 7월 26일 초판 인쇄
2017년 8월 7일 초판 1쇄 발행

저 자   유동근 · 김승섭 · 박상금
발행인   배   효   선

발행처   도서
출판   法 文 社

주 소   10881 경기도 파주시 회동길 37-29
등 록   1957년 12월 12일 / 제2-76호(윤)
전 화   (031)955-6500~6 Fax (031)955-6525
e-mail (영업): bms@bobmunsa.co.kr
        (편집): edit66@bobmunsa.co.kr
홈페이지 http://www.bobmunsa.co.kr
조 판   ㈜ 성 지 이 디 피

정가 30,000원   ISBN 978-89-18-12294-6